Erfolgsmodell Soziale Marktwirtschaft

Ulfried Weißer

Erfolgsmodell Soziale Marktwirtschaft

Das System, die Akteure und ihre Interessen verstehen

Mit einem Geleitwort von Dr. Hans-Gert Pöttering, Vorsitzender der Konrad-Adenauer-Stiftung, Präsident des Europäischen Parlaments a. D.

Ulfried Weißer
Cuxhaven
Deutschland

ISBN 978-3-658-16180-4   ISBN 978-3-658-16181-1 (eBook)
DOI 10.1007/978-3-658-16181-1

Die Deutsche Nationalbibliothek verzeichnet diese Publikation in der Deutschen Nationalbibliografie; detaillierte bibliografische Daten sind im Internet über http://dnb.d-nb.de abrufbar.

© Springer Fachmedien Wiesbaden GmbH 2017
Das Werk einschließlich aller seiner Teile ist urheberrechtlich geschützt. Jede Verwertung, die nicht ausdrücklich vom Urheberrechtsgesetz zugelassen ist, bedarf der vorherigen Zustimmung des Verlags. Das gilt insbesondere für Vervielfältigungen, Bearbeitungen, Übersetzungen, Mikroverfilmungen und die Einspeicherung und Verarbeitung in elektronischen Systemen.
Die Wiedergabe von Gebrauchsnamen, Handelsnamen, Warenbezeichnungen usw. in diesem Werk berechtigt auch ohne besondere Kennzeichnung nicht zu der Annahme, dass solche Namen im Sinne der Warenzeichen- und Markenschutz-Gesetzgebung als frei zu betrachten wären und daher von jedermann benutzt werden dürften.
Der Verlag, die Autoren und die Herausgeber gehen davon aus, dass die Angaben und Informationen in diesem Werk zum Zeitpunkt der Veröffentlichung vollständig und korrekt sind. Weder der Verlag, noch die Autoren oder die Herausgeber übernehmen, ausdrücklich oder implizit, Gewähr für den Inhalt des Werkes, etwaige Fehler oder Äußerungen. Der Verlag bleibt im Hinblick auf geografische Zuordnungen und Gebietsbezeichnungen in veröffentlichten Karten und Institutionsadressen neutral.

Grafiken: Strodthoff-Design, Cuxhaven

Gedruckt auf säurefreiem und chlorfrei gebleichtem Papier

Springer ist Teil von Springer Nature
Die eingetragene Gesellschaft ist Springer Fachmedien Wiesbaden GmbH
Die Anschrift der Gesellschaft ist: Abraham-Lincoln-Str. 46, 65189 Wiesbaden, Germany

Geleitwort von Dr. Hans-Gert Pöttering, Vorsitzender der Konrad-Adenauer-Stiftung, Präsident des Europäischen Parlaments a. D.

Meine Damen und Herren,

die Soziale Marktwirtschaft als Erfolgsmodell zu beschreiben, ist mehr als berechtigt. Als sich ihre Gründerväter nach dem schrecklichen Ende des Zweiten Weltkrieges entschlossen, die politischen, wirtschaftlichen und sozialen, vor allem aber auch die moralischen Strukturen der Bundesrepublik Deutschland aufzubauen, war weder zu erhoffen noch zu erwarten, dass daraus eine beispiellose Erfolgsgeschichte werden sollte.

Die Männer der ersten Stunde, namentlich Bundeswirtschaftsminister Ludwig Erhard und sein Staatssekretär Alfred Müller-Armack, gründeten ihre Überzeugungen nicht alleine auf ein klares ordnungspolitisches Fundament, in dem die „Freiheit auf dem Markte mit dem sozialen Ausgleich zu verbinden" war, wie es Alfred Müller-Armack stilbildend für die Soziale Marktwirtschaft ausdrückte. Sie wurden nicht müde zu betonen, dass der Wirtschafts- und Sozialordnung im

Nachkriegsdeutschland ein geistiges Fundament zugrunde liegen musste, das den Menschen in seiner Freiheit ernst nimmt und ihn deshalb gerade nicht und nie mehr der Bevormundung staatlicher wie privater Willkür überlässt. An Aktualität ist diese Haltung nicht zu überbieten, denn heute besteht wieder in Frage, ob die wirtschaftliche Selbstbestimmung und das eigenverantwortliche Handeln der Menschen politisch goutiert wird.

Auf Basis dieser Überzeugungen konnte in einem klugen Dialog verschiedenster Beteiligter aus Politik, Sozialpartnern, Kirchen, Verbänden oder Einrichtungen der Wohlfahrtspflege das politische Modell entstehen, das es der Bundesrepublik Deutschland über mehr als sechs Jahrzehnte ermöglicht hat, die großen Herausforderungen zu bestehen: von den Anfängen der Wirtschafts- und Ölkrise über die im Zuge der Globalisierung beginnende Diskussion über die Wettbewerbsfähigkeit des Standorts Deutschland, die Überwindung der Folgen der deutschen Teilung, das Platzen der Aktienblase am Neuen Markt, die Banken-, Finanz- und Wirtschaftskrise oder die schwierige Situation einzelner Mitgliedstaaten unserer gemeinsamen Währung. Diese Herausforderungen in einem stabilen politischen Rahmen bewältigt zu haben, ohne den Versuchungen des Populismus über scheinbar einfache Lösungen zu erliegen, das ist die eigentliche Stärke des Erfolgsmodells Soziale Marktwirtschaft.

Ulfried Weißer vermittelt in seinem Buch neben vielen inhaltlich wertvollen und umfassenden Kapiteln gegenüber anderen aktuellen wirtschaftspolitischen Büchern gerade den aus meiner Sicht stilbildenden politischen Charakter der Sozialen Marktwirtschaft und ihre geistige Substanz, wie sie im Zitat des Doktorvaters von Ludwig Erhard, Franz

Oppenheimer, ganz zu Beginn des Werkes bereits zum Ausdruck kommt. Ein Zitat, das auch dem Namensgeber der Konrad-Adenauer-Stiftung zur Ehre gereichen würde.

Ich wünsche diesem Buch viele Leser und empfehle es sehr der angeregten Lektüre einer nicht allein wirtschaftlich, sondern vielmehr politisch orientierten Leserschaft.

Berlin, im März 2017

Dr. Hans-Gert Pöttering

Vorwort

Wie lässt sich die große volkswirtschaftliche Maschinerie erklären und verstehen, an der jedermann teilhat – sei es als Konsument, als Unternehmer, als Mitarbeiter oder im öffentlichen Dienst? Wie sind hier Macht und Einfluss verteilt und legitimiert, wem dient das Ganze? Lässt sich die Wirtschaft so organisieren, dass ein Machtmissbrauch weitestmöglich ausgeschlossen und die Allgemeinheit nicht auf Wohlwollen und Moral der Entscheidungsträger angewiesen ist? Wie kann das Gemeinwohl angestrebt werden, wenn jeder Einzelne nur seine persönlichen eigenen Interessen verfolgt? Wie werden in einer entfesselten Marktwirtschaft der soziale Ausgleich und der Umweltschutz gesichert? Wie kann sich ein Land ohne nennenswerte Rohstoffe, aber mit hohen Löhnen, im weltweiten Wettbewerb behaupten? Wie werden die materiellen und finanziellen Grundlagen für alle privaten und öffentlichen Aufgaben gesichert, von der Infrastruktur bis zum Kulturleben?

In der Bundesrepublik ist versucht worden, eine in diesem Sinne zweckmäßige Ordnung einzurichten, und zwar in Reaktion auf die Zeit des Nationalsozialismus und die vorherigen Jahrzehnte, die nicht nur in der Politik, sondern auch in der Wirtschaft von Machtmonopolen geprägt waren. In der Gründungsphase ging es darum, durch eine neue Ordnung die Freiheit und die sämtlichen Entfaltungsmöglichkeiten aller Menschen zu sichern. Dies gilt auch für die wirtschaftlichen Rechte. Dabei ist jedes Unternehmen genötigt, etwas anzubieten, für das eine Nachfrage der Kunden besteht und das insofern der Allgemeinheit dient.

Die Entwicklung der deutschen Wirtschaft in den nunmehr fast sieben Jahrzehnten seit der Währungsreform 1948 darf als erfolgreich betrachtet werden – auch wenn es immer noch Ungerechtigkeiten und in einigen Bevölkerungsschichten Armut gibt. Im internationalen Vergleich gilt Deutschland als wirtschaftlich wohlhabend und politisch stabil. So gerät leicht in Vergessenheit, worauf sich dieser Erfolg gründet, der inzwischen allzu selbstverständlich geworden ist.

Die wichtigsten Grundprinzipien gelten in gleicher Weise für die Wirtschaft und für die Politik:

- Angesichts des exzessiven Machtmissbrauchs in der nationalsozialistischen Ära ließen sich die Verfassungsväter und -mütter von dem Gedanken leiten, die Befugnisse weitestgehend zu verteilen, damit sich niemand einem Machtmonopol gegenübersieht. In der Politik ist dies die Verteilung auf Bund, Länder und Kommunen, in der Wirtschaft das Verbot von Machtkonzentrationen durch Kartelle: Der Wettbewerb wird nicht nur veranstaltet, sondern erzwungen. Hinzu kommen die Vielfalt der

- Verbände und die wirtschaftliche Selbstverwaltung in den Kammern.
- Das Grundgesetz geht von der unveräußerlichen Würde eines jeden Menschen aus. Hieraus folgt das Recht auf freie Entfaltung der Persönlichkeit, in der Politik, der Kultur und auch in der Wirtschaft, dort ganz konkret als Gewerbefreiheit für jedermann, sich selbstständig zu machen.
- Nicht nur die Bürger, sondern auch der Staat ist an die Gesetze gebunden. Es gibt keine willkürlichen Eingriffe von oben, sondern den Schutz des eingerichteten und ausgeübten Gewerbebetriebes und daher eine Investitionssicherheit.
- In der Politik ebenso wie in der Wirtschaft wird die Macht konsequent von den Entscheidungen der Basis legitimiert. In der politischen Demokratie sind dies die wahlberechtigten Bürger, in der Wirtschaft die Konsumenten, die durch ihre Kaufentscheidungen das Ganze lenken.

Die Tatsache, dass der Politik und der Wirtschaft ähnliche Prinzipien zugrunde liegen, erleichtert für jedermann die Orientierung. In der Gründungsphase der Bundesrepublik war diese neue, nie zuvor erprobte Ordnung alles andere als selbstverständlich. Vielmehr wurde die Soziale Marktwirtschaft von Ludwig Erhard nahezu im Alleingang durchgesetzt – gegen heftigen Widerstand nicht nur von links, sondern auch seitens der Unternehmen, die sich gegen das Kartellverbot stemmten. Erhards Bestreben ging dahin, die noch aus der Kaiserzeit überkommene starre Standes- und Klassenteilung der Gesellschaft zu überwinden. Es sollte nicht länger eine Spitzengruppe in Luxus und ein Proletariat in Armut geben, sondern die Spitzengruppe wurde durch das

Monopolverbot entmachtet, und die Arbeiterschaft sollte durch einen Massenwohlstand auf ein menschenwürdiges Niveau gehoben werden. Dieses Konzept erwies sich als tragfähig. So bildete sich schon in den 1950er Jahren eine Mittelstandsgesellschaft heraus. Inzwischen hat die Soziale Marktwirtschaft nicht nur in den neuen Bundesländern Einzug gehalten, sondern ist auch international in der Europäischen Union verankert. Ergänzend werden nachfolgend einige andere Wirtschaftsordnungen vorgestellt, sodann die hiesigen Akteure mit ihren Bestrebungen: die privaten Haushalte, die Unternehmer, die Mitarbeiter, die Verbände und Kammern. In zahlreichen ordnungspolitischen Sonderbereichen ist die auf Wettbewerb gegründete Ordnung nur teilweise gültig und nicht konsequent durchgeführt worden. In unterschiedlicher Weise, etwa durch gebundene Preise oder durch Zutrittsschranken für Neugründer, wird der Wettbewerb eingeschränkt. Dies ist politisch kaum zu ändern, denn es handelt sich um historisch überkommene Besitzstände, die von einflussreichen Verbänden verteidigt werden.

Anschließend geht es um den Staat, seine Aufgaben, die Konflikte seines Personals und seine einzelnen Ebenen von den Gemeinden mit ihrer Selbstverwaltung über die Bundesländer und den Bund bis hinauf zu den internationalen Organisationen. In der Wirtschaftspolitik begegnet uns die Merkwürdigkeit, dass tatsächlich ganz andere Ziele verfolgt werden als die gesetzlich vorgeschriebenen. Es geht immer um die langfristige Wettbewerbsfähigkeit und damit um die Zukunftsfähigkeit Deutschlands, ferner um die Soziale Gerechtigkeit und den Schutz der Umwelt. Dies durchzieht die sämtlichen Politikbereiche von der Ordnungspolitik über die Sozialpolitik, die Umweltpolitik bis zur Regionalpolitik. Abschließend wird kurz auf einige Positionen der Grundlagenkritik eingegangen, bei denen das Wort „neoliberal" als Schimpfwort gilt, und auf die akademische Wirtschaftstheorie. Diese sieht sich der Kritik ausgesetzt, zu wirklichkeitsfremden Modellen zu neigen und sich in mathematischen Spielereien zu verlieren.

Cuxhaven, im Januar 2017   Ulfried Weißer

Inhaltsverzeichnis

1	**Die Wirtschaft**	1
1.1	Jedermanns Probleme	1
1.2	Die Akteure verstehen	10
1.3	Die wichtigsten Rollen	12
1.4	Das Problem der Wirtschaft	15
	Literatur	24
2	**Die Wirtschaftsordnung**	25
2.1	Die Wahl der Wirtschaftsordnung	25
	2.1.1 Freiheitlich oder autoritär?	28
	2.1.2 Die Mobilisierung der Kräfte	30
	2.1.3 Das Eigentum	32
	2.1.4 Tage der Entscheidung	39
	2.1.5 Von wem geht die Macht aus?	41
2.2	Die Marktwirtschaft	47
	2.2.1 Ein Organisationsmittel	47

	2.2.2	Die preußischen Reformen	53
	2.2.3	Die Vertragsfreiheit	58
2.3	Die Soziale Marktwirtschaft		60
	2.3.1	Eine amtliche Definition	60
	2.3.2	Ein Begriff etabliert sich	64
	2.3.3	Der Einzelhandelskaufmann	67
	2.3.4	Wohlstand für Alle	70
	2.3.5	Die Fesseln lösen	78
	2.3.6	Der Wettbewerb	83
	2.3.7	Stabilität des Preisniveaus	104
	2.3.8	Freiheit und Gleichheit	108
	2.3.9	Erfolg in Zahlen	115
	2.3.10	Unterschiede zu den USA	125
2.4	Die Gemeinwirtschaft		127
2.5	Die sozialistische Wirtschaft		133
2.6	Die Rentenwirtschaft		143
2.7	Die Subsistenzwirtschaft		152
Literatur			155

3 Die Akteure in der Marktwirtschaft — 157

3.1	Der private Haushalt		158
	3.1.1	Die Arbeit	164
	3.1.2	Der Konsum	172
	3.1.3	Die Kapitalanlage	184
3.2	Der Unternehmer		188
	3.2.1	Die Tätigkeit	188
	3.2.2	Der Mittelstand	207
	3.2.3	Die Genossenschaften	221
	3.2.4	Die Kapitalgesellschaft	224
3.3	Die Mitarbeiter		235

3.4	Verbände und Kammern	244
3.4.1	Interessenlage	244
3.4.2	Die Tarifpartner	254
3.4.3	Die Fachverbände	258
3.4.4	Die Kammern	259
Literatur		263

4 Ordnungspolitische Sonderbereiche — 265

4.1	Kein Gewerbe	270
4.1.1	Landwirtschaft	272
4.1.2	Freie Berufe	278
4.2	Höchstpreise	282
4.2.1	Generelle Höchstpreise	283
4.2.2	Mietpreisbremse	284
4.3	Mindestpreise	287
4.3.1	Freie Berufe	289
4.3.2	Bücher	293
4.3.3	Zeitungen und Zeitschriften	298
4.3.4	Arzneimittel	300
4.3.5	Tabakwaren	301
4.4	Gebundener Vertrieb	301
4.5	Eingangsprüfungen	304
4.5.1	Handwerk	307
4.5.2	Rechtsanwalt	312
4.5.3	Steuerberater	313
4.5.4	Verkehr	316
4.6	Internationale Kartelle	319
4.6.1	OPEC	320
4.6.2	Schifffahrtskonferenzen	322
4.7	Öffentliches Eigentum	324

4.8	Systemrelevante Unternehmen	333
4.9	Staatliche Aufsicht	336
4.9.1	Bank und Börse	337
4.9.2	Versicherung	344
4.10	Kritische Würdigung	347
Literatur		353

5 Der Staat — 355

5.1	Die Aufgaben	358
5.2	Das Personal	367
5.3	Die Ebenen	374
5.3.1	Die Gemeinden	376
5.3.2	Die Bundesländer	384
5.3.3	Die Bundesrepublik	393
5.3.4	Die Europäische Union	397
5.3.5	Die Globalisierung	405
Literatur		416

6 Die Wirtschaftspolitik — 417

6.1	Ziele der Wirtschaftspolitik	419
6.1.1	Gesetzlich vorgeschriebene Ziele	420
6.1.2	Tatsächliche Ziele	430
6.1.3	Der Populismus	438
6.2	Einzelne Politikbereiche	443
6.2.1	Ordnungspolitik	443
6.2.2	Außenwirtschaft	448
6.2.3	Steuer- und Finanzpolitik	463
6.2.4	Sozialpolitik	474
6.2.5	Externe Nutzen, Subventionen	488
6.2.6	Externe Kosten: Umweltschutz	497

6.2.7	Bildungspolitik	507
6.2.8	Innovationspolitik	518
6.2.9	Regionalpolitik	532
Literatur		541

7 Grundlagenkritik 543
Literatur 553

8 Die akademische Wirtschaftstheorie 555
  8.1 Aktueller Zustand 556
  8.2 Ansätze zur Reform 577
  Literatur 586

Stichwortverzeichnis 587

1

Die Wirtschaft

Macht wird immer missbraucht: darum soll man nicht
versuchen, die Menschen zu bessern, sondern soll die Verhältnisse ändern.

Franz Oppenheimer

1.1 Jedermanns Probleme

Jedermann hat, ob gewollt oder ungewollt, in seinem Leben mit wirtschaftlichen Fragen zu tun:

- Zunächst geht es darum, nach der Ausbildung eine Anstellung zu finden, die mit einem ausreichenden Einkommen verbunden ist. Schon bei der Berufswahl spielt dies eine Rolle. Beispielsweise kann entweder eine Stellung im öffentlichen Dienst angestrebt werden – mit vergleichsweise geringerem Einkommen, aber hoher Sicherheit des Arbeitsplatzes, oder eine Stellung in der privaten Wirtschaft mit meist höherem Einkommen, aber weniger Sicherheit. Im Unternehmen wirkt der Arbeiter oder Angestellte durch seine Tätigkeit am Erfolg des Ganzen mit, trägt aber auch das Risiko eines Firmenzusammenbruchs oder einer Umstrukturierung. Noch deutlich höher ist das Existenzrisiko bei einer selbstständigen Tätigkeit.

- Das zweite wirtschaftliche Problem für jedermann besteht darin, mit dem erzielten Einkommen so zu wirtschaften, dass die Ausgaben nicht dauerhaft über den Einnahmen liegen, was nämlich geradewegs in die Pleite, die Zahlungsunfähigkeit, führt. Hier ist in der Erziehung das Vorbild der Eltern wichtig, um die Kinder zu einem verantwortlichen Umgang mit Geld zu führen. Aber auf die Jugendlichen und die Erwachsenen warten die Verführungskünste einer hochprofessionellen Werbung.

Bei einem dieser Lebensprobleme oder bei beiden scheitern unzählige Menschen. Entweder es gelingt ihnen trotz vieler Versuche nicht, eine dauerhafte Arbeitsstellung zu finden, und sie reihen sich in das Heer der Langzeitarbeitslosen ein, die auf staatliche Unterstützung angewiesen sind. Oder sie kaufen so viel, meist auf Raten oder mit Kreditkarten, dass sie den Überblick verlieren, bis sie der Mahnungen nicht mehr Herr werden und ihr Konto gepfändet wird. Die freiheitliche Wirtschaft setzt das Bild der freien, selbstverantwortlichen und urteilsfähigen Persönlichkeit voraus, ebenso wie das Grundgesetz mit seinen Freiheits- und Entfaltungsrechten. Dabei hat sich herausgestellt, dass mit diesen Rechten überwiegend vernünftig, in einzelnen Fällen aber auch unvernünftig umgegangen wird. Dies muss, wie bei jeder Freiheit, in Kauf genommen werden, ohne sogleich nach einer staatlichen Korrektur zu rufen. Eine solche wäre schon deshalb schwierig, weil die Maßstäbe, was als vernünftig gelten soll, im Einzelfall immer umstritten sind.

In diesem Buch soll es darum gehen, die Subjekte der Wirtschaft, die wirtschaftenden Akteure, zu verstehen. Die große Maschinerie der Wirtschaft lässt sich nur überschauen, wenn wir versuchen, uns in die Menschen, die darin tätig sind, einzufühlen – ihre Gefühle und Absichten, ihre Planungen und Aktionen gedanklich nachzuvollziehen. Dazu ist es nicht nötig, jeden einzelnen zu befragen, denn es gibt viele Standardsituationen, in denen in typischer Weise reagiert wird. Außerdem ist das Verhalten zum großen Teil rollengebunden: Der Unternehmer regiert zunächst einmal als Unternehmer, also so, wie es seine Stellung nahelegt. Und der Verbandsgeschäftsführer reagiert großenteils vorhersehbar, wenn er die Interessen seiner Verbandsmitglieder artikuliert. Daneben gibt es immer das rein Persönliche, Individuelle, das nicht vorhersehbar ist. Aber wenn wir das Typische, das rollengebundene Verhalten verstehen, können wir nachvollziehen, was sich von dort her erklärt und welches der nicht erklärbare individuelle Rest ist. „Was die gewerbliche Produktion, wie alle wirtschaftliche Tätigkeit, zunächst in ihrer Eigenart bestimmt, ist der Zweck, der dem Wirtschaften zugrunde liegt, sind die Ideen, von denen vorwiegend die Wirtschaftssubjekte geleitet werden", schreibt Werner Sombart (1904, S. 39). Er stellt ferner fest, „dass auch die gewerbliche

Produktion wie alle Wirtschaft durch die Gesamtheit der Rechts- und Sittennormen, denen die Produktion untersteht, in ihrer Eigenart gekennzeichnet wird".

Jeder Mensch ist dazu berufen, einen bestimmten Lebensstil zu entwickeln, was regelmäßig die Gefahr eines finanziellen Scheiterns erhöht oder vermindert: Es gibt zum Beispiel

- die Genussorientierten, die viel besitzen und viel Interessantes erleben möchten,
- die Statusorientierten, die in ihrem sozialen Umfeld etwas gelten wollen und zeigen möchten, dass sie „es geschafft haben",
- die Wertorientierten, die das tun, was nach ihrer Meinung für sie selbst und für die Allgemeinheit richtig ist, und denen relativ gleichgültig ist, was die anderen hierzu sagen, und
- die Traditionsorientierten, die so leben, wie es schon bei Eltern und Großeltern war.

Das Risiko, finanziell zu scheitern, ist bei den Genussorientierten und den Statusorientierten relativ hoch, weil sie sich zu allerlei Ausgaben genötigt oder verführt sehen, die streng genommen überflüssig sind. Die Wertorientierten neigen eher dazu, nur das Notwendige anzuschaffen. Und die Traditionsorientierten leben gewöhnlich sparsam, niemals auf Pump, und legen Rücklagen für unvorhergesehene Fälle an.

In einer freiheitlichen Gesellschaft, in welcher der Staat darauf verzichtet, Denken und Handeln aller Staatsbürger lenken zu wollen, muss jeder Einzelne selbst ein Lebenskonzept entwerfen, und mancher ist hiermit überfordert.

Wichtiges Merkmal solch eines Konzepts ist der zeitliche Horizont: Für welchen Zeitraum wird geplant?

- Das eine Extrem sind Erwachsene, die wie Kinder ganz im jetzigen Augenblick leben und sofortige Befriedigung aller Wünsche verlangen. Sie sind in der untersten Unterschicht und in der obersten Oberschicht anzutreffen.
- Die Nächsten in Sachen zeitlicher Horizont sind die Kinder, die wöchentlich Taschengeld erhalten und lernen müssen, nicht gleich am Montag alles auszugeben und danach um Nachschlag zu bitten oder sich etwas zu leihen. Hier beginnt die Erziehung zum Triebaufschub, die nach Sigmund Freud für die bürgerliche Gesellschaft kennzeichnend ist.
- Der Rentner teilt seine Mittel ein bis zum Monatsultimo.
- Der Landwirt war in den gemäßigten Breiten schon immer genötigt, für ein ganzes Jahr zu planen, für die Zeit von der Aussaat bis zur Ernte. Für die nächste Aussaat musste Saatgut zurückgelegt werden, bis zur nächsten Ernte waren Nahrungsvorräte anzulegen, und Heizmaterial für den Winter war zu besorgen. Eine Theorie für das wirtschaftliche Zurückbleiben Schwarzafrikas geht darauf zurück, dass in einem tropischen Land, ohne Jahreszeiten, kein verantwortliches Planen notwendig ist. Da wurde traditionell nichts zurückgelegt, nichts für die Zukunft investiert, sondern das heute Geerntete wurde gleich heute verzehrt.
- Der zeitliche Horizont kann auch ein ganzes Menschenleben ausmachen. Wenn jeder Einzelne der verantwortliche Autor seines Lebenslaufs ist, geht die vernünftigste Überlegung dahin, ein maximales Lebenseinkommen

anzustreben. Da wird nicht nur schon in Jugendjahren über die Altersversorgung nachgedacht, sondern es wird auch überlegt, welche Ausbildungsabschnitte sich lohnen, beispielsweise ob sich ein fünfjähriges Hochschulstudium später auszahlt (im Zweifel ja) und ob eine Promotion sich lohnt (im Zweifel nein). Über den eigenen Lebenslauf hinaus wird auch an die Ausbildung der Kinder gedacht.
- Noch länger ist der Planungshorizont in der Landwirtschaft. Der Bauer sagt: „Dieser Hof wird seit 1632 von unserer Familie bewirtschaftet. Ich fühle mich verpflichtet, diese Tradition fortzuführen und meinen Kindern und Enkeln einen geordneten Betrieb, möglichst ohne Schulden, zu hinterlassen."

In der gewerblichen Wirtschaft ist der zeitliche Horizont bei mittelständischen Unternehmen, die sich im Eigentum einer Familie befinden, gewöhnlich länger als bei Aktiengesellschaften, die jährlich oder gar nur quartalsmäßig einen möglichst hohen Gewinn ausweisen müssen. Bei Letzteren dreht sich alles um den aktuellen Kurs der Aktie, vor allem wenn die Vergütung der Manager hiervon abhängt und wenn alle zwei Jahre ein neuer Chef kommt, wie in den USA üblich. Die Versuchung ist dann groß, immerzu neue Typen und Modelle von Produkten herauszubringen, die sich nur in Äußerlichkeiten vom Bisherigen unterscheiden. Diese Hektik gibt es im Familienunternehmen nicht: Da kann in Ruhe etwas ganz Neues entworfen werden, das erst in einigen Jahren auf den Markt kommt.

Legendär ist die zeitliche Planung in der Forstwirtschaft: Was wir heute pflanzen, ernten unsere Enkel.

Gerade wegen des Planungshorizonts der privaten Wirtschaft hat die Investitionssicherheit eine zentrale Bedeutung.

Der Unternehmer muss die Sicherheit haben, dass seine heute getätigten Investitionen nicht morgen oder übermorgen enteignet oder durch irgendein womöglich rückwirkendes Gesetz wertlos werden. Daher gibt es nicht nur die verfassungsrechtliche Garantie des Eigentums, sondern die Rechtsprechung hat darüber hinaus noch ein *Recht am eingerichteten und ausgeübten Gewerbebetrieb* entwickelt. Es ist zum Beispiel nicht möglich, dass die Stadt in ihrer Bauleitplanung ein Gewerbegebiet plötzlich zum Grünland erklärt, weil sie dort eine Gartenschau einrichten will. Jeder behördliche Bescheid kann in Deutschland durch ein unabhängiges Verwaltungsgericht daraufhin überprüft werden, ob er den gesetzlichen Vorgaben entspricht. Oft genug entscheiden diese Gerichte zugunsten des Bürgers gegen die Verwaltung. Es gibt also keine geschlossene Obrigkeit, der ein Bürger oder ein Unternehmen auf Gedeih oder Verderb ausgesetzt wären. Selbst die Gesetze sind jederzeit daraufhin überprüfbar, ob sie mit dem Grundgesetz vereinbar sind. Alle Gesetze und Verordnungen, die nach Erlass des Grundgesetzes verabschiedet wurden, müssen diesem Rahmen entsprechen, insbesondere die Freiheitsrechte des Bürgers nicht mehr als notwendig einschränken. Das Bundesverfassungsgericht hat immer wieder diesen Freiheitsraum erweitert, beispielsweise beim Recht zur Existenzgründung: Diese darf nicht mehr davon abhängig gemacht werden, ob ein Bedarf für das neue Geschäft besteht. Derartige Gesetze werden als verfassungswidrig aufgehoben.

Dieses weitgehende Prüfungsrecht, auch von Gesetzen, ist international keineswegs selbstverständlich. In Großbritannien zum Beispiel gibt es dergleichen nicht. Dort ist das Unterhaus erste und letzte Instanz für die Gesetzgebung. Das

Unterhaus genießt völlige Souveränität, und seine Beschlüsse können nicht gerichtlich überprüft werden. Das weitgehende Prüfungsrecht in Deutschland ist, wie die freiheitssichernde Gesetzgebung und Verfassung überhaupt, nur als Antwort auf Willkür und Verbrechensherrschaft des Nationalsozialismus zu verstehen.

In der unternehmerischen Wirtschaft stellt sich immer das Problem, welcher Teil der Gewinne heute entnommen und für einen entweder aufwendigen oder sparsamen Lebensstil verwendet und welcher Teil umgekehrt der Kapitalbildung und den Investitionen gewidmet wird. Da liegt es für die Politik nahe, die entnommenen Gewinne stärker zu besteuern als die investierten und die Erbschaftssteuer für die Vererbung von Unternehmen niedriger anzusetzen als für privates Vermögen, einfach deshalb, weil das Unternehmen auch morgen Werte schafft, der private Reichtum hingegen nicht.

Je länger der zeitliche Horizont ist, desto stärker ist die Neigung, einen Teil der heutigen Mittel zu sparen und zu investieren, um die Voraussetzungen für spätere Erträge zu schaffen. Dies gilt für Privatleute ebenso wie für die Politik. Eine Regierung ist stets in der Versuchung, sich durch Wohltaten wie eine ausufernde Sozialpolitik beliebt zu machen und hierfür Schulden aufzunehmen. Da wird das heute Erarbeitete heute verzehrt, und Belastungen werden auf die nächste Generation verschoben. Ebenso kurzsichtig ist es, die heimische Wirtschaft durch hohe Zölle vor ausländischer Konkurrenz zu schützen, wodurch diese Unternehmen in ihrer Entwicklung zurückfallen, oder Konkursbetriebe mit staatlichen Mitteln aufzufangen, wodurch Kapital und Arbeitskräfte in unwirtschaftlichen Betrieben festgehalten werden.

Eine langfristig orientierte Politik wird stattdessen ihre Schwerpunkte auf die Infrastruktur, auf Ausbildung und auf industrienahe Forschung legen, also die Fundamente für die Erträge von übermorgen legen. Noch ausgeprägter ist dies bei der Förderung der Grundlagenforschung und bei der wirtschaftsfernen Kultur: Kunst, Literatur, Musik, Philosophie und Geisteswissenschaften.

In der freiheitlichen Gesellschaft gibt es das handfeste Risiko, dass allzu viele Menschen von dieser Freiheit überfordert sind, beispielsweise indem sie sich kurzfristigen Augenblicksgenüssen hingeben und nicht in der Lage sind, ein langfristiges Lebenskonzept zu entwerfen und dies mit einiger Disziplin durchzuhalten. Dementsprechend zahlreich sind die Forderungen nach einem bevormundendem Staat, der den Einzelnen vor unüberlegten Taten bewahrt. So sollen beispielsweise Genussgifte und Glücksspiel eingeschränkt werden, und bei der Anlage seines Vermögens soll jedermann davor bewahrt werden, auf wohlklingende Versprechungen hereinzufallen wie so viele andere vor ihm.

Aber es gibt auch das Scheitern ohne persönliche Schuld. Auch jemand, der noch so seriös lebt, kann ohne eigenes Zutun in finanzielle Not geraten, wenn etwa aufgrund von Konzernüberlegungen, die niemand aus der Belegschaft durchschaut, der örtliche Betrieb geschlossen wird. Oder wenn die am Platz hergestellten Produkte nicht mehr gefragt sind. Bei seinen Existenzproblemen möchte der einzelne Mensch nicht einfach den wirtschaftlichen Wechselfällen ausgeliefert sein, sondern planen und sich auf vorhersehbare Entwicklungen einrichten können. Hierzu ist es notwendig, wenigstens im Grundsatz zu verstehen, in welcher Weise die große volkswirtschaftliche Maschinerie funktioniert.

In welchem gesetzlichen Rahmen bewegt sich das Ganze? Worin besteht die Aufgabe eines Unternehmers? Warum gibt es bei den Firmen ein ständiges Kommen und Gehen von schließenden oder neu eröffneten Betrieben? Haben die unzähligen Verbände eine allzu einflussreiche Stellung? Welche Ziele verfolgt die Regierung bei ihrer Wirtschaftspolitik, und welche Mittel setzt sie hierfür ein? Weshalb ist hierbei so vieles strittig? Gibt es keine eindeutigen Vorgaben von Fachleuten? Zu all diesen Fragen sei vorweg angemerkt, dass im wirtschaftlichen Geschehen des ganzen Volkes alles mit allem zusammenhängt. Daher hat ein politischer Eingriff, der als naheliegend und sinnvoll erscheint, gewöhnlich Fernwirkungen, an die der Laie nicht denkt, die aber mitberücksichtigt werden müssen. Als verantwortlicher Staatsbürger möchte mancher in die Lage versetzt werden, an diesen Debatten mitzuwirken oder sie wenigstens zu verstehen.

1.2 Die Akteure verstehen

Es ist relativ einfach, an die Politik Forderungen zu stellen, die mit hohen Ausgaben verbunden sind: bessere Straßen, mehr Polizei für die Sicherheit, weitere Sportstätten, kein Unterrichtsausfall an den Schulen, eine umfassendere Sozialpolitik und dergleichen mehr. Allerdings müssen alle Vorhaben aus Steuergeldern finanziert werden, und diese Steuern stammen direkt oder indirekt alle aus der gewerblichen Wirtschaft – entweder von den Betrieben oder von den dort Beschäftigten. Insofern liegt es im allgemeinen Interesse, die Funktionsweise des ganzen Apparats nicht allzu sehr zu stören. Letztlich geht es darum, möglichst alle im Volk vorhandenen Kräfte zu mobilisieren und ihr Wirken zu koordinieren. Hierzu ist ein geeignetes System, eine Ordnung des Ganzen einzurichten. Das ist in Deutschland vergleichsweise gut gelungen – nicht perfekt, aber doch so, dass einige Nachbarländer fragen, auf welche Weise Deutschland die jetzige führende Stellung in der Europäischen Gemeinschaft errungen hat. Die Arbeitslosigkeit, speziell der Jugend, ist vergleichsweise niedrig. Die Exporte sind alljährlich weit höher als die Importe – die hier hergestellten Produkte sind anscheinend weltweit gefragt. Jüngst, im Jahr 2015, durften wir feststellen, dass Deutschland als Einwanderungsland heiß begehrt ist – nicht zuletzt wegen des hiesigen Wohlstandsniveaus. Wie kommt all dies zustande?

Bei diesem Sachverhalt geht es zunächst um die Frage, in welcher gesetzlichen und politischen Ordnung das Ganze passiert. In welchem Rahmen haben sich alle Beteiligten zu orientieren? Von wem gehen die Impulse aus, die bestimmen, was geschehen soll, und wer setzt diese dann um? Wie viel Freiheit haben die Akteure, insbesondere die Betriebsleiter?

Innerhalb der jeweiligen Ordnung befinden sich die Menschen, die entweder selbstständig entscheiden oder aber Weisungen ausführen. Um einen Einblick zu erhalten, müssen wir versuchen, die beteiligten Akteure zu verstehen. Mit einigen von ihnen können wir uns unterhalten und sie nach ihren Handlungsmotiven, Interessen und Konflikten befragen. Häufig gibt es öffentliche Äußerungen, die jedoch nicht immer glaubwürdig sind. Denn gewöhnlich versucht jeder seine ganz persönlichen Interessen zu verbergen, indem er sie als im Interesse der Allgemeinheit liegend darstellt. Hier ist also immer eine kritische Prüfung angebracht. Oft ist aus den tatsächlichen Handlungen, dem Verhalten, unschwer zu erschließen, welches Interesse dahintersteht. Anders als in den Naturwissenschaften ist es in den Sozialwissenschaften notwendig, die Entscheidungen der Beteiligten einfühlend gedanklich nachzuvollziehen, um sie zu verstehen: Weshalb tut einer dies und jenes? Weshalb fordert er etwas und vom wem? Hat er wirklich das Wohl der Allgemeinheit im Auge, oder versucht er, sich auf Kosten der Allgemeinheit einen Vorteil zu verschaffen?

Dabei gibt es im Wirtschaftsleben fest verteilte Rollen und je nach Rolle ganz unterschiedliche Verhaltensweisen – entweder rational oder irrational, entweder rechnend-kalkulierend oder impulsiv, je nach augenblicklicher Stimmung.

1.3 Die wichtigsten Rollen

Bei diesem großen Drama spielen vor allem mit:

- *Der private Haushalt, der Einkommen erzielt und alle möglichen Waren und Dienstleistungen einkauft:* Dies geschieht vorzugsweise irrational. Jemand kauft, was er sieht und was gefällt. Auch bei größeren Anschaffungen, dem Auto oder gar dem Einfamilienhaus, geht es vor allem nach Bauchgefühl und seelischem Wellenschlag, auch wenn gewöhnlich anschließend eine verstandesmäßig einleuchtende Begründung konstruiert wird. Ebenso verhält es sich bei der entscheidenden Frage, ob und wie viel Ersparnisse gebildet werden oder ob ständig am äußersten Rand des Konsumentenkredits gelebt wird.
- *Der Unternehmer*: Er versucht sich auf die Aufträge, Wünsche und Probleme der Kunden einzustellen und

Entsprechendes zu beschaffen oder herzustellen. Hierbei geht er (überwiegend) rational, also rechnend und kalkulierend vor. Dazu gehört, dass er sich bei jeder Entscheidung fragt: Was kostet mich das? Und was bringt mir das? Und weil sich jede Entscheidung auf künftige Aktionen und Ergebnisse bezieht, muss er sich immer eine Vorstellung der näheren Zukunft bilden.

- *Der Verbandsfunktionär und hauptberufliche Interessenvertreter*: Er muss zunächst einmal die Wünsche seiner Verbandsmitglieder erkunden. Meist geht es darum, in irgendeiner Form von den Härten des Wettbewerbs verschont zu werden, ferner um die Milderung staatlicher Lasten (Steuern, Bürokratie, Umweltschutzbestimmungen), um Vorhaben der Infrastruktur (Straßen oder Breitbandverkabelung) und nicht zuletzt darum, die Bedeutung der eigenen Branche für das Funktionieren des Ganzen zu betonen.
- *Der Wirtschaftsförderer*: Im Rahmen einer Bestandspflege hält er den Kontakt zu den ansässigen Unternehmen und versucht deren Wünschen entgegenzukommen, beispielsweise bei der Ausweisung von Gewerbegebieten und bei den Baugenehmigungen. Darüber hinaus versucht er, Neuansiedlungen zu akquirieren, indem er die Vorzüge des eigenen Standorts hervorhebt: die guten Verkehrsanbindungen, die freien Gewerbeflächen, die auf bestimmte Branchen eingestellten Arbeitskräfte, der niedrige Hebesatz der Gewerbesteuer.
- *Der Ratsherr oder der Abgeordnete*: Er muss für alle Bestrebungen in seinem Wahlkreis Verständnis haben (oder heucheln) und versuchen, diese in die Politik einzubringen, soweit sie einigermaßen überzeugend vertreten werden

können und dem Gemeinwohl dienen (oder so dargestellt werden können). Ähnlich wie ein Anwalt muss er sich die Wünsche und Beschwerden seiner Klientel zu eigen machen und in diesem Sinne plädieren.

- *Der Mann (oder die Frau) in der Verwaltung*: Sie sind streng an das Gesetz gebunden, wenn sie einen Antrag verbescheiden oder eine Genehmigung erteilen oder versagen. Allerdings hat es in den letzten Jahrzehnten – in den einzelnen Verwaltungen jeweils in unterschiedlichem Ausmaß – ein prinzipielles Umdenken gegeben. Früher war das rein juristische Denken vorherrschend: Die eingehenden schriftlichen Anträge wurden in der Reihenfolge ihres Eingangs geprüft. Wurde ein Bauantrag mit Begründung abgelehnt und in einer verbesserten Form erneut eingereicht, kam er zunächst wieder in den Stapel der Anträge, bis er nach einigen Wochen oder Monaten weiter bearbeitet wurde. Das konnte dauern, und nach mehr als einem Jahr verlor mancher Unternehmer das Interesse. Heute wird das Ganze etwas kundenfreundlicher gehandhabt: Der Wirtschaftsförderer und der Mitarbeiter vom Bauamt erkundigen sich beim Unternehmer, was dieser möchte oder was für ein Problem er hat. Dann wird gemeinsam überlegt, wie sich dies im Rahmen der Bebauungspläne und Regularien realisieren beziehungsweise beheben lässt. Und der Bauantrag eines Unternehmens, das eine neue Halle mit vielen Arbeitsplätzen errichten will, hat beispielsweise Vorrang vor dem Antrag eines Privatmannes, der einen Wintergarten bauen will. Denn das eine liegt im allgemeinen Interesse, das andere nicht.

Jeder private Haushalt und jeder Unternehmer hat sein ganz privates persönliches und egoistisches Interesse. Dies braucht nicht auf Kosten der anderen Menschen oder der Allgemeinheit zu gehen, im Gegenteil: Die Aufgabe des Staates besteht vor allem darin, die ganze Maschinerie so einzurichten, dass das Interesse des Einzelnen diesen möglichst zu einem Verhalten drängt, das gleichzeitig dem Gemeinwohl dient. Der Egoismus aller Einzelnen wird als Motor für die ganze Maschinerie genutzt. Dies hat sich als weit wirksamer erwiesen als Appelle und öffentliche Aufrufe, tatkräftig am Wohl des Ganzen mitzuwirken.

Durch ein Verständnis für volkswirtschaftliche Fragen wird darüber hinaus auch mancher in die Lage versetzt, Versprechungen aller Art, etwa hohe Zinsen ohne Risiko bei der Kapitalanlage, kritisch zu beurteilen und nicht auf vordergründige Überredungsversuche hereinzufallen. Und er kann sich Gedanken darüber machen, ob Reichtum und Wohlstand lohnende Lebensziele sind oder ob er ein solches Streben als primitiv verwirft.

1.4 Das Problem der Wirtschaft

Das Wort *Wirtschaft* leitet sich von *Wirt* im Sinne von *Gastwirt* ab, wie auch ein ländlicher Gasthof gelegentlich als *Wirtschaft* bezeichnet wird. Der Inhaber bemüht sich, den Wünschen der Gäste so entgegenzukommen, wie seine beschränkten Mittel es zulassen. Er muss kalkulieren, welchen Preis er nehmen muss, um einigermaßen über die

Runden zu kommen. Und er probiert vorsichtig aus, wie viel er darüber hinaus aufschlagen kann, ohne die Gäste zu verschrecken. Beim allgemeineren Gebrauch des Wortes *Wirtschaft* geht es um das Problem, dass die Wünsche der privaten Haushalte nach Nahrung, Kleidung, Häusern, Fahrzeugen sowie nach Dienstleistungen und Genüssen aller Art nahezu grenzenlos sind. Hinzu kommt der Bedarf des Staates zum Beispiel an Verwaltungsgebäuden, Büromöbeln, Kampfflugzeugen und ebenfalls einer unübersehbaren Anzahl weiterer wirklicher oder vermeintlicher Notwendigkeiten. Es ist ganz ausgeschlossen, diese privaten und öffentlichen Wünsche vollständig erfüllen zu können, insbesondere dann, wenn ein bestimmtes Niveau erreicht worden ist und weitere Wünsche angemeldet werden, an die vorher niemand gedacht hat. Es ist also notwendig, die verfügbaren Arbeitskräfte, Kapitalien, Grundstücke und Bodenschätze so einzusetzen, dass ein möglichst großer Teil der allseitigen Wünsche erfüllt werden kann – möglichst über die zum Leben unerlässliche Grundversorgung hinaus. Um dies im großen Umfang für die Millionen von Einwohnern eines Landes zu organisieren, ist ein bestimmtes von der Politik beschlossenes System, eine Ordnung notwendig. Dieses Unterfangen gelingt in den einzelnen Staaten der Erde in höchst unterschiedlichem Umfang – sowohl hinsichtlich des erreichten Wohlstandsniveaus als auch hinsichtlich der Verteilung. Je erfolgreicher es gelingt, desto eher ist das Volk geneigt, die Regierung im Amt zu bestätigen. Der Wohlstandserfolg trägt zu einem gewichtigen Teil zur Legitimation der staatlichen Macht bei und hat insofern eine große politische Bedeutung: Die Lebensbereiche Wirtschaft und Politik sind eng miteinander verknüpft. Sie funktionieren aber nach ganz unterschiedlichen Gesetzen, was zu ständigen Konflikten führt, wenn die Politik auf die Wirtschaft einwirken will oder umgekehrt.

Aber auch zum Lebensbereich Kultur gibt es vielfältige Verbindungen. Hier geht es nicht nur um die Anschaffung von Musikinstrumenten und das Gehalt des Kapellmeisters. Zahlreiche Menschen sind hauptberuflich im kulturellen Bereich tätig, etwa als Komponisten, Autoren, Kunstmaler oder Schauspieler, also als Produzenten von Kultur, oder auch als Vermarkter: im Verlagswesen, als Konzertveranstalter oder als Kunsthändler. Nicht zu vergessen ist das Publikum, um dessentwillen alles stattfindet und das den Kulturbetrieb finanziert, soweit nicht die öffentliche Hand helfend einspringt. Bei den Gemeinden, Ländern und im Bund ist regelmäßig heftig umstritten, wie und in welcher Form die Kultur gefördert werden soll. Hier gibt es die grundsätzliche Kritik, die Kultur habe ihren Wert an sich und dürfe daher nicht von den Launen des Marktes, von Angebot und Nachfrage abhängig gemacht werden. Das Verhältnis der Kultur zur Wirtschaft ist mithin ebenfalls strittig.

Es gibt aber auch grundsätzliche Kritik am Bereich Wirtschaft, etwa dahingehend, dass Wohlstand und Chancen höchst ungerecht verteilt seien. Und ein stetig wachsender Wohlstand sei gar nicht wünschenswert, sondern im Gegenteil schädlich, weil die Natur rücksichtslos ausgeplündert werde und weil weltweit die Umwelt vergiftet werde. Obendrein würden alle Lebensverhältnisse ökonomisiert und ihres Eigenwertes beraubt.

Für den Laien ist nicht ganz einfach zu erkennen, wer eigentlich in der Wirtschaft das Sagen hat und wer bestimmt, was produziert und verkauft wird, welche Betriebe eröffnet oder geschlossen werden, wie sich ein Freihandelsabkommen auswirkt und weshalb Kartelle verboten sind und mit hohen Bußgeldern geahndet werden – kurz: wie die Machtverhältnisse sind und nach welchen Regeln das Ganze abläuft.

All dies bietet einen guten Anlass, sich einmal grundsätzlich mit dem Lebensbereich Wirtschaft zu beschäftigen, mit den Akteuren und der Funktionsweise. Es handelt sich hierbei um eine Arbeitsplattform für alle anderen Lebensbereiche, die ihrerseits auf die ökonomischen und finanziellen Grundlagen angewiesen sind. Jeder kann versuchen, die wirtschaftlichen Entwicklungen zu verstehen – schon um das Belanglose, das ihn nicht betrifft, vom Bedeutsamen unterscheiden zu können, das Auswirkungen auf ihn haben kann.

Aber der Lebensbereich Wirtschaft ist nicht nur für jeden einzelnen Menschen von Interesse, sondern auch für die Gesellschaft insgesamt und für den Staat. Sie liefert die materielle Grundlage für alle anderen Aktivitäten. „Die Wirtschaft ist vielleicht das Primitivste, aber sie ist auch das Unentbehrlichste; erst auf dem Boden einer gesunden Wirtschaft kann die Gesellschaft ihre eigentlichen und letzten Ziele erfüllen", schreibt Ludwig Erhard in seinem legendären Buch *Wohlstand für Alle* (1957, S. 140). Und weiter: „Wir bauen keine ägyptischen Pyramiden als Selbstzweck; nein, jede neue Maschine, jedes anlaufende Kraftwerk, jeder zusätzliche Arbeitsplatz und jedwede anderen Mittel der Leistungssteigerung dienen in letzter Konsequenz der Bereicherung des menschlichen Seins aller im Bereich der sozialen Marktwirtschaft lebenden und schaffenden Menschen."

Jedes Land sieht sich in einem internationalen Wettbewerb, in einer Rivalität aller gegen alle, und jeder Staat ringt um Macht und Einfluss. Dieser Wettbewerb wurde früher gewöhnlich mit militärischen Mitteln ausgetragen, heute überwiegend mit wirtschaftlichen. Es geht um ein möglichst reibungsloses und effizientes Zusammenwirken des ganzen Apparates, nämlich:

- Bergbau, Rohstoffgewinnung,
- Landwirtschaft, Forsten, Fischerei,
- Rohstoffverarbeitung, Herstellung von Gütern, Industrie,
- Groß- und Einzelhandel, Handelsvermittlung, Außenhandel,
- Tourismus, Gastronomie,
- Verkehr,
- Geld- und Kreditwesen, Währung,
- die unzähligen verschiedenen Dienstleistungen aller Art, vom Bewachungswesen bis zur Partnervermittlung, sowie
- die Steuern, den Staatshaushalt und die öffentlichen Aufgaben unterschiedlichster Art, beispielsweise vom Straßenbau über Bildung und Sicherheit bis hin zur Sozialpolitik.

Welchen Zweck und welche Funktion hat dieser ganze Apparat? Die Antwort darauf ist durchaus nicht selbstverständlich und wird von Land zu Land recht unterschiedlich gesehen. Als wichtigste Ziele kommen in Betracht:

- maximaler Reichtum für eine kleine Herrschaftsschicht oder aber möglichst gleichmäßige Verteilung auf alle Volksgruppen,
- Erzielung von Steuern für staatliche Aufgaben, auch dies mit recht unterschiedlichen Prioritäten, beispielsweise entweder militärisch oder zivil,
- Arbeitsplätze (möglichst jeder, der arbeiten kann und will, soll einbezogen werden),

- Soziales (Unterstützung aller Alten, Schwachen, Kranken, Bedürftigen, Arbeitslosen),
- Religion und Ideologie (möglichst reine Lehre), oder aber Toleranz, möglichst große Vielfalt in Kunst und Kultur, kultureller Einfluss auf andere Länder.

Dabei werden von Nation zu Nation die Prioritäten ganz unterschiedlich gesetzt. Im internationalen Vergleich ist beispielsweise in Deutschland der soziale Bereich sehr stark ausgeprägt, wohingegen der Gedanke, durch eine starke Armee Einfluss und Respekt zu gewinnen, als abseitig empfunden wird. Nach den fürchterlichen Erfahrungen der beiden Weltkriege ist man hier eher pazifistisch gesinnt und setzt zivile Prioritäten. Ferner geht es in Deutschland um eine möglichst gleichmäßige und gerechte Verteilung des Reichtums auf alle Bevölkerungsgruppen, soweit dies mit dem Leistungsprinzip vereinbar ist. Ludwig Erhard (1957): „Ich werde nie müde werden, dafür zu sorgen, dass die Frucht des wirtschaftlichen Fortschritts immer breiteren und am Ende möglichst allen Schichten des Volkes zugute kommt." Welchen Umfang die soziale Umverteilung hat, lässt sich daran ablesen, dass 2014 die Einkommen aus öffentlichen Transferzahlungen 23 Prozent aller in Deutschland erzielten Einkommen ausmachten, wie das Statistische Bundesamt feststellte. Die Bruttoeinkommen aus unselbstständiger Arbeit machten 61 Prozent aus, die Einnahmen aus Vermögen 10 Prozent.

Ein weiteres Ziel ist die Vollbeschäftigung. Im März 2016 betrug die Arbeitslosenquote im Durchschnitt der Länder der Europäischen Union 8,8 Prozent, in Deutschland hingegen nur 4,2 Prozent.

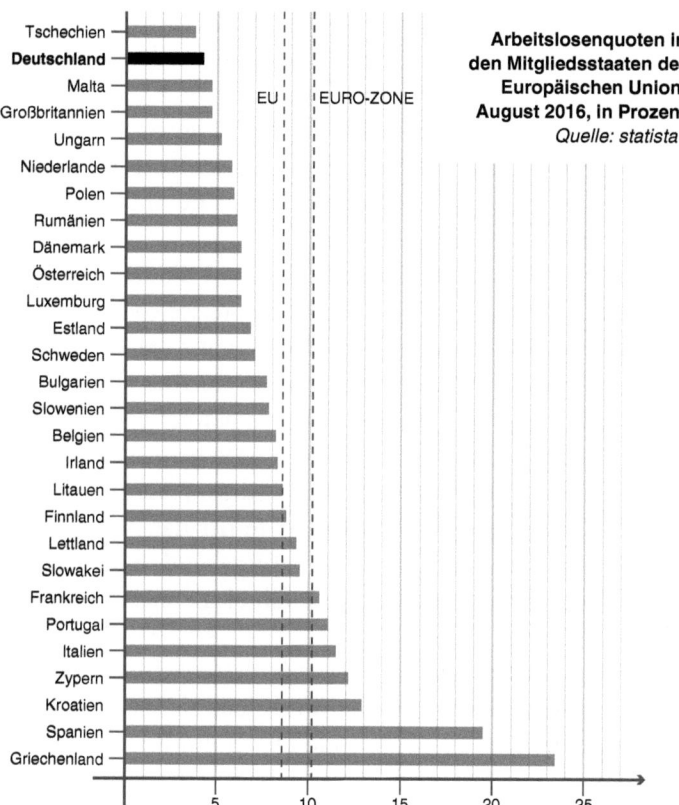

- Der wirtschaftliche Erfolg lässt sich aber auch am Erfolg des Außenhandels ablesen: Sind die Waren weltweit gefragt? Wird mehr exportiert als importiert und besteht daher kein Mangel an Devisen?
- Als weiterer Maßstab für den wirtschaftlichen Erfolg eines Landes kommt in Betracht, ob primär Rohstoffe oder

hauptsächlich Fertigwaren exportiert werden. Denn Fertigwaren, zumal der anspruchsvolleren Art, deuten auf ein hohes Ausbildungsniveau.
- Wichtig ist darüber hinaus, ob Währungsstabilität oder Inflation herrscht, ferner das Ausmaß der Korruption und die Frage, ob eine zähflüssige Bürokratie alle Vorhaben behindert.
- Weitere mögliche Erfolgsmaßstäbe sind die wissenschaftlichen Leistungen (Wie viele Nobelpreise?) oder als Krisensymptom die Anzahl der Straftaten und der Strafgefangenen oder der Wanderungssaldo (mehr Auswanderer als Einwanderer?). Ein Maß für die Humanität eines Landes könnte auch sein, wie es den untersten zehn Prozent der Bevölkerung ergeht: den Randständigen, Ausgestoßenen und Hoffnungslosen. Wichtig ist ferner das Ausmaß des Anpassungsdrucks: Wird ein weitgehend einheitliches Verhalten erwartet oder gilt Vielfalt als Bereicherung?

Gleich, wie der Erfolg eines Staates gemessen wird: Entweder die Wirtschaft selbst oder die Wirtschaft als Basis für alles Übrige liefert stets entscheidende Daten. Im Prinzip geht es beim Regierungserfolg nach westlichem Verständnis um die Frage, ob jeder Mensch seine Talente frei entfalten kann und hierfür eine Förderung und einen gesicherten rechtlichen Rahmen erhält, also keine behördliche Willkür zu fürchten braucht.

Dieses Niveau ist in den Ländern der Welt außerordentlich unterschiedlich. Es liegt sehr nahe, dies auf die verschiedenen nationalen Traditionen und Eigenarten zurückzuführen, beispielsweise im Falle Deutschlands auf die (wirklichen oder eingebildeten) Eigenschaften wie Fleiß, Ordnung,

Pünktlichkeit, Gesetzestreue und Zuverlässigkeit. Dies könnte jedoch ein großer Irrtum sein, wie die unterschiedlichen Realitäten im Dritten Reich, in der DDR und in der Bundesrepublik zeigen. Fleißig waren auch die Einsatzgruppen hinter der Front im Osten während des Zweiten Weltkrieges – je fleißiger, desto mehr Verbrechen. Fleißig war auch der Staatssicherheitsdienst in der DDR – je fleißiger, desto mehr Lähmung jeder privaten Initiative. Dass es nicht primär auf die nationalen Charaktere und den geschichtlichen Hintergrund ankommt, zeigen auch die immer noch geteilten Staaten, etwa Nord- und Südkorea sowie die Volksrepublik China und Taiwan. Bis zur Teilung waren geschichtlicher Hintergrund und Mentalität weitgehend identisch, aber dann entwickelten sich die jeweiligen Hälften aufgrund ihrer politischen Systeme auseinander. Besonders deutlich wird dies in Korea: Im Süden herrschen ähnliche Verhältnisse wie in Deutschland, während der Norden in verzweifelter Armut lebt. Im Falle Chinas beträgt das Verhältnis des Einkommensniveaus von Taiwan zu Festlandchina etwa 3 : 1. Diese riesigen Unterschiede können ihre Ursache nur in den verschiedenen Wirtschaftssystemen haben, genauer gesagt im Verhältnis des Staates zu den Privaten. Der Staat kann totalitär sein, alle Lebensbereiche durchdringend und das Bewusstsein aller Bürger beherrschen wollend, oder aber der Staat gibt allen persönlichen Talenten Gelegenheit, sich zu entfalten. Zwischen den Extremen gibt es weltweit unzählige Übergangsformen, beispielsweise riesige Staatsfirmen wie Petrobras in Brasilien oder eine staatsnahe Oligarchie wie in Russland.

Es kommt also nicht auf die nationalen Charaktere an, sondern darauf, in welchem politischen Rahmen diese eingesetzt werden. Für den Bereich der Wirtschaft beinhaltet dies die Frage nach der richtigen Wirtschaftsordnung, vor allem nach dem richtigen Verhältnis von Staat und Privatem: Soll und will der Staat alles und jedes inhaltlich bestimmen, oder setzt er nur den rechtlichen Rahmen und überlässt den Privaten die Initiative zum Ausfüllen dieses Rahmens? Hier stoßen wir auf ein merkwürdiges Paradoxon: Je mehr sich der Staat zurückhält und auf inhaltliche Vorgaben verzichtet, desto stärker und gleichzeitig flexibler entwickelt sich das Ganze und damit auch der Staat. Und umgekehrt: Je mehr der Staat alle Einzelheiten selbst regeln will, desto starrer und einfallsloser wird das Ganze, und desto eher scheitert das Regime in einer Revolution oder in einem völligen Zusammenbruch wie 1989 in der DDR.

Literatur

Erhard, Ludwig. 1957. *Wohlstand für Alle*. Düsseldorf: Econ-Verlag GmbH.
Sombart, Werner. 1904. *Gewerbewesen, Erster Teil, Sammlung Göschen*. Leipzig: G.J. Göschen'sche Verlagsbuchhandlung.

2
Die Wirtschaftsordnung

2.1 Die Wahl der Wirtschaftsordnung

Das Grundproblem für jeden Staat besteht also darin, dass zur Befriedigung der nahezu unendlichen privaten und öffentlichen Bedürfnisse nur beschränkte Mittel zur Verfügung stehen. Um dieses Problem bestmöglich zu lösen, muss für die gesamte Gesellschaft irgendein System, eine Ordnung, gefunden werden. Die Wirtschaft hat nicht ein Eigenleben im Sinne eines seelenlosen Automatismus, sondern sie wird vom Menschen getragen und von Menschen geformt. Diese entscheiden sich für eine bestimmte Ordnung. Sie soll regeln, wer was entscheidet und wie die Pläne aller einzelnen Teilnehmer aufeinander abgestimmt werden. Was soll wann und wo für wen produziert werden? Wie wird gesichert, dass Materialien und Produktionsmittel sachgemäß sowie sparsam und effizient verwendet werden? Wie wird ein Anreiz zur Innovation gesetzt? Wie wird die Verteilung an alle Konsumenten organisiert? Welche Produktionsmittel werden eingesetzt? Was wird unternommen, um den gesamten Maschinenpark und die Gebäude, also den Kapitalstock, stetig zu erneuern und zu verbessern? Wie können wir sicherstellen, dass der ganze Apparat auf äußere Herausforderungen aller Art flexibel reagiert – vom Wetter über schwankende Wechselkurse bis zum Auf und Ab der Rohstoffpreise? Und in welcher Form soll sich das Angebot an die wechselnden Moden und Vorlieben des Publikums anpassen? Wie lässt sich in einer stark arbeitsteiligen Wirtschaft die Koordination der vielen Betriebe sichern, von denen jeder nur eine ganz eng definierte Palette von Produkten anbietet?

Weitere Fragen bei der Wahl und Ausgestaltung der Wirtschaftsordnung sind: Wer entscheidet über die Arbeitsbedingungen – von den Löhnen und dem Urlaub bis zur Unfallversicherung? Wie wird die gesamte Sozialpolitik finanziert und organisiert – Gesundheitswesen, Renten und Unterstützungszahlungen aller Art? Wie können wir den Betrieben ausreichend Steuern abverlangen, ohne sie zu erdrosseln? Ist ein freier Außenhandel sinnvoll, oder sollen unsere Betriebe vor der ausländischen Konkurrenz geschützt werden? Wie sollen Wissenschaft und Forschung organisiert werden, und wie wird gesichert, dass die Forschungsergebnisse möglichst rasch in der Wirtschaft umgesetzt werden? Und die Kunst? Und das Design?

Diese und unzählige weitere Entscheidungen sind in jedem Wirtschaftssystem zu treffen, und zwar am besten nicht jede einzelne Entscheidung für sich, punktförmig, sondern das Ganze in einem nachvollziehbaren Gesamtzusammenhang.

Das Ganze steht unter der Herrschaft des *wirtschaftlichen Prinzips* in seinen beiden Fassungen: entweder ein bestimmtes Ergebnis mit immer weniger Aufwand zu erzeugen oder mit einem gegebenen Aufwand ein möglichst hohes Ergebnis zu schaffen. Werner Sombart stellte fest: „Im Allgemeinen können wir eine Vervollkommnung der gewerblichen Technik im Verlauf der menschlichen Entwicklung insofern konstatieren, als es gelungen ist, mit einem geringeren Arbeitsaufwande eine bestimmte Menge von Gütern herzustellen." Diese Rationalisierung durch eine perfektere gewerblich genutzte Technik hört nie auf. Es gibt immer wieder größere oder kleinere Innovationen und gelegentlich große technische Durchbrüche. Es gibt neue Produkte, neue Verfahren, neue Rohstoffe, und all dies in einem Wettkampf der Systeme.

Niemand kann zu seiner Zeit die künftigen Erfindungen vorhersehen. Denn wenn wir dies könnten, würden wir diese Erfindungen ja schon jetzt machen. Nur allzu leicht wird deshalb der Täuschung aufgesessen, dass der aktuelle Stand schon der perfekte sei, der nicht mehr zu verbessern wäre. Sombart stellte 1904 befriedigt fest:

> Die Maschine begleitet den Menschen auf allen Etappen der Kultur und wächst in langsamer schrittweiser Entwicklung zu der heute erreichten Vollkommenheit heran. Heute haben wir die Dampfmühle, in der der steinerne Mühlstein durch die eiserne Walze ersetzt ist, und in der das Prinzip der Maschinerie in höchster Vollendung zur Anwendung gebracht ist. (Sombart 1904, S. 15)

Bei dieser Frage der Technik, des Verfahrens, wird der epochale Unterschied zwischen Handwerk und Industrie deutlich. Beim Handwerk ist dieses Können an die Person gebunden, wie Sombart weiter feststellt: „Jedes Kunstverfahren ruht in der Persönlichkeit des ‚Meisters' eingeschlossen: es lebt mit ihm, es stirbt mit ihm" (Sombart 1904, S. 22). Bei der Industrie hingegen werden „die Ausübung und Erhaltung der technischen Kunst durch das rationelle Verfahren von der Zufälligkeit des Individuellen befreit" (Sombart 1904, S. 23). Dies gilt auch für das kapitalistisch orientierte Unternehmen insgesamt, weil „hier nicht mehr der Bedarf einer Person oder einer Mehrheit von Menschen richtungweisend ist, sondern das Quantum und die Qualität der Leistungen einer kapitalistischen Unternehmung nur noch unter dem unpersönlichen Gesichtspunkt einer Verwertung des Kapitals betrachtet werden dürfen" (Sombart 1904, S. 53).

2.1.1 Freiheitlich oder autoritär?

Ludwig Erhards verehrter Lehrer Franz Oppenheimer stellte die Frage:

> Kann man eine Gesellschaft auf eine solche Grundlage stellen, dass jeder Einzelne durch sein Eigeninteresse überall zu einer Handlungsweise getrieben wird, die mit dem Gesellschaftsinteresse solidarisch ist? Wenn ja, dann brauchen wir uns um Vorstellungen und Wertungen nicht mehr zu sorgen.

Nach seiner Meinung geht es hier ähnlich wie in den Ingenieurwissenschaften um die Konstruktion funktionierender Systeme. Das Gesamtsystem *Wirtschaft* braucht einen starken Motor. Hierbei hat es auf Dauer keinen Sinn, an das Gemeinschaftsinteresse und die Solidarität zu appellieren.

Wir müssen von einem realistischen Menschenbild ausgehen in dem Sinne, dass es zwar Edelmut und Altruismus gibt, dass aber zunächst einmal jeder Einzelne versucht, für sich und die ihm Nahestehenden das Beste herauszuholen. Also müssen wir das ganze System so einrichten, dass es von diesem Eigeninteresse als dem stärksten Motor angetrieben wird. Eine Vielzahl von Regeln sorgt dafür, dass dies nicht zu einem Chaos, zu einem Kampf aller gegen alle, ausartet und der innere Friede möglichst gewahrt bleibt.

Die bisherige geschichtliche Entwicklung zeigt, dass die freiheitlichen und marktwirtschaftlich organisierten Staaten den sozialistischen und den sonstigen autoritären Systemen weit überlegen sind und ganz einfach besser funktionieren. Die Betriebe sind hier im Eigentum von Privatpersonen, die sich im Wettbewerb behaupten müssen und dem Risiko der Pleite ausgesetzt sind. In diesem Fall haften sie mit ihrem gesamten Vermögen oder zumindest mit einer Kapitaleinlage. Sie bemühen sich daher im eigenen Interesse, jederzeit den wechselnden Kundenwünschen zu folgen und mit ihren Mitteln möglichst sparsam und effizient umzugehen. Zu ihrer Freiheit gehören immer das Bewusstsein für ihre Verantwortung und die persönliche Haftung. Ist hingegen alles im staatlichen Eigentum, so hat niemand ein ernstliches persönliches Interesse am Erfolg des Ganzen. Jeder tut nur, was ihm als Pflicht zugewiesen wird, und es gibt keinen Zwang zu ständiger Innovation. Auf diese Weise lässt sich zwar eine Grundversorgung sichern. Aber nicht nur der kräftige Antrieb fehlt, sondern darüber hinaus ist es ganz ausgeschlossen, Herstellung und Handel tausender Produkte und Dienstleistungen zentral zu planen.

Das Bestreben der DDR bestand darin, den Ausstoß durch Sonderschichten, also durch mehr Arbeitsstunden, erhöhen zu wollen, was jedoch allenfalls kurzfristig gelingt. Im marktwirtschaftlichen System wird die Produktion durch immer perfektere Maschinen, also durch Einsatz von Kapital, erhöht, und die Arbeitszeit bleibt gleich. Dies hat sich langfristig als weit wirksamer erwiesen.

2.1.2 Die Mobilisierung der Kräfte

Mindestens ebenso wichtig wie die Fragen der Machtverteilung, Organisation und Koordination ist ein anderes Problem, nämlich: Wie lassen sich alle im Lande vorhandenen Kräfte mobilisieren – wie lässt sich verhindern, dass etwas brachliegt, das im Interesse der Allgemeinheit eingesetzt werden könnte? Dabei geht es zunächst um die Arbeitskraft im weitesten Sinne: nicht nur die Bereitschaft, an jedem Werktag acht Stunden lang eine angewiesene Arbeit auszuführen, sondern darüber hinaus Ideen und Initiativen aller Art beizusteuern und fruchtbar einzusetzen, und zwar nicht nur im Rahmen des Arbeitsverhältnisses, sondern darüber hinaus in einer unendlichen Vielfalt ehrenamtlicher Arbeit, meist in einem der vielen Vereine, also Arbeit meist am Feierabend, ferner in der Altersphase als Pensionär oder Rentner. Nicht zu vergessen die Arbeit in Haus und Garten. Der gesamte Prozess muss also im optimalen Falle im Sinne einer umfassenden Motivation aller Teilnehmer eingerichtet sein. Neben dem Faktor Arbeit ist auch der Faktor Kapital zu bilden und zu mobilisieren: Die privaten Ersparnisse werden zur Bank getragen und dann als Kredit an die Unternehmen weitergegeben, so dass diese ihren Apparat immer wieder an veränderte Anforderungen und an den technischen Fortschritt anpassen können.

Die Frage der Motivation wird in den freiheitlichen Staaten besser gelöst als in den autoritären, und zwar vor allem ganz einfach deshalb, weil die Freiheit selbst motivierend wirkt. Wenn jemand sich frei entscheiden kann, sich selbstständig zu machen, sich in einem Verein zu engagieren oder Initiativen aller Art zu entwickeln, so ist er mit weit mehr Engagement bei der Sache als beim bloßen Befolgen von Weisungen. Die geringste Motivation besteht bei befohlener Arbeit, also bei fremd reguliertem Verhalten, beispielsweise durch äußere Belohnungen oder durch Zwang, Drohung und Strafen. Ein vollständig in das Selbstgefühl integriertes Verhalten ist demgegenüber nicht nur durch ein größeres Wohlbefinden gekennzeichnet, sondern auch durch größere Effizienz, insbesondere beim selbstständigen Lösen von Problemen und beim Durchhaltevermögen, wenn sich jemand mit einer Aufgabe identifiziert. Insofern ist es nicht nur beim Staat insgesamt, sondern auch innerhalb der Betriebe und Verwaltungen immer von Vorteil, die Entscheidungen möglichst weit nach unten, zur Basis und zu den unmittelbar Beteiligten, zu verlagern, so dass sich jeder seine Aufgabe zu eigen machen kann.

Um einen verbreiteten Irrtum handelt es sich bei der Annahme, die Leute seien nur durch Geld zu motivieren. Zwar erwarten sie eine Bezahlung, die für den Lebensunterhalt ausreicht, und gern noch etwas mehr. Aber wenn beispielsweise ein Sportler nach seiner aktiven Laufbahn jahrzehntelang als Trainer für den Verein tätig ist, tut er dies offensichtlich nicht aus finanziellem Interesse. Im Sport, in der Musik und in vielen anderen Sparten geht es einfach um die Freude an der Tätigkeit und nicht um finanzielle Belohnungen irgendwelcher Art. Oft ist es auch die Freude am Gelingen. Ähnlich ist es, wenn jemand sich bemüht, weil er eine gewisse Vorstellung vom Richtigen und Notwendigen hat und sich in diesem Sinne einsetzt. Im idealen Fall kann sich jemand vollständig mit den Zielen seines Unternehmens oder seiner Behörde identifizieren und in diesem Sinne tätig werden, ohne auf Belohnung zu hoffen. Ebenso ist es möglich, dass jemand tätig wird, weil die anderen es von ihm erwarten und er eine bestimmte Aufgabe übertragen bekommen hat. Er freut sich, wenn er diese Aufgabe zuverlässig erfüllen kann und daraufhin eine geachtete Stellung erringt. Brach liegende Kräfte, etwa beim Arbeitslosen oder beim Pensionär, drängen nach einer sinnvollen Tätigkeit. Nicht selten tritt auch der Fall ein, dass jemand aus einer langweiligen Tätigkeit, die ihn nicht ausfüllt, ausbricht in die Selbstständigkeit – teils aus Streben nach Selbstverwirklichung, teils aus Erwerbswillen. All dies trägt zur Mobilisierung der Kräfte bei, und all dies funktioniert am besten, wenn nicht allzu viel von oben hineinregiert wird. In jedem Fall soll die Wirtschaftsordnung so angelegt sein, dass die persönliche Motivation gleichzeitig der Allgemeinheit dient. Die Wirtschaftspolitik muss bei jedem Gesetz und jeder Maßnahme prüfen, welche Anreize hiermit geschaffen werden und ob Fehlanreize, etwa zum Trittbrettfahren und zum kostenlosen Mitnehmen von Vorteilen, geschaffen werden.

2.1.3 Das Eigentum

Zur Motivation der Teilnehmer und zur Mobilisierung der Kräfte gehört unbedingt auch das rechtliche Institut des Eigentums, wie es im Grundgesetz (Artikel 14) gesichert ist – zunächst einfach deshalb, weil mit dem privaten Eigentum sorgfältiger und schonender umgegangen wird als mit staatlichem Gemeingut. Das Eigentum wird gepflegt, es wird privat oder für einen Wirtschaftsbetrieb genutzt oder es wird verkauft und damit in den volkswirtschaftlichen Prozess eingeführt. Ähnliches gilt, wenn die Ersparnisse möglichst gewinnbringend angelegt werden. Ferner sichert das Eigentum eine persönliche Sphäre der Freiheit, zumal wenn eine Enteignung, wie in Deutschland der Fall, von den Behörden möglichst vermieden wird und tatsächlich recht selten vorkommt. Das Eigentum trägt also dazu bei, den Einzelnen vor willkürlichen Zugriffen der Behörden zu schützen.

Dabei ist allerdings zu beachten, dass unter den Begriff *Eigentum* zwei ganz verschiedene Dinge fallen, die rechtlich und politisch entsprechend verschieden behandelt werden. Zum einen geht es um das ganz persönliche private Eigentum (Haushalt, Auto, Einfamilienhaus, Einrichtung und Ähnliches), und zum anderen geht es um das Eigentum an Betrieben, insbesondere wenn dort familienfremde Personen beschäftigt werden, wie es der Regelfall ist. Besonders deutlich wird der Unterschied zwischen privatem und betrieblichem Eigentum im Falle der Vererbung (§§ 13 und 13a des Erbschaftssteuergesetzes). Die Betriebe werden weitgehend (zu 85 Prozent ihres Wertes) von der Erbschaftssteuer verschont, weil die Allgemeinheit ein Interesse an ihrer Erhaltung hat, schon wegen der Belegschaft und der Arbeitsplätze.

Das private Eigentum ist vor staatlichen Eingriffen weitgehend geschützt und sichert ein Freiheitsrecht. In § 903 des Bürgerlichen Gesetzbuchs heißt es:

> Der Eigentümer einer Sache kann, soweit nicht das Gesetz oder Rechte Dritter entgegenstehen, mit der Sache nach Belieben verfahren und andere von jeder Einwirkung ausschließen.

Seit jeher hat nahezu jeder Mensch den mehr oder minder starken Wunsch, Dinge unterschiedlichster Art als eigene zu erwerben und zu besitzen. Dies erstreckt sich nicht nur auf Gebrauchsgegenstände, sondern gerade auch auf Schönes und Wertvolles wie etwa Schmuck oder eher Dekoratives. Besonders ausgeprägt ist dieser Trieb bei den Sammlern, wobei die unterschiedlichsten Gegenstände gesammelt werden können, seien es Gemälde, Blechspielzeug oder Bierdeckel. Auch hierfür wird gearbeitet, auch dies wirkt motivierend. Dabei werden Fehlentwicklungen in Kauf genommen, wie das geradezu krankhafte Sammeln beim Messie, dessen Wohnung mit Müll aller Art verstopft ist, der sich von nichts trennen kann und der auch noch den Keller, den Dachboden und die Garage als Lagerraum in Anspruch nimmt.

Beim privaten Eigentum steht seit jeher auch das eigene Grundstück im Vordergrund, vor allem das eigene Haus, am besten als freistehendes Einfamilienhaus. In einer freien Wirtschaft wird nicht nur für ein möglichst hohes Einkommen gearbeitet, sondern aus diesem Einkommen soll häufig auch der Erwerb von Eigentum finanziert werden. Das geht mithin so weit, dass der Bau des Eigenheims als die eigentliche Lebensleistung betrachtet wird. Wichtig ist dabei auch, das Eigentum nach außen hin zu zeigen, was beim Schmuck Hauptzweck ist und auch beim Eigenheim eine wichtige Rolle spielt, weil hiermit ein gesellschaftlicher Status angezeigt wird. Es gibt also zwei Bestrebungen:

- Einerseits das Eigentum in der privaten, abgeschlossenen Sphäre auf dem eigenen Grundstück oder im Etagenhaus hinter der Etagentür. In diese Sphäre dringt gewöhnlich

kein Fremder ein. Sie dient als Rückzugsort und Ort der ganz persönlichen Entfaltung.
- Andererseits das Eigentum als Symbol eines bestimmten Status in der Gesellschaft, etwa bei der Wahl der Automarke.

Zu welchem Zweck auch immer: In jedem Fall setzt das Eigentum, wenn es nicht gerade geerbt worden ist, Einkommen voraus, also Arbeit. Dieses bei fast allen Bürgern vorhandene Streben nach Eigentum bildet also eine Antriebsquelle für die große Maschinerie der Wirtschaft. In der DDR wurde dieser Antrieb zerstört, indem das private Eigentum an Wohnhäusern zum Auslaufmodell erklärt wurde. Stattdessen wurde der Bevölkerung Wohnraum in seelenlosen, anonymen Plattenbauten zur Verfügung gestellt.

Etwas ganz anderes ist das Eigentum an Betrieben, an Unternehmen. Hier geht es nicht um das Privatleben, sondern um den Dienst an der Bevölkerung, indem Waren und Dienstleistungen angeboten werden, die der Kunde benötigt und die auf möglichst kostengünstige Weise hergestellt werden sollen. Absatz 2 von Artikel 14 des Grundgesetzes lautet: „Eigentum verpflichtet. Sein Gebrauch soll zugleich dem Wohle der Allgemeinheit dienen." Diese Bindung an das Gemeinwohl gilt für das betriebliche Eigentum weit stärker als für das private. Ferner gibt es im Betrieb die Belegschaft mit mannigfachen eigenen Rechten, vom Kündigungsschutz bis zur Mitbestimmung, und es gibt eine Vielzahl von Gesetzen, Behörden und Gerichten, die in den Betrieb hineinwirken, vom staatlichen Gewerbeaufsichtsamt bis zum Arbeitsgericht. Auch beim Unternehmen wirkt die Tatsache, dass es sich im Eigentum von Privatpersonen befindet, motivierend im Sinne der Allgemeinheit, nämlich indem die Eigentümer sich um wirtschaftlichen Erfolg bemühen, der nur durch das Eingehen auf die Kundenwünsche und durch einen möglichst rationellen Betrieb zu erreichen ist.

Der Betrieb gehört nicht zur privaten, sondern zur sozialen Sphäre und ist deshalb weniger vor staatlichen Eingriffen geschützt als der private Bereich. Die motivierende Wirkung wird insbesondere beim mittelständischen Unternehmen deutlich, dessen Eigentümer sich ganz mit seinem Betrieb identifiziert und sich daher weit stärker bemüht als ein staatlicher Angestellter.

In der DDR waren die privaten Unternehmen enteignet und zum Volkseigentum erklärt worden. Die Sozialisten gingen in etwas naiver Weise davon aus, dass jeder Eigentümer zum eigenen Vorteil arbeite und dass daher das Volk als Eigentümer für das Wohl des Volkes arbeiten werde. Tatsächlich gab es stattdessen eine fatale Wirkung auf die Motivation: Wenn allen alles gehört, fühlt sich niemand mehr persönlich verantwortlich, und der Eigentumsbegriff ist sinnentleert.

Ist das private Eigentum gesichert, so ist die Frage, bei wem das Eigentum liegt, relativ bedeutungslos für das Funktionieren des Ganzen. Am besten wird dies am Beispiel der Banken deutlich: Es gibt Privatbanken, Aktiengesellschaften, Sparkassen in der Trägerschaft der Stadt, ferner die Volksbanken als Genossenschaften. Die Eigentumsverhältnisse sind total unterschiedlich. Entscheidend ist stattdessen, ob sie im Wettbewerb, im Risiko, stehen und sich bewähren müssen. Dies war bei den volkseigenen Betrieben der DDR nicht der Fall.

Im Lauf des 20. Jahrhunderts hat sich die Motivationswirkung des Eigentums tiefgreifend verändert. In der wilhelminischen Zeit galt das Streben dem Reichtum, dem Vermögen, und zwar hauptsächlich dem Grundeigentum. Der Adel durfte jedoch dieses Vermögen nur erben oder durch Heirat erwerben, nicht etwa durch Arbeit oder gewerbliche Tätigkeit. Der Adel übte zum Schluss, am Ende des Ersten Weltkrieges, keine sinnvolle Funktion mehr aus, fühlte sich aber der Welt der Kaufleute turmhoch überlegen. Nachdem der Adel als gesellschaftlich tonangebende Schicht fortgefallen war, traten stattdessen, als eine der neuen Führungsgruppen, die Vertreter der Wirtschaft an diese Stelle: die Inhaber größerer Unternehmen und das Führungspersonal der Kapitalgesellschaften.

Formal sind die Aktionäre Miteigentümer ihrer Aktiengesellschaft. Sie haften mit ihrer Kapitaleinlage, haben jedoch auf die Führung der Gesellschaft keinen nennenswerten Einfluss, sondern können nur passiv das Auf und Ab der Kurse verfolgen. Die motivierende Wirkung des Eigentums hat sich in diesem Fall auf das Management verlagert: Die Geschäftsführung muss die Gesellschaft möglichst rentabel führen, so dass die Aktie im Kurswert steigt und als Anlagepapier attraktiv wird, was die Beschaffung weiteren Kapitals erleichtert.

Anders als unsere Großeltern leben wir heute in einer Welt der Angestellten, die gewöhnlich nicht primär das Bestreben haben, auf einem möglichst großen Vermögen zu sitzen, sondern die ihren Erfolg und Status am Einkommen ablesen: dem jetzigen Einkommen und der Altersversorgung, den Renten- und Pensionsansprüchen. Dementsprechend geht die motivierende Wirkung heute eher vom Einkommen als vom Reichtum aus.

Zum privaten Eigentum gehört das Erbrecht, das ebenfalls in Artikel 14 des Grundgesetzes gesichert ist. Das Erbrecht ist nicht etwa das Recht, etwas zu erben, sondern vielmehr das

Recht des Eigentümers, für den Fall seines Todes die Erben zu bestimmen. Dieses Recht folgt aus dem Recht zur freien Entfaltung der Persönlichkeit und damit der allgemeinen Handlungsfreiheit für jedermann, seine Angelegenheiten selbst zu regeln. Auch hiervon geht eine motivierende Wirkung aus. Dies wird besonders in der Landwirtschaft deutlich. Die Bauernfamilie betreibt den Hof seit mehreren Generationen, und der jetzige Inhaber fühlt sich gegenüber seinen Vorfahren verpflichtet, den Hof möglichst intakt und schuldenfrei an die nächste Generation zu übergeben. Ähnlich motiviert das Erbrecht auch den mittelständischen Unternehmer, der gern den Betrieb an eines seiner Kinder oder Schwiegerkinder weitergeben möchte und sich, zumal in der zweiten Lebenshälfte, entsprechend um das Unternehmen bemüht. Nicht minder bemüht sich im idealen Fall der künftige Erbe wegen der Aussicht, den Betrieb zu übernehmen.

Durch das Erbrecht wird das Prinzip, dass das Einkommen nur durch Leistung erzielt werden kann, durchbrochen, denn die Erben erhalten das Vermögen ohne eigene Anstrengung. Hierin kann eine Ungerechtigkeit gesehen werden. Sie wird jedoch in Kauf genommen, um die individuelle Freiheit zu schützen, zu der das Erbrecht ebenso gehört wie das Eigentum.

Allerdings entsteht durch das private Erbrecht das „Schnöselproblem". Ein Schnösel ist jemand, der nichts kann und nichts tut, aber reich geerbt hat, mit dem Geld um sich wirft und erwartet, dass das Dienstpersonal sowie alle Anlageberater und Verkäufer entsprechend seinen Erwartungen rennen und springen. Die Angestellten, Berater und Verkäufer brauchen viel Schauspieltalent, um ihre Verachtung und ihr Genervtsein zu verbergen. Gern umgibt sich der Schnösel mit seinesgleichen, um in der Clique den Luxuskonsum zu pflegen und um die Illusion zu nähren, man gehöre in irgendeiner Form zur obersten Bevölkerungsschicht. Gesellschaftspolitisch gesehen haben die Schnösel den Vorteil, dass sich keine abgeschlossene Oberschicht bildet, wenn so viele Vermögen verbummelt und verspielt werden.

2.1.4 Tage der Entscheidung

Selbst wenn im Prinzip Einigkeit darüber besteht, dass das Problem der Mobilisierung aller Kräfte und der Motivation aller Teilnehmer in einer marktwirtschaftlichen Ordnung am überzeugendsten gelöst werden kann, so bedeutet dies nicht, dass diese Ordnung überall eingeführt und in allen Bereichen der Wirtschaft konsequent angewandt wird. Dies ist auch in Deutschland bei weitem nicht der Fall, auch wenn sich alle Parteien formal zur Sozialen Marktwirtschaft bekennen.

Teils ist eine solche Ordnung historisch gewachsen, wie etwa in Großbritannien seit Jahrhunderten oder in Frankreich seit der großen Revolution, teils ist sie aber auch auf dem Reißbrett entworfen worden wie nach dem Zweiten Weltkrieg in der Bundesrepublik und die sozialistische Ordnung in der DDR. Die jetzt vorhandene Ordnung in Deutschland ist – zumindest in der alten Bundesrepublik – vor allem für die jüngere Generation allzu selbstverständlich geworden. Aber diese Ordnung war keineswegs schon immer da, sondern sie wurde gegen heftige Widerstände eingeführt.

Nach einem verlorenen Krieg, wenn alles in Schutt und Asche liegt und die bisherigen Institutionen und Gewissheiten zerfallen sind, ist es notwendig, sich für eine bestimmte

Wirtschaftsordnung zu entscheiden. Nur dann besteht aber auch Gelegenheit dazu. Denn wenn eine Ordnung bereits einige Jahrzehnte besteht, ist alles fest verteilt, und jedermann verteidigt seinen Besitzstand. Beim Wechsel zu einer anderen Ordnung ist in jedem Fall mit einem heftigen politischen Widerstand zu rechnen, denn ein solcher Wechsel ist unvermeidlich mit dem Verlust bestehender Privilegien verbunden. Und insbesondere ist es mit einem weitgehenden Verlust staatlicher Macht verbunden, wenn der Staat sich aus einer ständigen intervenierenden Detailsteuerung zurückziehen soll. Nicht nur der sachliche, sondern auch der personelle Einfluss wird gemindert, wenn die Wirtschaft privaten Kaufleuten überlassen werden soll und die herrschende Elite nicht mehr ihre Schützlinge mit leitenden Wirtschaftspositionen versorgen kann.

Zunächst einmal ist darüber hinaus für jeden unbefangenen Mitbürger der Gedanke verwirrend, dass die Wirtschaft am besten funktionieren soll, wenn alles dem Selbstlauf überlassen und auf eine Steuerung verzichtet wird. Aus der Sicht eines Laien ist es naheliegend, einige ausgesuchte qualifizierte Fachleute mit der Leitung des Ganzen zu betrauen. Hier werden die grundsätzlichen Entscheidungen getroffen, und durch eine mittlere Funktionärsschicht werden sie nach unten weitergereicht und an die örtlichen Verhältnisse angepasst. Die weltweiten Erfahrungen der vergangenen Jahrzehnte sprechen allerdings nicht für diese Möglichkeit, denn die Staaten mit zentral gelenkten und autoritär geführten Wirtschaftssystemen sind hoffnungslos hinter den liberalen Systemen des Westens zurückgeblieben. Statt der zentralen ist hier eine dezentrale Lenkung angesagt. Aber wie kann dies funktionieren, ohne dass ein

Chaos entsteht, wenn viele tausend einzelne Betriebe jeder für sich planen, ohne sich mit allen anderen und einer Zentralbehörde abzustimmen? Ist es nicht eine große Verschwendung, wenn in einer Vielzahl von Betrieben über dieselben Probleme nachgedacht und so vieles parallel entwickelt und produziert wird? Dieses Koordinationsproblem einer Gesellschaft lässt sich auf zwei unterschiedliche Arten lösen.

Im Grundsatz gibt es zur Steuerung des Ganzen zwei gegensätzliche und einander ausschließende Ansätze. Zum einen das Prinzip Eisenbahnverkehr: Dabei gibt es einen zentralen, für alle gültigen Fahrplan, und der örtliche Fahrdienstleister sorgt dafür, dass möglichst alle Züge pünktlich ankommen und dass nicht auf demselben Gleis zwei Züge einander entgegenkommen. Zum anderen das Prinzip Autoverkehr: Jeder entscheidet selbst, wann und wohin er fährt, und es gibt ein für alle Teilnehmer geltendes Regelsystem, wodurch die Zahl der Unfälle in Grenzen gehalten wird. Wir haben das Grundprinzip Autoverkehr gewählt: die dezentrale anstatt der zentralen Steuerung.

2.1.5 Von wem geht die Macht aus?

Bei der Auswahl einer Wirtschaftsordnung geht es im Prinzip um drei Probleme:

1. Die technische Frage: Welche Ordnung funktioniert am besten? Welche bringt den größten Wohlstand für die Bevölkerung und obendrein die meisten Steuermittel für die öffentlichen Zwecke?

2. Die politische Frage: Wer soll die Macht haben? Wer hat die Befugnis und die Legitimation, das Ganze zu dirigieren?
3. Die Frage der Tradition: Welche Ordnung lässt sich am besten an die bisherigen Institutionen und an die bisherigen rechtlichen, politischen und kulturellen Überlieferungen anbinden?

Von der Antwort auf diese drei Fragen hängt es ab, ob die gewählte Ordnung vom Volk als überzeugend akzeptiert wird. Bei der Realisierung, im Alltagsbetrieb, lassen sich interne Reibungsverluste vermeiden, wenn die Lebensbereiche Wirtschaft und Politik beide nach demselben Prinzip organisiert sind. Das erleichtert die Orientierung aller Bürger und ihre Lebensplanung.

Eine Möglichkeit besteht darin, dass sowohl die Wirtschaft als auch die Politik zentral gelenkt und autoritär geführt wird, zumal wenn es hierfür eine ehrenvolle Tradition gibt. So war es in den ersten Jahren der Deutschen Demokratischen Republik als dem sozialistischen deutschen Staat. Auf den ersten Blick klingt es überzeugend, dass der Staat das Gemeinwohl definiere und repräsentiere. Daher wurde alles und jedes von oben bestimmt, und die Führung konnte sich auf die revolutionäre Tradition einer früher unterdrückten Arbeiterklasse berufen. Und seit der Geschichtsphilosophie von Hegel und Marx galt es als wissenschaftlich erwiesen, dass nach vorgezeichnetem Lauf bestimmte Perioden aufeinander folgen würden. Die Sozialisten konnten also glauben, die Zukunft sei mit ihnen Popper (1958).

Im autoritären Staat kommt es für die Staatsbürger darauf an, die vorgegebene Ideologie möglichst perfekt zu verinnerlichen, die aus der Zentrale kommenden Befehle pünktlich und gewissenhaft auszuführen und die eigene Initiative auf gelegentliche Vorschläge zu beschränken, die aber nie als Kritik aufgefasst werden dürfen, sondern sich nur auf den praktischen Vollzug beschränken. Diese Denk- und Verhaltensweise gilt dort in Wirtschaft, Politik und allen anderen Lebensbereichen in gleicher Weise. Man braucht sich also beim Wechsel in einen anderen Bereich nicht umzugewöhnen, und die einheitlich geführten Bereiche kommen sich nicht gegenseitig ins Gehege. Ein solches System bringt einen bestimmten Menschentyp hervor und prämiert ihn: Menschen, die nicht zum Grübeln über Grundsatzfragen neigen, die aber ein organisatorisches Talent beweisen, wenn es gilt, die Vorgaben umzusetzen. Nur hat es sich leider herausgestellt, dass dieses System höchst unzureichend funktioniert und dass der Abstand zum Westen mit jedem Jahr größer wurde. Beim Sozialismus zeigten die obige politische Frage 2, wer die Macht haben soll, und die Frage 3, welche Wirtschaftsordnung sich an die bisherigen ehrenvollen Traditionen anbinden lässt, in dieselbe Richtung.

Nur die technische Frage 1, welche Ordnung am besten funktioniert, blieb ungelöst – insbesondere im ständigen Vergleich mit Westdeutschland und überhaupt mit dem nichtsozialistischen Ausland. Schließlich war nicht mehr zu übersehen, dass sich der Abstand im Wohlstandsniveau immer weiter vergrößerte. Insofern war es für die DDR-Führung gefährlich, für alle Lebensbereiche und damit auch für die gesamte Wirtschaft die Verantwortung zu übernehmen. Denn als sich herausstellte, dass die Wirtschaft nicht ausreichend funktionierte, wurde dieses Versagen unmittelbar dem Staat zugerechnet und zehrte an seiner Legitimität.

Relativ einfach ist die Frage nach der richtigen Wirtschaftsordnung auch zu beantworten, wenn sowohl die Wirtschaft als auch die Politik freiheitlich organisiert ist, also nach dem Grundprinzip Autoverkehr: Jeder kann Fahrtziel und -zeitpunkt selbst auswählen und hat lediglich während der Fahrt einige für alle geltende und nicht allzu komplizierte Regeln zu beachten, deren Einhaltung überwacht wird. Für einen Außenstehenden und vor allem für einen gelernten DDR-Bürger ist allerdings nicht ganz einfach zu erkennen, von wem eigentlich in der freiheitlichen Gesellschaft die Macht ausgeht und wer letztlich zu bestimmen hat, was in der Wirtschaft und überhaupt in der Gesellschaft geschieht. Dies ist nicht etwa der Bundeskanzler – oder im Falle Angela Merkels die Bundeskanzlerin –, der entsprechend dem Grundgesetz die Richtlinien der Politik bestimmt. Jeder Kanzler wird sich hüten, einfach irgendetwas als Richtlinie herauszugeben, was seiner ganz persönlichen Vorliebe entspringt. Denn Regierung und Kanzler müssen ja stets darauf achten, die Mehrheit des Parlaments hinter sich zu haben und womöglich auch die Opposition mit einzubinden. Das Parlament seinerseits ist von den Bürgern gewählt. Von diesen geht also letztlich die Macht aus. Sie kreuzen in der Wahlkabine in aller Stille irgendeinen Kandidaten oder eine Partei an und bestimmen damit inhaltlich und personell den Kurs des Ganzen. Diese Wahlentscheidung kann völlig irrational sein. Sie ist einer Begründung weder fähig noch bedürftig und ist insofern authentisch, als jeder Wähler ganz unbefangen seiner inneren Neigung folgen kann. Er führt nicht irgendeine Vorgabe aus, sondern bildet selbst die Vorgabe. Nach demselben Prinzip ist der innere Aufbau der Parteien organisiert, deren innere Ordnung laut Grundgesetz (Artikel 21) demokratischen Grundsätzen entsprechen muss. Hier geht also alle Macht von der Basis, von den Mitgliedern aus. Und ebenso sind die zahllosen Vereine organisiert, in welchen ebenfalls die Mitglieder das letzte Wort in allen inhaltlichen, personellen und finanziellen Fragen haben.

Das Besondere an der freiheitlichen Wirtschaftsordnung besteht darin, dass die Wirtschaft nach eben demselben demokratischen Prinzip wie die Politik organisiert ist, nur dass an die Stelle des wählenden Bürgers der einkaufende Konsument tritt. Er kauft irgendetwas ein, was ihm gefällt – ebenfalls rational oder irrational und ebenfalls ohne dass diese Entscheidung begründet werden könnte oder müsste. Es ist auch gleichgültig, ob der Konsument den gekauften Gegenstand wirklich braucht oder ob er den Versprechungen der Werbung aufgesessen ist. Als privater Bürger ist er autonom. Er ist Herr seiner selbst – in seinen Entscheidungen und Willensäußerungen unabhängig von staatlichen Vorgaben. Wichtig ist allein die Tatsache seiner Kaufentscheidung, ganz gleich, wie diese zustande gekommen ist. Dasselbe gilt für seine Entscheidung, einen Teil seines Einkommens zu sparen und diese Ersparnisse in irgendeiner Form anzulegen.

Hier gilt das Grundprinzip der verfassungsrechtlich (Artikel 2 des Grundgesetzes) gesicherten freien Entfaltung der Persönlichkeit. Jedermann hat die Freiheit, seine Lebensverhältnisse selbst zu bestimmen. Zu dieser Privatautonomie gehört die Vertragsfreiheit, also die Freiheit, mit anderen Partnern Verträge beliebigen Inhalts abzuschließen oder auch nicht, ebenso wie die freie Verfügung über das Eigentum und die Freiheit, die Erben zu bestimmen.

Zu diesen Freiheitsrechten gehört beispielsweise auch die Baufreiheit. In der öffentlichen Bauleitplanung ist festgelegt, in welcher Weise ein Grundstück genutzt und in welcher Form gebaut werden kann. Jeder Bauantrag, der diese Bedingungen erfüllt, muss genehmigt werden. Die Gemeinden haben also nicht das Recht, die Einheimischen zu bevorzugen und einen außenstehenden Investor abzulehnen. Ähnlich ist es mit der Marktfreiheit: Hat die Gemeinde festgesetzt, wann und wo ein Markt abgehalten wird, so kann sich jedermann beteiligen und hier seinen Stand aufbauen.

Zu Beginn des Grundgesetzes sind diese Freiheitsrechte des einzelnen Bürgers, die die Basis des Ganzen bilden, im Einzelnen genannt. Sie gelten insbesondere auch für den Lebensbereich der Wirtschaft. Es kommt darauf an, „dass auch im Wirtschaftlichen die persönliche Freiheit und Menschenwürde wiederhergestellt wird. Hier besteht in den letzten Zielen des öffentlichen Geistes tatsächlich eine Übereinstimmung" (Müller-Armack 1976, S. 72). Der Staat greift nicht inhaltlich ein, sondern setzt nur Regeln und schlichtet Konfliktfälle – auch dies nicht im Sinne eigener staatlicher Interessen, sondern im Sinne der vertragschließenden Parteien.

Ausgangspunkt ist immer der Wunsch des Kunden, der mit dem Händler oder dem Dienstleister einen Vertrag schließt. Dies hat die Wirkung, dass der Händler entsprechend den Kundenwünschen Produkte nachbestellt und dass die Industrie sich bemüht, diesen Wünschen zu folgen. Die selbstständigen Unternehmer, die viel beschimpften Kapitalisten, sind also nicht etwa die Bestimmenden, sondern die Ausführenden. Die Hersteller kaufen ihrerseits bei den Rohstofflieferanten ein, geben also die Kaufsignale weiter. Letztlich wird auf diesem Wege bestimmt, welche Betriebe überleben und sich ausdehnen und welche scheitern und schließen. Von den Konsumenten geht also in entsprechender Weise die Macht aus, wie von den Wählern. Der Unterschied besteht allerdings darin, dass alle Wähler das gleiche Stimmrecht haben, während die Kaufkraft und damit der Einfluss der einzelnen Konsumenten höchst unterschiedlich verteilt sind. Je höher das Einkommen des Konsumenten, desto launischer und kapriziöser kann er sich geben, und desto schwieriger wird es für Handel und Industrie, seinen Weisungen zu folgen.

Jedermann steht es frei, die jetzige tatsächliche Verteilung als ungerecht zu betrachten. Die große und noch eingehend zu klärende Frage ist daher, wie weit diese Ungleichheit notwendig und erträglich ist und wie weit sie durch staatliche Korrektur ausgeglichen werden muss.

2.2 Die Marktwirtschaft

2.2.1 Ein Organisationsmittel

Sowohl in der Politik als auch in der Wirtschaft ist also der Bürger an der Basis der Souverän, der das Geschehen lenkt und legitimiert. Ganz ähnlich in beiden Bereichen ist auch die Mechanik, die das Ganze koordiniert. Überall ist es der Wettbewerb als Grundprinzip: unter den Parteien, unter den Unternehmen, in Ausbildung und Studium, in Kunst, Kultur und Forschung. Am offensichtlichsten und von niemandem bestritten ist das Prinzip Wettbewerb im Sport, von der Vereinsmeisterschaft bis zur Olympiade. Die Unternehmen bieten alle dem Publikum etwas an, strengen sich an, und haben hiermit unterschiedlichen Erfolg. Jeder bietet etwas Spezielles, um sich von den anderen abzuheben, und jeder sucht sich eine spezielle Zielgruppe, die er anspricht.

Dadurch entsteht insgesamt die große Vielfalt. Die erfolgreiche Anstrengung im Wettbewerb wird *Leistung* genannt, und ein gängiges Schlagwort lautet, Leistung müsse sich lohnen. Diese Belohnung muss nicht unbedingt aus Geld bestehen. Es kann auch der Siegespokal im Sport sein, oder einfach die Freude, etwas geschafft oder geschaffen zu haben. Bei diesem Ordnungsprinzip Wettbewerb wird in Kauf genommen, dass die Leistung und daher auch die Belohnung höchst unterschiedlich ausfallen und dass es auch zahlreiche Verlierer gibt. Im wirtschaftlichen Wettbewerb ist also eine umfangreiche Sozialpolitik notwendig, um die zu kurz Gekommenen aufzufangen und auch ihnen ein Mindesteinkommen und eine Teilhabe am gesellschaftlichen Geschehen zu sichern. Die Tatsache, dass überall der Wettbewerb als dasselbe Ordnungsprinzip gilt, erleichtert andererseits die Orientierung – nicht nur den Erwachsenen, sondern auch, in der Erziehung, den Kindern. Das Grundgesetz geht in Artikel 28, erster Absatz, von einer Homogenität der Ordnungen aus. Die rechtlichen Grundsätze sind in allen Lebensgebieten ähnlich, und es gelten überall dieselben Gewohnheiten des Verhaltens: einerseits das ganz irrationale Verhalten beim Souverän, dem Wähler oder Konsumenten, andererseits das möglichst rationale und überlegte Verhalten beim Anbieter von Leistungen. In beiden Sphären gilt die Freiheit. Sie ist unteilbar und bildet das Fundament des Ganzen, das alle Bereiche durchdringende Lebensprinzip. Die Marktwirtschaft trägt dazu bei, die Freiheit zu sichern.

Die Frage nach der Auswahl der richtigen Wirtschaftsordnung wurde von den Vätern der Sozialen Marktwirtschaft höchst pragmatisch gesehen. Alfred Müller-Armack (1901 bis 1978) empfahl in seinem Buch *Wirtschaftslenkung und Marktwirtschaft* (1947, S. 72), die Frage nach der zweckmäßigen Wirtschaftsordnung als das zu sehen, was sie in der Tat allein ist, als eine reine Instrumentalfrage, die nicht in der Schicht letzter weltanschaulicher Differenzen diskutiert zu werden braucht.

Die Marktwirtschaft ist ein Instrument, ein Organisationsmittel, nicht ein Selbstzweck und daher noch nicht Träger bestimmter Werte. So ist eine letzte Entscheidung über sie nur möglich, wenn wir gewiss sein dürfen, die Ideale und Werte einer von uns angestrebten Gesamtlebensordnung durch sie verwirklicht zu sehen.

Zielhierarchie in der Sozialen Marktwirtschaft

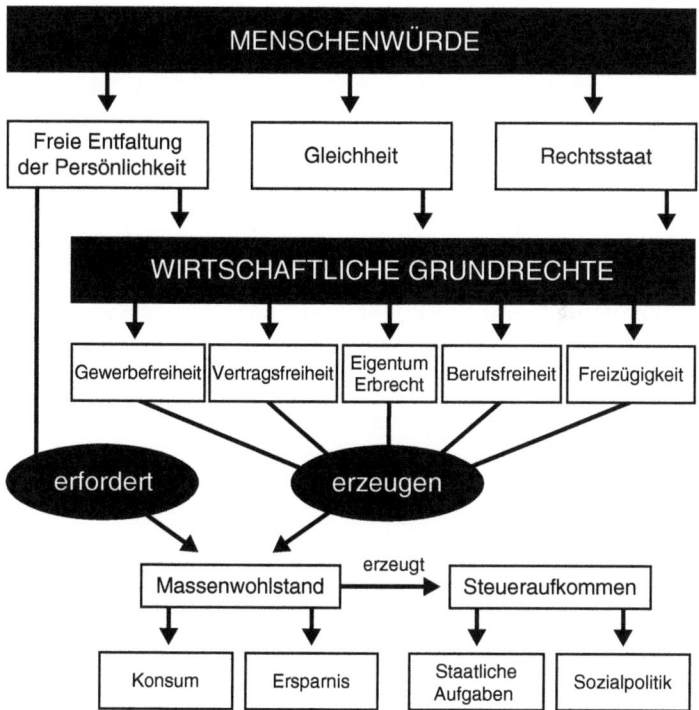

Diese Gewissheit dürfe inzwischen, nach einer praktischen Erprobung in fast sieben Jahrzehnten, weitgehend gegeben sein: Die marktwirtschaftliche Ordnung verwirklicht auf wirtschaftlichem Gebiet dieselbe freiheitliche Ordnung, die das Grundgesetz auch für alle anderen Lebensgebiete vorsieht. Insofern hat sich die Entscheidung für diese Ordnung bewährt, was aber beileibe nicht bedeutet, dass sie überall konsequent angewandt wird oder dass sie überall optimale Ergebnisse liefert. Sie ist offen für jeweils neue Anforderungen, oder sie sollte es zumindest sein. Sie bildet allerdings nur einen formalen Rahmen, der aus sich heraus keine Werte produziert. Sie ist darauf angewiesen, dass die Teilnehmer und die Gesellschaft insgesamt sich an bestimmten außerwirtschaftlichen Werten orientieren, wenn sie diesen Rahmen nutzen. „Der freiheitliche, säkularisierte Staat lebt von Voraussetzungen, die er selbst nicht garantieren kann. Das ist das große Wagnis, das er, um der Freiheit willen, eingegangen ist" (Ernst-Wolfgang Böckenförde). Diese Werte können religiöser, moralischer, sozialer oder kultureller Art sein, oder beispielsweise der ganz praktische Gedanke, dass ein freier Außenhandel, eine starke internationale Verflechtung, zum gegenseitigen Verständnis und zum friedlichen Zusammenleben der Nationen beitragen.

Nach der Überzeugung von Müller-Armack war die Marktwirtschaft ein *überzeitliches* Organisationsmittel: nicht an eine bestimmte Epoche wie etwa die Nachkriegszeit gebunden, sondern gestern ebenso gut wie heute und übermorgen. Ergänzen ließe sich, dass es sich anscheinend auch um ein überörtliches Organisationsmittel handelt. Weltweit fällt auf, dass die Länder, die sich hierfür entschieden haben, insgesamt erfolgreicher sind als die rechts- oder linksautoritären oder die traditionalistischen Staaten.

Dabei wird immer davon ausgegangen, dass eine wirtschaftliche oder gesellschaftliche Ordnung nicht einfach vorhanden ist und dass sie sich auch nicht aus dem Wesen des Menschen oder des Staates ergibt. Denn die Zuschreibung, zum Wesen des Menschen gehöre A oder B, ist immer willkürlich, nicht beweisbar. Immer kann ein anderer Philosoph sagen, A und B seien nur beiläufige und zeitbedingte Eigenschaften. Kennzeichnend für das Wesen des Menschen seien vielmehr X und Y. Wer will dies entscheiden? Stattdessen wird hier davon ausgegangen, dass jeder Mensch sich seine Ziele und seinen Lebenssinn sucht, also Autor seiner Existenz ist, und dass dann in einem umfangreichen gesellschaftlichen Diskussionsprozess gemeinsame Ziele definiert werden. Anschließend ist ein rechtlicher und institutioneller Rahmen zu konstruieren, der sich im Sinne dieser Ziele als zweckmäßig erweist. Dieser Rahmen ist nicht starr, sondern die gesamte Sozialkonstruktion unterliegt einem andauernden, fortschreitenden Prozess von Veränderung und Anpassung, der von den Menschen akzeptiert und durch aktive Teilnahme vorangetrieben wird.

In dieser Sichtweise gibt es also keine geschichtlichen Gesetze, wonach bestimmte Phasen der Entwicklung notwendig aufeinander folgen. Solche Gesetze hatte vermeintlich Oswald Spengler entdeckt und in seinem Werk *Der Untergang des Abendlandes* beschrieben, das vor dem Zweiten Weltkrieg in fast jedem bildungsbürgerlichen Haushalt zu finden war und wonach auf die Blütezeit einer Kultur notwendig der Verfall folgt. Als ebenso unrichtig erwies sich die vermeintlich wissenschaftliche Erkenntnis des Marxismus, auf den Kapitalismus folge notwendig der Sozialismus, dann der Kommunismus. Anstatt derartiger geschichtlicher Gesetze gibt es nur Menschen, die sich jeweils in ihrer aktuellen Situation für bestimmte Formen des gesellschaftlichen Zusammenlebens, für verschiedene Konstrukte entscheiden. Wie sie sich übermorgen entscheiden werden, kann heute niemand sagen. Jede neue Generation kann diese Konstrukte verschieden gestalten und modifizieren. Bundespräsident Joachim Gauck erklärte am 5. Juni 2012 anlässlich der Eröffnung der *Woche der Umwelt* der Deutschen Bundesstiftung Umwelt: „Es gibt keinen besseren Nährboden für neue Ideen und Problemlösungen als eine offene Gesellschaft mit offenen Märkten und freiem und fairem Wettbewerb." Das Wort von der *Offenen Gesellschaft* verweist auf den Hausphilosophen der Bundesrepublik Deutschland, Karl Raimund Popper (1902–1994), dessen Lehren hierzulande für jedermann so selbstverständlich gelten, dass sein Name meist gar nicht mehr genannt wird. Seine Hauptwerke sind *Die offene Gesellschaft und ihre Feinde* und *Logik der Forschung*.

Dabei hat die Freiheit in der freiheitlichen Gesellschaft stets einen doppelten Sinn:

- Einerseits bildet sie einen humanen Wert an sich. Zur unaufgebbaren Menschenwürde, von der unser Grundgesetz ausgeht, gehört die freie Entfaltung der Persönlichkeit, gehören die Grundrechte und der Schutz vor staatlicher Willkür.
- Andererseits wird die Freiheit als Instrument für die Einrichtung eines erfolgreichen Zusammenlebens betrachtet. Indem nämlich jeder seine Freiheitsrechte gebraucht, entsteht eine unübersehbare Anzahl von persönlichen Entwürfen, die insgesamt ein äußerst vielfältiges und sich stets aktualisierendes Angebot bilden. Dies gilt für die Gewerbefreiheit ebenso wie für die Freiheiten

der Presse, der Kunst, der Forschung und aller anderen Lebensgebiete. Jeder will Neues, bisher nie Dagewesenes, erschaffen und sich von allen anderen abheben. Das Ganze ist umso dynamischer, je weniger der Staat reglementiert. Die autoritären Gesellschaften hingegen, in denen jeder sich an die offiziellen Vorgaben anpasst, sind statisch und neigen zur Versteinerung. Insofern besteht Grund zu der Hoffnung, dass sich die freiheitlichen Ordnungen nach und nach immer mehr durchsetzen – nicht nur aus humanitären Gründen, sondern einfach deshalb, weil sie offensichtlich erfolgreicher sind.

Ludwig Erhard stellte in seinem Buch *Wohlstand für Alle* (1957, S. 322) fest:

Je mehr wir es dahin bringen, dass sich die Menschen als Individuen fühlen und sich gerade in der persönlichen Freiheit ihrer Kraft und Würde bewusst werden, umso besser und wohltätiger wird die gesamte gesellschaftliche Ordnung sein. Dies gelte in der Wirtschaft ebenso wie in der Politik: Wir müssen überall die Ordnungsgrundsätze verwirklichen, die freiheitliche und menschliche Beziehungen sicherstellen, – sowohl auf dem wirtschaftlichen Felde als auch im Bereich des politischen Lebens.

2.2.2 Die preußischen Reformen

Diese Sicht auf Wirtschaft und Gesellschaft und deren zweckmäßigste Konstruktion ist in Deutschland und der Welt keineswegs Gemeingut, sondern all dies wird in den

Fundamental- und den Detailfragen höchst unterschiedlich beurteilt. Bevor wir die jetzt in Deutschland gültige Ordnung, die Soziale Marktwirtschaft, näher betrachten, könnte zum Vergleich ein kurzer Seitenblick in die deutsche Vergangenheit und die damaligen Ideen und Verhältnisse lohnen.

Eine Wurzel dieser heutigen Ordnungsideen liegt in den Preußischen Reformen (Ostwald 1946). Im Jahre 1806 erlitt Preußen in der Schlacht bei Jena und Auerstedt eine katastrophale Niederlage, was den Staat ab 1807 zu grundlegenden und von den Ideen der Aufklärung getragenen Reformen, und zwar auch der Wirtschaftsverfassung, nötigte. Sie wurden von Karl Freiherr vom Stein und Karl August Fürst von Hardenberg vorangetrieben und sind als *Stein-Hardenbergsche Reformen* bekannt. Stein schrieb im April 1806 an den König: „Die Ursachen und die Menschen, die uns an den Rand des Abgrundes gebracht, werden uns ganz hineinstoßen." Es war also Zeit für ein radikales Umdenken, ähnlich wie unsere Großeltern es nach dem militärischen, politischen und wirtschaftlichen Zusammenbruch 1945 erlebten. In Steins Edikt vom 9. Oktober 1809 heißt es:

Wir haben [...] erwogen, dass es ebensowohl den unerlässlichen Forderungen der Gerechtigkeit als den Grundsätzen einer wohlgeordneten Staatswirtschaft gemäß sei, alles zu entfernen, was den einzelnen bisher hinderte, den Wohlstand zu erlangen, Deshalb fordert Stein: den er nach dem Maß seiner Kräfte zu erreichen fähig war.

§ 1. Freiheit des Güterverkehrs

Jeder Einwohner unserer Staaten ist ohne alle Einschränkungen in Beziehung auf den Staat zum eigentümlichen und Pfandbesitz unbeweglicher Grundstücke aller Art berechtigt ...

§ 2 Freie Wahl des Gewerbes

Jeder Edelmann ist ohne Nachteil seines Standes befugt, bürgerliches Gewerbe zu treiben; jeder Bürger oder Bauer ist berechtigt, aus dem Bauern- in den Bürger- und aus dem Bürger- in den Bauernstand zu treten.

In Steins Abschiedsschreiben an seine Beamten vom 24. November 1808 stellt er fest:

Dem Volke ist die Befugnis, seine ersten Lebensbedürfnisse sich selbst zu bereiten, wiedergegeben.

Im Edikt Hardenbergs über die Finanzen des Staates vom 27. Oktober 1810 heißt es:

Wir sehen Uns genötigt, von Unseren treuen Untertanen die Entrichtung erhöhter Abgaben, hauptsächlich von der Konsumtion und von Gegenständen des Luxus zu fordern [...] Das Drückende jener neuen Auflagen soll dadurch möglichst vergütigt werden, dass Wir mittels einer gänzlichen Reform des Abgaben-Systems alle nach gleichen Grundsätzen für Unsere ganze Monarchie von jedermann wollen tragen lassen [...]

Wir wollen eine völlige Gewerbefreiheit gegen Entrichtung einer mäßigen Patentsteuer und mit Aufhören der bisherigen Gewerbesteuern verstatten, das Zollwesen simplifizieren lassen. Die Bann- und Zwanggerechtigkeiten aufheben [...], dem Teile unserer Untertanen, welcher sich bisher keines Eigentums seiner Besitzungen erfreute, dieses erteilen und sichern, auch mehrere drückenden Einrichtungen und Auflagen gänzlich abschaffen [...]

> Wir haben die Absicht, Unsere Domänen zur Tilgung der Staatsschulden zu bestimmen. Zu dem Ende ist sukzessiver Verkauf beschlossen.
>
> Im Gesetz über die polizeilichen Verhältnisse im Gewerbe usw. vom 7. September 1811 heißt es:
>
> § 6. Wer bisher nicht zünftig war, kann ... auf den Grund seines Gewerbescheines jedes Gewerbe treiben, ohne deshalb genötigt zu sein, irgendeiner Zunft beizutreten.
>
> § 51. In Rücksicht seiner eigenen Konsumtion ist niemand mehr einem Mahl- oder Getränkezwang unterworfen.

Gleichzeitig mit diesen wirtschaftlichen Reformen wurde die kommunale Selbstverwaltung eingeführt, um „die ganze Masse der in der Nation vorhandenen Kräfte auf die Besorgung ihrer Angelegenheiten zu lenken, denn sie ist mit ihrer Lage und ihren Bedürfnissen am besten bekannt." Die Stadtverordneten sollten nur ihrem Gewissen unterworfen sein.

Ferner gab es eine Verwaltungsreform mit einer Verlagerung der Einzelentscheidungen auf die unteren Ebenen und eine Heeresreform unter dem Motto, auch der einfache Mann sei ein Mann von Ehre, und daher wurden entehrende Strafen (Prügel, Spießrutenlaufen) abgeschafft. Und die Gutsuntertänigkeit (mit Zwangsgesindedienst und Heiratserlaubnisgebühren) wurde im Zuge einer Bauernbefreiung aufgehoben.

Für die damalige monarchisch verfasste und streng nach Ständen getrennte Nation, ganz der Obrigkeit und dem Untertanengeist verpflichtet, waren dies revolutionäre Schritte, die von den konservativen Kräften der Beharrung heftig bekämpft wurden. Hier wurde erstmalig der Gedanke in die Wirklichkeit umgesetzt, dass der Wohlstand aller Einzelnen und damit auch der Nation am besten zu steigern sei, wenn eine Gewerbefreiheit eingeführt und alle bürokratischen und finanziellen Hindernisse beiseitegeräumt werden. Die Untertanen sollten nicht mehr bloße Objekte der Herrschaft sein, sondern über ihre wirtschaftlichen und gemeindlichen Angelegenheiten selbst bestimmen. Auf diese Weise werden bisher brach liegende Kenntnisse und Kräfte für das Gemeinwohl mobilisiert. Ferner werden die Standesprivilegien abgeschafft, und es wird, zumindest im Prinzip, eine Gleichheit aller Staatsbürger hergestellt.

Diese Gedanken haben inzwischen längst Eingang in das Grundgesetz gefunden: Die Berufsfreiheit, die auch das Recht zur selbstständigen Ausübung des Berufs umfasst, in Artikel 12, die kommunale Selbstverwaltung in Artikel 28 und die Gleichheit in Artikel 3. Die in unserem Zusammenhang besonders interessierende Gewerbefreiheit gehörte schon zur Demokratischen Revolution von 1848, deren Parlament in der Paulskirche in Frankfurt tagte. In der dort beschlossenen Verfassung von 1849 ist dieser Grundsatz in § 158 verankert: „Es steht einem Jeden frei, seinen Beruf zu wählen und sich für denselben auszubilden, wie und wo er will." Ähnlich bestimmte die Weimarer Verfassung von 1919 in Artikel 151: „Die Freiheit des Handels und Gewerbes wird nach Maßgabe der Reichsgesetze gewährleistet."

Weiterführend war auch die in den Preußischen Reformen verwirklichte Idee, die Domänen, die landwirtschaftlichen Staatsgüter, zu verkaufen und hiermit die Staatskasse aufzufüllen. Der Staat soll sich auf die hoheitlichen Aufgaben beschränken und nicht selbst wirtschaften wollen. Dieser Gedanke hat sich bis heute nur recht unvollkommen durchgesetzt. Beispielsweise hat zwar das Land Niedersachsen 2008 einige landwirtschaftliche Staatsgüter verkauft, hält aber Anteile am Volkswagenwerk und an den Stahlwerken Salzgitter, obwohl es keine Staatsaufgabe ist, Autos oder Stahl herzustellen.

2.2.3 Die Vertragsfreiheit

Am 1. Januar 1900 trat das Bürgerliche Gesetzbuch in Kraft. Es regelt in der Hauptsache, wann Verträge gültig sind und welche Rechte und Pflichten sich für die Vertragspartner ergeben. Dabei wird vom Grundsatz der Vertragsfreiheit ausgegangen: Jeder kann einen Vertrag schließen, mit wem er will, und beliebige Inhalte können vereinbart werden. Dieser Grundsatz ist allerdings im Bürgerlichen Gesetzbuch nicht ausdrücklich genannt. Er wurde in der bürgerlichen Gesellschaft der Jahrhundertwende als selbstverständlich vorausgesetzt. Im Rahmen dieser Vertragsfreiheit gab es jedoch eine aus heutiger Sicht verhängnisvolle Fehlstelle. Denn es war unter anderem auch zulässig, dass alle Firmen, die Ähnliches anboten, sich zu einem Kartell zusammenschlossen: Sie schlossen untereinander den Wettbewerb aus, indem sie gemeinsame, für alle Mitglieder geltende Preise festsetzten, die Absatzgebiete aufteilten und möglichst keine Außenseiter duldeten oder notfalls diese in das Kartell einbezogen. Bis in den Zweiten Weltkrieg hinein war die Wirtschaft durchkartelliert – in fast allen Herstellungszweigen war der Wettbewerb vertraglich aufgehoben worden, und die Kunden sahen sich einer gemeinsamen Front oder gar einem gemeinsamen Verkaufsbüro (Syndikat) gegenüber. Dies war aus zwei Gründen verhängnisvoll:

2 Die Wirtschaftsordnung 59

- Erstens lag der Kartellpreis weit über dem Marktpreis, der sich bei Wettbewerb durchgesetzt hätte. Die Kartellmitglieder bezogen also hohe Gewinne ohne Gegenleistung allein aufgrund ihrer Marktmacht. Solche Gewinne werden in der Volkswirtschaft auch als Rente bezeichnet.
- Zweitens fehlte der Wettbewerbsdruck und daher der Druck zur ständigen Rationalisierung und Innovation. Die Kartellmitglieder konnten sich bequem zurücklehnen.

Hiermit hängt es zusammen, dass Deutschland nach der Weltwirtschaftskrise 1929 im Export, im Wettbewerb auf dem Weltmarkt, ausgesprochen schwach war. Daher waren Devisen äußerst knapp und wurden staatlich bewirtschaftet. Die schädlichen Wirkungen von Monopolen und Kartellen waren bereits von Adam Smith (*Der Wohlstand der Nationen*, 1764) gegeißelt worden. Smith stellte außerdem fest, dass ein Mensch, der seine ganz persönlichen Gewinninteressen verfolgt und sich insofern wirtschaftlich rational verhält, gleichzeitig und unbeabsichtigt das allgemeine Wohl fördert: Er wird von einer *unsichtbaren Hand* geleitet. Hier ist nicht etwa die Hand Gottes gemeint, sondern im Gegenteil ein anderer Ansatz als in der christlichen Tradition. Dort wurde das Gute stets als Selbstverleugnung, als persönliches Opfer verstanden: Jemand teilt seinen Mantel, um einem Bedürftigen zu helfen. Beim Marktmodell hingegen wird das Gute, die Arbeit für andere und für die Gemeinschaft, als eigener Vorteil etabliert: Jemand gewinnt, indem er anderen dient und ihnen bei der Lösung ihrer Probleme hilft. Unter der unsichtbaren Hand ist der Markt, der freie Wettbewerb zu verstehen.

In den Ländern der Welt haben sich die marktwirtschaftlichen Ideen in höchst unterschiedlichem Maß durchgesetzt. Die totalitären Regimes, in denen der Staat alles und jedes bestimmt und keinerlei private Initiativen duldet, sind jedoch eindeutig auf dem Rückzug. Seitdem sogar Kuba sich allmählich öffnet, sind hier allenfalls noch Nordkorea und Eritrea zu nennen. Im internationalen Wettbewerb, der sich im Zuge der Globalisierung immer mehr verstärkt, sind derartige Regimes hoffnungslos zurückgefallen. In jedem Fall tut sich allerdings die staatliche Macht schwer, sich aus der Detailsteuerung des Wirtschaftslebens, der hiermit untrennbar verbundenen Korruption und aus der Begünstigung einer kleinen Führungsclique zurückzuziehen. Aber es ist offensichtlich, dass in diesem Wettbewerb nur mithalten kann, wer Freiheit gewährt.

2.3 Die Soziale Marktwirtschaft

2.3.1 Eine amtliche Definition

Wer naiv im Grundgesetz nachschlägt, welche Wirtschaftsordnung in Deutschland gilt, kann leicht ins Stolpern kommen. Denn in Artikel 15 heißt es: „Grund und Boden, Naturschätze und Produktionsmittel können zum Zwecke der Vergesellschaftung [...] in Gemeineigentum [...] überführt werden." Ganz legal könnte hier also eine sozialistische Ordnung etabliert werden. Tatsächlich ist aber dieser Artikel das, was in der Sprache der Bergleute als *Toter Mann* bezeichnet wird: eine vermutete Lagerstätte, die sich aber als fundleer, als taubes Gestein erweist. Nie hat es im Bundestag einen entsprechenden Antrag, nie hat es beim Bundesverfassungsgericht eine entsprechende Klage gegeben. Spätestens seit dem Zusammenbruch der DDR gibt es keine ernsthafte Forderung in dieser Richtung mehr. Die Soziale Marktwirtschaft hat sich nicht rechtlich, über die Verfassung, durchgesetzt, sondern im politischen Vollzug, primär durch die unermüdlichen Bemühungen von Ludwig Erhard. Ihm hat schließlich einfach der tatsächliche Erfolg, der von ihm angestrebte Massenwohlstand, Recht gegeben. Im Grundgesetz ist der Begriff *Soziale Marktwirtschaft* nicht zu finden. Es gibt lediglich einige Artikel, die bei weiter Interpretation in diese Richtung deuten: Die freie Entfaltung der Persönlichkeit (Artikel 2) kann als allgemeine Handlungsfreiheit, auch in rechtlicher und wirtschaftlicher Hinsicht, aufgefasst werden. Artikel 12 gewährt das Recht, Beruf, Arbeitsplatz und Ausbildungsstätte frei zu wählen. Und Artikel 14 garantiert Eigentum und Erbrecht.

Allerdings lassen sich in einigen Verfassungen der Bundesländer einschlägige Artikel finden, so in Rheinland-Pfalz, Artikel 51 f.:

Die soziale Marktwirtschaft ist Grundlage der Wirtschaftsordnung. Sie trägt zur Sicherung und Verbesserung der Lebens- und Beschäftigungsbedingungen der Menschen bei, indem sie wirtschaftliche Freiheiten mit sozialem Ausgleich, sozialer Absicherung und dem Schutz der Umwelt verbindet. [...] Die Vertragsfreiheit, die Gewerbefreiheit, die Freiheit der Entwicklung persönlicher Entschlusskraft und die Freiheit selbstständiger Betätigung des einzelnen bleiben in der Wirtschaft erhalten.

Ähnlich liest es sich in den Landesverfassungen von Thüringen (Artikel 38) und Brandenburg (Artikel 42). Bremen hingegen (Artikel 42 ff.) entschied sich für die Überführung in Gemeineigentum, was allerdings ebenso folgenlos blieb wie Artikel 15 des Grundgesetzes.

Eingang in einen offiziellen bindenden Text auf Bundesebene fand der Begriff erst mit dem Vertrag über die Schaffung einer Währungs-, Wirtschafts- und Sozialunion zwischen der Bundesrepublik Deutschland und der Deutschen Demokratischen Republik vom 18. Mai 1990. Hier heißt es in Artikel 1, Absatz 3 und 4:

> (3) Grundlage der Wirtschaftsunion ist die Soziale Marktwirtschaft als gemeinsame Wirtschaftsordnung beider Vertragsparteien. Sie wird insbesondere bestimmt durch Privateigentum, Leistungswettbewerb, freie Preisbildung und grundsätzliche volle Freizügigkeit von Arbeit, Kapital, Gütern und Dienstleistungen [...]
>
> (4) Die Sozialunion bildet mit der Währungs- und Wirtschaftsunion eine Einheit. Sie wird insbesondere bestimmt durch eine der Sozialen Marktwirtschaft entsprechende Arbeitsrechtsordnung und ein auf den Prinzipien der Leistungsgerechtigkeit und des sozialen Ausgleichs beruhendes umfassendes System der sozialen Sicherung.

Auf diesen Artikel 1 des Vertrags verweist Artikel 11 (Wirtschaftspolitische Grundlagen):

> Die Deutsche Demokratische Republik stellt sicher, dass ihre wirtschafts- und finanzpolitischen Maßnahmen mit der Sozialen Marktwirtschaft in Einklang stehen. Sie schafft die

Rahmenbedingungen für die Entfaltung der Marktkräfte und der Privatinitiative, um den Strukturwandel, die Schaffung moderner Arbeitsplätze, eine breite Basis aus kleinen und mittleren Unternehmen sowie freien Berufen und den Schutz der Umwelt zu fördern. Die Unternehmensverfassung wird so gestaltet, dass sie auf den in Artikel 1 beschriebenen Prinzipien der Sozialen Marktwirtschaft mit der freien Entscheidung der Unternehmen über Produkte, Mengen, Produktionsverfahren, Investitionen, Arbeitsverhältnisse, Preise und Gewinnverteilung beruht.

Es gibt hiermit immerhin eine amtliche Definition dessen, was unter *Sozialer Marktwirtschaft* zu verstehen ist. Allerdings gibt es nicht, wie bei anderen politischen Grundbegriffen des Grundgesetzes, eine gefestigte Rechtsprechung des Bundesverfassungsgerichts. Niemand kann gerichtlich überprüfen lassen, ob ein bestimmtes Gesetz oder eine bestimmte Maßnahme dieser Ordnung widerspricht. Daher wird diese Ordnung auch nicht streng in allen Wirtschaftsbereichen durchgeführt, sondern es gibt, mit wechselnden Begründungen, zahlreiche Ausnahmen von der reinen Lehre – meist aus dem schlichten historischen Grund, dass es schon immer so war und sich angeblich bewährt hat. Oder es geht um den Schutz der Verbraucher, die vermeintlich einer staatlichen Fürsorge bedürfen. Die Tatsache, dass der Begriff der Sozialen Marktwirtschaft sich nicht juristisch oder gar dogmatisch verfestigt hat, kann allerdings auch als Vorteil betrachtet werden. Denn auf diese Weise bleibt das Konzept offen für spätere Herausforderungen, aber auch für das Auflösen verfestigter Blöcke. Insbesondere die europäische Einigung und der gemeinsame Binnenmarkt wirkten und wirken sich im Sinne einer Öffnung und Verflüssigung aus. Nationale Abschottungen wurden, beispielsweise durch die Entscheidungen des Europäischen Gerichtshofs, aufgehoben.

2.3.2 Ein Begriff etabliert sich

Was hat es mit dem Begriff *Soziale Marktwirtschaft* im deutschen Sprachraum auf sich? Eine besonders originelle Annäherung an dieses Thema findet sich in Heft 1/2015 der *Zeitschrift für germanistische Linguistik, Deutsche Sprache in Gegenwart und Geschichte*, also an einer Stelle, an der es kaum jemand vermuten würde. Der Forschungsgegenstand wird von Matthias Lemke und Alexander Stulpe (2015, S. 64) wie folgt umrissen:

> Die Hypothese, wonach „Soziale Marktwirtschaft" im Zuge der Hegemonialwerdung des Neoliberalismus diskursiv marginalisiert und substituiert wird, soll im Zuge der folgenden Analysen geprüft werden.

Es soll also um die Frage gehen, ob dieser Begriff in der öffentlichen Debatte an den Rand gedrängt oder durch einen anderen ersetzt wird, weil sich die Herrschaft des Neoliberalismus durchgesetzt hat. Um dies zu klären, wird das Verfahren des *Text-Mining* eingesetzt: Ungeheure Massen von Texten werden, wie in einem Bergwerk, digital nach bestimmten Wörtern oder Wortgruppen durchsucht. In unserem Fall werden nicht weniger als 3,5 Millionen Zeitungsartikel aus den Jahren 1947 bis 2012 elektronisch durchgesehen. Nach Meinung der Autoren „kann Text-Mining zu einem erheblichen Erkenntnisgewinn politik- und sozialwissenschaftlicher Analysen beitragen".

Eines der Ergebnisse deutet darauf hin, dass die Wortverbindung *Soziale Marktwirtschaft* in den 1950er Jahren, mit der Spitze 1954, besonders häufig auftrat. Seinerzeit wurde ja heftig um die richtige Wirtschaftsordnung gerungen. Anfangs wurde dieses Begriffspaar mit erläuternden Zusätzen wie „(Wirtschaftspolitik von Prof. Erhard)" versehen. Ende der 1950er Jahre wurde auf diese Erläuterungen verzichtet: Das Konzept hatte sich fest etabliert und durfte als bekannt vorausgesetzt werden. Um 1989/1990 taucht der Begriff *Soziale Marktwirtschaft* nochmals gehäuft in der Presse auf. Denn mit dem Beitritt der DDR zur Bundesrepublik Deutschland wurde diese Ordnung auch in den neuen Bundesländern eingeführt und daher erläutert und kontrovers diskutiert. Am 21. Februar 2001 startete Angela Merkel durch einen viel beachteten Vortrag beim Arbeitgeberverband Gesamtmetall eine Kampagne zum Thema *Die Wir-Gesellschaft – Über die Notwendigkeit einer Neuen Sozialen Marktwirtschaft*. In den folgenden Jahren kam dieser Begriff nur noch vergleichsweise selten vor, was zwanglos damit erklärt werden kann, dass diese Ordnung nun im gesamten Bundesgebiet als mehr oder minder selbstverständlicher Hintergrund gilt.

Die Linguisten kommen zu einer anderen Deutung (Lemke und Stulpe 2015, S. 75): Die im Jahr 2000 gegründete *Initiative Neue Soziale Marktwirtschaft* gelte als eine der einflussreichsten neoliberalen Lobbygruppen überhaupt. Sie habe die *Soziale Marktwirtschaft* aus dem öffentlichen Diskurs verdrängt oder den Begriff vereinnahmt. Dies schlage sich in einer Umakzentuierung des Gerechtigkeitsverständnisses hin zu einer ausschließlichen Individualisierung nieder. Die rückläufige Verwendungssequenz könne somit auf die Intervention einer Lobbygruppe zurückgeführt werden:

> Was als Konzept überparteilich akzeptiert und verteidigt worden war, wird einer radikalen Umdeutung unterworfen. Institutionellen Akteuren [...] gelingt dies in der politischen Öffentlichkeit mit eindrücklichem Erfolg. Anstelle der Bevorzugung des Allgemeinwohls gegenüber egoistischem Eigeninteresse deutet sich die Ausbreitung eines individualisierten Konzepts der Chancengerechtigkeit an. [...] Der Einzelne wird [...] zum Unternehmer seiner selbst und damit gleichsam zum Verantwortlichen seines Schicksals, wobei Auffangmechanismen für etwaiges Scheitern zunehmend erodieren.

Zunächst einmal wird hier der Einfluss einer Lobbygruppe maßlos überschätzt. Wie soll es denn einem solchen Verein gelingen, einen jedermann geläufigen Begriff aus der öffentlichen Debatte zu verdrängen? Zweitens hat es kein Umdeuten vom Gemeinwohl zum Eigeninteresse gegeben, sondern heute, genau wie am Anfang, wird davon ausgegangen, dass es gerade dem Gemeinwohl dient, wenn jedermann sein eigenes Interesse verfolgt und dies den Motor des Ganzen bildet. Das gesamte Grundgesetz geht davon aus, dass jeder für sein Handeln und damit für sein Schicksal verantwortlich ist. Dass die Auffangmechanismen für ein Scheitern erodieren (gemeint: zerfallen und sich verflüchtigen), trifft nicht zu. Damals wie heute wird jeder, der als Unternehmer scheitert, von einem perfektionierten Sozialsystem aufgefangen.

Der ungeheure Aufwand der elektronischen Textanalysen führt anscheinend nicht zu einem Erkenntnisgewinn, wenn die unterschiedlich häufige Verwendung eines Begriffs aus dem politischen Kontext gelöst und stattdessen von einer vorgefassten Meinung, nämlich der Kritik an einem vermeintlichen ökonomischen Imperialismus, ausgegangen wird.

2.3.3 Der Einzelhandelskaufmann

Ludwig Erhard wurde am 4. Februar 1897 im elterlichen Wohn- und Geschäftshaus in Fürth geboren. Sein Vater betrieb dort ein Weißwaren-Textilgeschäft. Nach der Realschule begann Ludwig eine Lehre als Weißwarenhändler und schloss diese 1916 als Einzelhandelskaufmann ab. Eigentlich sollte er einmal das väterliche Geschäft übernehmen. Durch eine Kriegsverletzung aus dem Ersten Weltkrieg war aber das lange Stehen hinter der Ladentheke für ihn nicht möglich, so dass er in die Wissenschaft ging.

Erhard stammte also nicht etwa aus dem Bildungsbürgertum. Hochfliegende Theorien und Ideologien waren seine Sache nicht. Durch seine Lehrzeit im Textilgeschäft war es für ihn selbstverständlich, dass die Wirtschaft den alleinigen Zweck hatte, die Wünsche des Publikums zu erkunden und zu befriedigen. Dieses Denken prägte auch seine Zeit als Wirtschaftsminister: Diejenige Wirtschaftsordnung ist die beste, die den meisten Erfolg hat, nämlich den sämtlichen privaten Haushalten einen möglichst hohen Konsum zu ermöglichen. Als Wirtschaftsminister betonte er: „Unsere Wirtschaftspolitik dient dem Verbraucher; er allein ist Maßstab und Richter allen wirtschaftlichen Tuns." Zu seiner Herkunft aus dem Einzelhandel passt das anschließende (1919 bis 1922) Studium nicht an einer Universität, sondern an der Handelshochschule Nürnberg. Dort erwarb er den Abschluss als Diplom-Kaufmann. Hieran schloss sich ein Studium der Betriebswirtschaftslehre und Soziologie an der Universität Frankfurt an. 1925 folgte die Promotion über *Wesen und Inhalt der Werteinheit*. Seinerzeit war heftig umstritten, wie sich der Wert eines Gutes bemisst: Nach der Seltenheit? Nach dem Gebrauchswert? Nach der Anzahl der zur Herstellung notwendigen Arbeitsstunden, wie vom Marxismus gelehrt? Diese Frage ist inzwischen entschieden: Es gibt keinen objektiven Wert, sondern nur einen Marktwert, der aus Angebot und Nachfrage gebildet wird.

Erhard wurde nach der Promotion Assistent an der Handelshochschule in Nürnberg. Im Oktober 1932 trat er im Gegensatz zum damals herrschenden Protektionismus für eine Wettbewerbswirtschaft und freie Bildung der Marktpreise ein. 1935 organisierte er als Assistent von Wilhelm Vershofen das erste Marketing-Seminar Deutschlands. Dieser *Absatzwirtschaftliche Kurs* war Grundstein für die Nürnberger Akademie für Absatzwirtschaft. Hier war Erhard während der folgenden Jahre tätig.

Nach dem Zweiten Weltkrieg wurde er im Oktober 1945 von der amerikanischen Militärregierung zum Bayerischen Staatsminister für Handel und Gewerbe berufen. 1947 leitete er die *Sonderstelle Geld und Kredit* der britisch-amerikanischen Bizone, die die Währungsreform vorbereitete. Am 20. Juni 1948 trat die Deutsche Mark (DM) als neue Währung in Kraft. Die vorherige Währung Reichsmark war durch die Kriegswirtschaft total zerrüttet: Es gab einen riesigen Geldüberhang, aber keine Waren zu den gesetzlich festgesetzten Höchstpreisen. Stattdessen gab es einen Schwarzmarkt. Die Waren wurden von den Händlern gehortet. Niemand wollte sie zu den amtlich festgesetzten Höchstpreisen verschleudern. Am Tag nach der Währungsreform, bei der jedermann ein Kopfgeld von 40 DM erhielt, waren zum Erstaunen des Publikums die Schaufenster voll. Dies war der Startschuss für den folgenden Aufschwung. Am Tag nach der Währungsreform verkündete Erhard als Direktor der *Verwaltung für Wirtschaft* des aus den drei westlichen Besatzungszonen gebildeten Vereinigten Wirtschaftsgebietes über den Rundfunk, Zwangsbewirtschaftung und Preisbindungen seien für einen ersten Bereich industrieller Fertigprodukte aufgehoben.

Seine Politik der völligen Liberalisierung war in den ersten Jahren heftig umstritten. Erst das zu Beginn der 1950er Jahre einsetzende Wirtschaftswachstum schien seinen Kurs zu bestätigen. Es galt als Wirtschaftswunder, dass sich Deutschland überraschend schnell von den totalen Zerstörungen des Krieges und dem Chaos aus Hunger und Wohnungsnot der Nachkriegszeit erholte.

Am 20. September 1949 wurde Erhard Bundesminister für Wirtschaft in der von Konrad Adenauer geführten neuen Bundesregierung. Er gilt als Vertreter des Ordoliberalismus, der im Wesentlichen durch das Werk *Grundlagen der Nationalökonomie* von Walter Eucken (1939) geprägt wurde. Aus dieser Schule hatten auch Wilhelm Röpke und Leonhard Miksch unmittelbaren Einfluss auf die Wirtschaftspolitik der jungen Bundesrepublik. Von Erhards Leiter der Grundsatzabteilung im Wirtschaftsministerium, Alfred Müller-Armack, wurde die Soziale Marktwirtschaft entworfen. Aber Erhard zeichnete hierfür verantwortlich. Diese Ordnung blieb mit seinem Namen verbunden. Mit seinem Erfolgssymbol, der ständigen Zigarre, war er äußerst beliebt und half der CDU in den ersten Jahren der Republik zu triumphalen

Wahlerfolgen. Die Kommunistische Partei hingegen erzielte bei der Bundestagswahl 1953 nur noch 2,2 Prozent und war zur Zeit ihres Verbots (1956) bereits bedeutungslos. Die SPD als sozialistische Arbeiterpartei erreichte nur enttäuschende Wahlergebnisse, bis sie sich 1959 in ihrem Godesberger Programm mit der Marktwirtschaft aussöhnte. Seit dem Zusammenbruch der DDR 1989 gibt es in Deutschland zu dieser Ordnung, die sich als erfolgreich herausgestellt hat, keine prinzipielle Alternative mehr, auch wenn über die Ausformungen im Einzelnen unverändert gestritten wird.

2.3.4 Wohlstand für Alle

Seine politischen Vorstellungen hat Ludwig Erhard in dem 1957 im Econ-Verlag erschienenen Buch *Wohlstand für Alle* begründet und erläutert. Meist wird es falsch als *Wohlstand für alle*, mit einem kleinen a, zitiert. Dabei liegt gerade hier, beim Wort *Alle,* der Witz, die Pointe des Buches: Ziel war wirklich der Wohlstand für alle Bevölkerungsschichten, insbesondere auch für die Arbeitermassen, die damals die Fabriken bevölkerten. Ebenso wie seinem verehrten Lehrer Franz Oppenheimer ging es Erhard um deren *Entproletarisierung.* In diesem für die heutige Wirtschaftsordnung Deutschlands grundlegenden Buch, aus dem nachfolgend zitiert wird, fordert Erhard, „dass im Zuge der Demokratisierung der Massen eine soziale Umschichtung Platz greift, die insbesondere den Lohnempfänger in seinem materiellen Sein stark hebt." Die Bundesregierung habe sich redlich bemüht, „alle Schichten unseres Volkes an dem Fortschritt und Wohlstand teilhaben zu lassen".

Schicksal und Lebensumstände der Arbeiterschaft waren beispielsweise in dem Schauspiel *Die Weber* von Gerhart Hauptmann (1892) und in den Radierungen des Zyklus *Ein Weberaufstand* von Käthe Kollwitz (1898) dargestellt worden. Die damaligen Standesunterschiede wurden, wie bei ungezählten anderen Betrieben, auch bei der *Portland Cementfabrik* in Hemmoor, Landkreis Cuxhaven, deutlich: Auf der einen Straßenseite das Werk und das Verwaltungsgebäude, gegenüber die Villa des Direktors, in einiger Entfernung die Arbeitersiedlung.

Gleich zu Anfang des Buches *Wohlstand für Alle* berichtet Erhard, dass er bereits 1948 auf dem CDU-Parteitag der britischen Zone betonte,

> dass ich es für abwegig halte und mich deshalb auch weigere, die hergebrachten Vorstellungen der früheren Einkommensgliederung neu aufleben zu lassen. So wollte ich jeden Zweifel beseitigt wissen, dass ich die Verwirklichung einer Wirtschaftsverfassung anstrebe, die immer weitere und breitere Schichten unseres Volkes zu Wohlstand zu führen vermag. Am Ausgangspunkt stand der Wunsch, über eine breitgeschichtete Massenkaufkraft die alte konservative soziale Struktur endgültig zu überwinden.
>
> Diese überkommene Hierarchie war auf der einen Seite durch eine dünne Oberschicht, welche sich jeden Konsum leisten konnte, wie andererseits durch eine quantitativ sehr breite Unterschicht mit unzureichender Kaufkraft gekennzeichnet. Die Neugestaltung unserer Wirtschaftsordnung musste also die Voraussetzung dafür schaffen, dass dieser einer fortschrittlichen Entwicklung entgegenstehende Zustand und damit zugleich auch endlich das Ressentiment zwischen „arm" und „reich" überwunden werden konnten. (Erhard 1957, S. 7)

In seiner Zielsetzung, die hergebrachten Klassengegensätze zu überwinden, stand Erhard also den Sozialisten nahe. Nur wählte er eine entgegengesetzte Strategie zu diesem Ziel. Es ist ihm nicht gelungen, den Unterschied zwischen Arm und Reich ganz einzuebnen. Aber immerhin machte schon 1953 der Begriff der *Nivellierten Mittelstandsgesellschaft* des Soziologen Helmut Schelsky die Runde – als Beschreibung der Sozialstruktur der Bundesrepublik Deutschland von vielen Autoren übernommen, von anderen nachdrücklich abgelehnt. Schelsky argumentierte, immer mehr Menschen aus den Unterschichten seien in die Mittelschicht aufgestiegen und aus der Oberschicht in die Mittelschicht abgestiegen, so dass die Mitte erheblich an Bedeutung gewonnen habe.

Es gab und gibt heute unverändert ein Oben und Unten. Der Unterschied ist aber, dass es bis in die Zeit des Nationalsozialismus hinein in einer Standesgesellschaft einen strengen Gegensatz, einen tiefen Graben zwischen Besitzbürgern und Arbeitern gab. Daher gab es in den Familien einen starken Druck in Richtung einer standesgemäßen Heirat. Dieses Standesdenken verflüchtigte sich seit den 1950er Jahren. Stattdessen gab es zunehmend ein Kontinuum: eine kleine Spitze ganz oben und ganz unten, und in der Mitte einen breiten Bauch der oberen, mittleren und unteren Mittelschicht. Ebenso verflüchtigten sich die einst gegeneinander abgeschlossenen Milieus einerseits der Arbeiterschaft, andererseits der *Guten Gesellschaft*, wie diese sich selbst nannte. Politisch zeigte sich die allmähliche Auflösung der Klassengegensätze darin, dass an die Stelle der alten Klassenparteien die Volksparteien CDU, CSU und SPD traten, die beanspruchten, alle Bevölkerungsgruppen zu repräsentieren.

Erhards Strategie zur Überwindung der Klassengegensätze hat einen zentralen Ausgangspunkt:

> Das erfolgversprechendste Mittel zur Erreichung und Sicherung jeden Wohlstandes ist der Wettbewerb. Er allein führt dazu, den wirtschaftlichen Fortschritt allen Menschen, im besonderen in ihrer Funktion als Verbraucher, zugute kommen zu lassen, und alle Vorteile, die nicht unmittelbar aus höherer Leistung resultieren, zur Auflösung zu bringen. Auf dem Wege über den Wettbewerb wird – im besten Sinne des Wortes – eine Sozialisierung des Fortschritts und des Gewinns bewirkt und dazu noch das persönliche Leistungsstreben wachgehalten. Immanenter Bestandteil der Überzeugung, auf solche Art den Wohlstand am besten mehren zu können, ist das Verlangen, allen arbeitenden Menschen nach Maßgabe der fortschreitenden Produktivität auch einen ständig wachsenden Lohn zukommen zu lassen. (Erhard 1957, S. 7)

Insofern wurde das Bestreben sichtbar, die vom Marxismus beklagte Ausbeutung des Menschen durch den Menschen zu beenden. Diese Theorie besagte, dass sich der Kapitalist den Mehrwert, der durch die Steigerung der Produktivität entsteht, einseitig aneigne. Diese Anklage war in den ersten Jahrzehnten der Industrialisierung nicht unberechtigt. Demgegenüber ging es Erhard darum, Privilegien und ungerechtfertigte Sondervorteile der Oberklasse zu beseitigen. „So wie es in einer gesunden Wettbewerbswirtschaft dem einzelnen nicht erlaubt ist, Sondervorteile für sich zu beanspruchen, so ist diese Art der Bereicherung auch ganzen Gruppen zu versagen."

Schon zur Eröffnung der verfassungsgebenden Nationalversammlung am 6. Februar 1919 hatte Friedrich Ebert,

Sozialdemokrat, erklärt: „In der Zeit der allgemeinen Not darf es für Privatmonopole und mühelosen Kapitalprofit keinen Raum mehr geben."

Durch den Wettbewerb, so Erhard, wird ein Druck auf die Preise ausgeübt, der die Monopolgewinne zum Verschwinden bringt. Gleichzeitig wird den Konsumenten durch diesen Druck auf die Preise der Einkauf erleichtert. Wie sich dies konkret auswirkt, wird heute beim Wettbewerb der großen Lebensmittel-Discounter deutlich. Nur durch unterschiedliche Leistung sollten bei Erhard Einkommensunterschiede gerechtfertigt sein. Hiermit wird an das Leistungsstreben appelliert. Die Arbeiter sollen nicht dadurch zu Wohlstand gelangen, dass sie den Wohlhabenden etwas wegnehmen oder gar diese enteignen. Überhaupt sollte nicht Wohlstand umverteilt werden von Reich zu Arm. Vielmehr soll ein Wohlstand für Alle erreicht werden, indem die Produktivität, die Erzeugung pro Arbeiter, durch technischen Fortschritt erhöht wird.

Erhard forderte,

> alle in der Volkswirtschaft zur Verfügung stehenden Energien auf die Mehrung des Ertrages der Volkswirtschaft zu richten als sich in Kämpfen um die Distribution des Ertrages zu zermürben und sich dadurch von dem allein fruchtbaren Weg der Steigerung des Sozialprodukts abdrängen zu lassen. Es ist sehr viel leichter, jedem einzelnen aus einem immer größer werdenden Kuchen ein größeres Stück zu gewähren als einen Gewinn aus einer Auseinandersetzung um die Verteilung eines kleinen Kuchens ziehen zu wollen, weil auf diese Weise jeder Vorteil mit einem Nachteil bezahlt werden muss. (Erhard 1957, S. 10)

In heutiger Ausdrucksweise: Jeder bloße Verteilungskampf ist ein Nullsummenspiel, weil die Summe der Vorteile der einen und der Nachteile der anderen gleich null ist. Eine Vergrößerung des Kuchens hingegen ist eine Win-win-Situation, weil jeder Teilnehmer sich verbessert.

Eine aktive, nämlich auf Umverteilung zielende Lohnpolitik setzte sich seinerzeit nicht durch. Die auf Einebnung der Klassengegensätze abzielende Wirtschafts- und Gesellschaftspolitik trug dazu bei, dass sich Unternehmer und Belegschaft heute nicht so sehr als Gegner, sondern eher als Partner und als Risikogemeinschaft sehen, wo jeder an seinem Platz zum Erfolg des Unternehmens beizutragen hat. In den mittelständischen Betrieben gibt es die Tradition, dass zwar jeder unterschiedliche Aufgaben hat, dass aber auf der menschlichen Ebene alle als gleichberechtigt gelten, gleichgültig ob anweisend oder ausführend tätig. Zu dieser Tradition gehört auch, betriebsbedingte Kündigungen in der Konjunkturflaute wenn irgend möglich zu vermeiden – schon deshalb, weil der Unternehmer auf den Stamm der Facharbeiter und Meister angewiesen ist, wenn die Lage sich bessert. Hinzu kommt die lange Betriebszugehörigkeit, vor allem in den traditionellen Gewerbegebieten im Sauerland oder Siegerland. Die Industrie- und Handelskammer Hagen/Westfalen hatte in den 1970er Jahren Stapel von Ehrenurkunden für 25-, 40- und sogar 50-jährige Betriebstreue auszustellen, letztere, wenn ein Junge nach Volksschule und Konfirmation mit 15 als Stift in die Firma eintrat und mit 65 in die Rente verabschiedet wurde. In den größeren Betrieben wird diese partnerschaftliche Sicht durch die nur in Deutschland vorhandene Einrichtung des Betriebsrats sichtbar, der mit weitgehenden Mitbestimmungsrechten, insbesondere in personellen Fragen, ausgestattet ist. Ein kluger Unternehmer führt den Betrieb nicht gegen, sondern mit dem Betriebsrat, indem er diesen in die Verantwortung einbezieht und sich bei Problemen aller Art mit den Belegschaftsvertretern berät.

Am 23. Mai 1949 wurde das Grundgesetz für die Bundesrepublik Deutschland verkündet. Es geht vom Grundsatz einer unverlierbaren Menschenwürde eines jeden Menschen aus. Hieraus folgen die Grundrechte, beginnend mit der freien Entfaltung der Persönlichkeit. In dieses Konzept fügt sich Erhards Wirtschaftspolitik ein:

> [Die Steigerung des allgemeinen Wohlstands] schließt auch eine Erweiterung des Katalogs der traditionellen menschlichen Grundrechte ein. Hierbei ist zuvorderst an die Freiheit jedes Staatsbürgers gedacht, das zu konsumieren, sein Leben so zu gestalten, wie es im Rahmen der finanziellen Verfügbarkeiten den persönlichen Wünschen und Vorstellungen des einzelnen entspricht. Dieses demokratische Grundrecht der Konsumfreiheit muss seine logische Ergänzung in der Freiheit des Unternehmers finden, das zu produzieren und zu vertreiben, was er aus den Gegebenheiten des Marktes, das heißt aus den Äußerungen der Bedürfnisse aller Individuen als notwendig und erfolgversprechend erachtet. Konsumfreiheit und Freiheit der wirtschaftlichen Betätigung müssen in dem Bewusstsein jedes Staatsbürgers als unantastbare Grundrechte empfunden werden. Gegen sie zu verstoßen, sollte als ein Attentat auf unsere Gesellschaftsordnung geahndet werden. (Erhard 1957, S. 14)

Dahinter steht der Gedanke der Homogenität der Ordnungen: Die Lebensbereiche Wirtschaft und Politik sollen nach denselben Grundsätzen eingerichtet sein, so dass sie sich gegenseitig stützen.

Demokratie und freie Wirtschaft gehören logisch ebenso zusammen wie Diktatur und Staatswirtschaft. In der Mitte des 20. Jahrhunderts ist das Gedeihen der Wirtschaft auf das engste mit dem Schicksal des Staates verwoben, wie umgekehrt die Anerkennung jeder Regierung und des Staates von dem Erfolg oder Misserfolg der Wirtschaftspolitik unmittelbar berührt wird. Diese Interdependenz von Politik und Wirtschaft verbietet es, in „Kästchen" zu denken. So wie sich der Wirtschaftspolitiker dem Leben des demokratischen Staates verpflichtet fühlen muss, hat umgekehrt auch der Politiker die überragende Bedeutung des wirtschaftlichen Seins der Völker anzuerkennen und dementsprechend zu handeln. (Erhard 1957, S. 14)

Zu diesem Gleichklang von wirtschaftlicher und politischer Ordnung gehören außer den Freiheitsrechten auch die Abwehrrechte: der Schutz des einzelnen Bürgers und ebenso der Unternehmen vor willkürlichen Maßnahmen der Staatsmacht. Auch in Wirtschaftsdingen gilt natürlich der Grundgedanke des Rechtsstaats, dass der Staat in allen seinen Gliederungen an das Gesetz gebunden ist und dass sein hoheitliches Handeln voraussehbar sein muss. In der Wirtschaft gilt dies als Forderung nach Investitionssicherheit. Die Investitionen, die auf eine Laufzeit von einigen Jahren (bei Maschinen) oder einigen Jahrzehnten (bei Gebäuden) angelegt sind, sollen nicht überraschend oder gar rückwirkend entwertet werden. Aus § 823, Absatz 1 des Bürgerlichen Gesetzbuchs ist eine neue Rechtsfigur entwickelt worden: das *Recht am eingerichteten und ausgeübten Gewerbebetrieb,* der einen eigenen Schutz genießt. Es ist zum Beispiel nicht möglich, dass die städtische Bauleitplanung ein Gewerbegebiet, in dem die Betriebe tätig sind, plötzlich zur Grünfläche erklärt, weil ein Stadtbaurat hier eine Gartenschau veranstalten will. Wie wichtig ein solches Bestandsrecht ist, wird im Vergleich mit Russland deutlich. Dort planen die Betriebe meist nur für das nächste Jahr. Denn es ist ja nie vorhersehbar, welches Dekret aus der Zentrale in Moskau plötzlich ohne vorherige Debatte und ohne Begründung die betriebliche Planung über den Haufen wirft. Demgegenüber gilt im Westen eine wichtige Forderung nach Konstanz der Wirtschaftspolitik, weil jede abrupte Wendung der Politik umfangreiche bisherige Investitionen entwertet und künftige Planungen erschwert. Dies wurde in jüngster Zeit durch die mehrmalige Revision des Erneuerbare-Energien-Gesetzes deutlich, bei der ein Teil der zunächst zugesagten Fördermittel später wieder eingesammelt wurde.

2.3.5 Die Fesseln lösen

Wie sein Chef, Konrad Adenauer als erster Bundeskanzler der neuen Republik, hatte auch Erhard das Talent, einige wenige leicht nachvollziehbare Grundgedanken äußerst hartnäckig zu verfolgen, ohne sich von den zahlreichen Kritikern beirren zu lassen. Ähnlich wie bei den Beratungen des Grundgesetzes im Parlamentarischen Rat ging es darum, auf einem weißen Blatt Papier nach dem allseitigen und totalen Zusammenbruch 1945 etwas gänzlich Neues zu schaffen in der Hoffnung, durch ein neues Regelsystem einen Rückfall in den exzessiven Machtmissbrauch und die Verbrechensherrschaft des Nationalsozialismus künftig zu verhindern. In den ersten Nachkriegsjahren wurden die Grundlagen für die

Ordnung erkämpft, nach der noch heute der ganze Lebensbereich Wirtschaft in Deutschland funktioniert.

Um die allgemeine Wohlstandssteigerung zu erreichen, setzte Erhard auf die folgenden aktuell unverändert geltenden Grundsätze, die aber seinerzeit heftig umstritten waren:

- Aufheben aller Preis- und Bewirtschaftungsvorschriften,
- Erhöhung der Produktivität,
- Wettbewerb, Verbot aller Kartelle,
- Preisstabilität.

Zunächst einmal ging es darum, in einem revolutionären Akt die wirtschaftlichen Grundfreiheiten des Konsumenten und des Unternehmers herzustellen. Werkzeug hierzu war das *Gesetz über Leitsätze für die Bewirtschaftung und Preispolitik nach der Geldreform* vom 24. Juni 1948, verkündet im *Gesetz- und Verordnungsblatt des Wirtschaftsrates des Vereinigten Wirtschaftsgebietes* vom 7. Juli 1948. „Mit diesem Gesetz", so berichtet Erhard, „wurde dem Direktor der Verwaltung für Wirtschaft das Recht eingeräumt, mittel- oder unmittelbar und in einem Zuge Hunderte von Bewirtschaftungs- und Preisvorschriften in den Papierkorb zu befördern. Es wurde darauf verzichtet, all das aufzuführen, was ungültig wurde, und nur das namentlich und ausdrücklich genannt, was noch Geltung behalten sollte."

Die Alliierten, die Besatzungsmächte, hatten sich vorbehalten, jede Änderung einer Preisvorschrift zu prüfen. Sie waren nicht wenig erstaunt, als Erhard kühn diese Vorschriften nicht änderte, sondern insgesamt abschaffte. Nachträglich wurde dies jedoch genehmigt, und hiermit war der erste große Schritt in Richtung Marktwirtschaft vollzogen – gegen erbitterten Widerstand der sozialdemokratischen Opposition, die sich in die Forderung nach einem unabhängigen Preisamt verbiss.

1950 wurden auch die Lebensmittelkarten abgeschafft. Bis dahin wurden die Mengen an Lebensmitteln, die die Haushalte beziehen durften, staatlich festgelegt, rationiert. Lebensmittel aller Art waren nur gegen Abgabe des entsprechenden Abschnitts dieser Karte zu beziehen. Die Mengen waren erbärmlich gering. Nichtraucher tauschten ihre Tabakzuteilung gegen Marken für Brot oder Fett.

Zur Erhöhung der Produktionsmengen strebte Erhard von Anfang an nicht ein Mehr an Arbeit (mehr Arbeitsstunden, mehr Arbeitskräfte) an, sondern eine Erhöhung der Produktivität, also der Ausbringung pro Arbeitskraft. Es ging darum, durch mehr Maschinen und technischen Fortschritt die Leistung zu erhöhen. Nur in diesem Rahmen sollten sich auch die Löhne erhöhen: Wenn die Produktionsmenge von 100 auf 105 erhöht wurde, sollten auch die Löhne um 5 Prozent steigen. So konnte mit den gestiegenen Löhnen die gestiegene Produktion gekauft werden, ohne dass sich die Preise erhöhten. Erhard betrachtete eine stabile Währung als wichtigstes Fundament der Marktwirtschaft. Denn eine Inflation bringt alle Wirtschaftsrechnungen durcheinander, enteignet die Sparer und begünstigt die Schuldner, die ihre Schulden in entwerteter Währung zurückzahlen können. Indem Erhard sich nachdrücklich gegen jede Inflation wandte, befand er sich im Einklang mit der Bevölkerung, die 1923 und 1948 einen Zusammenbruch der Währung erlebt hatte. Immer wieder rief Erhard die Gewerkschaften zum Maßhalten bei ihren Lohnforderungen auf, um keine Lohn-Preis-Spirale, ein wechselseitiges Erhöhen von Löhnen und Preisen, in Gang zu setzen.

Dass Erhard zur Steigerung des Wohlstands allein auf die Produktivität und damit auf mehr Kapitaleinsatz und technischen Fortschritt setzte, war damals revolutionär. Die Nationalsozialisten hatten noch auf mehr Lebensraum, auf mehr landwirtschaftliche Fläche gesetzt. Dass dies unsinnig war, stellte sich schon den 1950er Jahren heraus: Die stark verkleinerte Staatsfläche (früheres Deutsches Reich ohne Ostgebiete und ohne DDR) reichte völlig zur Ernährung der Bevölkerung aus. Die DDR setzte angeblich auch auf technischen Fortschritt, tatsächlich aber überwiegend auf eine bloße Nutzung des vorhandenen Kapitalbestandes, bis dieser nach vier Jahrzehnten aufgezehrt war.

Eher kurios ist es, dass Ludwig Erhard den Begriff *Soziale Marktwirtschaft* ganz anders verstand, als er heute üblicherweise gebraucht wird. Er meinte nicht eine Marktwirtschaft, die durch eine Sozialpolitik ergänzt und gemildert wird. Sondern er meinte, die Marktwirtschaft als solche sei bereits sozial, weil sie durch den Druck des Wettbewerbs einen Massenwohlstand bewirkt.

> Eine Wirtschaftspolitik darf sich nur dann sozial nennen, wenn sie den wirtschaftlichen Fortschritt, die höhere Leistungsergiebigkeit und die steigende Produktivität dem Verbraucher schlechthin zugute kommen lässt. (Erhard 1957, S. 190)

Unabhängig hiervon war es für ihn selbstverständlich, dass die Sozialpolitik allen helfen musste, die sich selbst nicht helfen konnten. Nur eine marktwirtschaftliche Ordnung, so war er überzeugt, konnte allerdings die hierfür notwendigen Mittel aufbringen.

> Dass der wirtschaftliche Erfolg zugleich auch die Grundlage und die Ursache jedes sozialen Fortschritts ist und

allein ein hohes Maß an Sicherheit zu bieten vermag, kann nicht bestritten werden, denn wo nichts ist, hat der Kaiser, da haben auch die Gewerkschaften das Recht verloren. Man kann eben nur ein Sozialprodukt verteilen, wenn vorher ein Sozialprodukt erzeugt worden ist. (Erhard 1957, S. 79)

Die Steigerung des Massenwohlstands war in der Not- und Mangelzeit der Nachkriegsjahre ganz selbstverständlich das Ziel der Wirtschaftspolitik, und Erhard, wohlbeleibt und mit der ständigen Zigarre als seinem Markenzeichen, galt als Lokomotive hierfür. Erst als die Not vorbei war, wurde von einzelnen Kritikern bemerkt, dass diese Art von Wirtschaft zum Wachstum verdammt ist, und zwar gerade weil Erhard allein auf die Steigerung der Produktivität setzte. Denn diese Steigerung bedeutet, dass dieselbe Menge von Produkten mit weniger Personal als bisher zu erzeugen ist. Mit anderen Worten: Jeder Produktivitätsfortschritt erzeugt zunächst einmal eine Arbeitslosigkeit. Dies kann nur aufgefangen werden, indem immer mehr an Gütern hergestellt und an Dienstleistungen bereitgestellt wird – schließlich auch allerlei Überflüssiges. Aber alles findet seinen Absatz, weil mit jedem erreichten Wohlstandsniveau die Ansprüche steigen. Boris Holzer bemerkt in seinem Buch *Politische Soziologie*:

Je mehr die ganze Bevölkerung an Politik teilnimmt, desto mehr muss sich die Politik an den Erwartungen und Ansprüchen aller orientieren. Das setzt entsprechende Angebote und Leistungen voraus. Herrschaft wird nicht mehr im Auftrag kleiner, einflussreicher Bevölkerungsgruppen ausgeübt, sondern für alle. Das ermutigt zur Formulierung von entsprechenden Ansprüchen, zum Beispiel an ein gut sortiertes und verfügbares Warenangebot, an sinnstiftende und verständliche Predigten oder an umfängliche und überall zugängliche Krankenbehandlung. Aus der Perspektive der Wirtschaft, der Religion oder der Medizin gibt es keinen Grund, diese Erwartungen abzulehnen. Im Gegenteil: Im Sinne des eigenen Wachstums liegt es nahe, immer neue Ansprüche zu stimulieren. Es kommt zu einer „Anspruchsinflation". (Holzer 2015, S. 75)

Die nächste Runde des Produktivitätsfortschritts und der Freisetzung von Arbeitskräften ist gegenwärtig (2016) durch das Projekt *Industrie 4.0*, die konsequente Digitalisierung aller Produktions- und Verwaltungsvorgänge, absehbar. Denn natürlich werden hierdurch viele Arbeitskräfte freigesetzt, und ebenso natürlich ist ein weiteres Wachstum notwendig, um diese aufzufangen. Die Frage liegt nahe, ob dieser Tanz immer weiter gehen soll. Zu dieser Anspruchsinflation gehört auch, dass das Wirtschafts- und Versorgungsniveau in allen Gegenden Deutschlands gleich hoch sein müsse. Dies ist allerdings völlig irreal: Im Wendland, in der Eifel und in Vorpommern wird niemals dasselbe Niveau herrschen wie in Düsseldorf und in München, selbst bei einem noch so weitgehenden Länderfinanzausgleich. Der Erfolg der Wirtschaftspolitik wird also immer hinter der Inflation der Ansprüche zurückbleiben, und immer kann die Opposition versprechen, dass unter ihrer Herrschaft der Kuchen noch größer und noch gerechter verteilt werde als bisher.

2.3.6 Der Wettbewerb

Gestaltende Prinzipien der westlichen Gesellschaften sind die Freiheit, die Gleichheit, die Entlohnung nach Leistung und der Wettbewerb: im Sport, in der Wirtschaft, in der Kultur und in der Wissenschaft. Hinzu kommt der Wettbewerb der Standorte, der Regionen und Bundesländer sowie der Nationen weltweit. Ebenso universell ist allerdings auch das nur allzu verständliche Bestreben aller Beteiligten, diesen Wettbewerb zu mildern und zu vermeiden.

Am 21. Juli 2017 meldeten die *Cuxhavener Nachrichten:*

„Preiskrieg geht nicht auf Dauer" – Unilever drängt auf ein Ende der Sonderangebote.

Der Konsumgüterhersteller Unilever (Langnese, Knorr, Axe) ärgert sich über den aggressiven Preiskampf und die vielen Sonderangebote im Einzelhandel. „Der Wahnsinn muss ein Ende haben", sagte Deutschland-Chef Ulli Gritzuhn. Die Preiskämpfe auf Kosten der Markenhersteller könnten die Unternehmen auf Dauer nicht verkraften. „Wir als Industrie und auch der Handel müssen einen Weg finden, wie wir die Wertvernichtung bei den Markenartikeln beenden können", verlangte Gritzuhn.

In dieser Art klagen viele Unternehmen: Zwar sind sie im Prinzip für Wettbewerb, aber nicht für einen ruinösen Vernichtungswettbewerb, schon wegen der Arbeitsplätze, und gegen unfairen Wettbewerb mit ausländischen Betrieben, die in ihrem Land unter ganz anderen Bedingungen arbeiten können als die hiesigen Hersteller. Und in der Tat gibt es in Deutschland pro Jahr etwa 23.000 Insolvenzen von Unternehmen, die ihre Schulden nicht bezahlen können und daher aus dem Markt ausscheiden müssen. Dies sind zwar nur 0,6 Prozent der rund 3,6 Millionen Unternehmen, aber dennoch findet insofern eine Kapitalvernichtung statt, und für die Mitarbeiter, die an der Pleite keine Schuld haben, ist es schmerzhaft.

Gleichwohl wird dies in Kauf genommen, denn Grundprinzip der Marktwirtschaft ist der Wettbewerb. Dieser hat hauptsächlich die Aufgabe, das Angebot der Unternehmen ständig auf die Nachfrage, auf die Wünsche der Kundschaft auszurichten. Hierzu gehört leider auch, diejenigen Unternehmen auszusondern, denen dies nicht gelingt – aus welchen Gründen auch immer. Es kann keine Existenzgarantie für die Unternehmen geben, weil dies den Antrieb lähmen würde, sich immer wieder neu auf die veränderten Wünsche und Probleme der Kundschaft einzustellen und mit den betrieblichen Mitteln sparsam und rationell umzugehen. „Bisher hat nur der Sporn des Wettbewerbs die Menschen zum vollen Einsatz ihrer Kraft bewegen können" (Franz Oppenheimer). Ohne Konkurrenz würde jeder Betrieb irgendetwas herstellen, das benötigt wird oder auch nicht. „Nur durch die Konkurrenz sind die Betriebe für die indirekte Steuerung erreichbar" (Alfred Müller-Armack). Der gute Anbieter präsentiert nicht nur ein Produkt, sondern er bietet Problemlösungen. Der Fotohändler überlässt nicht einfach dem Kunden die Auswahl unter Dutzenden von Apparaten, sondern er fragt, für welche Zwecke der Kunde einen Fotoapparat benötigt. Es stellt sich heraus, dass der Kunde ein leidenschaftlicher Ornithologe ist, der im Naturschutzgebiet Vögel fotografieren will. Der Händler stellt ihm eine hierzu geeignete Ausrüstung zusammen.

Wie der Wettbewerb funktioniert, ist relativ einfach zu erklären. Jeder Unternehmer muss kalkulieren, welche Kosten ihm für die Herstellung eines einzelnen Stücks entstehen. Die gesamten im Unternehmen entstehenden Kosten werden, mit welchem Verfahren auch immer, auf die einzelnen Stücke verteilt. Der Hersteller weiß also, welchen Preis er mindestens verlangen muss, um keine Verluste einzufahren. Gleichzeitig probiert er aus, wie weit er den Preis über die Stückkosten hinaus erhöhen und dadurch einen Gewinn erzielen kann. Sind mehrere Anbieter auf dem Markt und bieten sie etwa zum gleichen Preis an, so kann es passieren, dass zu diesem Preis mehr Menge nachgefragt wird als bisher. Eine Erhöhung des Preises und daher ein Gewinn lassen sich also durchsetzen. Dies hat zur Folge, dass jeder einzelne Anbieter mehr produziert und verkauft als bisher, weil Gewinne winken. Oft kommen noch zusätzliche Anbieter hinzu. Das Mehrangebot drückt jedoch auf den Preis, weil die zusätzliche Menge zu hoch war. Die Mehrproduktion war aus der Sicht des einzelnen Anbieters rational, wirkt insgesamt aber preisdrückend. Jedes Stück lässt sich nur mit Verlust verkaufen, und die Menge wird eingeschränkt. Einzelne Unternehmen geben die Herstellung dieses Artikels auf oder müssen schließen. So vermindert sich das Angebot, bis sich wieder Preiserhöhungen durchsetzen lassen. Mit anderen Worten: Der Preis pendelt um die Kosten herum.

Die Preise bilden also das Signal, an dem sich das Angebot ausrichtet. Häufig sind Preiserhöhungen auch deshalb möglich, weil sich die Nachfrage bestimmten Artikeln zuwendet. Also bietet sich hier eine Gewinnchance, und die Produktion wird erhöht. Umgekehrt wendet sich die Nachfrage von bestimmten Artikeln ab, die unverkäuflich liegen bleiben. Also werden sie mit Sonderangeboten billig verkauft und nicht nachproduziert. Die Preise sorgen somit dafür, dass sich das Angebot elastisch an die ewig schwankende Nachfrage anpasst.

Entsprechendes gilt für die Einkaufspreise. Der Unternehmer versucht stets, möglichst kostengünstig zu produzieren, indem er die preiswerteste Kombination von Produktionsfaktoren (Arbeit, Kapital, Boden) auswählt. Ändern sich die Preise dieser Faktoren, so wird eine andere Kombination gewählt. Wenn beispielsweise die Löhne immer weiter steigen, wird es wirtschaftlich, Arbeit durch Maschinen, durch Kapital zu ersetzen. Dieser Vorgang ist inzwischen so weit fortgeschritten, dass in den Werkshallen oft verblüffend wenige Menschen zu sehen sind. Sie brauchen nur die Maschinen einzustellen, Rohstoffe nachzuliefern und fertige Produkte abzuholen. Die eigentliche Produktion wird automatisch erledigt. Wer heute einen Containerhafen besichtigt, wundert sich darüber, dass einige wenige Leute in den Leitständen ungeheure Warenmengen umschlagen, womit noch in den 1960er Jahren tausende von Hafenarbeitern beschäftigt waren.

In ähnlicher Weise wird die Produktion umgestellt, wenn beispielsweise als Rohmaterial Stahl oder Aluminium in Betracht kommen und die Aluminiumpreise plötzlich steigen. Wenn der Eindruck entsteht, dass dies nicht nur ein momentaner Ausschlag ist, wird überlegt, ganz von Aluminium auf Stahl umzustellen. Wenn jahrzehntelang die Erdölpreise steigen, wird weltweit versucht, die Fahrzeuge auf Benzin und Diesel sparende Motoren umzustellen. Auch die Preise der Produktionsfaktoren haben also eine lenkende Wirkung, und zwar in dem Sinne, die Faktoren entsprechend ihrer relativen Knappheit möglichst wirtschaftlich einzusetzen.

Die Marktwirtschaft verfügt in ihrem variablen Preis- und Wertsystem über einen Signalapparat, der jede Veränderung in der Seltenheit der Produktionsfaktoren anzeigt und zu entsprechender Umdisposition im Sinne der Nachfrageinschränkung beziehungsweise Produktionserhöhung führt. Diese Rechenhaftigkeit gilt nicht nur für die Schaffung einer wirtschaftlichen Statik, in der die Produktionsfaktoren genau nach ihrer Seltenheit auf die dringlichsten Verwendungsbegehren verteilt werden, sondern auch für die wirtschaftliche Dynamik. (Müller-Armack 1976, S. 78)

Dabei geht es jeweils um das wirtschaftliche Prinzip in seinen beiden Fassungen: entweder einen gegebenen Ertrag mit möglichst geringem Aufwand herzustellen, oder aber mit einem gegebenen Aufwand einen möglichst hohen Ertrag zu erzielen.

Dieses freie Spiel der Preise und ihrer Signalfunktion funktioniert jedoch nur bei freiem Wettbewerb, durch den die Anbieter gezwungen werden, sich jeweils auf die schwankende Nachfrage und die wechselnden Faktorpreise einzustellen. Gleichzeitig sorgt der Wettbewerb dafür, dass niemand dauerhafte Gewinne einstreichen kann. Jeder einzelne Anbieter möchte aus diesem Druck ausbrechen. Entweder er rationalisiert die Produktion, beispielsweise durch Massenfabrikation, so dass er billiger anbieten kann als die Kollegen. Oder er stellt besondere Artikel, mit einem Nutzenvorteil, her. Aber jede Neuerung wird, wenn sie sich durchsetzt und Gewinn bringt, schnell von den anderen nachgeahmt. Gewinne lassen sich also immer nur zeitweise erringen. Es gibt keine dauerhaften garantierten Gewinne. Es gibt aber das handfeste Risiko, im Wettbewerb zu unterliegen, weil ein Anbieter entweder in den Herstellungskosten oder in der Qualität oder aus anderen Gründen nicht mithalten kann. In diesem Fall verliert der Inhaber bei den kleineren

Unternehmen das gesamte (betriebliche und private) Vermögen. Die größeren Firmen sind meist als Kapitalgesellschaften angelegt. Hier verliert gegebenenfalls jeder Kapitalgeber seinen Anteil.

Anders ist es beim Monopol. Angenommen, es gebe nur einen einzigen Anbieter von Streichhölzern, ein Zündwarenmonopol, und die Herstellung einer Schachtel Streichhölzer koste in der Massenproduktion 10 Cent, und dies sei bisher auch der Preis. Wenn nun der Monopolist den Preis auf 15 Cent hinaufsetzt, macht er pro Schachtel 5 Cent Gewinn. Die verkaufte Menge wird nur unbedeutend zurückgehen, weil der Preis insgesamt gering ist und im privaten Haushalt nur einen kleinen Anteil ausmacht. Erhöht der Monopolist den Preis auf 20 oder gar auf 50 Cent, so kommt irgendwann ein Bruchpunkt, so dass die Verkaufsmenge dramatisch abnimmt, weil die Kunden sich auf Feuerzeuge umstellen oder weil der Handel Streichhölzer aus entfernten Ländern bezieht. Jenseits dieses Bruchpunktes ist zwar der Gewinn pro Stück enorm, aber die Verkaufsmenge hat so stark abgenommen, dass auch der Gesamtgewinn rückläufig ist. Der Monopolist kann einen maximalen Gewinn einstreichen, wenn er den Preis nur so weit erhöht, dass die Verkaufsmenge nicht wegbricht.

Wie hoch dieser aus Sicht des Monopolisten optimale Preis ist, hängt davon ab, ob die Käufer diesen Artikel unbedingt brauchen, also die Nachfrage starr ist, oder ob das Publikum preissensibel ist, also eine Preiserhöhung rasch bemerkt und hierauf reagiert. Diese Elastizität ist bei den einzelnen Artikeln unterschiedlich. Recht sensibel reagieren beispielsweise die Hausfrauen bei Produkten, die häufig gekauft werden und einen relativ großen Anteil an den Ausgaben ausmachen, beispielsweise bei Butter oder bei Bier. Weniger sensibel reagiert das Publikum bei selten gekauften Artikeln, bei denen die Konsumenten keine feste Preisvorstellung haben. Beispielsweise werden viele Käufer die Erhöhung des Preises nicht bemerken, wenn eine Waschmaschine 550 statt wie bisher 450 Euro kostet.

Einen ähnlichen Wettbewerb der Unternehmer gibt es im Einkauf. Jeder versucht, seinen Betrieb so einzurichten, dass die Produktionsfaktoren (Arbeit, Kapital, Boden) die höchste Produktivität schaffen. Wer dies am besten erreicht, kann im Einkauf den höchsten Preis zahlen. Zu ihm wandern die Faktoren: die besten Fachkräfte und das Kapital. Die Immobilien wandern nicht zum Anbieter, sondern der Anbieter zu ihnen. „Die Faktoren wandern immer zum besten Wirt", so heißt es. Auf diese Weise wird insgesamt, auf die ganze Volkswirtschaft bezogen, für einen möglichst rationellen Einsatz der Faktoren gesorgt.

Der Wettbewerb verteilt die Gewinne (der Unternehmen) und Einkommen (der Belegschaft) nach der Leistung des Unternehmens. Insofern bilden Inhaber und Belegschaft eine Gefahren- und Risikogemeinschaft. Dies wird in Deutschland stärker gesehen als in vielen anderen Ländern, beispielsweise den romanischen Staaten.

Ein Kartell im weitesten Sinn ist ein Bündnis zwischen Rivalen, die sich auf gleicher Ebene gegenübertreten, sich gut kennen, voneinander unabhängig bleiben und verabreden, im gemeinsamen Interesse ihre Rivalität ruhen zu lassen. Im engeren Sinne ist das Kartell ein Zusammenschluss von Unternehmen, die beschließen, sich künftig nicht mehr gegenseitig zu unterbieten, sondern gemeinsam einen Preis zu verabreden, der für alle gilt und der im Bereich des

Gewinnmaximums des Monopolisten liegt. Das Kartell schließt den internen Wettbewerb aus und benimmt sich im Markt wie ein Monopolist. Jedes Kartell hat allerdings das Problem, dass die Teilnehmer immer versucht sind, zu diesem hohen Preis und Gewinn mehr Menge zu produzieren als bisher. Dies würde das Kartell wegen des entstehenden Preisdrucks auf Dauer sprengen. Also muss die Gesamtmenge festgesetzt und nach Quoten auf die Teilnehmer verteilt werden. Ferner gibt es das Problem, dass, durch diese Gewinnmöglichkeit angelockt, neue Mitbewerber auftauchen und den Kartellpreis unterbieten. Dies gilt es zu verhindern. Notfalls wird der neue Anbieter aufgekauft und eingemeindet. Eine verschärfte Form des Kartells ist das Syndikat: ein gemeinsames Verkaufsbüro, an das sich jeder Kunde wenden muss. So lässt sich am besten sicherstellen, dass niemand verbotene Extramengen anbietet.

Die Blütezeit der Kartelle reichte von den 1890er bis in die 1930er Jahre, bis die gesamte Wirtschaft durchkartelliert war. Sie galten als Ausfluss der allgemeinen Vertragsfreiheit, und der Staat sah keinen Anlass zum Eingreifen. Werner Sombart berichtet 1904, dass im Jahr 1897 schon 345 industrielle Kartelle bekannt geworden waren. Beim Kartell treten mehrere bisher selbstständige Unternehmen zueinander in Beziehung aus Gründen, die bekannt sind:

> um (ganz allgemein gesprochen) an Stelle des Wettbewerbs die Vereinbarung, die Verständigung über wesentliche Punkte der Gütererzeugung und des Güterabsatzes treten zu lassen, oder dasselbe in einer etwas getrageneren Sprache ausgedrückt (wie sie die Geschäftsführer der Kartelle selbst

gern zur Anwendung bringen): um an die Stelle der „anarchischen" eine „geregelte" Produktion zu setzen. (Sombart 1904, S. 52)

Besonders naheliegend ist die Bildung eines Kartells aus Sicht der Unternehmen

- bei Massengütern, bei denen die einzelnen Anbieter kaum Möglichkeiten haben, sich vom Wettbewerber abzuheben, etwa im Bergbau, und
- wenn der Markteintritt eines zusätzlichen Konkurrenten mit hohen Kosten verbunden ist.

Diese beiden Bedingungen sind beispielsweise gegeben, wenn es bisher fünf Hersteller von Zement gab. Hier dürfte außerdem die Nachfrage relativ starr sein, weil die Bauwirtschaft auf diesen Baustoff eingestellt ist. Eine gemeinsame Preiserhöhung dürfte also möglich sein, ohne dass die Nachfrage einbricht. Ein bekanntes Beispiel für ein weiteres Kartell der Produzenten von Massengütern ist die OPEC als Organisation der Erdöl exportierenden Staaten.

Die Phantasie der Unternehmer in der Frage, wie ein angeblich ruinöser und unfairer Wettbewerb zu verhindern sei, ist nahezu grenzenlos. Beliebt sind auch Abreden bei öffentlichen Ausschreibungen. Wenn die Stadtverwaltung einen Bauauftrag zu vergeben hat, muss sie das niedrigste Gebot berücksichtigen. Da kann es vorkommen, dass die Gebote von immer denselben fünf örtlichen Bauunternehmen kommen und dass der eine Unternehmer zwei große Aufträge bekommt, die er kaum bewältigen kann, und sein Kollege nichts und schließen muss. Da liegt es nahe, zu verabreden, wer das nächste Mal das niedrigste Gebot abgibt, so dass jeder einmal bedacht wird. Das niedrigste Gebot liegt dann über dem Gleichgewichtspreis eines freien Marktes, und alle anderen Gebote liegen noch weit höher. Das Ganze heißt Submissionskartell und ist schwer nachzuweisen, vor allem wenn alles nur mündlich vereinbart wurde.

Eine weitere Möglichkeit, den Wettbewerb auszuschalten, ist das Spezialisierungskartell. Es funktioniert nach folgendem Muster: Beispielsweise verabreden drei führende Schraubenhersteller, dass einer nur große Schrauben, einer mittlere und einer kleine Schrauben herstellt. Auf diese Weise wird der Markt aufgeteilt, und jeder kann auf seinem Teilmarkt als Monopolist auftreten.

Kartelle gibt es auch auf der Einkaufsseite der Unternehmen. Wenn viele kleine Einzelhändler einigen wenigen großen Lieferanten gegenüberstehen, hat jeder einzelne Händler nur eine geringe Marktmacht und muss hohe Preise akzeptieren. Deswegen haben sich schon zum Ende des 19. Jahrhunderts Einkaufsgenossenschaften gebildet, beispielsweise wenn alle Bäcker sich zusammenschließen, um über ihre Genossenschaft zentral Mehl und weiteren Bedarf einzukaufen. Diese Genossenschaft kann wegen des Großeinkaufs bei den Lieferanten hohe Rabatte (Preisnachlässe) durchsetzen.

Eine Extremform des Kartells ist die Fusion: Die vorher wettbewerbenden Unternehmen schließen sich zu einer einzigen Firma zusammen, oder ein kleinerer Wettbewerber wird vom größeren aufgekauft und damit „unschädlich" gemacht. Bei der deutschen Wiedervereinigung soll es vorgekommen sein, dass kapitalstarke Westbetriebe potenzielle Wettbewerber im Osten aufkauften, nur um sie dann stillzulegen. Dies betrifft vor allem den Kali-Bergbau im Südharz. Die Schließungen führten verständlicherweise zu massiven Protesten der Bevölkerung. Die betroffenen Gemeinden haben sich in den folgenden Jahrzehnten hiervon nicht erholt.

Um den Wettbewerb, wenn er schon nicht zu verhindern ist, wenigstens zu mildern, gibt es insbesondere bei den kleinen Unternehmen immer wieder Bestrebungen, Existenzgründern den Zugang zu erschweren oder zumindest die bisherigen Zugangshindernisse nicht abzubauen. Ein beliebtes Argument ist die Behauptung, zum Schutz der Verbraucher sei es notwendig, den Zugang von fachlich Unqualifizierten durch eine Prüfung zu bremsen.

Zum konsequent freien Wettbewerb, wie Erhard ihn erfolgreich vertrat, gehört stattdessen immer der freie Zugang – ohne fachliche oder kaufmännische Prüfung und ohne eine Prüfung, ob Bedarf nach weiteren Unternehmen besteht oder ob die Bestehenden durch die Neuen gefährdet werden. Alfred Müller-Armack: „Entscheidend ist, ob die Chance, selbstständig zu werden, offengehalten wird oder nicht." Die Gewerbefreiheit ist die zentrale Forderung des klassischen Liberalismus gegenüber den Restriktionen des Zunftwesens und der Ständegesellschaft. Franz Oppenheimer: „Die freie Konkurrenz besteht dort, wo jeder, der es will, sich an einer Produktion beteiligen kann und darf."

Den Durchbruch im Sinne der Gewerbefreiheit, der freien Geschäftsgründungen, brachte erst das sogenannte Apothekenurteil des Bundesverfassungsgerichts vom 11. Juni 1958. Hier hatte ein approbierter (zur Ausübung des Berufs zugelassener) Apotheker die Erlaubnis beantragt, in Traunreut eine Apotheke zu eröffnen. Das war ihm entsprechend dem damaligen Bayerischen Apothekengesetz verwehrt worden. Dieses Gesetz bestimmte:

Für eine neu zu errichtende Apotheke darf die Betriebserlaubnis nur erteilt werden, wenn
 a) die Errichtung der Apotheke zur Sicherung der Versorgung der Bevölkerung mit Arzneimitteln im öffentlichen Interesse liegt und
 b) anzunehmen ist, dass ihre wirtschaftliche Grundlage gesichert ist und durch sie die wirtschaftliche Grundlage der benachbarten Apotheken nicht soweit beeinträchtigt wird, dass die Voraussetzungen für den ordnungsgemäßen Apothekenbetrieb nicht mehr gewährleistet sind.

Die Eröffnung eines neuen Betriebes war also an die Voraussetzungen geknüpft:

1. Zur Versorgung der Bevölkerung notwendig?
2. Eigene wirtschaftliche Grundlage vorhanden?
3. Wirtschaftliche Grundlage der vorhandenen Betriebe gefährdet?

Die Regierung von Oberbayern hatte den Antrag abgelehnt, weil die vorhandene Apotheke zur Versorgung ausreiche. Ihre wirtschaftliche Grundlage werde durch die neue Apotheke gefährdet. Darüber hinaus wurde befürchtet, dass die freie Konkurrenz wirtschaftlich schlecht fundierter Apotheken diese zu einem leichtfertigen Medikamentenverkauf verführe.

Das Bundesverfassungsgericht hob diese Ablehnung auf und legte die in Artikel 12 des Grundgesetzes gesicherte Berufsfreiheit („Alle Deutschen haben das Recht, Beruf, Arbeitsplatz und Ausbildungsstätte frei zu wählen") in einem freiheitserweiternden Sinne aus. Die im bayerischen Gesetz genannten Voraussetzungen nimmt es gar nicht erst zur Kenntnis:

1. Ob die Neugründung zur Versorgung der Bevölkerung notwendig ist, wird nicht untersucht. Das Risiko, dass womöglich zwei Apotheken nicht lebensfähig sind, wenn eine ausreicht, liegt allein beim Existenzgründer. Der Staat hat nicht die Aufgabe, die Versorgung zu sichern, indem einzelne Betriebe erlaubt oder verboten werden. Dieses Denken war in der DDR bis zum Schluss verbreitet: Existenzgründungen wurden als nicht zur Versorgung notwendig abgelehnt.
2. Ob der Gründer eine ausreichende wirtschaftliche Grundlage hat, ist allein sein eigenes Risiko.
3. Ob die bestehenden Betriebe durch den Wettbewerb der Neuen gefährdet werden, ist ebenfalls kein Thema für das Gericht. Würde es die Bestehenden schützen vor den Neuen, so wäre dies ein Verstoß gegen das Gleichheitsgebot in Artikel 3 des Grundgesetzes. Das von den Berufsorganisationen ständig herbeigezogene Argument, durch die Freigabe werde es zu einem ruinösen Konkurrenzkampf kommen, ließ das Gericht nicht gelten.

Das weitere Argument, Apotheken in wirtschaftlicher Not würden leichtfertig Medikamente verkaufen, wurde ebenfalls nicht zur Kenntnis genommen. Der Staat hat nicht die Aufgabe, Menschen vorbeugend vor Situationen zu schützen, in denen sie (angeblich) zu Straftaten neigen.

Stattdessen denkt das Verfassungsgericht ausschließlich vom Grundrecht des Neugründers aus: Inwiefern und wie weit ist der Staat berechtigt, dessen Grundrecht zur freien Berufswahl einzuschränken? Immerhin kann nach Artikel 12, Satz 2, des Grundgesetzes die Berufsausübung gesetzlich geregelt werden. Im Ergebnis kam das Gericht zu einer Drei-Stufen-Theorie:

1. Die Art und Weise, wie der Beruf ausgeübt wird, kann nach Erfordernissen des Gemeinwohls geregelt werden. Hier wird in das Recht der Berufswahl relativ gering eingegriffen.
2. Der Staat darf subjektive, in der Person des Gründungswilligen liegende Schranken aufstellen, beispielsweise für bestimmte Berufe eine Ausbildung verlangen, um Schäden für die Allgemeinheit zu vermeiden. Dies ist beispielsweise beim Arztberuf selbstverständlich.
3. Objektive, nicht in der Person des Gründungswilligen liegende Schranken darf der Gesetzgeber nur zur Abwehr schwerer Gefahren für die Allgemeinheit aufstellen. Aus diesem Grund ist etwa die Prüfung, ob für den neuen Betrieb ein Bedarf besteht, unzulässig. Weil der Inhaber der Grundrechte diese objektiven Schranken nicht beeinflussen kann, ist hier der Eingriff in das Grundrecht besonders schwer und nur zur Abwehr von Notfällen zulässig.

Insgesamt gilt der Grundsatz der Verhältnismäßigkeit: Zur Abwehr von Nachteilen oder Gefahren darf immer nur das mildeste Mittel angewandt werden, also zunächst die Ausübung des Berufs zu regulieren. Erst wenn dies nicht ausreicht, darf eine Ausbildung verlangt werden. Und erst in den seltenen Fällen, in denen auch dies nicht ausreicht, kommt ein Verbot in Betracht.

Dieses Apothekenurteil hob nicht nur die bevorzugte Stellung der privilegierten Hofapotheken auf und bewirkte in diesem Wirtschaftszweig eine Gründungswelle, sondern gilt als Grundsatzurteil auch für alle anderen Wirtschaftsbereiche. Eine ganz seltene Ausnahme findet sich nur noch im Taxigewerbe: Dort können noch heute neue Konzessionen abgelehnt werden mit dem Argument, es bestehe kein Bedarf und die bestehenden Betriebe würden durch den Wettbewerb gefährdet.

Die wirtschaftlichen Schwierigkeiten vieler Länder, beispielsweise des EU-Mitglieds Griechenland, resultieren zu einem Großteil daraus, dass für die Gründung auch des kleinsten Geschäfts, etwa eines Zeitungskiosks oder eines Taxibetriebs, eine hohe Gebühr von tausenden Euro zu zahlen ist. Die ganze Volkswirtschaft ließe sich mit einer einzigen und zudem für die Regierung kostenlosen Maßnahme beleben, indem einfach im Gesetzblatt die völlige Gewerbefreiheit verkündet würde: Jedermann kann sich mit jeder beliebigen Tätigkeit selbstständig machen – ohne Prüfung, ohne Erlaubnispflicht, ohne Gebühr. Allein die Kundschaft entscheidet, wer sich durchsetzt. Hier wäre allerdings mit einem heftigen Protest der jetzigen Konzessionsinhaber zu rechnen, deren teuer erkaufte Erlaubnis wertlos würde und die sich natürlich gegen neue Wettbewerber wehren. Jedoch würden Kunden, Arbeitnehmer und der Staat als Steuereinnehmer von einem solchen Befreiungsschlag profitieren.

Zur Gründung eines Betriebes soll die bloße Anmeldung beim Ordnungsamt ausreichen, wie es jetzt nach § 14 der Gewerbeordnung der Fall ist. Das Amt händigt dem Existenzgründer eine Kopie mit einem Stempel aus. Dieses Dokument, im Volksmund *Gewerbeschein* genannt, ist nicht etwa eine Erlaubnis, sondern bestätigt nur, dass die Tatsache der Geschäftsgründung zur Kenntnis genommen und registriert worden ist.

Das Grundrecht der freien Berufswahl (Artikel 12 des Grundgesetzes) umfasst auch das Recht, den Beruf selbstständig auszuüben. In einigen deutschen Landesverfassungen ist sogar die Gewerbefreiheit ausdrücklich erwähnt, so etwa in der Bayerischen Verfassung in Artikel 109: „Alle Bewohner Bayerns […] haben das Recht, […] jeden Erwerbszweig zu betreiben."

Die Gründungen sorgen für zusätzlichen Wettbewerb und zwingen die bestehenden Unternehmen, ihre Geschäftsmodelle zu überprüfen. Jeder Gründer versucht gewöhnlich, etwas Neues anzubieten, das es in dieser Form an diesem Ort bisher nicht gab. Die Gesamtheit aller Gründer bereichert also im Interesse aller Kunden das Angebot. Oder die Gründer versuchen, zumindest in der Anfangsphase preisgünstiger zu sein als die Bestehenden. Bei freier Gründung können also in der Branche keine dauerhaften Profite realisiert werden.

Die Marktwirtschaft geht davon aus, dass sich bei einer sich selbst überlassenen Wirtschaft die Bestrebungen, den Wettbewerb zu mindern oder zu verhindern, durchsetzen werden, wie es bis Mitte des 20. Jahrhunderts geschah. Daher ist es Aufgabe des Staates, im Interesse aller Verbraucher den Wettbewerb zu erzwingen. Leonhard Miksch als enger Mitarbeiter Erhards sagte: „Wettbewerb ist eine staatliche Veranstaltung und nur über einen starken Staat zu sichern. Die Wirtschaft ist in Freiheit zu ordnen."

Dies ist der grundlegende Unterschied zum ungebremsten Kapitalismus des 19. Jahrhunderts. Alfred Müller-Armack blickt zurück auf diese Zeit:

> Aus einem alten, in letztlich religiösen Bezirken verankerten Harmonieglauben erwuchs die Auffassung von der Selbstregulierung der wirtschaftlichen Dinge, von der Steuerung des

Marktes durch den Preis, der Handelsbilanzen und der Währungen durch die Geldströme. So fehlte dem Liberalismus das Wissen um die Notwendigkeit, die von ihm geschaffene Wirtschaftsordnung durch klare Bestimmung ihrer nicht zu überschreitenden Grenzen in sinnvoller Funktion zu erhalten. Sie kann nicht, wie im 19. Jahrhundert, noch einmal das Ergebnis einer gleichsam natürlichen Entwicklung sein, sondern bedarf der behütenden Kräfte, um sich als Wirtschaftsordnung behaupten zu können.

Diese behütenden Kräfte bestehen heute vor allem in der Wettbewerbspolitik im weitesten Sinne – vom Verbot aller Wettbewerbsbeschränkungen im Innern bis hin zur Öffnung der Grenzen: Freie Importe verstärken den Wettbewerb im Inland. Sie wirken im Sinne des Publikums preissenkend und vermehren das Warenangebot aus fernen Ländern. Gleichzeitig gibt eine Öffnung der Grenzen den inländischen Firmen Gelegenheit, sich im Export mit den Unternehmen des internationalen Marktes zu bewähren. Der Wettbewerb ist nicht einfach da, sondern wird veranstaltet, wird erzwungen.

Dieser Grundansatz hat eine Bedeutung, die weit über den engeren wirtschaftlichen Bereich hinausweist. Die Linken-Politikerin Janine Wissler erklärt ausgerechnet im FAZ-Magazin vom April 2016, dem *Journal des Luxus und der Moden,* unter der Dachzeile „Her mit dem schönen Leben!" ganz in diesem Sinne:

> Nach dem Zweiten Weltkrieg war die Einsicht weit verbreitet, dass man eine neue Diktatur nur verhindern kann, wenn man die Zusammenballung von Kapital verhindert.

Dies würden die Väter der Sozialen Marktwirtschaft ebenso unterschreiben wie die weitere grundlegende Einsicht der Linken-Politikerin:

Man muss schon darüber reden, dass eine gesicherte materielle Grundlage die Voraussetzung ist, dass Menschen sich frei entfalten können.

Allerdings glaubt sie, „dass im Kapitalismus die Menschen viel normierter, uniformierter, gleichgemachter sind, als sie das in der von uns angestrebten sozialistischen Gesellschaft wären". Hieran sind Zweifel angebracht. Der Augenschein spricht eher für eine Vielfalt unterschiedlicher Lebensentwürfe im Westen. Die Linke beklagt, dass die Einkommen und Vermögen vollkommen ungerecht verteilt sind. Wenn wir uns demgegenüber einmal vorstellen, dass Einkommen und Vermögen vollkommen gerecht, vollkommen gleich verteilt wären, so würde gerade dies auf eine Normierung und Uniformierung aller Lebensentwürfe hinwirken.

Ludwig Erhard wollte von Anfang an Kartelle verbieten, weil sie einen dauerhaften Gewinn ohne Anstrengung verheißen, also eine Ausplünderung der Kundschaft bewirken. Die marxistische Kritik am Monopolkapitalismus war insofern nicht ganz unberechtigt. Gegen Ende des 19. und in der ersten Hälfte des 20. Jahrhunderts gab es große Konzentrationswellen, wobei die entstehenden Großkonzerne und mächtigen Interessenverbände auch politische Macht ausübten. Die Marxisten gingen hier von einer fortschreitenden Machtkonzentration und einem staatsmonopolistischen Kapitalismus (Stamokap) aus. Diese Befürchtungen waren seinerzeit durchaus naheliegend, wenn beispielsweise an das Rheinisch-Westfälische Kohlen-Syndikat gedacht wird. Es wurde 1893 gegründet und galt als besonders hoch entwickeltes und stabiles Wirtschaftskartell, weil der Absatz in einer zentralen Verkaufsstelle monopolisiert war und die kartellierten Bergwerke (in der Tendenz) keine eigenen

Vertriebsabteilungen und keinen Zugriff auf die Kunden hatten. Preise und Mengen wurden zentral festgelegt, um einen angeblich *ungesunden* Konkurrenzkampf unter den beteiligten Zechen zu unterbinden. Seit seiner Gründung und noch 1939 galt dieses Kartell als Muster für Organisationskunst und als Idealkartell. Nach diesem Muster wurden zahlreiche andere Kartelle gegründet. Das Reichsgericht betrachtete Kartellabreden als zulässig im Rahmen der allgemeinen Vertragsfreiheit. Parallel zum Kohlekartell wurde der *Verein für die bergbaulichen Interessen im Oberbergamtsbezirk Dortmund* gegründet, der nicht nur einen strikt gewerkschaftsfeindlichen Kurs vertrat, sondern in der Spätphase der Weimarer Republik die Nationalsozialisten unterstützte und Hitlers Machtergreifung betrieb. Insofern hat die Wettbewerbspolitik, das Verbot der Kartelle und der großen Unternehmenszusammenschlüsse, auch eine große politische Bedeutung über das rein Wirtschaftliche hinaus.

Bei der Beratung des Grundgesetzes wurde stattdessen davon ausgegangen, dass ähnlich wie beim Staat auch in der Wirtschaft die Macht auf möglichst viele Einheiten verteilt werden sollte. Niemand sollte einem geschlossenen Block gegenüberstehen und diesem ausgeliefert sein.

> Die Marktwirtschaft kennzeichnet eine höchst realistische Aufteilung der wirtschaftlichen Machtpositionen, um im Wirtschaftlichen das Entstehen politischer Macht zu verhindern. (Müller-Armack 1976, S. 76)

Hinzu kommt eine weitere Erwägung: Der technische Fortschritt, der durch den Wettbewerb angetrieben wird, soll unbedingt der Gesamtheit aller Verbraucher zugutekommen. Dies verstand Erhard unter dem Wort *sozial*. Dieser

Mechanismus funktioniert nicht, wenn Kartelle geduldet werden, denn gerade bei den Kartellen fehlt der Leistungswettbewerb, also der ständige Druck zu Rationalisierung und Innovation.

Das Kartellverbot war in der Gründungszeit der Bundesrepublik heftig umstritten, zumal vor dem Zweiten Weltkrieg Kartelle erlaubt und allgemein üblich gewesen waren. Aus der Industrie kam heftiger Widerstand gegen Erhard. Wenigstens in der Aufbauzeit wollten die Betriebe vom Wettbewerb verschont werden. Ständiges Argument war, nur der Missbrauch eines Kartells solle verboten sein. Dies ist allerdings kaum festzustellen: Ab welchem Preis beginnt der Missbrauch? Erst 1957 setzte sich nach langen Debatten mit dem *Gesetz gegen Wettbewerbsbeschränkungen* das Verbotsprinzip durch: Schon das Kartell als solches, ganz unabhängig von seinem Verhalten, gilt als Fehlentwicklung und wird verboten.

Durch das Monopolverbot fügte sich die Bundesrepublik Deutschland gleichzeitig in die westliche Welt ein. Vorbild war der amerikanische Antitrust Act von 1890, mit dem derartige Absprachen grundsätzlich verboten wurden und der Strafen bis zu 5.000 Dollar für Unternehmen und maximal einem Jahr Gefängnis für natürliche Personen vorsah (inzwischen wurde die Strafandrohung vervielfacht). Außerdem waren hier Entflechtungen von Großkonzernen vorgesehen. Die Anpassung an das westliche Wettbewerbsrecht lag auf der Linie der Politik Konrad Adenauers, der eine enge Westbindung verfolgte. Damit setzte sich der erste Kanzler gegen starke Kräfte auch innerhalb der CDU durch, die für Deutschland eine Neutralität forderten, um auf diese Weise eine baldige Wiedervereinigung zu erreichen, wie es im Falle Österreichs geschehen ist.

Darüber hinaus setzte sich Erhard von Anfang an gegen den heftigen Widerstand der Industrie für freien Außenhandel ein, für freie Importe als zusätzlichen Wettbewerb aus dem Ausland und vom Weltmarkt. Auch dies geschah, um im Interesse der Verbraucher weiteren Druck auf die Preise auszuüben. Vor dem Krieg galt eine entgegengesetzte Politik: Damals war Autarkie das Ziel, also eine Abkapselung vom Weltmarkt. Möglichst alles sollte im eigenen Land hergestellt werden, um vom Ausland unabhängig zu sein und außenpolitisch keine Rücksichten nehmen zu müssen. Demgegenüber setzte sich Erhard im Außenhandel für eine ständig fortschreitende Liberalisierung des Waren-, Dienstleistungs- und Kapitalverkehrs ein, für einen raschen Abbau der Zölle sowie anderer protektionistischer Schranken und Manipulationen – eine Bestrebung, die auch die nachfolgenden Jahrzehnte bis heute prägte und längst nicht an ihr Ziel gelangt ist.

2.3.7 Stabilität des Preisniveaus

„Die soziale Marktwirtschaft ist ohne eine konsequente Politik der Währungsstabilität nicht denkbar", betonte Ludwig Erhard immer wieder. Zu den negativen Wirkungen einer allgemeinen Preissteigerung gehört zum Beispiel, dass der Anteil der Ersparnis am Einkommen (die Sparquote) rückläufig ist, denn die Bevölkerung fürchtet in diesem Fall eine Entwertung des Ersparten, insbesondere wenn sie, wie in Deutschland bereits zweimal geschehen (1923 und 1948), ihre gesamten Ersparnisse verloren hat. Zustimmend zitiert Erhard die Zuschrift eines Ingenieurs aus Backnang:

Wirtschaftswunder – Inflation! Von dem einen sehe und höre ich viel, vor dem anderen graut es mir. Zum dritten Male alles Sparen umsonst! Inflation ist ein durch und durch unmoralisches Hilfsmittel, ist Diebstahl am eigenen Volk. (Erhard 1957, S. 203)

Eine Inflation führt zu einer Flucht in die Sachwerte, beispielsweise in Gold und in Immobilien. Damit wird Kapital stillgelegt, statt produktiv für Investitionen eingesetzt zu werden. Außerdem führen die bei Inflation – nur zahlenmäßig, also nominell – steigenden Löhne und Gehälter dazu, dass die Steuerzahler in höhere Einkommensgruppen aufrücken und wegen der progressiven Einkommensteuer höhere prozentuale Belastungen tragen müssen.

Darüber hinaus führt eine Inflation zu groben Ungerechtigkeiten, denn sie begünstigt einseitig die Schuldner, die ihre Schulden mit billigem Geld zurückzahlen können. Mithin werden alle Kreditgeber zu den Zinsen (als Äquivalent des Risikos) die erwartete Inflationsrate hinzuzählen. Insgesamt werden weniger Kredite vergeben, was auf die Wirtschaft einen bremsenden Einfluss ausübt. Das gesamte Signalsystem der Wirtschaftsrechnungen und Preise, auf dem die Marktwirtschaft beruht, wird durch eine Inflation verzerrt und verwirrt. Erhard:

Nur eine auf Wertbeständigkeit unseres Geldes ausgerichtete Politik vermittelt das Gefühl der Sicherheit für die wirtschaftlichen Dispositionen sowohl in dem großen Bereich der Volkswirtschaft wie auch im Kleinen, das heißt in der Sphäre der Hauswirtschaften. (Erhard 1957, S. 224)

Eine langfristige Planung ist nur möglich, wenn alle Beteiligten, Konsumenten ebenso wie Unternehmer, Vertrauen in die Stabilität des Geldwerts haben. Durch die Politik geisterte bis in die 1970er Jahre immer wieder die sogar von Bundeskanzler Helmut Schmidt vertretene These, zum Anfeuern der Wirtschaft und zum Senken der Arbeitslosenzahlen könne eine gewisse Inflation in Kauf genommen werden. In der Fachwelt wurde diese Alternative schon damals bestritten. Im Gegenteil: langfristig können Arbeitsplätze nur durch Investitionen und Bewährung im Wettbewerb geschaffen werden. Dies setzt Planungssicherheit, auch hinsichtlich des Geldwerts, voraus. Und es darf nicht vergessen werden, so ergänzte Erhard, „wie sehr unsere stolzen Außenhandelserfolge gerade auf der Stabilität unserer Währung, auf dem Vertrauen in die Wertbeständigkeit unseres Geldes beruhen."

Erhard wollte sogar die Währungsstabilität in die Reihe der menschlichen Grundrechte aufgenommen wissen, auf deren Wahrung durch den Staat jeder Staatsbürger einen Anspruch hat. Hierzu ist es nicht gekommen, aber dennoch genießt das Ziel der Preisstabilität einen verfassungsrechtlichen Rang. In Artikel 88 des Grundgesetzes wird eine Bundesbank gefordert, die von Weisungen der Bundesregierung „unabhängig ist und dem vorrangigen Ziel der Preisstabilität verpflichtet". Nur unter diesen Voraussetzungen konnten Aufgaben und Befugnisse der Bundesbank auf die Europäische Zentralbank übertragen werden. Die Zentralbank sorgt am sichersten für stabile Preise, wenn sie die Geldmenge nur etwa im gleichen Maß erhöht, wie auch die Gütermenge steigt. Um eine Planungssicherheit zu schaffen, soll diese Steigerung sich möglichst stetig und berechenbar vollziehen. Als Ziel der Europäischen Zentralbank gilt eine jährliche Preissteigerung von knapp unter 2 Prozent pro Jahr. Dieses Ziel wurde seit der Einführung des Euro 2002 durchweg erreicht. In jüngster Zeit (2015) liegt die Preissteigerungsrate in Deutschland sogar nur bei 0,3 Prozent. Die Währungsstabilität ist also gegeben.

Erhard: „Das Preisniveau muss unter allen Umständen gehalten werden. Es ist nur die Frage, mit welchen Mitteln wir das sicherstellen können." Daher liege es in der Verantwortung der Sozialpartner, dass die Erhöhung der Löhne stets an den Produktivitätsfortschritt gebunden bleibt: Wenn pro Arbeitskraft 5 Prozent mehr Produkte hergestellt werden, sollen die Löhne auch nur um 5 Prozent steigen, um bei gleichbleibenden Preisen die zusätzlichen Produkte kaufen zu können. Anders ausgedrückt: Wenn sowohl die Löhne als auch die Anzahl der hergestellten Stücke von 100 auf 105 steigen, dann bleiben die Lohnkosten pro Stück gleich, und im funktionierenden Wettbewerb gibt es keine Preiserhöhung. In der Tat zeigte sich in jüngerer Zeit, dass in Deutschland die durchschnittliche jährliche Veränderung der Lohnstückkosten von 1991 bis 2013 bei 1 Prozent lag und die Preissteigerungsrate bei etwa 1,3 Prozent. Beides waren im Kreis der westlichen Länder und Japan die niedrigsten Raten, und in den anderen Ländern entsprachen die Inflationsraten recht genau den Erhöhungen der Stückkosten (Quelle: *flassbeck economics 2014*). Erhard forderte nicht nur die Gewerkschaften zum Maßhalten auf, sondern auch den Staat mit seinen administrierten Preisen (für Versorgungsgüter) und Gebühren. Erforderlich ist ferner eine solide Finanzpolitik: Der Staat soll sich nicht hoch verschulden und auf Pump eine hohe und preistreibende Nachfrage entfalten. Ferner sollten freie Importe einen Druck auf die inländischen Preise ausüben, und natürlich sollte der freie Wettbewerb für den Abbau der hohen Monopolpreise sorgen.

2.3.8 Freiheit und Gleichheit

Die neue Wirtschaftsordnung stieß in den Nachkriegsjahren auf heftige Kritik und Widerstand von mehreren Seiten:

- Zunächst ging es darum, die Vertreter der Besatzungsmächte zu überzeugen, die bis zur Gründung der Bundesrepublik die alleinige Herrschaft ausübten. Die Amerikaner, vertreten durch Lucius D. Clay, waren für ein konsequent freiheitliches System eher zu gewinnen als die britischen Besatzer, die von einer Labour-Regierung entsandt worden waren.
- Zweitens war der Zeitgeist ganz auf Sozialisierung und Planwirtschaft eingestellt – nicht nur durch die Agitation der Sozialdemokraten und der Kommunisten, sondern auch durch die Gewöhnung an das staatshörige Denken während der Zeit des Nationalsozialismus. Anfangs gab es auch in der CDU einen starken Flügel, der sich für eine Sozialisierung einsetzte. Sozialdemokraten, Kommunisten und Gewerkschaften riefen im November 1948 zum Generalstreik auf. An diese Zeit erinnert noch heute Artikel 15 des Grundgesetzes, der ganz legal eine allseitige Vergesellschaftung der Produktionsmittel zulässt und auf Drängen der SPD eingefügt wurde. Dieser Artikel ist allerdings nie angewandt worden.
- Und drittens gab es wegen des angestrebten Kartellverbots und der Öffnung für Importe heftigen Widerstand aus der Industrie. Die Neigung der Arbeitgeber, die Handels- und Gewerbefreiheit vermittels Kartellabreden zu durchkreuzen, war kaum geringer als die Neigung der Arbeitnehmer zum Kollektivismus.

Im Sommer 1948 fuhr die junge Journalistin und promovierte Volkswirtin Marion Gräfin Dönhoff von Hamburg nach Frankfurt am Main zur ersten Pressekonferenz des neuen Direktors der Verwaltung für Wirtschaft. Sie berichtete ihrer Redaktion der Wochenzeitung DIE ZEIT:

> Wenn Deutschland nicht schon eh ruiniert wäre, dieser Mann mit seinem vollkommen absurden Plan, alle Bewirtschaftungen in Deutschland aufzuheben, würde das ganz gewiss fertigbringen. Gott schütze uns davor, dass der einmal Wirtschaftsminister wird. Das wäre nach Hitler und der Zerstückelung Deutschlands die dritte Katastrophe.

Erhard wurde nicht müde, für die Marktwirtschaft zu kämpfen, auch wenn er gelegentlich öffentlich klagte: „Aber ich stehe ja ganz allein!" Er suchte nicht nur mit ungezählten Reden und Ansprachen das Volk zu überzeugen, sondern seine Freunde und er wussten sich auch unter Leitung von Otto Klepper, einem standhaften Gegner des Nationalsozialismus, ein eigenes Medium zu schaffen. Sie taten sich 1947 zur *Wirtschaftspolitischen Gesellschaft*, meist kurz *Wipog* genannt, zusammen. Diese Gesellschaft gründete gemeinsam mit dem Verlag der *Allgemeinen Zeitung*, Mainz, zum 1. November 1949 die *Frankfurter Allgemeine Zeitung*, die sich inzwischen zu einem Leitmedium der deutschen Presselandschaft entwickelt hat und sich unverändert dieser Überzeugung der Gründergeneration verpflichtet weiß. Hierzu gehört auch, nicht wie bis dahin üblich von einer angeblichen Eigengesetzlichkeit der Lebensbereiche Wirtschaft, Politik und Kultur auszugehen und diese gedanklich streng zu trennen. Denn diese Bereiche sind engstens miteinander verbunden, und die Grundprinzipien von Freiheit und Wettbewerb gelten überall in ähnlicher Form.

Getru dem Leitsatz, dass diejenige Wirtschaftsordnung die beste sei, die sich in der Praxis bewährt und die besten Ergebnisse zeitigt, versuchte Erhard seine Kritiker vor allem mit Erfolgsstatistiken zu überzeugen. Schon 1950 war das wirtschaftliche Niveau der Vorkriegszeit (1936), gemessen am Bruttosozialprodukt und an der Industrieproduktion, weit übertroffen. Die Produktivität (Produktionsergebnis je Arbeiterstunde) stieg von 100 (1936) auf 135 (1956). Die Anzahl der Beschäftigten stieg von 13,5 Millionen (1948) auf 18,6 Millionen (1956), die Anzahl der Arbeitslosen sank im selben Zeitraum von 451 000 auf 411 000. Trotz der psychologischen Hemmungen durch die zwei Inflationen stiegen die Spareinlagen rapide an. Der Export war schon ab April 1951 höher als der Import. Dieser positive Saldo der Handelsbilanz hat seitdem die gesamten Jahrzehnte angehalten. Nur durch ihren offensichtlichen Erfolg wurde schließlich die neue Wirtschaftsordnung nach und nach vom ganzen Volk akzeptiert und insofern politisch legitimiert – was nicht verhindert, dass auch weiterhin soziale Ungerechtigkeiten beklagt werden und dass führende Unternehmen von Zeit zu Zeit bei der heimlichen Bildung von Kartellen erwischt werden.

Der verblüffend rasche Aufschwung kam allerdings nicht nur durch die neue Wirtschaftsordnung zustande, sondern hierzu trugen darüber hinaus zwei ganz andere Entwicklungen bei.

Erstens gab es den Marshallplan, offiziell *European Recovery Program* oder kurz *ERP* genannt, ein großes amerikanisches Programm zum Wiederaufbau des an den Folgen des Weltkriegs leidenden Europa. Es bestand aus Krediten, Rohstoffen, Lebensmitteln und Waren mit einem Gesamtvolumen von 13,12 Milliarden Dollar. Dabei ging es nicht nur um eine Hilfe für die notleidende und hungernde Bevölkerung, sondern auch um die Eindämmung der Sowjetunion und des Kommunismus: Die Bundesrepublik war Frontstaat gegenüber dem Ostblock. Und ferner ging es um einen Absatzmarkt für die landwirtschaftliche Überproduktion der USA. Diese Mittel machten rund drei Prozent des Nationaleinkommens der 16 unterstützten Länder aus und sollen eine Steigerung des Bruttoinlandsprodukts um durchschnittlich 0,5 Prozent bewirkt haben. Die Forschung schreibt den raschen Aufschwung in der Hauptsache der Liberalisierungspolitik zu; dies wurde durch den Marshallplan unterstützt.

Zweitens trugen zum Aufschwung auch die Millionen von Entwurzelten bei: die Vertriebenen aus den Ostgebieten jenseits von Oder und Neiße, die illegalen Übersiedler aus der Sowjetischen Besatzungszone und dann der DDR, die entlassenen Soldaten der Wehrmacht (die Bundeswehr wurde erst 1955 gegründet) und die zahlreichen früheren Funktionäre der Parteidienststellen und der bei Kriegsende aufgelösten Organisationen. Alle diese Menschen kamen mehr oder minder mit einem leeren Rucksack in Deutschland an, aus ihren früheren Lebensverhältnissen herausgerissen. Sie waren durchweg bereit und genötigt, irgendwo eine beliebige Arbeit zu finden, auch weit unter ihrem früheren Niveau, und waren in der Regel weitaus aktiver als die alteingesessene Bevölkerung – ein Verhalten, das auch heute bei Einwanderern und Flüchtlingen zu beobachten ist, die heftig bemüht sind, sich in der Fremde eine eigene Existenz aufzubauen.

Aber der materielle Erfolg ist nur der eine Teil. Beinahe noch wichtiger ist der Zusammenhalt der Gesellschaft. Worum es dabei geht, wird im Werk von Erhards Lehrer deutlich, dem Soziologen und Nationalökonomen Franz Oppenheimer (1864–1943), genauer in dessen Buch *Erlebtes, Erstrebtes, Erreichtes – Lebenserinnerungen* (1964): Bis

Mitte des 20. Jahrhunderts wurden Freiheit und Gleichheit als Gegensatz betrachtet. Es schien unmöglich, Gesellschaftssysteme zu entwerfen, die beides sicherten.

- Entweder gab es seinerzeit die Freiheit: ein entfesselter Kapitalismus mit einer tiefgreifenden Spaltung der Gesellschaft in oben (Großgrundbesitzer, Großkapitalisten, Fabrikherren) und unten (ausgebeutete Industriearbeiter nahe dem Existenzminimum).
- Oder es gab die Gleichheit: In der Diktatur, vor allem im Nationalsozialismus und im Sozialismus, haben alle Bürger (angeblich) gleiche Rechte, die traditionellen Standesunterschiede sind eingeebnet worden. Diese Einebnung ist nur durch gewaltsame Eingriffe wie etwa Enteignungen erreichbar. Die Abschaffung der Freiheit erzeugt die Diktatur.
- Im alten kapitalistischen System gab es eine Selbstverwirklichung nur von wenigen (in der Oberschicht) mit Unterdrückung der Arbeiterschaft. In der Diktatur gibt es Selbstverwirklichung nur eines Einzelnen.

Noch bis in die Zeit des Nationalsozialismus hinein gab es eine tiefe Spaltung der Gesellschaft mit anscheinend unüberwindlichen Standesunterschieden: oben eine relativ kleine Schicht im Luxus, unten das Proletariat und dazwischen die kleinen Angestellten, die alle Launen ihrer Chefs geduldig ertragen mussten und keinerlei Aufstiegsmöglichkeiten sahen, wie es in dem Roman *Kleiner Mann, was nun?* von Hans Fallada aus dem Jahr 1932 geschildert wird.

In der Bundesrepublik wird demgegenüber versucht, eine Selbstverwirklichung möglichst aller Einwohner zu realisieren, indem zugleich Freiheit und Gleichheit herrschen. Dies wurde durch einen Abstieg der alten Oberschicht und einen Aufstieg der alten Unterschicht erreicht.

- Die alte Oberschicht wurde entmachtet durch Kartellverbot (also keine Monopolrenten) und, unabhängig hiervon, durch Beschlagnahme der östlich der Elbe gelegenen Güter sowie durch zwei Inflationen. Diese Oberschicht bezeichnete sich als *Gute Gesellschaft* und hatte ihre eigenen Riten, mit denen sie sich von der übrigen Gesellschaft absetzte. Beispielhaft wird dies in einem 1897 erschienenen umfangreichen Benimmbuch von J. von Wedell deutlich: *Wie soll ich mich benehmen? Ein Handbuch des guten Tons und der feinen Lebensart. In Aufnahmen nach dem Leben unter Mitwirkung hochgestellter Persönlichkeiten* (Verlag von Levy & Müller, Stuttgart). Hier gibt es Ratschläge folgender Art: „Für den Diener, falls man sich einen hält, besorgt die Herrschaft die Kleidung oder Livree. Es verrät schlechten Geschmack, wenn man auffallende Farben zur Livree wählt, dieselbe mit Knöpfen überladet oder gar goldene Fangschnüre tragen lässt, wenn der Zuschnitt des ganzen Hausstandes nicht damit übereinstimmt."

  Die alte Oberschicht, in der man sich über derlei Fragen Gedanken machte, verschwand schon während der Gründungszeit der Bundesrepublik. Gleichzeitig verfiel das öffentliche Ansehen dieser früheren *Guten Gesellschaft* wegen deren reaktionärer politischer Haltung. Beispielsweise gab es von 1928 bis 1939 die *Ruhrlade* als höchst exklusiven Zirkel der zwölf einflussreichsten Ruhrindustriellen, die die bürgerlichen Parteien und ab 1931 die Nationalsozialisten finanziell und publizistisch unterstützten.

- Die alte Unterschicht der Arbeiter stieg auf. Durch den technischen Fortschritt und das Wirtschaftswachstum wurden zahlreiche qualifizierte Arbeitskräfte benötigt, daher gab es eine bessere Bezahlung und Behandlung. Die Arbeiter wurden durch den Produktivitätsfortschritt und entsprechende Lohnerhöhungen am Wohlstand beteiligt. Die Emanzipation der alten Unterschicht war nur durch die Solidarität der Gewerkschaften und der Sozialdemokratie möglich.

Im Gegensatz zu den reaktionären Konservativen betrachtete sich die Linke stets als der Zukunft zugewandt: emanzipatorisch, aufklärerisch und pazifistisch. Noch heute wird als Abschluss der SPD-Parteitage des alte Arbeiterlied von Hermann Claudius gesungen, das auf die Industriearbeit (*Hammerschlag*) und die beengten großstädtischen Wohnverhältnisse (*Häuserquader*) anspielt, ferner auf die Solidarität (*Seit' an Seit'*). Hier ist man unverändert gewiss, eine gesellschaftliche und politische Erneuerung zu verkörpern:

1. Wann wir schreiten Seit' an Seit'
Und die alten Lieder singen,
Und die Wälder widerklingen
Fühlen wir, es muss gelingen
Mit uns zieht die neue Zeit.

2. Eine Woche Hammerschlag
Eine Woche Häuserquadern
Zittern noch in unsern Adern.
Aber keiner wagt zu hadern.
Herrlich lacht der Sonnentag.

Ein Stück Erneuerung wurde in Deutschland geschaffen, indem – wenn auch natürlich nur höchst unvollständig – die Chancen auf Selbstverwirklichung angeglichen wurden. Hierzu bietet der Massenwohlstand Gelegenheit. Zur Freiheit und Gleichheit kommt die Brüderlichkeit hinzu. Der rasch wachsende Wohlstand des Ganzen ermöglichte eine weitgehende Sozialpolitik.

Michael von Hauff und Leonore Sauer urteilen in ihrem Buch *Soziale Marktwirtschaft* (Wochenschau Verlag, Schwalbach/Taunus 2004):

> Durch die Einführung der Sozialen Marktwirtschaft nach dem Zweiten Weltkrieg wurden für die Bevölkerung Westdeutschlands die größten materiellen und sozialen Vorteile ihrer Geschichte begründet. International wurde sie zum Synonym für ein erfolgreiches Ordnungsmodell.

2.3.9 Erfolg in Zahlen

Die Väter der Sozialen Marktwirtschaft haben stets betont, dass für die Wahl einer Wirtschaftsordnung ausschließlich die praktische Bewährung ausschlaggebend sein soll. Es geht also um den in Zahlen messbaren Erfolg. Weil das Ganze als Dienst am Kunden stattfindet, entscheidet allein der Erfolg aus der Sicht des Verbrauchers. Inwieweit wurde ein Massenwohlstand erreicht, der möglichst allen Bevölkerungsschichten eine Entfaltung ihrer Wünsche und Talente erlaubt? Wurde das Ziel erreicht, die Klassenspaltung zu überwinden: nicht mehr eine kleine Oberklasse im Luxus und eine große Unterklasse in Armut, sondern eine breite Mittelschicht?

Erfolgsmodell Soziale Marktwirtschaft

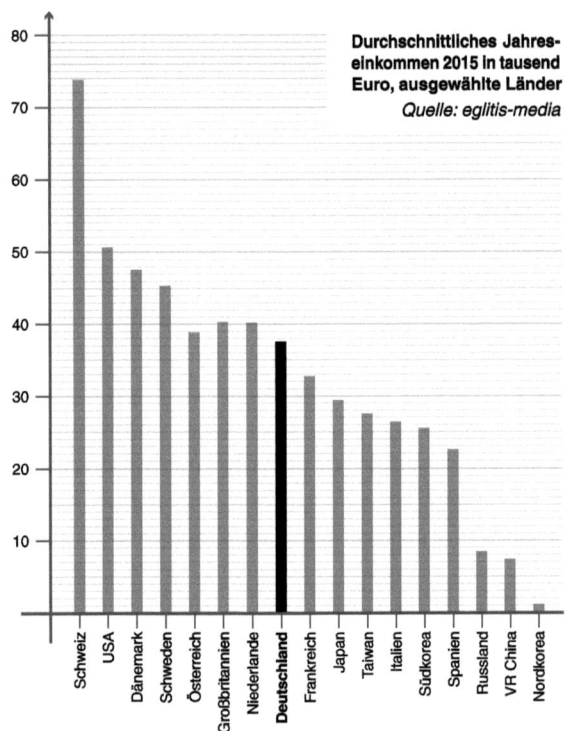

Durchschnittliches Jahreseinkommen 2015 in tausend Euro, ausgewählte Länder
Quelle: *eglitis-media*

Reicht das Wohlstandsniveau aus für die öffentlichen Aufgaben, darunter auch eine ausgebaute Sozialpolitik?

Im internationalen Vergleich wird zunächst nach dem Einkommen pro Kopf gefragt. Der internationale Währungsfonds gibt für 2013 eine Tabelle mit dem Einkommen in US-Dollar heraus, und zwar kaufkraftbereinigt. Hierbei wird der Einfluss der Wechselkurse ausgeschlossen: Es wird verglichen, welchen Warenkorb die Einwohner mit ihrem Einkommen kaufen können. Hier liegt Deutschland mit 40.000 Dollar pro Einwohner auf einem relativ komfortablen 15. Platz von 186 Staaten, und zwar hinter den USA (6. Platz mit 53.000 Dollar) und hinter der Schweiz, Österreich, den Niederlanden und Schweden, aber noch vor Dänemark, Großbritannien, Japan, Frankreich, Italien und Spanien. Weit abgeschlagen auf dem 58. Platz mit 18.000 Dollar liegt Russland, ähnlich wie andere postsozialistische Länder. Von besonderem Interesse sind die auch jetzt noch geteilten Staaten mit einem sozialistischen und einem kapitalistischen Landesteil. In der Volksrepublik China liegt das Durchschnittseinkommen bei 10.000 Dollar, in Taiwan bei 38.000, also knapp viermal so hoch. Geradezu ein Abgrund liegt zwischen den beiden koreanischen Staaten: Nordkorea 800 Dollar, Südkorea 33.000, also mehr als 40 Mal so hoch. Hier zeigt sich ähnlich wie beim Vergleich von Bundesrepublik und DDR, dass bei vergleichbarer Ausgangslage und Landesgeschichte der Sozialismus geeignet ist, ein Land auf niedrigem bis niedrigstem Niveau festzuhalten. Die marktwirtschaftliche Ordnung hingegen ist, bei aller durchaus möglichen Kritik, geeignet, die Landeskräfte zu entwickeln.

Das Durchschnittseinkommen reicht allerdings als Erfolgsmaßstab nicht aus. Diese Angabe kann sogar grob irreführend sein, wenn es eine kleine Schicht von Superreichen und ein Riesenheer von Bitterarmen gibt. Dann sagt das Durchschnittseinkommen nichts aus, weil es keine Mitte und kaum Bezieher dieses Einkommens gibt. Zudem stellt sich bei Umfragen zum Betriebsklima häufig heraus, dass die Mitarbeiter gar nicht so sehr an einem hohen Einkommen interessiert sind, sondern vielmehr an einem als gerecht empfundenen Verteilungssystem. International wird die Einkommensverteilung mit dem Gini-Koeffizienten gemessen. Er bildet ein Maß der Ungleichheit und liegt zwischen 0 und 100. Null bedeutet: Keinerlei Ungleichheit, alle bekommen genau gleich viel. 100 bedeutet: Einer bekommt alles, alle anderen nichts.

Ungleichheit der Einkommen (Gini-Koeefizient), 2012, ausgewählte Länder
Quelle: UN, Human Development Reports

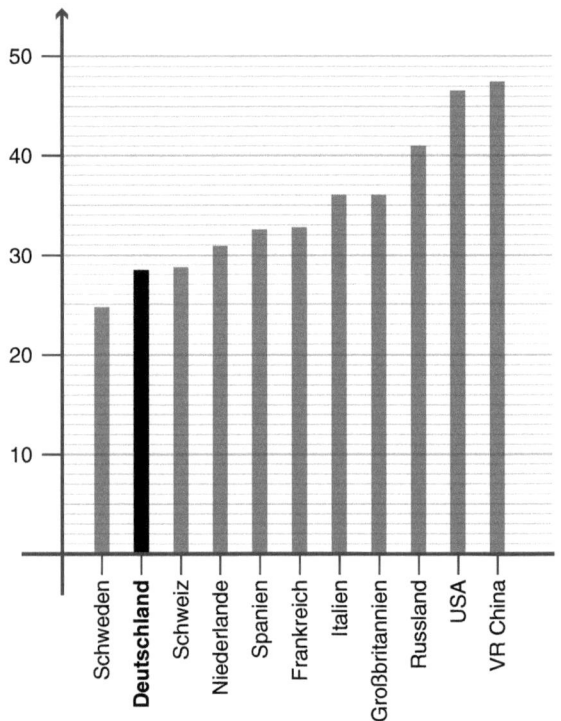

Die neuesten Daten beziehen sich auf 2012. Westeuropa und speziell Skandinavien zeichnen sich durch eine relativ gleichmäßige Einkommensverteilung aus. Am niedrigsten ist die Ungleichheit in Schweden mit 24,8. Deutschland mit 28,3 gehört ebenfalls noch zu den Ländern mit relativ gleichmäßiger Einkommensverteilung. Stärkere Unterschiede zeichnen die Länder in der näheren Nachbarschaft aus: Niederlande,

Spanien, Frankreich, Schweiz. Auffallend ungleicher ist die Einkommensverteilung in Großbritannien und Italien (beide 36), Russland (41), USA (46,6) und der angeblich kommunistischen Volksrepublik China (47,4).

In Deutschland gibt es viele Klagen, dass sich die Schere zwischen Arm und Reich immer weiter öffne und dass in der Zwei-Drittel-Gesellschaft das untere Drittel von der Wohlstandsentwicklung abgehängt werde. In der Tat bestätigt die OECD, dass die Ungleichheit in Deutschland in den letzten Jahrzehnten etwas stärker gestiegen ist als im allgemeinen Durchschnitt. Auffallend ist allerdings, dass der Gini-Koeffizient für Deutschland seit 1960 mit geringen Schwankungen etwa auf gleichem Niveau geblieben ist. Dies spricht dafür, dass Erhards Ziel eines Wohlstands für alle, von dem also alle Bevölkerungsgruppen gleichmäßig profitieren sollen, in etwa verwirklicht werden konnte. Die scharfe Klassenspaltung in eine luxuriös lebende kleine Oberschicht und eine in Armut lebende Arbeiterschaft ist offensichtlich überwunden.

Der Soziologe Ulrich Beck prägte für die Entwicklung Deutschlands seit dem Zweiten Weltkrieg den Begriff des Fahrstuhleffekts. Gemeint ist der Einfluss, den die Wohlstandsexplosion, der Wandel des Arbeitsmarktes mit der Ausdehnung des Dienstleistungssektors und der Flexibilisierung der Arbeit auf die deutsche Gesellschaft hatten. Die Einkommensunterschiede zwischen Gut- und Schlechtverdienenden haben sich nicht wesentlich verändert. Die Erhöhung des materiellen Wohlstands, der Zugewinn an Freizeit und die verbesserten Bildungschancen sind jedoch allen Bevölkerungsgruppen zuteilgeworden, so dass sich nun das gesamte gesellschaftliche Gefüge einige Etagen höher befindet: Es gibt bei allen sich neu einpendelnden oder durchgehaltenen Ungleichheiten ein kollektives Mehr an Einkommen, Bildung, Mobilität, Recht, Wissenschaft und Massenkonsum. Hierdurch haben insbesondere die mittleren und unteren Schichten eine größere Auswahl an Konsum- und Lebenschancen, was auf eine Individualisierung und eine Freisetzung aus traditionellen Bindungen hinausläuft, allerdings auch auf eine geringere Klassensolidarität.

In dieselbe Richtung deutet der Begriff des Postmaterialismus: eine zunehmende Einstellung einzelner Personen oder ganzer Milieus, nicht mehr nach dem greifbaren Materiellen zu streben, weil diese existenziellen Bedürfnisse weitgehend gesättigt sind und die Versorgung gesichert ist. Stattdessen wird nach übergeordneten Werten gestrebt. Darunter können zum Beispiel Gesundheit, Freiheit, Glück, Kultur, Bildung, Tier- oder Umweltschutz fallen – gern auch im ehrenamtlichen Engagement, also ohne materiellen Lohn. Derartiges war in der alten, gespaltenen Gesellschaft nur den Angehörigen der Oberschicht zugänglich. Wie weit diese postmaterielle Orientierung fortgeschritten ist, wird an der Struktur der Konsumausgaben deutlich. Das Statistische Bundesamt stellte für 2014 fest, dass 13,7 Prozent der privaten Konsumausgaben Nahrungsmittel, Getränke und Tabakwaren betrafen. Ebenso hoch (13,7 Prozent) war der Anteil der Ausgaben für Post, Telekommunikation, Freizeit, Unterhaltung, Kultur und Bildungswesen, also für die Sparten, die über die unmittelbare notwendige Versorgung hinausgehen.

Mit der Höhe des Wohlstands ändert sich die Form des politischen Engagements. In Zeiten der unmittelbaren materiellen Not neigten die Bürger zu einem Links- oder Rechtsextremismus als letztem Ausweg. In Wohlstandszeiten wird eher nüchtern überlegt, welche Probleme sich eingestellt haben und wie sie zu lösen sind. Der Umgangston in der Politik wird kultivierter. Gegenüber Andersdenkenden und Ausländern wächst die Toleranz.

Während die Einkommensunterschiede in Deutschland seit Jahrzehnten etwa gleich geblieben sind, liefen in anderen Ländern teils dramatische Entwicklungen ab. In den USA nahm der Gini-Index der Ungleichheit von 35 (1980) auf 45 (2000) zu, was in USA-kritischen Büchern teils mit der De-Industrialisierung erklärt wird: Wohlstand und Reichtum hätten vor allem an der Ostküste und an der Westküste zugenommen, während in den weiten Gebieten dazwischen zahlreiche Industriebetriebe schließen mussten, weil die industriellen Produkte nicht weltmarktfähig waren und durch Importe verdrängt wurden. Hinzu kommt in den USA die Wirkung eher geringer Bildungs- und exzessiver Rüstungsausgaben. In Großbritannien ist der Gini-Index von 25 (1980) auf 36 (1999), in der Volksrepublik China sogar von 26 (1985) auf 47,4 (2012) gestiegen. In Frankreich hingegen haben sich seit 1950 in einem gleichmäßig verlaufenden Prozess die Einkommensunterschiede eingeebnet. Die Entwicklung des Gini-Index kann offenbar der Sozialforschung Anstöße zu der Frage geben, wie die soziale Schichtung und ihre Entwicklung jenseits aller offiziellen Erklärungen tatsächlich verlaufen sind und welches die Ursachen hierfür waren.

Aus sozialer Sicht ist darüber hinaus von Interesse, wie groß der Unterschied zwischen den reichsten 10 Prozent und den ärmsten 10 Prozent ist. In Deutschland verdienen die reichsten zehn Prozent 6,5 Mal so viel wie die ärmsten 10 Prozent. Dies liegt etwa im europäischen Durchschnitt. Ausreißer sind auch hier Großbritannien, wo das Verhältnis 13,8 beträgt, die USA (15,9) und die Volksrepublik China (18,4).

Wesentlich ungleicher als die Einkommen sind die Vermögen verteilt, was ebenfalls mit dem Gini-Koeffizienten gemessen wird. Auch hier liegt Deutschland etwa im europäischen Mittelfeld. Ausreißer sind bei der Vermögensverteilung wiederum die USA, ferner die Schweiz und die meisten Entwicklungsländer.

Seit 1990 gibt es den bei internationalen Erfolgsvergleichen häufig herangezogenen Human Development Index, mit welchem der Stand der Entwicklung der einzelnen Länder bewertet wird. Als Ziel der Entwicklung wird betrachtet, eine Umgebung zu schaffen, in der die Menschen ein langes, gesundes und kreatives Leben genießen können. Ähnlich wie bei der Auswahl der optimalen Wirtschaftsordnung wird also davon ausgegangen, dass Lebenserfolg und Glück weniger von den Fähigkeiten des Einzelnen abhängen als vielmehr von der Art der Ordnung, in der er lebt, und dass diese Ordnung nicht einfach gewachsen oder vorhanden ist, sondern ausgewählt und gestaltet wurde. In diesen Human Development Index gehen Durchschnittseinkommen, durchschnittliche Lebenserwartung in Jahren und die Bildung ein, gemessen in der Anzahl der Schuljahre. Dabei sind diese drei Kriterien nicht unabhängig voneinander: Das Einkommen, der Wohlstand, ermöglicht eine gute medizinische Versorgung und ein ausgebautes Bildungssystem, und der hohe Bildungsstand ermöglicht seinerseits eine leistungsfähige Wirtschaft mit anspruchsvollen Produkten. Und die Bildung trägt zu einem vernünftigen und friedlichen Leben und daher zu einer hohen Lebenserwartung bei.

Auffallend ist bei diesem Index, dass er seit 1980 für alle Teilgebiete der Welt deutlich ansteigt, auch für den südlich der Sahara liegenden Teil Afrikas, der also keineswegs als hoffnungsloser Fall zu gelten hat. Europa lag, ebenfalls ansteigend, die gesamte Zeit an der Spitze. Nummer eins ist seit Jahr und Tag Norwegen, das sich daher als das höchstentwickelte Land unter 187 Mitbewerbern betrachten darf. Kurzzeitig waren dies auch die Schweiz, Japan und Kanada. Deutschland hat beim neuesten verfügbaren Jahr (2013) einen achtbaren 6. Platz hinter Norwegen, Australien, der Schweiz, den Niederlanden und den USA. Japan ist auf Platz

Human Development Index 2013 in ausgewählten Ländern
Quelle: Human Development Reports 2016

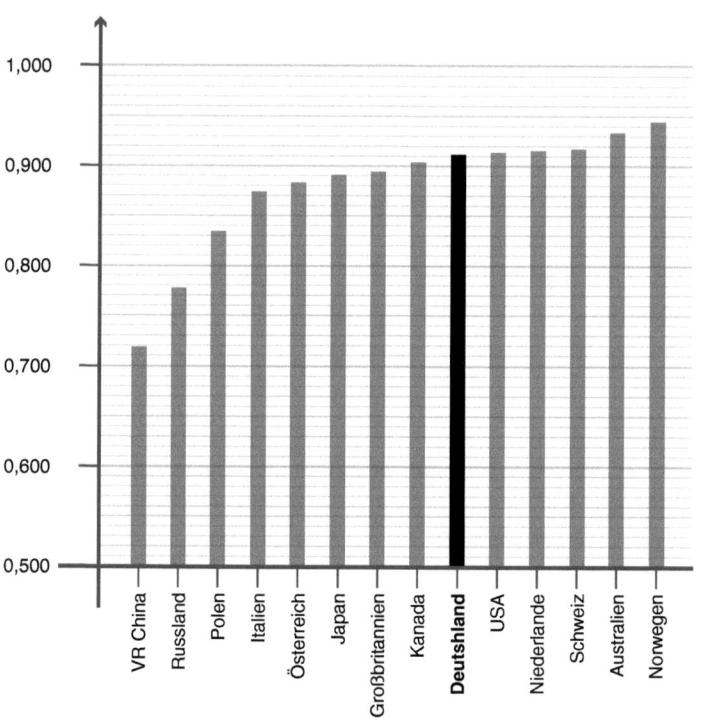

17 abgefallen. Weit abgeschlagen liegen Russland auf Platz 57 und die Volksrepublik China auf Platz 91. Ohne in Selbstgefälligkeit zu verfallen, liegt der Gedanke nahe, dass Deutschland mit seiner grundgesetzlichen freiheitlichen Ordnung, daher auch mit der Sozialen Marktwirtschaft, nicht ganz falsch liegen kann im Bemühen, wie hier angestrebt eine Umgebung zu schaffen, in der Menschen ein langes, gesundes und kreatives Leben genießen können – auch wenn man sich über Einzelheiten und die weitere Entwicklung immer streiten kann. Bei Meinungsumfragen stellt sich immer wieder heraus, dass die Deutschen mit ihrem Land, der demokratischen Ordnung und dem Wirtschaftssystem sehr zufrieden sind. Die Einwohner der neuen Bundesländer taten sich allerdings zunächst schwer mit den vollständig veränderten Lebensumständen, bei denen nicht mehr die Verteilungsgerechtigkeit im Vordergrund steht, sondern die individuelle Initiative. Doch diese Unterschiede gleichen sich nach Generationen allmählich an.

Zur deutschen Wirtschaft hat es freilich auch Grundsatzkritik gegeben. Bestseller des Jahres 1995 mit einer Auflage von 1,2 Millionen war das Buch *Nieten in Nadelstreifen* (Ogger 1992). Hier lesen wir:

> Erst eine Studie des amerikanischen Massachusetts Institute of Technology (MIT) brachte es an den Tag, was zumindest die Bosse der deutschen Automobilhersteller längst hätten wissen müssen: die japanischen Konkurrenten – und mittlerweile auch einige US-Werke – haben einen Kosten- und Produktivitäts-Vorsprung von rund 35 Prozent. Und das nicht, weil sie geringere Löhne zahlen oder benötigte Materialien billiger einkaufen, sondern weil sie ihre Fabriken intelligenter organisiert haben. Die Manager, und nicht die Arbeiter, sind in Japan besser. (Ogger 1992, S. 10)

Träfe dies zu, so wären heute in Deutschland nur japanische und US-amerikanische Autos zu sehen, denn die deutschen Firmen hätten den 35-Prozent-Vorsprung nicht einholen können. Es ist doch nichts interessanter als die Analysen und Prognosen von vorgestern. Was damals jedermann geglaubt hat, stellte sich inzwischen als unzutreffend heraus.

2.3.10 Unterschiede zu den USA

Innerhalb der gesamten westlichen Welt ist die Wirtschaftsordnung zwar grundsätzlich marktwirtschaftlich orientiert, im Einzelnen bestehen aber große Unterschiede zwischen Deutschland, den romanischen und den skandinavischen Staaten. Noch weit größer ist der Abstand zwischen dem *Rheinischen Kapitalismus* und den USA, wie der französische Wirtschaftswissenschaftler Michel Albert 1991 in seinem Buch *Kapitalismus contra Kapitalismus* (1991) dargelegt hat. Das Wort *rheinisch* bezieht sich nicht nur auf Bonn als damaligen Regierungssitz, sondern auch auf das benachbarte Bad Godesberg, wo die SPD 1959 mit ihrem *Godesberger Programm* ihren Frieden mit der Marktwirtschaft machte. Albert beschreibt das rheinische Modell als gerechter, effizienter und weniger gewalttätig als das amerikanische. Die wichtigsten Unterschiede sind seiner Ansicht nach:

- In Deutschland bestimmen eher die Banken als die Börsen das Finanzgeschehen. Anstatt der anonymen Börse gibt es ein Vertrauensverhältnis zwischen Bank und mittelständischem Unternehmer. Dies begünstigt eine langfristige Planung anstelle der hektischen Kursausschläge an der Börse. Deutschland ist eher auf das reale Geschehen, vor

allem die Industrie, ausgerichtet als auf einen verselbstständigten Handel mit Wertpapieren.
- Zwischen Gewerkschaften und Arbeitgebern gibt es eine Sozialpartnerschaft: Beide zusammen fühlen sich für das Schicksal der Unternehmen verantwortlich. In den USA stehen sich Arbeitgeber und Arbeitnehmer eher feindselig gegenüber.
- Durch die duale Berufsausbildung und die längere Betriebszugehörigkeit gibt es stärker ausgebildete und loyalere Belegschaften als in den USA.
- Es gibt in Deutschland eine stärkere staatliche Regulierung wirtschaftlichen Handelns und eine Regulierung der Märkte, um im Sinne des Gemeinwohls die Folgen eines ungebremsten Kapitalismus abzufangen.
- Religionen sind im rheinischen Modell nicht handelbare Institutionen, während sie in den USA zunehmend wie kaufmännische Institutionen geführt werden.
- Unternehmen sind im amerikanischen Modell eine Ware wie jede andere, während sie im rheinischen Modell nicht nur als Privatbesitz, sondern auch als Besitz der Gemeinschaft, der Stadt oder Region, gesehen werden.
- Die Arbeitsentgelte hängen im amerikanischen Modell stark von den Schwankungen des Marktes ab, im rheinischen Modell hingegen beziehen sie sich auf die Produktivität der Arbeitnehmer.
- Wohnungen sind in den USA Handelsgüter, während sie in Deutschland durch einen sozialen Wohnungsbau subventioniert werden und es einen starken Mieterschutz gibt.
- Die Medien sind in den USA traditionell rein kommerziell ausgerichtet. In Deutschland hingegen sehen

Zeitungen und Fernsehen meist einen Auftrag im Sinne der Volksbildung.
- Das Bildungswesen unterliegt in den USA den Gesetzen des Marktes, während es in Deutschland staatlich organisiert ist. Das Hochschulstudium ist gebührenfrei, um allen Bevölkerungsschichten ein Studium zu ermöglichen. In den USA hingegen ist es mit hohen Kosten verbunden.

Insgesamt läuft das deutsche Modell darauf hinaus, nicht alles und jedes einem mehr oder minder brutalen Wettbewerb zu unterwerfen, sondern sehr viel mehr auf die Gemeinschaftsbedürfnisse und auf eine soziale Ausgewogenheit zu achten. In der Gründungszeit der Bundesrepublik spielten die Kirchen eine viel wichtigere Rolle als heute, so auch die Katholische Soziallehre. Die junge Bundesrepublik war nicht nur durch die Person Adenauers eher katholisch geprägt, sondern ebenso auch durch führende Protestanten wie Gustav Heinemann und Helmut Gollwitzer an christliche Werte gebunden. Das deutsche Modell der Sozialen Marktwirtschaft, wie es sich dann tatsächlich entwickelte, wurde in vielerlei Hinsicht prägend für die Wirtschaftsordnung der Europäischen Union. Hiermit mag es zu tun haben, dass sich Großbritannien von Anfang an mit der kontinentalen Ausrichtung der EU schwertat und schließlich 2016 den Austritt wählte.

2.4 Die Gemeinwirtschaft

Die Soziale Marktwirtschaft bildet heute in Deutschland den nahezu selbstverständlichen Hintergrund des wirtschaftlichen Handelns. Darüber wird leicht vergessen, dass es im westlichen Deutschland und in den meisten anderen westlichen Staaten bis in die 1960er Jahre hinein eine zunächst durchaus erfolgreiche Alternative zu dieser Wirtschaftsordnung gab, nämlich die Gemeinwirtschaft. Hier sollte nicht das private Gewinnstreben im Vordergrund stehen, sondern das Wohl einer übergeordneten Gemeinschaft, das Gemeinwohl. In einem engeren Sinne wird unter Gemeinwirtschaft das Geflecht von gewerkschaftlichen Betrieben und gewerkschaftsnahen Genossenschaften verstanden. In den 1980er Jahren brach diese Bewegung zusammen – teils, weil die Betriebe mit den privatkapitalistischen Betrieben nicht mithalten konnten, teils auch unter großen Skandalen und mit umfangreichen Strafverfahren. Inzwischen haben sich die Gewerkschaften längst von diesem Ansatz distanziert.

Zunächst bildeten sich im 19. Jahrhundert im Gefolge der Industrialisierung überall in Europa Konsumgenossenschaften heraus. Die Arbeiter kamen vom Land in die Fabriken und fanden sich in schlecht ausgestatteten Wohnungen und in weitgehend rechtlosen Arbeitsverhältnissen wieder. Ihren Bedarf deckten sie beim Krämer. Bei diesen Krämern nahmen sie aus Mangel an Zahlungsmitteln Kredite auf (volkstümlich: sie ließen anschreiben) und wurden so von ihnen abhängig. Den Krämern wurden oft der Verkauf verdorbener oder minderwertiger Ware sowie ungenaues Wiegen vorgeworfen. Deshalb griffen die Arbeiter zur Selbsthilfe: Sie gründeten Konsumgenossenschaften zur Lieferung unverfälschter Ware mit vollem Gewicht. Sie verkauften nur gegen Barzahlung. Finanzielle Überschüsse wurden als Rückvergütung an die Mitglieder verteilt. Dies galt als Dritter Weg zwischen Kapitalismus und Sozialismus, als Weg zu einer friedlichen Sozialisierung der Wirtschaft.

Nach 1945 zählten die Konsumgenossenschaften zunächst zu den dynamischsten Mitbewerbern im Einzelhandel und gehörten zu den Pionieren der Selbstbedienung. Ab den 1970er Jahren zeigten sich jedoch massive Schwierigkeiten. In der Phase der Entideologisierung war die ideelle Motivation der Mitarbeiter weitgehend verloren gegangen. Bei zunehmendem Wettbewerbsdruck durch die Discounter und Großfilialisten zeigten sich organisatorische Schwächen und Erstarrungstendenzen. Als Rechtsform wurde die Aktiengesellschaft gewählt, also der Genossenschaftsgedanke aufgegeben. Der weitaus größte Teil des ehemals genossenschaftlichen Handels versammelte sich in der Frankfurter co op AG mit rund 50.000 Beschäftigten und zwölf Milliarden DM Umsatz. Der dreiköpfige Vorstand baute jedoch heimlich in der Schweiz einen Parallelkonzern auf, und es kam zu undurchsichtigen Geldabflüssen. Mehr als hundert Banken wurden durch falsche Bilanzen um Kredite von zwei Milliarden DM geprellt. Der Vorstandsvorsitzende Bernd Otto wurde im Juni 1993 vom Schwurgericht Frankfurt zu viereinhalb Jahren Gefängnis verurteilt. Die co op versank in diesem Skandal, die Läden wurden verkauft.

Nicht besser ging es der Neuen Heimat, einem Wohnungsunternehmen, das dem Deutschen Gewerkschaftsbund (DGB) gehörte. Nach dem Zweiten Weltkrieg war das Unternehmen zunächst von der britischen Besatzungsmacht beschlagnahmt worden und wurde 1952 dem DGB zurückgegeben. Beginnend mit Hamburg wurden von der Neuen Heimat einschließlich zahlreicher hinzugekaufter Baugesellschaften bis Ende der 1950er Jahre über 100.000 dringend benötigte Wohnungen gebaut. 1963 verfügte der Konzern über 200.000 Wohnungen. Am 8. Februar 1982 erschien in der Zeitschrift *Der Spiegel* ein Bericht, in dem aufgedeckt wurde, dass sich mehrere Vorstandsmitglieder unter Führung von Albert Vietor persönlich bereichert hatten. 1981 betrug der Umsatz rund 6,4 Milliarden DM, der Verlust rund 0,7 Milliarden. Albert Vietor hatte dem Konzern durch Privatgeschäfte einen Verlust von 106 Millionen DM bereitet. Der groteske Höhe- oder vielmehr Tiefpunkt des Skandals wurde erreicht, als der DGB am 18. September 1986 den gesamten Konzern mit zehntausenden Wohnungen für 1 DM an einen Bäckermeister verkaufte. Dieser Vertrag wurde später rückabgewickelt. Bis September 1990 wurde der gesamte Wohnungsbestand verkauft.

Auch die Geschichte der Bank für Gemeinwirtschaft begann zunächst vielversprechend. Die *Großeinkaufs-Gesellschaft Deutscher Konsumgenossenschaften mbH* (GEG), der Deutsche Gewerkschaftsbund und diverse Einzelgewerkschaften gründeten 1949 und 1950 sechs regionale Kreditinstitute, die sich 1958 zur Bank für Gemeinwirtschaft zusammenschlossen. Die ersten Jahre waren durch starkes Wachstum geprägt. Die Bank wies Gewinne aus und zahlte bis 1959 eine Dividende. Die Geschäftspolitik war durch das Prinzip der Gemeinwirtschaft geprägt. Die Bank sollte nicht nur Hausbank der Gewerkschaften und der Konsumgenossenschaftsbewegung sein, sondern darüber hinaus nachweisen, dass eine Bank auch ohne privates Gewinnstreben erfolgreich im Interesse des Gemeinwohls betrieben werden konnte. In den 1980er Jahren gab es Fehler des Managements, nämlich eine riskante Kreditpolitik insbesondere durch Kredite an Staaten der Dritten Welt und des damaligen Ostblocks. Ab Mitte der 1980er Jahre wurden Verluste ausgewiesen. 1991 gab es schwere Verluste wegen der Auslandsfinanzierungen, dies betraf vor allem Polen. In der Folge gab es Massenentlassungen, die Belegschaft wurde um ein Viertel reduziert. Die neuen Unternehmensleitsätze begannen mit dem Satz „Wir sind ein gewinnorientiertes Unternehmen". Für die Belegschaft war der Abschied von der Idee der Gemeinwirtschaft ein Kulturschock. Die Bank wurde an den Crédit Lyonnais und weiter an die Skandinaviska Enskilda Banken (SEB) verkauft. In der Belegschaft der SEB haben die von der Bank für Gemeinwirtschaft kommenden Kollegen einen schlechten Ruf: Sie gelten als träge und hauptsächlich am pünktlichen Feierabend interessiert.

Die *Akademie für Gemeinwirtschaft*, Hamburg, wurde 1948 von Genossenschaftlern, Gewerkschaftlern und Sozialdemokraten gegründet. Sie wollten hier ihren Führungsnachwuchs und den Nachwuchs für leitende Stellen in der Wirtschaft ausbilden, denn es wurde für selbstverständlich gehalten, dass die Genossenschaften und die Gewerkschaften eine führende Rolle beim Wiederaufbau und bei der Neuordnung der Wirtschaft einnehmen würden. Es ging um den Dritten Weg zwischen Sozialismus und Kapitalismus: die demokratische Gemeinwirtschaft. Vor allem sollten Arbeiterkinder ausgebildet werden. Von Anfang an ging es um einen integrierten Studiengang, der die Fächer Volkswirtschaft, Betriebswirtschaft, Soziologie und Recht umfasste. 1961 wurde das Haus in *Akademie für Wirtschaft und Politik* umbenannt, das Stichwort *Gemeinwirtschaft* also aufgegeben. Unterrichtsziel war jetzt die Ausbildung mittlerer wirtschaftlicher Führungskräfte: nach sechs Semestern zum Sozialwirt (grad.), Betriebswirt (grad.) oder Volkswirt (grad.) und nach weiteren drei Semestern zum Diplom-Sozialökonomen. Von 1991 bis 2005 war die bisherige Akademie als *Hamburger Universität für Wirtschaft und Politik* eine vollwertige Universität. Bis 2009 wurde sie unter heftigem Protest der Studierenden, Professoren und der Verwaltung in die *Universität Hamburg* eingegliedert. Am hieraus entstandenen Fachbereich Sozialökonomie können auch Personen ohne Abitur über eine Hochschulzugangsprüfung studieren. Dies richtet sich vor allem an Absolventen des zweiten Bildungswegs, die ihre Berufserfahrungen in das Studium einbringen können.

Beim ursprünglichen Bildungsauftrag des Instituts ging es nicht nur darum, berufliche Karrieren zu ermöglichen, sondern auch um eine Erziehung zu sachlicher Haltung und zur kritischen Urteilsfähigkeit sowie darum, einen differenzierteren und genaueren Blick auf die Gesellschaft zu eröffnen. Aus dieser Akademie gingen zahlreiche prominente Gewerkschaftler und Politiker der SPD hervor.

Führende Persönlichkeit dieses Instituts war Heinz-Dietrich Ortlieb (1910–2001), ein engagierter Kritiker Ludwig Erhards. Seine Haltung wird aus den Titeln seiner Veröffentlichungen erkennbar:

Wandlungen des Sozialismus, Wirtschaftsordnung und Wirtschaftspolitik ohne Dogma, Das Ende des Wirtschaftswunders, Die verantwortungslose Generation oder Wie man Demokratie verspielt, Die ruinierte Generation.

Der Grundgedanke der Gemeinwirtschaft muss letztlich als gescheitert gelten. Längst haben die Gewerkschaften den Gedanken an eigene Wirtschaftsbetriebe aufgegeben. Das schmähliche Ende dieser Betriebe lässt sich nicht nur auf moralisches Versagen einzelner Persönlichkeiten zurückführen. Vielleicht liegt die Ursache einfach darin, dass gute Gewerkschaftler keine guten Unternehmer sind und umgekehrt, denn es handelt sich um ganz unterschiedliche Typen von Persönlichkeiten: Beim Gewerkschaftler stehen die Solidarität, der Einsatz für die Schwachen und die Einfügung in den organisatorischen Apparat im Vordergrund – beim Unternehmer hingegen Unabhängigkeit und Selbstständigkeit. Als Erfolgsmaßstab für sein Bemühen hat der Unternehmer den Gewinn. Hier wird beim Gedanken der Gemeinwirtschaft eine Schwäche des Grundkonzepts sichtbar: Es fehlte ein eindeutiger Erfolgsmaßstab. Woran sollte gemessen werden, ob zusätzliches Gemeinwohl erreicht wurde? Der Erfolg im Sinne der Allgemeinheit wurde verengt auf einen Erfolg der Gewerkschaften und dann den persönlichen Erfolg der Gewerkschaftsspitze. Der Grundgedanke einer Solidarität der unterdrückten Klasse verblasste, weil durch Erhards *Wohlstand für Alle* die Arbeiter vom Proletariat zu einer bürgerlichen Schicht aufrückten. Gewerkschafter und Sozialpolitiker vertreten heute kein alternatives Modell zur Sozialen Marktwirtschaft mehr, sondern sind längst in diese integriert.

2.5 Die sozialistische Wirtschaft

In der Erzählung *Zum Nutzen der Sache* von Alexander Solschenizyn, erschienen 1974, lesen wir:

> Gratschikow war der festen Überzeugung, dass man nicht warten darf, bis ein Parteimitglied gegen die Strafgesetze verstößt, bis er sich ein Eigenheim, irgendeinen feudalen Landsitz baut. Schon die kleinste Kleinigkeit, der leiseste Anhauch von Korruption müsste genügen, um den Schuldigen unverzüglich aus der Partei zu jagen. Ermahnungen und

Verwarnungen sind ein zu schwaches Mittel, denn hier liegt nicht ein Fehltritt, ein Irrtum, eine Schwäche vor, sondern ein ganz und gar fremdes Bewusstsein. Hier geht es um den inneren Kapitalisten im Kopf.

In der Gebietszeitung prangerte man irgendeinen Chauffeur an, der mit seiner Frau, einer Lehrerin, neben seinem Haus ein Blumenbeet angelegt und die Blumen auf dem Bazar verkauft hatte. Dort hatte man ihn geschnappt.

Für einen heutigen Leser im Westen ist dieser Vorgang schwer nachvollziehbar. Wieso soll es denn schlimm sein, wenn jemand ein paar Blumen aus seinem Garten im Bazar verkauft? Hier wird doch niemand geschädigt, eher wird einigen Leuten eine Freude gemacht. Aber es geht ja gar nicht darum, ob irgendwo ein Schaden oder ein Nutzen entsteht. Im totalitären Staat geht es darum, nicht nur das Verhalten aller Menschen zu kontrollieren und zu steuern, sondern auch das Denken, die Gesinnung. Ein bestimmtes Verhalten gilt als schlimm, wenn es Zeichen einer schlimmen Gesinnung ist. Wer eine selbstständige unternehmerische Initiative zeigt, und sei sie auch noch so unbedeutend, wird entlarvt als Gesinnungstäter. Die Tatsache, dass durch diese Kontrollen das Angebot auf dem Bazar und die Versorgung der Bevölkerung eher schlechter als besser werden, ist hierbei ohne Belang.

Als politische Feinde wurden in der DDR Menschen betrachtet, die wegen ihrer Gesinnung und ihres sich daraus ergebenden Verhaltens, wegen ihrer Zugehörigkeit zu einer sozialen Schicht oder Klasse oder wegen ihrer politisch oder religiös begründeten Gegnerschaft zum Kommunismus auffielen oder verurteilt und in Haft genommen wurden. Auch hier ging es weniger um bestimmte Taten, um die Verletzung konkreter Rechtsgüter, sondern um die Gesinnung und die Klassenzugehörigkeit. Umgekehrt gab es die Gesinnungslaufbahn für alle, die aus der Arbeiterschaft stammten und die, zumindest nach außen hin, immer die richtige sozialistische Gesinnung bekundeten. Hierzu gehörte es, jeden Wechsel der offiziellen Parteimeinung sofort und umstandslos mitzuvollziehen, als hätte die neue Linie schon immer gegolten, ähnlich wie es im Roman *1984* von George Orwell beschrieben wurde.

Die Folge dieser Gesinnungsdiktatur in der sozialistischen Welt und daher auch in der DDR war, dass jegliche Kritik an den aktuellen wirtschaftlichen und gesellschaftlichen Verhältnissen, an der Regierung und der Partei oder gar an den ideologischen Grundlagen, dem Marxismus-Leninismus, als gefährlich galt und unterdrückt wurde. Die Ideologie erstarrte, versteinerte und wurde nicht weiterentwickelt. Zu diesem Dogmatismus trug Margot Honecker, die langjährige Volksbildungsministerin, maßgeblich bei. Ab dem kleinsten Kindesalter wurden die Menschen dazu erzogen, das offiziell Verkündete als endgültig und unbezweifelbar zu verinnerlichen und auf eigenes Nachdenken und ein unabhängiges Urteil zu verzichten. Eigene Initiativen aller Art waren nicht erwünscht, weder im Berufsleben noch ehrenamtlich in der Freizeit. Ein riesiger Überwachungsapparat mit zuletzt mehreren zehntausend hauptamtlichen Funktionären sowie die Zensur aller Veröffentlichungen sorgten für Ruhe. Die privaten Betriebe wurden enteignet. Auf diese Weise wurde eine Schicht von selbstständig nachdenkenden und qualifizierten Persönlichkeiten mit entsprechender Initiative entweder in die Resignation oder in die Flucht nach Westen getrieben. Die DDR betrachtete sich als antifaschistisch, aber die Art, wie die Diktatur ausgeübt wurde, hatte in beiden Regimes große Ähnlichkeit. Als Erste wurden die Engagierten, die Vernunftgründe geltend machten, zum Schweigen gebracht.

Exemplarisch dafür, wie sich das Regime gleich in den Anfangsjahren seiner besten Kräfte beraubte, steht das Schicksal der Samengroßhandlung Benary in Erfurt. Ernst Benary baute hier seit 1843 eine Kunst- und Handelsgärtnerei auf und brachte erste Preisverzeichnisse für Blumenzwiebeln und für Blumen- und Gemüsesamen heraus. 1849 wurde er mit fremdsprachigen Katalogen auch international tätig. Sein geschäftliches Handeln war von dem Willen bestimmt, seine Kunden niemals zu enttäuschen und deren blindes Vertrauen zu gewinnen. „Wie die Saat – so die Ernte" war sein Wahlspruch. In den fast 50 Jahren seiner Geschäftsführung konnte er die Firma zu einem weltweit führenden Lieferanten von Gartensamen machen. Noch vor der Bismarck'schen Sozialgesetzgebung schuf er eine eigene Betriebskrankenkasse. Seine Frau kümmerte sich ebenso wie die Ehefrauen seiner Nachfolger um erkrankte Mitarbeiter und junge Mütter. Zur betrieblichen Altersvorsorge gab es eine bedeutende Hilfskasse. Das Betriebsklima war gut. Lange Betriebszugehörigkeit und die hieraus resultierenden Mitarbeiterjubiläen waren in Erfurt sprichwörtlich. Benary gehörte zur bürgerlichen Honoratiorenschicht, war Stadtverordneter und brachte sein Wissen bei zahlreichen Ausstellungen und Fachkongressen ein. Testamentarisch verfügte er über bedeutende Geldbeträge für gemeinnützige Zwecke. Der Stadt Erfurt vermachte er mehrere Grundstücke. 1952 wurde die Firma in Erfurt enteignet. Sein Urenkel hatte schon 1946 Erfurt verlassen und baute in Hannoversch Münden und in Wiesmoor/Ostfriesland neue Betriebe auf. Ähnlich ging es vielen tausend anderen mittelständischen Unternehmern und Landwirten, die entweder in den Westen flohen oder innerhalb der DDR enteignet wurden, nicht selten im Gefängnis landeten, zumindest aber auf den Status bloß ausführender Arbeiter hinuntergedrückt wurden. Ein Staat hatte sich eines Großteils seiner Talente beraubt, ähnlich wie zuvor das Dritte Reich.

Als die DDR 1989 die Grenzen öffnete und von neugierigen Westlern besucht wurde, hatten viele den Eindruck, als befänden sie sich in einem Freilichtmuseum der 1950er Jahre, das allerdings total vergammelt, verrottet und verrostet war. Zunächst waren hüben und drüben die Startbedingungen ganz unterschiedlich: Die Bundesrepublik erhielt durch den Marshallplan eine kräftige Hilfe, während die sowjetisch besetzte Zone und die spätere DDR hieran nicht teilnahmen, sondern bis zum Schluss ständig große Werte an die Sowjetunion abzuliefern hatten.

Die Tatsache, dass dieser Staat in Wirtschaft, Kultur und Technik hoffnungslos hinter den Westen zurückfiel, hatte über die unterschiedlichen Startbedingungen und die Folgen der linken Diktatur hinaus noch einige im System angelegte Gründe:

- Während Ludwig Erhard im Westen ganz auf die Erhöhung der Produktivität, also auf zusätzliche Maschinen und daher auf Kapitalbildung setzte, wollte die DDR die Produktion durch zusätzliche Arbeitszeit, durch mehr oder minder freiwillige Sonderschichten erhöhen. Investitionen wurden vernachlässigt. Es wurde mit dem alten Maschinenpark weitergearbeitet mit der Folge einer hohen Anfälligkeit für Reparaturen und Unfälle. Nach

vier Jahrzehnten war das ursprünglich vorhandene Kapital aufgebraucht.
- Die zentralen Planvorgaben für die Industrie galten für bestimmte Stückzahlen. Mithin gab es für die Betriebsleiter einen Anreiz, von jedem Produkt nur das einfachste und billigste Modell zu liefern und auf langfristige Neuentwicklungen zu verzichten. Für jedermann sichtbar war dies beim Auto *Trabant*, das von den Westlern als „Scherzartikel" betrachtet wurde.
- Der starre Planungsapparat konnte zwar eine Grundversorgung der Bevölkerung sichern, und in der Tat brauchte niemand zu hungern. Ein solcher Apparat kann jedoch niemals Produktion und Handel von tausenden verschiedener Produkte lenken und jeweils auf aktuelle Herausforderungen wie Geschmackswandel und schwankende Rohstoffpreise oder auch nur auf das Wetter reagieren.
- Es gab keine realistischen Preise als Anzeiger für Knappheit. Folge war eine irrwitzige Verschwendung von Rohstoffen und Energie. Die heißen Fernheizungen in der Wohnung waren nicht abzustellen, sondern die Temperatur konnte nur durch Öffnen der Fenster geregelt werden. Anstatt von Preisen, die die Herstellungskosten eines Produkts angezeigt hätten, galt die Arbeitswertlehre: Das Produkt ist geronnene Arbeit und wird umso wertvoller, je länger daran gearbeitet wurde. Ein Neubau, an dem die Brigade zwei Jahre lang gewerkelt hatte, war also viermal so viel wert wie einer, der in einem halben Jahr fertiggestellt wurde.
- In einer Diktatur gedeiht eine aufgeblähte Bürokratie. Keiner tut einfach das, was als naheliegend und vernünftig erscheint, sondern alle Vorschriften werden buchstäblich

erfüllt. Nichts geht ohne Stempel und Bescheinigungen, auf die man lange warten muss. In dem Roman *Der Turm* von Uwe Tellkamp (Verlag Suhrkamp, Frankfurt am Main 2008), in dem die DDR-Verhältnisse umfassend und abschließend geschildert werden, wird dies in dem Kapitel *Die Kohleninsel* beschrieben. Wie hier zu lesen ist, gab es merkwürdigerweise nicht nur in der linken Ideologie einen Stillstand, sondern auch in den Resten der bürgerlichen Schicht. Dort galt immer noch das Bildungsideal der Vorkriegszeit: möglichst viel Wissen, hohe Kennerschaft, aber nur in einem lexikalischen Sinne, nur im Zitierenkönnen und nicht auf die aktuelle Situation angewandt.

- Die Gehälter waren weitgehend angeglichen, eine Krankenschwester mit Überstunden verdiente mehr als ein Chefarzt. Auch faule und problematische Typen wurden mitgetragen, niemand wegen mangelnder Leistung gekündigt. Daher gab es keinen sonderlichen Anreiz, mehr zu leisten als unbedingt erforderlich.
- Die DDR war vom Weltmarkt abgeschirmt, die Wirtschaft keiner internationalen Konkurrenz ausgesetzt. Die Betriebe taten sich schwer mit dem Export mit der Folge einer allgemeinen Devisenknappheit.
- Obwohl Partei und Regierung angeblich unmittelbar für das Volk und für das gemeine Wohl arbeiteten, wurden ausgerechnet die Gemeinschaftsgüter wie vor allem die Umwelt sträflich vernachlässigt. In der Umgebung der Chemiewerke gab es eine unfassbare Luftverschmutzung mit massenhaften Erkrankungen der Atemwege und eine ebensolche Verschmutzung der Gewässer. Beides durfte nicht öffentlich kritisiert werden und war daher

in der Politik kein Thema. Vielmehr war alles auf die Planerfüllung ausgerichtet.

Bei ihren regelmäßigen Besuchen in Moskau gingen die SED-Spitzen den Russen durch ihre Besserwisserei, ihren ideologischen Perfektionismus auf die Nerven. Richard Wagner sagte schon 1867: „Deutsch ist, die Sache, die man treibt, um ihrer selbst und der Freude an ihr willen zu treiben." Für die DDR konnte man dies abwandeln zu: „Deutsch sein heißt, eine Idee um ihrer selbst willen zu verfolgen", also ohne Rücksicht auf die Folgen, die hieraus erwachsen.

Gerechterweise ist allerdings anzumerken, dass Regimes wie der Nationalsozialismus und der Sozialismus heute immer nur von ihrem katastrophalen Ende her beurteilt werden und nicht aus der Sicht der Gründergeneration, für die noch alles offen war. Die immerwährende Frage „Konnten die Leute denn am Anfang nicht sehen, dass die Reise in den Abgrund führte?" ist nur aus der Sicht der Nachgeborenen naheliegend. In den Anfangsjahren, als engagierte Idealisten eine neue Welt aufbauen wollten, war es eben nicht zu sehen. Die Offenheit und Ungewissheit der Zukunft war ja am besten in der Gründerzeit der Sozialen Marktwirtschaft zu bemerken, als maßgebliche Experten alarmiert riefen, dergleichen könne niemals funktionieren.

In der Gründerzeit des Sozialismus, angefangen 1848 mit dem Manifest der Kommunistischen Partei von Karl Marx und Friedrich Engels, war es ja wahr, dass die Arbeiter nichts zu verlieren hatten als ihre Ketten, dass sie als unterdrückte Klasse furchtbar ausgebeutet wurden und unter menschenunwürdigen Bedingungen, außerdem rechtlos, wohnen und leben mussten. Also war es naheliegend, dass sie mit einem revolutionären Akt die kapitalistische Klasse beiseitefegen und ihr Geschick selbst in die Hand nehmen wollten. Und es war ja wahr, dass die beiden Weltkriege von verbohrten Nationalisten der äußersten Rechte vom Zaun gebrochen worden waren, während die Arbeiterschaft sich international solidarisierte und insofern friedliebend war. Also wurde nicht nur mit sowjetischem Zwang, sondern auch mit einigem Idealismus in der sowjetisch besetzten Zone die Gründung eines sozialistischen Staates ins Werk gesetzt, in dem die „kapitalistischen Ausbeuter" nichts zu suchen hatten. Aber dieser anfängliche Schwung reichte nicht aus für die folgenden Jahrzehnte und die nächste Generation, sondern wich einer Obergefreiten-Mentalität: Befehle wortwörtlich ausführen und ansonsten nur nicht auffallen. Solange kein Befehl kommt, geschieht nichts. In einem solchen System gedeihen autoritäre Persönlichkeiten: einerseits extrem dominant, andererseits sich bereitwillig einem Ranghöheren unterwerfend. Wird von oben der Druck erhöht, so gedeihen Lüge (insbesondere geschönte Zahlenangaben), Verschleierung und Denunziation. Jeder Pädagoge und jeder Personalchef weiß, dass eine positive Motivation, mit Anerkennung einer selbstständigen Leistung, eher wirkt als eine negative Motivation mit Zwang und Strafen. Eine Spezialität der DDR waren die unbestimmten Drohungen: „Wenn Sie dies nicht einsehen wollen – wir können auch anders!"

Es war eben nicht vorhersehbar, dass dies ganz einfach nicht funktionieren würde. Ebenso war nicht vorhersehbar, dass die vermeintlich wissenschaftliche Erkenntnis von einer notwendigen geschichtlichen Entwicklung vom Kapitalismus zum Sozialismus und weiter zum Kommunismus sich nicht bestätigen würde, weil die künftige Geschichte prinzipiell nicht vorhersehbar ist, sondern von den jeweils aktuellen Entscheidungen der Zeitgenossen abhängt.

Darüber hinaus ergibt sich im Sozialismus ein Legitimitätsproblem, das geradewegs in die Revolution führt: Wenn der Staat sich für alles und jedes und insbesondere für die Wirtschaft allein verantwortlich fühlt, dann wird jedes Versagen, insbesondere eine stetige Verschlechterung der wirtschaftlichen Versorgung, unmittelbar dem Staat angelastet und untergräbt dessen Autorität. Die westlichen Staaten handeln klüger, indem sie sich aus der Detailsteuerung heraushalten. Hier ergibt sich ein merkwürdiges Paradoxon: Je mehr der Staat mit Geheimpolizei alles überwacht und jeden Abweichler festnimmt, desto eher bricht er zusammen. Und je mehr er alles laufen lässt und auf Überwachung fast ganz verzichtet, desto stabiler entwickelt er sich.

Wer durch Jahrzehnte in einem totalitären Regime geprägt war, hatte natürlich große Schwierigkeiten, in der Bundesrepublik anzukommen, und nicht wenige sind hieran zerbrochen.

Nach dem Zusammenbruch der sozialistischen Staaten im östlichen Mitteleuropa und in der Sowjetunion und angesichts der erbarmungswürdigen Zustände in Nordkorea, Venezuela und Eritrea sowie der allmählichen Liberalisierung in Kuba hat sich der Gedanke, der Staat könne im Interesse des Volkes das gesamte Wirtschaftsgeschehen lenken, weitgehend erledigt. Die Volksrepublik China, formal immer noch kommunistisch, hat ein stürmisches Wachstum erlebt, seitdem sie der unternehmerischen Wirtschaft freien Raum gibt.

2.6 Die Rentenwirtschaft

In wirtschaftswissenschaftlichen Lehrbüchern werden im Kapitel Wirtschaftsordnung gewöhnlich Marktwirtschaft und Zentralverwaltungswirtschaft einander gegenübergestellt, verbunden mit dem Hinweis, dass beide Typen kaum in Reinform auftreten, sondern in abgestuften Mischformen mit mehr oder weniger Einfluss des Staates. So entsteht der Eindruck, als seien die weltweit vorhandenen Wirtschaftsordnungen auf dieser Skala anzusiedeln und hiermit hinreichend charakterisiert. Jedoch ist außerhalb Europas, so in Russland, einigen arabischen Staaten und Entwicklungsländern, eine ganz andere Wirtschaftsordnung anzutreffen, die in der Fachwelt Rentenökonomie genannt wird.

Das Wort *Rente* bezeichnet hier nicht, wie die Pension, die Einkommen nach Abschluss des Erwerbslebens, im Ruhestand. Vielmehr geht es um alle ohne nennenswerte Anstrengung erzielten Einnahmen des Staates und seiner Bürger. Die Monopolrente haben wir bereits kennengelernt: Der einzige Anbieter verknappt ein Produkt und erhöht den Preis weit über die Kosten. Viel wichtiger sind aber in vielen Ländern die Einnahmen aus Rohstoffexporten. Wenn einmal die Öl- und Gasleitungen gelegt worden sind, brauchen nur noch die Hähne aufgedreht zu werden, um einen ständigen Strom von Devisen ins Land zu bringen. Weitere ohne eigene Anstrengung zu erzielende Einnahmen sind Gebühren für die Vergabe von Bergwerkskonzessionen an ausländische Konzerne. In Einzelfällen gibt es für die Agrarprodukte nur einen einzigen Aufkäufer, wie beispielsweise *United Fruit*, der sich mit den Großgrundbesitzern zusammentut und paramilitärische Gruppen unterstützt. Oder es gibt Gebühren, wie zum Beispiel für die Durchfahrt durch den Suezkanal oder für die Durchleitung von Erdgas oder Erdöl. Weitere „Gratiseinnahmen" sind die Überweisungen von ausgewanderten Arbeitskräften in die Heimat sowie die Entwicklungshilfe.

Wenn ohne eigene Anstrengung zu erzielende Einnahmen dieser Art den Hauptteil der volkswirtschaftlichen Leistung ausmachen, wie häufig der Fall, besteht am Aufbau einer eigenen leistungsfähigen Wirtschaft wenig Interesse, zumal diese Einnahmen gewöhnlich einer relativ kleinen Führungsclique zufließen, die hiervon bequem bis luxuriös leben kann. Diese Schicht hat sowohl in der Politik als auch in der Wirtschaft die Fäden in der Hand. Beides ist untrennbar miteinander verbunden. Hier liegen Macht und Geld. Weshalb sollte diese Schicht sich bemühen, landesweit einen leistungsfähigen Mittelstand aufzubauen? Die Entwicklungshilfe läuft in diesen Staaten ins Leere und reduziert sich auf die Annahme von Geschenken, wenn niemand ernsthaftes Interesse an einer Entwicklung hat. Weshalb sollte sich die Führung um Rechtssicherheit und Schutz von heimischen Investoren oder um den Abbau der Bürokratie bemühen? Weshalb sollte sie in Schulen und Universitäten die Bevölkerung schlau machen oder gar zu einem kritischen Denken erziehen?

Die Führungsschicht neigt stattdessen in diesen Staaten zu überhöhten Rüstungsausgaben und innen- und außenpolitischen Abenteuern – nicht zuletzt aus Langeweile, denn sie hat nicht viel Ernsthaftes zu tun. Bei Staatsbesuchen erscheint die Führung in Europa mit großem Gefolge und erwartet Übernachtungen in erstklassigen Hotels. Ob daheim verarmte Bauern hungern oder Kinder verhungern, interessiert weniger. Der Gedanke, dass die politische Führung für das Wohl der gesamten Bevölkerung verantwortlich und insofern in der Pflicht sei, gilt als europäische Schrulle oder gar als dekadent und war vor der Französischen Revolution in der Tat auch in Europa nicht verbreitet.

Die führende Clique kann die wie von selbst ständig zufließenden Einnahmen nutzen, um durch Transferleistungen, Subventionen und Vergabe von Posten in der Verwaltung gesellschaftliche Gruppen zu einem politisch folgsamen Verhalten zu bewegen. So wird eine Klientel versorgt. Die Bevölkerung bemüht sich nicht mehr um eigene wirtschaftliche Leistung. Viel mehr Geld lässt sich im öffentlichen Dienst oder in den wenigen Arbeitsstellen der Rohstoffwirtschaft verdienen.

Traditionelle einheimische Produktionen und Landwirtschaft verfallen. Stattdessen versucht jedermann, an den von auswärts einfließenden Einnahmen zu partizipieren. Dies ist nur möglich, indem man sich bei der kleinen Führungsschicht beliebt macht und entsprechende Kontakte aufbaut. In der Fachsprache wird dieses Verhalten als *rent-seeking* bezeichnet: das ständige Bestreben, vom großen Strom einen kleinen Strom für den eigenen Bedarf abzuzweigen. Es mag sein, dass der Abzweigende für den Aufbau der nötigen Kontakte viel Zeit, viel Mühe und auch Geld aufwendet und dass er dies als Arbeit oder als Investition betrachtet. Jedoch werden hiermit aus volkswirtschaftlicher Sicht keine Werte geschaffen, im Gegenteil: die richtige, die fruchtbringende Arbeit wird vernachlässigt. An die Stelle eines sachlichen zweckrationalen oder gesetzestreuen Denkens geht es nur um persönliche Beziehungen, um das Schaffen von Abhängigkeiten. Dies führt zu verbreiteter Korruption und einem verzweigten System von Patronage. Führungspositionen werden nicht durch Wahlen oder durch öffentliche Ausschreibungen besetzt, sondern indem folgsame Anhänger ausgewählt und in die Führungsclique aufgenommen werden (Kooptation). Hinzu kommen Subventionen und hohe Sozialausgaben für die gesamte Bevölkerung, um diese ruhigzustellen.

Niemand stoppt in Staaten dieser Art eine ausufernde Staatsverschuldung und Inflation. Damit wird schließlich die staatliche Kompetenz und Legitimität ausgehöhlt, bis Revolution und Bürgerkrieg drohen und die nächste Clique den Staat übernimmt. An einer Demokratisierung mit einem entsprechend unsicheren Ausgang der nächsten Wahl besteht kein Interesse. Weshalb sollte die jetzige Führung sich abwählen lassen? Das ganze System wird allerdings instabil durch schwankende Rohstoffpreise, vor allem wenn nur einige wenige oder gar nur ein einziger Rohstoff exportiert wird.

Das Problem ist in der Fachwelt auch unter den Bezeichnungen Rohstofffluch oder Ressourcenfluch bekannt. In älteren Erdkundebüchern wird oft vermerkt, welche Länder mit bestimmten Rohstoffen „gesegnet" sind. Es darf bezweifelt werden, ob sich dies wirklich als Segen auswirkt, denn der Export der Rohstoffe erspart eine eigene Entwicklung. Besser dran sind Länder ohne nennenswerte Rohstoffvorkommen, etwa Deutschland, die Niederlande, die Schweiz und Japan: Hier ist eine Entwicklung nur über Bildung und Rechtssicherheit möglich, und zwar als Entwicklung in der breiten Fläche des Landes und in einer unübersehbaren Vielfalt von Produkten.

Allerdings gibt es keine automatische Beziehung zwischen Rohstoffexport und Misswirtschaft. Jeder Staat hat seine Besonderheiten. Es gibt positive Gegenbeispiele, an der Spitze Norwegen, wo die Mittel aus dem Nordseeöl klug investiert und im Übrigen in einem Fonds geparkt werden.

Die Entwicklung in den einzelnen Ländern verläuft höchst unterschiedlich. Und es soll auch in Deutschland Leute geben, die meinen, um im Leben voranzukommen, seien Beziehungen wichtiger als sachliche Leistung. Und um in die Führungsschicht aufgenommen zu werden, müsse man auftreten wie einer von denen, und sei es mit geliehenem Geld.

In erster Linie geht es bei der Rentenwirtschaft um Einnahmen aus dem Export von Erdöl, etwa in Algerien, Iran, Irak, Kuwait, Libyen, Katar, Saudi-Arabien, den Vereinigten Arabischen Emiraten und Venezuela. Die Einnahmen aus dem Ölexport pro Kopf der Bevölkerung betragen in Kuwait rund 20.000 US-Dollar, ähnlich in Katar mit 17.000 Dollar. In Jordanien und im Libanon bestehen rund 20 Prozent des Volkseinkommens aus Rücküberweisungen von Gastarbeitern. In den Palästinensischen Gebieten bestehen 28 Prozent des Volkseinkommens aus Entwicklungshilfe, in Jordanien 12 Prozent.

Herausragendes Beispiel einer Rentenwirtschaft in Afrika südlich der Sahara ist Angola mit reichen Rohstoffvorkommen: Erdöl, Diamanten, diverse Mineralien, Uran. Die Bodenschätze machen das Land zu einem der reichsten Länder Afrikas. Der Erdölexport umfasst etwa 70 Prozent des Nationalprodukts. Pro Jahr wird ein Exportüberschuss (Exporte minus Importe) in der Größenordnung von zehn Milliarden Dollar erwirtschaftet. Die Mittel kommen jedoch bei einem Großteil der Bevölkerung nicht an, die in oft bitterer Armut lebt. Der Gini-Index für Ungleichverteilung des Einkommens ist mit 62 sehr hoch. Die Mittel versickern in einer relativ kleinen, hoffnungslos korrupten Oberschicht, angefangen bei der Familie des Präsidenten. Dieser kontrolliert alle staatlichen Organe. Eine Gewaltenteilung oder unabhängige Gerichte gibt es nicht. Angola verzeichnet sehr hohe private Auslandsinvestitionen. Die ganz wenigen Superreichen bringen ihr Vermögen in Übersee in Sicherheit, vor allem in Portugal, wo sie ihr Kapital in Unternehmen vieler verschiedener Branchen anlegen, um so das Risiko zu streuen. – Die Diamanten aus Staaten dieser Art werden häufig als Blutdiamanten bezeichnet, weil sie unter unmenschlichen Bedingungen gewonnen werden und zur Finanzierung von Kriegen und Bürgerkriegen dienen. In Angola war die UNITA zunächst eine Bewegung zur Befreiung von der Kolonialherrschaft. Als dies vollzogen war, ging es um innerstaatliche Machtkämpfe.

Ein weiteres herausragendes Beispiel für Rentenwirtschaft ist die Demokratische Republik Kongo. Traurige Berühmtheit erreichte das als Konfliktmineral bezeichnete Coltan. Der Name setzt sich aus den Bezeichnungen für die Mineralien Columbit und Tantalit zusammen, aus denen Niob und Tantal gewonnen werden. Letzteres ist für den Bau elektronischer Geräte wichtig. Außerdem werden in Kongo reiche Vorkommen von Diamanten, Gold, Kupfer, Mangan, Blei, Zinn und Zink abgebaut, häufig unter unmenschlichen Bedingungen einschließlich der Kinderarbeit. Die früher landwirtschaftlich genutzten Felder liegen brach, weil der Verdienst in den Gruben fünfmal höher ist als in der Landwirtschaft. Im Osten des Landes müssen die Erzschürfer alles, was sie in ihren von Hand betriebenen Gruben abgebaut haben, zu Preisen, die weit unter den Weltmarktpreisen liegen, an Exporthändler verkaufen. Diese sind von lokalen Machthabern konzessioniert. Auf diese Weise erhalten die Bewaffneten stetige Einnahmen zur Fortsetzung des Krieges.

Wenn die Regierung den Abbau verbietet, bewirkt dies nur, dass der ganze Betrieb in die Illegalität abgedrängt wird.

In Deutschlands näherer Nachbarschaft ist als Beispiel für die Rentenwirtschaft an Russland zu erinnern, das starke Züge einer Rentenökonomie aufweist. Der Moskauer Philosoph Alexander Zipko bemerkte in der Zeitschrift *Der Spiegel*, Nr. 23/2016 über die russische Bevölkerung:

> 70 Jahre lang hat man uns abgewöhnt, Verantwortung zu übernehmen. Und wegen der bis dahin hohen Ölpreise glaubten alle, der Staat habe den Wohlstand einfach nur zu verteilen, sie selbst müssten nichts tun.

Hier wird die verhängnisvolle Wirkung einer Rentenwirtschaft knapp und deutlich angesprochen: einerseits die Abhängigkeit von den Rohstoffpreisen, andererseits die lähmende Wirkung auf die inländische Wirtschaft.

Rund ein Viertel der gesellschaftlichen Produktion wird in Russland von der Rohstoffproduktion gestellt (Erdöl, Erdgas, Kohle, Uran), und rund die Hälfte der föderalen Staatseinnahmen kommt aus dem Energieexport. Nach der Liberalisierungs- und Privatisierungspolitik Boris Jelzins war die russische Politik unter Putin darauf gerichtet, die staatliche Kontrolle über die Produktion und den Export der Rohstoffe zu erreichen. Beim Erdgas dient hierzu die halbstaatliche Firma Gazprom. Zunächst brachte der Ölboom hohe Mehreinnahmen und ermöglichte ein Sozialprogramm, eine Erhöhung der Gehälter im öffentlichen Dienst, Wohnungsbau und eine Rentenerhöhung. Mit der Umverteilung der Erdöleinnahmen hatte Putin seit seinem ersten Amtsantritt im Jahr 2000 ein Konsumfeuerwerk gezündet. Wesentlich hiermit hatte er seine Popularität begründet. Die Preise für

Erdöl erreichten 2011/2012 mit 105 Dollar pro Barrel (Fass) ihren Höhepunkt und sind bis 2016 überraschend auf 45 Dollar gefallen. Reallöhne und Konsum sind daher merklich gesunken. Durch die Stagnation der übrigen Wirtschaft hat sich inzwischen die russische Abhängigkeit vom Energiesektor verstärkt.

Für Staaten mit einer Rentenwirtschaft ist ferner kennzeichnend, dass sich die wirtschaftliche Aktivität nicht flächendeckend über das Land verteilt, sondern sich an wenigen Punkten, eben des Rohstoffabbaus, konzentriert und das übrige Land verödet. In Russland gibt es zahlreiche Mono-Städte, das heißt Städte mit nur einem Großbetrieb – eigentlich nur Arbeitersiedlungen dieses einen Werks. Gerät dieses in Schwierigkeiten, so haben die Einwohner keine Ausweichmöglichkeit.

Russland hat, wie dies meist mit einer Rentenökonomie verbunden ist, eine autoritäre Staatsführung. Die Politik besteht nicht aus öffentlichen Diskussionen und Wahlen, sondern aus Dekreten des Präsidenten. Hiermit ist eine merkwürdige Auffassung des Rechts verbunden. Dieses gilt nicht etwa als objektive Ordnung, die alle Privatleute und insbesondere auch alle staatlichen Organe bindet. Das Recht wird vielmehr als Sammlung von Befehlen und präsidentiellen Anordnungen aufgefasst, die heute so und morgen anders ausfallen können. Das Recht hat insofern einen rein instrumentellen Charakter. Die Anordnungen und Dekrete werden stets ohne Ankündigung erlassen, so dass der Wirtschaft keine langfristige Planung möglich ist. Die Unternehmen planen höchstens für ein Jahr.

Die Polizei hat weniger die Aufgabe, die öffentliche Ordnung und Sicherheit herzustellen, als vielmehr, durch

Willkürakte die Bevölkerung in Angst und Schrecken zu halten.

Es ist immer problematisch, über andere Staaten und Völker moralische Urteile abzugeben, was darauf hinausläuft, die eigene Ordnung für normal und vorbildlich zu erklären und dann ferne Länder hieran zu messen, die einen ganz anderen geschichtlichen Hintergrund haben. Aber es muss erlaubt sein, eine Volkswirtschaft, die sich in der Hauptsache auf das mehr oder minder willkürliche Verteilen von Geschenken konzentriert, für merkwürdig zu erklären. Denn alles, was diesen Staaten von außen zufließt, muss ja anderswo erarbeitet worden sein. Durch den Zufall der geologischen Verhältnisse und ohne eigenes Verdienst besitzen sie große Rohstoffvorkommen, wodurch ein ständiger Strom von Devisen ins Land fließt. Die Überweisungen der Gastarbeiter und die Entwicklungshilfe kommen ebenfalls von selbst und unverdient. Es gibt also keinen Lohn für Leistung. Das zweite Problem ist, dass hierdurch autoritäre Verhältnisse begünstigt werden, denn die Geschenke werden willkürlich, nach Gunst oder Ungunst, verteilt. Und es wird ein Kontrollapparat aufgebaut, der alle bestraft, die an der Gerechtigkeit dieses Systems zweifeln.

Langfristig bleiben Staaten dieser Art durch die fehlende Rationalität und den ebenfalls fehlenden Wettbewerb und Innovationsdruck immer mehr hinter den freiheitlichen Staaten zurück. Und es wird in den meisten Fällen nicht vorgesorgt für den Tag, an dem die heimischen Rohstoffvorkommen erschöpft sind. Auch dieses Problem wird am Beispiel Russlands deutlich. Die Öl- und Gasförderung in Westsibirien dürfte bald zurückgehen. Daher müssen Vorkommen in aus klimatischen Gründen noch schwieriger zu erschließenden Regionen (Halbinsel Jamal, Ostsibirien, Barentssee und bei der Insel Sachalin) erschlossen werden, wobei Russland auf die Zusammenarbeit mit den technisch überlegenen internationalen Energiekonzernen angewiesen ist.

2.7 Die Subsistenzwirtschaft

Mit ersten Pionieren 1815 und im großen Stil ab den 1870er Jahren setzte in Deutschland die Industrialisierung als maschinelle Massenherstellung von Gütern aller Art ein. Vorher war der weitaus größte Teil der Bevölkerung in der Landwirtschaft beschäftigt, und zwar – westlich der Elbe – in kleinen Betrieben, in denen jede Familie nur das herstellte, was sie selbst zum Leben brauchte. Wie heute noch in den Heimatmuseen zu sehen ist, wurde seinerzeit viel im Haus erledigt, was inzwischen ausgelagert wurde: Die Verarbeitung und Konservierung von Obst und Gemüse, das Schlachten und Verarbeiten der Tiere, die Herstellung von Textilien (Spinnen, Weben oder Stricken). Auf dem Land gab es keine Architekten und Bauunternehmen, sondern zum Bau der Häuser im landschaftlich typischen Stil tat sich die Nachbarschaft zusammen. Überschüsse einzelner Güter wurden in der Nachbarschaft getauscht oder auf einem dörflichen Markt verkauft, um Geld für die Werkzeuge oder für Salz zu beschaffen. Es handelte sich also nicht um eine unternehmerische Wirtschaft mit Blick auf Preis und Gewinn, sondern nur um die Selbstversorgung des eigenen Haushalts – eine Form, die heute als Subsistenzwirtschaft bezeichnet wird, vom lateinischen *subsistentia*, was so viel bedeutet wie *Bestand durch sich selbst, Selbstständigkeit*.

Dabei steht der Gebrauchswert der Güter im Vordergrund: Der Haushalt braucht Nahrung, Getränke, Heizmaterial, Kleidung und einiges mehr zum Leben. Es geht also in der Hauptsache nicht um den Tauschwert oder den Verkaufswert der Güter. Heute ist diese Wirtschaftsform noch in vielen Entwicklungsländern bedeutend. Etwa 40 Prozent der Weltbevölkerung leben so. In der Statistik werden Betriebe mit einer landwirtschaftlichen Nutzfläche von unter 5 Hektar und einem jährlichen Produktionswert von weniger als 1.200 Euro hierzu gerechnet. Dabei wird gewöhnlich weniger als die Hälfte der Produktion auf dem Markt verkauft.

Ergänzend zur Lohnarbeit ist diese Art der selbstversorgenden Wirtschaft auch heute noch in den strukturschwachen Regionen Ost- und Südosteuropas anzutreffen. Unmittelbar nach dem Zweiten Weltkrieg, in den Jahren 1945 bis 1948, herrschte in Deutschland ein Nahrungsmangel mit quälendem Hunger oder auch Verhungern. Bis in die 1950er Jahre hinein war die deutsche Agrarpolitik auf Nebenerwerbslandwirtschaft gerichtet: Möglichst jeder sollte einen großen Gemüse- und Obstgarten und außerdem am besten eine Kuh und ein Schwein sowie ein Dutzend Hühner halten. Die Städter hatten oft einen Kleingarten draußen am Stadtrand – nicht mit Rasen und Blumen wie heute, sondern mit Obst und Gemüse. Nachts wurde Wache geschoben, um hungrige Diebe abzuwehren. Auch in Deutschland deutete sich eine Subsistenzwirtschaft an.

Es ist verfehlt, diese Wirtschaftsform der heutigen Entwicklungsländer einfach als Armut zu betrachten, wenn alle Länder nach ihrem Pro-Kopf-Einkommen in Dollar bewertet werden. Westliche Ausländer meinen häufig, die dörflichen Gemeinschaften müssten unbedingt zur gewinnorientierten

Wirtschaft entwickelt werden. Als 2016 die deutsche Firma Bayer den amerikanischen Konzern Monsanto, einen Hersteller von Saatgut und Breitbandherbiziden, kaufen wollte, kritisierte die Frankfurter Allgemeine Zeitung (25. Mai 2016):

> [Dieses Kalkül basiert im Wesentlichen auf] einer Annahme: dass die Landwirtschaft der Welt weiter industrialisiert werden muss. Aber die Kleinbauern tragen bis heute laut der Welthungerhilfe rund 70 Prozent zu den weltweiten Ernten bei. Soll künftig die ganze Welt so [mit industrialisierter Landwirtschaft] ernährt werden, würde das Hunderttausende Kleinbauern in Entwicklungs- und Schwellenländern zum Aufgeben zwingen – und zur Flucht in die Großstädte. Längst ist der reine Blick auf die Produktivität nicht mehr gewollt: immer mehr Staaten geben Milliarden dafür aus, die Kleinbauern auf dem Land zu halten. Hinzu kommen politische Gründe: Ein Kleinbauer wird unwahrscheinlicher zum islamistischen Terroristen.

Auch die Welternährungsbehörde FAO fördert den Erhalt kleinbäuerlicher Strukturen, regionaler Ernährungskreisläufe und traditioneller Pflanzenvielfalt.

Die Einwohner solcher Staaten haben eher nicht das Gefühl, dass ihnen etwas fehlt, wenn alles im traditionellen Sinne läuft. Außerdem hat die Subsistenzwirtschaft große Vorteile, weil sie von Wirtschaftspolitik, Inflation, Konjunkturkrisen, Globalisierung, Arbeitsmarkt und behördlicher Willkür unabhängig ist. Es gibt feste Vorstellungen darüber, was ein Mensch zum Leben braucht und womit er glücklich sein kann – aus europäischer Sicht verblüffend wenig. Durch die nachbarschaftliche Hilfe beim Schenken und Tauschen wird das Dorf sozial zusammengehalten. Alle wissen, dass sie von den lokalen Verhältnissen in Bezug auf Boden und Vegetation abhängig sind, und versuchen diese zu erhalten. In den einzelnen Dörfern wird ganz Unterschiedliches hergestellt, insgesamt also eine große Vielfalt.

Wer als Europäer einmal zwei Wochen in so einem Dorf gelebt hat, wird nachdenklich hinsichtlich der hiesigen Vorstellungen eines notwendigen Konsumbedarfs. Die Familie in dem abgelegenen Dorf in Indien lebt in einer Hütte mit nur einem Raum. Hier wird gekocht, gewohnt und geschlafen. Die Küche besteht aus einem einfachen Herd und einem einzigen Kochtopf. Serviert wird auf Bananenblättern auf dem Fußboden, gegessen wird mit der rechten Hand. Geschirr und Besteck gibt es nicht. Zum Schlafen hat jeder eine Matte. Das ist der ganze Haushalt. Oder im Bergdorf bei einem Ziegenhirten in den Anden: Es gibt eine große dicke Decke, die nachts als Zudecke für die ganze Familie dient, tags als Mantel gegen die Kälte beim Schneegestöber. Verblüffend wenig reicht aus für ein als normal betrachtetes Leben.

Literatur

Albert, Michel. 1991. *Kapitalismus contra Kapitalismus*. Frankfurt am Main: Campus Verlag

Erhard, Ludwig. 1957. *Wohlstand für Alle*. Düsseldorf: Econ-Verlag GmbH.

Holzer, Boris. 2015. *Politische Soziologie*. Baden-Baden: Nomos Verlag.

Lemke, Matthias, und Stulpe, Alexander. 2015. Text und soziale Wirklichkeit. *Zeitschrift für germanistische Linguistik. Deutsche Sprache in Gegenwart und Geschichte* 43 (1): 52 ff.

Müller-Armack, Alfred. 1947. *Wirtschaftslenkung und Marktwirtschaft*. München: Kastell Verlag.
Ogger, Günter. 1992. *Nieten in Nadelstreifen. Deutschlands Manager im Zwielicht*. München: Verlag Droemer Knaur.
Ostwald, Paul. 1946. *Die preußischen Reformen*. Berlin: Volk und Wissen Verlags-G.m.b.H.
Popper, Karl R. 1958. *Falsche Propheten. Hegel, Marx und die Folgen*. Bern: Francke Verlag.
Solschenizyn, Alexander. 1974. Zum Nutzen der Sache. In *Große Erzählungen*, Hrsg. Alexander Solschenizyn, München: F. A. Herbig Verlagsbuchhandlung.
Sombart, Werner. 1904. *Gewerbewesen, Zweiter Teil, Sammlung Göschen*. Leipzig: G.J. Göschen'sche Verlagsbuchhandlung.

3

Die Akteure in der Marktwirtschaft

Bisher haben wir einige Wirtschaftsordnungen kurz betrachtet: Marktwirtschaft, Gemeinwirtschaft, sozialistische Wirtschaft, Rentenwirtschaft, Subsistenzwirtschaft. Jedes Land ist in der Verlegenheit, sich für eine dieser Ordnungen oder für eine gemischte Form zu entscheiden. Eingangs hatten wir betont, dass dies eine reine Frage der Zweckmäßigkeit ist: Diejenige Wirtschaftsordnung ist die beste, die geeignet ist, das zu erreichen, was wir uns als Ziel vorstellen. Dabei sind in der westlichen Welt und konkret in Deutschland die Ziele relativ eindeutig umrissen:

1. Einerseits geht es um den Massenwohlstand: eine möglichst große Vielzahl von Konsummöglichkeiten nicht nur für eine vermögende Oberschicht, sondern möglichst für alle Volksschichten. Aus dem entsprechenden

Steueraufkommen werden Gemeinschaftsbedürfnisse und Sozialpolitik finanziert.
2. Andererseits geht es um die Einfügung in die grundgesetzliche Ordnung mit ihren Freiheitsrechten, mit dem Schutz vor staatlicher Willkür und der Bindung aller Macht an das Recht. Es geht um die Verbindung von Freiheit und Gleichheit. Die Gesellschaft soll offen sein: keine starren inhaltlichen Ziele, sondern flexibles Eingehen auf aktuelle Herausforderungen. Und es geht um den Frieden nach innen und außen, eine pazifistische Grundströmung.

In den Jahrzehnten seit Ludwig Erhard hat es sich herausgestellt, dass die Soziale Marktwirtschaft leistungsfähig im Sinne von Ziel 1 ist und sich harmonisch in die verfassungsrechtliche Ordnung (Ziel 2) einfügt: Sie ist geeignet, diese Ordnung auf wirtschaftlichem Gebiet zu leben. Damit verkörpert sie einen starken Grundpfeiler dieser Ordnung. Staat und Wirtschaft sind nach denselben Prinzipien organisiert. Da liegt es nahe, dass wir uns jetzt eingehender mit den Akteuren beschäftigen: den privaten Haushalten, den Unternehmern, den Mitarbeitern in den Betrieben, den Verbänden und Kammern, schließlich dem Staat – der hoheitlichen Gewalt im weitesten Sinne. Was wollen sie? Wie wirken sie zusammen? Von wem gehen die Impulse aus, und wie werden sie umgesetzt?

3.1 Der private Haushalt

Eine Familie oder eine Gruppe von Personen, die die Kosten für ihren Lebensunterhalt aus einer gemeinsamen Kasse bestreiten, wird Haushalt genannt. Es liegt nahe, unsere

Struktur der Konsumausgaben, Deutschland 2014, in Prozent
Quelle: Statistisches Bundesamt

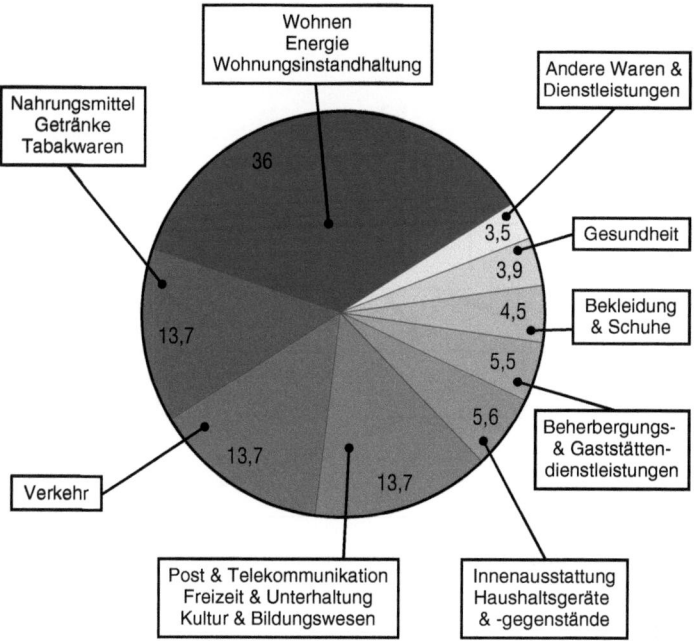

Betrachtung der Akteure mit dem privaten Haushalt zu beginnen, weil die Gesamtheit der Konsumenten den Souverän bildet, von dem alle Impulse ausgehen und für den die ganze Wirtschaft stattfindet. Die wichtigsten Akteure der Wirtschaft sind nicht etwa die Unternehmer, denn sie führen nur die Kaufbefehle der Konsumenten aus und sind an diese gebunden. Ebenso sind die Unternehmer daran gebunden, wer sich bei ihnen um einen Ausbildungsplatz oder einen

160   Erfolgsmodell Soziale Marktwirtschaft

Konkurrierende Zwecke zur Verwendung des Einkommens bei privaten Haushalten

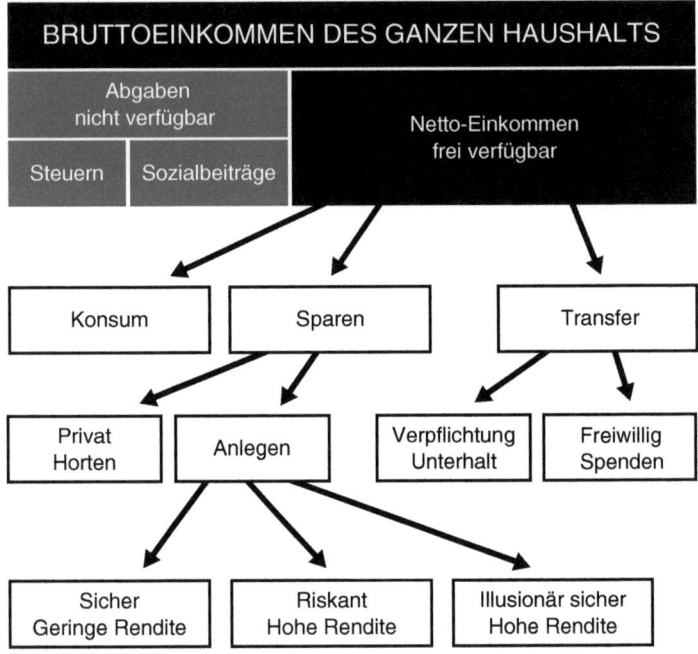

Arbeitsplatz bewirbt. Gerade diese letztere Abhängigkeit wird in jüngster Zeit immer stärker spürbar in einer Gesellschaft, in der alljährlich die Anzahl derer, die aus Altersgründen aus dem Arbeitsleben ausscheiden, höher ist als die Anzahl der jugendlichen Nachwachsenden.

Beim privaten Haushalt geht es um die beiden Fragen,

- ob und in welcher Form sich die Mitglieder am Arbeitsleben beteiligen wollen und können: um die Wahl der Ausbildung und der beruflichen Tätigkeit, und

- welche Gegenstände und Dienstleistungen mit dem verfügbaren Einkommen gekauft werden: um den Konsum. Hiermit wird gleichzeitig entschieden, welcher Teil des Einkommens nicht ausgegeben, also gespart wird.

Steuerung der gewerblichen Wirtschaft durch private Haushalte

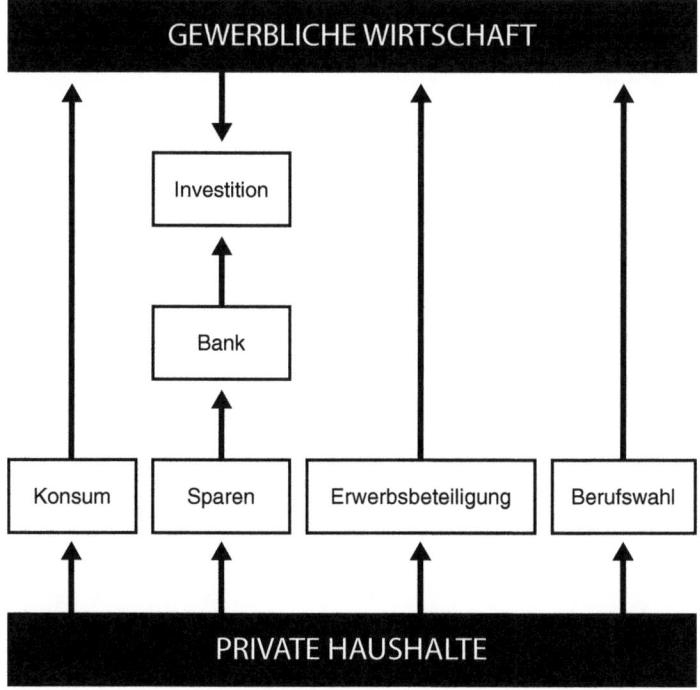

Im Grundsatz geht es hierbei wohl um den Wunsch nach einem erfüllten Leben, mit den anderen und für die anderen, in gerechten Institutionen (Paul Ricœur). Im Einzelnen fallen die beiden Gruppen von Entscheidungen, die zur Arbeit und die zum Konsum, ganz irrational aus. Psychologie und Hirnforschung wissen inzwischen, dass am Anfang immer ein Gefühl steht. An zweiter Stelle kommt der Verstand, mit dem wir überlegen, ob und wie der Gefühlswunsch realisierbar ist. Es gibt aber kaum Rückwirkungen vom Verstand auf das Gefühl: Das rationale Erkennen führt nicht automatisch zu einem vernünftigen Verhalten. Am deutlichsten wird dies bei der Sucht. Der Süchtige weiß, dass er sich zugrunde richtet, aber er kann nicht aufhören. Ein Verhalten einfach nach Wunsch, ohne die langfristigen Folgen zu bedenken oder gar zu berechnen, ist im privaten Haushalt stärker ausgeprägt als im Unternehmen oder in einer Behörde. Der Zwang zur Zweckrationalität ist umso geringer, das Verhalten umso willkürlicher, je höher das Einkommen ist. Nur ganz unten muss streng gerechnet werden. Ob dies geschieht, ist eine andere Frage. Offensichtlich ist dies in sehr unterschiedlichem Umfang der Fall.

Insbesondere bei größeren Anschaffungen (Haus, Auto) ist es allerdings den Betroffenen peinlich, auf die Frage nach ihren Motiven einfach zu antworten, das habe sich gefühlsmäßig so ganz spontan ergeben. Deswegen werden gern nachträglich Verstandesgründe konstruiert, die für andere nachvollziehbar sind. Gute Verkäufer kennen diese Notwendigkeit und liefern schon im Verkaufsgespräch solche späteren Rationalisierungen, obwohl sie wissen, dass dies im Grunde nicht den Ausschlag gibt. Wie das Ganze funktioniert, wird aus Experimenten deutlich, worin den Versuchspersonen unter Hypnose ganz unsinnige Befehle erteilt wurden. Nach dem Aufwachen haben sie diese dann brav ausgeführt, aber krampfhaft Begründungen nachgeschoben, um nicht als Narren dazustehen.

Aber nicht nur das Gefühl bildet den Antrieb zur Tätigkeit, sondern auch der ganz spontane Drang, etwas zu tun, irgendetwas, und etwas zu erleben. Instabilität ergibt sich nicht nur aus schwankenden Gefühlen, sondern auch aus der menschlichen Natur, aufgrund deren ein großer Teil unserer positiven Aktivitäten, seien sie moralischer oder hedonistischer (nämlich: Glück und Genuss suchender) oder wirtschaftlicher Art, eher von spontanem Optimismus als von mathematischen Kalkulationen abhängt. Wahrscheinlich können die meisten Entschlüsse, etwas Positives zu tun, dessen volle Wirkungen sich über viele zukünftige Tage ausdehnen werden, nur auf Lebensgeister zurückgeführt werden – auf einen plötzlichen Anstoß zur Tätigkeit statt Untätigkeit – und nicht auf den gewogenen Durchschnitt quantitativer Vorteile, multipliziert mit quantitativen Wahrscheinlichkeiten, schrieb John Maynard Keynes 1936. Es gibt eher den menschlichen Antrieb „Tu was!" oder „Wir wollen mal was Interessantes erleben oder kaufen" als das Berechnen von Nutzen.

Bei der Berufswahl und beim Konsum geht es nach Bauchgefühl und Wellenschlag, nach einem Knäuel widerstreitender Gefühle, ähnlich wie bei der Partnerwahl oder der Wahl einer politischen Partei. Hier gibt es kein verstandesmäßig nachvollziehbares *richtig* oder *falsch*. Hier werden nicht Weisungen ausgeführt wie im sonstigen Leben, sondern diese Wahlen sind authentisch in dem Sinne, dass jeder Mensch wählen kann, was er wirklich will, unbeeinflusst von anderen. Insofern sind die privaten Haushalte souverän. Die Entscheidung, so wie sie nun einmal fällt, steht für sich. In der Philosophie (Hermann Lübbe) wird dies als *Dezisionismus* bezeichnet. Berufswahl und Konsumwahl sind frei. Dabei tragen die Mitglieder des privaten Haushalts die Verantwortung für sich und ihre kleine Gemeinschaft, und in beiderlei Beziehungen kann jeder auch scheitern: im Beruf arbeitslos, im Konsum allzu verführbar und daher pleite.

3.1.1 Die Arbeit

Betrachten wir zunächst die Beteiligung am Arbeitsleben. Hier gibt es im untersten und im obersten Stockwerk der Gesellschaft Personengruppen ohne regelmäßige Tätigkeit. Die bürgerlichen Tugenden wie Leistung, Fleiß und Sparsamkeit gelten vor allem in den mittleren sozialen Schichten, die einen Aufstieg anstreben oder einen Abstieg vermeiden wollen. Ganz oben und ganz unten hingegen entfallen diese Motive: Die einen haben jegliche Hoffnung auf einen Aufstieg aufgegeben, die anderen sind der Meinung, ihr Platz sei ohnehin ganz oben und Strebsamkeit sei nicht notwendig. Daher gibt es ganz oben und ganz unten nicht den Druck, sich gegenüber der Gesellschaft durch bezahlte Arbeit zu rechtfertigen.

In der freiheitlichen Gesellschaft ist jeder darauf verwiesen, selbst ein Lebenskonzept zu entwerfen, ein langfristig tragfähiges Konzept zu einer eigenen Existenz, beispielsweise:

3 Die Akteure in der Marktwirtschaft 165

- Schule und Ausbildung erfolgreich abzuschließen,
- sich um einen Ausbildungs- oder Arbeitsplatz zu bewerben, sich dann in den Betrieb einzufügen, eine gewisse Flexibilität und Beweglichkeit zu beweisen und ganz allgemein etwas zu leisten,
- privat eine stabile Partnerschaft zu entwickeln, eine Familie zu gründen,

insgesamt also für sich selbst und für andere Verantwortung zu übernehmen und hiernach zu leben. Hiermit sind unvermeidlich viele Unbequemlichkeiten verbunden, angefangen beim pünktlichen Aufstehen. Hinzu kommen Leistungsforderungen und Unterordnung im Betrieb und oftmals das Ausbleiben von Anerkennung. Diese Unbequemlichkeiten gilt es im Interesse einer langfristigen Existenzsicherung zu ertragen. Bei Bewerbungen ist eigene Initiative zu entwickeln, womit Einzelne überfordert sind. Jedermann weiß, dass es dergleichen gibt. Aber es ist untunlich und widerspricht der politischen Korrektheit, diese Überforderung öffentlich zu erwähnen, weil dies als unsozial gilt und weil offiziell immer von Benachteiligten die Rede ist. Dies ist insofern berechtigt, als im Zeitalter der Automation die Stellen für Hilfsarbeiter knapp geworden sind. Der Landwirt hat einen Maschinenpark, aber keinen landwirtschaftlichen Gehilfen mehr.

Zu den objektiven Bedingungen des Arbeitsmarkts kommt jedoch Subjektives hinzu. Eine Kassiererin bezieht nach 40 Berufsjahren eine geringere Rente als ihre Nachbarin, die niemals gearbeitet hat und bei der die Rentenbeiträge vom Staat eingezahlt wurden.

Eine Mitarbeiterin des Arbeitsamtes wird im privaten Kreis gefragt, ob sie manchmal den Eindruck habe, dass die

Sozialleistungen missbräuchlich in Anspruch genommen werden. Die Antwort lautet: Nein, diesen Eindruck habe sie nicht gelegentlich, sondern jeden Tag von morgens bis abends. Dies erklärt sie aber natürlich nicht im offiziellen Kreis oder gar in Anwesenheit der Presse, weil sich alle Wohlmeinenden hierüber empören würden. Ob die Mitarbeiter im Amt diesen Eindruck haben, tut darüber hinaus nichts zur Sache. Denn alle Leistungen sind an bestimmte, äußerst detaillierte Gesetze gebunden. Und wenn die dort genannten Voraussetzungen zutreffen, muss das Amt zahlen. Welche Voraussetzungen dies sind und wie sie herbeizuführen sind, spricht sich herum und ist für jedermann nachzulesen. Und alle sozial Engagierten verdeutlichen den Empfängern, dass es sich nicht um Almosen handelt, sondern um einklagbare Rechtsansprüche.

Es gibt eine neue Bevölkerungsgruppe, die am wenigsten über Geld, Güter, Bildung und Sozialprestige verfügt. Ihre Mitglieder besitzen heute mehr Geld als der Arbeiter vergangener Generationen, und durch die sozialen Leistungen verfügen sie über ein Einkommen etwa in derselben Höhe wie bei Beschäftigten in einfachen Dienstleistungsberufen. Die Angehörigen dieser Bevölkerungsgruppe organisieren sich nicht in Vereinen oder Parteien und treten in der Öffentlichkeit kaum in Erscheinung. In den entsprechenden Wohnvierteln liegt die Wahlbeteiligung weit unter zehn Prozent – die Unterschicht nimmt am sozialen und politischen Leben kaum noch teil. Es scheint, als hätte diese Bevölkerungsschicht sich selbst abgeschrieben. Erst neuerdings finden rechtspopulistische Parteien hier ihr Publikum.

Den Pädagogen ist dieses Problem bekannt. Es gibt Eltern, die zu keinem Elternsprechtag kommen, die auf kein

Rundschreiben reagieren und die keinen Gedanken an die Frage verschwenden, ob ihre Kinder nach dem Abschluss der Schule einen Ausbildungsplatz bekommen oder wie es überhaupt mit den Kindern weitergehen soll. Wer auch auf ein weiteres Rundschreiben der Industrie- und Handelskammer nicht reagiert, wird als nicht ausbildungsfähig aus der Statistik gestrichen. Jugendliche, die in dieser Art eine völlige Gleichgültigkeit an den Tag legen, sind in der Tat nicht in Ausbildungsbetriebe zu vermitteln. Daher gibt es eine gewisse Jugendarbeitslosigkeit und gleichzeitig zahlreiche unbesetzte Ausbildungsplätze. Dieses Problem wird durch eine Wirtschaftspolitik, die sich um die Belebung der Konjunktur bemüht, nicht erreicht. Auch bei voll erholter Konjunktur bleibt immer eine gewisse Sockelarbeitslosigkeit von rund drei Millionen Personen. Dies ist der Preis für eine Gesellschaft, die auf Freiheit und individuelle Verantwortung setzt. Hierunter sind allerdings auch Personen, die nicht aus Gleichgültigkeit scheitern, sondern im Gegenteil die Überreflektierten, die Bedenkenträger und alle, die ihre sämtlichen Arbeiten hundertprozentig korrekt ausführen wollen und hiermit permanent überlastet und überfordert sind, was heute gern als *Burnout*, als ausgebrannt bezeichnet wird. Und leider sind auch viele dabei, die gern arbeiten möchten und könnten, deren Bewerbungen aber vergeblich bleiben, weil sich bei den Arbeitgebern gewisse Vorurteile verfestigt haben, beispielsweise gegenüber allen Bewerbern, die das 50. Lebensjahr überschritten haben. Auf diese Weise liegen viel guter Wille und Erfahrung brach.

Den „Schnösel", der reich geerbt hat und jetzt die Leute für sich rennen und springen lässt, haben wir im Zusammenhang mit Eigentum und Erbe bereits kennengelernt. Aber natürlich gibt es in diesen Kreisen auch andere, nämlich Persönlichkeiten, die ihr Erbe als Verpflichtung gegenüber der Gesellschaft betrachten und die es verantwortungsvoll zu wirtschaftlichen, sozialen oder kulturellen Zwecken einsetzen. Der Unterschied zur bürgerlichen Mitte besteht nur darin, dass sie nicht gezwungen sind, sich irgendwo um einen Arbeitsplatz zu bewerben, sondern dass sie stattdessen ihr Leben autonom gestalten können.

Die überwältigende Mehrheit der Bevölkerung lebt zwischen diesen beiden Polen. Fragen nach dem Beruf gibt es beim Klassentreffen oder bei größeren Familienfesten. Und die Eltern grämen sich, wenn aus dem Jungen oder dem Mädchen nichts geworden ist. Der berufliche Erfolg gilt als ausschlaggebender Maßstab für den Lebenserfolg.

Die Erziehung daheim verläuft mehr oder minder aufstiegsorientiert. Vorbei sind die Zeiten, als die Eltern aus dem Arbeiterstand meinten, die Kinder sollten nach dem pflichtmäßigen Schulbesuch gleich arbeiten und Geld verdienen – eine höhere Bildung sei überflüssig. Stattdessen neigt heute die große Mehrheit der Eltern dazu, ihre Kinder nach der Grundschule möglichst auf dem Gymnasium oder mindestens der Realschule anzumelden, von wo aus dann viele nach einem oder zwei Jahren hinuntergestuft werden müssen. Die Rechtfertigung vor der Gesellschaft und vor dem eigenen Gewissen erfordert nicht einfach eine nützliche Arbeit, sondern eine berufliche Tätigkeit auf möglichst hohem Niveau, etwa Akademiker. Daher gehen viele nach dem Realschulabschluss nicht in eine betriebliche Lehre, sondern zum Fachgymnasium, um auf diesem Wege die Studierfähigkeit zu erreichen.

Unsere Praktikantin aus Russland fragt, weshalb sich alle Leute in Deutschland so ordentlich benehmen, auch wenn keine Polizei in der Nähe ist. Nun, die Ordnungsmaßstäbe sind verinnerlicht und werden überwiegend als eigene Maßstäbe erlebt, die auch ohne Druck von außen wirken. Die Mitarbeiter werden zu weitgehend selbstständiger Arbeit angehalten und müssen bei Zwischenfällen spontan improvisieren können. Und alles drängt nach Kreativität und Innovation, was den Überkontrollierten nicht liegt.

Je nach Temperament ist im Berufsleben der Ehrgeiz ganz unterschiedlich ausgeprägt. Viele wollen bei ihrer jetzigen Tätigkeit bleiben, weil diese sie ausfüllt und ein ausreichendes Einkommen ergibt. Und sie wollen Zeit für Familie und Freunde haben. Andere sind von dem unstillbaren Drang erfüllt, an die Spitze des jeweiligen Unternehmens oder der Behörde aufzurücken. Erweist sich dies als nicht möglich, wird der Job gewechselt, oder der Aufstieg wird auf einer anderen Leiter gesucht: im Ehrenamt oder in der Politik. Oder jemand macht sich selbstständig, weil er meint, er könne es besser als seine jetzigen Vorgesetzten.

Ein Problem kann es beim Eintritt in den Ruhestand geben. Die Rechtfertigung durch die Arbeit, die Erfüllung der Pflicht, entfällt, und der Tagesablauf ist nicht mehr strukturiert. Schlimmstenfalls führt das bloße Ausruhen im Ruhestand zu einer Leere, verbunden mit Antriebslosigkeit, einem Zerfall oder gar Zusammenbruch der Persönlichkeit und dann auch der Gesundheit. Sprichwörtlich war früher der preußische Beamte, der nur durch die Pflicht zusammengehalten wurde und der bald nach der Pensionierung verstarb – nicht nur, weil es keine Pflichten mehr gab, sondern auch aus

Loyalität, um seinem Dienstherrn langjährige Pensionszahlungen zu ersparen.

Das Grundgesetz mit seinen Freiheitsrechten und die Soziale Marktwirtschaft funktionieren nur, wenn ein ausreichend hoher Anteil der Gesellschaft die bürgerlichen Maßstäbe von Leistung und Verantwortung verinnerlicht hat. Nur eine bürgerliche Gesellschaft mit einer entsprechenden internalisierten Einstellung zu Ordnung, Ausbildung und Beruf trägt diese Ordnung wie einen eigenen Arbeitsanzug, und umgekehrt modelliert diese Ordnung diese Gesellschaft, indem ein bestimmtes Verhalten prämiert und einem bestimmten Persönlichkeitstyp der Aufstieg in leitende Positionen ermöglicht wird. Vor allem geht es um Persönlichkeiten mit der Fähigkeit zu einem eigenen konzeptionellen Denken: die Interessen der Beteiligten erkennen, das Problem auf den Punkt bringen, eine Lösung vorschlagen und durchsetzen – und das Ganze zwar im Rahmen der allgemeinen Gesetze, aber nicht nach Vorschrift von oben und auch nicht nach Tradition, „wie wir das schon immer gemacht haben", sondern möglichst genau und unabhängig vom Bisherigen auf das jeweilige Problem zugeschnitten. Hierbei ist nicht Verstand, kalter Intellekt gefragt, sondern Vernunft: Einfühlungsvermögen und wertende Stellungnahme.

Bei den Freiheitsrechten des Grundgesetzes wird stillschweigend vorausgesetzt, dass die Mehrheit hiervon einen verantwortlichen Gebrauch macht. Bei der freien Wahl der Ausbildung und des Arbeitsplatzes wird vorausgesetzt, dass jeder einen Lebensweg anstrebt, in dem er seine Talente entfalten kann, und außerdem ein möglichst hohes Einkommen. Bei der Pressefreiheit wird vorausgesetzt, dass die Mehrheit der Journalisten bestrebt ist, wahrheitsgemäß und einigermaßen ausgewogen zu berichten. Und das Bürgerliche Gesetzbuch heißt deswegen so, weil es das Gesetzbuch einer bürgerlichen Gesellschaft ist. Der rechtliche Rahmen, der das Verhalten regelt, und die Bevölkerung, die diesen Rahmen lebt, sind längst aufeinander eingespielt.

Jeder Jugendliche hat bei der Berufswahl die freie Wahl zwischen einer unübersehbaren Vielzahl von Ausbildungs- und Studiengängen. Diese Wahl geschieht rein irrational nach Talent, Neigung, zufälliger Kenntnis einiger Berufe und nach vermuteten Verdienstmöglichkeiten oder angestrebtem Prestige. Dies kann zu gravierenden Fehlleitungen führen. Ein Beispiel ist der Beruf des Architekten. Im Jahr 2009 gab es in Deutschland rund 11.000 arbeitslose Architekten. 2016 waren es noch 4.000, aber die Anzahl der Architekturstudenten stieg rapide wieder an. Zu einer freien Berufswahl gehört offensichtlich das Risiko, dass in dem gewählten Beruf entweder keine oder nur eine sehr schlecht bezahlte Arbeit zu finden ist, während gleichzeitig in anderen Branchen dringend Nachwuchs gesucht wird.

Jeder ist Autor seines eigenen Lebensentwurfs, gerade auch im Berufsleben, und auf jeder Station ist ein Scheitern möglich. Eckpunkte sind die Prüfungen (Abitur und Studienabschluss) und die Bewerbungsgespräche, in denen jeweils die Entscheidungen über Arbeitsplatz und oft auch Wohnort der kommenden Jahre fallen. Im Gespräch wirkt ein Bewerber überzeugend oder aber ungeschickt, und im Arbeitsleben fügt er sich in das betriebliche Leben und Zusammenwirken ein oder auch nicht. Wichtig ist immer, wie man mit Enttäuschungen, Zurücksetzungen und ungerechter Behandlung aller Art umgeht, ob man sich ernsthaft ärgert und dies auch zeigt oder ob man Derartiges einfach wegstecken kann: die Frustrationstoleranz. Nicht wenige Beschäftigte sind im Beruf überlastet, werden krank und sterben früh. Dies betrifft nicht nur die Überehrgeizigen, die vorzeitig ausbrennen, sondern auch schon die Beschäftigen in mittleren Positionen, die einfach ihr vorgegebenes Pensum nicht schaffen. Zeitlos deutlich wird dies in Arthur Millers Drama *Tod eines Handlungsreisenden.*

Das Einkommen aus unselbstständiger Arbeit, für die meisten Menschen der Regelfall, macht allerdings nur etwa 62 Prozent aller Einkommen aus. Hinzu kommen rund 10 Prozent als Einkommen aus dem Vermögen, 23 Prozent aus öffentlichen Transferzahlungen und 5 Prozent aus privaten Transferzahlungen, etwa Unterhaltspflichten.

3.1.2 Der Konsum

Ist ein bestimmtes Einkommen vorhanden, so geht es um die Frage, wie viel hiervon ausgegeben oder gespart wird. Schon hier scheiden sich die Geister. Der Anteil der Ersparnis am Einkommen, die Sparquote, beträgt in Deutschland durchschnittlich rund zehn Prozent. Von diesem Mittelwert gibt es jedoch zahlreiche Ausreißer nach oben und unten. Es gibt Bezieher hoher Einkommen, die bescheiden und zurückgezogen leben und den überwiegenden Teil ihrer Mittel auf die Bank tragen. Und es gibt viele Leute, die nicht nur nicht sparen, sondern ständig an der äußersten Grenze der Kreditmöglichkeiten leben. Sie geben einen großen Teil ihres Einkommens für Kreditzinsen aus, also eigentlich für nichts oder nur dafür, dass sie sofort kaufen wollen und nicht warten möchten. Bei einer unvermuteten Minderung des Einkommens, etwa durch Scheidung, Unfall oder Verlust des Arbeitsplatzes, rutschen sie in die Pleite: Rund zehn Prozent der deutschen Bevölkerung sind amtlich als zahlungsunfähig eingestuft. Nicht wenigen passiert dies schon, ohne dass es einen besonderen Zwischenfall gegeben hätte. Sie gelten in ihrem sozialen Umfeld als gescheitert und nehmen sich dies oft auch selbst sehr zu Herzen. Der Umfang dieses Problems wird daran deutlich, dass es in fast jeder Stadt mehrere Schuldnerberatungen gibt, die gewöhnlich hoffnungslos überlaufen sind. Heute kommt nicht mehr der Gerichtsvollzieher und klebt ein Pfandsiegel (volkstümlich: Kuckuck) auf die Einrichtungsgegenstände, weil diese gewöhnlich nicht finanziell zu verwerten sind. Stattdessen wird das Konto gepfändet, wodurch die Bank bemerkt, dass dieser Kunde nicht mehr kreditwürdig ist. Schließlich folgt, was früher als Offenbarungseid bezeichnet wurde: eine Versicherung an Eides statt über die Vermögensverhältnisse des Schuldners im Rahmen einer Zwangsvollstreckung entsprechend § 802 c der Zivilprozessordnung oder § 284, Absatz 3, der Abgabenordnung.

Dies passiert nicht etwa den Menschen mit den niedrigsten Einkommen, nämlich den Rentnern, die häufig mit monatlich 700 oder 900 Euro auskommen müssen. Im Gegenteil: Gerade sie teilen ihr Geld sorgfältig ein, um bis zum Monatsultimo hinzukommen. Nicht im Rentenalter, sondern in den „besten Jahren", so etwa von 35 bis 45, sind die Pleiten am häufigsten.

Ferner wird in der Gruppe der Geringverdienenden viel Geld für eine Flucht aus dem Dasein ausgegeben: Rauchen, Alkohol, perfektionierte Konsumelektronik, Glücksspiel.

Die Häufigkeit der privaten Insolvenzen ist in Deutschland auch regional sehr unterschiedlich, am niedrigsten ist sie im Süden (Bayern, Baden-Württemberg) und vor allem in den ländlichen Gebieten, weit höher im Norden und in den Großstädten. In einzelnen Regionen gilt noch: „Spare in der Zeit, so hast du in der Not!" Schon durch dieses Sprichwort wird angedeutet, dass es sich vor allem um ein Problem des zeitlichen Horizonts handelt: Ob man für das Alter spart oder für eine größere Anschaffung, zu der es erst Jahre später kommt, oder aber, ob man ganz im Augenblick lebt und sich von aktuellen Reizen verführen lässt. Es ist freilich nicht leicht, der allgegenwärtigen Reklame zu widerstehen – nicht nur der Werbung für Produkte, sondern auch der Werbung für Konsumentenkredite. Besonders leicht ist das unüberlegte Einkaufen im Internet. Hier wird sofortige Lieferung versprochen, gleich am nächsten Tag soll die Ware da sein. Die Bezahlung wird hingegen in weite Ferne gerückt. Diese Verpflichtung erscheint dann in einer perspektivischen Verkürzung ähnlich wie die Eisenbahnschienen, die am Horizont zusammenzulaufen scheinen. Oft sind sogar die ersten sechs Wochen oder drei Monate zahlungsfrei. Die ganze Werbung ist auf eine sofortige und umstandslose Bedürfnisbefriedigung gerichtet und wendet sich vor allem an Menschen, die kein langfristiges Planen gewöhnt sind.

Tückisch sind dabei die Ratenzahlungen, wenn sie dazu führen, dass für diese Raten, für die Leasingraten des Autos und für die Abzahlung des Hauses ein großer Teil des Einkommens fest gebunden ist. Im Notfall, wenn sich das Einkommen plötzlich vermindert, kann man aus diesen Verpflichtungen kaum aussteigen. Verhängnisvoll ist das Hantieren mit mehreren Kreditkarten, wobei man rasch den Überblick verliert und beim Abrutschen ins Soll gepfefferte Zinsen zu zahlen hat.

Dringend zu empfehlen ist stattdessen, auf Konsumkredite ganz zu verzichten und eine Rücklage von mindestens drei Monatsgehältern anzulegen. Auf diese Weise ist es beispielsweise möglich, sich im Notfall, bei Kündigung, einigermaßen in Ruhe eine neue Arbeitsstelle zu suchen.

Komfortabel und sorgenfrei lebt einer, der nur das kauft, was er wirklich braucht, und dies nach eingehender Überlegung. Diese Käufe werden dann in jedem Fall sofort bar bezahlt, was zu einer guten Einstufung bei den Lieferanten, Handwerkern und zentralen Auskunftsstellen führt, vor allem bei der *Schufa*, der 1927 gegründeten *Schutzgemeinschaft für allgemeine Kreditsicherung*. Diese lässt sich von tausenden Geschäftsleuten berichten, wie pünktlich oder unpünktlich die Millionen Konsumenten ihre Rechnungen bezahlen, und hiernach wird jeder mit einem Wert zwischen 0 und 100 eingestuft. Bei der Schufa sind nicht nur diejenigen registriert, deren Zahlungsunfähigkeit amtlich festgestellt worden ist und die daher keinen Kredit mehr bekommen, sondern jedermann. Dies lässt sich einfach nachprüfen, indem man eine Auskunft über sich selbst verlangt.

Als *einfaches Leben* gilt ein Lebensstil, der sich als Alternative zur konsumorientierten Überflussgesellschaft sieht. Seine Anhänger versuchen, durch Konsumverzicht Alltagszwängen entgegenzuwirken und dadurch ein selbstbestimmteres, erfüllteres Leben zu führen. Im Einzelnen wirkt sich dies recht unterschiedlich aus. Die Spanne reicht vom Total-Aussteiger bis zum lediglich konsumkritischen Normalverbraucher. Kennzeichnend sind eine erhöhte Achtsamkeit und die genaue Beobachtung des eigenen Konsumverhaltens: Was brauche ich wirklich? Was ist im Grunde nur Tand, Dekoration, Firlefanz, Wichtigtuerei? Was ist solide gearbeitet und wird für Jahre halten, und was ist nur modisch und damit vergänglich? Shopping als Unterhaltung und Freizeitbeschäftigung wird strikt vermieden. Zum einfachen Leben gehört auch, sich der Reizüberflutung und dem Geprassel belangloser Nachrichten zu entziehen, mehr auf Ruhe und Entspannung zu setzen und sich auf einige wichtige Aufgaben zu konzentrieren.

Die Frage, welcher Teil des Einkommens für Ersparnis zurückgelegt wird, ist nicht nur ein Lebensproblem jedes Konsumenten, also jedes Menschen, sondern hat auch eine große volkswirtschaftliche Bedeutung. Denn die zur Bank getragenen Ersparnisse werden dort an die Wirtschaft, die Unternehmen, ausgeliehen und von diesen für Investitionen verwendet, also für die Rationalisierung oder Ausweitung ihrer Produktion. Lester C. Thurow beschwört 1998 in seinem Bestseller *Die Zukunft des Kapitalismus* die künftige große Krise dieser Wirtschaftsordnung:

> Aufgrund der fortgeschrittenen Technologie werden Bildung und Wissen zu den einzigen Quellen eines nachhaltigen strategischen Wettbewerbsvorteils. Ausgerechnet zu einem Zeitpunkt, an dem der Wirtschaftserfolg auf der Bereitschaft und Fähigkeit zu langfristigen Investitionen in das allgemeine Bildungswesen und in Infrastrukturmaßnahmen angewiesen ist, entwickelt sich die allgemeine Ideologie [...] in Richtung einer radikalen Form kurzfristiger individueller Konsummaximierung. Wenn Technologie und Ideologie auseinanderdriften, stellt sich nur noch die Frage, wann der „große Knall" kommt. (Thurow 1998, S. 437)

Dies ist jedoch eher ein Problem der USA als Europas. In den USA liegt die Sparquote nur bei 5 Prozent, und mit dem Shopping, dem Einkaufen von allerlei Plastikramsch auf

Pump, wird ein großer Kult getrieben. Das Bildungswesen hat bei einigen ausgesuchten Universitäten höchstes Niveau, nicht jedoch in der breiten Fläche der allgemeinbildenden Schulen. Insofern könnte es sich bei der Krise des Kapitalismus eher um eine Krise der USA handeln, deren relative Bedeutung in der Weltwirtschaft immer mehr zurückfällt.

Den Ausgaben liegt gewöhnlich eine Vielzahl von Wünschen zugrunde, die jedoch nicht alle realisierbar sind. Die Auswahl findet innerhalb der Persönlichkeit oder auch in der Familie statt, entweder einvernehmlich oder laut streitend. Bei diesen Überlegungen oder spontanen Einfällen sind die Konsumenten ganz souverän, ganz unabhängig. In der Volkswirtschaftslehre ist viel von der *Konsumentensouveränität* die Rede, womit nicht nur die freie Auswahl gemeint ist, sondern auch, dass der Konsument durch seine Auswahl bestimmt, was hergestellt und welche Dienstleistungen angeboten werden. Über Markt und Wettbewerb wird die Produktion auf die Wünsche der Konsumenten ausgerichtet.

Das Wort *Konsumentensouveränität* provoziert leicht den Widerspruch, der Konsument sei keineswegs souverän, sondern hilfloses Opfer einer manipulativen Werbung. In der Tat beschäftigen die großen Markenartikelfirmen Scharen von Konsumforschern, Psychologen, Grafikern, Fotografen und Models, um dem Kunden einzureden, dass er Dinge braucht, die er vorher nie vermisst hat. Jeder Markenartikel wird mit einer Aura des Begehrenswerten, Wertvollen oder Exklusiven versehen. Ebenso ist es mit dem Prestige der Geschäfte, in denen man einkauft: Der 1-Euro-Laden und der Sonderpostenmarkt mit seinen vielen billigen Gelegenheiten gelten als weniger vornehm, das Fachgeschäft in der Fußgängerzone gilt als gehoben. Streng rational würde der Konsument alle Preise vergleichen und dann das günstigste Angebot wählen. In diesem Fall landet er womöglich bei Haushaltsauflösungen, bei Sperrmüll oder in der Zeitungsrubrik *Zu verschenken*. Aber so denkt niemand. Stattdessen kann es vorkommen, dass ein identisches Produkt, beispielsweise ein Fläschchen Nagellackentferner, in der gehobenen Parfümerie für 5,99 Euro und gleich nebenan, in der Selbstbedienungsdrogerie, für 0,49 Euro zu kaufen ist. Für die bloße Aura des feinen Geschäfts wird der zwölffache Preis verlangt und bezahlt. Und der Hersteller eines weltbekannten Parfüms kann einen Phantasiepreis verlangen. Die Luxusgegenstände dürfen keinesfalls billig sein, sondern hier gehört gerade der hohe Preis zur Aura des Exklusiven, das nur ganz wenigen vorbehalten ist. Welche Gegenstände hierzu gehören, lässt sich leicht daran ablesen, ob davon billige Fälschungen angeboten werden.

Die Werbebranche konzentriert sich nicht etwa auf die älteren Jahrgänge, die gewöhnlich mehr Geld in der Tasche haben als der Nachwuchs, sondern gerade auf die Jugend etwa im Alter zwischen 15 und 20. Denn in diesem Alter, während der Ablösung aus dem Elternhaus, bildet sich die persönliche Identität, daher auch die Konsumidentität: Man wählt einige Marken aus, denen man dann oft lebenslang treu bleibt. In diesen Auswahlprozess müssen die Markenartikelhersteller sich einklinken. Es hat demgegenüber wenig Sinn, jemanden zu einer anderen Marke bekehren zu wollen, der seit Jahrzehnten seiner Hausmarke treu geblieben ist. Wer bisher nur französischen Rotwein trank, trinkt nicht ab morgen Rheinwein und umgekehrt. In der Ära Internet gibt es neuerdings die personalisierte Werbung: Aus der großen Datenmenge ist leicht herauszulesen, welche Wünsche und welches Hobby jemand hat, und daher wird die Werbung automatisch genau auf diesen einen Nutzer zugeschnitten. Ähnliches gab es früher schon, aber nicht so umfassend und so perfektioniert:

Der Buchhändler kannte seinen langjährigen Kunden und wusste, welche Neuerscheinung er gerade diesem Kunden empfehlen konnte.

Die immer raffiniertere Werbung mit ihrem Griff ins Bewusste und ins Unterbewusste bildet allerdings keinen Widerspruch zu der Tatsache, dass die Souveränität beim Konsumenten liegt. Jeder Souverän, angefangen beim absoluten Fürsten, hatte eine Schar von Schmeichlern, Höflingen und Ratgebern um sich, die sich bemühten, die Gunst des Fürsten zu erringen und deren Ratschläge eher dem eigenen Wohl des Ratgebers als dem Wohl des Landes galten. Gerade an der Tatsache, dass eine Person so umworben wird, ist ablesbar, wer ganz souverän, nach eigenem Gusto, anordnen und auswählen kann. Weniger provozierend als das Wort Konsumentensouveränität wirkt es, wenn schlicht von der Autonomie des Konsumenten gesprochen wird, was einfach bedeutet, dass er selbst entscheiden kann und ihm dies nicht vorgeschrieben wird. Einem sinnvollen Gebrauch dieser Autonomie kommt man näher, wenn einige Gruppen von Konsumgütern unterschieden werden:

1. Artikel, die nur wegen ihres Gebrauchswerts gekauft werden: ein Spaten, eine Zahnbürste, Spülmittel, Besen. Hier ist die Gefahr, Überflüssiges zu kaufen, relativ gering.
2. Artikel zum Genuss: gute Weine, Sportwagen mit Fahrspaß, Musik, Eintrittskarten zu Veranstaltungen, Zuschauen beim Sport, Urlaub, Fernreisen. Aber durch Genusssucht hat sich schon mancher ruiniert.
3. Artikel für technisch Interessierte: Besonders teuer wird es, wenn jeweils das neueste Automodell gefahren werden muss, dessen Außenbleche ein wenig anders gerundet sind als beim vorigen Modell. Die Aussage, in welcher Zeit das Auto von null auf hundert

beschleunigt, ist eigentlich belanglos. Denn im Straßenverkehr ist niemand in der Verlegenheit, in dieser Art zu beschleunigen.
4. Artikel, die von anderen gesehen werden und die eine bestimmte Stellung in der Gesellschaft, einen Status und einen Erfolg im Leben anzeigen sollen, dies betrifft vor allem Auto und Eigenheim. Hier liegt die hauptsächliche Gefahr darin, Derartiges zwei Nummern zu groß anzuschaffen und sich durch Ratenzahlungen langfristig zu binden.

Konkurrierende Motive und Ziele des Konsums

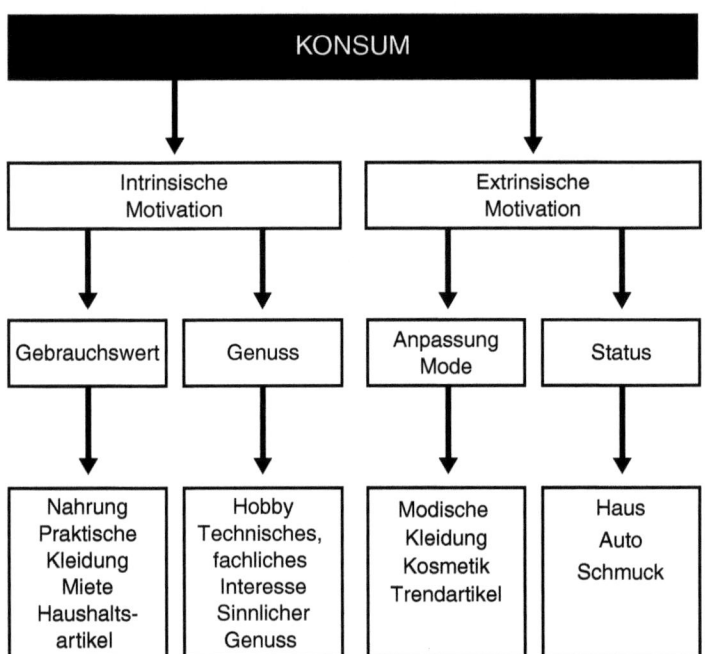

Das Bestreben, sich durch ein Eigenheim von der Masse abzuheben und zu unterscheiden (*Distinktionsgewinn* nach Pierre Bourdieu), ist vergeblich und illusionär, denn alle Eigenheimbesitzer bilden ebenfalls eine Masse. Eine wirkliche Abhebung von der Mehrheit ist praktisch nur durch Bildung und Kultur möglich, nicht durch Geld und protziges Auftreten oder Renommieren. Ebenso vergeblich ist es, sich durch Exklusivität abheben zu wollen: durch Artikel, die sonst niemand hat. Dies sind bloße Kuriositäten. Jedermann steht es frei, sich eine Armbanduhr für 39.500 Euro zu kaufen, wenn er so viel Geld übrig hat. Viele wollen die Zugehörigkeit zur nächsthöheren sozialen Schicht dokumentieren, indem sie kaufen, was (vermeintlich) dort üblich ist. Ob dies glaubwürdig wirkt, sei dahingestellt.
5. Modisches.
6. Artikel, die einer Selbstinszenierung dienen, das heißt in einer bestimmten Art aufzutreten im Bestreben, einen bestimmten Eindruck zu vermitteln: Kosmetik, Kleidung, Trinksitten, Besuch bestimmter Veranstaltungen. Hier ist jeder in einem Zwiespalt. Einerseits will er oder sie mit der Zeit gehen, mit der Mode gehen und haben, was alle haben, in einem gewissen Herdenverhalten. Andererseits will jede Person darstellen, dass er oder sie etwas Besonderes, Einzigartiges ist, und sich vom Massengeschmack abheben. Die Industrie kommt diesem Zwiespalt durch eine Pseudo-Individualisierung entgegen: Derselbe Artikel, etwa ein Autotyp, wird in unterschiedlichen Farben und mit einer großen Zahl unterschiedlicher Extras angeboten. So mache ich mit, was alle machen, und darf mich doch als etwas Besonderes fühlen.

Sich ganz vom Massengeschmack abheben zu wollen, setzt eine gewisse Stilsicherheit voraus. Das inszenierte Besondere wirkt leicht albern. Jemand kauft sich beispielsweise eine hüftlange schwarze Lederjacke, weil er dies besonders schick findet.
7. Artikel, die mit der Berufstätigkeit zu tun haben, etwa eine gewisse Kleidung, die dort erwartet wird. Diese Anschaffungen haben eher den Charakter einer Investition, weil sie der Erzielung des Einkommens dienen.
8. Lotterie und Glücksspiel. Bei jedem Glücksspiel fließt ein Teil an den Veranstalter und seine Belegschaft. Die Auszahlungsquote ist also immer unter 100 Prozent. Es ist erstaunlich, dass einzelne Menschen sich von Gedanken leiten lassen wie: „Ich habe schon heute Morgen beim Frühstück gemerkt, dass heute mein Glückstag ist." Beim Roulette gibt es Menschen, die die Ergebnisse eifrig mitschreiben, und es gibt eine Reihe bekannter Spieler-Irrtümer, darunter folgender: Langfristig ist zu erwarten, dass alle Zahlen etwa gleich häufig vorkommen. Wenn es also seit längerer Zeit keine 7 gegeben hat, ist es empfehlenswert, jetzt auf die 7 zu setzen, denn irgendwann muss sie ja kommen. Und umgekehrt: Wenn jetzt zweimal die 14 vorgekommen ist, sollte man nicht auf die 14 setzen. Denn es ist ja unwahrscheinlich, dass sie dreimal hintereinander kommt. Dies ist alles Unsinn, weil jedes neue Spiel mit den bisherigen Spielen nichts zu tun hat. Bei jedem neuen Spiel sind die Chancen exakt dieselben wie bei allen bisherigen.

9. Ebenfalls nicht rational nachvollziehbar: einen Artikel zu kaufen, weil er gerade besonders billig zu haben ist. Oder auch das Teuerste zu kaufen in der Annahme, dies sei besonders gut.
10. Und dann gibt es noch die bloße Besitzgier: etwas haben zu wollen, was man gerade sieht. Dies ist besonders für Kleinkinder zwischen einem und zwei Jahren typisch. Mancher behält diesen Drang lebenslang. Es gibt allerdings auch ein enthusiastisches Besitzen: sich einen Luxus zu leisten, gerade weil es unvernünftig ist: Ein Aufbegehren gegen ein Leben in Zweckrationalität (vgl. Lambert Wiesing: *Luxus*, Suhrkamp Verlag Frankfurt am Main 2015).

Das Bürgerliche Gesetzbuch aus dem Jahr 1900 ging noch davon aus, dass sich bei den Verträgen zwei gleich starke Partner auf Augenhöhe begegnen. Dies hat sich inzwischen als ganz unrealistisch herausgestellt. Wer beispielsweise mit einer Bank zu tun hat, kann als gewöhnlicher Kleinkunde wohl kaum einen individuellen Vertrag aushandeln. Er kann nur die Allgemeinen Geschäftsbedingungen akzeptieren oder nicht, und die Tragweite einzelner Klauseln kann er kaum beurteilen. In vielen Branchen verfügt der Anbieter über einen großen Macht- und Informationsvorsprung. Dies hat die Politiker auf den Plan gerufen zu zahlreichen Vorschriften des Verbraucherschutzes. Zum Beispiel richtet sich § 305 e BGB gegen überraschende und mehrdeutige Klauseln in den Geschäftsbedingungen. Die Bundespolitik und insbesondere auch die Europäische Union neigen immer mehr dazu, den vermeintlich unmündigen Verbraucher vor einer Übervorteilung zu schützen. Gleichzeitig kommt aus der Wählerschaft, von den Konsumenten, ein starker Druck zu mehr staatlicher Aufsicht. Beispielsweise befürchten viele Konsumenten, dass sich in den Lebensmitteln allerlei Chemikalien befinden, etwa von Pflanzenschutzmitteln, oder genveränderte Pflanzen. Auch gegen Textilien, Spielzeug und Kosmetika gibt es Vorbehalte hinsichtlich chemischer Rückstände.

Durch den Verbraucherschutz wird die Vertragsfreiheit eingeschränkt. Eines der Probleme besteht darin, dass es meist um kleinere Geldbeträge geht und daher nicht gerichtlich geklagt wird. Ein weiteres Problem ist, dass der Verbraucherschutz generell eher zurückhaltend auf Neuerungen reagiert, etwa bei der Zulassung neuer Medikamente oder überhaupt auf neue Produkte und Verfahren. Insofern könnten Innovationen verzögert werden.

3.1.3 Die Kapitalanlage

Ist eine Ersparnis von einigen zehntausend Euro angesammelt worden oder erbt jemand einen solchen Betrag, so stellt sich die Frage, wie dieses Kapital anzulegen ist. Die meisten Leute sind auf diesem Gebiet keine Profis, und umso größer ist die Gefahr, einem Scharlatan zum Opfer zu fallen. Der einfachste Trick, der aber immer wieder funktioniert, ist das Schneeballsystem: Jemand verspricht eine absolut sichere Anlage mit sensationell hohem Zins. Wenn er einige

3 Die Akteure in der Marktwirtschaft 185

Kapitalien eingesammelt hat, zahlt er diesen Zins aus den bisherigen und laufend neu hinzukommenden Einlagen. Diese Anleger nutzt er als Werbeträger, und sie berichten gern über ihr Glück. Daher werden weitere Kapitalien eingesammelt, bis der hohe Zins nicht mehr aufzubringen ist, zumal häufig ein großer Teil des Kapitals für ein Luxusleben des Scharlatans verbraucht worden ist. Dann bricht das ganze System zusammen, und viele Gutgläubige haben ihre Altersversorgung verloren. Erst nachher erfahren sie, dass es eine absolute Sicherheit bei hohem Zins nicht geben kann: Der Zins ist immer eine Prämie für Risiko. Denn jeder, der einen Kredit vergibt, trägt das Risiko, dass der Schuldner diesen Kredit nicht zurückzahlen kann. Je höher dieses Risiko eingeschätzt wird, desto höher ist der Zins.

Wer es vermeiden will, auf einen Scharlatan hereinzufallen, geht in der Regel zu seinem Kreditinstitut und lässt sich beraten im Glauben, der Anlageberater habe nur das Interesse des Kunden im Auge. Dies ist ein Irrtum. Der Anlageberater der Bank ist ebenso wenig neutral wie der Einrichtungsberater im Möbelhaus, der natürlich bestrebt ist, möglichst viele Möbel zu verkaufen – am besten auch den großen Schrank, der schon seit Monaten Platz wegnimmt und den niemand haben will. Der Anlageberater ist ebenfalls Verkäufer, und zwar verkauft er diverse Papiere und bekommt dafür jeweils eine Provision. Gern rät er von Zeit zu Zeit zu Umschichtungen, denn für jeden neuen Verkauf eines Papiers bekommt er wieder eine Provision. Der Anlageberater versucht im Gespräch zu erkunden, ob er einen risikofreudigen Typ vor sich hat, der ein hochverzinsliches Papier sucht und die mögliche Gefahr eines Kursverlustes in Kauf nimmt: einen Spielertyp. Oder ob er ein Hausväterchen vor sich hat, das ganz auf Sicherheit bedacht ist. Je nachdem werden unterschiedliche Papiere empfohlen: Aktien (eher riskant) oder festverzinsliche Papiere (eher sicher).

Der Trick dabei ist: Solange die Bank im Besitz von Aktien ist, trägt sie das Risiko, dass eines Tages der Kurs rückläufig ist oder gar die betreffende Firma zusammenbricht und die Aktie wertlos wird. Wenn sie die Aktien jedoch an ihre Kunden verkauft, tragen diese das Risiko. Die Bank hat also das Risiko hinausverlagert auf die Kunden. Allerdings kann die Bank im optimalen Fall diese Firma und das Risiko beurteilen, der Kunde jedoch nicht. Für ihn ist das Auf und Ab der Kurse meistens reiner Zufall, wie im Glücksspiel. Das Risiko wird also verlagert vom Wissenden auf den Unwissenden. Sinnvoll ist der Besitz von Aktien insofern nur für Leute, die aus irgendeinem Grund einen Informationsvorsprung haben, etwa weil ein Bekannter in der betreffenden Firma tätig ist. Für alle anderen, und dies sind die meisten, ist der Kauf und Verkauf von Aktien (und den unzähligen anderen Anlagepapieren) wenig sinnvoll, denn damit treten sie in Konkurrenz mit Aktienhändlern, die seit Jahrzehnten an der Börse tätig sind.

Wer als Laie versucht, durch Börsenspekulation reich zu werden, betrachtet die bisherige Kursentwicklung und bemüht sich, daraus die künftige Entwicklung zu erschließen. Dabei verfällt er allzu leicht der Versuchung, einfach einen bisherigen Trend zu verlängern: Was mehrere Jahre lang im Wert gestiegen ist, werde weiterhin an Wert zunehmen. Allerdings kann es nur allzu leicht sein, dass es sich um eine

Spekulationsblase handelt, die irgendwann platzt, und der Kurs geht auf Talfahrt. Aber niemand weiß, wann dies sein wird.

Scheinbar attraktiv ist es auch, das Geld in einem Immobilienfonds anzulegen. Dieser kauft hierfür Großobjekte, die viele Mieten einbringen. Wenn allerdings in einer Wirtschaftskrise alle Leute sogleich ihr Geld zurück haben wollen, kann der Immobilienfonds nicht alles so schnell verkaufen, zumal in der Krise alle ihre Objekte verkaufen wollen und Notverkäufe sich eher ungünstig auswirken. Also teilt der Immobilienfonds den Anlegern mit, dass bis auf Weiteres nichts ausgezahlt wird. Wie lange das Geld festliegt und wie sich überhaupt die Sache weiter entwickelt, steht dahin.

Die Genossenschaftsbanken haben die große Finanzkrise 2008 von allen Institutsgruppen am besten überstanden, und zwar deswegen, weil sie sich auf heimische mittelständische Betriebe konzentriert und nicht an der Börse in New York spekuliert haben. Seit Jahrzehnten hat es keinen Konkurs einer Volksbank gegeben, weil diese, wenn sie einmal in eine Schieflage geraten, vom Genossenschaftsverband aufgefangen werden. Ähnliches gilt für die Sparkassen, wobei diese allerdings mit den Landesbanken liiert sind, die sich in der Finanzkrise als wenig wetterfest erwiesen haben. Beim Sparbuch gibt es kaum Zinsen, aber das Kapital ist sicher.

Schlauberger versuchen, an der Börse zu spekulieren, indem sie möglichst billig einkaufen und teuer verkaufen. Wenn ein Kurs stark steigt, springen sie auf den Wagen und kaufen die Aktie, bis sie bemerken, dass der Gipfelpunkt bereits erreicht war und jetzt die Reise bergab geht. Dann halten sie die Aktie fest, bis sie am Tiefpunkt der Kursentwicklung die Nerven verlieren und die Aktie verkaufen. Dass sie hereingefallen sind, erzählen sie niemandem. Wer stattdessen Glück hatte, erzählt es überall herum, bis die anderen ihm nacheifern. Und dann werden Geschichten erzählt nach dem Muster: Wenn jemand vor zehn Jahren Aktien für 1.000 Euro der Firma XY gekauft hat, dann hat er jetzt durch Dividenden und Kurssteigerungen 4.500 Euro statt 1.000. Diese Geschichte hat denselben Erkenntniswert, als wenn ein Roulettespieler erklärt: Hätte ich gerade eben die 9 gesetzt und davor die 17, dann wäre ich jetzt ein reicher Mann. Derartiges weiß man immer erst nachher.

Und dann gibt es noch die Leute, die hochriskante Derivate kaufen, ohne zu verstehen, was das eigentlich ist. Es lohnt gar nicht, dies hier zu erklären. Es gibt Festgeschäfte, Swapgeschäfte und Optionsgeschäfte. Die Swapgeschäfte können als Serie hintereinander geschalteter Festgeschäfte betrachtet werden. Derivate können auch Basiswerte anderer Derivate sein: Derivate zweiten Grades. Das sind die Leckerbissen für die ganz Schlauen.

3.2 Der Unternehmer

3.2.1 Die Tätigkeit

Was sind die konkreten Aufgaben eines Unternehmers? Da mag es helfen, sich drei Beispiele anzusehen: zwei Existenzgründungen und eine Konzernfirma.

Beispiel 1

Frau Müller kommt wegen eines anderen Anliegens in die Gründerberatung der Handelskammer und erzählt beiläufig:

> Ich bin auf dem Reiterhof groß geworden und war schon als Kind mit meinen Eltern auf allen Turnieren. Weil ich mich mit Pferden auskenne, werde ich oft von Bekannten gebeten, ein Pferd zu besorgen. Ich fahre also zum Gestüt, suche ein passendes Pferd je nach dem Wunsch des Bekannten aus und bringe es hierher. Der Bekannte sagt „Vielen Dank" und überweist den Betrag an das Gestüt. Meist bekomme ich nicht einmal meine Auslagen. Das fällt mir allmählich auf die Nerven, aber ich kann es schlecht ablehnen.

Der Gründungsberater der Handelskammer gibt ihr einen Rat:

> Machen Sie es doch anders. Sie wissen was über Pferde. Das ist Ihr Kapital, das Sie einsetzen können. Kaufen Sie ein Pferd auf dem Gestüt und verkaufen Sie es ihren Bekannten mit einem Aufschlag. Guten Freunden schlagen Sie nur den Betrag auf, der Ihren Kosten entspricht. Wenn Sie aber spüren, dass jemand mit dem Pferd nur angeben will und wenig Ahnung hat, gibt es einen recht kräftigen Aufschlag auf den Preis: Dummheit muss bestraft werden. Sie brauchen keine amtliche Erlaubnis, sondern melden nur auf dem Ordnungsamt an: „Handel mit lebenden Tieren".

Frau Müller macht große Augen: An diese Möglichkeit hatte sie noch gar nicht gedacht. Aber so könnte es gehen.

Beispiel 2

Alfred, überall nur Freddy genannt, hat auf Schule und Hausaufgaben wenig Lust. Für ihn gibt es nur die Popmusik. Er spielt in einer Band, er besucht alle erreichbaren Popkonzerte und -festivals und kennt sich in der ganzen Szene aus. Er hat einen großen Bekanntenkreis und lädt gelegentlich auswärtige Bands in seine Heimatstadt ein, meist mit großem Publikum. Schließlich macht er sich als Konzertveranstalter selbstständig. Finanzkram und Steuererklärung interessieren ihn weniger. Aber Isabell, mit der er zusammenlebt, ist gelernte Großhandelskauffrau. Sie verhandelt die Musikerhonorare und die Saalmieten. Vor allem kalkuliert sie die Eintrittspreise. Weil einzelne Veranstaltungen ausfallen und weil die Anzahl der Besucher stets wechselt, muss ein Risikozuschlag drin sein.

Beispiel 3

Cuxhaven ist traditionell Standort des Fischfangs und der Fischverarbeitung. Seit Jahrzehnten gibt es hier eine Fabrik für Fischdosen, inzwischen das Cuxhavener Werk eines internationalen Konzerns für Lebensmittelverpackungen. Die Herstellung der Dosen, ihre Lackierung, Beschriftung und die Aufreißsysteme wurden immer mehr perfektioniert. Für jeden einzelnen Produktionsschritt, von der Blechstanze bis zum Versand, gibt es spezielle auf Massenproduktion eingestellte Maschinen. Kunden sind Fischverarbeitungsbetriebe weltweit.

Gemeinsam ist diesen Beispielen und überhaupt den Unternehmern und den Unternehmen:

- In einer hochspezialisierten arbeitsteiligen Welt gibt es Fachkenntnisse über einen winzigen Ausschnitt der ganzen Konsumgesellschaft und deren Bedarf. Bei den Fischdosen ist es nicht nur der Bedarf der Fischfabriken, sondern darüber hinaus der Bedarf der privaten Haushalte, etwa hinsichtlich der Frage, wie man die Dose ohne Dosenöffner problemlos öffnen kann. Hinzu muss die technische Kompetenz kommen: das Produkt in perfekter Form zu erstellen.
- Zu den Fachkenntnissen müssen immer kaufmännische Kenntnisse hinzukommen: Wie hoch muss der Preis einer Produkteinheit mindestens liegen, um unsere Kosten zu decken? Und wie viel können wir als Gewinn aufschlagen, ohne jemanden zu verärgern?

Ursprünglich ist der Existenzgründer ganz allein. Im Erfolgsfall beschäftigt er zehn Jahre später ein oder zwei Dutzend Mitarbeiter und kann sich auf die eigentlichen unternehmerischen Aufgaben konzentrieren, nämlich die dispositiven (planenden, einteilenden) im Unterschied zu den ausführenden Aufgaben. Der Unterschied zu einem Angestellten besteht darin, dass er nicht nach vorgegebenen Richtlinien Arbeiten zu erledigen hat, sondern dass er auf eigene Rechnung arbeitet und ständig Entscheidungen zu treffen und Handlungen zu organisieren hat: Soll er ein bestimmtes Geschäft tätigen oder nicht? Was kostet das und was bringt das ein? Braucht das jemand? Passt das zu unserem bisherigen Betrieb? Erwarten das die Leute von uns? Wie können wir das mit unserem Personal und unserer maschinellen Ausstattung auf die Beine stellen? Wird der vorhandene Apparat durch den zusätzlichen Auftrag besser ausgelastet? Müssen wir hierfür in neue Ausstattung oder weitere Räume investieren? Brauchen wir neue Leute? Sollen wir uns von Einzelnen trennen? Ist der Kunde überhaupt zahlungsfähig? Handelt es sich um einen prominenten Kunden, so dass dieser Auftrag zusätzliches Prestige einbringt? Hinzu kommt als alltägliche unternehmerische Aufgabe das Beheben von Störungen aller Art: Irgendjemand ist krank und kommt nicht, oder ein Kunde oder ein Lieferant fällt aus, oder in der Produktion läuft etwas schief. Immer ist zu improvisieren, um das Ganze in Gang zu halten. Fast immer sind rasche oder sofortige Entscheidungen gefragt und mit den Mitarbeitern umzusetzen. Diese Störungen konzentrieren sich gewöhnlich auf den Montagvormittag: Es dauert mehrere Stunden, bis nach dem Wochenende alles wieder im gewohnten Rhythmus ist.

Über das Wochenende hatte der Unternehmer beispielsweise Zeit für eine strategische Überlegung, die über das Schicksal seiner Firma entscheiden kann.

Er hat zwei Instrumente, mit denen er am Markt auftritt:

1. Das Produkt, das er den Kunden anbietet und das entweder handfeste Kundenprobleme löst (überwiegend bei gewerblichen Kunden, das heißt Unternehmerkollegen) oder Kunden-Sehnsüchte bedient (überwiegend bei Privatkunden).
2. Der Preis, den er verlangen will und daher festsetzen muss. Dabei sind zunächst die Kosten zu kalkulieren, die das Produkt insgesamt (in Einkauf, Herstellung, Vertrieb)

Umsatzsteuerpflichtige Unternehmen 2014, nach Rechtsform, Lieferungen und Leistungen, Anzahl in Prozent
Quelle: Statistisches Bundesamt

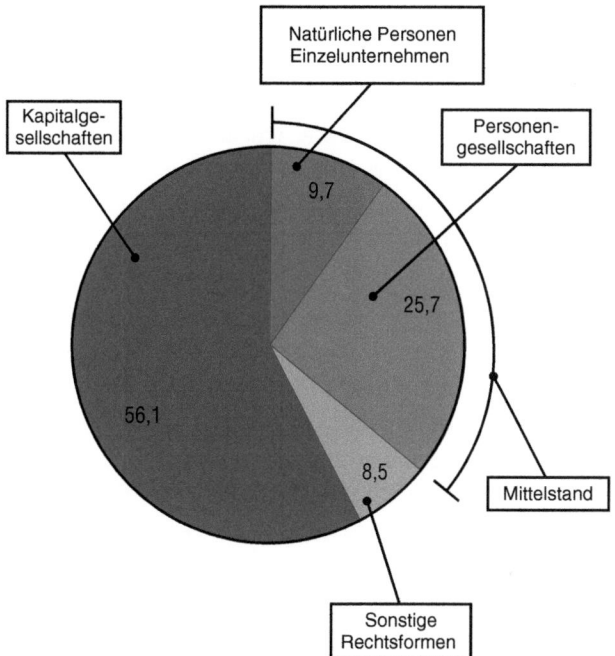

verursacht und die mindestens wieder hereinkommen müssen. Die betriebswirtschaftliche Kostenrechnung ist eine Wissenschaft für sich, wird in dicken Lehrbüchern dargelegt und soll hier nicht ausgebreitet werden. Für uns genügt es an dieser Stelle, das Grundproblem anzudeuten.

Relativ einfach ist es, wenn das Unternehmen nur ein einziges Produkt anbietet, etwa bei einem Hotel garni: Da werden nur Übernachtung und Frühstück verkauft, sonst nichts. Habe ich 30 Betten und bin jedes Jahr zu 50 Prozent ausgelastet, so rechne ich 30 Betten × 365 Tage × 50/100 = 5.475 Übernachtungen. Betragen meine gesamten Kosten pro Jahr 350.000 Euro, so muss eine Übernachtung mindestens 350.000 : 5.475 = 63,93 Euro kosten. Setze ich jetzt den Preis auf 75,- Euro fest, so verdiene ich an jeder Übernachtung 75 – 63,93 = 11,07 Euro. Multipliziert mit den 5.475 Übernachtungen ergibt dies einen Jahresgewinn von 60.608 Euro. Bei bescheidener Lebensführung könnte ich einiges Kapital ansparen.

Allerdings ist das Ein-Produkt-Unternehmen die absolute Ausnahme. Im Regelfall werden mehrere Produkte angeboten, und das große Problem ist dann, die Gesamtkosten auf diese Produkte zu verteilen. Angenommen, wie üblich werden Hotel, Restaurant und abendlicher Barbetrieb angeboten. Zunächst einmal werden diejenigen Kosten festgestellt, die eindeutig einem dieser Bereiche zuzuordnen sind, beispielsweise beim Hotel die Gehälter der Zimmermädchen und die Wäscherei, beim Restaurant die Gehälter der Köche und die Lebensmittel, beim Barbetrieb der Barmixer und der Getränkeeinkauf. Daneben gibt es jedoch Kosten des Betriebes insgesamt, die nicht einzelnen Produkten zuzurechnen sind, etwa die Miete und die Heizung des Hauses, Grundsteuer und Versicherungen. Diese werden gewöhnlich als Gemeinkosten bezeichnet und sind nach einem zu bestimmenden Schlüssel auf die drei Abteilungen und die dortigen Produkte zu verteilen. Für diese Verteilung gibt es die unterschiedlichsten Systeme.

Die Kostenrechnung dient nicht nur der Geschichtsschreibung, dem Erfassen des Vergangenen, sondern ist Grundlage der geschäftlichen Strategie. Denn diese Kosten werden mit den Erlösen der einzelnen Sparten verglichen. Angenommen, ich stelle fest, dass ich im Bereich Hotel viel Geld zusetze, dass das Restaurant einen guten Gewinn abwirft und dass der Barbetrieb in etwa kostendeckend läuft. Hieraus sind unterschiedliche Schlussfolgerungen zu ziehen. Als Erstes bietet sich an, den Übernachtungspreis kräftig zu erhöhen. Dabei stellt sich allerdings die Frage, ob die Gäste dies mitmachen oder wegbleiben und andere Hotels aufsuchen. Es gilt also, die dortigen Preise und die Lage im Wettbewerb zu erkunden. Oder ich kann die Konsequenz ziehen, den Hotelbereich zurückzufahren, zu verkleinern und in der Werbung nur nebenbei zu erwähnen. Im Extremfall könnte ich umbauen und das Restaurant zulasten des Hotels erweitern.

Die zweite strategische Frage bezüglich des Hotels ist, ob ich versuche, über den Preis zu verkaufen, also mich als billiger Anbieter zu empfehlen, und zwar beim entsprechenden Publikum: Jugendliche, Radfahrer, Montage-Arbeiter. Oder empfehle ich mich als exklusiv, gehoben, mit entsprechender Speisekarte, Einrichtung des ganzen Hauses und großem Parkplatz? Es geht nur eines von beiden. Jede Gastronomie und jeder Einzelhandel steht vor dieser Frage, welches Anspruchsniveau gewählt wird. Hierauf muss dann der gesamte Betrieb abgestimmt sein: nicht nur die Produkte, sondern auch die Einrichtung, die Werbung und das Personal.

Anders ist es bei gewerblichen Kunden, die meist nicht selbst ins Haus kommen. Da geht es nur um die Produkte und den Preis. Aber auch dort stellt sich die Frage, ob ich hauptsächlich als preisgünstig oder mit gehobener Qualität und umfassendem Service werbe.

Besonders billig ist gewöhnlich das Massengeschäft: eine kleine Gewinnspanne, aber riesige Verkaufsmengen wie bei den Lebensmittel-Discountern. Je höher anderenfalls die Preislage, desto geringer wird die Verkaufsmenge, und daher wird mit hoher Gewinnspanne verkauft, beispielsweise beim Diamantschmuck oder beim Rolls-Royce. Da kommt niemand auf den Gedanken, derartige Produkte als besonders preisgünstig zu empfehlen.

In jedem Fall geht das Bestreben dahin, in irgendeiner Form eine Alleinstellung zu erreichen, sich dadurch aus dem Preiswettbewerb herauszuheben und eine gewisse Monopolrente zu realisieren.

In jedem Unternehmen herrscht ein anderer Führungsstil – eine andere Art der Geschäftsleitung, mit dem Personal, der Belegschaft umzugehen. Das Problem wird am deutlichsten, wenn ein Diplom-Chemiker, promoviert mit einem kniffligen Spezialthema, Chef der Chemischen Fabrik wird und 350 Leute führen, koordinieren und zu einer nachhaltigen dauerhaften Anstrengung motivieren soll. Denn das hat er im Studium nicht gelernt. Ebenso geht es allen anderen, gleich, ob sie naturwissenschaftlich, betriebswirtschaftlich oder in sonstiger Weise vorgebildet sind. Verblüffend erfolgreich gerade auf diesem Gebiet sind manchmal Persönlichkeiten ohne jede Vorbildung, die sich als *gelernte Arbeiter* betrachten.

Die geistige Mutter aller Akademien und Beratungsinstitute, die den Unternehmer auf diesem heiklen Gebiet fortbilden, war die *Akademie für Führungskräfte der Wirtschaft e.V.* in Bad Harzburg, Erfinderin des *Harzburger Modells*. Sie erlebte ihre Blütezeit in den 1960er Jahren und brach mit allen gewohnten Traditionen. Bis dahin war seit der

Kaiserzeit und in verschärfter Form seit der Nazizeit eine autoritäre Führung üblich, die auf dem Prinzip von Befehl und Gehorsam beruhte. So war es beim Militär, so war es in den Behörden, und so auch im Unternehmen. Es sollte im Prinzip nichts geschehen, was nicht von oben angeordnet worden war. Allein der Chef war zu Außenkontakten berechtigt, und er hatte sich im Betrieb um alles zu kümmern. Die Mitarbeiter der Abteilungen durften sich nicht direkt mit anderen Abteilungen abstimmen, sondern alles musste über die Spitze laufen und durfte nur dort koordiniert werden. Und der Chef war natürlich berechtigt, überall im Betrieb direkt korrigierend einzugreifen, wenn ihm etwas auffiel. Wenn jemand auf den Gedanken kam, einen Betriebsrat wählen zu lassen, wurde er unter irgendeinem Vorwand rausgeworfen. Der Inhaber, der nach diesem Prinzip vorging, meinte allen Ernstes, ohne seine ständige wachsame Anwesenheit würde alles stillstehen oder schieflaufen. Musste er einmal drei Wochen ins Krankenhaus, so stellte er nach seiner Rückkehr staunend fest, dass alles weitergegangen war wie bisher, und zwar noch etwas glatter als sonst.

In Bad Harzburg wurde auf die Nachteile dieses Führungsstils aufmerksam gemacht:

- Der Chef, der sich um alle Einzelheiten kümmern will, ist hoffnungslos überlastet. Der autoritäre Führungsstil wurde in Bad Harzburg daher auch als *Herzinfarkt-Organisation* bezeichnet. Vor allem hat der Chef keine Zeit für strategische langfristige Überlegungen, weil er sich im Tagesgeschäft verzettelt.
- Die Mitarbeiter sind demotiviert und resignieren. Sie trauen sich nicht, eigene Ideen zu äußern, weil der Chef ja

doch alles besser weiß. Niemand sagt ihm, dass seine spontanen Eingriffe meist mehr stören als Nutzen bringen. Das autoritär geführte Unternehmen tut sich schwer, fähige und kreative Mitarbeiter zu finden, weil diese auf das bloße Ausführen von Weisungen verwiesen werden. Kritik und interne Debatten über Alternativen werden nicht zugelassen.
- Der Chef hat natürlich nicht so viele Kenntnisse wie alle Mitarbeiter zusammen, sondern jeder einzelne Mitarbeiter weiß am besten über seinen Arbeitsplatz Bescheid. Dies gilt es zu nutzen. Außerdem ist er als Person zu respektieren. Dies motiviert ihn mehr als Geld.

Das Ende der autoritären Führung wurde eingeläutet, als sich in den 1970er Jahren die elektronische Datenverarbeitung durchsetzte. Denn hier musste der traditionell geprägte Inhaber erstmalig zugeben, dass er hiervon nichts verstand und den „EDV-Fritzen" vertrauen musste.

Das Zauberwort des Harzburger Führungsmodells hieß *Delegation von Verantwortung*. Gemeint war, Entscheidungsbefugnisse nach unten, zu den Mitarbeitern zu verlagern. Alle Routinen sollten dort, im direkten Kontakt mit allen Kollegen, erledigt werden. Die Führung sollte nur allgemeine Direktiven vorgeben und nur in außergewöhnlichen Fällen hinzugezogen werden, beispielsweise bei ernsthaften Störungen oder wenn ein Großkunde sich beschwerte. In der Behörde sollte jeder Sachbearbeiter seine Dokumente selbst unterschreiben und nach außen hin verantworten. Der Betriebsrat sollte nicht nur geduldet, sondern vertrauensvoll ins Gespräch gezogen werden. Direkte Eingriffe in den

Arbeitsplatz, etwa das Herumfuhrwerken auf dem Schreibtisch des Untergebenen, sollten unterbleiben.

Diese Grundgedanken haben sich inzwischen längst durchgesetzt. Heute ist viel von Zielvereinbarungen die Rede: Das Ziel wird nicht einfach diktiert, sondern abgesprochen. Ferner gibt es heute gern flache Hierarchien, also möglichst wenige Hierarchie-Ebenen mit der Folge, dass jeder Vorgesetzte überaus zahlreiche Mitarbeiter hat, was nur funktionieren kann, wenn er diesen weitgehend freie Hand lässt und nur die Ergebnisse betrachtet, nicht den ganzen Verlauf. Ergänzend wurden in Bad Harzburg Rhetorikseminare angeboten, denn es ist nicht jedem gegeben, in der großen Belegschaftsversammlung eine zündende, markige Rede zu halten oder auch nur in der Debatte seine Ideen einzubringen. Aber dies lässt sich lernen und üben.

Die Führung mit Delegation von Verantwortung, die sich in Deutschland längst allgemein durchgesetzt hat, ist eine hiesige Besonderheit, die ausländischen Bewerbern erhebliche Schwierigkeiten bereitet. Josefine Janert berichtete in der Frankfurter Allgemeinen Zeitung vom 19./20. März 2016, wie schwer sich Bewerber tun, die nicht aus Mitteleuropa stammen. Menschen aus dem Nahen und Fernen Osten haben Probleme dabei, sich in die deutsche Mentalität einzufühlen.

> Das hängt mit der weltweit einzigartigen Anforderung zusammen, die deutsche Arbeitgeber an ihre Beschäftigten stellen: Sie suchen Menschen, die eigenständig denken und arbeiten, die mit Kollegen und Vorgesetzten auf gleicher Augenhöhe reden. Sie sollen an der Universität nicht nur Wissen angehäuft haben, sondern es auch anwenden können, um Probleme zu lösen.

Autoritätsgläubige oder schüchterne Bewerber kommen in Deutschland nicht gut an, während in anderen Ländern die unbedingte Loyalität zum Chef den Ausschlag bei einer Bewerbung gibt und die Chefs sich jederzeit alles berichten lassen, um über den gesamten Verlauf informiert zu sein und überall eingreifen zu können.

Ein weiteres Grundproblem jedes Unternehmens und überhaupt jeder Organisation besteht darin, dass sich das Ganze im Lauf der Jahre und Jahrzehnte verfestigt und nicht mehr über grundsätzliche Alternativen nachgedacht wird. Betriebshandbücher und Stellenbeschreibungen tragen hierzu bei, ähnlich wie scheinbar in Stein gemeißelte Organisationspläne. Am Anfang, in der Gründungsphase, war noch alles offen: der Standort des Betriebs, das Herstellungsprogramm, die Verfahren, die Suche nach Kunden. All dies wurde von irgendjemandem entschieden, den heute niemand mehr kennt, und häufig nach persönlichen Vorlieben oder Zufällen. Aber so ist es nun einmal und bleibt so, auch wenn es sich inzwischen als suboptimal herausgestellt hat. Hierzu gehört auch der übliche Innovationswiderstand. Denn jede Innovation entwertet das Bisherige und stößt daher auf Widerstand all derer, die das Bisherige vertreten. Entscheidungen von damals haben sich längst in Gebäuden, im Maschinenpark und vor allem im Denken verfestigt. Entsprechendes gibt es in der Politik. Niemand fragt heute nach der optimalen Größe eines Bundeslandes und ob womöglich Bremen zu klein und Nordrhein-Westfalen zu groß ist. Dies wurde in der Gründungsphase der Bundesrepublik entschieden – von Leuten, die heute niemand mehr kennt, und nach Gesichtspunkten, die heute vielleicht irrelevant sind. Aber jetzt wäre es sehr schwierig, nach Zweckmäßigkeit Länder teilen oder zusammenlegen zu wollen.

Dieses Problem wird im Fachjargon als *Pfadabhängigkeit* bezeichnet: Der jetzige Zustand ist abhängig vom bisher zurückgelegten Pfad und den bisherigen Entscheidungen, ähnlich wie im persönlichen Leben der weitere Verlauf von der jeweils ausgewählten Ausbildung und den bisherigen Erfahrungen abhängt. Im Leben einer Organisation hingegen ist eine Korrektur durchaus möglich, und zwar im optimalen Falle vorausschauend, bevor es durch den Wettbewerb erzwungen wird. Es kann helfen, sich in größeren Abständen zu einer Klausur zurückzuziehen und über die Frage nachzudenken: Wie würden wir das Ganze einrichten, wenn der Betrieb jetzt zu gründen wäre? An welchem Standort sollte er stehen? Mit welchem Produktionsprogramm und welchen Verfahren? Ist es richtig, die neu hinzukommenden Mitarbeiter sogleich auf die bisherigen Routinen einzuschwören, oder sollten wir sie fragen, worüber sie sich wundern?

In der Marktwirtschaft gilt jede Verfestigung als Gefahr, als versäumte Anpassung an den Zeitgeist oder an die technische Entwicklung. Daher ist der gesamte Wirtschaftsapparat in einem stetigen Umbau begriffen. Ständig werden Betriebe geschlossen und abgerissen, und neue werden, meist an anderer Stelle, aufgebaut. Ganze Landschaften verändern ihr Gesicht, wie etwa das Ruhrgebiet, das bis in die Nachkriegsjahrzehnte hinein mit seinem Kohlenbergbau, den Hochöfen und Stahlwerken als industrielles Kernland Deutschlands galt. Noch ältere Beispiele sind die 120 Sensenfabriken, die es in Deutschland gab, bis der Mähdrescher sich durchsetzte, oder die Strohhutindustrie im Allgäu, mit der sich die Bergler im langen Winter beschäftigten, bis der Strohhut aus der Mode kam. Aktuelle Beispiele sind die Kaufhäuser wie Karstadt oder die Drogerien wie Schlecker, die sich überlebt haben. Die Wirtschaftswissenschaft spricht seit Joseph A. Schumpeter von einer *Schöpferischen Zerstörung*, die kein Fehler der marktwirtschaftlichen Ordnung ist, sondern ihr Wesensmerkmal: Ohne sie geht es nicht, und sie ist der Preis des Fortschritts und der Anpassung an aktuelle Herausforderungen.

In der unternehmerischen Tätigkeit fallen dem Außenstehenden einige Besonderheiten auf:

- Das Denken ist stets handlungsorientiert: Was soll das Ergebnis unserer jetzigen Arbeit sein und wie kommen wir dorthin? Ein reflexives oder gar philosophisches Denken gilt als Spinnerei und wird anderen überlassen.
- Das Denken ist stets innovativ: Was gibt es an neuen Lösungen, die die Wettbewerber noch nicht haben? Keinesfalls darf ein Mitarbeiter mit dem Argument kommen: Das haben wir schon immer so gemacht. Dementsprechend werden ständig Veränderungen ertragen und gestaltet. Die Einzelhändler sagen: „Handel ist Wandel". Die Entwurfsingenieure und die Designer gestalten neue Produkte, die Werbung soll kreativ sein. Im Konzern ist ständige Umstrukturierung die Regel.
- Der Unternehmer hasst eine Schicksalsgläubigkeit („Wir wissen ja nicht, was uns vorherbestimmt ist") sowie eine abwartende, aufschiebende oder schlimmstenfalls resignierende Haltung. Stattdessen sind Zupacken, Aktivität und Initiative gefragt: das rasche Ergreifen von Gelegenheiten.

- Die Entscheidungen richten sich stets auf die Zukunft – sei es die Arbeitsplanung für kommende Woche oder die Investitionsplanung für die kommenden zehn Jahre. Weil die Zukunft immer ungewiss ist, muss stets Unsicherheit ertragen und der Weg in eine neblige Landschaft hinein gesucht werden.
- Der Horizont ist nicht auf die eigene Firma beschränkt, sondern es muss immer versucht werden, sich in die Denkweise der Kunden und der Wettbewerber hineinzuversetzen. Dies ist besonders heikel im Exportgeschäft, im Kontakt mit anderen Kulturkreisen. Die Besonderheiten der unternehmerischen Tätigkeit sind etwa das, was *die Moderne* bei Gesellschaftstheoretikern genannt wird: dass einer sich nicht am historisch Gewachsenen und Bewährten oder gar am wie auch immer definierten Wesen einer Sache orientiert, sondern Neues, Zweckdienlicheres erfindet und organisiert. Insofern gehört das Unternehmertum zusammen mit der Kunst und der Wissenschaft zu den innovativen, die Entwicklung der Gesellschaft vorantreibenden Lebensbereichen, im Gegensatz zu den beharrenden Lebensbereichen.

In mancher Hinsicht ähnelt die unternehmerische Tätigkeit auch der des Politikers: Beide müssen erspüren, was das Volk will, und beide fällen Entscheidungen für eine ungewisse Zukunft. Der Unterschied ist nur, dass der Politiker einen umständlichen Weg durch die Gremien suchen und Mehrheiten finden muss, während der Unternehmer sofort und allein entscheidet.

Dabei gilt in der Wirtschaft das Leistungsprinzip. Mit der Leistung ist allerdings nicht so sehr Fleiß, unermüdliche

Tätigkeit gemeint. Legendär ist der Inhaber eines Restaurants, der stets ein volles Haus und zufriedene Gäste hatte. Er und seine Frau schufteten bis zum Umfallen. Bis ein Betriebsberater ihnen vorrechnete, dass jedes Gericht, das sie ihren Gästen für 10 Euro vorsetzten, insgesamt 12 Euro kostete. Wenn sie also mit jedem Gericht 2 Euro Verlust machten, waren sie umso schneller pleite, je fleißiger sie waren. Mit anderen Worten: Die Leistung wird vom Markt bewertet und besteht vor allem im Rechnen. Mittelständische Unternehmer verblüffen oft mit ihrer Fähigkeit im Kopfrechnen: rasch zu überschlagen, was sich lohnt.

Der Unternehmer ist frei in allen seinen Entscheidungen, aber nicht im Sinne einer Beliebigkeit, sondern stets in der Bindung an den Markt sowie den Dienst am Kunden und im Sinne der rechenhaften Rationalität. Erfolgreiches Unternehmertum ist Dienst am Gemeinwohl – ohne Wenn und Aber, verkündete Martin Rhonheimer, Professor für Ethik an der Päpstlichen Universität in Rom, am 17. Mai 2016 in der Frankfurter Allgemeinen Zeitung.

Diese Unternehmerfreiheit beginnt bei der Existenzgründung. Die grundgesetzliche (Artikel 12) garantierte Berufsfreiheit ist sehr weit gefasst: Jeder kann nicht nur seinen Beruf frei wählen, sondern auch, ob er diesen abhängig oder selbstständig ausüben will. Dabei gibt es keine Bindung an hergebrachte Berufsfelder, sondern jede Tätigkeit kann als Beruf ausgeübt werden. Alles ist im Fluss, insbesondere bei den vermittelnden, beratenden und helfenden Dienstleistungen. Der Unternehmer kann frei seine Rechtsform wählen, zum Beispiel Einzelfirma mit persönlich haftendem Inhaber oder aber Kapitalgesellschaft, wobei nur mit dem eingelegten Kapital gehaftet wird. Die Tatsache der Haftung bedeutet, dass der Mittelständler stets in der Gefahr ist, seine ganze wirtschaftliche Existenz zu gefährden. Bei der Kapitalgesellschaft droht der Verlust der jeweils eingelegten Mittel. Diese Gefahren bewirken, dass die Unternehmer unter großem Druck stehen, ihre Mittel, ihr Kapital verantwortungsvoll, ökonomisch rational und wohlüberlegt einzusetzen. Die Haftung bindet sie.

Ebenso frei ist der Unternehmer in der inneren Organisation seines Unternehmens: Er muss auswählen, was ihm als zweckmäßig erscheint. Im Hinblick auf das Unternehmertum gilt Deutschland im internationalen Vergleich als sehr gut oder gar als bestes Land. Hier haben Politik, Behörden und Öffentlichkeit viel Verständnis für marktwirtschaftliche Notwendigkeiten und sind weithin bereit, sich die Anforderungen der Wirtschaft zu eigen zu machen.

Die unternehmerische Strategie ist gewöhnlich darauf gerichtet, sich im Markt in irgendeiner Form eine Alleinstellung zu sichern, um eine Monopolrente einzuheimsen. Es gilt, sich aus der Masse der von den Wettbewerbern angebotenen Produkte herauszuheben und etwas Besonderes, Einmaliges anzubieten. Dies ist der Hauptzweck des Markenartikels: Je bekannter die Marke ist, desto eher ist der Konsument bereit, gerade für diese Marke mehr Geld auszugeben als für andere Artikel, selbst wenn die Qualität die gleiche ist. Durch das Bestreben eines jeden Unternehmens, unverwechselbare besondere Produkte anzubieten, entsteht insgesamt eine unübersehbare Vielfalt von Marken und Verpackungen, die alle Ähnliches enthalten. Dabei werden immer wieder neue Produkte kreiert, die beim Auspacken ganz ähnlich aussehen wie die bisherigen. Wie viele Anbieter von rotem Lippenstift gibt es eigentlich? Und wie viele verschiedene Preise?

Welcher reale Unterschied besteht zwischen den verschiedenen Benzinmarken? Hier lässt sich eine Alleinstellung nur durch die Aufmachung der Tankstelle erreichen. Einen Monopolgewinn abzuschöpfen, ist in diesem Fall allerdings schwierig, weil viele Autofahrer genau auf den Preis achten und lieber weiterfahren zu einer günstigeren Tankstelle. Der leitende Gedanke des Grundgesetzes, nämlich die Sicherung der individuellen Entfaltungsrechte und der Schutz vor staatlicher Willkür, wurde von den Staatsbürgern, den natürlichen Personen weitestmöglich auf die Unternehmen, die juristischen Personen übertragen. Auch sie können sich frei entfalten, und es gibt die Rechtsfigur des eingerichteten und ausgeübten Gewerbebetriebs, dessen Arbeit und Bestand gesichert werden.

Eine Alleinstellung lässt sich auch erreichen, indem das Unternehmen auf seinem ganz engen Spezialgebiet als das führende betrachtet wird. Notfalls lässt sich dieses Gebiet so eng wählen, dass den Kunden im Bedarfsfall nur ein einziger Name einfällt.

Besonders heikel für jedes Unternehmen sind die Investitionsentscheidungen: größere Ausgaben, um die Kapazität zu erweitern oder um die Herstellung zu rationalisieren. Oft trifft beides zusammen: Die neue Maschine ersetzt viele Arbeitskräfte, und außerdem stößt sie eine um eine Vielfaches größere Stückzahl aus, als bisher gefertigt wurde. Bei der Entscheidung, ob eine solche Maschine anzuschaffen ist, kann zunächst berechnet werden, welche Kosten und welcher zusätzliche Umsatz in den nächsten fünf Jahren entstehen, wenn diese Maschine zu 80 Prozent ausgelastet ist. Aber eben diese Auslastung ist ja die Unbekannte. Hierzu muss der Unternehmer versuchen abzuschätzen, wie sich der Markt, die Nachfrage in den nächsten Jahren entwickeln wird: die Konjunktur in dieser Branche, die Konjunktur insgesamt, der technische Fortschritt, nicht zuletzt das Verhalten seiner Wettbewerber. Wenn auch diese ihre Kapazität erweitern, könnten Überangebot und Preisverfall drohen. Hinzu kommen politische Erwägungen: Sind Freihandelsabkommen absehbar mit der Folge von billigen Importen? Und es geht um die finanzielle Situation der Firma: Ist die dauerhafte Zahlungsfähigkeit gesichert, wenn so viel Kapital in Investitionen gebunden wird? Man muss also eventuell auch noch mit der Bank sprechen. All dies wird erwogen in großer Unsicherheit, immer in der Gefahr des Scheiterns. Kennzeichnend für die unternehmerische Tätigkeit ist der Mut zu einem kalkulierten Risiko.

3.2.2 Der Mittelstand

Historisch galt als Mittelstand die mittlere Bevölkerungsschicht zwischen der Oberschicht (Adel, Besitz- und Bildungsbürgertum) und der Unterschicht der Arbeiter. Es ging um die Welt der Handwerker und kleinen Einzelhändler. Heute sind gewöhnlich diejenigen Unternehmen gemeint, bei denen das Eigentum und die Betriebsleitung in derselben Hand liegen, nämlich beim Inhaber – im Unterschied zu den Kapitalgesellschaften, bei denen Eigentümer (Aktionäre) und Geschäftsleitung (Vorstand) getrennt sind. Dementsprechend unterschiedlich ist die Haftung: Bei einer Pleite, der Insolvenz, hat der Inhaber sein ganzes betriebliches und privates Kapital verloren, der Aktionär hingegen nur seine Einlage, die Aktie.

Diese für den Mittelstand charakteristische persönliche Haftung gibt es bei den Rechtsformen des Einzelunternehmers, der Offenen Handelsgesellschaft und der Kommanditgesellschaft, während die Kapitalgesellschaften gewöhnlich als GmbH oder AG auftreten.

Umsatzsteuerpflichtige Unternehmen 2014, nach Rechtsform, Anzahl in Prozent
Quelle: Statistisches Bundesamt

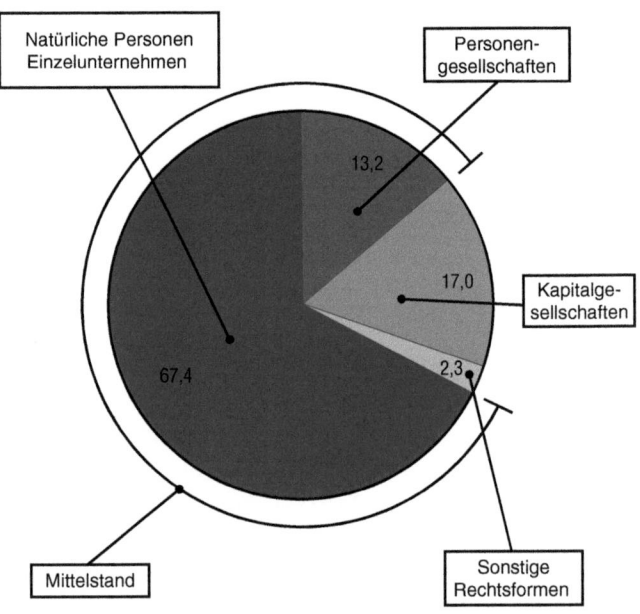

Von den 3,6 Millionen Unternehmen in Deutschland sind rund 75 Prozent in diesem rechtlichen Sinne zum Mittelstand zu rechnen. Weitere 17 Prozent aller Unternehmen sind Kapitalgesellschaften mit null bis 49 Beschäftigten, also kleinere Unternehmen, in denen man sich kennt und bei denen ebenfalls mehr oder minder eine einzige Person an der Spitze den Betrieb führt. Insgesamt wären dies 93 Prozent aller Unternehmen, die im weiteren Sinne als mittelständisch zu betrachten sind – eine überwältigende Mehrheit.

Volkswirtschaftlich hat dies den großen Vorteil, dass das konjunkturelle Risiko auf eine unübersehbare Vielzahl von Unternehmen verteilt ist und dass diese wiederum flächenhaft verteilt sind. Es gibt nicht wie in den meisten anderen Staaten (Portugal, Spanien, Frankreich, Dänemark) die Konzentration aller Aktivitäten auf ein einziges Zentrum. Die Vielzahl kleiner und mittlerer Unternehmen hat ferner für den Kunden und die Mitarbeiter den Vorteil, dass ihnen gewöhnlich eine Auswahl unter mehreren Anbietern offensteht.

Pro Jahr gibt es in Deutschland rund 720.000 Gewerbeanmeldungen: So viele Menschen machen sich selbstständig. Dem stehen rund 690.000 Abmeldungen gegenüber, was netto einen Zuwachs von 30.000 Betrieben pro Jahr ergibt. Ähnlich steigt auch die Anzahl der Angehörigen der Freien Berufe, die nicht zum Gewerbe gezählt werden. Im Jahr 2000 gab es rund 700.000 Freiberufler, 2014 hatte sich die Anzahl erhöht auf rund 1,1 Millionen. Wenn bei einer Gesamtzahl von rund 3,6 Millionen Unternehmen in Deutschland jährlich rund 0,7 Millionen Unternehmen an- und abgemeldet werden, zeigt dies eine ungeheure Fluktuation. Wer nach zwanzig Jahren in seine Heimatstadt zurückkehrt, findet die meisten seiner altvertrauten Geschäfte nicht wieder. Bei den Gründungen gibt es sehr viele „Eintagsfliegen": Eine Idee erweist sich nach kurzer Zeit als nicht tragfähig. Hinzu kommen langfristige Entwicklungen: Die Familienbetriebe im Handel werden durch Filialen einiger großer Ketten ersetzt. Die Discounter am Stadtrand treten an die Stelle der Familienbetriebe in der Innenstadt. Die Fußgängerzonen werden sich immer ähnlicher, weil überall dieselben Filialketten zu sehen sind. Ganze Branchen wie die Herstellung von Fotoapparaten oder von Büromaschinen wandern ins Ausland ab. Niemand hat die Sicherheit, dass es seinen Betrieb im übernächsten Jahr noch gibt.

Leicht ergibt sich der Eindruck einer zunehmenden Konzentration: als würden immer mehr kleine Betriebe verdrängt oder geschluckt von den großen. Dies kann insofern nicht stimmen, als sich die Gesamtzahl der Betriebe netto jedes Jahr um einige zehntausend erhöht. Dies ist erklärungsbedürftig: Weshalb ist der Hang, sich selbstständig zu machen, ungebrochen stark – trotz der vielen Kollegen, die scheitern? Welche Motive stehen dahinter? Was treibt eigentlich die Unternehmer zu ihrer im Ganzen gesehen recht riskanten Tätigkeit an?

In den wirtschaftswissenschaftlichen Lehrbüchern wird stets von der Gewinnmaximierung als Unternehmensziel ausgegangen. Dies ist allerdings nur die Hälfte der Wahrheit und etwas vordergründig betrachtet. Es stimmt natürlich: Wenn ein Unternehmer die Handlungsmöglichkeiten A, B und C hat und der Überzeugung ist, C bringe den meisten Gewinn, dann wird er natürlich C wählen und nicht A und B. Das Streben nach Gewinn ist dasselbe wie die betriebswirtschaftliche Rationalität: Wenn alle Faktoren optimal eingesetzt werden, wenn die Preise realitätsgerecht kalkuliert und die besten Marktchancen ausgenutzt werden, ist der Gewinn am höchsten. Dies erklärt aber nicht, weshalb jemand den Unternehmerberuf wählt, anstatt Angestellter oder Beamter zu werden.

Aus der Unterhaltung mit Existenzgründern wird deutlich, dass es ein ganzes Bündel von Motiven gibt. Häufig handelt es sich um willensstarke und durchsetzungsfähige Persönlichkeiten, denen es schwerfällt, sich in eine Hierarchie einzufügen und die stattdessen nach Autonomie streben und ihr eigener Herr sein wollen. Dieses Streben ist besonders stark, wenn sie bisher in einer Firma tätig waren, deren Führung sie für inkompetent halten. Sie sind nicht bereit, sich immer wieder Weisungen zu fügen, die sie als falsch einschätzen. Sie springen heraus und machen sich selbstständig. Oft nehmen sie einen Teil ihrer bisherigen Firmenkunden mit.

Im günstigen Fall kennt der Gründer die Praxis – am besten in unterschiedlichen Funktionen: im Einkauf, im Verkauf, in der Produktion, im Bereich Finanzen. Dann wagt er, im Alter von Mitte dreißig bis Mitte vierzig, den Sprung. Häufig handelt es sich auch um Frauen, die erleben, beim Aufstieg im Betrieb an eine gläserne Decke zu stoßen und trotz ihrer Fähigkeiten nicht in die Geschäftsleitung aufgenommen zu werden.

Nicht selten werden auch einzelne kleinere Abteilungen im Einvernehmen mit der Geschäftsleitung ausgegliedert, insbesondere solche, die nur gelegentlich ausgelastet sind. Die Werbeabteilung muss nur in größeren Zeitabständen ein neues Werbekonzept erarbeiten. Wird sie ausgegliedert, so kann sie auch für andere Kunden arbeiten und bekommt viele neue Anregungen. Diese Ausgliederungen deuten in die Richtung, dass sich gesamtwirtschaftlich die Arbeitsteilung immer weiter vertieft und jeder Betrieb sich auf einen winzigen Teilausschnitt konzentriert, diesen aber perfekt beherrscht.

Daneben gibt es viele Existenzgründer, bei denen dies aus einer gewissen Not heraus geschieht. Wenn zum Beispiel ein qualifizierter Mann um die fünfzig arbeitslos wird, stellt er fest, dass es sinnlos ist, sich weiter zu bewerben. Aber er hat Fachkenntnisse und die nötige Energie.

Unzählige Leute machen sich selbstständig, weil sie ihr geliebtes Hobby zum Beruf machen wollen. Gerade diesen fällt es allerdings schwer, sich auf den Geschmack der Kundschaft einzustellen, die unter Umständen etwas ganz anderes will. Außerdem fehlen in diesen Fällen oft die kaufmännischen Kenntnisse, die mindestens ebenso wichtig sind wie die Fachkenntnisse. Beispielsweise ist es nicht leicht, inhaltlich und räumlich den Umfang der Zielgruppe abzuschätzen, die als Kundenkreis in Frage kommt und deren Wünsche bisher noch nicht bedient wurden. In jedem Fall ist eine Existenzgründung nur sinnvoll, wenn der hiermit erzielbare Gewinn höher ist als ein festes Einkommen für vergleichbare Tätigkeit. Denn nicht nur das Risiko, sondern auch die tägliche Arbeitsbelastung ist bedeutend größer.

Wer bereits etablierte mittelständische Unternehmer näher kennengelernt hat, stellt fest, dass selbstverständlich der Gewinn angestrebt wird, aber nur als Zwischenziel für höhere Ziele. Im Grunde geht es meist um die Reputation im weitesten Sinne: um den Ruf des Unternehmens und seines Inhabers. Das Streben nach dem guten Ruf gilt nicht nur der Person, sondern insbesondere auch der Firma. Im Sinne des Handelsrechts ist die Firma der Name des Unternehmens, unter dem es im Geschäftsverkehr auftritt. Dieser Name braucht mit dem Namen des Inhabers nichts zu tun zu haben.

Zielhierarchie des mittelständischen Unternehmers

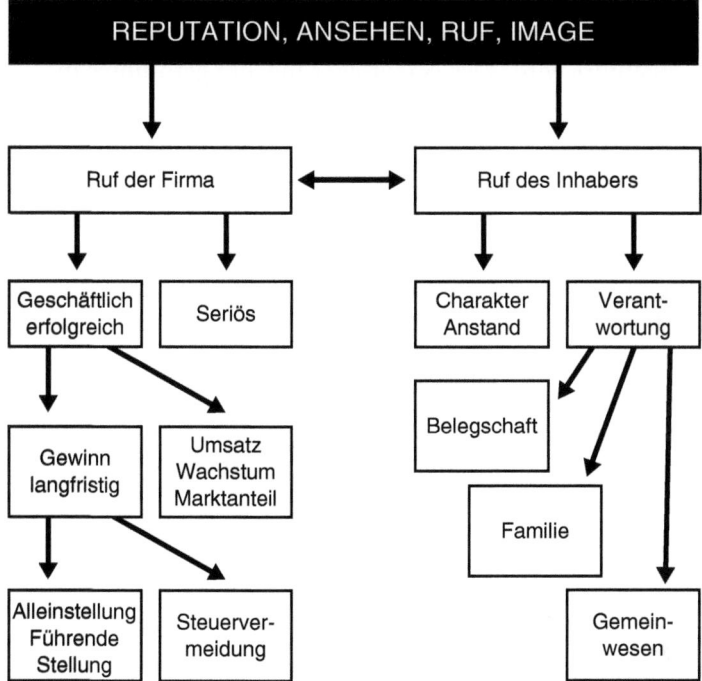

Ein guter Ruf von Inhaber und Firma hat nicht nur den persönlichen Vorteil der Ehre, sondern auch geschäftliche Vorteile: ein höherer mengenmäßiger Absatz, die Möglichkeit eines Preisaufschlags, höhere Kreditwürdigkeit bei der Bank, respektvolle Behandlung bei Ortspolitikern und Verwaltung, eine Anzahl von qualifizierten Bewerbungen. Die Unternehmer in der Industrie und im Großhandel sind international orientiert und erzählen stolz, in wie viele Länder, auch in Übersee, sie exportieren.

Der Ruf gilt meist eher der Firma als dem Inhaber. Dies wird deutlich, wenn der Betrieb an einen Nachfolger anderen Familiennamens übergeben wird und unter derselben Firma fortgeführt wird. Der Nachfolger möchte gern unter dieser eingeführten Firma weitermachen, also von ihrem guten Ruf profitieren.

Bei etwas größeren Firmen gründet sich der Ruf nicht nur auf die gute und pünktliche Leistung, sondern dies wird unterstützt, indem alle Signale, die nach draußen gehen, sorgfältig orchestriert werden, so dass ein unverwechselbares Bild der Firma (die *corporate identity*) entsteht. Verpackung und Produkt, Briefbogen und Prospekte sowie alle anderen Drucksachen, ferner der Internetauftritt und die Fassade des Gebäudes sind einheitlich gestaltet: Farben, Logo, Schrifttypen, Zeilenfall und Fotos sind vom Fachmann (Typograph oder spezielle Agentur) gestaltet. Es hat keinen Sinn, dies einem langjährigen Mitarbeiter zu überlassen, denn dieser kann sich nicht davon lösen, „wie wir das schon immer gemacht haben", und er hat nicht den Blick des Außenstehenden. Schlimmstenfalls geht der Mitarbeiter mit Abkürzungen nach draußen, die nur hausintern üblich sind und verstanden werden. Was soll man davon halten, wenn die *Deutsche Verkehrs-Zeitung* jetzt nur noch *DVZ* heißt und von einem Nachwuchs-Speditionskaufmann nicht zur Hand genommen wird, weil er mit diesem Titel nichts anzufangen weiß?

Vor allem bei den Auftritten im Internet wird viel Unfug getrieben. Oft muss man lange suchen, um herauszubekommen, was die Firma herstellt, unter welcher Adresse sie erreichbar ist und wie der Geschäftsführer heißt. Stattdessen wird eingangs die Unternehmensphilosophie vorgestellt, nämlich dass man stets bemüht sei, alle Wünsche der Kunden bestens zu erfüllen (Wer hätte das gedacht?), und dass der Urgroßvater des jetzigen Inhabers schon im Jahre 1888 ... (Wen interessiert dies heute?)

Häufig wird auch als Zeichen des Erfolgs versucht, nicht den Gewinn, sondern den Umsatz auszuweiten: mehr Kunden und mehr Geschäfte, mehr Länder, in die exportiert wird, eine Ausweitung der Belegschaft, weitere Fahrzeuge und Werkstätten. Erfolgsmaßstab ist auch der Marktanteil im jeweiligen Markt und das Bestreben, dort zu den führenden und tonangebenden Betrieben zu gehören. Ausdruck einer solchen führenden Stellung ist gern der Vorsitz im entsprechenden Fachverband. Mancher zieht sich um das 50. Lebensjahr aus der Tagesarbeit zurück und konzentriert sich auf die Verbandstätigkeit, insbesondere wenn er einen Sohn oder Schwiegersohn hat, dem er das Tagesgeschäft anvertrauen kann.

Wäre allein die Gewinnmaximierung das Ziel des Unternehmers, so müsste er konsequenterweise den Betrieb aufgeben, sobald dieser keinen Gewinn mehr abwirft. Davon ist im Mittelstand keine Rede. Vielmehr wird mit allen Mitteln versucht, zu überleben, bis bessere Zeiten kommen. Dabei wird gewöhnlich angestrebt, die Belegschaft zu halten, zumindest die langjährig beschäftigten Fachkräfte. Um auf lange Sicht Fachkräfte zu gewinnen, wird viel Sorgfalt auf die Ausbildung von Lehrlingen verwendet. Als mittlere Führungsschicht in der Industrie gibt es darüber hinaus die Industriemeister, die eine Abteilung von rund 25 Mitarbeitern zu leiten haben.

Zum guten Ruf gehört auch, die Leute ordentlich zu behandeln und sich für sie verantwortlich zu fühlen. Der

Unternehmensinhaber identifiziert sich vollständig mit seinem Betrieb und betrachtet ihn als erweiterten Teil seines Ich. Daher zögert er, das Unternehmen zu verkaufen, selbst wenn ein attraktives Angebot kommt, etwa mit einer lebenslangen Rente, die weit über dem bisherigen Gewinn liegt. Die Erhaltung der eigenständigen Firma ist das Ziel, und ein Verkauf würde in der Umgebung als Resignation, als Rückzug in ein komfortables, aber nutzloses Privatleben gewertet.

Bei einem alleinigen Ziel der Gewinnmaximierung wäre es ferner logisch, den Standort zu verlegen, sobald ein anderer Standort sich als vorteilhafter erweist. Auch hiervon ist im Mittelstand keine Rede: Gewöhnlich ist der Inhaber, oft seit mehreren Generationen, mit seinem bodenständigen Standort verwachsen, hat hier sein Umfeld und seine Wurzeln. Allenfalls wird, wenn es in der Innenstadt zu eng wird, der Standort ins Gewerbegebiet am Stadtrand verlegt.

Außenstehenden ist oft nicht klar, welchen Zweck der erzielte Gewinn hat. Es geht gewöhnlich nicht darum, schnell reich zu werden und einen üppigen Lebensstil zu pflegen. Wer dies anstrebt, ruiniert seinen Ruf, und sein Unternehmen ist zwei Jahre später nicht mehr da. Viele Unternehmer, darunter auch Inhaber größerer Firmen, pflegen einen eher bescheidenen Lebensstil, sind sparsam und bestrebt, möglichst wenig Gewinn aus dem Betrieb zu entnehmen. Der Gewinn dient stattdessen überwiegend dem Aufbau des Eigenkapitals. Dieses dient als Polster für Notzeiten, erhöht die Kreditwürdigkeit und ermöglicht Investitionen.

Ein wichtiges persönliches Problem des Mittelständlers ist, dass er mit seinen Sorgen ganz allein steht, sich nicht beraten kann, am wenigsten natürlich mit seinen Kollegen, den Wettbewerbern. Einziger Gesprächspartner ist häufig der Steuerberater, der allerdings das Ganze recht einseitig unter dem Gesichtspunkt sieht, Steuern zu vermeiden. Weil die Höhe der Steuer vom Gewinn abhängt, gehen die Ratschläge des Steuerberaters häufig in die Richtung, Gewinn zu vermeiden, beispielsweise im Dezember, vor dem Bilanztermin, noch eine große Anschaffung zu tätigen, die streng genommen nicht benötigt wird. Ratschläge in dieser Richtung haben allerdings eine verhängnisvolle Wirkung: Wenn der Unternehmer erst einmal die Meinung verinnerlicht hat, dass Gewinne zu vermeiden seien, so hat er gelernt, auf den Händen zu laufen. Und vor allem wird dann kein Eigenkapital aufgebaut und in Krisenzeiten hat das Unternehmen keine Rücklagen. Insofern sind die Steuerberater die natürlichen Gegner der Kreditinstitute.

Im idealen Fall kann die Firma eine Erweiterung oder Rationalisierung ganz mit eigenen Mitteln finanzieren und braucht keine Banken in Anspruch zu nehmen. Dieses Ziel ist allenfalls langfristig erreichbar, so wie der mittelständische Unternehmer gewöhnlich langfristig plant und sich einrichtet: Von jetzt bis zum Lebensende und darüber hinaus für die Kinder und Enkel. Zu dieser langfristigen Planung und Orientierung gehört auch, neue Produkte und Verfahren zu entwickeln, die sich erst einige Jahre später lohnen.

In welchem Maße der Inhaber sich mit dem Unternehmen identifiziert, wird daran deutlich, dass bei den rund 3,6 Millionen Betrieben in Deutschland in rund 75 Prozent der Fälle der Inhaber mit seinem gesamten betrieblichen und privaten Vermögen haftet. Bei einer Insolvenz fallen er und seine Familie ins Nichts, in die Sozialhilfe. Handelsrechtlich gesehen geht es hier um die Rechtsformen der Einzelfirma, der Offenen Handelsgesellschaft und der Kommanditgesellschaft mit einem persönlich haftenden Komplementär, während die Kommanditisten nur mit ihrer Einlage haften.

Der Vorteil des mittelständischen Unternehmens, nämlich dass nur eine Person da ist, die sich sogleich entscheiden kann, ist gleichzeitig sein Nachteil. Denn an diesem einen Mann, dieser einen Frau hängt ja alles. Zunächst einmal ist nicht zu erwarten, dass er oder sie alle unternehmerischen Funktionen (Einkauf/Produktion und Technik/Verkauf/Finanzen und Steuern/Personal) gleichmäßig beherrscht.

Jeder hat seinen eigenen Werdegang. Kommt der Inhaber vom Kaufmännischen her, so ist dies relativ unproblematisch, denn dann kann er für den technischen Teil Meister oder Ingenieure engagieren. Kommt hingegen der Inhaber aus dem technischen Fach, so besteht die Gefahr, dass bei ihm die technische Perfektion, mit allen Raffinessen, zum Selbstzweck wird ohne Rücksicht darauf, ob die Kunden dies wünschen und hiermit etwas anfangen können. Schlimm wird es, wenn der Chef ein Benutzerhandbuch erstellt, das nur für die Kollegen Ingenieure verständlich ist und mit dem der Laie nichts anfangen kann. Da gibt es dann den Heizkessel mit einem Bedienungstableau mit zahlreichen Lämpchen und Knöpfchen. Aber wenn der Benutzer die Temperatur im Hause von 22 auf 18 Grad absenken will, ist im Handbuch nicht zu finden, wie dies geht: Dort stehen Tabellen, Kurvendiagramme und Gleichungen. Für den Export nach Übersee ist eine Übersetzung anzufertigen. Aber weil der Kunde in Trinidad mit einem solchen Handbuch vorhersehbar nichts anfangen kann, muss der Übersetzer oder die Übersetzerin zunächst einen für Laien verständlichen Text ausarbeiten. Dieser ist dann auch im hiesigen Betrieb begehrt, wird aber nicht nach außen gegeben, weil der Chef nicht duldet, dass (vermeintliche) Selbstverständlichkeiten gedruckt verteilt werden.

Ein Problem bei einem von der Technik her kommenden Chef kann auch sein, dass er immer wieder neue Modelle und Versionen konstruiert, wodurch die Massenfertigung eines Standardmodells versäumt wird. Ein prominentes Beispiel ist die Automobilfabrik Borgward, die 1961 in Bremen zusammenbrach. Der Inhaber Carl F. W. Borgward war Ingenieur, ein leidenschaftlicher Autobastler ohne Interesse an finanziellen Dingen.

Vergleichbare Probleme kann es in der Gastronomie geben: Ein Star-Koch mit französischen Auszeichnungen eröffnet ein Lokal mit dicker, ledergebundener Speisekarte mit 30 Gerichten und einem erlesenen Weinkeller. Wenn eine Gruppe von 20 Gästen kommt, dauert es eine Weile, bis jeder sein Gericht mit Sonderwünschen und seinen Wein ausgewählt hat. In der Küche ist dann Hochbetrieb mit einem halben Dutzend Köchen. Das Lokal hat also hohe Personalkosten, außerdem hohe Kosten für die Lagerhaltung. Und viele Gäste kommen gar nicht wegen der Feinschmeckerei, sondern wollen nur satt werden und fragen nach Erbseneintopf. Nach einiger Zeit bricht das Lokal, viel zu ambitioniert, zusammen. Der Inhaber kann kochen, aber nicht rechnen.

Eine weitere Gefahr im mittelständischen Betrieb ist die sogenannte Kompetenzfalle: Wir haben zwanzig Jahre lang auf unserem Spezialgebiet Erfolg gehabt, betrachten uns also als kompetent, und machen in derselben Art auch im dritten Jahrzehnt weiter. Das bisherige Verfahren wird immer mehr zur Routine, und nach draußen ist man abgeschottet. Innerhalb des Betriebes wird alles und jedes genau festgelegt.

Ein persönliches Problem des Inhabers kann darin bestehen, dass weniger kompetente Personen dazu neigen, ihre eigenen Fähigkeiten zu überschätzen und überlegene Fähigkeiten bei anderen nicht zu erkennen. Am wenigsten können sie das Ausmaß ihrer eigenen Inkompetenz erkennen, denn diese zeigt sich ja gerade in der mangelnden Selbstkritik.

Die größte Gefahr für den mittelständischen Betrieb, der unzählige Unternehmen zum Opfer fallen, ist jedoch die Nachfolgefrage. Kaum einer bringt es fertig, rechtzeitig abzugeben, denn er identifiziert sich ja ganz und gar mit dem Betrieb und kann sich kaum vorstellen, dass ein anderer dieses Unternehmen fortführt. Der Sohn oder Schwiegersohn, die Tochter oder Schwiegertochter wird als nicht ausreichend kompetent betrachtet und will außerdem allerlei merkwürdige Neuerungen einführen. Selbst wenn der Chef irgendwann doch abgibt, will er immer noch mitregieren. Ist in der Familie kein Nachfolger in Sicht, so zögert er, das Unternehmen zu verkaufen, und hat überdies überspannte Vorstellungen zum Verkaufspreis. Ein besonderes Kapitel ist das Unternehmertestament, wenn mehrere Kinder da sind, die sich im Zweifel nicht einigen können oder von denen einer seinen Erbteil ausgezahlt haben will. Von diesem Aderlass kann sich mancher Betrieb nicht erholen.

Trotz dieser Schwächen wird der Mittelstand von der Politik hoch geschätzt, jedenfalls in Festreden. Im Grundgesetz ist diese Unternehmensform nicht erwähnt, wohl aber in einigen Landesverfassungen, so in Bayern (Artikel 153):

Die selbstständigen Kleinbetriebe und Mittelstandsbetriebe in Landwirtschaft, Handwerk, Handel, Gewerbe und Industrie sind in der Gesetzgebung und Verwaltung zu fördern und gegen Überlastung und Aufsaugung zu schützen. Sie sind in ihren Bestrebungen, die wirtschaftliche Freiheit und Unabhängigkeit sowie ihre Entwicklung durch genossenschaftliche Selbsthilfe zu sichern, vom Staat zu unterstützen.

3.2.3 Die Genossenschaften

Hier ist von der genossenschaftlichen Selbsthilfe die Rede. Viele mittelständische Betriebe haben parallele Interessen. Beispielsweise möchten die Milchviehbetriebe in der Landwirtschaft natürlich einen günstigen Preis für ihre Milch erzielen. Sie sind jedoch auf die eine große Molkerei angewiesen, die ihre Region betreut. Wäre dies ein unabhängiger Kapitalist, so könnte er den Preis drücken, den er den Bauern zahlt. Stattdessen schließen sich die Bauern einer Region zu einer Molkereigenossenschaft zusammen. Jeder zahlt einen relativ kleinen Anteil. Diese Genossenschaft betreibt die Molkerei im Auftrag der Bauern, und diese behalten das Ganze in der Hand. Sie beraten in der Jahresversammlung die Richtung der Geschäftspolitik und setzen den Geschäftsführer ein.

Das eigentlich angebrachte Wort *Genossen* hört man in diesen Kreisen nicht gern.

Oder eine große Schar mittelständischer Unternehmer tut sich zu einer Kreditgenossenschaft zusammen. Jeder einzelne hat nur selten den Bedarf nach einem größeren Kredit. Es wäre also recht mühsam, wenn jeder einzelne den hierfür nötigen Betrag ansparen müsste. In die Kreditgenossenschaft zahlt jeder nur einen überschaubaren Betrag ein, und sie vergibt Kredite an die relativ wenigen, die gerade einen größeren Bedarf haben.

Daneben gibt es den Fall, dass ein Vorhaben zu groß ist, als dass ein Einzelner es wuppen könnte. Zum Beispiel wenn ein großes Baugelände zu erschließen und mit einem Dutzend Mietshäusern zu bestücken ist, um preisgünstigen Wohnraum zu schaffen. Auch hier können sich alle Interessenten zu einer Genossenschaft zusammenschließen.

Dabei gilt immer die Grundsatz der Selbsthilfe: Wir begeben uns nicht in die Hände eines auswärtigen Kapitalisten, den keiner kennt und der uns womöglich über den Tisch ziehen will. Sondern wir kennen uns, haben untereinander Vertrauen und helfen uns selbst: Die Mitglieder, die einzahlen, sind gleichzeitig diejenigen, denen die Hilfe zugutekommt. Das Motto lautete lange: „Einer für alle, alle für einen." Jeder hat nur eine einzige Stimme, auch wenn er mehrere Anteile zeichnet. Wir setzen einen Vorstand ein, zu dem wir Vertrauen haben, und sind selbst für unser Vorhaben verantwortlich. Wir schließen uns einem Prüfungsverband an, der uns in der Mitgliederversammlung berichtet, was die Prüfung ergeben hat. Hier wird gleichzeitig über die weitere Geschäftspolitik debattiert, zum Beispiel: entweder Konsolidierung (Rückzahlung von Schulden) oder Ausdehnung. Ein großer Vorteil der Genossenschaft ist ferner, dass jeder Einzelne nur mit einem begrenzten Anteil haftet und überdies das Risiko gestreut ist. Wenn die Genossenschaft Kredite an 100 Mitglieder auszahlt, gibt es jedes Jahr einige wenige, die den Kredit nicht zurückzahlen können, aber nie sind es alle. Die Situation ist also für jeden einzelnen anders, als wenn er von einem Freund um einen größeren Kredit gebeten wird und dann mit der gesamten Summe im Risiko steht.

Die Genossenschaft mit ihrem Grundsatz der Selbsthilfe hat ähnliche Vorteile wie die Subsistenzwirtschaft, etwa die weitgehende Unabhängigkeit von Konjunkturschwankungen und vom Kapitalmarkt. Das Risiko einer Genossenschaftsgründung kann weiter vermindert werden, wenn sie sich einer Zentralgenossenschaft anschließt, die notfalls einspringt, wenn eine der Genossenschaften in Schwierigkeiten gerät. Im Genossenschaftsgesetz von 1889 ist als oberste Maxime der Genossenschaft die Förderung der Mitglieder festgeschrieben. Die Genossenschaftsidee wurde im Dezember 2014 in das *Bundesweite Verzeichnis des immateriellen Kulturerbes* aufgenommen. Im Jahr 2015 gab es in Deutschland etwa 7.600 Genossenschaften mit rund 20 Millionen Mitgliedern. Sie werden in einigen Verfassungen der Bundesländer gewürdigt, etwa in Rheinland-Pfalz (Artikel 65):

> Die selbstständigen Betriebe [...] sind in Erfüllung ihrer volkswirtschaftlichen Aufgabe mit geeigneten Mitteln zu fördern. Dies gilt auch für den Ausbau der genossenschaftlichen Selbsthilfe.

Die bekanntesten Genossenschaften sind die nach Friedrich Wilhelm Raiffeisen benannten, der 1847 den ersten Hilfsverein für die notleidende landwirtschaftliche Bevölkerung ins Leben rief, und die zur selben Zeit von Hermann Schulze-Delitzsch gegründeten Hilfsaktionen für notleidende Handwerker. Heute sind diese gewöhnlich als *Volksbank* tätig. Ähnlich wie die Sparkassen betreiben sie vor allem das

Massengeschäft der kleinen Betriebe und kleinen Leute. Die rund 1.000 Genossenschaftsbanken sind in jeder Stadt vertreten, häufig noch mit einer der über 13.000 Zweigstellen auf dem Land, so dass Deutschland im internationalen Vergleich eine außerordentlich hohe Bankendichte aufweist. In vielen anderen Ländern gibt es nur den marmornen Bankpalast in der Großstadt, wo den kleinen Betrieben und kleinen Leuten relativ hochnäsig begegnet wird.

Ludwig Erhards hochverehrter Lehrer Franz Oppenheimer, der lebenslang einen Mittelweg zwischen Großkapital und Sozialismus suchte, schrieb emphatisch über das Genossenschaftswesen:

> Wo immer eine neue Gestaltung dieser Art sich in ihren ersten kleinen Anfangsformen als konkurrenzfähig oder gar als überlegen erwiesen hatte, war ein berauschendes Wachstum schnellster Art gefolgt. Das gilt von den Kreditgenossenschaften sowohl der Schule-Delitzschschen wie auch der Raiffeisenschen Richtung, namentlich den Molkereien, in aller Welt. (Oppenheimer 1964, S. 158)

3.2.4 Die Kapitalgesellschaft

Schon in mittelalterlicher Zeit gab es das Problem, dass einzelne Betriebe wie zum Beispiel ein Bergwerk sinnvoll nur als Großunternehmen eingerichtet werden konnten und dass kein Einzelner das hierzu notwendige Kapital aufbringen konnte. Es musste sich also eine Vielzahl von Personen zusammentun, von denen jeder einen Anteil beisteuerte. Im Bergbau bildeten sich urtümliche Kapitalgesellschaften, die als *Gewerkschaften* bezeichnet wurden, wobei dieser Begriff mit den heutigen Gewerkschaften, den Interessenvertretungen der Arbeitnehmer, nichts zu tun hat. Jeder Anteil hieß ein Kux. In der Regel wurden 128 Kuxe ausgegeben. Deren Inhaber hießen *Gewerken*. Jeder erhielt den ihm zustehenden Anteil an der Ausbeute. Wenn die Gewerkschaft Kapital benötigte, waren die Gewerken zur *Zubuße* verpflichtet. Heute würde dies als *Nachschusspflicht* bezeichnet werden. Entscheidungen, die den ganzen Betrieb betrafen, konnte zunächst nur eine Gewerkenversammlung beschließen. Weil dies bei einer großen Anzahl von Gewerken zu umständlich war, wurden später Gewerkenvorstände gebildet, die Handlungsbefugnis besaßen.

In der Gründerzeit ab Mitte des 19. Jahrhunderts entstanden zahlreiche Großunternehmen, vor allem in der Schwerindustrie im Ruhrgebiet, mit ungeheurem Kapitalbedarf. Die hier gebildeten Aktiengesellschaften haben gegenüber den bergrechtlichen Gewerkschaften einige Vorteile: Es gibt keine Nachschusspflicht, sondern jeder Aktionär weiß, das schlimmstenfalls nur seine Aktien verloren sind. Von Vorteil ist ferner, dass die Aktien an der Börse handelbar sind. Jedermann kann aussteigen und seine Aktie verkaufen, wenn er Bargeld braucht oder wenn er meint, das Unternehmen entwickle sich nicht zufriedenstellend. Er kann aber auch dabeibleiben oder weitere Aktien dieser Firma erwerben, wenn er deren Aussichten als gut einschätzt. Er kann dann auf Dividenden (Auszahlungen von Gewinnanteilen) und eine Wertsteigerung der Aktie hoffen. Der aktuelle Kurs ist jederzeit der Presse zu entnehmen. Anders als im mittelständischen Betrieb steht in der Aktiengesellschaft nicht das hergestellte

Produkt im Vordergrund des Interesses, sondern die nackte Kapitalvermehrung. Hier bildeten sich hasserfüllte soziale Gegensätze: Auf der einen Seite der Proletarier mit seiner Familie, dessen weinende, hungernde Kinder nach „Brot!" rufen, wie von Käthe Kollwitz dargestellt, und auf der anderen Seite die *Couponschneider*. Der Coupon ist ein Schein, der den Aktienurkunden beigefügt ist. Gegen Einreichung dieses Scheins zahlte die Bank die Dividende aus. Der Couponschneider leistete nichts, als dass er von Zeit zu Zeit die Couponschere zur Hand nahm, um den fälligen Schein abzutrennen.

Jährlich findet eine Aktionärsversammlung statt, in der der Vorstand über den Stand der Dinge berichtet und sich den oft kritischen Fragen der Aktionäre stellt, und jährlich ist ein Geschäftsbericht herauszugeben. Darin steht der Jahresabschluss (Bilanz, Gewinn-und-Verlust-Rechnung). Weil die interne Entwicklung des Unternehmens weitgehend öffentlich bekannt ist und von Außenstehenden beurteilt werden kann, fällt es der Aktiengesellschaft relativ leicht, neues Kapital zu beschaffen. Sie gibt weitere Aktien aus oder nimmt Darlehen auf.

Die Aktionärsversammlung wählt einen Aufsichtsrat, und dieser setzt als Geschäftsleitung einen Vorstand ein. Durch diese Verteilung entsteht allerdings das Problem, dass die Beteiligten nicht unbedingt dieselben Interessen verfolgen, zumal der Vorstand durch die Leitung des Tagesgeschäfts einen großen Informationsvorsprung gegenüber dem Aufsichtsrat hat: Dieser und erst recht der Aktionär sehen nur die Ergebnisse. Daher kann es vorkommen, dass der Vorstand eigene Interessen verfolgt, die nicht mit dem Unternehmensinteresse übereinstimmen, beispielsweise ganz auf

Sicherheit geht, um die eigene Position nicht zu gefährden. Oder die Personalabteilung hat vorrangig das Interesse an einem guten Verhältnis zum Betriebsrat und kommt diesem weit entgegen, was nicht unbedingt im Unternehmensinteresse liegen muss. In der Fachliteratur wird dieses Problem der unterschiedlichen Interessenlagen im Unternehmen als *Prinzipal-Agent-Theorie* bezeichnet: Der Beauftragte (Agent) ist nicht immer loyal gegenüber dem Auftraggeber (Prinzipal).

Ein ähnliches Problem besteht darin, dass in einem Großbetrieb mit mehreren Hierarchie-Ebenen meist nur Positives nach oben berichtet wird. Stellt an der Basis jemand fest, dass etwas fürchterlich schiefläuft, so dringt dies nicht bis zum Vorstand. Dieses Problem stellt sich vor allem in autoritär geführten Betrieben, in denen niemand wagt, mit einer schlechten Nachricht in die Chefetage zu kommen. So konnte es zum großen Abgas-Skandal im Volkswagenwerk kommen.

Die Aktiengesellschaft kann auch Anteile anderer Gesellschaften erwerben, gegebenenfalls deren Mehrheit, oder Tochtergesellschaften gründen. So entsteht ein Konzern, oft international aufgestellt: Eine Zentrale sitzt an einem steuergünstigen Standort, etwa in der Schweiz oder in Luxemburg, und hier am Ort gibt es ein Zweigwerk, einen reinen Produktionsbetrieb, der seine Richtlinien aus der Zentrale bekommt. Von dort werden insbesondere Investitionsmittel bereitgestellt, wenn der hiesige Werksleiter ein überzeugendes Konzept vorlegt. Ebenso kann die Zentrale beschließen, irgendwo ein Fähnchen aus der Landkarte zu ziehen, also einen örtlichen Betrieb zu schließen, wenn dieser aus konzernstrategischen Erwägungen seine Existenzberechtigung verloren hat. Für die örtliche Belegschaft kommt dies oft wie ein Blitz aus heiterem Himmel.

Gegenüber dem mittelständischen Betrieb hat die Aktiengesellschaft nicht nur den Vorteil, dass großes Kapital mobilisiert werden kann. Als Vorteil kommt hinzu, dass das Unternehmen weitgehend von Einzelpersonen unabhängig ist. Es gibt kein Nachfolgeproblem, sondern Aufsichtsrat und Vorstand werden auf Zeit gewählt und bestellt. Ferner ist die AG nicht von der Vorbildung einzelner Personen abhängig, sondern im Großbetrieb gibt es für jede Aufgabe Spezialisten – etwa die Einkäufer für bestimmte Rohstoffe, die den betreffenden Markt genau kennen, oder die Personalabteilung mit Fachkräften für Arbeitsrecht, oder die Rechtsabteilung zur Regelung von Streitfällen oder zur Formulierung von Verträgen. Ferner gibt es die Fachleute für Marktforschung und Vertrieb und den Pressereferenten. Besonders wichtig sind die Experten der Steuerabteilung, die immer wieder neue Gestaltungsmöglichkeiten und Regelungslücken im komplizierten internationalen Steuerrecht finden. So wird die Steuerquote, der Anteil der Steuern am Gewinn, bei den ganz Großen auf nahezu null gedrückt, während die Mittelständler diese Möglichkeiten nicht haben und nicht ausweichen können.

Vor allem aber gibt es bei den Aktiengesellschaften Spezialisten für Vorstandspositionen, für die Gesamtleitung eines Unternehmens mit tausenden von Angestellten und Arbeitern. Diese Fähigkeit ist von der Art der hergestellten Waren weitgehend unabhängig, und das Publikum wundert sich, wie diese Persönlichkeiten leichthin in eine ganz andere Branche wechseln. Werner Sombart stellte schon 1904 fest, dass die Eigenart der kapitalistischen Produktion ja gerade darauf beruht, dass an die Spitze der Produktion Kaufleute, Organisatoren, treten, die die technische Arbeit von anderen ausführen lassen. Der Leiter einer großen Schuhfabrik, der Inhaber eines großen Konfektionsgeschäfts, sie sind nicht dadurch zu ihrer Stellung qualifiziert, dass sie Stiefel oder Röcke machen können, sondern dadurch, dass sie hunderte und tausende von technischen Arbeitern zu einem gemeinsamen Werke zusammenfassen und deren Erzeugnisse auf einem großen Markte abzusetzen vermögen.

Großbetriebe, also meist Aktiengesellschaften oder Konzernbetriebe, haben gegenüber dem Mittelständler vor allem den Vorteil der Massenfabrikation. Die Handwerker und kleinen Mittelständler haben sich oft auf die Herstellung von Einzelstücken oder auf Reparaturen verlegt. Der Großbetrieb hingegen stellt meist große Stückzahlen her aus einem einfachen Grund: Wenn von einem bestimmten Produkt nicht 10 Stück, sondern 100 oder 1.000 Stück hergestellt werden, so sinken die Kosten pro Stück rapide, und dies aus mehreren Gründen:

- Es ist ganz einfach billiger, die Maschinen weiterlaufen zu lassen, statt sie immer wieder auf andere Produkte umzurüsten.
- Die festen Kosten des Betriebes (Geschäftsleitung, Grundstück, Abzahlung der Kredite etc.) verteilen sich auf sehr viel mehr Stücke.
- Das Produkt braucht nur einmal entworfen und konstruiert zu werden. Auch diese Kosten verteilen sich auf viele Stücke, ebenso wie die Kosten für Werbung und Markterkundung oder auch die Kosten für die vorauslaufende Forschung. Zu ihr hat das Großunternehmen gewöhnlich

einen besseren Zugang, zumal wenn im Unternehmen selbst auch geforscht wird.
- Bei großen Stückzahlen können arbeitssparende Spezialmaschinen bis hin zum Industrieroboter angeschafft werden.

Werner Sombart stellte schon 1904 fest, dass „die kapitalistische Organisation die ursprünglich komplexe Arbeit aufgelöst, die qualifizierte Arbeit ausgesondert und die höherwertige Arbeitsleistung auf eine größere Produktmenge verteilt hat". In der Fachliteratur ist heute von *positiven Skaleneffekten* die Rede (vom englischen *scale*, Maßstab). Der Vorteil ist besonders groß, wenn die zum Einzelstück gehörenden Kosten, beispielsweise das Material, relativ gering und die maschinelle Ausstattung, deren Kosten sich auf die Stücke verteilen soll, relativ aufwendig ist. Dies ist beispielsweise bei einer Großdruckerei der Fall, beim Herstellen von Schrauben oder von tausenden Fischdosen. Aus dieser Tendenz zur Massenproduktion folgt für die Unternehmensleitung das Bestreben, das Absatzgebiet immer weiter auszudehnen, etwa über den gesamten Europäischen Binnenmarkt oder weltweit.

Dieser Vorteil der Massenherstellung hat volkswirtschaftlich zur Folge, dass Spezialisierung und Arbeitsteilung immer mehr zunehmen, denn dieser Vorteil wirkt sich am meisten aus, wenn ich nur eines oder ganz wenig verschiedene Produkte herstelle, also die Produktion nur selten umzustellen habe. Je mehr allerdings weltweit die Arbeitsteilung fortschreitet, desto mehr muss transportiert werden, um schließlich alles zum Konsumenten zu bringen. Daher wächst der weltweite Verkehr schneller als das Sozialprodukt. Die fortschreitende Arbeitsteilung findet nicht nur horizontal (zwischen den verschiedenen Endprodukten), sondern auch vertikal (beim Weg eines Produkts vom Rohstoff bis zum fertigen Artikel) statt: Einzelne Produktionsstufen werden nach Übersee in Länder mit geringen Lohnkosten verlagert. Als Beispiel mag das Bielefelder Leinen dienen. Im 17. Jahrhundert begann die Entwicklung Bielefelds zur *Leinenstadt*. Die Bauern des Ravensburger Landes bauten anstatt Korn vorzugsweise den staatlich subventionierten Flachs an und verarbeiteten diesen als Leineweber in Heimindustrie zu Leinen. Hierdurch wurde Bielefeld bekannt. Inzwischen finden hier allerdings nur noch Marktforschung und Entwurf statt, ferner die Endmontage, Verkauf und Kundenkontakt (Reklamationen, Service). Die eigentliche Herstellung ist nach Fernost verlagert worden.

Eine Folge kann sein, dass kein anderer Hersteller bei dieser Verbilligung mitkommt und hiermit die begehrte Alleinstellung, das Monopol, erreicht wird. Eine Alleinstellung oder jedenfalls sehr starke Stellung des Großbetriebes kann es allerdings auch im Einkauf geben. Dies wird bei den Nahrungsmittel-Discountern deutlich. Sie kaufen riesige Mengen und können daher den Preis drücken, vor allem wenn sie die halbe Jahresproduktion aufkaufen und der Hersteller praktisch von ihnen abhängig ist. Außerdem haben sie Einkaufsspezialisten für alle Produktgruppen, die sich im jeweiligen Markt genauestens auskennen. Wenn der Einkäufer von Molkereiprodukten zur Großmolkerei kommt, weiß er, dass zu viel Milch auf dem Markt ist, was die Preise drückt. Weil die Großmolkerei hier mehr oder minder mit Verlust verkaufen muss, versucht sie sich in den Export zu retten.

Ähnliche Macht haben die Groß- und Konzernfirmen bei der Beschaffung von Krediten. Tatsächlich ist es leichter, von der Bank 5 Millionen oder 50 Millionen Euro zu bekommen, als wenn ein Existenzgründer 5.000 Euro braucht. Denn bei derartigen Kleinstbeträgen winken sogar Volksbank und Sparkasse ab, die eigentlich für die Kleinkunden da sind. Der Angestellte überschlägt: Wenn ich eine Stunde mit diesem Kunden spreche, ist schon diese Stunde teurer als der Zins, den wir durch dieses Geschäft gewinnen können. Außerdem haben wir das Risiko, dass er diesen Betrag nicht zurückzahlen kann. Bei Großkrediten hingegen kommt der Vorstand der Bank und hat Zeit für diesen Kunden. Wenn es gilt, Aktien auf dem Kapitalmarkt zu platzieren, kommen die Experten.

In gleicher Form gilt die Bevorzugung der Großen bei den städtischen Wirtschaftsförderern: Wer hundert oder gar tausend Arbeitsplätze verspricht, wird heftig umworben, und die Stadt ist gern bereit, das Grundstück weit unter dem üblichen Preis abzugeben und außerdem komplett zu erschließen.

Die Manager der großen Firmen werden überall eingeladen und haben bevorzugten Zugang zu Bürgermeistern, Abgeordneten und Ministern, genießen also einen Informationsvorsprung und eine erhöhte Bereitschaft, mit ihren Sorgen gehört und berücksichtigt zu werden.

Im Unterschied zum mittelständischen Kleinbetrieb gibt es allerdings auch weitere typische Probleme in Konzernen mit hunderten oder gar tausenden Mitarbeitern, so etwa:

- Die Bürokratisierung. Ein stehender Witz in Wolfsburg lautet: „Nach zweitausend Jahren werden die Reste des Volkswagenwerks ausgegraben. Die Archäologen kommen nach eingehender Prüfung zu dem Resultat, es habe sich um eine Formularfabrik mit eigenem

Fuhrpark gehandelt." In Großorganisationen sind die Befugnisse genau verteilt, und schnell ist jemand mit einer Beschwerde bei der Hand, wenn er sich übergangen fühlt. Die Sache wird dadurch nicht einfacher, dass ängstliche Mitarbeiter bei jeder Entscheidung, die sie treffen müssen, vorher E-Mails an alle Kollegen schicken, die auch nur entfernt hiermit zu tun haben. Dann haben sie sich abgesichert und können im Notfall darauf verweisen, niemand habe Bedenken gehabt.

- Die bürokratisierte Großorganisation ist gewöhnlich nicht so wendig wie ein mittelständischer Betrieb, weil es überall eingefahrene Routinen gibt und weil es so viele Kollegen gibt, die in langen Konferenzen mitreden wollen. Die Kommunikation im Großunternehmen ist meist schriftlich und formalisiert, nicht wie im Mittelstand mündlich und formlos, also umständlicher.
- Abteilungsdenken: Der Vertrieb steht unter Verkaufsdruck und verspricht den Kunden aufwendige Spezialfertigungen, rasche Liefertermine und hohe Rabatte. Die Produktion ist entsetzt: Es ist ganz ausgeschlossen, die Maschinen in dieser Zeit zu fertigen. Die Finanzabteilung ist ebenfalls entsetzt: Bei diesen Rabatten legen wir pro Stück noch tausende Euro drauf. Als vom Vorstand eine Weisung kommt, Angebote dürften nur in Abstimmung mit Produktion und Finanz abgegeben werden, ist der Vertrieb entsetzt: Wir müssen doch beim Kundengespräch freie Hand haben! Bis wir die Formulare in den anderen Abteilungen abgezeichnet haben und der Weg durch die Instanzen hinter uns liegt, hat die Konkurrenz uns längst den Auftrag weggeschnappt! Es gibt im Unternehmen kaum Leute, die mehrere Abteilungen

näher kennengelernt haben. Schlimmstenfalls gibt es für fünf Abteilungen fünf Vorstandsmitglieder, die sich nicht einmal auf dieser Ebene einigen können.

- Sprache und Kultur: Im international aufgestellten Unternehmen müssen viele Mitarbeiter im Beruf eine andere Sprache benutzen als daheim. Sie müssen sich in der Telefonkonferenz mit Kollegen abstimmen, die sie nie gesehen haben und kaum verstehen. Außerdem sind kulturelle Unterschiede zu beachten. Die Franzosen wundern sich darüber, dass es in Deutschland im Casino in der Chefetage nur Wasser zum Mittagessen gibt, keinen Wein. Nicht jeder Amerikaner hat Verständnis dafür, dass er an Weiberfastnacht die Krawatte abgeschnitten bekommt. Ebenso wundern sich Deutsche über Besonderheiten in anderen Ländern. In Spanien ist autoritäre Führung üblich: Der Chef entscheidet, keiner widerspricht, auch wenn alle die Entscheidung für unsachgemäß halten. In Deutschland wird eher partizipativ entschieden: Der Chef fragt seine Leute, was sie empfehlen und welche Probleme sich ergeben könnten.
- Werksleiter und Führungspersonal sind nicht regional verwurzelt und wechseln nach wenigen Jahren in ein anderes Land. Ausländer wundern sich über deutsche Besonderheiten: Die weitgehenden Befugnisse der örtlichen Gemeinde, die betriebliche Ausbildung und insbesondere die starke Stellung des Betriebsrats. In allen anderen Ländern der Welt ist es undenkbar, dass eine Küchenhilfe zur Vertreterin der Belegschaft gewählt wird und selbstbewusst mit der Geschäftsleitung verhandelt. Der Betriebsrat hat gegenüber dem Werksleiter nicht nur den taktischen

Vorteil, dass er notfalls alles blockieren kann, sondern mehr noch: Er vertritt alle, die seit vielen Jahren hier am Platz arbeiten und die innerbetrieblichen Probleme besser kennen als die wechselnden Manager. Bei der Opel-Krise in Bochum wunderten sich die Amerikaner darüber, dass die Landesregierung mit dem hochkompetenten Betriebsratsvorsitzenden verhandelte und nicht mit dem Management. In vielen Betrieben gilt der Satz: Wenn der Werksleiter mit dem Betriebsrat nicht zurechtkommt, muss einer von beiden gehen. Aber nicht der Betriebsrat.

In dieser Art haben Mittelständler, Großbetriebe und Konzerne jeweils ihre Stärken und Schwächen. Im glücklichen Falle spielt sich nach einigen Jahren eine enge Zusammenarbeit zwischen dem örtlichen Konzernbetrieb und einer Vielzahl mittelständischer Zulieferer ein.

3.3 Die Mitarbeiter

Die Personen, die in einem Unternehmen, im öffentlichen Dienst oder in einer anderen Organisation beschäftigt sind, werden *Mitarbeiter* genannt. Dieses Wort ist an die Stelle der früheren Bezeichnung *Untergebener* getreten, um auszudrücken, dass die Beschäftigten nicht einfach Objekte eines Herrschaftswillens sind, sondern als eigenständige Personen, als Kollegen im weitesten Sinne respektiert werden. Das Harzburger Modell sprach von einer *Führung im Mitarbeiterverhältnis*: Die Beschäftigten haben nicht nur Weisungen auszuführen, sondern selbst Verantwortung zu übernehmen.

Bertolt Brecht (1898–1956) als führender linker Dramatiker schuf für diesen Personenkreis ein neues Wort. In seinem Aufsatz *Was ist Formalismus?* von 1950 entlarvt er allerlei Betrug und vorgetäuschte Verbesserungen Brecht (1966):

> Der ärgste Formalismus war der Sozialismus der Nazis, dieser Sozialismus schreit geradezu nach Anführungszeichen; er hat viele angeführt. Da war die „Volksgemeinschaft" zwischen den Unternehmern und den Unternommenen, den Verdienern und Verdienten, da war der „wirtschaftliche Aufschwung", das „Wirtschaftswunder" durch die Rüstung.

Hier wird vorausgesetzt, dass mit den Beschäftigten etwas unternommen wird und dass sie rein passiv schicksalhaft zu ertragen haben, was andere beschließen. Dies war allerdings eher in der nationalsozialistischen Ära und in der DDR der Fall als in der Bundesrepublik. Hier gab und gibt es starke und unabhängige Gewerkschaften und einen Kündigungsschutz, der Willkürakte ausschließt. Vor allem aber gab es schon in der jungen Bundesrepublik nahezu Vollbeschäftigung, also einen Mangel an – vor allem qualifizierten – Arbeitskräften, und schon deshalb mussten die Betriebe sich um die Mitarbeiter bemühen, ähnlich wie es aus demografischen Gründen heute der Fall ist.

Eine deutsche Besonderheit, in anderen Ländern unbekannt, ist die weitgehende gesetzlich gesicherte Mitbestimmung der Arbeitnehmer. Ursprünglich schon in der Weimarer Republik eingeführt (Betriebsrätegesetz 1920), wurde sie in den Gründungsjahren der Bundesrepublik nachdrücklich und teils erfolgreich gefordert. Gründe waren:

1. Menschenwürde und Selbstbestimmung der Arbeitnehmer,
2. Gleichberechtigung von Kapital und Arbeit,

3. Demokratisierung der Wirtschaft,
4. Kontrolle wirtschaftlicher Macht.

Das Motiv 1, die Menschenwürde auch am Arbeitsplatz zu sichern, wird allseits geteilt. Bei den Motiven 2 bis 4 stellen sich hingegen grundsätzliche Fragen der Legitimation. In der Marktwirtschaft kann es ja nur einen Befehlsweg geben: ausgehend von den Konsumenten und ihren Wünschen zu den Unternehmensleitungen, die diese Wünsche ausführen, und von den Leitungen zur Belegschaft. Insofern kann es keine zweite Legitimationsquelle, die Belegschaft, geben – einfach deswegen nicht, weil die Wirtschaft nicht für die Arbeitnehmer stattfindet, sondern für die Kunden. Deswegen hat sich in Deutschland nur die Mitbestimmung am Arbeitsplatz, im Betrieb als der örtlichen Einheit, allgemein durchgesetzt. Hingegen blieb sie auf der Ebene des Unternehmens, der strategischen Entscheidungen, eine Randerscheinung. Ein entsprechendes Legitimationsproblem gibt es im öffentlichen Dienst. Ausgangspunkt der hoheitlichen Tätigkeit ist hier das jeweilige Gesetz, für dessen korrekte Anwendung der Behördenleiter verantwortlich ist. Insofern ist auch hier die Belegschaft weisungsgebunden und bildet keine eigene Machtquelle. Aber natürlich soll der Chef um ein gutes Verhältnis zu seiner Truppe bemüht sein und bespricht sich in Zweifelsfällen mit dem Personalrat.

Auf der betrieblichen Ebene ist die Mitbestimmung im Betriebsverfassungsgesetz geregelt, im öffentlichen Dienst im Personalvertretungsgesetz und in den Kirchen in den Mitarbeitervertretungsgesetzen. Die Belegschaften wählen Betriebsräte und Personalräte als ihre Interessenvertretung. Hier geht es um Fragen der Ordnung im Betrieb, die Gestaltung der Arbeitsplätze und -abläufe, Arbeitszeiten,

Arbeitskontrolle sowie Streitigkeiten zwischen Personal und Leitung. Häufig geht es um Betriebsklima und Mobbing einzelner Mitarbeiter. Oder um die Frage, was mit einem Kollegen angefangen werden soll, der seinen Aufgaben offensichtlich nicht gewachsen ist. Die Räte haben ein weitgehendes Mitwirkungsrecht bei Kündigungen und beim Einstellen neuer Mitarbeiter. Häufig können sie den gesamten Betrieb blockieren, indem sie jegliche Einstellung von neuen Mitarbeitern ohne Begründung ablehnen. Der Unternehmer oder der Behördenleiter ist also gut beraten, sich ständig um einen vertrauensvollen Kontakt zum Betriebs- oder Personalrat zu bemühen.

Die Unternehmen müssen auf ihren guten Ruf bedacht sein. Viele versuchen daher, Konflikte wenn irgend möglich im Hause auszutragen, ohne Arbeitsgerichtsverfahren und öffentliches Aufsehen. Hier kann der Betriebs- oder Personalrat ausgleichend wirken. In der Presse und Öffentlichkeit macht es einen schlechten Eindruck, wenn eine diktatorisch auftretende Betriebsleitung mit allerlei Tricks und Einschüchterung versucht, die Wahl eines Betriebsrats zu verhindern.

Die Mitbestimmung auf der Ebene der Unternehmen bezieht sich auf die Besetzung der Aufsichtsräte in den Kapitalgesellschaften. Hier nehmen gewählte Vertreter der Belegschaft oder betriebsfremde Gewerkschaftler Platz. Es geht um Unternehmen mit mehr als 500 Mitarbeitern mit einer vergleichsweise schwachen Mitbestimmung (Beteiligung mit einem Drittel der Sitze im Aufsichtsrat). Weiter reicht die Beteiligung der Arbeitnehmer bei Betrieben mit mehr als 2.000 Mitarbeitern. Legendär sind beispielsweise der gewerkschaftliche Einfluss und die wichtige Stellung des Betriebsrats im Volkswagenwerk. Da soll es vorkommen, dass jemand nur eingestellt wird, wenn er zuvor Mitglied der Industriegewerkschaft Metall wird, was rechtlich schon wegen der grundgesetzlich (Artikel 9) geschützten Vereinigungsfreiheit auf Bedenken stößt, die auch das Recht umfasst, zu keiner Mitgliedschaft genötigt zu werden. Am weitesten geht die Unternehmensmitbestimmung bei den Montanbetrieben (Bergbau, Eisen und Stahl), die in den ersten Jahrzehnten der Bundesrepublik noch, wie vor dem Krieg, als die eigentlichen Machtzentren der Wirtschaft galten.

Seit der Weimarer Zeit und bis in die 1970er Jahre hinein wurde streng zwischen Arbeitern und Angestellten unterschieden. Die Arbeiter hatten rein ausführende, oft körperlich schwere, anstrengende und nicht selten gefährliche Tätigkeiten zu verrichten. Sie erhielten einen wöchentlichen Lohn, oft für Akkordarbeit (nach Stückzahl bezahlt), und waren an der blauen oder grauen Kleidung erkennbar. Sie traten in den relativ wenigen Großbetrieben in großer Anzahl auf, so dass oft von *Arbeitermassen* die Rede war. Sie waren und sind in Branchengewerkschaften organisiert, etwa der *Industriegewerkschaft Metall*. Ihre Krankenversicherung war die Allgemeine Ortskrankenkasse (heute *AOK – Die Gesundheitskasse*). Und nicht zuletzt ist in diesem Milieu das Du selbstverständlich.

Die Angestellten hingegen arbeiteten im Büro als Gehilfen der Leitung, erhielten ein monatliches Gehalt, waren an Oberhemd und weißem Kragen erkennbar, traten in geringerer Anzahl auf und waren in der *Deutschen Angestelltengewerkschaft* organisiert, die seit 2000 mit einigen anderen in der *ver.di – Vereinte Dienstleistungsgewerkschaft* aufgegangen ist. Und nicht zuletzt sagte man hier Sie.

Inzwischen haben sich die Unterschiede weitgehend verwischt. Die schwere und anstrengende körperliche Arbeit ist durchweg von Maschinen übernommen worden. An die Stelle der Arbeiterscharen sind einige wenige technisch versierte Fachkräfte getreten, so dass sich das Anspruchsniveau der Arbeiter an das der Angestellten angeglichen hat. Von Standesbewusstsein und Klassensolidarität ist kaum noch die Rede, und auch die Lebensstile haben sich angeglichen.

Im Klappentext des Buches *Die Zukunft des Kapitalismus* von Lester C. Thurow heißt es zum Inhalt: „Der internationale Bestseller nimmt die Weltordnung nach dem Zerfall des sozialistischen Lagers kritisch unter die Lupe." Diese angebliche Weltordnung hört sich dann so an:

> Die Unternehmer achten ganz intensiv darauf, keine längerfristigen Verpflichtungen gegenüber ihren Arbeitnehmern einzugehen. Die Arbeitnehmer müssen gezwungenermaßen begreifen, dass sie als Kurzfristertragsmaximierer dienen und bei einem marginal höheren Lohnangebot zu einem anderen Arbeitgeber weiterziehen müssen. Wer in der Hoffnung auf zukünftigen Erfolg und zukünftige Lohnerhöhung beim angestammten Arbeitgeber verharrt, ist dumm. Die Firma wird ihn sowieso irgendwann feuern – ohne Ansehen des in der Vergangenheit geleisteten Beitrags. (Thurow 1998, S. 412)

Jeder Europäer und insbesondere jeder Deutsche bemerkt, dass hier nicht eine Weltordnung als Ordnung der ganzen Welt geschildert wird, sondern spezifisch amerikanische Probleme und Gewohnheiten, geprägt von grenzenlosem Zynismus und ohne Loyalität zwischen Arbeitgebern und

Arbeitnehmern. Nur dort ist der von Thurow weiterhin angeführte „Bruch des alten Gesellschaftsvertrages" zu beklagen. Und nur dort gilt: „Der Druck im Vulkan baut sich weiter auf." Entsprechendes ist in Deutschland gerade nicht der Fall. Hier gibt es genügend andere Probleme, aber nicht dieses. Von einer womöglich als geschlossener Block betrachteten kapitalistischen Weltordnung kann also keine Rede sein.

Die Firma *ManPowerGroup*, Eschborn, berichtete im April 2016 aus einer Befragung von 1.015 Deutschen, dass etwa jeder zweite Angestellte mit seinem Job zufrieden ist. Knapp die Hälfte will jedoch in den nächsten zwölf Monaten wechseln. Vor allem beschweren diese Befragten sich darüber, dass es beim aktuellen Arbeitgeber keine professionelle Karriereförderung, keine Personalgespräche und keine Weiterbildung gibt und dass kein Bildungsurlaub gewährt wird. Von den Personalfachleuten wird dies als großer Fehler der Arbeitgeber betrachtet, denn Chancen zur Weiterentwicklung wecken Motivation und Loyalität. Der Mitarbeiter soll keinesfalls den Eindruck bekommen, in einer Sackgasse gelandet zu sein.

Ferner beschweren viele sich darüber, dass Beruf und Familie schlecht vereinbar und der Arbeitgeber nicht familienfreundlich sei. Zum Beispiel fehlen flexible Arbeitszeiten für Mitarbeiter und Mitarbeiterinnen mit Kindern. Wenn beide Eltern arbeiten, soll trotzdem ausreichend Zeit und Energie für die Familie bleiben.

Es wird in vielen Fällen nach besser bezahlten Stellen gesucht, aber die Unzufriedenheit mit dem bisherigen Gehalt hat im Vergleich zu den Vorjahren abgenommen. Wichtiger ist dagegen, wie die eigene Leistung des Mitarbeiters im Betrieb anerkannt wird, ob die berufliche Tätigkeit

Spaß macht, ferner ein insgesamt gutes Arbeitsklima und ein gutes Verhältnis zum direkten Vorgesetzten. Dass diese sogenannten *weichen Faktoren* wichtiger werden als die Gehaltshöhe, deutet in Richtung der postmateriellen Welt, worin die Grundbedürfnisse (Wohnung, Nahrung, Kleidung) längst abgedeckt sind und dafür Immaterielles in den Vordergrund tritt. Heute geht es um ein gesellschaftlich sinnerfülltes berufliches Leben. In der großen Online-Umfrage *Perspektive-Deutschland* aus den Jahren 2001 bis 2006 ergab sich, dass die meisten Deutschen eher mehr als weniger arbeiten wollen: „Erfolg im Beruf ist den meisten wichtiger als Lebensgenuss."

Noch deutlicher kommen diese Tendenzen bei der jüngeren Generation, den 20- bis 34-jährigen Berufstätigen, zum Ausdruck, wie die *ManPowerGroup* feststellte. Mehrheitlich glauben sie, auch nach dem 65. Lebensjahr berufstätig zu sein, nicht wenige sogar nach dem 70. Geburtstag. Weit überwiegend sind sie recht optimistisch: Sie erwarten, dass ihre beruflichen Anstrengungen gut belohnt werden, ihr Arbeitsplatz sicher ist und sie genügend freie Zeit haben. Wichtig sind gute Kollegen und flexible Arbeitszeiten. Das Gehalt, immer noch von Bedeutung, ist nur noch ein Teilaspekt für einen attraktiven Arbeitsplatz. Auch hier werden häufig die Möglichkeiten zum Ausbau der Fähigkeiten und Qualifikationen, das lebenslange Lernen, als wichtig genannt. Die meisten sind bereit, hierfür Geld und Freiheit zu opfern.

Die Beziehungen zwischen Arbeitgebern und Arbeitnehmern sind in Deutschland durch eine Vielzahl von Gesetzen geregelt, in denen versucht wird, die gegensätzlichen Interessen auszugleichen. Die Arbeitgeber wollen *atmen* können, womit gemeint ist, dass sie den Umfang der Belegschaft an die Auftragslage und die wechselnde Konjunktur anpassen möchten. Die Arbeitnehmer hingegen sind an einer gesicherten und dauerhaften Beschäftigung interessiert. Der gesetzliche Ausgleich ging vor allem in Richtung eines Schutzes der Arbeitnehmer, was zur Folge hat, dass die Unternehmer zögern, jemanden auf unbeschränkte Zeit einzustellen. Denn sie fürchten, ihn nicht wieder loszuwerden, wenn er sich als untauglich erweist oder wenn es wenig zu tun gibt. Die sämtlichen Schutzgesetze für einzelne Gruppen von Arbeitnehmern schützen immer nur diejenigen, die bereits drinnen sind, und benachteiligen alle, die draußen sind und hineinwollen, denn diese sind nicht organisiert. Die Gesetze und vor allem die Rechtsprechung zum Arbeitsrecht sind für den Laien unüberschaubar. Daher gibt es unter den Rechtsanwälten Fachanwälte nur für diese Materie. Unter anderem gibt es Gesetze für den Mindestlohn, für die Entsendung von Arbeitnehmern, für den Kündigungsschutz, für Betriebsverfassung und Personalvertretung, für die Mitbestimmung, für die Tarifverträge, für Arbeitsteilzeit und Befristung, für Entgeltfortzahlung, für Urlaub und Arbeitszeit, für Arbeitnehmerüberlassung, für den Schutz von Müttern und von Jugendlichen, für Betriebsärzte und Berufskrankheiten, gegen Schwarzarbeit und illegale Beschäftigung und so fort.

Beim Arbeitsmarkt handelt es sich, wie schon der Name sagt, um einen Markt, also um einen Ort, an dem Angebot und Nachfrage sich treffen, wo sich ein Marktpreis bildet und wo die Tendenz besteht, dass die einzelnen Arbeitgeber und -nehmer ihren Vertrag frei aushandeln. Immer, wenn sich hierbei aus politischer Sicht unerwünschte Entwicklungen einstellen, schreitet der Gesetzgeber ein, und regelmäßig wird dann versucht, diese neuen Gesetze in der einen oder anderen Form zu umgehen, was wiederum neue Gesetze hervorruft, was zu einer weiteren Unübersichtlichkeit des Ganzen beiträgt.

3.4 Verbände und Kammern

3.4.1 Interessenlage

Die Soziale Marktwirtschaft ist in Deutschland als Wirtschaftsordnung weitgehend etabliert, und im Prinzip sind alle für freien Wettbewerb. Wenn jedoch die wirtschaftliche Tätigkeit den privaten Unternehmen anvertraut wird und der Staat lediglich den rechtlichen Rahmen setzt, sind alle Einzelheiten hoch umstritten. Jedermann strebt für seinen Betrieb und für sich persönlich nach Sondervorteilen. Der Staat (worunter wir hier im allgemeinsten Sinne alle Hoheitsträger verstehen, von der Gemeinde bis zur Europäischen Union) ist hier in einem ständigen Zwiespalt. Einerseits will er die Wirtschaft im Interesse der Allgemeinheit fördern und muss einzelne Anliegen, die an ihn herangetragen werden, wohlwollend prüfen. Andererseits muss er stets die Interessen der Allgemeinheit im Auge behalten, beispielsweise an einem ausreichenden Steueraufkommen, an Gemeinschaftsgütern wie dem Umweltschutz und dem langfristig betrachteten Gemeinwohl. Und es ist zu bedenken, dass jeglicher Sondervorteil, der einer Branche oder gar einem einzelnen Unternehmen eingeräumt wird, immer dem Prinzip der Gleichheit und der Gerechtigkeit widerspricht. Wenn eine bestimmte

Gruppe geschont und bevorzugt wird, ist dies nicht nur ungerecht, sondern führt auch dazu, dass alle übrigen, die Wirtschaft oder die Gesellschaft insgesamt, umso stärker belastet werden. Bei jedem Sondervorteil kommt zudem der hässliche Vorwurf auf, der Staat und speziell die Parteien seien käuflich, korrupt. Und es werde nur für die Reichen und die Einflussreichen regiert. Es komme nur darauf an, wer am meisten zahlt und am lautesten schreit.

Schon Ludwig Erhard stellte fest, die deutsche Vereinsmeierei habe

> eine neue und gefährliche Form angenommen. Sie hat der Überzeugung Vorschub geleistet, man müsse nur starke und mächtige Organisationen aufbauen, die in der Lage sind, in politisch machtvollen Kundgebungen ihren Willen darzutun, um damit zu erreichen, dass der Staat vor interessengebundenen Forderungen kapituliert. Das Praktizieren dieser Anmaßung muss notwendigerweise den Staat zum Spielball der Interessen werden lassen. Wir haben die Pflicht, alles zurückzustellen, was auch nur entfernt nach Schutz oder Begünstigung von irgendwelchen Gruppen aussieht.

Der Ausgleich zwischen Sonderinteressen und dem Allgemeinwohl ist deshalb so schwierig, weil die besonderen Interessen stets so vorgebracht werden, als lägen sie im Sinne des Allgemeinwohls. Niemand sagt ganz platt und offen, dass er gegenüber allen anderen bevorzugt werden möchte. Stattdessen werden gern der Schutz der Verbraucher oder die Gesamtheit aller Lohnabhängigen oder die Volksgesundheit oder die kommenden Generationen vorgeschützt. Auf diese Weise wird eine Forderung gegen alle Einwände immun gemacht.

246 Erfolgsmodell Soziale Marktwirtschaft

Die Machtstellung der einzelnen Verbände ist recht unterschiedlich und vor allem für Außenstehende schwer zu erkennen. Der *Verband Verkehrswirtschaft und Logistik Nordrhein-Westfalen e.V.* verkündet auf seiner Internet-Startseite selbstbewusst: „Als Lobby reden wir nicht über Politik, wir machen sie."

Signalgebung und Legitimationsstränge in der Sozialen Marktwirtschaft, ausgehend von der Basis (private Haushalte, Wahlbürger, Parteimitglieder)

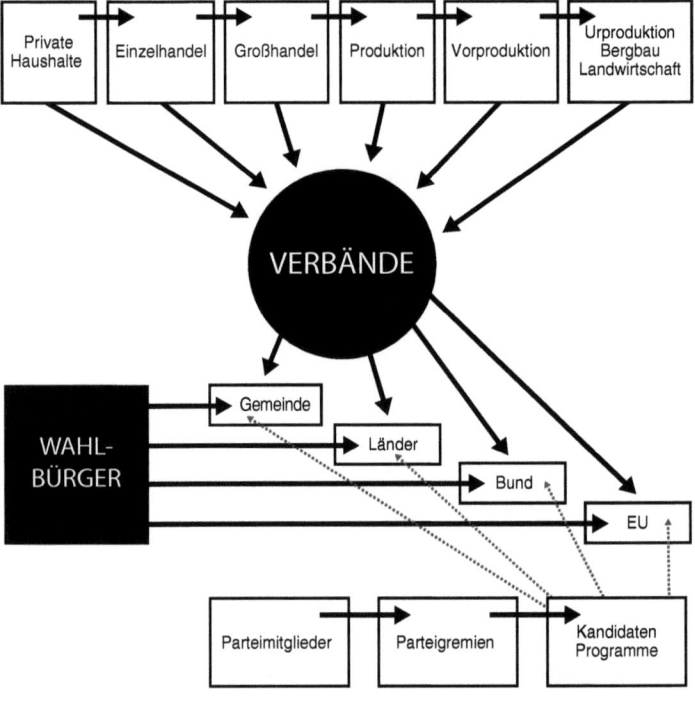

Die politische Stärke der einzelnen Geschäftszweige ist sehr hoch bei traditionsbewussten Branchen mit ausgeprägtem Standesbewusstsein und einem hohen Ansehen in der Öffentlichkeit, wie der Landwirtschaft und dem Handwerk, die traditionell in die Politik drängen und entsprechend im Parlament vertreten sind. Sehr niedrig ist die Einfluss bei der Vielzahl der kleineren Dienstleistungs-, Beratungs- und Vermittlungsberufe.

Organisiert sind immer nur die etablierten Betriebe. Nicht organisiert hingegen sind die Gesamtheit der Verbraucher, die Arbeitslosen und die Existenzgründer. Daher besteht immer die Gefahr, dass die Organisierten ihre Anliegen durchsetzen zulasten der nicht Organisierten: Die Landwirtschaft zulasten der Verbraucher, indem der europäische Markt gegen Importe abgeschirmt wird. Oder die Gewerkschaften zulasten der Arbeitslosen, indem der Lohn so hoch angesetzt wird, dass viele Arbeitswillige nicht beschäftigt werden. Oder das Handwerk zulasten der Existenzgründer, indem bei einigen zufällig ausgewählten historischen Branchen eine Meisterprüfung verlangt wird.

Viel ist von der Bedeutung des Mittelstands die Rede. In den Verbandsspitzen dominieren hingegen die tonangebenden Großunternehmen. Wird ein umfangreicher Organisationserlass für die Banken herausgegeben, so wird dieser mit der Deutschen Bank und der Commerzbank beraten, nicht hingegen mit der Volksbank Himmelpforten, deren 21 Mitarbeiter sich auf fünf Geschäftsstellen verteilen und die mit diesem umfangreichen und detaillierten Erlass nichts anzufangen weiß.

Es gibt in Deutschland rund 3,6 Millionen gewerbliche Unternehmen, 0,3 Millionen landwirtschaftliche Betriebe und rund 1,3 Millionen Angehörige der Freien Berufe, zusammen also rund 5,2 Millionen selbstständige wirtschaftliche Einheiten. Und es gibt rund 28 Millionen sozialversicherungspflichtig Beschäftigte. Für jeden von ihnen, auch die größten Betriebe, wäre es wenig aussichtsreich, sich allein mit einem Wunsch an Abgeordnete oder Regierung zu wenden – nicht nur weil ein Einzelner ganz machtlos ist, sondern auch weil es kein Gesetz zur Regelung eines Einzelfalls geben kann. Jedes Anliegen muss von einer Gruppe, einem Verband vorgebracht werden. Traditionell geschah dies in der Vorhalle des Parlaments, der Lobby, und das ganze Geschehen wird gern als *Lobbyismus* bezeichnet.

Eines der Probleme besteht darin, dass diese Vorgänge sich gewöhnlich im Verborgenen abspielen und daher ihre Bedeutung schwer abzuschätzen ist. Schon 1955 erschien von Theodor Eschenburg das einflussreiche Buch *Herrschaft der Verbände?* (Deutsche Verlagsanstalt, München), immerhin mit einem Fragezeichen versehen, weil niemand weiß, wie weit diese wirkliche oder vermeintliche Herrschaft reicht. Die Politik bemüht sich daher um eine gewisse Transparenz. § 70 der Geschäftsordnung des Deutschen Bundestages bestimmt, dass hier eine „Öffentliche Liste über die Registrierung von Verbänden und deren Vertretern" geführt wird. Diese Liste umfasst nicht weniger als 2.252 Verbände – nicht nur aus der Wirtschaft, sondern aus allen Lebensgebieten. Die alphabetische Folge beginnt mit *ABDA – Bundesvereinigung Deutscher Apothekerverbände* und endet mit *Zweirad-Industrie-Verband e.V.* In der Liste gibt es Verbandsriesen wie den *Allgemeinen Deutschen Automobil-Club e.V.* mit immerhin 18 Millionen Mitgliedern und Zwerge wie die *Allianz für Hufbearbeitung*.

Typische Anliegen der Verbände sind außer dem Streben nach Sondervorteilen für einzelne Branchen:

- die Rahmenbedingungen der Wirtschaft so zu gestalten, dass Wettbewerbsfähigkeit, Wachstum und Beschäftigung gesteigert werden,
- dass die Ökologie nicht zulasten der Ökonomie geht, dass Großvorhaben nicht am Vorkommen einzelner Tier- und Pflanzenarten scheitern und dass es ausreichen soll, für den Naturschutz Ersatzflächen bereitzustellen,
- dass Wettbewerbsverzerrungen ausgeglichen werden, wenn andere Länder die Betriebe mit öffentlichen Mitteln fördern,
- Forschung, Entwicklung und Technologie zu fördern,
- die Infrastruktur auszubauen: Straßen, Eisenbahnen (speziell für Güterverkehr), Binnenschifffahrt, Häfen, Flughäfen, Breitbandverkabelung – die heimische Region soll erschlossen und besser an den überregionalen Verkehr angebunden werden,
- Planungsverfahren zu beschleunigen, Planungssicherheit herzustellen,
- wirtschaftsfreundliches Vorgehen in den Verwaltungen, speziell im Bauamt: kein monatelanges Warten auf Baugenehmigungen bei Betriebserweiterung, Vorrang der Bearbeitung von gewerblichen Vorhaben, die der Allgemeinheit nützen, vor privaten Vorhaben,
- Freiheit bei Stil- und Geschmacksfragen, keine ästhetische Bevormundung entsprechend den Vorstellungen eines Stadtbaurats,
- die Wirtschaft weniger als bisher mit Gebühren, Steuern und Abgaben aller Art zu belasten oder diese gerechter zu verteilen,
- weniger Berichtspflichten, Stichproben statt Totalerhebungen, Rückgriff der Verwaltung auf schon vorhandene Informationen, keine Doppelprüfungen,

- Verzicht auf allzu detaillierte Vorschriften, insgesamt weniger Vorschriften, weniger Perfektionismus, weniger Bürokratie,
- keine Verbote nur aufgrund von Vorurteilen im Publikum,
- Gemeinverständlichkeit von Gesetzen und Behördenschreiben,
- Zulassen elektronischer statt schriftlicher Kommunikation.

Im Deutschen Bundestag gibt es jedes Jahr einige öffentliche Anhörungen von Verbänden, bei denen die Presse und jeder interessierte Bürger zugelassen sind – auch dies, um den Einfluss der Verbände transparent zu machen. Denn ohne Verbände geht es nicht. Es wäre beispielsweise Unfug, über die Änderung des Arzneimittelgesetzes zu beraten, ohne die Arzneimittelindustrie, die Apotheker, die Ärzte und die Krankenkassen anzuhören. Denn keiner der Abgeordneten stammt aus diesem Berufsfeld. Alle sind genötigt, ähnlich wie Rechtsanwälte fremde Anliegen zu vertreten, müssen also diese Anliegen und überhaupt die zugrunde liegenden Probleme erst einmal kennenlernen. Und die Abgeordneten müssen versuchen, die Interessen derer zu vertreten, die nicht organisiert mit am Tisch sitzen, nämlich das Interesse des Volkes, in diesem Falle das Interesse aller Patienten. Die Gefahr, dass die Politiker ein Spezialinteresse zu sehr berücksichtigen, wird dadurch vermindert, dass die Interessenlage der Beteiligten ganz unterschiedlich ist:

- Die Arzneimittelindustrie will hohe Preise und dazu eine Preisbindung: Die Endverkaufspreise sollen vom Hersteller festgesetzt werden, um einen Wettbewerb der Apotheken zu verhindern. Ebenfalls zur Behinderung des Wettbewerbs soll der Import beschränkt werden. Die hohen

Preise lassen sich überzeugend begründen, indem auf die Kosten der Forschung verwiesen wird.
- Die Apotheken wollen ebenfalls keinen Wettbewerb, aber niedrige Einkaufspreise.
- Die Ärzte wollen im Interesse der Patienten eine intensive Forschung, freien Import und die Freiheit, alle Medikamente zu verschreiben, die sie für notwendig halten.
- Die Krankenkassen, die letztlich alles bezahlen müssen, wollen niedrige Preise und eine Begrenzung der Verschreibungen.

Die Abwägung und der Ausgleich aller Interessen sind hier ähnlich wie in allen anderen Fällen nicht einfach, selbst wenn der Abgeordnete ehrlichen Herzens als Vertreter des ganzen Volkes, nicht an Aufträge und Weisungen gebunden, nur seinem Gewissen folgt, wie im Grundgesetz (Artikel 38) vorgesehen. Es soll allerdings auch Abgeordnete geben, die es für ein ganz normales Geschäft halten, wenn ein Verband durch eine kräftige Parteispende eine Gesetzesänderung einkauft. Nach § 25 des Parteiengesetzes darf aber eine Partei keine Spende annehmen, die erkennbar in Erwartung oder als Gegenleistung eines bestimmten wirtschaftlichen oder politischen Vorteils gewährt wird. Wenn allerdings der Gesetzgeber einen Anlass sieht, eine Sache zu verbieten, so darf daraus geschlossen werden, dass dergleichen vorgekommen ist.

Ebenso wie bei den öffentlichen Anhörungen wird auch bei Parteispenden versucht, den Einfluss der Verbände aus dem Dunkel zu holen. Großspenden über 50.000 Euro müssen unverzüglich beim Bundestagspräsidenten angezeigt und anschließend veröffentlicht werden. Spenden von mehr als 10.000 Euro müssen die Parteien in ihren Rechenschaftsberichten veröffentlichen. Die wirtschaftsnahen Parteien

(CSU, CDU, FDP) profitieren von Spenden stärker als die SPD. Die Grünen und die Linke müssen sich bescheiden. Unter den Spendern fallen besonders der Verband der Bayerischen Metall- und Elektroindustrie, die Deutsche Bank, Daimler, BMW, Allianz und Südwestmetall auf. In den 1980er Jahren gab es in der Bundesrepublik einen großen Skandal wegen verdeckter Parteispenden des Flick-Konzerns. Laut Flick-Manager Eberhard von Brauchitsch dienten diese Spenden der „Pflege der politischen Landschaft", was seitdem zum geflügelten Wort geworden ist.

Eher als Kuriosum ist zu vermerken, dass der größte Parteispender im Zeitraum 2003 bis 2007 nicht etwa ein Wirtschaftskonzern war, sondern Michael May, ein Bergmann aus Moers. Er ist bekennender Kommunist und wandte der *Marxistisch-Leninistischen Partei Deutschlands* immerhin 2,6 Millionen Euro zu, aus einer Erbschaft. Trotz dieser üppigen finanziellen Ausstattung erreichte diese Partei bei der Bundestagswahl 2009 nur 0,1 Prozent der Zweitstimmen. Hier wird deutlich, dass großzügige Parteispenden, auch der Verbände, letztlich doch nur eine begrenzte Wirkung haben, zumal sich die Parteien nur zu etwa 15 Prozent durch Spenden finanzieren.

Eine wichtige Aufgabe der Verbände besteht darin, die Interessen zu *bündeln*, nämlich aus den unzähligen Einzelinteressen ein Gesamtinteresse zu formulieren. Wenn der neue Verbandsgeschäftsführer bei den 15 leitenden Betrieben einen Antrittsbesuch macht, werden ihm diverse Geschichten erzählt zu dem Generalthema, wie leistungsfähig der jeweilige Betrieb ist und wie einzelne Bürokraten die Arbeit behindern, was für „Quatschköpfe" im Rathaus sitzen und welche „hirnrissigen Ansichten" im Ministerium vertreten werden. In ähnlicher Richtung verlaufen die Diskussionsbeiträge in der Verbandsversammlung und beim anschließenden Plausch in der Bar. Der Geschäftsführer muss nun versuchen, hieraus einen sachlichen Vorschlag zu destillieren, der von allen persönlichen und emotionalen Beigaben gereinigt ist. Im idealen Fall lässt er sich als eine Konkretisierung eines von der Landesregierung schon lange vertretenen Anliegens darstellen. Dieser Vorschlag wird in der nächsten Sitzung des Verbandsvorstands verabschiedet und dann der Regierung, den örtlichen Abgeordneten und der Presse zugeleitet. Dabei ist die Presse besonders wichtig, denn nur was in der Öffentlichkeit diskutiert wird, gilt als politisches Problem, das nach einer Lösung verlangt. Wichtig ist in der Öffentlichkeitsarbeit, dass die jeweilige Organisation im Lauf der Jahre eine gewisse Kontinuität zeigt und ständig für bestimmte Werte steht und bestimmte Kompetenzen zeigt, für die sie dann als Ansprechpartner gilt.

Der Geschäftsführer des Verbandes ist gewöhnlich Volkswirt oder Jurist, und dementsprechend stellt er primär die (segensreichen) wirtschaftlichen Wirkungen des Vorschlags vor, oder er weiß, wie dieser in die vorhandene Gesetzgebung einzubauen wäre. Er spricht also nicht im eigenen Namen, sondern ebenfalls als Anwalt fremder Anliegen, was zur Versachlichung der Debatte beiträgt. Aus diesem Grund haben die meisten Verbände eine Doppelspitze: den ehrenamtlichen Präsidenten oder Vorsitzenden, der die Ansprachen hält und die Sitzungen leitet, und den Geschäftsführer als Sekretär.

Der Hauptamtliche und seine Mannschaft sind ferner in der Pflicht bei einer weiteren, mindestens ebenso wichtigen Verbandsaufgabe, nämlich der Förderung der Mitglieder. Dabei kann es um die Weiterbildung gehen, oft auch um Beratung, also die Beantwortung von Fragen aller Art. Denn die mittelständischen Betriebe haben keinen Spezialisten und wenden sich bei Problemen erst einmal an den Verband. Das reicht von relativ einfachen Fragen wie „Die Stadt will unsere Straße umbenennen. Dann muss ich alle meine Drucksachen ändern. Dürfen die das so einfach?" (Antwort: Ja, dürfen sie). Ausgesprochen knifflig ist hingegen eine andere Frage: Der Unternehmer schildert ein größeres Investitionsvorhaben und will wissen, ob eine finanzielle Förderung aus öffentlichen Programmen in Betracht kommt und wo diese zu beantragen sei. Dies erfordert eine eingehende Prüfung, denn die Anzahl der Förderprogramme des Landes, des Bundes und der Europäischen Union ist nahezu unübersehbar, und bei jedem Programm gibt es andere Konditionen. Nicht selten gilt es, das Vorhaben umzudefinieren und von einer ganz neuen Seite aus zu beschreiben, damit es in ein Programm hineinpasst. Außerdem kann der Geschäftsführer diskret beim Ministerium erkunden, ob der betreffende Fördertopf schon leergelöffelt ist oder ob noch Mittel zur Verfügung stehen. Wenn er dies tut, kann er insbesondere bei den EU-Programmen Überraschungen erleben: Für jedes Programm gibt es irgendwo einen Referenten. Wenn das Programm lebhaft in Anspruch genommen wird, gilt es als erfolgreich, und der Referent kann stolz sein. Kommen hingegen kaum nennenswerte Anträge, so gilt dies als enttäuschend. Es kann daher vorkommen, dass der Referent den Antragsteller fragt, ob nicht das ganze Vorhaben doppelt so groß ausfallen könnte, damit mehr Mittel abfließen.

3.4.2 Die Tarifpartner

Im Einzelnen gibt es bei den Verbänden zunächst einmal die Tarifpartner, die eine grundgesetzlich (Artikel 9, Absatz 3) gesicherte Stellung haben, nämlich die Arbeitgeberverbände und die Gewerkschaften. Sie streiten um Lohnerhöhungen, Arbeitszeiten und die weitere Ausgestaltung der Arbeitsverhältnisse. Hier gibt es ein festgelegtes Ritual. Die Verhandlungen dauern immer bis nachts um drei, damit klar wird, dass man bis zur Erschöpfung gerungen hat. Die Gewerkschaft fordert sieben Prozent Lohnerhöhung, was die Arbeitgeber als völlig unmöglich ablehnen. Sie bieten zwei Prozent, was die Gewerkschaften als Verhöhnung der Arbeiter betrachten. Es werde endlich Zeit, die Arbeiter am unbestreitbaren Wirtschaftserfolg, den hohen Gewinnen teilhaben zu lassen. Zum Schluss einigen sie sich auf vier Prozent und eine Einmalzahlung von 300 Euro, was beide Seiten als gerade noch annehmbar bezeichnen.

In aller Regel können die beiden Tarifparteien sich einigen. Im internationalen Vergleich sind in Deutschland Streiks sehr selten. Dies ist ein hiesiger Standortvorteil, denn Streiks sind wegen des Produktionsausfalls für die Arbeitgeber recht teuer. Aber auch für die Gewerkschaft wird ein Streik teuer, denn sie hat den Streikenden einen Ersatz für den Lohnausfall zu zahlen, das Streikgeld. Die Seltenheit von Streiks trägt zu einer stabilen Grundlage der gesamten Wirtschaft bei. Beide Seiten betrachten sich eher als Gefahren- und Risikogemeinschaft und nicht als absolute Gegner wie in vielen anderen Staaten. Allerdings ist der Anteil der in einer Gewerkschaft organisierten Arbeitnehmer (Organisationsgrad) von 34 Prozent (1960) auf 21 Prozent (2000) zurückgegangen, was einem Trend zur Individualisierung entspricht: Jeder kämpft für sich allein. Außerdem hat sich die Wirtschaft stark auf die zahlreichen kleinen Dienstleistungsbetriebe verlagert, wo traditionell die Gewerkschaften eine geringere Rolle spielen als in den großen Industrieunternehmen. In der Politik sind die Gewerkschaften gleichwohl einflussreich, nicht zuletzt weil zahlreiche Bundestagsabgeordnete gewerkschaftlich organisiert sind, auch wenn dieser Anteil in den letzten Jahrzehnten von der Hälfte auf rund ein Drittel zurückgegangen ist.

Der *Deutsche Gewerkschaftsbund* als Dachorganisation der Einzelgewerkschaften versteht sich als Stimme der Arbeitnehmer gegenüber politischen Entscheidungsträgern in Bund, Ländern und Gemeinden und koordiniert die gewerkschaftlichen Aktivitäten. Sein Gegenüber ist die *Bundesvereinigung der Deutschen Arbeitgeberverbände*, die die Interessen sämtlicher Branchen der deutschen gewerblichen Wirtschaft vertritt und sich ebenfalls der politischen Einflussnahme verschrieben hat.

Jahrzehntelang war für die Belegschaft eines Betriebes eine einzige Gewerkschaft zuständig, und diese verhandelte mit den Arbeitgebern. Neuerdings melden sich Gewerkschaften einzelner Berufssparten, wie etwa die Gewerkschaft der Lokomotivführer, die nur einen kleinen Teil der Belegschaft vertreten, aber mit Streik den ganzen Betrieb lahmlegen können. Unter den Juristen ist umstritten, welche Rechte diese Spartengewerkschaften haben können und inwiefern mit Rücksicht auf das Gemeinwohl das grundgesetzlich gesicherte Koalitionsrecht eingeschränkt werden darf.

Nicht nur die Gewerkschaften, sondern auch große und erfolgreiche Unternehmen haben ein Interesse an kräftigen tariflichen und für die ganze Branche verbindlichen Lohnerhöhungen, weil sie auf diese Weise schwache Wettbewerber aus dem Markt drängen können. Sie selbst fangen die Lohnerhöhungen durch vermehrten Kapitaleinsatz auf, aber die schwachen Betriebe haben hierfür kein Kapital und müssen aufgeben. Sie gelten als Unruhestifter, weil sie in der Nähe des drohenden Untergangs dazu neigen, weit unter Kosten anzubieten, nur um an irgendwelche Aufträge zu kommen, die sie bei der Bank vorzeigen können, um einen Überbrückungskredit zu erhalten. Die Tariflöhne, zumal wenn sie für allgemeinverbindlich erklärt werden, haben insofern die Wirkung eines Kartells: Der Wettbewerb wird untersagt, weil niemand unter diesen Mindestlöhnen abschließen darf. Entsprechend viele Betriebe müssen aufgeben, und entsprechend viele Arbeitnehmer bleiben arbeitslos. Einzelne Unternehmen, vor allem aus den neuen Bundesländern, treten deshalb aus dem Arbeitgeberverband aus oder lösen diesen auf, um nicht an die relativ hohen Tariflöhne gebunden zu sein, wenn viele Bewerber vor der Tür stehen, die bereit sind, zu geringeren Löhnen zu arbeiten. Auf dem Arbeitsmarkt gibt es wie auf jedem anderen Markt einen Gleichgewichtspreis, bei dem sich Angebot und Nachfrage decken. Und wie bei jedem anderen Markt geht die Nachfrage zurück, wenn ein Mindestpreis verlangt wird, der über dem Gleichgewichtspreis liegt.

Weil die Mitgliederzahlen der Gewerkschaften zurückgehen, ist diese Seite bestrebt, gesetzliche anstatt der tarifvertraglichen Regelungen einzuführen. So wurde zum 1. Januar 2015 ein gesetzlicher Mindestlohn von 8,50 Euro pro Stunde eingeführt. Dies führte zu einem großen Verwaltungsaufwand bei den Betrieben, weil jetzt die gearbeiteten Stunden und die Stunden der Bereitschaft genau erfasst werden müssen. Gravierender ist die Wirkung auf den Arbeitsmarkt: Das *Institut für Arbeitsmarkt- und Berufsforschung* der *Bundesanstalt für Arbeit* stellte im März 2016 fest, dass der Mindestlohn etwa 60.000 Stellen gekostet habe. In diesem Umfang haben die Betriebe darauf verzichtet, neue Jobs zu schaffen.

Ein beliebtes Argument der Gewerkschaften ist, Lohnerhöhungen seien notwendig, um die Massenkaufkraft zu stärken und damit die Wirtschaft stabil zu halten. Dies ist allerdings in der Wissenschaft umstritten. Denn ebenso wie die Erhöhung der Kaufkraft aktivierend auf die Wirtschaft wirkt, so wirkt die Lohnerhöhung, als Kostenerhöhung der Unternehmen, bremsend.

Eine weitere Verbandsaufgabe der Tarifparteien ist die gerichtliche Vertretung. Der Gewerkschaftssekretär und der Geschäftsführer des Arbeitgeberverbandes treffen mehrmals wöchentlich beim Arbeitsgericht aufeinander, denn heute nimmt kaum jemand eine Kündigung einfach so hin, sondern man will wenigstens ein gutes Zeugnis und eine Abfindung herausschlagen.

3.4.3 Die Fachverbände

Daneben gibt es die Branchenverbände. In Deutschland gibt es für jede beliebige Tätigkeit, außer dem Atmen, einen Fachverband, und so auch für jeglichen Wirtschaftszweig. Man trifft sich im lokalen Einzelhandelsverband unter Wettbewerbern, aber eben auch unter Kollegen, die viele gemeinsame Interessen haben: Wie können wir die Fußgängerzone noch attraktiver gestalten? Gibt es genügend Parkplätze? Wie sieht die Werbung für unsere Stadt als Einkaufsstadt aus? Wie entwickeln sich die Geschäftsmieten? Und nicht zuletzt Klatsch und Gerüchte: Wer will aufgeben? Wer kommt neu hinzu? Ähnlich geht es im Fremdenverkehrsverband zu, der mit der städtischen Wirtschaftsförderung verhandelt und die gemeinsamen Interessen wahrnimmt. – Die zahlreichen Industrieverbände hingegen sind bundesweit organisiert. Die Mitglieder des *Bundesverbandes der Deutschen Gießereiindustrie* treffen sich auf dem Deutschen Gießereitag 2017 in Düsseldorf oder auf der 5. Kupolofenkonferenz in Saarbrücken. Hier sind die Fachleute unter sich. Für die große Politik gibt es den *Bundesverband der Deutschen Industrie* als Spitzenverband zahlreicher Industriegruppen, den *Handelsverband Deutschland* (früher: Hauptgemeinschaft des Deutschen Einzelhandels), zu dem rund 400.000 selbstständige Unternehmen gehören, und zahlreiche weitere Spitzenverbände, die alle um politischen Einfluss ringen.

3.4.4 Die Kammern

Ganz andere Aufgaben haben die berufsständischen Kammern. Die Industrie- und Handelskammern vertreten jeweils die gesamte gewerbliche Wirtschaft (mit Ausnahme des gesondert organisierten Handwerks) einer Region. Gesetzliche Grundlage ist das *Gesetz zur vorläufigen Regelung des Rechts der Industrie- und Handelskammern* vom 18. Dezember 1956. Das Wort *vorläufig* weist darauf hin, dass in den ersten Jahren der Bundesrepublik heiß umstritten war, wie weit die Gewerkschaften als Vertreter der Arbeitnehmerschaft mitwirken sollten. Hier wurde, auch in den Kammern, eine paritätische Mitbestimmung gefordert, also gleich viele Vertreter beider Seiten, des Kapitals und der Arbeit, als Demokratisierung der Wirtschaft. Diese Parität gilt heute nur noch im Bereich der betrieblichen Berufsausbildung. Die Kammern können mit dem Wort *vorläufig* im Namen ihres Gesetzes seit Jahrzehnten gut leben und hüten sich, dies etwa durch eine Gesetzesänderung streichen lassen zu wollen. Denn dann gäbe es im Bundestag eine Generaldebatte, von der niemand weiß, wie sie enden würde. Eher als Kuriosum gibt es in Bremen und im Saarland Arbeitnehmerkammern.

Die *Industrie- und Handelskammer Stade für den Elbe-Weser-Raum* beispielsweise umfasst die fünf Landkreise zwischen den Oberzentren Hamburg und Bremen mit 47.000 Unternehmen. Sie beging 2016 ihr 150-jähriges Jubiläum, wie denn alle Kammern eine ehrwürdige Tradition haben. Nach der Verordnung über die Errichtung von Handelskammern im Königreich Hannover vom 7. April 1866 hatten diese „die Bestimmung, zur Förderung des Handels, der Industrie und der Schifffahrt beizutragen." Sie sollten der königlichen Verwaltung ihre Beobachtungen mitteilen und diese mit Vorschlägen zur Förderung der Wirtschaft verbinden. Ähnlich ist es noch heute: Die Industrie- und Handelskammern haben gegenüber der Politik und der Öffentlichkeit das Gesamtinteresse der Wirtschaft ihres Bezirks zu vertreten. Bei Großvorhaben wie dem Bau von Häfen oder Autobahnen sind sie oft die einzigen, die das Vorhaben nachdrücklich vorantreiben, während die Verbände, insbesondere die des Naturschutzes, ihre Bedenken äußern. Die Kammern fördern und beraten ihre Mitgliedsbetriebe, wobei dieser Rat vor allem von den kleinen Mittelständlern gesucht wird, die keine eigenen Spezialisten im Haus haben. Finanziert werden die Kammern vor allem von den Kreditinstituten und Großbetrieben. Insofern findet eine Verteilung von oben nach unten statt. Vorrangig geht es um die Beratung der Betriebe in allen Fragen des Umgangs mit Behörden und Verwaltungen, und umgekehrt um deren Beratung in wirtschaftlichen Fragen.

Heute sind die Kammern durch Bundesgesetz errichtet und insofern auf das Gemeinwohl verwiesen. Dies zeigt sich bei den Industrie- und Handelskammern vor allem darin, dass sie sich als marktwirtschaftliches Gewissen der Wirtschaft betrachten, vor allem in der Wettbewerbspolitik. Sie versuchen nicht, den Zugang neuer Betriebe zu erschweren, sondern im Gegenteil: Sie ermutigen und beraten die Existenzgründer.

Ihre wichtigste Aufgabe ist die Organisation der betrieblichen Berufsausbildung, von der Eintragung der Ausbildungsverträge über die Schlichtung von Streitigkeiten, die ständige Beratung bis hin zu den Abschlussprüfungen, wozu die ehrenamtlichen Prüfer aus den Betrieben beurlaubt werden müssen. Die betriebliche Berufsausbildung gilt international als große Stärke der deutschen Wirtschaft, weil hier nicht in Akademien ausgebildet wird, sondern in der Praxis für die Praxis, also nach den jeweils aktuellen betrieblichen Erfordernissen. Hinzu kommt bei den Kammern eine umfangreiche Fort- und Weiterbildung vor allem in jenen Sparten, die nicht von den gewerblichen Fortbildungsfirmen wahrgenommen werden, dies betrifft beispielsweise die Langzeitseminare zur Ausbildung der Industriemeister und damit der mittleren Führungsebene in den großen Betrieben.

Für die Bundespolitik haben die Kammern am Sitz der Bundesregierung als Spitzenorganisation den *Deutschen Industrie- und Handelskammertag* gebildet. Er hält den Kontakt zu Regierung, Parlament und zur Hauptstadtpresse. Die Geschäftsführer der regionalen Kammern treffen sich regelmäßig in Berlin und berichten anschließend daheim in der Provinz, was sich in der Bundespolitik und der Europapolitik tut, und umgekehrt berichten sie in Berlin von den Problemen der mittelständischen Betriebe. – Für eine Vielzahl von Ländern gibt es die Auslandskammern, beispielsweise die *Deutsch-Finnische Handelskammer*. Diese beraten die deutschen Betriebe in Bezug auf den Einstieg in den Markt des jeweiligen Landes und die dortigen Eigenheiten.

Ähnliche Aufgaben wie die Handelskammern haben die Handwerkskammern und die Kammern der Freien Berufe. Grundgedanke bei ihrer Einrichtung nach der Zeit des Nationalsozialismus war, die wirtschaftsnahen hoheitlichen Aufgaben den Organen der wirtschaftlichen Selbstverwaltung zu übertragen. Denn die Freiheit wird umso stärker gesichert, je mehr die Macht verteilt wird, so lautete die Erfahrung nach der Diktatur im Dritten Reich. Die Kammern unterliegen zwar der Rechtsaufsicht der Landesministerien, nicht aber der Fachaufsicht. Sie sind daher in ihrer Meinungsbildung frei, auch gegenüber der Landesregierung, zu der sie einen engen Kontakt pflegen. Das letzte Wort in allen inhaltlichen, personellen und finanziellen Fragen liegt jeweils bei einer demokratisch von allen Kammerzugehörigen gewählten Vollversammlung. Diese wählt den Präsidenten und bestellt den Hauptgeschäftsführer, die jeweils gemeinsam die Kammer nach außen vertreten. Die Kammern gehören also zu den wenigen öffentlich-rechtlichen Körperschaften, die von den politischen Parteien unabhängig sind. Gleichzeitig entlasten sie den Staat von zahlreichen Aufgaben. Ein staatliches Prüfungsamt zum Abschluss der betrieblichen Ausbildung wäre mit Sicherheit sehr viel teurer als die jetzige Regelung mit ehrenamtlichen Prüfern.

Weil die Kammern eine Vielzahl hoheitlicher Aufgaben erfüllen, sind sie als öffentlich-rechtliche Körperschaft verfasst, der alle Betriebe pflichtmäßig angehören müssen, denn ein privater Verein könnte nicht hoheitlich tätig werden. Gegen diese von den Gegnern so genannte Zwangsmitgliedschaft wird von einzelnen Mitgliedern immer wieder geklagt. Diese Frage wurde vom Bundesverfassungsgericht für die Industrie- und Handelskammern mit Beschluss vom

7. Dezember 2001 (Aktenzeichen (1 BvR 1806/1898) im bestätigenden Sinne geklärt:

> Der Staat darf sich bei der öffentlichen Aufgabe der Wirtschaftsförderung der Hilfe von aus der Wirtschaft selbst herausgebildeten Selbstverwaltungseinrichtungen bedienen.

Hier geht es um die beiden Aufgabenkomplexe der Vertretung der gewerblichen Wirtschaft und um die Wahrnehmung von Verwaltungsaufgaben auf wirtschaftlichem Gebiet.

> Die Pflichtmitgliedschaft hat eine freiheitssichernde und legitimatorische Funktion, weil sie auch dort, wo das Allgemeininteresse einen gesetzlichen Zwang verlangt, die unmittelbare Staatsverwaltung vermeidet und stattdessen auf die Mitwirkung der Betroffenen setzt.

Literatur

Erhard, Ludwig. 1957. *Wohlstand für Alle*. Düsseldorf: Econ-Verlag GmbH.

Oppenheimer, Franz. 1957. Erlebtes, Erstrebtes, Erreichtes – Lebenserinnerungen. Düsseldorf; Joseph Melzer Verlag.

Thurow, Lester C. 1998. *Die Zukunft des Kapitalismus*. Düsseldorf: Metropolitan Verlag

4

Ordnungspolitische Sonderbereiche

Wie erfolgreich die Arbeit der Verbände war und ist, lässt sich am einfachsten daran ablesen, dass in Deutschland für eine umfangreiche Liste von Geschäftsbranchen ein Teil der üblichen marktwirtschaftlichen Regeln ganz legal mit Gesetzeskraft aufgehoben worden ist. Das Ziel, das mit unterschiedlichsten Begründungen verfolgt wird, ist immer dasselbe, nämlich die jeweilige Klientel möglichst vor einem allzu harten Wettbewerb zu verschonen. Zu diesem Zweck wird beispielsweise der Zugang zum Gewerbe durch eine möglichst schwierige Prüfung erschwert, also insofern die Gewerbefreiheit eingeschränkt. Oder der Wettbewerb im Einzelhandel wird gemindert, indem die Endverkaufspreise vom Hersteller vorgeschrieben werden. Oder die Einzelhändler dürfen nur Produkte eines einzigen Herstellers verkaufen. Oder es gibt örtlich geschützte Bezirke, in denen nur ein einziger Händler tätig sein darf. Oder die öffentliche Hand wird selbst wirtschaftlich tätig, bürgt notfalls für alle Schulden und tritt mit den Privaten in einen ungleichen Wettbewerb. Oder Großunternehmen werden gestützt, um eine regionale Massenarbeitslosigkeit zu vermeiden. Oder ganze Branchen, die volkswirtschaftlich gesehen aus Unternehmen bestehen wie alle anderen auch, werden nicht zum Gewerbe gezählt und werden daher von der Gewerbesteuer verschont.

Ein sehr wichtiges Argument ist in jedem Fall die Tradition: Es war schon immer so, und jedermann hat sich hiermit eingerichtet. Es ist sehr schwer, jahrzehnte- oder gar jahrhundertealte Besitzstände zu kappen. Hierzu wäre in der Gründungsphase der Bundesrepublik Gelegenheit gewesen, aber was damals versäumt wurde, lässt sich jetzt kaum nachholen, denn die Ausnahmen von der Regel haben sich in sieben Jahrzehnten verfestigt. Segensreich ist hier der Einfluss der Europäischen Union, der immer dahin geht, im Binnenmarkt zugunsten der Konsumenten einen möglichst freien Wettbewerb herzustellen und nationale Schutzmauern zu schleifen. Hier findet auch die Macht der Verbände ihre Grenzen. Sie können auf den Bundestag Einfluss nehmen, aber nur schwer auf die Europäische Kommission, das Europaparlament oder gar den Europäischen Gerichtshof. Die EU verhandelt nur mit europaweiten Interessenverbänden. Aber es ist gar nicht einfach, einen Verband aus den 28 (demnächst ohne Großbritannien 27) Mitgliedsstaaten zu organisieren und ein gemeinsames Interesse zu formulieren, denn fast alles wird in den einzelnen Staaten unterschiedlich gesehen, einfach weil es regional unterschiedliche Traditionen gibt. Insbesondere ist es kaum möglich, einen europaweiten Verband für deutsche Besonderheiten einzuspannen, die anderswo niemand kennt.

Die Europäische Union verfolgt in wirtschaftlicher Hinsicht ein klar definiertes Fernziel: Der gesamte Raum aller Mitgliedsstaaten soll zu einem einzigen Raum zusammenwachsen, als wenn es gar keine nationalen Grenzen mehr gäbe: dem Europäischen Binnenmarkt. In diesem Raum gibt es dann einen allumfassenden Wettbewerb ohne ordnungspolitische Sonderbereiche, ohne geschützte Ausnahmen. Grundlegend ist hier Artikel 3, Absatz 3 des Vertrages über die Europäische Union:

> Die Union errichtet einen Binnenmarkt. Sie wirkt auf die nachhaltige Entwicklung Europas auf der Grundlage eines ausgewogenen Wirtschaftswachstums und von Preisstabilität, eine in hohem Maße wettbewerbsfähige soziale Marktwirtschaft, die auf Vollbeschäftigung und sozialen Fortschritt abzielt, sowie ein hohes Maß an Umweltschutz und Verbesserung der Umweltqualität hin.

Nach Artikel 4, Absatz 3 dieses Vertrages haben die Mitgliedsstaaten alle geeigneten Maßnahmen in dieser Richtung zu ergreifen. Dabei haben sie allerdings einen weiten Spielraum des Ermessens.

In diesem Binnenmarkt soll es vier Grundfreiheiten geben:

1. *Der Freie Warenverkehr:* Alles, was irgendwo in der EU legal hergestellt wird, kann ohne Beschränkungen im gesamten Gebiet verkauft werden. Im Vertrag über die Arbeitsweise der Europäischen Union (AEUV) ist dies in den Artikeln 28, 30, 34 und 35 geregelt.

2. *Die Personenfreizügigkeit:* Jedermann kann irgendwo in der EU seinen Wohnsitz nehmen und als Arbeitnehmer oder als Unternehmer tätig werden (Artikel 21, 45 und 49 AEUV).
3. *Die Dienstleistungsfreiheit:* Jeder Unternehmer mit Sitz in einem Mitgliedsstaat kann seine Dienstleistungen auch in allen anderen Mitgliedsstaaten anbieten (Artikel 56 AEUV).
4. *Der Freie Kapital- und Zahlungsverkehr:* Jedermann kann Gelder und Wertpapiere in beliebiger Höhe zwischen den Mitgliedsstaaten und weiteren Staaten (Drittstaaten) übertragen (Artikel 63 AEUV).

Alle Beschränkungen dieser vier Freiheiten sind verboten. Die noch bestehenden Ausnahmen werden nach und nach beseitigt. Jeder Mitgliedsstaat ist allerdings versucht, zum Schutz der eigenen Bevölkerung, seiner Wirtschaft oder sonstiger Interessen diese Bestrebungen zu unterwandern. In diesen Fällen kann der Europäische Gerichtshof angerufen werden.

Die vier Grundfreiheiten sind bisher in sehr unterschiedlichem Maß realisiert worden. Der Freie Warenverkehr und die Personenfreizügigkeit sind weitgehend erreicht. Große Schwierigkeiten gibt es hingegen noch bei der Dienstleistungsfreiheit, den grenzüberschreitenden Dienstleistungen, beispielsweise, wenn ein niederländischer Steuerberater für einen Klienten in Deutschland tätig werden will. In diesen Fällen setzen sich die Verbände für einen Schutz der nationalen Anbieter ein.

Dem soll die *Richtlinie des Europäischen Parlaments und des Rates über Dienstleistungen im Binnenmarkt* vom 12. Dezember 2006 entgegenwirken. Diese Richtlinie 2006/123/EG umfasst alle entgeltlichen Tätigkeiten und wird als wichtiger Bestandteil der Lissabon-Strategie betrachtet, die seinerzeit vorsah, Europa bis zum Jahr 2010 zum wettbewerbsfähigsten und dynamischsten wissensbasierten Wirtschaftsraum der Welt zu entwickeln. Nach der klassischen Theorie des Außenhandels führt eine Öffnung der Grenzen immer zu einer erhöhten Effizienz, weil jeder gezwungen ist, sich im erweiterten Wettbewerb zu behaupten, und weil alle Teilnehmer sich auf ihre nationalen Stärken besinnen müssen, was dann auch allen anderen zugutekommt.

Diese Dienstleistungsrichtlinie stellt fest,

> dass der Binnenmarkt einen Raum ohne Binnengrenzen umfasst, in dem der freie Verkehr von Dienstleistungen gewährleistet ist. Die Beseitigung der Beschränkungen für die Entwicklung von Dienstleistungstätigkeiten zwischen den Mitgliedsstaaten ist ein wichtiges Mittel für ein stärkeres Zusammenwachsen der Völker Europas. Gegenwärtig hindert eine große Anzahl von Beschränkungen im Binnenmarkt Dienstleistungserbringer, insbesondere kleine und mittlere Unternehmen, daran, über ihre nationalen Grenzen hinauszuwachsen und uneingeschränkt Nutzen aus dem Binnenmarkt zu ziehen. Ein freier Markt würde für die Verbraucher größere Auswahl und bessere Dienstleistungen zu niedrigeren Preisen bedeuten. Es ist daher erforderlich, die Beschränkungen zu beseitigen.

Dabei ist immer beides gemeint: einerseits der Unternehmer, der seinen Sitz in einen anderen EU-Staat verlegen will, und andererseits der Unternehmer, der seinen Sitz beibehält und grenzüberschreitend für ausländische Kunden tätig werden will.

Obwohl sich alle Parteien des Deutschen Bundestages mehr oder minder deutlich als Europaparteien in Szene setzen, gehört Deutschland durchaus nicht zu den Musterknaben bei der Umsetzung dieser Richtlinie und tut sich unverändert schwer, die Grenzen für ausländische Dienstleister zu öffnen. Am 27. Oktober 2011 verklagte die Europäische Kommission Deutschland, Österreich und Griechenland, weil diese drei Mitgliedsstaaten die Dienstleistungsrichtlinie nur unvollständig umgesetzt hatten.

Der generelle Trend in ganz Europa geht also in Richtung eines freien Wettbewerbs zugunsten der Verbraucher und zugunsten Europas insgesamt, nämlich dessen weltweiter Wettbewerbsfähigkeit. Gleichwohl gibt es in Deutschland eine lange Reihe von Geschäftszweigen, denen lediglich aus historischen Gründen eine ordnungspolitische Sonderstellung zuerkannt wird, beispielsweise indem sie von der Gewerbesteuer befreit sind, indem zulasten des Publikums Mindestpreise vereinbart werden dürfen, indem der Zugang zur selbstständigen Tätigkeit an strenge Prüfungen gebunden wird oder indem die Betriebe vor ausländischen Wettbewerbern geschützt werden. Die jeweiligen Verbände finden wohlklingende Worte, um zu begründen, weshalb dies angeblich im Allgemeininteresse liegt und gar nicht anders sein könnte. Die wichtigsten Begründungen für eine ordnungspolitische Sonderstellung und die entsprechenden Geschäftszweige sind die folgenden.

4.1 Kein Gewerbe

Aus volkswirtschaftlicher Sicht ist jeder, der als Selbstständiger auf eigene Rechnung arbeitet und dem Publikum irgendwelche Produkte oder Dienstleistungen anbietet, ein Unternehmer. Insofern wäre es naheliegend, sie alle als Gewerbetreibende zu betrachten und zu besteuern. Stattdessen gibt es große Gruppen von selbstständig Wirtschaftenden, die nicht als Gewerbe gelten und daher auch keine Gewerbesteuer zahlen. Es handelt sich um die beiden großen Gruppen der Land- und Forstwirte und der Freien Berufe. Dabei kann die Abgrenzung zum Gewerbe schwierig sein. Die Kutterfischer gehören zur Landwirtschaft (also kein Gewerbe), die Hochseefischer zur Industrie (also Gewerbe). Wenn ein Landwirt *Ferien auf dem Bauernhof* anbietet oder einen Hofladen eröffnet, kann es passieren, dass plötzlich der ganze Betrieb, einschließlich der Landwirtschaft, zum Gewerbe gezählt wird und Gewerbesteuer zahlen muss. Anders ist es beim Steuerberater. Wenn er betriebswirtschaftlich berät, bleibt er Freiberufler, zahlt also keine Gewerbesteuer. Wenn dieselbe Beratung von einem Unternehmensberater kommt, gilt dies als Gewerbe.

Die Unterscheidung von gewerblichen und nichtgewerblichen Tätigkeiten bietet interessante Gestaltungsmöglichkeiten. Wenn jemand Forstwirtschaft und ein Sägewerk betreibt, verlegt er die Gewinne möglichst in die Forstwirtschaft, denn Land- und Forstwirtschaft werden weit schonender besteuert als das Gewerbe, hier das Sägewerk.

Für diese Ausnahmen von der Gewerbesteuer, die Land- und Forstwirte und die Freiberufler, gibt es keine systematische Begründung, sondern nur eine historische: die Herkunft. Einen ersten Hinweis gibt die Tatsache, dass das Erste Buch des Handelsgesetzbuchs aus dem Jahre 1861 den Titel *Handelsstand* trägt: Es ist ein Gesetzbuch für einen der Stände, die bis in das 20. Jahrhundert hinein die Gesellschaft bildeten, gliederten und sich vor allem streng gegeneinander abschotteten, nicht zuletzt durch das Streben nach einer standesgemäßen Heirat, das heißt nur innerhalb desselben Standes und dort möglichst *nach oben*, in einen höheren Status als den elterlichen. Diese Stände waren in etwa:

- die Führungsschicht aus Adel, Offizieren und Großagrariern,
- das Bildungsbürgertum, das ein humanistisches Gymnasium und ein Universitätsstudium durchlaufen hatte,
- der Handelsstand aus Inhabern bedeutender in das Handelsregister eingetragener Firmen,
- der Bauernstand,
- der Mittelstand aus Handwerkern und kleineren Einzelhändlern,
- der Arbeiterstand und
- eine Unterschicht aus fahrendem Volk, Dieben und Prostituierten.

4.1.1 Landwirtschaft

In der nach Ständen gegliederten Gesellschaft kam kein Bauer auf den Gedanken, sich als gewerblicher Unternehmer zu betrachten, und in der Tat fehlte und fehlt ihm das wichtigste Merkmal des Unternehmers oder Kaufmanns: der Primat des rechenhaft kalkulierenden Denkens. Wie wir gesehen haben, stellt der Unternehmer zunächst für jedes Gut die Kosten fest, die er mindestens erlösen muss, und strebt eine irgendwie geartete Alleinstellung an, die ihm, als Quasi-Monopolisten, eine kleine Monopolrente als Gewinn beschert. Dies ist für den Landwirt nicht möglich. Er erzeugt Rohstoffe wie

Milch, Weizen und Schweinefleisch, die ebenso aussehen und beschaffen sind wie weltweit die Erzeugnisse aller anderen Bauern, also homogen sind. Der Preis dieser Rohstoffe bildet sich heute auf einem internationalen Markt und ist für den einzelnen Landwirt eine gegebene Größe, die er nicht beeinflussen kann. Insofern ist die Landwirtschaft dem Bergbau vergleichbar, der Rohstoffe aus der Natur entnimmt. Weil der Preis gegeben ist, gibt es für den Landwirt nur die erzeugte Menge als veränderbare Größe. Er denkt traditionell nicht in Umsatz und Rendite, sondern in Hektarerträgen. Gelegentlich ist von einer *Ablieferungsmentalität* die Rede: Es geht nur um die erzeugte Menge.

Wenn die vorgegebenen Preise fallen, weil im gesamten Markt zu viel produziert wird, kommt es leicht zu einer verhängnisvollen Fehlreaktion: Anders als der Kaufmann, der jetzt die Produktion mindern oder einstellen würde, möchte der Landwirt sein bisheriges Einkommen behalten und produziert eine höhere Menge als bisher. Dies ist einzelwirtschaftlich betrachtet sinnvoll, hat aber gesamtwirtschaftlich zur Folge, dass die Preise noch mehr fallen. Dies wäre nur zu korrigieren, indem eine große Zahl von Landwirten ihren Betrieb oder zumindest die Produktion dieses Überschussprodukts einstellt. Hierzu kommt es jedoch viel zu selten, weil der Landwirt die Aufgabe des ererbten Betriebes als Schande und Niederlage empfindet. Stattdessen rufen die Bauern in ihrer Not nach dem Staat. Dieser hilft großzügig, wodurch weitere eigentlich nicht mehr lebensfähige Betriebe erhalten bleiben und weitere Menge produzieren. Der nächste Preisverfall ist daher absehbar und wird wiederum durch staatliche Hilfen aufgefangen, bis schließlich der Markt total zusammenbricht, wie es

2016 beim Milchmarkt der Fall war: Die Bauern wurden zu Tode subventioniert.

Wie es stattdessen gehen kann, wird bei Randprodukten deutlich, die von der staatlichen Agrarpolitik verschont geblieben sind, etwa Kirschen, Erdbeeren oder Spargel: Dort hat sich längst in einem freien Markt die richtige Menge zu kostendeckenden Preisen und einem kleinen Gewinn eingespielt, und zwar geräuschlos. Niemand ruft nach staatlicher Hilfe.

Als Skandal wird demgegenüber empfunden, dass im Supermarkt ein Liter Milch billiger ist als ein Liter Mineralwasser, und hierfür gibt man dem Handel die Schuld. Stefan Genth, Hauptgeschäftsführer des *Handelsverbandes Deutschland*, wehrte sich im April 2016 in der Presse:

> Die Preisbildung für Milch und Fleisch erfolgt auf dem Weltmarkt. Die Tiefpreisphase ist letztlich Folge einer verfehlten Agrarpolitik, die ausschließlich auf eine Ausweitung der Produktion gesetzt hat. Das Ergebnis sehen wir jetzt: Es ist einfach zu viel Ware auf dem Markt. Die Molkereien sitzen auf großen Milchseen und unterbieten sich wegen des großen Überangebots gegenseitig.

In dieser Notlage fordern die Bauernverbände, der Staat müsse sich seiner Verantwortung bewusst werden. Auf diesen Gedanken würde kein Kaufmann kommen. In der Agrarpolitik liegt er jedoch nahe, weil sich der Staat seit jeher für die Einkommen der Landwirtschaft verantwortlich gefühlt hat. „Die CDU in Niedersachsen erkennt die ordnungspolitische Sonderstellung der Landwirtschaft an", heißt es in deren Grundsatzprogramm 2016 unter der schönen Überschrift *Unsere Landwirtschaft*. Und weiter: „In Krisenzeiten bedarf es einer Marktintervention, die Dumpingpreise verhindert." Aus Steuermitteln sollen also größere Mengen aufgekauft und aus der Welt geschafft werden, um den Preis zu stützen. Dieser erhöhte Preis reizt allerdings zu weiterer Produktion an.

Die Überzeugung, die Landwirtschaft sei nicht einfach eine Geschäftsbranche wie jede andere, findet sich in allen Parteien. Hintergrund für dieses politische Denken sind vor allem folgende Motive:

- In der Nachkriegszeit vom Kriegsende bis zur Währungsreform 1948 war eine Zeit des Hungers und der Nahrungsmittelknappheit. Die Produktion musste unbedingt angeregt werden. In den ersten Jahrzehnten gab es staatlich festgesetzte Mindestpreise mit gewaltigen Fehlentwicklungen (Butterberge, Milchseen).
- In der Ära des Dritten Reiches wurde die Landwirtschaft als Ur- und Kraftquell der Stärke des deutschen Volkes in den Himmel gehoben, oft im Gegensatz zur angeblich dekadenten Großstadt. Es entstand der Mythos vom *Volk ohne Raum*, so der Titel des vielgelesenen (Gesamtauflage 290.000) Buches von Hans Grimm (1934). Hier wird das Thema in erhabener Höhe aufgehängt: „Meinst du, dass es irgendein größeres gebe auf erden und im Himmel als die letzte Schicksalsfrage unseres Volkes? Der deutsche Mensch braucht Raum um sich und Sonne über sich und Freiheit in sich, um gut und schön zu werden." Hier wurde suggeriert, die damalige Fläche Deutschlands reiche nicht aus, um das Volk zu ernähren und um jedem Hoferben einen ausreichenden Grund und Boden zu bieten. Dies sei nur im Osten zu finden.

- In der bürgerlichen Gesellschaft des 19. und beginnenden 20. Jahrhunderts wurde Reichtum vor allem als Grundeigentum, als Menge an landwirtschaftlich genutzten Grundstücken betrachtet. Dies wird daran deutlich, dass das Bürgerliche Gesetzbuch (geltend ab 1900) die Rechte an Grundstücken sehr ausführlich behandelt (§§ 1090 bis 1203). Traditionell wurden Kriege geführt, um – landwirtschaftlich nutzbare – Flächen zu erobern.
- Als ganz neues Motiv der deutschen Landwirtschaftspolitik ist hinzugekommen, dass primär auf Druck Frankreichs ein großer Teil des EU-Haushalts für die Unterstützung der Landwirtschaft verwandt wird, wozu Deutschland einen gewichtigen Teil beisteuert. Also braucht auch Deutschland eine ausladende Stützung der Landwirtschaft, damit wenigstens ein Teil dieser Mittel zurückfließt.

Die Motive der Agrarpolitik in der Europäischen Union erläutern Helmut Leipold und Sandra Ludwig in der Broschüre *Soziale Marktwirtschaft*:

> Die Ausnahme der Landwirtschaft erklärt sich aus dem eher emotionalen Bedürfnis nach einer möglichst starken Versorgungssicherheit, aus der Furcht vor einer überlegenen Weltmarktkonkurrenz und aus Vorbehalten gegenüber einer reinen Preissteuerung im Agrarsektor. (Leipold und Ludwig 2004, S. 46)

Noch ein merkwürdiges Argument kommt hinzu: Deutschland ist durch seine Industrie so stark in der EU, dass Frankreich und Italien als stärker landwirtschaftlich strukturierte

Länder eine angemessene Entschädigung verlangen, und zwar Nettozahlungen für eine dirigistische Agrarpolitik.

Aber vielleicht könnte es ja sein, dass die Landwirtschaft ähnlich wie Handel und Industrie am besten funktionieren würden, wenn man die Agrarpolitik ganz wegließe und das Ganze der Selbststeuerung des Marktes überließe? Bei der EU würden dann viele Milliarden Euro frei für sinnvollere Maßnahmen, beispielsweise der Infrastruktur.

Im Einzelnen ist heute die Agrarpolitik für jeden Bauern mit einer umfangreichen Bürokratie und vielen Formularen verbunden. Die Landwirtschaftskammer Nordrhein-Westfalen erläutert zunächst einmal das Grundsätzliche:

> Voraussetzung für den Erhalt von Zahlungen ist der Besitz von Zahlungsansprüchen. Bis zum Jahr 2013 unterlagen die Zahlungsansprüche einem Anpassungsprozess, sodass die Zahlungsansprüche regionalbezogen einen identischen Wert aufweisen. Die zugeteilten Zahlungsansprüche müssen jährlich mit einer entsprechenden Fläche aktiviert, das heißt zur Auszahlung gebracht werden.

In den *Cuxhavener Nachrichten* erschien am 2. April 2016 ein Inserat *Landwirte aufgepasst – jetzt Flächenanträge abgeben*. Beratungsringe, Landwirtschaftskammer und Landvolk bieten ihre Beratung an. Mitzubringen sind: „ANDI –CD, PIN für HI-Tier, Feldblockabgleich, Bewilligungsbescheide für Betriebsprämie, Agrarumweltmaßnahmen, Erschwernisausgleich, DGL-Status-Tausch, Kontrollberichte, vollständige Antragsunterlagen 2015, und bei neuen Flächen die Feldblocknummern und Größe der LF". Inzwischen bilden die staatlichen Zahlungen bei vielen Betrieben mehr als die Hälfte ihrer Einnahmen: Das Volk leistet sich seine Bauern und hält sie aus.

Welche Einstellung in der Politik vorherrscht, kann jeder Interessierte rasch feststellen, indem er seinem Bundestagsabgeordneten folgenden Vorschlag unterbreitet:

> Es gibt ein Mittel der Entwicklungshilfe, das nichts kostet. Man braucht nur den Entwicklungsländern zu erlauben, ihre landwirtschaftlichen Produkte nach Europa zu verkaufen, beispielsweise den Zucker aus Zuckerrohr. Diese Form von Entwicklungshilfe würde die dortigen Einwohner aus der demütigenden Lage eines Empfängers von Wohltaten herausführen und ihre unternehmerischen Talente fördern. Zudem würde der Zuckerpreis in Deutschland auf ein Drittel fallen. Alle Verbraucher würden profitieren.

Briefe dieser Art bleiben unbeantwortet, auch bei der FDP, die sich eigentlich für eine Liberalisierung starkmachen sollte. An der Zitadelle der Europäischen Zuckermarktordnung ist bisher jeder Angriff zerschellt.

4.1.2 Freie Berufe

Ebenso wie die Landwirtschaft gelten auch die Freien Berufe nicht als Gewerbe und sind daher von der Gewerbesteuer ausgenommen. Nach § 18 des Einkommensteuergesetzes und § 1 des *Gesetzes über Partnerschaftsgesellschaften Angehöriger Freier Berufe* geht es um die selbstständig ausgeübte wissenschaftliche, künstlerische, schriftstellerische, unterrichtende oder erzieherische Tätigkeit. Es folgt dann ein umfangreicher

Katalog, zu dem unter anderem die Ärzte, Rechtsanwälte, Ingenieure, Architekten, Steuerberater, Journalisten, Bildberichterstatter, Übersetzer und Lotsen gehören. Wenn der Freiberufler eine Praxis hat, muss er aufgrund eigener Fachkenntnisse leitend und verantwortlich tätig sein. Der Freie Beruf ist also immer an die Person und ihre besondere berufliche Qualifikation oder schöpferische Begabung gebunden. Die Freiberufler erbringen Dienstleistungen höherer Art im Interesse der Auftraggeber und der Allgemeinheit. Der *Bundesverband der Freien Berufe e.V.* definiert: „Freie Berufe erbringen Dienstleistungen, die nicht allein dem Individuum, sondern auch der Gesellschaft dienen." Hiernach müsste allerdings auch ein Straßenbauunternehmen als freiberuflich gelten, denn die Straßen dienen der Gesellschaft, der Allgemeinheit. Zur Charakteristik der Freien Berufe sollen ferner gehören:

- Professionalität, kompetente Unterstützung.
- Strenge Selbstkontrolle garantiert gesicherte Qualität.
- Sie sichern Wachstum, erwirtschaften 10,1 Prozent des Bruttoinlandsprodukts.

Als charakteristisch für die Freien Berufe werden hier Merkmale genannt, die für beliebige andere Wirtschaftszweige in gleicher Form gelten können, die also keine Ausnahme von der Gewerbesteuer rechtfertigen. Wenn jedoch der Einsatz von Kapital und das Streben nach Gewinn und Rendite im Vordergrund stehen, handelt es sich um ein Gewerbe und keinen Freien Beruf. Den Freiberuflern wird also unterstellt, dass sie sich von höheren als rein materiellen Motiven leiten lassen. Ihr *hoher ethischer Anspruch* wird hervorgehoben.

"Die Frage, ob eine selbstständig ausgeübte Tätigkeit ein Freier Beruf ist oder ein Gewerbe, kann in vielen Fällen nicht ohne weiteres beantwortet werden", stellt der Berufsverband fest. Denn außer den im Einkommensteuergesetz namentlich angeführten Berufen, den sogenannten Katalogberufen, gibt es auch die katalogähnlichen Berufe. Als solche werden Berufe anerkannt, die eine ähnliche Ausbildung verlangen. Gemeint ist im Regelfall ein erfolgreich abgeschlossenes Hochschulstudium.

Wird allerdings diese Ausbildung zum entscheidenden Merkmal gemacht, so ist dies inkonsequent. Denn unter den Katalogberufen finden sich auch Berufe, die keine Ausbildung verlangen: die Journalisten, Bildberichterstatter, Künstler und Schriftsteller. Ihnen wird unterstellt, dass sie sich in ihrer Tätigkeit ebenfalls nicht von Gewinnstreben leiten lassen, sondern von edleren Motiven.

Die feinsinnige Unterscheidung von gewerblich und freiberuflich mutet als künstlich an, beispielsweise wenn die Grundsatzpositionen des *Deutschen Steuerberaterverbandes* betrachtet werden, die dieser auf seiner Website verkündet:

Die Berufsausübungsregeln dürfen keine Beschränkungen enthalten, die den Berater als Unternehmer unverhältnismäßig in seiner wirtschaftlichen Entfaltung eingrenzen.

Ob es um die Ratingberatung mittelständischer Unternehmen [...] oder um das Unternehmen Steuerberatungskanzlei selbst geht, der Verband entwickelt Lösungen. Die Steuerberater fit zu machen und sie als Unternehmer zu unterstützen, dafür bedarf es des Deutschen Steuerberaterverbandes.

Hier wird also in aller Unschuld davon ausgegangen, dass die Kanzlei des Steuerberaters ein Unternehmen ist und dass der Berater nicht in seiner wirtschaftlichen Entfaltung eingegrenzt werden soll. Dann müsste allerdings dieser Beruf als Gewerbe und nicht als Freier Beruf gelten.

Ferner verkünden die Steuerberater, dass sie auch eine betriebswirtschaftliche Beratung betreiben. Dasselbe tut ein Unternehmensberater, der jedoch als Gewerbetreibender gilt.

Insgesamt gibt es keine systematischen Gründe für diese Unterscheidung von freiberuflich und gewerblich. Die Sache verhält sich umgekehrt: Zunächst war die durch Tradition geheiligte gesetzliche Unterscheidung da, und nachträglich werden hierfür allerlei Gründe aufgeführt, um die Ausnahmestellung zu rechtfertigen. Statt einer sachlichen gibt es nur eine historische Erklärung. Im 19. Jahrhundert wurde von einer Ständegesellschaft ausgegangen mit einem oberen Stockwerk von Gebildeten und Künstlern, die sich von edlen Motiven leiten lassen, etwa von ihrer Verantwortung für die Gesellschaft oder von ihrem künstlerischen Gewissen, und einem unteren Stockwerk der Händler und Kaufleute, die nur am geschäftlichen Gewinn orientiert sind. Dies ist natürlich Unsinn, weil es auch unter den studierten Leuten nicht wenige geben soll, die nur den Gewinn im Auge haben. Und unter den Händlern und Kaufleuten gibt es auch nicht wenige Persönlichkeiten, die sich ihrer gesellschaftlichen Verantwortung bewusst sind. Das Ganze ist eher eine Frage des Bewusstseins. Der Rechtsanwalt fühlt sich nicht einfach als Anbieter von entgeltlichen Dienstleistungen, sondern als Organ der Rechtspflege ist er Kollege der Richter und Staatsanwälte. Und der Apotheker ist beleidigt, wenn er als Arzneimittel-Einzelhändler angesprochen wird. Denn er betrachtet nicht den Textilhändler und den Möbelhändler als seine Kollegen, sondern die Mediziner.

Die Grundlage für den vermeintlich abgrundtiefen Unterschied zwischen Bildungsbürgern und Kaufleuten wurde in der Ausbildung gelegt. Für die Bildungsbürger war das humanistische Gymnasium kennzeichnend, mit seiner Betonung auf dem Lateinischen und Altgriechischen.

Die Ausnahmestellung der Freien Berufe entstammt einem Gesellschaftsbild, das heute nicht mehr gilt, aber sie hat sich längst gesetzlich verfestigt und wird daher kaum noch hinterfragt. Hier werden vorgefundene Restriktionen zu Unrecht als schützenswertes Merkmal eines solchen Berufs betrachtet, so stellt der Grundgesetzkommentar fest (von Münch/Kunig, Anmerkung 20 zu Artikel 12).

4.2 Höchstpreise

In einer Marktwirtschaft entscheiden alle Unternehmer frei über die Preise, zu denen sie ihre Waren oder Dienstleistungen dem Publikum anbieten. Die Preise sind daher bei allen Anbietern unterschiedlich, weil gewöhnlich die Produkte, die Aufmachung des gesamten Angebots und die Standorte verschieden sind. Der einzige Anbieter am Platz kann etwas höhere Preise verlangen. Im Prinzip können aber die Kunden im Rahmen des Wettbewerbs immer zu einem billigeren Anbieter ausweichen, so dass die Unterschiede nicht allzu groß werden können. Das gesamte Preissystem reagiert flexibel auf die jeweiligen Schwankungen von Angebot und Nachfrage und ist daher ständig in Bewegung. Nicht selten trifft allerdings der Unternehmer auf gebundene, festgelegte Preise: Entweder der Staat bestimmt Höchstpreise, oder der Hersteller diktiert dem Handel Mindestpreise.

4.2.1 Generelle Höchstpreise

Die Höchstpreise sind für die linken und sozialistischen Regimes charakteristisch. Aus sozialen Gründen werden für zahlreiche Güter des Grundbedarfs (Nahrungsmittel, Wohnungsmieten, Heizung, öffentliche Verkehrsmittel) niedrige Preise vorgeschrieben, um den einkommensschwachen Schichten das Leben zu erleichtern. Diese Höchstpreise liegen weit unter den Preisen, die sich im freien Wettbewerb ergäben. Sie haben regelmäßig zwei Auswirkungen:

- Was allzu billig ist, wird verschwendet. In der DDR landeten die Brötchen von gestern im Mülleimer oder frische Brötchen wurden an das Vieh verfüttert, weil sie billiger waren als das Korn. Leitungswasser war gratis mit der Folge, dass ständig die Wasserhähne liefen. Die Fernheizung war gratis und konnte nicht abgestellt werden. Also wurden die Fenster geöffnet.
- Wenn der Höchstpreis unter den Herstellungskosten liegt, wie gewöhnlich der Fall, lohnt sich die Herstellung nicht mehr, und die Güter verknappen. Weil in der DDR die Wohnungsmieten nicht ausreichten, um die Häuser instand zu halten, verfielen die Bauten, und es regnete durch.

Eine geradezu irrwitzige Situation war im Sommer 2016 in Venezuela zu beobachten: Das linke Regime hat *gerechte,* allzu niedrige Preise festgesetzt mit der Folge, dass die Produktion zusammengebrochen ist. Die Kunden warten seit den Nachtstunden in der Schlange vor dem Supermarkt. Als der Lastwagen mit Lebensmitteln endlich kommt, werden zunächst die Parteiausschüsse bedacht, die die allzu knappen Güter an Parteigenossen verteilen. Vom Rest wird ein großer Anteil in den Schwarzmarkt abgezweigt. Die hungernde Menge versucht den Präsidentenpalast zu stürmen, aber dort zieht Militär auf. Und dabei hat Venezuela die reichsten Erdölvorkommen der Welt und könnte im Prinzip hieraus die gesamte Bevölkerung versorgen.

Die Sozialpolitik kann sinnvollerweise nicht über die Preise einzelner Güter organisiert werden, sondern nur über das Einkommen, das an Bedürftige ausgezahlt wird, also ohne das Marktgeschehen zu stören und insofern marktkonform.

4.2.2 Mietpreisbremse

In Deutschland insgesamt stagniert die Bevölkerungszahl, aber Großstädte wie Hamburg und Berlin verzeichnen starke Zuwächse von neuen Einwohnern, die eine Wohnung suchen. Weitere Nachfrage entsteht durch die Tatsache, dass der Anteil der Ein-Personen-Haushalte zunimmt und dass die neue Generation eine wesentlich größere Wohnung sucht, als sie es in Kindertagen erlebt hat. Die Wohnung soll aber nicht irgendwo in der jeweiligen Stadt liegen, sondern möglichst in einem gehobenen angesagten Wohnviertel. Dort nehmen dann die Klagen überhand, dass leider kein bezahlbarer Wohnraum zu haben sei und dass der Staat eingreifen müsse. Oft nur wenige hundert Meter weiter gibt es das traditionelle Arbeiterviertel, wo viel Wohnraum frei und billig zu haben ist. Aber dorthin zieht nicht, wer auf sich hält.

Weil die Anzahl der Mieter unter den Wählern in Deutschland weit höher ist als die Zahl der Vermieter, ist

Mieterschutz immer ein dankbares Thema für die Politik. Seit dem 1. Juni 2015 gilt das von der Großen Koalition verabschiedete Mietrechtsnovellierungsgesetz, volkstümlich als *Mietpreisbremse* bezeichnet. In das Bürgerliche Gesetzbuch wurden die Paragraphen 556d und 556e eingefügt. Hiernach werden die Landesregierungen ermächtigt, Gebiete mit angespannten Wohnungsmärkten zu bestimmen und zu regulieren. Bei einem dort neu geschlossenen Mietvertrag darf die Miete die ortsübliche Vergleichsmiete höchstens um 10 Prozent übersteigen. Die Hamburger Behörde für Stadtentwicklung und Wohnen gab am 26. Juni 2015 bekannt:

> Im Interesse eines umfassenden Schutzes der Mieterinnen und Mieter bei der Neuanmietung einer Wohnung und zur besseren Versorgung der Bevölkerung mit bezahlbarem Wohnraum hat der Senat mit Wirkung ab 1. Juni 2015 eine Mietpreisbegrenzungsverordnung für das gesamte Gebiet Hamburgs [...] erlassen.

Inwieweit wurde dieser Gesetzeszweck tatsächlich erreicht? Am 11. Januar 2016 erschien in der Tageszeitung *Die Welt* ein Artikel mit der Überschrift *Die Mietpreisbremse verpufft wirkungslos*. Die *Frankfurter Allgemeine* titelte am 29. April 2016: *Die Mietbremse versagt*. Das Instrument erwies sich in der Realität der umkämpften Wohnungsmärkte als weitgehend stumpf. Die Mieten steigen ungebremst weiter. Dabei hatten die Verbände der Wohnungseigentümer lautstark vor dieser Bremse gewarnt. Wenn Vermieter die Mieten nicht mehr erhöhen könnten, gebe es keine Investitionen mehr in den Bestand. Die Verbände zeichneten düstere Bilder von Verfall und einer wachsenden Wohnungsnot. Nichts davon ist eingetreten. Vielmehr stellte der Mieterbund fest: „Viele halten sich nicht daran." Die meisten Vermieter können die geforderten höheren Angebotspreise durchsetzen. Wenn es für eine Wohnung Dutzende Interessenten gibt, sind immer einige dabei, die bereit sind, weit höhere Preise zu zahlen. Haben sie dann endlich eine Wohnung ergattert, denken sie nicht daran, zu überprüfen, ob die erlaubte Steigerung um zehn Prozent eingehalten wurde. Kaum ein neuer Mieter hat Lust, sich mit seinem neuen Hauswirt vor Gericht zu streiten, wenn er die Wohnung als zufriedenstellend und die Miete als einigermaßen erträglich betrachtet. Weshalb sollte er sich dafür interessieren, was der Vormieter gezahlt hat? Die inzwischen in etwa 300 Städten, darunter den meisten Großstädten, geltende Bremse war gut gemeint, erwies sich aber eher als Symbolpolitik.

„Offenbar lassen sich die Marktkräfte nicht per Federstrich beseitigen", stellte die FAZ fest. Wenn aus sozialen Gründen ein Höchstpreis oder irgendeine Preisbremse verordnet wird, gibt es in aller Regel immer einen Schwarzmarkt, oder in irgendeiner Form wird die Bremse umgangen, weil es jeweils eine Menge Leute gibt, die bereit sind, höhere Preise zu zahlen. Es hilft auch nichts, einen großen behördlichen Kontrollapparat aufzubauen, der dies verhindern soll.

In diesem Fall war außerdem das Gesetz insofern falsch konstruiert, als nicht im Sinne der Sozialpolitik auf eine Gruppe von Bedürftigen gezielt wurde. In den Genuss der Preisbremse wären ja gerade die Arrivierten gekommen, die im angesagten Viertel wohnen wollen. Insofern bleibt es dabei, dass sich die Sozialpolitik auf bestimmte Personengruppen richten muss und nicht auf bestimmte Preise.

Um den Wohnungsmarkt zu beruhigen, empfiehlt sich stattdessen, in der Stadt großzügig neue Baugebiete auszuweisen, und zwar entsprechend der Nachfrage eine Mischung von Einfamilienhäusern, Reihenhäusern und Stockwerkswohnungen. Hamburg hat beschlossen, die Zahl der Baugenehmigungen von 6.000 auf 10.000 Wohnungen pro Jahr zu erhöhen.

4.3 Mindestpreise

Für die jetzige (2016) Situation in Deutschland sind in vielen Branchen Mindestpreise charakteristisch, die entweder vom Staat oder von den Herstellern vorgeschrieben werden und einen Preiswettbewerb verhindern. Diese Preise dürfen von den Anbietern nicht unterschritten werden. Der Kunde kann deshalb nicht auf günstigere Dienstleister oder Händler ausweichen. Das Ganze wirkt wie ein Kartell, ein kollektives Monopol, als ob es nur einen einzigen Anbieter gäbe. Dies ist besonders lukrativ bei Gütern, nach denen eine dringende Nachfrage besteht, die auch durch hohe Preise nicht zurückgeht. Geradezu ideal sind aus der Sicht der Hersteller unverzichtbare Pharmazeutika oder suchterzeugende Produkte wie Tabakwaren. Hier ist der Monopolgewinn am höchsten. Aber auch bei Büchern, Zeitungen und Zeitschriften wird der preisliche Wettbewerb ausgeschaltet.

Worum es geht, kennzeichnete Alfred Müller-Armack schon 1948:

> Indem Preisbindungen den Konsumenten verhindern, am Produktionsfortschritt teilzunehmen, wurde die volkswirtschaftliche Berechtigung der so erzielten Gewinne durchaus

fragwürdig. Der Wettbewerb war hinfort nicht mehr ein Instrument, äußerste Leistungen zu erzwingen, sondern er diente durch die in ihm entstandenen Bindungen dazu, ökonomische Pfründe zu sichern.

Müller-Armack betrachtete es „als notwendig, dem echten Wettbewerb seine volle Schärfe zurückzugeben, auch wenn ein solcher Wettbewerb von allen als unangenehm und von den Unterlegenen als ruinös empfunden wird."

Aktuell geht der Druck in Richtung Wettbewerb hauptsächlich von der Europäischen Union aus. Dem setzen jedoch die Nationalstaaten zähen Widerstand entgegen. Die Unternehmen sind an einer Verschärfung des EU-weiten Wettbewerbs nicht interessiert, und die Nationalstaaten, so auch Deutschland, versuchen nach Kräften, ihren Unternehmen die gewohnten Privilegien zu erhalten, um sich deren Gunst nicht zu verscherzen. Aber immerhin lautet Artikel 101 des Vertrages über die Arbeitsweise der Europäischen Union:

> Mit dem Binnenmarkt unvereinbar und verboten sind alle Vereinbarungen zwischen Unternehmen, Beschlüsse von Unternehmensvereinigungen und aufeinander abgestimmte Verhaltensweisen, welche den Handel zwischen Mitgliedsstaaten zu beeinträchtigen geeignet sind und eine Behinderung, Einschränkung oder Verfälschung des Wettbewerbs innerhalb des Binnenmarktes bezwecken oder bewirken, insbesondere
> a) die unmittelbare oder mittelbare Festsetzung der An- und Verkaufspreise oder sonstigen Geschäftsbedingungen
> [...]

Es bleibt abzuwarten, inwieweit sich dieses Verbot gegen die nationalen Widerstände europaweit durchsetzen lässt.

4.3.1 Freie Berufe

Wie wir soeben gesehen haben, betrachten sich die Ausübenden der Freien Berufe nicht als Kaufleute. Hier gilt es als standeswidrig, durch Preisnachlässe neue Kunden werben zu wollen. Die Preise werden nicht selbst kalkuliert, sondern es gibt in den meisten Fällen offizielle Gebührenordnungen, meist als Gesetz. Die dort genannten Gebühren sind stets als Mindestpreise zu verstehen, dürfen also nur im Ausnahmefall unterschritten werden. Dies wird beispielsweise aus § 4 des Rechtsanwaltsvergütungsgesetzes deutlich, wo es heißt:

> In außergerichtlichen Angelegenheiten kann eine niedrigere als die gesetzliche Vergütung vereinbart werden. Und in § 4a:
> In einem gerichtlichen Verfahren darf für den Fall des Misserfolgs vereinbart werden, dass keine oder eine geringere als die gesetzliche Vergütung vereinbart wird.

Ein sozial engagierter Rechtsanwalt darf also nicht, wenn er eine finanziell sehr beengte Rentnerin vertritt, einfach nur die halbe Gebühr verlangen. Wenn keiner der im Gesetz genannten Ausnahmefälle gegeben ist, muss er die volle Gebühr berechnen. Von Zeit zu Zeit werden die gesetzlichen Gebühren erhöht, damit die Freiberufler an der allgemeinen Einkommensentwicklung teilhaben können.

Die von den Freiberuflern geleistete Arbeit ist bei einzelnen von ihnen aus der Sicht des Kunden unbefriedigend, bei anderen hervorragend. In einem freien Markt würde sich dies in unterschiedlichen Preisen widerspiegeln: Der Schwache nimmt eine geringe Gebühr, der Gute eine höhere. Weil jedoch die Gebühr einheitlich und kein Mittel des Wettbewerbs ist, besteht insofern kein Anreiz, sich durch besonders gute Arbeit hervorzutun.

Im Juni 2015 leitete die EU-Kommission gegen die Bundesrepublik Deutschland ein Vertragsverletzungsverfahren wegen der Steuerberatervergütungsverordnung ein, weil gesetzliche Mindestgebühren nicht mit Unionsrecht vereinbar seien. Erst hieraufhin sieht sich die Bundessteuerberaterkammer zu Vorschlägen genötigt, um die Möglichkeit, die offiziellen Gebühren zu unterschreiten, gesetzlich zu verankern. Die Europäische Union drängt immer in der Richtung, im Binnenmarkt mehr Wettbewerb zu schaffen und starre Mindestpreise aufzubrechen.

Der Bundesverband der Freien Berufe veröffentlichte im Juni 2015 ein *Faktenblatt Gebühren- und Honorarordnungen*, worin es unter dem Stichwort *Verbraucherschutz* heißt: „Eine qualitativ hochwertige freiberufliche Dienstleistung für den Verbraucher kann nicht durch einen ungeordneten Preiswettbewerb gesichert werden." Dies widerspricht dem marktwirtschaftlichen Grundsatz, dass Qualität immer durch Wettbewerb, gerade auch Preiswettbewerb, gesichert wird. Und natürlich ist der Wettbewerb immer ungeordnet. Der Verband meint, der Verbraucher sei nicht in der Lage, die Angebote mehrerer Bewerber zu vergleichen und preislich gegeneinander abzuwägen. Insofern wird der Verbraucher für unmündig erklärt. Der Deutsche Steuerberaterverband und die Bundessteuerberaterkammer sind davon überzeugt, dass die Steuerberatervergütungsordnung in ihrer jetzigen Ausgestaltung einen wichtigen Beitrag zum Verbraucherschutz leistet, indem sie klare Vorgaben zur Vergütung macht. Hier wird wie üblich das Interesse des Verbrauchers vorgeschoben, um ein Kartell der Mindestpreise zu rechtfertigen.

Die Generaldirektion Wettbewerb der Europäischen Kommission hat schon 2003 eine Studie anfertigen lassen, die den Wettbewerb in den Freien Berufen untersucht (Paterson, I. et al: *Economic impact of regulation in the field of liberal professions in different member states, Institut für höhere Studien, Wien. Final report – Study for the European Commission. DG Competition, Brüssel*). Hier wurden die europäischen Länder nach der Regulierungsintensität in den Freien Berufen eingestuft. Deutschland weist hinter Italien und Österreich die höchste Regulierungsintensität auf. In diesen Berufsfeldern gelten Mindestpreise, lokale Monopole und Zutrittsregeln. Einige Regeln lassen sich sachlich begründen, während andere nur dem Zweck dienen, den überkommenen Besitzstand zu schützen.

Die Europäische Kommission erläutert im Internet ihr Streben in Sachen Wettbewerb wie folgt:

> Die Wettbewerbsvorschriften der EU sind so konzipiert, dass sie faire und gleiche Bedingungen für die Unternehmen gewährleisten und gleichzeitig ausreichend Raum für Innovation, einheitliche Normen und die Entwicklung kleiner Unternehmen lassen. Die EU-Vorschriften verbieten Unternehmen, Preisabsprachen zu treffen oder Märkte untereinander aufzuteilen. Die Untersuchungen der EU zu wettbewerbswidrigen Praktiken erstrecken sich nicht nur auf Waren, sondern auch auf Berufe (Ärzte, Rechtsanwälte usw.) und auf Dienstleistungen. Im Vordergrund steht stets die Frage, ob die Verbraucher davon profitieren.

Dabei lässt sich die Europäische Kommission von nationalen Traditionen, etwa von der deutschen Tradition der Sonderstellung der Freien Berufe, wenig beeindrucken. Fernziel ist die völlige Deregulierung: freie Preise, freier Marktzugang und freier Dienstleistungsverkehr im gesamten europäischen

Binnenmarkt. Unter den Bundestagsparteien argumentieren nur die Grünen in diese Richtung. Die FDP als liberale Partei setzt sich nicht etwa für eine Liberalisierung ein, sondern verteidigt die Sonderrechte der Freien Berufe.

Die Standesorganisationen zeigen sich inzwischen außerordentlich beunruhigt. Der Bundesverband der Freien Berufe berichtet über seinen Europatag am 1. Juni 2016 in Berlin:

> Diskutiert wurden insbesondere die im Oktober 2015 vorgestellte EU-Binnenmarktstrategie und ihre Auswirkungen auf die Freien Berufe. Diese wehren sich gegen die Angriffe der Europäischen Kommission auf die Freiberuflichkeit. Die EU-Kommission will die freiberuflichen Berufszugangs- und Berufsausübungsregelungen generell auf den Prüfstand stellen.

Auf dem Europatag diskutierten die Betroffenen darüber, welche fatalen Konsequenzen drohen, wenn die zentralen Elemente des Systems Freie Berufe geschleift würden. Als Gegenargument wurde vor allem genannt: „Die Stärken des Systems Freie Berufe sprechen für sich." Dieses Argument ist in jeder beliebigen Branche für jede beliebige Aktion brauchbar. Ferner hieß es, die wirtschaftliche und gesellschaftliche Erfolgsgeschichte der Freien Berufe sei auch und gerade ihrem kompromisslos hohen Qualitätsanspruch zu verdanken. Die EU vernachlässige den Verbraucherschutz, indem sie dem Preiswettbewerb Vorrang vor der Qualitätssicherung gebe. Diese Alternative besteht in Wahrheit natürlich nicht: In der gesamten Wirtschaft wird hohe Qualität angestrebt, um einen entsprechenden Preis realisieren zu können.

4.3.2 Bücher

Bis 1973 war es bei Markenartikeln üblich, dass die Hersteller die Ladenverkaufspreise festlegten: die *Preisbindung zweiter Hand*. Die Markenartikel sollten überall in gleicher Qualität, gleicher Aufmachung und zum gleichen Preis erhältlich sein. Vor allem aber sollte der Wettbewerb auf der Stufe des Einzelhandels unterbunden werden. Es handelte sich stets um Mindestpreise, die nicht unterboten werden durften. Sie lagen über den Preisen, die sich in einem freien Markt herausgebildet hätten, und forderten den Handel dazu heraus, mehr oder minder heimlich dem Publikum durch Rabatte entgegenzukommen. Die Verbände versprachen 1964 dem Bundesministerium für Wirtschaft, künftig nur noch *realistische* Preise zu binden. Was mochte hiermit gemeint sein? Nach eingehender Debatte wurde die Preisbindung zum 1. Januar 1974 durch eine Änderung des Gesetzes gegen Wettbewerbsbeschränkungen abgeschafft. Für einige Branchen blieben jedoch Ausnahmen bestehen: rezeptpflichtige Arzneimittel, Verlagserzeugnisse (Bücher, Noten, Landkarten, Zeitungen und Zeitschriften), Tabakwaren und Taxifahrten.

Die Ladenpreise für Bücher werden heute vom Verlag festgelegt. Diese Buchpreisbindung wird in der ganzen Bücherbranche mit großem Eifer verteidigt. Insbesondere die kleinen familiengeführten Buchhandlungen fürchten einen ruinösen Wettbewerb. Diese Furcht ist durchaus nachvollziehbar, denn es könnte passieren, dass sich bei Büchern dasselbe abspielt wie bei Lebensmitteln: Einige wenige Groß-Discounter liefern sich einen erbitterten Preiswettbewerb, der bis auf die Ebene der Hersteller durchschlägt.

Diese sehen sich der geballten Einkaufsmacht von drei oder vier Giganten ausgeliefert, auf die sie angewiesen sind und die erbarmungslos die Preise drücken. Das mittelständische Lebensmittelgeschäft ist mehr oder minder verschwunden. Derartiges soll sich bei Büchern keinesfalls abspielen. Hierin sind sich alle Bundestagsparteien einig. Sie nehmen dabei in Kauf, dass die Preise – immer verglichen mit einem freien Markt – relativ hoch bleiben, weil der Buchhändler den Kunden nicht entgegenkommen darf. Insofern werden finanzschwache Käufer benachteiligt. Es ist auch nicht möglich, dass ein Buchhändler auf dem Lande, der im eigenen Haus verkauft, die Ladenmiete spart und mit einem bescheidenen Einkommen zufrieden ist, diese Vorteile an die Kunden weitergibt.

Seit 2002 gilt das Gesetz über die Preisbindung für Bücher. § 1 legt fest:

> Das Gesetz dient dem Schutz des Kulturgutes Buch. Die Festsetzung verbindlicher Preise beim Verkauf an Letztabnehmer sichert den Erhalt eines breiten Buchangebots. Das Gesetz gewährleistet zugleich, dass dieses Angebot für eine breite Öffentlichkeit zugänglich ist, indem es die Existenz einer großen Zahl von Verkaufsstellen fördert.

Wenn demnach das Kulturgut Buch durch gebundene Preise geschützt werden muss, bleibt offen, weshalb alle anderen Kulturgüter, etwa Musik, Malerei und Theater, auch ohne Preisbindung auskommen und weshalb es in Nationen ohne Preisbindung, etwa Großbritannien, ein sehr breites und vielfältiges Angebot an Büchern gibt. Das Standardargument lautet, dass die Festsetzung verbindlicher Preise den Erhalt eines breiten Angebots sichert. In anderen Branchen, etwa Lebensmittel, Textilien und Baumarkt, gibt es ein unübersehbar breites Angebot ohne feste Preise. Und dass die festen Preise eine große Zahl von Verkaufsstellen fördern, ist durch nichts bewiesen. In allen anderen Branchen richtet sich die Zahl der Verkaufsstellen schlicht nach dem Bedarf des Publikums aus. Weshalb sollte dies bei Büchern anders sein?

Das Buchpreisbindungsgesetz zwingt jeden Verleger, einen Endverkaufspreis festzulegen, und jeden Buchhändler, diese Preise einzuhalten, nämlich nicht zu unterschreiten. Der Bundesgerichtshof hat daher im Juli 2015 eine Rabattaktion des Online-Händlers Amazon untersagt.

Der *Börsenverein des Deutschen Buchhandels* vertritt die Interessen aller Stufen dieser Geschäftsbranche, nämlich

- die Hersteller, also die Verlage, die von den Autoren die Urheberrechte erwerben, die Bücher drucken und binden lassen (Verlagsbuchhandel),
- den Großhandel (Zwischenbuchhandel) und
- den Einzelhandel, also die Buchhandlungen (Sortimentsbuchhandel).

Zu den satzungsgemäßen Aufgaben des Börsenvereins gehört die Sicherung der Preisbindung für Verlagserzeugnisse. Dies liegt im Interesse aller drei Mitgliedergruppen, denn ein Preiswettbewerb im Einzelhandel würde sofort auf den Großhandel und die Verlage durchschlagen, die jetzt jeweils feste Prozentsätze vom Endverkaufspreis erhalten. Verstöße gegen die Preisbindung, nämlich Verkauf unter dem gebundenen Preis, werden vom Börsenverein in die Nähe schwerer Straftaten gerückt. Hier heißt es:

Klar ist: Wer gegen das Buchpreisbindungsgesetz verstößt, begeht kein Kavaliersdelikt. Händler, die unter Preis verkaufen, müssen mit Unterlassungs- und Schadensersatzansprüchen, gegebenenfalls mit Liefersperre rechnen.

„Preisbindungsverstöße können und sollten Sie der Rechtsabteilung melden." Für die Verfolgung der Preisbrecher hat der Börsenverein eigens zwei Anwaltskanzleien als *Preisbindungstreuhänder* eingesetzt. Die Buchhändler haben einen Sammelrevers zu unterzeichnen, der für den ersten Verstoß eine Vertragsstrafe von 1.500 Euro vorsieht, für jeden weiteren Verstoß 2.500 Euro und für unzulässige Nachlassangebote 5.000 Euro. Das sind starke Argumente für die Preisbindung.

Am 29. April 2016 verabschiedete der Deutsche Bundestag eine Novellierung des Buchpreisbindungsgesetzes, die am 1. September 2016 als Gesetz in Kraft trat. Hierin werden die Verlage verpflichtet, auch für E-Books einen verbindlichen Ladenpreis festzulegen. Jede Möglichkeit, die Preisbindung zu umgehen, soll geschlossen werden. Der Börsenverein stellte zufrieden fest:

> Wer Bücher – gleichgültig in welcher Erscheinungsform – allein den Gesetzen des Marktes unterordnet, der liefert auch die Inhalte den Marktgesetzen aus. Und eine reine Bestsellerkultur lässt keinen Raum für Nischenthemen, Experimente und kulturelle Vielfalt.

Dieses Argument wird regelmäßig bemüht, um die hohen gebundenen Preise zu rechtfertigen. In den angelsächsischen Ländern, ohne Preisbindung, gibt es selbstverständlich jede Menge Bücher zu Nischenthemen und Experimente sowie eine große kulturelle Vielfalt.

4 Ordnungspolitische Sonderbereiche

Die gesetzliche Neuregelung legt zudem fest, dass die Buchpreisbindung auch grenzüberschreitend gilt: Wer Bücher importiert, ist verpflichtet, für den Verkauf in Deutschland einen gebundenen Preis festzusetzen und zu veröffentlichen. Ein Verleger in London kann nicht direkt eine Buchhandlung in Berlin beliefern, sondern hierzu muss zunächst ein Importeur eingeschaltet werden, der den in Deutschland gebundenen Preis festlegt. Das Buch ist also nicht gleich morgen in Berlin. Insofern wird der freie Markt im EU-Binnenmarkt behindert. In der Gesetzesbegründung heißt es jedoch:

> Das Gesetz ist mit dem Recht der Europäischen Union vereinbar. Der Schutz des Buches als Kulturgut ist als zwingender Grund des Allgemeininteresses in der Rechtsprechung des Europäischen Gerichtshofes anerkannt.

Worum es beim Schutz des Kulturguts Buch geht, hat Dieter Wallenfels, der den Börsenverein des Deutschen Buchhandels treuhänderisch vertritt, in erfrischender Offenheit am 20. März 2015 in einem Vortrag auf der Leipziger Buchmesse kundgetan: „Die Verlage sind natürlich daran interessiert, die Preise möglichst hoch anzusetzen."

Andererseits hat der Buchhändler ebenso wie jeder andere Einzelhändler ein Interesse, gelegentlich durch besonders niedrige Aktionspreise das Publikum anzulocken und Ware loszuschlagen, die liegen geblieben ist. Hierzu dient das *Moderne Antiquariat*, oft als Wühlkiste in der Nähe des Ladeneingangs. Hier werden Bücher angeboten, deren Preisbindung nach einiger Zeit aufgehoben wurde, und extra hierfür hergestellte Sonderausgaben älterer Bücher. Dies ist inzwischen für die gesamte Buchbranche ein zweiter Markt mit hohem Umsatzanteil. Irgendwann setzen sich gewöhnlich die Marktkräfte gegen die gesetzlichen Bindungen durch.

4.3.3 Zeitungen und Zeitschriften

Die Pressefreiheit als grundlegendes Element eines freiheitlichen Staates wird durch Artikel 5 des Grundgesetzes geschützt: „Jeder hat das Recht, seine Meinung in Wort, Schrift und Bild frei zu äußern und zu verbreiten und sich aus allgemein zugänglichen Quellen ungehindert zu unterrichten." Zur Pressefreiheit gehören auch das Recht, Presse-Unternehmen zu gründen, und der freie Zugang (ohne Prüfung) zu den Presseberufen. Ferner gehört hierzu als verfassungsrechtlich geschützt der Pressevertrieb. Rein theoretisch wäre es in einer lupenreinen Marktwirtschaft möglich, nicht nur die Gründung von Verlagen, sondern auch den Großhandel und Einzelhandel mit Zeitungen und Zeitschriften dem Selbstlauf des Wettbewerbs zu überlassen. Dann könnte wie auch bei fast allen anderen Waren der Einzelhändler den Preis bestimmen und beispielsweise die Zeitungen von gestern, die heute schwer verkäuflich sind, zum halben Preis abgeben, ähnlich wie es bei manchen Bäckern den nicht mehr ganz frischen Kuchen billiger gibt. So würde es vielen finanziell Bedürftigen erleichtert, sich aus der Presse eine Meinung über die politische Lage zu bilden.

Der deutsche Gesetzgeber hat sich für einen anderen Weg entschieden. Nach § 23 des Gesetzes gegen Wettbewerbsbeschränkungen ist es den Verlagen erlaubt, den Preis der Presseerzeugnisse festzulegen. Ein Preiswettbewerb findet insofern zwischen den Kiosken, Buchhandlungen und anderen Verkaufsstellen nicht statt. Ähnlich wie die Buchverlage haben auch die Zeitungsverlage ein großes Interesse daran, dass niemand diese Preise unterbietet. Daher gibt es nicht etwa die Zeitungen von gestern verbilligt zu kaufen, sondern diese werden den Verlagen zurückgesandt oder unter Aufsicht vernichtet. Der Preis, den die Einzelhändler für diese sogenannten *Remittenden* gezahlt haben, wird ihnen gutgeschrieben.

Die Verlage liefern die Druckerzeugnisse an den Großhandel. Deutschland ist hierzu in 79 Bezirke eingeteilt. In jedem diese Bezirke gibt es nur einen einzigen Großhändler, der insofern ein Monopol hat. Dies kann er aber nicht zu einem Monopolpreis ausnutzen, weil auch auf dieser Ebene alle Preise gebunden, nämlich zwischen Verlag und Großhändler vereinbart sind. Der Großhändler ist rechtlich verpflichtet, jede Verkaufsstelle in seinem Bezirk zu beliefern und außerdem jede am Markt erhältliche Publikation anzubieten und in sein Programm aufzunehmen. Auf diese Weise wird gesichert, dass bis in den hintersten Winkel der Bundesrepublik die gesamte Bandbreite der in- und ausländischen Publikationen zu haben ist. Insbesondere für neue, finanzschwache oder nur an Minderheiten gewandte Verlage, die kein eigenes Vertriebsnetz aufbauen können, ist dieses System hilfreich. Es wird insgesamt als *Presse-Grosso* bezeichnet. Hier hat der Gesetzgeber dem grundgesetzlich geschützten Recht des Publikums, sich aus allgemein zugänglichen Quellen ungehindert zu unterrichten, einen Vorrang gegenüber dem Gedanken des freien Wettbewerbs eingeräumt. Dieser findet nur auf der Ebene der Verlage statt, von denen jeder versucht, attraktive Publikationen herauszugeben, und auf der Ebene der Kioske, die je nach Kundenkreis ihr Sortiment zusammenstellen. Ein großer Teil des Vertriebs läuft darüber hinaus am Presse-Grosso vorbei, wenn die Blätter direkt beim Verlag abonniert werden.

4.3.4 Arzneimittel

Die Preise für verschreibungspflichtige Arzneimittel sind in Deutschland ebenfalls gebunden, so dass es zwischen den Apotheken keinen Preiswettbewerb geben kann. Der Europäische Gerichtshof hat allerdings am 19. Oktober 2016 festgestellt, dass ausländische Apotheken Preisnachlässe gewähren dürfen, wenn sie verschreibungspflichtige Arzneimittel nach Deutschland versenden. Die Apothekenverbände versuchen, dies zu verhindern, weil dann das ganze festgefügte Preissystem ins Wanken käme. Die *Bundesvereinigung Deutscher Apothekerverbände* (ABDA) erläutert, weshalb in jeder Apotheke ein Arzneimittel zum selben Preis angeboten wird. Die naheliegende Frage, ob die Verhinderung des Wettbewerbs den Patienten und den Krankenkassen schadet, wird hier verneint. Im Gegenteil:

> Dieses System schützt den Patienten. Gerade Kranke sind – aus naheliegenden Gründen – zu einem Vergleich von Preisen kaum in der Lage. Ein kranker Patient ist kein frei handelnder Nachfrager gemäß der Theorie einer freien Marktwirtschaft. In einem unregulierten System ließe sich nur schwer verhindern, dass diese Notlage von Anbietern ausgenutzt wird. Bei einheitlichen Apothekenabgabepreisen muss sich dagegen kein Kranker Sorgen machen, er würde womöglich übervorteilt.

Bei dieser Art von Argumentation wird allerdings außer Acht gelassen, dass der Kranke nicht unbedingt selbst zu diversen Apotheken laufen muss, um Preise zu vergleichen. Womöglich tut dies ein Angehöriger, oder die Preise werden im Internet verglichen.

Rechtsgrundlage sind § 78 des Arzneimittelgesetzes und die darauf beruhende Arzneimittelpreisverordnung. Hier wird geregelt, wie viel Prozent Groß- und Einzelhandel auf den Abgabepreis des Herstellers aufschlagen dürfen.

4.3.5 Tabakwaren

Bei Zigaretten, Zigarren und Schnitttabak wird vom Hersteller ein Kleinverkaufspreis festgelegt, der vom Einzelhändler nicht über- oder unterschritten werden darf. Dieser Preis ist auf der Banderole aufgedruckt, die zur Erhebung der Tabaksteuer dient. Deshalb darf der Preis nicht nachträglich geändert werden (§ 26 des Tabaksteuergesetzes).

4.4 Gebundener Vertrieb

In einer Marktwirtschaft kann normalerweise jeder Einzelhändler auswählen, welche Waren von welchen Herstellern er anbietet und zu welchem Preis. Die Hersteller haben jedoch ein großes Interesse daran, der Macht des Handels etwas entgegenzusetzen und möglichst den gesamten Weg des Produkts, von der Fabrik bis zum Kunden, selbst in der Hand zu behalten und zu kontrollieren. Insbesondere soll der Wettbewerb auf der Stufe des Einzelhandels vermindert werden. Hierzu dient nicht nur eine Preisbindung wie bei Büchern, sondern es gibt auch Vertriebsbindungen in der Form, dass nur bestimmten lizenzierten Einzelhändlern der Verkauf gestattet ist. Wenn beispielsweise ein Markenartikel in der oberen Preisklasse, dem sogenannten *Premiumbereich*, angesiedelt ist und entsprechend beworben wird, dann soll es ausgeschlossen sein, dass er irgendwo im Dorfladen in der Wühlkiste angeboten wird oder auch nur bei den Discountern in der Umgebung von lauter preisgünstigen Artikeln. Dem lizenzierten Fachgeschäft soll dann möglichst untersagt sein, ähnliche Artikel von anderen Herstellern anzubieten. Es soll keinen Wettbewerb innerhalb des Ladens geben, sondern alles soll die Aura des Exklusiven ausstrahlen.

Die Wettbewerbsbehinderungen zwischen Unternehmen auf der gleichen Stufe, also zwischen Herstellern unter sich oder unter Einzelhändlern, werden gewöhnlich als horizontal bezeichnet. Eine Bindung entlang der Vertriebsschiene, vom Hersteller zum Einzelhändler, heißt hingegen vertikal. Auch hier stellt sich für die Politik die Frage, wie weit dies als Beschränkung des Wettbewerbs und Benachteiligung des Publikums geduldet werden soll.

Besonders deutlich wird dies beim Handel mit Kraftfahrzeugen. Bei freiem Wettbewerb gäbe es Auto-Warenhäuser, in denen jeder Kunde zwischen den Fabrikaten verschiedener Marken auswählen kann. Es gäbe Auto-Großhändler, die bei den Herstellern umfangreiche Pakete von hunderten Fahrzeugen einkaufen und entsprechende Rabatte durchsetzen könnten. Um Derartiges zu verhindern, haben die Hersteller ein System von Vertragshäusern aufgebaut: Im Volkswagenhaus gibt es nur Volkswagen, im Mercedeshaus nur Mercedes und so fort. Dem Händler ist also der Verkauf anderer Marken untersagt.

Derartiges ist eigentlich nach Artikel 101 des Vertrages über die Arbeitsweise der Europäischen Union untersagt, nämlich als Vereinbarung über die Kontrolle des Absatzes. Jedoch ist es nach Artikel 101, Absatz 3 dieses Vertrages möglich, einzelne Gruppen von Unternehmen von den Verboten der Beschränkungen des Wettbewerbs freizustellen, wenn die Vereinbarungen unter angemessener Beteiligung der Verbraucher an dem entstehenden Gewinn zur Verbesserung der Warenverteilung beitragen. Eine solche Gruppenfreistellungsverordnung hat die EU für den Kraftfahrzeughandel erlassen. Die Argumentation geht dahin, dass ein Autohaus, das im Handel und in der Werkstatt auf einen bestimmten Hersteller ausgerichtet ist, dem Kunden besser helfen könne als ein Auto-Warenhaus.

Eine andere Form der Vertriebsbindung ist der Bierlieferungsvertrag. Jemand möchte sich mit einer Gaststätte selbstständig machen, erhält aber weder von der Volksbank noch von der Sparkasse einen Kredit. Die Gastronomie gilt als Risikobranche mit hoher Fluktuation: viele Neugründungen, viele Pleiten. Eine Brauerei hilft: Sie gibt einen Zuschuss, mit dem die neue Gaststätte eingerichtet wird. Im Gegenzug verpflichtet sich der Gastwirt, zu einem festgesetzten Preis monatlich eine bestimmte Mindestmenge Bier abzunehmen und kein Bier einer anderen Brauerei auszuschenken. Nach einiger Zeit bemerkt er, dass die Mindestmenge nicht zu erreichen, wohl aber zu bezahlen ist. Und dass er das Bier dieser Brauerei nebenan im Supermarkt billiger kaufen könnte. Und dass die Gäste fragen, weshalb es nur diese eine Biersorte gibt. In Bayern, wo dieser Bereich als besonders bedeutsam eingeschätzt wird, gibt es hierzu eine gesetzliche Regelung, und zwar im Bayerischen Ausführungsgesetz zum Bürgerlichen Gesetzbuch. Letzteres trat am 1. Januar 1900 in Kraft; das bayerische Gesetz ist jedoch weit älter und hat weiteren Bestand.

4.5 Eingangsprüfungen

Beinahe jeder und jede im Wirtschaftsleben selbstständig Tätige, gleich ob gewerblich oder freiberuflich, ist davon überzeugt, dass es in seiner oder ihrer Branche viel zu viele Wettbewerber gibt und dass ein fairer Wettbewerb erlaubt sein müsse, nicht aber ein ruinöser. Und dass viel zu viele Unqualifizierte in die Branche hineindrängen und deren Ruf gefährden. Außerdem gelten die jeweils Neuen als unberechenbar – im Gegensatz zu den Eingesessenen, die sich seit Jahren kennen, die sich als Kollegen betrachten und von denen ein unanständiges Benehmen, beispielsweise eine gezielte Unterbietung des Preises, nicht zu erwarten ist. Vom Neuen hingegen ist zu befürchten, dass er keine Rücksicht auf die üblichen Usancen nimmt oder nicht kalkulieren kann und dass er versucht, mit nicht kostendeckenden Preisen in den Markt einzubrechen.

Die natürliche Folgerung aus solchen Vorbehalten geht dahin, dass der Zugang zur jeweiligen Branche möglichst erschwert werden soll. Eine Schranke besteht darin, dass die Zuverlässigkeit des Neuen zu überprüfen ist. Dies bedeutet im Gewerberecht, dass er ein polizeiliches Führungszeugnis vorzulegen hat, aus dem hervorgeht, ob er vorbestraft ist. Diese Zutrittsschranke ist relativ niedrig, weil bei den meisten Leuten keine Eintragungen im Führungszeugnis vorliegen.

Eine sehr viel strengere Zutrittsschranke besteht in einer möglichst schwierigen Prüfung, die vor dem Sprung in die Selbstständigkeit abzulegen ist. Der Prüfungsausschuss wird dabei immer von den jetzt etablierten Betrieben besetzt. Diese entscheiden also, wen sie in ihren Kollegenkreis aufzunehmen gewillt sind. Besondere Vorbehalte bestehen gegenüber Auswärtigen und Ausländern. Daher wird die Prüfung natürlich in deutscher Sprache abgenommen und nimmt auf heimische Gewohnheiten Bezug. Die Mitglieder des Prüfungsausschusses sind gewöhnlich einige Jahrzehnte älter als die Prüflinge, und sie prüfen das, was sie seinerzeit gelernt haben und jetzt praktizieren. Wenn der Prüfling sich mit neuen Ideen selbstständig machen will, hat er daher schlechte Aussichten, die Prüfung zu bestehen. Die Prüfungen sind mithin nicht nur wettbewerbsfeindlich, sondern auch innovationsfeindlich.

Als Grund für die angebliche Notwendigkeit einer Zugangsprüfung lässt sich immer angeben, das Publikum müsse vor Unqualifizierten geschützt und der hohe Qualifikationsstand der Branche gesichert werden. Dass dies nur ein Vorwand ist, lässt sich leicht durch einen Blick in diejenigen Wirtschaftszeige feststellen, bei denen der Zugang frei ist, beispielsweise bei der Industrie. Jedermann kann ohne irgendeinen Nachweis einer Qualifikation einen Industriebetrieb eröffnen, und gleichwohl wird hier anscheinend Qualität geliefert, wovon weltweit zahlreiche Kunden überzeugt sind.

Eingangsprüfungen widersprechen allerdings der grundgesetzlich (Artikel 12) geschützten Berufsfreiheit, worunter auch die Freiheit verstanden wird, den jeweiligen Beruf selbstständig auszuüben. Ferner widersprechen Eingangsprüfungen der europarechtlich gesicherten Niederlassungsfreiheit. In Artikel 49 des Vertrags über die Arbeitsweise der Europäischen Union heißt es:

> Die Beschränkungen der freien Niederlassung von Staatsangehörigen eines Mitgliedsstaats im Hoheitsgebiet eines anderen Mitgliedsstaats sind [...] verboten [...] Vorbehaltlich des Kapitels über den Kapitalverkehr umfasst die Niederlassungsfreiheit die Aufnahme und Ausübung selbstständiger Erwerbstätigkeiten sowie die Gründung und Leitung von Unternehmen.

Diese Niederlassungsfreiheit bedeutet zunächst nur, dass ein EU-Ausländer sich in Deutschland unter denselben Bedingungen niederlassen kann, die auch für die Deutschen gelten. Zum Beispiel kann ein Pole oder Portugiese ebenso an einer hiesigen Meisterprüfung im Handwerk teilnehmen wie ein Deutscher. Die Entwicklung in der EU geht jedoch darüber hinaus dahin, dass im Ausland erworbene Qualifikationen als ausreichend anerkannt werden, auch wenn die Ausbildungsgänge nicht unmittelbar vergleichbar sind. Deshalb wird weniger auf den Inhalt als auf die Dauer der Ausbildung abgestellt. Beispielsweise werden Hochschulabschlüsse anerkannt, denen ein mindestens dreijähriges Studium vorausging. Oft genügt aber auch schon der Nachweis einer mehrjährigen Berufspraxis. In diesen Fällen hat es ein EU-Ausländer sogar leichter, sich in Deutschland niederzulassen, als ein hiesiger Bewerber. Diese Inländer-Diskriminierung betrifft besonders das Handwerk: Wer im Ausland einige Jahre einschlägig tätig war, kann sich ohne die Meisterprüfung in Deutschland niederlassen.

Die Praxis, innerhalb der EU die ausländischen Qualifikationen anzuerkennen, hat umfangreiche Wanderungen zur Folge: Die Qualifizierten wandern aus Staaten mit niedrigem Einkommen in reichere Staaten ab, insbesondere aus den östlichen Mitgliedsstaaten nach Deutschland. Sie verschärfen hier allmählich den Wettbewerb. Mit anderen Worten: Die Festungsmauern, mit denen sich in Deutschland einige Berufe umgeben haben, werden allmählich unterspült. Umso nachdrücklicher werden sie verteidigt.

4.5.1 Handwerk

In der Anlage A des *Gesetzes zur Ordnung des Handwerks* sind 41 Berufe aufgeführt, in denen sich nur selbstständig machen kann, wer die Meisterprüfung abgelegt hat. Zu diesen Berufen gehören beispielsweise Maurer und Betonbauer, Straßenbauer, Brunnenbauer, Steinmetze und Steinbildhauer, Büchsenmacher, Boots- und Schiffbauer, Seiler, Vulkaniseure und Reifenmechaniker. In Anlage B folgen 53 zulassungsfreie und 57 handwerksähnliche Berufe. Bei der Durchsicht dieser Listen ist keine Systematik erkennbar. Beispielsweise braucht der Steinbildhauer einen Meistertitel, der Holzbildhauer hingegen nicht. Ebenso gut könnte es andersherum sein. Außerdem dürfte es nicht einfach sein, den handwerklichen (meisterpflichtigen) Steinbildhauer vom Bildhauer-Künstler zu unterscheiden, der keinerlei Prüfung braucht, denn die Kunst ist traditionell frei: Jeder kann künstlerisch tätig werden, wenn er sich dazu berufen fühlt. Nach der Handwerksordnung muss ferner ein Metallbauer Meister sein, der Metallbildner hingegen nicht. Die Glasbläser und

Glasapparatebauer sind Meister, nicht aber die Glasveredler. Auch da dürfte im Einzelfall die Abgrenzung schwierig werden.

Weshalb gelten überhaupt diese anscheinend willkürlich ausgewählten Berufe als Handwerk? Wie grenzt sich das Handwerk von anderen Wirtschaftsbereichen ab? Hierzu gibt § 1 der Handwerksordnung die Erklärung: „Ein Gewerbebetrieb ist ein Betrieb eines zulassungspflichtigen Handwerks, wenn er handwerksmäßig betrieben wird." Mit anderen Worten: Handwerk definiert sich durch Handwerk. Es gibt einige typische Eigenheiten, die gewöhnlich dem Handwerk zugerechnet werden, die aber auch in vielen anderen Gewerbezweigen anzutreffen sind. Meist handelt es sich um Kleinbetriebe mit geringer Arbeitsteilung, bei denen der Inhaber selbst mitarbeitet. Anders als in der Industrie gibt es keine Massenfertigung, sondern Einzelstücke oder Kleinserien. Der Kunde kann nach eigenem Wunsch entworfene Produkte fertigen lassen. Häufig werden auch Reparaturen durchgeführt, etwa bei Fahrrädern und Kraftfahrzeugen.

Welche Tätigkeiten frei und welche meisterpflichtig sind, ist häufig auch eine Frage der Definition. Meldet jemand beim Ordnungsamt das Gewerbe *Fahrradreparatur und -verkauf* an, so geht eine Kopie der Anmeldung an die Handwerkskammer, und diese verlangt den Meistertitel *Zweiradmechaniker*. Meldet hingegen jemand *Fahrradeinzelhandel und -reparatur* an, so geht der Durchschlag an die Handelskammer, und damit hat es sein Bewenden. Die Reparatur wird als Hilfsbetrieb des Handels geduldet, solange sie nicht den Umfang eines Meister-Jahreseinkommens erreicht. Ebenso kann es eine Definitionsfrage sein, ob eine durchrationalisierte Großbäckerei (Handwerk, meisterpflichtig) oder eine mittelständische Brotfabrik (Industrie, nicht meisterpflichtig) vorliegt. In Deutschland kann jedermann ohne irgendeine Prüfung eine Automobilfabrik eröffnen, aber reparieren darf nur ein Meister.

„Durch die Meisterprüfung ist festzustellen, ob der Prüfling befähigt ist, ein zulassungspflichtiges Handwerk meisterhaft auszuüben", so sagt § 45 der Handwerksordnung. Ebenso wie sich Handwerk durch Handwerk definiert, so definiert sich auch Meister durch Meister. Die Prüfung umfasst das Meisterstück, fachtheoretische sowie betriebswirtschaftliche, kaufmännische und rechtliche Kenntnisse. Hinzu kommen, für die Ausbildung der Lehrlinge, berufs- und arbeitspädagogische Kenntnisse. Der Prüfungsausschuss besteht aus Meistern, die also bestimmen, wen sie in ihren Kreis aufnehmen.

Das Handwerk hat eine ehrwürdige Geschichte seit mittelalterlichen Zeiten. Bis zur Industrialisierung wurden alle Häuser und Bedarfsgegenstände allein handwerklich hergestellt. Seit dem Jahr 1106 sind Zünfte nachgewiesen, die in den Städten die Ausbildung, die Arbeitszeiten, Produktqualität und Preise regelten. Dadurch sicherten sie, dass in der Stadt nicht zu viel Konkurrenz entstand. Je angesehener und vermögender eine Zunft war, umso stärker war das Bedürfnis, sich nach außen abzuschließen und den Eintritt zu behindern. Der Bewerber hatte ein ausgesucht schwieriges Meisterstück anzufertigen, er musste ein großes Meisteressen geben und möglichst eine Meistertochter heiraten.

Angeregt durch die Französische Revolution und die in den 1860er Jahren anlaufende Industrialisierung wurde am 2. November 1870 in Preußen die Gewerbefreiheit eingeführt. Preußen folgte damit als Schlusslicht einer ganz Europa erfassenden Bewegung. Zwischen 1789 (Frankreich) und 1864 (Italien) hatten sämtliche europäischen Staaten die Gewerbefreiheit eingeführt und damit die zünftlerische Tradition des Mittelalters beendet. In England hatte es schon vor dieser Bewegung auf dem Kontinent eine lange Tradition der Gewerbefreiheit gegeben.

Jetzt war in Preußen jedermann berechtigt, sich mit einem Handwerk oder einem beliebigen anderen Gewerbe selbstständig zu machen. Es gab jedoch jederzeit Gegenkräfte aus der Handwerksorganisation. Schließlich gab der Staat dem Drängen nach. Werner Sombart schildert die Situation 1904:

> Eine selbstständige Vertretung im Parlament haben die Handwerker nicht für nützlich gehalten; sie haben sie auch nicht nötig, da die beiden mächtigsten Parteien im Deutschen Reich, die Konservativen und das Zentrum, in dem Bestreben wetteifern, den Interessen des Handwerksstandes zu dienen.

Seit damals hat sich, wenn die Situation im Deutschen Bundestag betrachtet wird, bemerkenswert wenig geändert. Heute gilt dort die Grundregel: „Nichts geht gegen die Landwirtschaft und gegen das Handwerk." Die Interessen dieser beiden besonders schlagkräftig organisierten Berufsgruppen haben stets Vorrang vor dem Gemeininteresse einer Gleichbehandlung aller Gewerbebetriebe und eines freien Wettbewerbs.

1908 wurde der *Kleine Befähigungsnachweis* eingeführt, der zur Ausbildung von Lehrlingen notwendig war. In der nationalsozialistischen Ära wurde 1935 wieder der heute noch vorgeschriebene *Große Befähigungsnachweis* eingeführt: Selbstständigkeit nur nach Meisterprüfung. Die kleinen Gewerbebetriebe (Handwerk, Einzelhandel) waren neben der Landwirtschaft maßgebliche Träger der nationalsozialistischen Bewegung und wurden nach der Machtergreifung entsprechend belohnt. Auch im Einzelhandel wurde in dieser Ära die Neugründung von Betrieben stark erschwert. Nach dem Krieg wurde in der amerikanischen Besatzungszone nach dem Vorbild der USA wieder die Gewerbefreiheit eingeführt, was 1949 eine Gründungswelle auslöste. Diese Freiheit wurde jedoch 1953 mit der Verabschiedung der Handwerksordnung wieder aufgehoben. Federführend waren die Bundestagsabgeordneten Richard Stücklen (CSU) und Hans Dirscherl (FDP). Der bayerische Wirtschaftsminister Dr. Hanns Seidel stellte auf dem *Bayerischen Handwerkstag* 1953 in Passau befriedigt fest, dass „endlich die von den amerikanischen Besatzern aufgezwungene schrankenlose Gewerbefreiheit für das Handwerk aufgehoben" sei.

Seitdem wurde die Handwerksordnung mehrmals behutsam novelliert, aber nicht etwa in Richtung Gewerbefreiheit. Der *Zentralverband des Deutschen Handwerks* stellt triumphierend fest:

> Großer Befähigungsnachweis bleibt unangetastet – Alle mit der Materie befassten politischen Parteien haben eindeutig erklärt, dass sie am Großen Befähigungsnachweis in Form der Meisterprüfung festhalten. Damit ist ein solides Fundament vorhanden, auf dem sich die handwerkliche Leistungsfähigkeit und Leistungskraft im Wettbewerb beweisen können.

Das Streben der Europäischen Union nach einer Liberalisierung und Öffnung der Märkte ging allerdings auch nicht am Handwerk vorbei. Im Jahr 2016 wurde die *EU/EWR-Handwerksverordnung* verabschiedet, die außer der EU auch den Europäischen Wirtschaftsraum (mit Norwegen, Island,

Liechtenstein) und die Schweiz umfasst. Hiernach erhalten Bürger aus diesen Staaten eine Ausnahmegenehmigung, sich in Deutschland mit einem Handwerk niederzulassen, wenn sie durch mehrjährige Tätigkeit in dem betreffenden Gewerbe die notwendige Berufserfahrung nachweisen. Ebenso dürfen Gewerbetreibende, die ihren Sitz in einem anderen europäischen Staat haben, vorübergehend in Deutschland handwerklich tätig werden.

Insgesamt bildet der Große Befähigungsnachweis als Beschränkung des Zugangs zu einem Wirtschaftsbereich einen Fremdkörper in der marktwirtschaftlichen Ordnung, der keine sachliche Begründung hat und nur durch die geschichtliche Herkunft und den Einfluss der Standesorganisation erklärbar ist. Allerdings sollte darüber nicht vergessen werden, dass das Handwerk eine wichtige Grundlage für den Erfolg der deutschen Wirtschaft und insbesondere der Industrie gebildet hat, nämlich das Streben nach Qualität um ihrer selbst willen. Seit mittelalterlichen Zeiten gilt es als Ehrensache, keinen Pfusch abzuliefern. Hierzu trägt die mehrjährige gründliche praxisbezogene Ausbildung bei. Diese Mentalität und nicht etwa ein vordergründiges Streben nach Gewinnmaximierung hat sich nach und nach auf alle anderen Wirtschaftsbereiche übertragen.

4.5.2 Rechtsanwalt

Bei den Freien Berufen ist in aller Regel der Zugang zum Beruf an ein erfolgreich abgeschlossenes Hochschulstudium gebunden. Je nach Beruf ist es recht unterschiedlich, ob die Notwendigkeit dieses Studiums unmittelbar einleuchtet oder ob es eher dazu dient, vor künftigen Wettbewerbern eine möglichst hohe Hürde aufzubauen. Wenn der Zugang zum Beruf in Deutschland an ein Studium gebunden und in einem Nachbarland für jedermann frei ist, so liegt der Verdacht nahe, dass die Kollegen möglichst unter sich bleiben und den Zugang erschweren wollen. An dieser Stelle wollen wir nicht alle Freien Berufe betrachten, sondern nur zwei Extremfälle.

Relativ einfach ist die Sache beim Rechtsanwalt. Hier ist der Zugang zum Beruf an das Jurastudium, abgeschlossen durch das erste Staatsexamen, und eine praktische Ausbildung als Referendar, abgeschlossen durch das zweite Staatsexamen, gebunden. Ein wichtiger Teil der Tätigkeit von Rechtsanwälten besteht darin, im Strafprozess den Beschuldigten zu vertreten und möglichst „herauszupauken". Nur er kennt das Strafgesetzbuch und vor allem die Strafprozessordnung als Regelwerk für den korrekten Prozess. Ebenso wichtig ist die anwaltliche Vertretung im Verwaltungsrecht, wenn jemandem durch die Behörden etwas auferlegt worden ist, das er nicht akzeptiert. Hier ist es für den rechtlichen Laien im Regelfall ganz ausgeschlossen, sich ohne Hilfe gegen die Behörde Recht zu verschaffen.

Auf keinen Fall soll in einem freiheitlichen Staat jemand das Gefühl bekommen, einer allmächtigen Staatsgewalt hilflos ausgeliefert zu sein, wie es in der Zeit des Nationalsozialismus und in der DDR der Fall war. Deshalb sind qualifizierte Rechtsanwälte unbedingt notwendig.

4.5.3 Steuerberater

Der andere Extremfall für die Zulassungshürden in den Freien Berufen ist der Steuerberater: Hier ist eine sachliche Notwendigkeit für die Prüfung nicht erkennbar. Diese kann also nur den Zweck haben, die Anzahl der Mitbewerber zu begrenzen. In der Schweiz gibt es keine Zulassungsbeschränkungen für diesen Beruf, der dort *Treuhänder* genannt wird. Jedermann kann ein Treuhandbüro eröffnen. Es ist Sache des Kunden, sich einen genügend qualifizierten Treuhänder zu suchen. Es gibt Ausbildungsgänge (diplomierte Treuhandexperten, Steuerexperten, Wirtschaftsprüfer), die jedoch keine Bedingung für die Ausübung des Berufs bilden.

In Deutschland hingegen gibt es die Steuerberaterprüfung, die als extrem schwierig betrachtet wird. Regelmäßig fallen rund 50 Prozent der Prüflinge durch. Zur Prüfung wird nicht etwa jeder zugelassen, sondern nur, wer zuvor eine andere Prüfung (Hochschulabschluss, kaufmännische Ausbildung, Bilanzbuchhalter, Steuerfachwirt) bestanden hat. Außerdem ist eine mehrjährige praktische Tätigkeit nachzuweisen. Der Prüfungsausschuss ist zur Hälfte mit Steuerberatern besetzt. Auch hier bestimmen ganz wesentlich die jetzt Ausübenden, wer hinzutreten darf.

Die geschäftsmäßige Hilfeleistung in Steuersachen ist ausschließlich den in dieser Weise zweimal geprüften Steuerberatern vorbehalten. Wer beispielsweise einen Kurs zum Bilanzbuchhalter mit 820 Unterrichtsstunden erfolgreich abschließt, was ebenfalls als recht schwierig gilt, darf nicht etwa einen Jahresabschluss eines Betriebes aufstellen. Naheliegend wäre es, den Bilanzbuchhaltern wenigstens die Abschlüsse der Kleinbetriebe anzuvertrauen, die keine Bilanz aufstellen, sondern nur eine Einnahmenüberschussrechnung (§ 4 Absatz 3 des Einkommensteuergesetzes). Hierzu meinte Christian Lindner, Bundesvorsitzender der FDP, im Gespräch mit dem Autor (Erfurt 2014): „Wenn wir uns dafür einsetzen, haben wir ein paar hundert Bilanzbuchhalter für uns und viele tausend Steuerberater gegen uns. Das können wir uns in der Nähe der 5-Prozent-Klausel nicht leisten." Die Fraktion der Grünen will diesen Vorschlag verfolgen, stellt aber fest, dass die Große Koalition in dieser Frage nicht kompromissbereit ist.

Beim Steuerberaterverband wird über die Überalterung und den großen Nachwuchsmangel geklagt. 25 Prozent der Steuerberater sind über 65 Jahre alt. Niemand kommt auf den Gedanken, dass der Nachwuchsmangel etwas mit dem schwierigen Zugang zum Beruf zu tun haben könnte und dass eine Liberalisierung eine Gründungswelle auslösen würde.

Auch die Europäische Kommission stößt hier an Grenzen ihrer Macht. Sie setzt sich grundsätzlich für einen Wettbewerb auch in den Freien Berufen ein. Die Verbote wettbewerbsbeschränkender Maßnahmen in Artikel 101 und 102 des Vertrages über die Arbeitsweise der Europäischen Union richten sich aber nur an Unternehmen, nicht gegen staatliche Maßnahmen. Die Kommission hat die Mitgliedsstaaten aufgefordert, zum Wettbewerb in den Dienstleistungsberufen Reforminitiativen vorzulegen oder nicht gerechtfertigte nationale Regeln abzuschaffen. Die von der Kommission vorgeschlagenen Maßnahmen sind allerdings für die Mitgliedsstaaten nicht bindend.

Die strenge Berufsregelung in Deutschland wird begründet wie bei den Verbänden üblich: Sie bezweckt „den Schutz der Steuerpflichtigen vor einer unqualifizierten Steuerberatung und dient damit dem Verbraucherschutz", so teilte die Steuerberaterkammer am 18. Dezember 2015 mit. Mit dieser Begründung wird auch eine europäische Dienstleistungsfreiheit, wonach Steuerberater aus anderen EU-Staaten in Deutschland tätig werden könnten, abgelehnt.

4.5.4 Verkehr

Jedermann kann sich mit genügend Kapital ein hochseetüchtiges Schiff kaufen und sich als Reeder im Personen- oder Lastentransport unternehmerisch selbstständig machen – ohne irgendeine Prüfung oder Qualifikation nachweisen zu müssen. Anders ist es, wenn sich jemand einen Lastwagen kaufen und Transporte auf der Straße ausführen will. Nach der *Berufszugangsverordnung für den Güterkraftverkehr* hat er

a. seine persönliche Zuverlässigkeit zu beweisen (nicht vorbestraft),
b. die finanzielle Leistungsfähigkeit des Unternehmens darzulegen (mindestens 9.000 Euro für das erste Fahrzeug und 5.000 Euro für jedes weitere Fahrzeug) und
c. eine Fachkundeprüfung abzulegen, die mindestens vier Stunden dauern muss. Hinzu kommt ein mündlicher Prüfungsteil. Die Prüfungsgebühr ist 180 Euro.

Entsprechend dem Güterkraftverkehrsgesetz wurde das Bundesverkehrsministerium ermächtigt, Vorschriften zu erlassen, „durch die die Anforderungen an die Berufszugangsvoraussetzungen zur Gewährleistung eines hohen Niveaus näher bestimmt werden". Die Latte zum Sprung in die selbstständige Existenz soll also möglichst hoch gelegt werden. Die Begründung findet sich in Bundestagsdrucksache 14/6906 vom 12. September 2001. Vorher gab es eine beschränkte Anzahl von Lizenzen für den Nah- und Fernverkehr. Dies wurde aufgehoben. Wesentliches Ziel der Neuregelung war „nach Aufhebung der objektiven Marktzugangskriterien eine stärkere Betonung ausschließlich subjektiver

Berufszugangsvoraussetzungen. Damit sollte dem deutschen Güterkraftverkehrsgewerbe der nötige Freiraum verschafft werden, um auch in Zukunft seine Wettbewerbsfähigkeit in Europa unter Beweis stellen zu können."

Hier wird eine merkwürdige Denkweise sichtbar: Offenbar wurde es für notwendig gehalten, die Anzahl der Unternehmen in dieser Transportbranche zu beschränken – wenn nicht durch objektive, dann durch subjektive (in der Person liegende) Hindernisse. Ausgerechnet durch erhöhte Hindernisse soll Freiraum geschaffen werden. Außer Acht blieb die Erwägung, dass in der Marktwirtschaft eine Unternehmerprüfung systemwidrig ist und dass die Wettbewerbsfähigkeit am besten durch eine völlige Freigabe des Marktzugangs bewiesen werden kann. In diesem Fall liegt nicht nur wie üblich bei den Unternehmen das Bestreben vor, den Zugang weiterer Bewerber zu behindern, sondern auch beim Staat. Dieser versucht traditionell, den Straßen-Güterverkehr einzuschränken zugunsten der staatseigenen Eisenbahnen.

Bei der Personenbeförderung ist nicht allen der Unterschied zwischen Mietwagen (mit Fahrer) und Taxi geläufig, zumal beide dieselbe Aufgabe haben: Man ruft an, steigt ein, gibt das Fahrtziel an und lässt sich gegen Entgelt dorthin bringen.

Das Taxi kann entsprechend § 47 des Personenbeförderungsgesetzes Fahrgäste am Taxistand oder vom Betriebssitz aus aufnehmen sowie vom Straßenrand auf Zuruf „aufpicken". Der Mietwagen hingegen kann Beförderungsaufträge nur am Betriebssitz aufnehmen und muss immer zu diesem zurückkehren. Es kommt vor, dass Samstagnacht ab 24 Uhr sowohl Taxis als auch Mietwagen vor der Diskothek auf jugendliche Fahrgäste warten. Für die Mietwagen ist dies nicht zulässig, und die Taxifahrer beschweren sich über deren Anwesenheit: Hier müsste das Ordnungsamt der Stadt einschreiten.

Wer sich als Taxiunternehmer selbstständig machen will, braucht entsprechend der *Berufszugangsverordnung für den Straßenpersonenverkehr* eine Genehmigung. Hierzu muss er durch eine Fachkundeprüfung seine fachliche Eignung nachweisen, darüber hinaus die persönliche Zuverlässigkeit und die Sicherheit und Leistungsfähigkeit des Betriebs. Wer diese Voraussetzungen erfüllt, hat aber nicht etwa Anspruch auf eine Konzession. Vielmehr ist nach § 13, Absatz 4 des Personenbeförderungsgesetzes die Genehmigung zu versagen, wenn durch die Ausübung des beantragten Verkehrs das örtliche Taxigewerbe in seiner Funktionsfähigkeit bedroht wird. Dieser Wettbewerbsschutz der bereits vorhandenen Unternehmen wird örtlich sehr unterschiedlich gehandhabt, indem einzelne Städte entweder sehr liberal oder sehr zurückhaltend mit neuen Konzessionen sind. Es wird also nicht etwa davon ausgegangen, dass sich wie in jedem anderen Gewerbe die Anzahl der Betriebe nach dem Bedarf der Kunden reguliert. Der Wettbewerbsschutz der Vorhandenen gegenüber den Neuen ist mit dem Gleichheitsgrundsatz des Grundgesetzes schwer vereinbar. Soweit die Gemeinden mit Konzessionen sehr zurückhaltend sind, werden diese für einige tausend oder zehntausend Euro gehandelt. Die Taxis dürfen nicht etwa im Wettbewerb die Preise selbst bestimmen, sondern die Tarife werden von der Gemeinde festgelegt. Bei Mietwagen hingegen hat jeder Anspruch auf eine Genehmigung, der die persönlichen Voraussetzungen erfüllt, und kann die Preise selbst festlegen.

Weshalb derselbe Markt in einen regulierten und einen unregulierten Teilmarkt zerfällt, ist für Außenstehende schwer nachvollziehbar. Die Verkehrsverbände fordern selbstverständlich, die Vergabe von Konzessionen und daher den Wettbewerb auf ein Mindestmaß zurückzuführen. Berlin und Hamburg haben die Konzessionsbeschränkung schon aufgegeben und zeigen, wie dies funktionieren kann.

4.6 Internationale Kartelle

Wie wir gesehen haben, sind die Branchenverbände sehr einfallsreich bei der Beantwortung der Frage, aus welchen Gründen ein angeblich ruinöser Wettbewerb verhindert werden muss, wohlgemerkt immer im Interesse der Verbraucher und der Allgemeinheit und nicht etwa im Interesse der vertretenen Unternehmen. In jedem Fall müssen die Kunden höhere Preise zahlen als bei einem freien Wettbewerb, aber so unverblümt sagt dies niemand. Es gibt feste Preise und Tarife, um Unterbietungen zu verhindern. Oder der Zutritt neuer Bewerber wird eingeschränkt, die womöglich mit neuen Ideen die Besitzstände der Etablierten gefährden könnten. Fast nie gibt es eine sachliche, systematische Begründung, sondern als Begründung dient immer die Herkunft, die jahrzehntelange und in Gesetzen verfestigte Gewohnheit.

Im Drama *Faust. Der Tragödie Erster Teil* von Johann Wolfgang von Goethe sagt Mephistopheles, ein Teufel aus den Abfallgruben der mittelalterlichen Zauberei:

Es erben sich Gesetz und Rechte
wie eine ewge Krankheit fort;
sie schleppen von Geschlecht sich zum Geschlechte
und rücken sacht von Ort zu Ort.

Vernunft wird Unsinn, Wohltat Plage:
Weh dir, dass du ein Enkel bist!
Vom Rechte, das mit uns geboren ist,
von dem ist leider nie die Frage.

Es gibt eine nationale Wettbewerbspolitik, die versucht, die Märkte offen zu halten, aber sich notgedrungen darauf konzentrieren muss, weitere Verfestigungen zu verhindern. Und es gibt eine europäische Politik im Sinne eines Binnenmarktes ohne Grenzen für Handel und Dienstleistungen. Aber sie wird allzu oft von den Mitgliedsstaaten als unwillkommene Einmischung, als Gefährdung des Gewohnten betrachtet. Es gibt aber keine Wettbewerbspolitik auf der Ebene der Vereinten Nationen. Niemand kann Großkartelle, die mehrere Kontinente überspannen, verhindern. Das bekannteste Beispiel ist die OPEC. Weniger bekannt sind die internationalen Schifffahrtskonferenzen.

4.6.1 OPEC

Während der 1950er Jahre sank der Ölpreis wegen der Erschließung immer neuer Quellen und des damit verbundenen Überangebots auf dem Weltmarkt kontinuierlich ab, was zu schweren Verlusten in den Staatskassen der Förderländer führte. In dieser Situation regte Saudi-Arabien die Gründung eines Förderkartells an. Es sollte nicht nur die Fördermenge kontrollieren, sondern auch ein Gegengewicht zu den großen Ölkonzernen bilden, die auf der Basis von Verträgen aus der Kolonialzeit ihre Gewinne weitgehend ohne Beteiligung der Staaten erwirtschafteten, auf deren Gebiet die Förderquellen lagen. Der Ölpreis lag Anfang der 1970er Jahre in der Größenordnung von 2 Dollar pro Barrel. Das Hohlmaß Barrel (Fass) stammt noch aus der Anfangszeit der Ölförderung, als das Öl in ausgedienten Heringsfässern mit einem Inhalt von 158,987 Litern transportiert wurde.

Am 14. September 1960 wurde die *Organization of the Petroleum Exporting Countries* als die Organisation erdölexportierender Länder, kurz OPEC, gegründet. Die ersten Mitglieder waren Irak, Iran, Kuwait, Saudi-Arabien und Venezuela. Später schlossen sich Katar, Indonesien, Libyen, Algerien, Nigeria, Angola und Ecuador an. Die Gründerstaaten vereinbarten eine weitgehende Verstaatlichung der Ölquellen, das zukünftige Absprechen der Fördermengen und eine erhöhte Besteuerung der Ölfirmen. Ziel ist ein monopolisierter Ölmarkt, der für die einzelnen Mitglieder Förderquoten festlegt, die Gesamtförderung regelt und sich dadurch gegen die Preisbildung auf dem Weltmarkt absichert. Durch Verknappen oder Steigern der Fördermengen soll sich der Preis innerhalb eines festen Korridors bewegen.

Dieses Ziel wurde jedoch durch diverse Krisen und politische Zwischenfälle nur höchst unvollkommen erreicht. Es gab beim Ölpreis wilde Schwankungen: Zunächst stieg er von ursprünglich 2 Dollar auf 35 Dollar (1981), lag dann in den 1980er und 1990er Jahren bei rund 20 Dollar, kletterte auf 90 Dollar (2008) und, unterbrochen von einem Preiseinbruch im Jahr 2009, sogar auf 110 Dollar (2012). In jüngster Zeit (Juni 2016) fiel er auf rund 47 Dollar pro Barrel. Die Mitgliedsstaaten der OPEC, die teils recht einseitig vom Ölexport abhängig sind, erleben eine Achterbahnfahrt. Diese heftigen Schwankungen des Weltmarktpreises betreffen natürlich auch alle Staaten, die nicht Mitglied der OPEC sind, vor allem Russland. Erschwerend kommt hinzu, dass der Preis für Erdgas in engem Zusammenhang mit dem Ölpreis steht, also für die exportierenden Staaten keinen Ausgleich bildet. Viele Großverbraucher haben Anlagen, die wahlweise auf beide Energiequellen umzuschalten sind.

Es gelingt der OPEC nicht, durch ein Absenken der Fördermengen den Preisverfall zu bremsen, weil dann die Nichtmitglieder ihre Mengen erhöhen würden. Die OPEC hat immer nur einen Teil des Weltmarktes – mal die Hälfte, mal ein Drittel – umfasst. Eine andere Theorie besagt, dass die arabischen Staaten absichtlich die Mengen erhöhen und die Preise ruinieren, um alternative Fördermethoden wie Fracking aus dem Markt zu drängen.

4.6.2 Schifffahrtskonferenzen

Seit Ende des 19. Jahrhunderts schlossen sich Reedereien zu internationalen Kartellen, den sogenannten Konferenzen, zusammen. Ziel war es, einen ruinösen Konkurrenzkampf in der Linienschifffahrt zu verhindern. Um die Märkte zu regulieren, begrenzten diese Kartelle die Transportkapazität und legten die Frachtraten (Transportpreise) fest. Das System der Schifffahrtskonferenzen erlebte seinen Höhepunkt in den 1950er Jahren. Zur Minderung des Wettbewerbs gab es Absprachen vor allem zu folgenden Punkten: geografische Abgrenzung des Marktgebietes, Preise, einheitliche Beförderungsbedingungen, Anzahl der Abfahrten pro Mitglied und Jahr, einheitliche Rabatte. Es gab offene Konferenzen, die jeden beitrittswilligen Reeder aufnehmen mussten, und geschlossene Konferenzen, die selbst entschieden, wen sie aufnehmen wollten.

Die gesteigerte Form der Konferenz ist der Pool. Hier wird die wirtschaftliche Selbstständigkeit der Teilnehmer noch stärker eingeschränkt. Es wird gemeinsam Ladung geworben. Die Erlöse werden addiert und nach einem festen Schlüssel auf die Mitglieder verteilt. Ebenso kann auch das gesamte Ladungsaufkommen nach Quoten verteilt werden. Wer mehr verlädt als vorgesehen, muss andere Mitglieder, die weniger als vorgesehen verladen haben, entschädigen. Es besteht also kein besonderer Anreiz, den Kundenwünschen entgegenzukommen oder Innovationen jedweder Art einzuführen. Vorteile für die Konferenzmitglieder waren höhere Preise durch Fortfall des Wettbewerbs, keine Überkapazitäten durch Begrenzung des Angebots und regelmäßige Einnahmen. In Zeiten geringer Nachfrage wurden die Preise nicht gesenkt. Die Konferenzteilnehmer konnte ihre quasi-monopolistische Stellung ausnutzen. Es gibt in diesen Fällen immer Außenseiter, die billiger anbieten. Dies versuchten die Konferenzteilnehmer zu behindern, indem Kunden, die ausschließlich mit Konferenzschiffen fuhren, hohe Rabatte erhielten.

Die Europäische Union, immer im Interesse der Kunden und der Allgemeinheit auf mehr Wettbewerb bedacht, bereitete diesem Treiben am 18. Oktober 2008 ein Ende. Kein Mitglied einer Schifffahrtskonferenz darf seitdem einen EU-Hafen anlaufen. Jede Reederei muss selbst ihre Preise kalkulieren ohne den geringsten Kontakt zu ihren Mitbewerbern. Schifffahrtskonferenzen, die Europa nicht berühren, bleiben hingegen legal.

Am 6. Oktober 1983 ist der UN-Verhaltenskodex für Linienkonferenzen in Kraft getreten (veröffentlicht im

Bundesgesetzblatt 1983, Teil II, S. 62). Charakteristisch ist Kapitel IV, Artikel 12, über die Festlegung der Frachtraten: Diese „werden so niedrig angesetzt, wie dies vom kaufmännischen Standpunkt aus möglich ist. Die Frachtraten müssen den Schiffseigentümern die Erzielung eines angemessenen Gewinns ermöglichen". Auf der Ebene der vereinten Nationen haben sich insofern die Kartellinteressen, die abgesprochenen Preise möglichst hoch anzusetzen, durchgesetzt. Ziel ist nicht der freie Wettbewerb, sondern eine *geordnete* Ausweitung des Welt-Seeverkehrs zu erreichen. Inzwischen haben sich im Welt-Containerverkehr drei große Allianzen gebildet, die auf vielfältigen Gebieten zusammenwirken: die *Green Alliance CKYHE,* die *Grand Alliance* und die *New World Alliance.* Als besonders wirkungsvolles Mittel, den Wettbewerb zu beenden und die Marktmacht zu erhöhen, hat sich ebenso wie in anderen Wirtschaftszweigen der Zusammenschluss, die Fusion mit den bisherigen Rivalen erwiesen. Ende Juni 2016 ging die Nachricht durch die Presse, dass die Reederei *Hapag-Lloyd*, Hamburg, sich mit dem arabischen Konkurrenten *United Arab Shipping* zusammentut wie bereits kurz vorher mit der chilenischen Reederei *Compañía Sud Americana de Vapores* (CSAV).

4.7 Öffentliches Eigentum

Streng genommen sollte sich der Staat in der Sozialen Marktwirtschaft darauf beschränken, den für alle Betriebe gleichen rechtlichen Rahmen zu setzen und nicht selbst wirtschaftlich tätig zu werden. Tatsächlich gibt es jedoch eine große Anzahl von Betrieben, die entweder direkt in die Verwaltung eingegliedert sind oder die zwar in einer privatrechtlichen Form ausgegliedert wurden, aber im Eigentum einer öffentlich-rechtlichen Körperschaft liegen. Die Städte haben Stadtgärtnereien, städtische Krankenhäuser, Wohnungsunternehmen, Bauhöfe, diverse Werkstätten, Sparkassen, Verkehrsunternehmen und vieles anderes mehr. Die Länder haben nicht nur die Landesbanken, sondern das Land Niedersachsen hält beispielsweise Anteile am Volkswagenwerk, an den Stahlwerken Salzgitter und am Flughafen Hannover. Keine der im Landtag vertretenen Parteien denkt daran, dies zu ändern, obwohl der Betrieb einer Automobilfabrik sicher nicht zu den ursprünglichen Aufgaben eines Bundeslandes gehört. Dies hört sich dann in einem Grundsatzprogramm 2016 der CDU so an:

> Für die CDU in Niedersachsen stehen die Beteiligungen des Landes an der Volkswagen AG, der Salzgitter AG, der Messe AG, dem Flughafen und der NordLB nicht zur Disposition. Das Land trägt hier dauerhaft Verantwortung für die Stabilität und Sicherheit systemrelevanter ökonomischer Strukturen in Niedersachsen.

Das Wort *systemrelevant* wird meist im Zusammenhang mit den Großbanken genannt und bedeutet, dass das betreffende Unternehmen nicht zusammenbrechen darf, weil hierdurch das ganze Wirtschaftssystem, die ganze Volkswirtschaft ernsthaften Schaden nähme. Wenn die CDU kurzerhand alle Beteiligungen des Landes Niedersachsen für systemrelevant erklärt und dem Land die *dauerhafte Verantwortung* für deren *Stabilität und Sicherheit* aufbürdet, so kann dies nur heißen, dass das Land im Fall der Pleite einspringen und das Unternehmen retten müsste. Dies wäre jedoch erstens sehr kostspielig und zweitens vergeblich, weil es sich in solchen Fällen herausgestellt hat, dass die Pleite nur um einige Monate hinausgeschoben wird. Eine wie hier geforderte dauerhafte Sicherheit für diese Unternehmen kann es gar nicht geben.

Aus ordnungspolitischer Sicht treten bei den öffentlichen Betrieben hauptsächlich folgende Probleme auf:

1. Diese Betriebe können nicht zahlungsunfähig werden. Durch ihre privilegierte Stellung entsteht ein ungleicher Wettbewerb mit den rein privaten Betrieben. Zum Beispiel erhalten die öffentlichen Betriebe von den Banken günstigere Konditionen, weil kein Ausfallrisiko besteht. Der ungleiche Wettbewerb zwischen privatwirtschaftlich und öffentlich machte sich insbesondere im Kreditwesen bemerkbar, wo die Sparkassen mit den Genossenschaftsbanken und den großen Bank-Aktiengesellschaften konkurrieren. Die Sparkassen werden gewöhnlich von den Städten oder Landkreisen getragen. Diese waren jahrzehntelang verpflichtet, im Notfall einzuspringen (Gewährträgerhaftung) und mussten den Betrieben die notwendigen Mittel zur Verfügung stellen (Anstaltslast). Im Dezember 1999 beschwerte sich der Bundesverband Deutscher Banken bei der EU-Wettbewerbsbehörde, dass dies eine verbotene Beihilfe für die Sparkassen darstelle. Daraufhin fielen 2002 die Gewährträgerhaftung und die Anstaltslast bei den Sparkassen und Landesbanken fort. Diese müssen jetzt also unter gleichen Bedingungen arbeiten wie die privatrechtlichen Kollegen. Bei allen anderen öffentlichen Betrieben bleiben jedoch Gewährträgerhaftung und Anstaltslast und damit der ungleiche Wettbewerb bestehen.

2. Die öffentlichen Betriebe stehen nicht im Wettbewerbsdruck wie die privaten. Daher besteht immer die Möglichkeit, dass Personal und Kapital weniger effizient eingesetzt werden. Beispielsweise könnte es sein, dass die Stadtgärtnerei im Winter weniger zu tun hat, aber die vollen Kosten weiterlaufen. Die stadteigene Automobilwerkstatt, für die Reparatur der städtischen Fahrzeuge zuständig, hat mal zu tun, mal nicht. Anstatt hier ständig Personal und Gerät vorzuhalten, wäre es vermutlich rationeller, im Bedarfsfall die privaten Werkstätten aufzusuchen.
3. Bei den öffentlichen Betrieben besteht immer die Tendenz zu einer politischen und das heißt im wirtschaftlichen Sinn sachfremden Einflussnahme. Dies kann sich auf die Preise, die Auswahl der Aufgaben, die Standorte und insbesondere die Rekrutierung des Personals beziehen. Beispielsweise können Mitglieder bestimmter Parteien oder Gewerkschaften bevorzugt oder benachteiligt werden. Es gibt politische Erwägungen der Art, dass eine bestimmte Rathausfraktion entweder gestützt oder geschwächt werden soll und dass dem Vorschlag des Bürgermeisters entweder immer oder gar nicht gefolgt wird. Betriebswirtschaftliche Überlegungen stehen nicht unbedingt im Vordergrund.
4. Den Gremien mangelt es häufig an Fachkompetenz. Da werden Ratsherren und -frauen in den Aufsichtsrat der stadteigenen Aktiengesellschaft berufen, die noch nie ein Exemplar des Aktiengesetzes in der Hand hatten. Es kann vorkommen, dass der Vorstand dieser Gesellschaft fristlos gekündigt wird, nur weil er sich im Wahlkampf unbeliebt gemacht hatte. Prompt klagt er eine hohe Entschädigung ein. Denn nach § 84 des Aktiengesetzes ist eine

solche Abberufung nur aus wichtigem Grund zulässig. – Der Kreditausschuss der Stadtsparkasse wird mit Ratsmitgliedern besetzt, von denen keiner eine Ausbildung als Bankkaufmann oder -frau oder ein betriebswirtschaftliches Studium beendet hat.

5. Eine besonders unglückliche Rolle in der Finanzkrise 2008 spielten die Landesbanken. Dies beginnt schon beim theoretischen Auftrag: Handelt es sich um eine Verfügungsmasse des Ministerpräsidenten oder um eine Sparkassenzentrale? Abschreckendes Beispiel ist die HSH Nordbank, bei der die Buchstaben HSH für Hamburg und Schleswig-Holstein stehen, die mit je 50 Prozent an der Bank beteiligt sind. Die Nordbank hatte sich nicht etwa auf wirtschaftliche Investitionsaufgaben in den beiden Bundesländern beschränkt, sondern sich auf dem Aktienmarkt hoffnungslos verspekuliert. Sie musste von den beiden Bundesländern mit drei Milliarden Euro vor dem Konkurs gerettet werden. Wozu braucht ein deutsches Bundesland eine Bank mit Auslandsfilialen in Athen, Luxemburg, New York, Singapur und Hongkong?

In den Gründungsjahren der Bundesrepublik wurde noch ganz selbstverständlich davon ausgegangen, dass das Land oder die Gemeinden eigene Betriebe unterhalten. Dies ist sogar in einigen Landesverfassungen (Berlin, Bayern, Hessen, Nordrhein-Westfalen) verankert. In Artikel 83 der Bayerischen Verfassung heißt es: „In den eigenen Wirkungskreis der Gemeinden [...] fallen insbesondere die Verwaltung [...] der Gemeindebetriebe." Hierunter sollen auch „Einrichtungen zur Sicherung der Ernährung" fallen, was aber nicht bedeutet, dass alle Bäcker und Metzger städtische Angestellte sind. Demgegenüber ging schon Ludwig Erhard vom Grundsatz aus, „alles das, was die unternehmerische Wirtschaft zu leisten vermag, nicht den Staat in eigener Regie übernehmen zu lassen". Nach seiner Meinung „passt es nicht in das Bild einer auf unternehmerischer Freizügigkeit beruhenden Wirtschaft, wenn der Staat sich selbst als Unternehmer betätigt".

Im Grundsatzprogramm 2016 der niedersächsischen CDU heißt es:

> Das Land muss den Rechtsrahmen für die wirtschaftliche Betätigung von Kommunen so setzen, dass es nicht zu Wettbewerbsverzerrungen zwischen öffentlichen Unternehmen und Betrieben des Mittelstandes kommt. Die wirtschaftliche Tätigkeit von Kommunen soll im Grundsatz dort ihre Grenzen haben, wo die Privatwirtschaft die Aufgaben ebenso gut erledigen oder die Leistung effizienter erbringen kann.

Nach den bisherigen Erfahrungen ist allerdings nicht damit zu rechnen, dass dies konsequent umgesetzt wird, selbst wenn die CDU im Gemeinderat die absolute Mehrheit erringt. Schon die Wendung „im Grundsatz" deutet ein Ausweichen an. SPD, Grüne und Linke sind gewöhnlich gegen eine Privatisierung oder streben gar eine Re-Kommunalisierung früher bereits privatisierter Betriebe an.

In § 136 des Niedersächsischen Kommunalverfassungsgesetzes heißt es:

> Die Kommunen [...] dürfen Unternehmen nur errichten [...], wenn [...] der öffentliche Zweck das Unternehmen rechtfertigt und [...] nicht ebenso gut und wirtschaftlich durch einen privaten Dritten [...] erfüllt werden kann. Die Beschränkung [...] dient auch dem Schutz privater Dritter, die sich wirtschaftlich betätigen oder betätigen wollen.

Hier bietet die Wendung vom „öffentlichen Zweck" Gelegenheit zu ganz unterschiedlichen politischen Erwägungen. Ist beispielsweise die Versorgung der Einwohner mit bezahlbarem Wohnraum ein solcher öffentlicher Zweck? Hier sind bisher die städtischen Gesellschaften, private Genossenschaften und private Investoren nebeneinander tätig. Die einen sagen, nur die Privaten würden effizient arbeiten, die anderen sagen, diese wichtige Frage dürfe nicht den Heuschrecken überlassen bleiben, die nur Rendite heraussaugen und den Wohnungsbestand verkommen lassen.

Ebenso unentschieden ist, ob soziale Dienste wie Altenheim oder *Essen auf Rädern* besser bei der Stadt, bei Verbänden wie dem Paritätischen Wohlfahrtsverband oder bei privaten Unternehmen aufgehoben sind. Unter den niedersächsischen Hafenstandorten gibt es eine Reihe von Landeshäfen, aber auch den Privathafen Nordenham. Hier wie in vielen anderen Geschäftszweigen hat sich ein Nebeneinander eingespielt. An eine konsequente Privatisierung, wie es einer marktwirtschaftlichen Ordnung entspräche, denkt niemand, obwohl dies mit Sicherheit die Effizienz des ganzen Apparats und die internationale Wettbewerbsfähigkeit Deutschlands beträchtlich erhöhen würde. Die Gebietskörperschaften könnten sich ganz auf ihre hoheitlichen Aufgaben konzentrieren.

Auf Bundesebene gab es bisher einige große und erfolgreiche Privatisierungen:

1. 1966 wurde die Volkswagen GmbH in eine Aktiengesellschaft umgewandelt und teilprivatisiert. 60 Prozent des Stammkapitals wurden als Volksaktien an Privatpersonen abgegeben.

2. Die Deutsche Bundespost war in den ersten Jahrzehnten der Bundesrepublik eine beamtenmäßig geführte Bundesbehörde mit einem Monopol auf Briefbeförderung und Telefon, daher ohne sonderlichen wirtschaftlichen Druck zu Modernisierung und Rationalisierung. Ab 1986 kam eine Liberalisierungsdebatte in Gang, zunächst durch den Wettbewerb im europäischen Binnenmarkt, und damit das Ende des Monopols. In der Postreform I (1989), Postreform II (1994) und Postreform III (1996) entstanden schließlich als private Geschäftsunternehmen, die sich im Wettbewerb zu bewähren haben, die Deutsche Post AG, die Deutsche Telekom AG und die Postbank AG. Der Bund behält Mehrheitsbeteiligungen und konzentriert sich auf einige hoheitliche Aufgaben.
3. Ähnlich wie die Post war auch die Deutsche Bundesbahn in den ersten Jahrzehnten der Bundesrepublik eine Behörde mit Beamtenmentalität. Im Personen- und Güterverkehr verlor sie ständig Marktanteile zugunsten des privaten Straßenverkehrs. Die Bahn arbeitete hoch defizitär und türmte einen riesigen Schuldenberg auf. In der DDR genoss die Deutsche Reichsbahn eine monopolartige Stellung und behauptete bis 1989 einen großen Anteil an der gesamten Transportleistung. Sie wurde jedoch so unwirtschaftlich geführt, dass nach der Wiedervereinigung eine grundsätzliche Neuordnung der beiden vereinigten Bahnen notwendig wurde. 1993 wurde aus Bundesbahn und Reichsbahn die Deutsche Bahn AG gegründet. Private Eisenbahnunternehmen erhielten Zugang zum Netz und betreiben heute viele Strecken im Personennahverkehr. Die Zuständigkeit für den Schienenpersonennahverkehr wurde auf die Länder

übertragen. Ganz wesentlich war, Bau und Unterhaltung des Wegenetzes vom Fahrbetrieb zu trennen. Nur so entsteht ein sinnvoller Wettbewerb zum Straßenverkehr, wo das Wegenetz von der öffentlichen Hand bereitgestellt wird und die privaten Unternehmen und Privatleute dieses Netz kostenlos benutzen dürfen. Inzwischen gibt es bei der Bahn die folgenden Unternehmen, denen es gelang, bedeutende Marktanteile zurückzugewinnen: DB Fernverkehr AG, DB Regio AG (Personennahverkehr), DB Cargo AG, Railion, Schenker (Güterverkehr), DB Netz AG (Strecken und Streckenausrüstung) und die DB Station und Service AG (Bahnhöfe).

Bis in die 1960er Jahre war in Deutschland, auch in der Wirtschaftswissenschaft, viel von den natürlichen Netzmonopolen die Rede. Bei Eisenbahn, Telefon und Elektrizitätsversorgung könne es ja sinnvollerweise nur ein Netz in einem Bezirk geben und daher nur einen Anbieter. Demgemäß müsse dies im öffentlichen Eigentum liegen, und die Preise, hier Gebühren genannt, müssten von der Behörde festgesetzt werden. Heute wissen wir es besser: Es kann sehr wohl konkurrierende Anbieter beim selben Netz geben.

Heftig umstritten ist die Frage, ob die Wasserversorgung privaten Unternehmen anvertraut werden soll, wie es in England und Frankreich der Fall ist, in Deutschland aber von den politischen Parteien ganz überwiegend abgelehnt wird. Die Europäische Union schlägt ein System von Ausschreibungen vor: In regelmäßigen Abständen wird ausgeschrieben, wer die Versorgung eines bestimmten Bezirks übernehmen will, und der preislich günstigste und leistungsfähigste Bewerber wird berücksichtigt. So würde Wettbewerb geschaffen. Dies wird von den kommunalen Unternehmen und überhaupt den politischen Instanzen abgelehnt. Befürchtet wird unter anderem, dass ein privater Unternehmer nur aus dem laufenden Betrieb Gewinn zieht und die langfristige Instandhaltung des Netzes vernachlässigt, wie in England zu besichtigen ist. Dies muss aber nicht gegen das Ausschreibungssystem sprechen. Beispielsweise haben viele Kommunen gute Erfahrungen damit gemacht, die Entsorgung der Stadt regelmäßig auszuschreiben und hiermit einen Wettbewerb unter den Betrieben in Gang zu setzen.

4.8 Systemrelevante Unternehmen

Einzelne Großbanken haben für die gesamte Volkswirtschaft eines Staates eine so hohe Bedeutung, dass ihre Insolvenz nicht hingenommen werden kann. Der Zusammenbruch einer solchen Bank würde einen Dominoeffekt auslösen, nämlich eine Kette weiterer Zusammenbrüche. Schlimmstenfalls gibt es eine generelle Panik, so dass alle Kunden zu ihrer Bank stürzen und sofort ihre Einlagen abheben wollen, was die sofortige Zahlungsunfähigkeit zur Folge hat, denn diese Mittel sind ja von der Bank als Kredite vergeben worden und liegen erst einmal fest.

Abschreckendes Beispiel ist die *Darmstädter und Nationalbank*, im Jahr 1931 die zweitgrößte Bank in Deutschland. Sie geriet in diesem Jahr in die Krise, weil ausländische Anleger einen großen Teil ihrer Mittel abzogen und weil ein Großkunde (Nordwolle) seinerseits zusammenbrach. Am 13. Juni 1931 musste die *Danat-Bank*, wie sie kurz genannt wurde, ihre Schalter schließen. Dies erschütterte das Vertrauen in das gesamte Bankensystem und löste eine Abhebe-Welle und eine generelle Bankenkrise aus.

Ähnliches wurde in der Bankenkrise 2008/2009 vermieden, als insbesondere die Commerzbank in Schwierigkeiten geriet. Am 8. Januar 2009 wurde bekannt, dass der Sonderfonds Finanzmarktstabilisierung 25 Prozent des Aktienkapitals plus einer Aktie übernommen hatte. Es handelte sich hiermit um eine Teilverstaatlichung. Insgesamt wurden der Commerzbank 18,2 Milliarden Euro zur Verfügung gestellt. Der Wettbewerbskommissar der EU-Kommission billigte diese Hilfe. Ohne die Teilverstaatlichung wären Dresdner Bank und Commerzbank leichte Opfer ausländischer Interessenten geworden. Die Bundesregierung zog demgegenüber eine innerdeutsche Lösung vor. In den folgenden Jahren wurden die staatlichen Hilfen stückweise zurückgeführt.

Inzwischen gibt es Listen systemrelevanter Banken, die also im Notfall mit öffentlicher Hilfe rechnen können. Eine internationale Liste wird vom Basler Ausschuss für Bankenaufsicht herausgegeben und umfasst 30 Geschäftsbanken, darunter als einziges deutsches Institut die Deutsche Bank. Die Commerzbank wurde wegen abnehmender Bedeutung im internationalen Geschäft ab 2013 nicht mehr aufgeführt. Für den deutschen Bereich führt die *Bundesanstalt für Finanzdienstleistungsaufsicht* (BaFin) eine Liste mit 36 Banken, die im Notfall mit Steuergeldern gerettet werden, weil anderenfalls die Stabilität des gesamten Finanzsektors gefährdet würde. Diese Liste wird nicht veröffentlicht, um Spekulationen zu verhindern.

Schon verfassungsrechtlich ist es hochproblematisch, einzelne Häuser in dieser Form abzuschirmen, während die übrigen rund 1.900 Banken in Deutschland dem normalen

4 Ordnungspolitische Sonderbereiche 335

Insolvenzrisiko ausgesetzt sind. Denn hiermit wird der Grundsatz der Gleichbehandlung verletzt. Zudem geht es bei der Auswahl dieser Institute nicht ohne Willkür zu, denn außer der Größe spielt es auch eine Rolle, wie stark ein Institut vernetzt ist, also im Notfall andere mitreißen würde.

Unterschwellig besteht die Gefahr, dass diese privilegierten Institute sich zu einer riskanten Geschäftspolitik verführen lassen, weil sie ja wissen, dass ihnen ernsthaft nichts passieren kann. Außerdem wird ein Anreiz geschaffen, durch wachsende Größe und stärkere Vernetzung in diesen exklusiven Kreis aufgenommen zu werden. Aus diesen Gründen müssen sich die als systemrelevant eingestuften Institute strenge Sonderprüfungen gefallen lassen, und sie erhalten Auflagen, beispielsweise zur Höhe des Eigenkapitals, das als Notfallreserve dient. Und sie müssen darlegen, wie sie sich im Falle eines Zusammenbruchs die Abwicklung vorstellen. Das ganze Problem wird in der Fachwelt gewöhnlich mit dem Schlagwort *too big to fail* (zu groß, um zu scheitern) bezeichnet.

Oder es wird vom *Moral Hazard* (moralische Versuchung) gesprochen, wenn für die Akteure ein Anreiz geschaffen wird, sich leichtsinnig zu verhalten: Sie werden davon befreit, für gegebenenfalls kostspielige Folgen ihres Handelns selbst einzustehen, weil diese Kosten von einer größeren Gruppe, etwa vom Staat, übernommen werden. Dieses Problem gibt es nicht nur bei den systemrelevanten Banken, sondern auch bei allen Versicherungen, wo dem Versicherten das Risiko abgenommen wird, und im Gesundheitssystem, wo die Gesamtheit aller Mitglieder der Krankenkasse die Kosten übernimmt. Dies kann den Anreiz, gesundheitsbewusst zu leben, vermindern. Ganze Staaten können sich darauf verlassen, dass ihnen im Fall einer Zahlungsunfähigkeit geholfen wird, wie 2015 am Beispiel Griechenland zu sehen war: Es darf einfach nicht sein, dass ein Mitglied des Euro-Raumes zusammenbricht. Weil Griechenland sich hierauf verlassen kann, ist der Anreiz zu inneren Reformen vermindert.

4.9 Staatliche Aufsicht

Es gibt eine Reihe von Geschäftszweigen, die aus Gründen des Allgemeinwohls nicht einfach dem Selbstlauf des Marktes überlassen werden können, weil Missbräuche besonders naheliegend und auch schon vorgekommen, andererseits für den Kunden schwer erkennbar sind. Beispielsweise bildet die gewerbliche Überlassung von Arbeitskräften (auch Leiharbeit, Zeitarbeit oder Personalleasing genannt) einen sozialpolitisch besonders sensiblen Bereich, und daher ist in § 3 des Arbeitnehmerüberlassungsgesetzes eine Erlaubnispflicht vorgesehen. Der Betrieb der Senioren- und Pflegeheime ist im Heimgesetz geregelt, um die Bewohner zu schützen, die oft nicht mehr in der Lage sind, sich zu wehren. Aus ganz anderen Gründen müssen Glücksspiele, Lotterien und Spielbanken gesetzlich reguliert werden: Das Entstehen von Spielsucht soll bekämpft werden, und das anscheinend unvermeidliche Glücksspiel soll in geordneten Bahnen stattfinden. Nebenbei gibt es hier hohe Einnahmen für die öffentliche Hand. – Beim An- und Verkauf von hochwertigen Gebrauchtwaren ist nach § 38 der Gewerbeordnung eine Überwachung notwendig, weil hier der Verdacht der Hehlerei, des Verkaufs von Diebesgut, nicht ganz fernliegt.

Wir können hier nicht alle Problembranchen im Einzelnen durchgehen, sondern wollen uns nur kurz mit zwei Geschäftszweigen von besonderer volkswirtschaftlicher Bedeutung beschäftigen, nämlich den Banken und den Versicherungen.

4.9.1 Bank und Börse

Bei Industrieunternehmen, beim Handel und bei den zahlreichen verschiedenen Dienstleistungen ist für die Kundschaft gewöhnlich offensichtlich, welche Produkte oder Dienste angeboten werden. Die volkswirtschaftliche Funktion einer Bank, das heißt eines Kreditinstituts, und einer Börse ist hingegen für Außenstehende erläuterungsbedürftig.

1. Zunächst ist die Bank einfach ein sicherer Aufbewahrungsort für Geld und, mit den Stahlfächern, für Wertgegenstände und Dokumente aller Art. Das Geld liegt hier sicherer als unter der Matratze und wird bei Bedarf am Automaten ausgezahlt.
2. Die Bank erledigt den Zahlungsverkehr. Heute hat nahezu jedermann ein Bankkonto, auf das Lohn, Gehalt oder Rente überwiesen werden und wo von aus er die Rechnungen bezahlt. Dies bildet einen gewaltigen Unterschied zu den 1950er und 1960er Jahren, als die Löhne am Freitag in bar ausgezahlt wurden. In Cuxhaven war es üblich, den Besatzungen der Fischdampfer, die nach wochenlanger gefahrvoller und entbehrungsreicher Fangreise rund um Island zurückkehrten, die Heuer in bar auszuzahlen, wonach es zunächst einmal einen kräftigen Zug durch die Gemeinde gab.

3. Von allen Kunden, die ihr Geld bei der Bank einzahlen, kommt jeden Tag nur ein kleiner Teil und verlangt das Geld zurück. Die Bank braucht also nur einen relativ kleinen Betrag an Bargeld bereitzuhalten und kann einen großen Teil dieser Mittel als Kredit an die gewerbliche Wirtschaft vergeben: für den laufenden Geschäftsbetrieb, für Rationalisierungs- und für Erweiterungsinvestitionen. Die Zinsen, die die Bank hierfür einnimmt, sind weit höher als die Zinsen, die sie den Kunden für ihre Einlagen zahlt. Die Differenz, die Zinsspanne, soll die Geschäftskosten des Instituts abdecken. Zu den Mitteln aus der Kundschaft kommen Kredite seitens der Zentralbank hinzu. Hierdurch werden geldpolitische Impulse der Zentralbank, beispielsweise 2016 die Niedrigzinspolitik, an das Publikum weitergereicht.
4. Aus volkswirtschaftlicher Sicht entscheidend ist nun, dass die Bank die Kreditanträge sorgfältig prüft und ihre Mittel möglichst den sicheren und aussichtsreichen Vorhaben zuwendet. Die Bank versucht, den Produktionsfaktor Kapital dort zu platzieren, wo er den größten Ertrag bringt. Die Volkswirte sprechen hier von *optimaler Faktorallokation*. Hierzu ist es notwendig, die vielen kleinen Einlagen zu größeren Kreditpaketen zu bündeln und die kurzfristig angelegten Mittel langfristig zu binden. Unvermeidlich muss die Bank hierbei gewisse Risiken eingehen, nämlich dass ein Kredit nicht zurückgezahlt werden kann. Dieses Risiko wird vermindert, indem die Bank die Kredite an eine große Zahl von Geschäftskunden und Privatleuten in ganz unterschiedlichen Branchen vergibt. Wie im Jahr 2008 und den folgenden Jahren deutlich wurde, ist es sehr gefährlich, sich auf einen einzigen Geschäftszweig, etwa

die Schifffahrt, zu konzentrieren. In der Schifffahrts- und Werftenkrise kamen viele Spezialkreditinstitute in ernste Schwierigkeiten.
5. Zu dieser volkswirtschaftlichen Funktion, nämlich das Kapital in die ertragreichsten Verwendungen zu lenken, trägt auch die Börse bei. Wenn bekannt wird, dass eine Firma über Jahre einen gleichmäßig hohen Ertrag erwirtschaftet und jetzt einen Großauftrag bekommen hat, kaufen viele Anleger diese Aktie, so dass es dem Unternehmen leichtfällt, mit der Ausgabe neuer Aktien sein Kapital zu erhöhen. Umgekehrt werden Aktien verkauft, wenn Skandale und Krisen bekannt werden.

Inzwischen sind weltweit zehntausende von Privatpersonen damit beschäftigt, anhand der aktuellen Kursentwicklung auf steigende oder fallende Aktienkurse zu spekulieren. Dabei werden häufig Aktien innerhalb eines Tages ge- und verkauft *(Daytrader)* in der Hoffnung auf minimale Kursgewinne. Diese Spekulation ist also vom wirtschaftlichen Geschehen in den Unternehmen, abgekoppelt und hat sich verselbstständigt. Der bloße Eigentümerwechsel erfüllt aus volkswirtschaftlicher Sicht keine Funktion, weil es sich um ein Nullsummenspiel handelt: Die Gewinne der einen sind ebenso groß wie die Verluste der anderen. Das Ganze wirkt sich ähnlich aus wie eine Weltmeisterschaft der Taschendiebe: die Bargeldbestände sind nachher anders verteilt als vorher, aber es ist nichts hinzugekommen.

Die Privatpersonen können die realen Chancen der unterschiedlichen Unternehmen und Wirtschaftszweige nicht beurteilen und richten sich daher nur an den bisherigen

Kursbewegungen der Spekulationspapiere aus. Wenn die Papiere irgendeines Geschäftszweiges seit einiger Zeit steigen, gilt dieses als aussichtsreich, und andere Teilnehmer hängen sich an diese Entwicklung an. Durch dieses Herdenverhalten steigen die Kurse immer weiter, bis sie mit dem realen Wert der Firma nichts mehr zu tun haben: Eine Spekulationsblase entsteht. In dieselbe Richtung wirkt die Neigung zur Trendverlängerung: Wenn ein Papier sich für einige Zeit in derselben Richtung bewegt hat, wird unwillkürlich angenommen, dass es in dieser Richtung weitergeht. Irgendwann steigen die ersten Teilnehmer aus, der Kurs sinkt, und jetzt setzt ein panikartiges Verkaufen ein: Die Blase ist geplatzt. Bekanntestes historisches Beispiel ist der Tulpenwahn in Holland um das Jahr 1630. Auf dessen Höhepunkt war eine einzelne Tulpenzwiebel ebenso viel wert wie ein ganzer Bauernhof.

Aktuelles Beispiel ist die Dotcom-Blase: Ab 1995 und verstärkt zum Ende der 1990er Jahre wurde das Internet als Medium der Zukunft hoch geschätzt, und es gründeten sich zahlreiche Firmen, die oft nicht mehr vorzuweisen hatten als eine bloße Idee. Die Aktien dieser Gründungsfirmen wurden zum Schluss absurd hoch gehandelt, bis 2000 die Blase platzte. Leider weiß man immer erst nachher, was eine reale Wertsteigerung und was eine bloße Blase war.

Die typischen Erwägungen eines Anlegers, der mit Aktien spekuliert, schilderte die *Frankfurter Allgemeine Zeitung* am 25. Juni 2016 in dem Artikel *Jetzt Aktien* von Gerold Braunberger:

> Die Erfahrung lehrt, dass viele Anleger in turbulenten Börsenzeiten, in denen Schwarzseher und Bedenkenträger den Ton angeben, lieber erschrocken verkaufen, weil sie weitere

4 Ordnungspolitische Sonderbereiche

Verluste fürchten. Aber gerade in vermeintlich schlechten Zeiten, wenn sich die Skeptiker in der Ablehnung der Aktie bestätigt fühlen, gibt es die besten Kaufzeitpunkte. Damit ist nicht gesagt, dass die Kurse in naher Zukunft nicht doch noch fallen können. Das ist möglich, lässt sich aber nicht vorhersagen.

Was soll der geneigte Leser mit diesem Ratschlag anfangen, wenn sich prinzipiell nichts vorhersagen lässt? Allenfalls lässt sich der Rat geben, dass die Aktie sich als langfristige Kapitalanlage eignet, weil sich der gesamte Aktienmarkt in den vergangenen Jahren aufwärts bewegt hat.

Die Bank handelt mit Wertpapieren. Der Kunde kauft eine Aktie, wird also Miteigentümer des jeweiligen Unternehmens. Oder er kauft ein festverzinsliches Papier. Damit gibt er einem Unternehmen oder dem Staat ein Darlehen, das zu einem festen Termin zurückgezahlt wird und einen bestimmten Zinssatz aufweist. Angenommen, das Papier weist einen Wert von 100 Euro aus und die Verzinsung ist 5 Prozent, dann ist der effektiv gezahlte Zins ebenfalls 5 Prozent. Wenn dieses Wertpapier stark gefragt ist und der Kurs auf 105 Euro steigt, ist die effektive Rendite 5 Euro von 105, also 4,8 Prozent. Verkaufen viele Leute das Papier und der Preis sinkt auf 95, so ist die effektive Verzinsung 5 Euro auf 95, also 5,3 Prozent. Also: Je höher der Kurs, desto niedriger ist die Rendite. Auch die festverzinslichen Papiere haben also ein gewisses Kursrisiko, aber bei weitem nicht so stark wie bei Aktien.

Der Angestellte der Bank ist Wertpapierverkäufer und bekommt für jeden Verkauf eine Provision. In der Beratung versucht er wie jeder Verkäufer die Vorteile herauszustreichen.

Die Nachteile und Risiken werden nur am Rande pflichtmäßig erwähnt. Wenn dann der Kurs einstürzt und die Altersversorgung des Kunden gefährdet ist, häufen sich die Klagen und Beschwerden wegen falscher Beratung. Daher ist jetzt immer ein Beratungsprotokoll abzufassen und von beiden Seiten zu unterzeichnen. Im Protokoll wird der Hinweis auf die Risiken sicherheitshalber deutlicher erwähnt als im Gespräch selbst.

Vermeintlich können die Anleger aus den Zahlenkolonnen, dem regellosen Auf und Ab der Tageskurse der unzähligen Wertpapiere, Gesetzmäßigkeiten erkennen. Es hat allerdings Experimente gegeben, in denen Schüler, die sich nie mit der Börse beschäftigt hatten, völlig willkürlich gekauft und verkauft haben. Sie waren hiermit etwa ebenso erfolgreich wie gewiefte Börsenfüchse. Ganz ähnlich ist es beim Roulette.

In der angelsächsischen Welt, in London und den USA, neigt man dazu, den Börsenbetrieb für das Zentrum des wirtschaftlichen Geschehens zu halten, und hierhin strebt der ehrgeizige und begabte Nachwuchs. Die Gefahr ist allerdings, dass eine verselbstständigte Finanzspekulation die Verbindung zur realen Wirtschaft und damit die Bodenhaftung verliert, als bloßer Luftballon abhebt und beim Erreichen größerer Höhen zerplatzt, wie 2008 geschehen. Sinnvollerweise kann es ja nur um die Bewertung von Unternehmen gehen, nicht um Wetten, bloße Zahlenspielereien und die Entwicklung immer neuer und immer komplizierterer Kapitalmarktpapiere.

Die Überbewertung der Börse hat in Großbritannien und den USA zur Geringschätzung der Industrie beigetragen. Dies war eine verhängnisvolle Entwicklung. Denn der

Wertpapierhandel an der Börse besteht ja lediglich aus einem Wechsel der Eigentümer, ohne dass hierbei neue Werte entstehen. In der Industrie hingegen werden nicht nur Werte geschaffen, sondern die Produkte werden überregional und weltweit verkauft, bewirken also Ströme von Kaufkraft von auswärts zu den industriellen Zentren. Von allen klassischen Industrieländern hat Deutschland heute den höchsten Anteil des verarbeitenden Gewerbes an der Bruttowertschöpfung und daher auch den hohen Export. Aus deutscher Sicht kommt es darauf an, sich durch die Qualität der hergestellten Produkte im weltweiten Wettbewerb zu bewähren. Gerade hierin tun sich Großbritannien und die USA schwer. Die Industrie ist dort breitflächig in ganzen Landstrichen zusammengebrochen, die Regionen veröden, während an der Börse einzelne Glückspilze, denen der Zufall hold war, die Millionen scheffeln.

Wegen ihrer besonderen Bedeutung für die gesamte Wirtschaft unterliegen die Banken und die Börsen einer äußerst detaillierten Aufsicht, die hier nur angedeutet werden kann. Es beginnt bei der Auswahl der Personen für die Geschäftsleitung und geht weiter mit Vorschiften zur Organisation im Hause. Beispielsweise gilt immer das Vier-Augen-Prinzip: Niemand kann allein über die Vergabe eines Kredits entscheiden, sondern es gibt immer eine Person, die mit dem Kunden verhandelt, und eine hiervon unabhängige Person, die das Risiko kritisch prüft und gegebenenfalls den Kredit freigibt.

Außerordentlich strenge international übliche Vorschriften sind in den letzten Jahren vom Ausschuss für Bankenaufsicht in Basel vorgeschlagen worden. Sie beziehen sich auf drei *Säulen*:

- die Ausstattung der Bank mit Eigenkapital im Verhältnis zu den eingegangenen Risiken,
- Anforderungen an die staatliche Bankenaufsicht, zum Beispiel zur regelmäßigen Überprüfung der internen Organisation der Banken,
- Vorschriften zu den Veröffentlichungen der Bank: Geschäftsbericht, Quartalsbericht, Lageberichte. Die Berichte dienen den Aktionären zur Urteilsbildung, bewirken aber auch eine erhöhte Disziplin des Hauses. Inzwischen wird von dem gesamten Regelwerk aus Basel die dritte Fassung angewandt, intern meist nur *Basel III* genannt.

Die Börsen unterliegen der Aufsicht nach dem Börsengesetz. Hier geht es um Zulassung und Schließung von Börsen. Der Börsenbetrieb wird im Hinblick auf seine Ordnungsmäßigkeit überwacht und darauf, ob die börsenrechtlichen Vorschriften eingehalten werden. Hierfür sind die Wirtschafts- oder die Finanzminister der Bundesländer zuständig. Der Wertpapierhandel auf Bundesebene wird von der Bundesanstalt für Finanzdienstleistungsaufsicht (BaFin) geregelt und kontrolliert.

4.9.2 Versicherung

Ähnlich wie Banken und Börse unterliegt auch jede Versicherung einer behördlichen Aufsicht. Auch diese liegt bei der BaFin. Die Aufsicht ist nicht nur wegen der wirtschaftlichen Bedeutung der Versicherungen notwendig, sondern auch, weil der außenstehende Laie die Qualität des hier

4 Ordnungspolitische Sonderbereiche 345

angebotenen Produkts kaum beurteilen kann. Dementsprechend schwierig ist für den Kunden die Auswahl des richtigen Unternehmens: Welche Versicherung ist besser oder schlechter als die anderen? Kaum jemand studiert den Versicherungsvertrag mit seinen vielen kleingedruckten Klauseln, und wenn dann wirklich etwas passiert und die Versicherung die Zahlung ablehnt, fühlt man sich hereingelegt und beschwert sich: Früher beim Versicherungsaufsichtsamt, heute bei der schon erwähnten BaFin in Bonn oder Frankfurt am Main.

Wie funktioniert eigentlich eine Versicherung? Dies wird an einem Beispiel klar. Nehmen wir an, jemand besitzt ein Haus im Wert von 100.000 Euro. Er möchte sich vor der Gefahr schützen, dass das Haus abbrennt. Für diesen Fall braucht er 100.000 Euro als Ersatz. Falls er nicht versichert ist, müsste er ständig diese Summe bereithalten. Nun hat sich aber im langjährigen Durchschnitt ergeben, dass nur jedes tausendste Haus abbrennt. Wenn sich nun tausend Leute zusammentun und jeder nur 100 Euro in einen gemeinsamen Topf einzahlt, kommen 100.000 Euro zusammen für den einen Teilnehmer, den dieses Schicksal trifft.

Allerdings könnte es hier vorkommen, dass in einem Jahr drei Fälle eintreten und im nächsten Jahr keiner. Daher funktioniert die Sache besser, wenn sich nicht nur tausend Leute zusammenfinden, sondern zehntausend oder, wie bei den großen Gesellschaften, eine Million. Je größer die Anzahl, desto besser lassen sich die Wahrscheinlichkeiten berechnen. Wenn jemand zehnmal einen Würfel wirft, kann es sein, dass die 6 keinmal oder ein- oder zweimal erscheint – schwer vorherzusehen. Wenn hingegen jemand tausendmal wirft, ist die

Wahrscheinlichkeit recht groß, dass im Durchschnitt ziemlich genau jeder sechste Wurf eine 6 zeigt.

Also: Wenn ausreichend viele Teilnehmer zusammenkommen und wenn bekannt ist, wie häufig ein Schadenfall eintritt, genügt ein relativ geringer Geldbetrag, den jeder beisteuert, um diese Schäden zu begleichen. Hier wird auch klar, weshalb Krieg nicht versicherbar ist: Niemand kann die Wahrscheinlichkeit einschätzen, dass es dazu kommt. Und wenn es wirklich dazu kommen sollte, sind die Schäden unüberschaubar groß. Sehr wohl versicherbar ist aber der Todesfall, denn es gibt genaue Tabellen über die durchschnittliche Lebenserwartung. Ebenso versicherbar ist die Krankheit, denn auch dies ist ein Massenrisiko, dass Jahr für Jahr in etwa gleicher Höhe auftritt. Hier kommt zusätzlich die Solidarität zwischen den Generationen ins Spiel: Die jungen Leute, meist gesund, zahlen viel ein, und die älteren Leute, häufiger krank, profitieren hiervon.

Die gängigen Risiken wie Krankheit und Unfall, Alter und Tod, Brand, Arbeitslosigkeit, Haftpflicht bei Kraftfahrzeugschäden, Diebstahl und die speziellen Risiken der Industriebetriebe sind heute in Deutschland weitestgehend durch Versicherungen abgedeckt. An einem Ausgleich der Schäden besteht in vielen Fällen ein öffentliches, vor allem sozialpolitisches Interesse: Der Staat will verhindern, dass massenhaft Existenzen zusammenbrechen durch Schäden, für die der Einzelne nichts kann. Daher gibt es die pflichtmäßigen Versicherungen aller Arbeitnehmer gegen Krankheit und Unfall, gegen Arbeitslosigkeit und für die Rente.

Durch diese Sicherungen kommt in das ganze Leben eine Ruhe und Berechenbarkeit hinein. Im privaten Leben und in der Wirtschaft lässt sich langfristig planen. Es bleiben aber

Risiken wie Ehescheidung, Zahlungsunfähigkeit oder gar absichtlich herbeigeführte Schäden: Diese Risiken sind nicht versicherbar, weil sie maßgeblich durch das eigene Verhalten eintreten.

Das Versicherungsunternehmen verlangt als Beitrag nicht nur die Gelder, die für die Abwicklung der Schäden benötigt werden, sondern darüber hinaus einen Zuschlag für seine Geschäftskosten und zum Aufbau von Eigenkapital als Sicherheit für eventuell auftretende größere Schäden. Gegen Großschäden (etwa: Flugzeugabsturz, Brand großer Industriebetriebe, Haftpflichtrisiken ganzer Konzerne) kann eine Versicherung sich ihrerseits versichern (Rückversicherung). Hierdurch wird es dem ursprünglichen Versicherer möglich, eine Risikoabdeckung für derartige Schäden anzubieten.

4.10 Kritische Würdigung

Wir haben jetzt eine Anzahl ordnungspolitischer Sonderbereiche kennengelernt, die aus dem marktwirtschaftlichen Normalbetrieb herausfallen. Dieser Normalbetrieb ist charakterisiert durch folgende Eigenschaften:

1. Jedermann kann sich in der Branche selbstständig machen, indem er einfach das Gewerbe anmeldet. Es gibt keine Erlaubnisse, keine Prüfungen.
2. Jeder Anbieter setzt seinen Preis fest, so wie es ihm im freien Spiel von Angebot und Nachfrage am günstigsten scheint. Es gibt keine verabredeten, vorgeschriebenen oder verordneten Mindestpreise oder Höchstpreise.
3. Es gibt keine Bindung an einen bestimmten Lieferanten.

4. Alle wirtschaftlichen Anbieter gelten als Gewerbe und werden nach objektiven Merkmalen wie Ertrag oder Umsatz gleich besteuert, ganz gleich, welche Produkte oder Dienste sie anbieten.
5. Kein Wirtschaftszweig wird um seiner selbst willen gefördert.
6. Der Staat wird nicht selbst als Wirtschaftender tätig, sondern beschränkt sich auf hoheitliche Aufgaben.
7. Der Staat greift in die Abläufe und die Organisation des einzelnen Betriebs nicht ein.
8. Im EU-Binnenmarkt kann jedermann seine Produkte und Dienste in allen Staaten der Europäischen Union anbieten.

Bei den ordnungspolitischen Sonderbereichen wird von einzelnen dieser Grundsätze abgewichen, teils bevorzugend, teils diskriminierend. In jedem Fall handelt es sich um einen Verstoß gegen den in Artikel 3 des Grundgesetzes niedergelegten Grundsatz der Gleichheit und Gleichbehandlung. Jeder Verstoß ist daher begründungspflichtig. Dabei können wir eine bloß historische Begründung, dass es schon immer so gewesen sei, nicht gelten lassen, denn in einem freiheitlichen Rechtsstaat kann es keine ererbten Privilegien geben. Ebenso unzulässig ist die Begründung, ein bestimmter Wirtschaftszweig werde bevorzugt, weil er verbandsmäßig straff organisiert sei und in Politik und Öffentlichkeit eine starke Stellung habe. Notwendig ist vielmehr eine sachliche Begründung, etwa in der Form, dass auf Nutzen oder Schaden für die Allgemeinheit verwiesen wird.

Die Abweichungen von der Gleichbehandlung, mit denen einzelne Wirtschaftszweige begünstigt werden, sind vor allem:

1. Existenzgründung nur mit Prüfung: Freier Beruf, Handwerk, Verkehrsgewerbe. Bei den Freien Berufen wäre die Notwendigkeit einer Prüfung in jedem einzelnen Fall nachzuweisen: offensichtlich notwendig beim Arzt und beim Rechtsanwalt, offensichtlich nicht beim Steuerberater, wie in der Schweiz üblich. Für die Meisterprüfung beim Handwerk, nämlich in einer willkürlich ausgewählten Gruppe von Branchen, gibt es keine sachliche Rechtfertigung. In der Presse wird die Meisterprüfung oft mit der großen Ausbildungsleistung des Handwerks begründet. Beides hat jedoch nichts miteinander zu tun. Erfolgreich ausgebildet wird auch in der Industrie, im Handel und in zahlreichen anderen Wirtschaftszweigen. Notwendig für alle Ausbildungsbetriebe ist nur ein pädagogischer Nachweis (Ausbildereignungsprüfung). Im Verkehrsgewerbe (nur für Straßenverkehr, nicht für Reedereien) ist eine Unternehmerprüfung zum Eintritt in das Gewerbe notwendig, aber in der Marktwirtschaft systemwidrig und durch nichts zu rechtfertigen.
2. Vom Hersteller vorgeschriebene Mindestpreise: Bücher, Zeitungen und Zeitschriften. Vom Staat als Mindestpreis vorgeschriebene Gebühren: Freie Berufe, Taxi. Erlaubte Kartelle mit Mindestpreisen: OPEC, Schifffahrtskonferenzen. Die Anbieter werden vom Preiswettbewerb verschont. Der Mindestpreis liegt in jedem Fall über dem Preis bei freiem Wettbewerb, geht also zulasten der Kundschaft. Es besteht wenig Anreiz, Kosten zu senken oder zu rationalisieren, weil die Kostensenkungen nicht weitergegeben werden können.
3. Vom Staat vorgeschriebene Höchstpreise: In Deutschland nur bei Mieten üblich, aber wirkungslos.

4. Bindung an bestimmte Lieferanten: Als vertikale Vertriebsbindung bei Kraftfahrzeugen üblich, aber durch nichts zu rechtfertigen. Weshalb ist es einem Auto-Einzelhändler verboten, sich bei verschiedenen Herstellern einzudecken? Den Händlern wird verboten, mit der Zusammenstellung ihres Angebots, ihrem Sortiment zu werben.
5. Keine Gewerbesteuer bei Landwirtschaft und Freien Berufen: Bei unbefangener Betrachtung ist die unternehmerische Herstellung von Nahrungsmitteln eine Geschäftstätigkeit wie jede andere. In der Weimarer Republik wurden auch die Freien Berufe der Gewerbesteuer unterworfen. Dass die Freien Berufe nicht gewinnorientiert arbeiten würden, ist eine standespolitische Behauptung aus vergangenen Zeiten. Heute dürfte es eine Bevorzugung bestimmter Stände nicht mehr geben. Auch Landwirtschaft und Freie Berufe in die Gewerbesteuer einzubeziehen, hätte für die Kommunen den Vorteil, dass die Anzahl der Steuerzahler weit höher wäre. Der Steuersatz könnte also gesenkt werden und das Aufkommen an Steuermitteln wäre, wegen der breiteren Streuung, gleichmäßiger.
6. Pauschale Förderung eines Wirtschaftszweiges um seiner selbst willen, nämlich weil er dem üblichen unternehmerischen Risiko nicht ausgesetzt werden könne: die Landwirtschaft. Im Haushaltsplan der Europäischen Union sind für die Jahre 2014 bis 2020 für marktbezogene Ausgaben und Direktbeihilfen 312,7 Milliarden Euro und für die Entwicklung des ländlichen Raums 95,6 Milliarden Euro geplant. Die Ziele der gemeinsamen Agrarpolitik wurden im Artikel 33 des (konsolidierten)

Gründungsvertrags der Europäischen Gemeinschaft festgelegt:
- Die Produktivität der Landwirtschaft durch Förderung des technischen Fortschritts, Rationalisierung und den bestmöglichen Einsatz der Produktionsfaktoren, insbesondere der Arbeitskräfte, zu steigern, auf diese Weise der landwirtschaftlichen Bevölkerung insbesondere durch Erhöhung des Pro-Kopf-Einkommens eine angemessene Lebenshaltung zu gewährleisten,
- die Märkte zu stabilisieren,
- die Versorgung sicherzustellen,
- für die Belieferung der Verbraucher zu angemessenen Preisen Sorge zu tragen.

Tatsächlich würde die Produktivität ähnlich wie in der gesamten sonstigen Wirtschaft am besten durch freien Wettbewerb und nicht durch ständige Beihilfen gesteigert. Mit dem Gleichheitsgrundsatz ist es schwer vereinbar, einer bestimmten Bevölkerungsgruppe eines Wirtschaftszweigs eine Einkommenserhöhung aus öffentlichen Mitteln zu gewähren. Die Märkte zu stabilisieren dürfte gerade in der Lebensmittelproduktion das kleinere Problem sein, weil die Nachfrage nach Nahrungsmitteln sich von Jahr zu Jahr kaum ändert. Die Versorgung sicherzustellen ist als Ziel längst erreicht. Die Belieferung der Verbraucher zu angemessenen Preisen wäre sehr viel besser durch freie Importe erreicht. Insgesamt läge es im Sinne des Gemeinwohls, mit der gesamten Agrarpolitik einfach aufzuhören, weil diese schon in der Zielsetzung, ganz zu schweigen von der Erreichung dieser Ziele, fragwürdig ist. Das ständige staatliche

Eingreifen macht ein ebenso ständiges Nachkorrigieren notwendig, was insgesamt den Effekt hat, den Landwirten das betriebswirtschaftliche Denken und die Einfügung in einen freien Markt auszutreiben und sie stattdessen auf immer wieder neue Eingriffe zu fixieren. Die außerordentlichen finanziellen Mittel der EU und der Nationalstaaten könnten stattdessen für Bildung, Infrastruktur und viele andere Zwecke eingesetzt werden.

1. Staatliche Tätigkeit in der Wirtschaft, öffentliche Betriebe: Dies schafft einen ungleichen Wettbewerb mit den privaten Betrieben; die staatlichen bzw. öffentlichen Betriebe und Einrichtungen arbeiten im Zweifel weniger rationell und unterliegen sachfremden politischen Einflüssen.
2. Eingriffe des Staates in Organisation und Ablauf der Betriebe: Überwachung und Kontrolle sind bei einzelnen sensiblen Branchen kaum zu vermeiden, auch wenn man sich über die Intensität und die Mittel streiten kann. In einzelnen Bereichen ist die verbandliche Selbstkontrolle ausreichend, so bei den Volksbanken und den Sparkassen: Seit Jahrzehnten ist keines dieser Institute zahlungsunfähig geworden.
3. Der Binnenmarkt der Europäischen Union wäre erst dann vollendet, wenn nicht nur jedes Produkt, das irgendwo hergestellt wird, sondern auch jede Dienstleistung, die irgendwo erbracht wird, in der gesamten Union angeboten werden könnte. Die Freien Berufe, allen voran die Steuerberater, leisten heftigen Widerstand und versuchen, den nationalen Markt abzuschirmen.

Literatur

Grimm, Hans. 1934. *Volk ohne Raum*. München: Verlag Albert Langen/Georg Müller.

Leipold, Helmut, und Ludwig, Sandra. 2004. Soziale Marktwirtschaft und Europäische Wirtschaftsordnung. In *Soziale Marktwirtschaft. Stagnation, Umbau oder Neubeginn? Politische Bildung, Beiträge zur wissenschaftlichen Grundlegung und Unterrichtspraxis*, Heft 1, Jahrgang 37. Schwalbach/Taunus: Wochenschau Verlag.

5

Der Staat

Die privaten Akteure (Haushalte, Unternehmer, Arbeitnehmer, Verbände und Vereine) sehen sich einer Vielzahl von Ämtern und Behörden gegenüber, die Aufsicht führen, Genehmigungen erteilen oder versagen, Vorschriften erlassen und Steuern eintreiben. Hinzu kommt die politische Debatte um neue Gesetze und Verordnungen. In der Wirtschaftstheorie werden generell alle öffentlich-rechtlichen Akteure zusammenfassend als *Staat* bezeichnet. Dies gilt zunächst für die verschiedenen Ebenen: Gemeinden, Landkreise, Bundesländer, Bund, Europäische Union, bis hin zu den weltweiten Organisationen wie den Vereinten Nationen. Auf jeder Ebene bis hinauf zur EU gibt es die drei klassischen Gewalten: Parlament, Regierung und Rechtsprechung, außerdem in Deutschland die öffentlich-rechtlichen

Selbstverwaltungskörperschaften und Anstalten. Die vielen Ämter, die der Regierung unterstellt sind, versenden Bescheide, in denen etwas bewilligt, gefordert oder versagt wird. Alles Nähere regelt das Verwaltungsverfahrensgesetz. Wer mit einem Bescheid nicht einverstanden ist, kann sich an das Verwaltungsgericht wenden.

Deutschland gilt international als Staat mit sehr hoher Regelungsdichte. Der Staat handelt gewöhnlich nicht durch Anordnung von Einzelfällen, sondern indem Gesetze beschlossen werden, und zwar in sehr großer Zahl für alle überhaupt nur denkbaren Lebensbereiche. Als die DDR der Bundesrepublik beitrat, stellten die Bewohner erstaunt fest, dass das *Reich der Freiheit* aus tausenden von Gesetzen bestand, die plötzlich auch für sie galten. In einer juristischen Fachbuchhandlung sind auch für entlegene Gesetze, von denen die meisten Bürger noch nie gehört haben, dickleibige Kommentare zu sehen. Nichts soll der Willkür der Ämter überlassen werden, alles soll für alle gelten. Je detaillierter alle Dinge gesetzlich geregelt werden, desto häufiger sind allerdings Änderungen notwendig, um dem Wandel des Zusammenlebens oder auch nur der politischen Mehrheiten zu folgen. Die Parteien sehen sich gezwungen, als Erfolgsnachweis immer wieder neue Gesetzgebungsvorhaben auf den Weg zu bringen.

Einen Extremfall bildet die Sozialpolitik: Es gibt 17 Sozialgesetzbücher mit zusammen 2.246 Paragrafen, und trotzdem oder gerade deswegen sind die Sozialgerichte hoffnungslos überlastet. Pro Jahr werden rund 350.000 Klagen bei den Sozialgerichten eingereicht, davon etwa 15 Prozent erfolgreich. Das liest sich dann so (Sozialgesetzbuch, Zwölftes Buch, § 21):

5 Der Staat

Personen, die nach dem Zweiten Buch als Erwerbsfähige oder als Angehörige dem Grunde nach leistungsberechtigt sind, erhalten keine Leistungen für den Lebensunterhalt. Abweichend von Satz 1 können Personen, die nicht hilfebedürftig nach § 9 des Zweiten Buches sind, Leistungen nach § 36 erhalten. Bestehen über die Zuständigkeit zwischen den beteiligten Leistungsträgern unterschiedliche Auffassungen, so ist der zuständige Träger der Sozialhilfe für die Leistungsberechtigung nach dem Dritten oder Vierten Kapitel an die Feststellung einer vollen Erwerbsminderung im Sinne des § 43 Absatz 2 Satz 2 des Sechsten Buches und nach Abschluss des Widerspruchsverfahrens an die Entscheidung der Agentur für Arbeit zur Erwerbsfähigkeit nach § 44a Absatz 1 des Zweiten Buches gebunden.

Dazu kann ein Außenstehender nur sagen: „Aha! Wer hätte das gedacht!"

Das Steuerrecht gilt ebenfalls als außerordentlich kompliziert. Ein Taschenbuch mit den wichtigsten Steuergesetzen umfasst 1.300 Seiten. Ein Heer von 85.000 Steuerberatern und 5.000 Fachanwälten für Steuerrecht steht den Finanzämtern gegenüber. Dabei wäre es theoretisch möglich, die gesamte Besteuerung der Wirtschaft in zwei Sätzen zu regeln: „Der Unternehmenssteuersatz beträgt 20 Prozent vom Gewinn. Der Gewinn eines Jahres ist der Überschuss der Einnahmen über die Ausgaben." Gälte dies für alle Unternehmen und alle Rechtsformen, so wäre außer der Einfachheit auch die Gleichheit gewahrt. An einer solchen Regelung hat jedoch niemand Interesse, weil unzählige Betroffene für ihren Bereich eine Sonderregelung erstreben. Und die Spezialisten für Konzernbilanzen hätten keine Gestaltungsmöglichkeiten, um die Steuerbelastung ihrer Kunden zu senken.

Das moderne Recht soll eigentlich in komplexen Gesellschaften die Aufgabe übernehmen, den Verhaltenserwartungen eine berechenbare und stabile Grundlage zu geben. Jedermann soll sich einigermaßen sicher sein können, wie sich der Staat und die anderen Bürger verhalten. Diese Aufgabe wird verfehlt, wenn der Einzelne das Recht wegen seiner Kompliziertheit nicht mehr verstehen und überschauen kann. Hinzu kommt eine Verfälschung des Wettbewerbs: Komplexe und undurchschaubare Regelwerke nützen vor allem den längst etablierten Akteuren, die sich in Jahrzehnten in diese Werke eingearbeitet haben und entsprechende Fachleute beschäftigen können, und benachteiligt Mittelständler sowie Existenzgründer mit bescheidenen Mitteln.

5.1 Die Aufgaben

Der Staat wird gewöhnlich definiert durch sein Gewaltmonopol: Er ist die einzige Stelle, die legalerweise Gewalt anwenden darf. Damit sind nicht nur so hässliche Dinge wie Gummiknüppel, Knebelkette und Wasserwerfer gemeint, sondern alle amtlichen Bescheide, mit denen Rechte und Pflichten ausgeteilt werden, von der Baugenehmigung bis hin zum Zeugnis über eine bestandene oder nicht bestandene Prüfung. In den älteren Staatstheorien ist viel von Macht und Herrschaft die Rede. Die Politikwissenschaftler sprechen heute nüchterner vom Staat als dem System der öffentlichen Institutionen zur Regelung der Angelegenheiten eines Gemeinwesens. In der Bundesrepublik, wo im Grundgesetz alles von der Menschenwürde und den daraus folgenden

Grundrechten ausgeht, ist der Staat das Institut, das sicherstellen soll, dass alle Bürger ihre Freiheitsrechte ausüben können. Im Sinne Immanuel Kants soll die Rechtsordnung und damit auch die Staatsordnung ein System vernünftiger Ordnung der Freiheit sein. Im Kern wird eine freiheitliche Staatsordnung durch Rechtsstaatlichkeit, durch Demokratie und Marktwirtschaft gewährleistet.

Das grundlegende Werk zur klassischen Wirtschaftstheorie war *Der Wohlstand der Nationen* des schottischen Moralphilosophen Adam Smith (1723–1790). Hiernach setzt die Freiheit als Ordnungsprinzip gerade keinen Altruismus der zu befreienden Menschen voraus. Der Bäcker soll seine Brötchen nicht aus Menschenliebe zur Verfügung stellen, sondern aus egoistischem Gewinnstreben. Dieses soll dazu führen, dass der Bäcker sich bemüht, sich optimal auf die Bedürfnisse seiner Kunden einzustellen. Freiheit als gesellschaftliches Ordnungsprinzip soll demnach ein gutes Verhalten unabhängig von der moralischen Integrität der beteiligten Personen befördern. Die *unsichtbare Hand* des Wettbewerbs koordiniert das ganze Geschehen. Auf Dauer sollen auf diese Weise erwünschte Verhaltensweisen verstetigt und die allgemeine Moral befördert werden.

Der Grundgedanke, dass der Wirtschaft am besten gedient sei, wenn der Staat sich ganz zurückhält, wurde unabhängig von Adam Smith auch in Frankreich entwickelt. Jean-Baptiste Colbert (1619–1683) war erfolgreicher Finanzminister unter König Ludwig XIV. Im Streben nach einer aktiven Handelsbilanz durch Förderung der Exporte und Minderung der Importe gründete und förderte er Manufakturen. Auf die Frage an den Kaufmann Legendre „Was kann man machen, um Ihnen zu helfen?" antwortete dieser:

„Laissez-nous faire" (Lassen Sie uns machen!). Daraus wurde als Schlagwort des Wirtschaftsliberalismus: *„laissez faire, laissez aller"* (Lassen Sie machen, lassen Sie laufen!). Gemeint ist, dass bei freier Konkurrenz ohne staatliche Einmischung dem Interesse der Gesamtheit am vollständigsten gedient sei. Im 19. Jahrhundert dominierte das Leitbild des Laissez-faire die wirtschaftswissenschaftlichen Debatten. Die Idee geht von einer natürlichen Ordnung aus, in welcher die eigennützigen Handlungsweisen der Individuen zu einem bestmöglichen Ergebnis koordiniert werden. Der Staat solle sich aus dem Wirtschaftsleben weitestgehend heraushalten, sich auf den Schutz des Privateigentums beschränken und lediglich die öffentliche Sicherheit und Ordnung aufrechterhalten. Ferdinand Lassalle (1825–1864), einer der Gründerväter der Sozialdemokratischen Partei Deutschlands, verspottete diesen Staat in einer Rede 1862 als „Nachtwächterstaat". Das wirtschaftsliberale Staatsverständnis ging davon aus, dass jeder Bürger sich selbst um sein Wohlergehen kümmern solle. Erst in den 1880er Jahren wurde sich die Gesellschaft der damals so genannten *Sozialen Frage* bewusst, nämlich der rechtlosen Situation der verarmten Arbeitermassen, der Proletarier. Einzelnen sensiblen Persönlichkeiten wurde der machtvoll und ungestüm aufkommende Kapitalismus bald unheimlich.

Werner Sombart stellte 1904 fest:

Ohne Schutzmaßnahmen vermag die Gesellschaft den Kapitalismus nicht zu ertragen. Die Kraft, die in der kapitalistischen Organisation steckt und die erzeugt wird durch den schrankenlosen Erwerbstrieb ist eine so ungeheure, dass sie, wo sie sich frei betätigt, rings um sich herum Land und

Menschen, Kultur und Gesittung, alles einfach kurz und klein schlägt. Man muss deshalb diesem wilden Tiere Zügel anlegen, damit es seine Kraft zwar betätigen, jedoch seiner Umgebung nicht durch allerhand Unarten schädlich zu werden vermag. (Sombart 1904, Gewerbewesen, Zweiter Teil, S. 118)

Ahnungsvoll sieht Sombart schon damals ein Problem voraus, das erst viele Jahrzehnte später in das öffentliche Bewusstsein trat:

Was in viel weiterem Umfange und viel energischer als bisher gegen die Verwüstungen durch den Kapitalismus zu schützen wäre, ist das Land, richtiger die Landschaft. Ich denke hier an die Verunstaltungen, die unausgesetzt durch die Anlage gewerblicher Etablissements den schönsten Gegenden unseres Landes zuteil werden; an den Missbrauch geweihter Stätten zu Reklame- und anderen Geschäftszwecken, denke aber vor allem auch an die Verwüstung der Wälder, wie sie als eine notwendige Folge der rein geschäftlichen Ausnutzung des Waldes eintreten muss. So fragt man sich, ob es denn überhaupt noch in ein paar Jahrzehnten, wenn die letzten alten Waldbestände beseitigt sind und alles in eine kümmerliche städtische Kultur umgewandelt ist, ob es sich dann überhaupt noch der Mühe lohnt, weiter zu leben.

Ein weiteres Problem wurde in seiner geschichtlichen Bedeutung weit unterschätzt und stattdessen für beinahe schon gelöst gehalten:

Am frühesten hat man die Gefahren erkannt, die das schrankenlose Wirken des Kapitalismus für die in seinem Dienste befindlichen Arbeiter mit sich bringt. Und demgemäß ist dann auch die Schutzgesetzgebung auf diesem Gebiet bereits viel weiter fortgeschritten.

Inzwischen hat sich aus kontinentaleuropäischer Sicht, anders als in England und den USA, längst die Meinung durchgesetzt, dass der Staat die Aufgabe hat, über die Folgen der Freiheitsanwendung zu wachen, schädliche Auswüchse zu unterbinden und unerwünschte Folgen des Freiheitsgebrauchs abzumildern oder zu beseitigen. Missstände sind also einem aktiven staatlichen Eingreifen und somit manchmal einer raschen Behebung zugänglich. Dies gilt von der Gewerbeaufsicht bis zur Sozialpolitik.

Selbst wenn der Staat später korrigierend eingreift, so ist er zunächst dazu da, allen Bürgern den Gebrauch ihrer Grundrechte zu ermöglichen. Insofern ist der Staat für die Menschen da, nicht umgekehrt wie etwa in der Zeit des Nationalsozialismus. Zu diesen Grundrechten gehören auch die wirtschaftlichen Grundrechte, von denen oben die Rede war: Konsumfreiheit, Gewerbefreiheit, Vertragsfreiheit, freie Wahl des Wohnsitzes, der Ausbildung, des Arbeitgebers, schließlich die Koalitionsfreiheit als Recht, Vereine und Verbände zu bilden, so auch Gewerkschaften, Arbeitgeber- und sonstige Verbände und Vereine aller Art.

Friedrich Wilhelm Joseph Schelling (1775–1854) stellte nach der Revolution von 1848 fest:

> Das Ende der gegenwärtigen Weltkrise wird sein, dass der Staat wieder an seine wahre Stelle, als Bedingung, als Voraussetzung der individuellen Freiheit, gesetzt werde.

Schelling begreift Recht und Staat nicht als Gegenstände eigener Würde, sondern legt durchgängig pragmatische, funktionale Bestimmungen vor: Welche Aufgabe haben diese Institute? Bewähren sie sich in der Praxis? Insofern ist der Staat aus heutiger Sicht einem riesigen Veranstalter vergleichbar, ähnlich einer Agentur, die ein großes Sportfest veranstaltet: Die Agentur legt fest, wann und wo es stattfindet und in welchen Disziplinen und nach welchen Regeln die Wettkämpfe ausgetragen werden. Sie stellt die Örtlichkeiten und die Schiedsrichter. Sie sorgt für einen geordneten, möglichst unfallfreien Ablauf und wirft einzelne Randalierer hinaus. Und sie sorgt dafür, dass alle Teilnehmer zu gleichen Bedingungen antreten. Innerhalb dieses gegebenen Rahmens können sich dann alle Teilnehmer in einem fairen Wettbewerb mit ganzer Kraft einsetzen und verausgaben, bis hin zur Siegerehrung.

Jahrhundertelang war die Machtentfaltung selbstverständlicher Zweck des Staates, äußerlich symbolisiert durch repräsentative Bauten und Pracht. Die Wirtschaft hatte hierfür die notwendigen finanziellen Mittel aufzubringen und hatte insofern eine dienende Funktion. Heute ist es eher umgekehrt: Der wirtschaftliche Erfolg des Landes, der Massenwohlstand, wurde zum Selbstzweck, und der Staat ist in eine dienende Funktion gerückt, indem er diesen Wohlstand und die internationale Wettbewerbsfähigkeit zu bewirken hat.

Das wirtschaftliche Denken, nämlich sich am Bedarf der Kunden zu orientieren, den Kunden bei der Lösung ihrer Probleme zu helfen und möglichst viele zufriedene Kunden zu erreichen, hat allmählich das behördliche Denken abgelöst. Es geht weniger darum, die schriftlichen Anträge rechtlich unanfechtbar zu verbescheiden, als vielmehr um die Frage: „Was führt Sie zu mir? Wie kann ich Ihnen helfen?" Im Leitbild der Fachhochschule für die öffentliche Verwaltung

Nordrhein-Westfalen heißt es, die Absolventen sollten für künftige Aufgaben einer rechtsstaatlichen, bürgerorientierten und effizienten Verwaltung geschult werden. Es geht also nicht mehr wie im Obrigkeitsstaat darum, den an der Spitze gebildeten Willen nach unten durchzusetzen, sondern umgekehrt, sich an den Wünschen der Bürger zu orientieren.

Welche Wende hiermit verbunden ist, wird aus den Worten des marktwirtschaftlichen Klassikers Friedrich List (1789–1846) deutlich, der klagte, die Bürokratie vernichte die bürgerliche Freiheit, und sich gegen die „Schreiberherrschaft" wandte. „Die Beamtenwelt ist unbekannt mit den Verhältnissen des Volkes und des bürgerlichen Lebens – jeder Einwirkung des Bürgers, als wäre sie staatsgefährdend, entgegenwirkend." Für Reden dieser Art erhielt List zehn Monate Festungshaft. Die Drangsalierung durch subalterne Beamte war damals, neben der wirtschaftlichen Not, ein wesentlicher Grund für die massenhafte Auswanderung. Umgekehrt ist heute die rechtsstaatliche Sicherheit ein wichtiger Grund für die massenhafte Einwanderung nach Deutschland.

Neuerdings ist viel von der Ökonomisierung der Verwaltung die Rede. Gemeint ist die 2003 von der Konferenz der Länder-Innenminister beschlossene Umstellung der Kommunen auf ein neues Rechnungswesen. Im Prinzip geht es darum, dass früher die öffentlichen Haushalte in dem Sinne beschlossen wurden, welche Mittel für die einzelnen Aufgaben zu veranschlagen seien. Es wurde aber nicht geprüft, welche Erfolge hiermit erreicht wurden. Stattdessen wird jetzt darauf abgestellt, welcher Zweck erreicht werden soll und inwieweit dies gelungen ist. An die Stelle einer *Input-Orientierung* ist eine *Output-Orientierung* getreten. Zum Beispiel werden für Stadtbibliothek, Schwimmbad und Theater bestimmte Besucherzahlen eingeplant, für den Verkauf städtischer Grundstücke bestimmte Einnahmen und so fort, und nach Ende des Jahres wird überprüft, ob diese Ziele erreicht wurden und was gegebenenfalls zu unternehmen ist. Die ganze kommunale Verwaltung wird also ähnlich wie ein privates Unternehmen am Erfolg ihrer Arbeit gemessen. Dies setzt voraus, dass zunächst einmal für alle städtischen Abteilungen definiert wird, welchen Zweck sie verfolgen und wie dieser zu messen ist. Dieser Zweck ist durchaus nicht immer offensichtlich: Hat die Stadtbibliothek primär einen Bildungsauftrag, oder soll sie Unterhaltungsliteratur bieten? Sollen aus der Gewerbesteuer möglichst hohe Einnahmen erzielt werden? Oder wollen wir der Wirtschaft durch einen niedrigen Steuersatz entgegenkommen? Wozu sollen eigentlich die stadteigenen unbebauten Grundstücke dienen? Soll unser Schloss für gehobene Feierlichkeiten reserviert bleiben oder für Publikumsveranstaltungen geöffnet werden? Erst nach der politischen Debatte über den Zweck einer öffentlichen Aktivität kann ein passender Erfolgsmaßstab ausgewählt werden. Und erst nach der späteren Prüfung, ob dieser Erfolg erreicht wurde, lässt sich debattieren, ob weitere Maßnahmen notwendig sind. Dieses Vorgehen ist zielführender als die frühere Methode, einfach jedes Jahr beispielsweise einen Betrag für die *Unterhaltung des Schlosses* einzuplanen.

Der öffentliche Kulturbetrieb war ehemals darauf gerichtet, klassische Inhalte zu vermitteln, deren Wert feststand. An die Stelle dieser inhaltlichen Bildungsziele ist heute wie in einem Geschäftsbetrieb als Erfolgsmaßstab die bloße Anzahl der Besucher getreten, die Nachfragegerechtigkeit. Dies muss nichts Schlimmes sein und hat ein erhabenes Vorbild in der Theatertruppe von William Shakespeare: *Wie es euch gefällt*

(1623) und *Was ihr wollt* (ebenfalls 1623). Dankbar ist das Publikum auch für Klamauk, für *Viel Lärm um nichts* (1600).

Die Wirtschaft verlangt vom Staat nicht finanzielle Förderung, sondern vor allem innere und äußere Sicherheit, Rechtssicherheit, gerichtliche Streitschlichtung und insgesamt eine Stetigkeit der gesamten Entwicklung, so dass wirtschaftliche Aktivitäten aller Art, vor allem Investitionen, langfristig geplant werden können. Abschreckendes Gegenbeispiel ist das Erneuerbare-Energien-Gesetz aus dem Jahr 2000. Hier wird geregelt, in welcher Höhe die Umstellung auf erneuerbare Energien (Windstrom, Photovoltaik) finanziell gefördert wird. Das Gesetz wurde mehrmals abrupt geändert, indem die Förderung zurückgenommen und die Ausbaupläne für die Windparks in der Nordsee reduziert wurden. So wurden Schockwellen durch die Branche geschickt.

Um Derartiges zu vermeiden, ist es üblich geworden, Großvorhaben jahrelang mit allen, die sich in irgendeiner Form betroffen fühlen könnten oder die irgendetwas dazu zu sagen haben, zu diskutieren, auch wenn dies zu einer quälenden Verzögerung führt. Der bloße ordnungsgemäße Verlauf des Planfeststellungsverfahrens und ein Vermerk unter *Amtliche Bekanntmachungen* genügen nicht. Die vorherige Generaldebatte mit dem Versuch, alle Bedenken zu berücksichtigen und einzuarbeiten, hat den Vorteil, dass nach ergangenem Beschluss weniger prozessiert wird. Niemand soll das Gefühl bekommen, dass autoritär von oben etwas durchgeboxt wird, ohne auf Anlieger und Publikum Rücksicht zu nehmen.

Der Staat auf allen seinen Ebenen und mit all seinen Organen soll im Sinne des Gemeinwohls wirken. Dies ist zunächst einmal ein leerer Begriff, der inhaltlich ausgefüllt werden muss. Umstritten ist, ob es ein wahres Gemeinwohl gibt, das von jemandem richtig erkannt und dann realisiert werden kann, oder ob das Gemeinwohl sich jeweils in Verhandlungen und Diskussionen herauskristallisieren soll. Im Nationalsozialismus galt: *Ein Volk. Ein Reich. Ein Führer*. Das Volk als das handelnde Subjekt der Geschichte wurde repräsentiert durch das Reich, und das Reich durch den Führer. Sein Wort hatte Gesetzeskraft, und er stand für das Gemeinwohl. In der DDR galt das Klasseninteresse der Werktätigen als Gemeinwohl und wurde durch die *Sozialistische Einheitspartei Deutschlands* inhaltlich definiert.

Die Bundesrepublik ist als offene Gesellschaft gestaltet. Das heißt: Es gibt keine autoritäre inhaltlich verbindliche Vorgabe für das Gemeinwohl. Entscheidend ist vielmehr Artikel 1, Absatz 3 des Grundgesetzes: „Die nachfolgenden Grundrechte binden Gesetzgebung, vollziehende Gewalt und Rechtsprechung als unmittelbar geltendes Recht." Als dem Gemeinwohl dienend gilt alles staatliche Handeln, das sich im Sinne dieser Bindung an die Grundrechte der Bürger bewegt. Das Bundesverfassungsgericht stellte im Fraport-Urteil am 22. Januar 2011 (Aktenzeichen 1 BvR 699/06, BVerfGE 128,226, Randnummer 47) fest:

> Grundrechtsgebundene staatliche Gewalt im Sinne des Art. 1 Abs. 3 GG ist danach jedes Handeln staatlicher Organe oder Organisationen, weil es in Wahrnehmung ihres dem Gemeinwohl verpflichteten Auftrags erfolgt.

5.2 Das Personal

Auch wenn sich das Gemeinwohl aus der Bindung an die Grundrechte entwickeln soll, muss es immer noch inhaltlich definiert werden. Weil es hierfür keine Vorgabe gibt, ist entscheidend, in welchem Gremium dies passiert. Die Bundesrepublik hat sich im Prinzip gegen Volksentscheide ausgesprochen, auch wenn diese neuerdings eher zugelassen werden und häufiger vorkommen. Die britische Entscheidung vom 23. Juni 2016 für den so genannten Brexit, den Austritt aus der Europäischen Union, legt die Frage nahe, ob es wirklich weise war, hierüber das Volk abstimmen zu lassen. Denn nach der Abstimmung waren anscheinend viele erschrocken darüber, was sie hier angerichtet hatten. Die Gefahr ist, dass weitreichende Entscheide ohne viel Sachkenntnis einfach aus dem Bauch heraus, nach Gefühl und Ressentiment, gefällt werden.

Die Bundesrepublik hat sich stattdessen für eine repräsentative Demokratie entschieden. Der Bundestag gilt als Repräsentant des Gemeinwohls. Die Abgeordneten sprechen nicht für sich, sondern vertreten anwaltlich die Anliegen des Volkes. Die Träger der Interessen (Einzelpersonen, Unternehmen, Verbände) sind also personell von den Abgeordneten als den Entscheidern getrennt und entscheiden nicht selbst über ihre Anliegen. Dies wirkt sich im Sinne einer Versachlichung aus, ähnlich wie bei Gericht die streitenden Parteien nicht unmittelbar aufeinanderstoßen, sondern durch Anwälte vertreten werden. Hinzu kommt, dass die aus der Bevölkerung vorgetragenen Anliegen stets nur punktförmig eine einzige Sache betreffen. Der Abgeordnete hingegen hat mit einer unübersehbar großen Vielfalt von Problemen zu tun und versucht mit einiger Mühe, hier eine bestimmte Linie durchzuhalten. Er kann daher die einzelnen Anliegen relativieren, und er kann beurteilen, ob und wie die punktförmigen Anliegen in das große politische Getriebe und die jetzige Rechtsordnung hineinpassen.

Hierbei treten jedoch für jeden Abgeordneten, gerade in der Beratung wirtschaftlicher Fragen, einige typische Probleme auf.

1. Es werden Persönlichkeiten gewählt, die mit Einfühlungsvermögen und rhetorischer Begabung in der Lage sind, die in einer Versammlung herrschende Stimmung aufzunehmen und geschickt aus diesen Anliegen konkrete Forderungen zu formulieren. Im idealen Fall hat jedermann im Saal das Gefühl: „Dieser Mann (diese Frau) hat verstanden, was wir wollen, und ist am besten in der Lage, dies durchzusetzen." Im Parlament sitzen dann lauter Gruppenvertreter: Einer vertritt das Handwerk, einer die Landwirtschaft, und so fort. Im Honoratiorenparlament der 1950er Jahre herrschte die Meinung vor, das Gemeinwohl ergebe sich als Querschnitt aller Gruppeninteressen. Dies war ein verhängnisvoller Irrtum, denn es gibt viele Mitbürger, die nicht organisiert sind und daher in einem solchen Parlament keine Stimme haben: die Arbeitslosen, die Existenzgründer, die kommenden Generationen und die Menschen anderer Nationen. Die Umwelt wurde erst ab etwa 1980 wirksam von Verbänden vertreten.

2. Vor allem aber ist das Interesse der Konsumenten an einer Öffnung der Märkte, an einem freien Wettbewerb, nicht als Verband vertreten. Es ist sehr leicht, auf einem Handwerkstag eine zündende Rede über das Thema zu halten, weshalb der Meisterzwang als Zutrittsschranke zum Handwerk erhalten bleiben müsse. Aber noch nie hat

jemand vor Kunden des Handwerks eine Rede darüber gehalten, wie sie von der Abschaffung dieses Zwanges profitieren würden, obwohl dies mit Sicherheit der Fall wäre. Niemand kommt auf den Gedanken, auf dem Bauerntag eine Rede über das Thema zu halten, dass die Landwirtschaft ein Wirtschaftszweig wie jeder andere sei und daher die üblichen unternehmerischen Risiken zu tragen habe. Jahrzehntelang galt bei den Unionsparteien und bei der FDP die Regel, dass im Agrarausschuss des Bundestages lauter Landwirte sitzen sollten und dass ein Bauernpräsident, oder jedenfalls ein Landwirt mit eigenem Hof, der ideale Kandidat für das Amt des Agrarministers sei. Denn dieser könne den ganzen Berufsstand für die Partei gewinnen, und außerdem sei er sachkundig. Sicherlich ist er sachkundig, aber doch stets interessengebunden: besonders sachkundig in der Disziplin, für seinen Berufsstand die meisten Vorteile herauszuholen auf Kosten der Allgemeinheit. Das Prinzip der repräsentativen Demokratie, dass die Interessenvertreter nicht selbst über ihre Interessen entscheiden sollen, wurde hier aufgegeben. Sprichwörtlich für diesen Typ des Ministers war Josef Ertl, FDP: Sohn eines Landwirts, Studium zum Diplom-Landwirt, danach Leiter eines Landwirtschaftsamtes, eigener Bauernhof, schließlich Bundeslandwirtschaftsminister von 1969 bis 1983.

Besonders die Volkspartei CDU hat immer betont, bei ihr seien alle Bevölkerungsgruppen mit ihren jeweiligen Anliegen vertreten und gut aufgehoben. Keine dieser Gruppen ist daran interessiert, sich einem vermehrten Wettbewerb auszusetzen. Helmut Kohl, dem Bundeskanzler von 1982 bis 1998, wird – allerdings stets ohne Quellenangabe – das Zitat zugeschrieben: „Ich will nicht den Ludwig-Erhard-Preis für Wirtschaftspublizistik gewinnen, sondern Wahlen."

Schon Erhard hatte ja stets an zwei Fronten zu kämpfen: gegen die Sozialisten und gegen die gebündelten Kartellfreunde und Wettbewerbsfeinde. Sein Durchbruch in Richtung freier Markt war nur möglich in der einmaligen Situation des katastrophalen Mangels der Jahre 1945 bis 1948 und auch dort zunächst nur in einer der vier Besatzungszonen, nämlich der amerikanischen. In einer Situation vollständiger Zertrümmerung aller bisherigen Werte, als auf einem weißen Blatt Papier ein neuer Staat konzipiert wurde, war dies möglich. Inzwischen haben sich in sieben Jahrzehnten alle Positionen und Besitzstände so verfestigt, dass vom deutschen Gesetzgeber kein Durchbruch mehr zu erwarten ist. Die Impulse zu einer Öffnung kommen eher von Stellen, die nicht unmittelbar von Wahlkampf und Wahlergebnis abhängen: vom Bundesverfassungsgericht, ausgehend von den Freiheitsrechten, und von der Europäischen Union (der Kommission und dem EU-Gerichtshof). In Deutschland wacht die Monopolkommission, deren Aufgaben in §§ 44 bis 47 des Gesetzes gegen Wettbewerbsbeschränkungen geregelt sind. Allerdings hat sie nur beratende Funktion, und jederzeit kann sich der Wirtschaftsminister über die Ratschläge hinwegsetzen.

Aber nicht nur einzelne Verbände schieben sich mit ihren Anliegen in den Vordergrund, sondern auch einzelne

Regionen. Jeder Abgeordnete hat einen Wahlkreis, dessen Interessen er im Parlament vertritt. Innerhalb der Parteifraktionen gibt es die Landesgruppen von allen Kollegen, die aus demselben Bundesland kommen und jetzt für dieses Land das meiste herausholen wollen. In die Richtung eines Vorrangs für das eigene Bundesland geht auch die in vielen Bundesländern anzutreffende Tendenz, in aller Stille die Großbetriebe bei Steuerprüfungen möglichst schonend zu behandeln. Sie sollen nicht verärgert werden und womöglich ihren Standort in ein anderes Land verlegen. Bei den reichen Bundesländern wie Baden-Württemberg kommt die Erwägung hinzu, dass die Finanzmittel im eigenen *Ländle* bleiben sollen statt in den Länderfinanzausgleich einzufließen.

Ein weiteres Problem, auf das jeder Abgeordnete in seinem Wahlkreis trifft, ist die Neigung der Bevölkerung zu einem strukturkonservativen Denken: Alles soll bleiben, wie man es seit Kindertagen gewohnt ist. Die Arbeitsplätze der vorhandenen Betriebe sollen gesichert werden. Die Ansiedlung neuer Betriebe am Ort wird kritisch gesehen, weil diese als Konkurrenten am Arbeitsmarkt auftreten und die Löhne hochtreiben. Großvorhaben aller Art (Autobahn, Hochspannungsleitung, chemische Industrie) werden abgelehnt. Das notwendige Neue hat also stets gegen das Alte zu kämpfen. Jede von der Regierung oder vom Abgeordneten vorgeschlagene Maßnahme, die der langfristigen Entwicklung der Region dienen soll, ist nur gegen das örtliche Beharrungsvermögen durchzusetzen.

5 Der Staat

Der Konflikt des Wirtschaftpolitikers

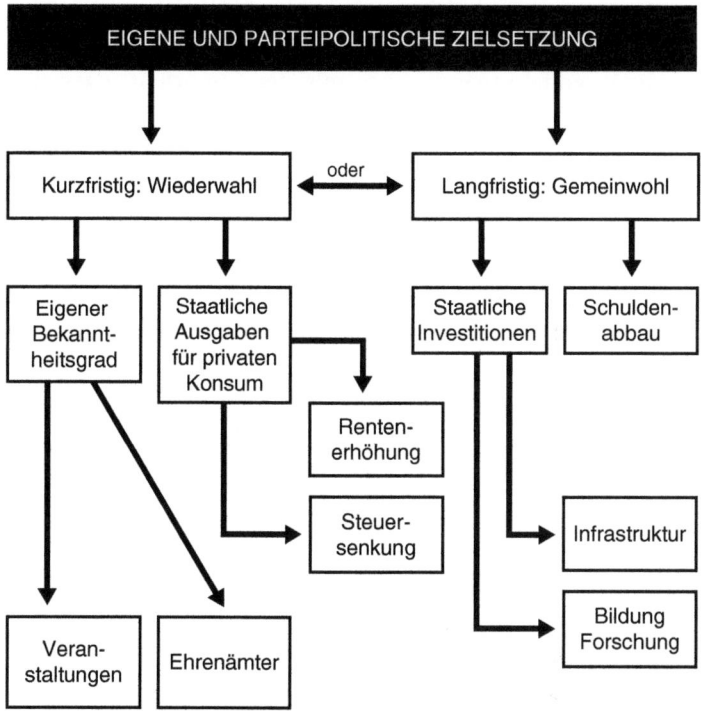

Hiermit im Zusammenhang steht das Problem des zeitlichen Horizonts. Abgeordnete und Politiker sind stets in Versuchung, sich gleich jetzt, kurzfristig, beliebt zu machen, indem sie Geld für konsumtive Zwecke unters Volk streuen, etwa in Form einer Erhöhung der Renten oder einer Umverteilung der Einkommen. Daher werden langfristige Investitionen in die Infrastruktur versäumt oder bis auf weiteres verschoben. Zum Beispiel sind sich die Fachleute darüber einig, dass in Deutschland die zahllosen Brücken, vor Jahrzehnten gebaut und inzwischen vom Rost zernagt, renovierungsbedürftig sind. Aber mit der Nachricht, dass eine Brücke für einige Monate wegen Renovierung gesperrt ist und daher eine Umleitung benutzt werden muss, sind wenig Wählerstimmen zu gewinnen. In der Laufbahn des Politikers sind stattdessen Pressefotos wichtig, zum Beispiel von Grundsteinlegungen, Richtfesten und Einweihungen. Der nachfolgende Tagesbetrieb interessiert weniger. Verstärkt wird dieser Trend durch die Tatsache, dass es für Bauten allerlei Zuschüsse aus Landes-, Bundes- und EU-Programmen gibt, nicht aber für die Folgekosten. Es geht immer um die inszenierten Ereignisse, die öffentlichkeitswirksamen *Events*, nicht um die langfristige Pflege.

5.3 Die Ebenen

Die Gesamtheit der staatlichen Verwaltungen wird gewöhnlich als eine Art Bauwerk mit vielen Stockwerken vorgestellt: an der Basis die Gemeinden, dann darüber die Landkreise, die Länder und der Bund, schließlich die übernationalen Institutionen wie die Europäische Union. In Europa ist sehr unterschiedlich geregelt, welche Ebene zuständig ist und von wo die Macht ausgeht. Das eine Extrem ist das streng zentralistische Frankreich: Das Land ist in zahlreiche Präfekturen aufgeteilt, die jeweils von einem Präfekten geleitet werden. Dieser wird vom Staatspräsidenten ernannt, muss diesem gegenüber absolut loyal sein und vertritt in der Präfektur die Staatsmacht, insbesondere auch Militär und Polizei. Er sorgt mit seinem umfangreichen Stab dafür, dass draußen in der Provinz umgesetzt wird, was in Paris entschieden wurde.

Das extreme Gegenbeispiel ist Deutschland, wo zunächst einmal die Gemeinde für alles zuständig ist, was sie für wichtig hält. Insbesondere kann die Gemeinde bestimmen, in welche Richtung sie sich wirtschaftlich und kulturell entwickeln will. Der Landkreis führt eine rechtliche Aufsicht und beschließt die Dinge, die mehrere Gemeinden betreffen. Hier wird er *hilfsweise* tätig. Vom lateinischen *subsidium* (Hilfe, Reserve) leitet sich das Wort *Subsidiaritätsprinzip* ab: Alles soll möglichst weit unten, bei den Betroffenen entschieden werden, und die nächsthöhere Ebene nur hilfsweise hinzutreten. Über den Landkreisen sind dies die Bundesländer, die mit Polizei und Bildungspolitik weitgehende Befugnisse haben. Sie führen die Angelegenheiten des Bundes, etwa den Bau der Bundesautobahnen, als eigene Angelegenheiten aus (Artikel 83 des Grundgesetzes). Eine eigene Verantwortung des Bundes gibt es nur in wenigen Bereichen, in denen es nicht anders zu machen ist, beispielsweise an den Außengrenzen und bei der Bundeswehr.

Das Subsidiaritätsprinzip, das das deutsche Verwaltungsdenken beherrscht, hat eine lange Tradition. Während der Reformation trat an die Stelle der hierarchisch aufgebauten katholischen Kirche in den protestantischen und insbesondere in den calvinistischen Gebieten die sich selbst verwaltende Gemeinde (Synode in Emden, Ostfriesland, 1571). In die katholische Kirche floss das Subsidiaritätsprinzip durch die Enzyklika *Rerum novarum* (1891) ein. Diese Kirche gilt nicht mehr als ein von einem Monarchen gelenktes Staatswesen, sondern die katholische Soziallehre geht von der Verantwortung des Individuums und seines engeren Kreises

(Familie, Verein) aus. Von den preußischen Reformen unter Stein und Hardenberg, die die kommunale Selbstverwaltung einführten, war schon eingangs die Rede.

Das Prinzip, alles möglichst ortsnah beraten zu lassen, führt bundesweit zu einer unerhörten Buntscheckigkeit und schwer überschaubaren Vielfalt auch in grundsätzlichen Fragen, etwa der Bildungspolitik, wie jeder weiß, der schon einmal mit schulpflichtigen Kindern umgezogen ist.

Der Unterschied zu Frankreich, wo im Zuge der Großen Revolution alles der zentralen Autorität unterworfen wurde, wird besonders bei Franz Oppenheimer deutlich:

> Nur die dezentral strukturierte, auf allen Ebenen und in vielen unterschiedlichen Beziehungskreisen funktionierende Demokratie ist in der dynamischen Großgesellschaft lebensfähig. Denn nur sie kann die Beiträge ihrer Mitglieder voll nutzen, indem sie ihnen die Teilnahme an der Lenkung jeweils auf derjenigen Ebene und auf demjenigen Tätigkeitsgebiet ermöglicht, die ihren Interessen und Fähigkeiten entsprechen, und indem sie so ihre Potentialitäten optimal für das Gemeinwesen realisiert. Nur auf diese Weise kann auch eine demokratische Planung für die dynamische Gesellschaft verwirklicht werden – als ein bewusst und systematisch erarbeiteter Entwurf der Ziele, die man gemeinsam anstreben, und der Mittel, die man einsetzen will, ohne in bürokratischer Schwerfälligkeit zu versanden. (Oppenheimer 1964, S. 355)

5.3.1 Die Gemeinden

Die Rechte und Pflichten der Gemeinden, kreisfreien Städte und Landkreise sind in den Kommunalverfassungsgesetzen der Bundesländer und Stadtstaaten (Berlin, Bremen,

Hamburg) etwas unterschiedlich geregelt. Im Grundsatz gilt jedoch überall die Selbstverwaltung entsprechend dem Grundgesetz, Artikel 28, Absatz 2, Satz 1:

> Den Gemeinden muss das Recht gewährleistet sein, alle Angelegenheiten der örtlichen Gemeinschaft im Rahmen der Gesetze in eigener Verantwortung zu regeln.

Die Gemeinden haben eine Generalzuständigkeit: In ihrem Gebiet sind sie ausschließliche Träger der gesamten öffentlichen Aufgaben, soweit Rechtsvorschriften nicht ausdrücklich etwas anderes bestimmen. Die Gemeinden haben einen eigenen Wirkungskreis. Hier unterliegen sie nur einer rechtlichen Aufsicht, nicht einer fachlichen, inhaltlichen. Hier können sie also frei gestalten. Daneben haben die Gemeinden einen übertragenen Wirkungskreis von staatlichen Aufgaben, die ihnen durch Rechtsvorschriften übertragen worden sind. Hier arbeiten sie nach Weisung der Fachaufsichtsbehörden. Die gewählte Gemeindevertretung, meist Rat genannt, beschließt über die grundlegenden Ziele der Entwicklung der Kommune.

Hierbei haben sich in den vergangenen Jahrzehnten die Gewichte verschoben. Anfangs gaben die Juristen den Ton an und achteten darauf, dass die übertragenen staatlichen Aufgaben korrekt erledigt wurden. Die Stadt und auch der Landkreis verstanden sich eher als Behörde. Neuerdings treten neben den verwaltenden die gestaltenden Aufgaben in den Vordergrund. Die Impulse gehen von den Wirtschaftswissenschaftlern in der Abteilung Wirtschaftsförderung aus. Im niedersächsischen Kommunalverfassungsgesetz ist eingangs als Ziel der Verwaltung definiert, „das Wohl der Einwohnerinnen und Einwohner zu fördern". Hierzu ist es in jedem Fall erforderlich, die finanziellen Grundlagen zu schaffen, also die örtliche Wirtschaftskraft zu stärken. Alle Kommunen stehen in einem Wettbewerb um den wirtschaftlichen Erfolg, um Arbeitsplätze und Einwohnerzahl oder zumindest beim Versuch, eine weitere Abwanderung aufzuhalten. Besonders deutlich wird dieser Wettbewerb, wenn ein Großkonzern sich für die Errichtung eines neuen Werkes entscheidet und sich hierfür diverse Standorte bewerben.

Der Rat, die Verwaltung und alle Einwohner sind zu grundlegender Debatte gerufen, in welche Richtung sich die Stadt entwickeln soll: Schwerpunkt im Fremdenverkehr? Oder in der Großindustrie? Oder mittelständische Wirtschaft? Oder Zentrum des Güterverkehrs? Oder Handelszentrum und Einkaufsstadt? Oder Verwaltungssitz? Oder Bundeswehrstandort? Oder Stadt des ruhigen Wohnens? Gewöhnlich geht es auch um die demografischen Probleme: Ist die Einwohnerzahl rückläufig? Droht eine Überalterung? Wie lassen sich Arbeitsplätze schaffen?

Bei diesen Überlegungen ist es nicht möglich, es allen recht zu machen. Größere Freiflächen am Rande der Stadt lassen nur entweder die eine oder die andere Nutzung zu. Die Entscheidung für eine bestimmte Nutzung ist eine Entscheidung gegen alle anderen. Es müssen also Schwerpunkte gesetzt werden. Außerdem sind wirtschaftliche Aktivitäten gewöhnlich mit Lastwagenverkehr verbunden und müssen von Wohngebieten getrennt werden, wo Ruhe gewünscht wird.

Im Vordergrund der Wirtschaftsförderung steht zunächst immer die Bestandspflege, der Kontakt zu den vorhandenen Betrieben und das Gespräch über deren sämtliche Sorgen und Vorhaben: Wie können wir von der Verwaltung helfen? Erwägen die Betriebe eine Erweiterung oder eine Verlagerung ihres Sitzes aus der jetzigen beengten Innenstadtlage an den Stadtrand? Wie können wir die Baugenehmigung möglichst schnell über die Bühne bringen? Sind Beschwerden aus der Nachbarschaft zu erwarten? Hat die Stadt geeignete freie Gewerbegebiete ausgewiesen? Zu welchem Preis können sie dem Unternehmen angeboten werden? Wie werden sie an den Verkehr und an das Internet angebunden und erschlossen? Sind die berufsbildenden Schulen auf den Bedarf der örtlichen Wirtschaft abgestimmt?

Beim Versuch, neue Betriebe anzusiedeln, reicht es nicht, auf Verdacht ein Gewerbegebiet auszuweisen und zu erschließen, das dann womöglich jahrelang leer steht. Notwendig ist vielmehr eine Besinnung darauf, mit welchen Vorteilen die Stadt werben kann. Wichtig ist die Verkehrsanbindung: Wie weit ist es zur nächsten Autobahnabfahrt? Zum Kanal oder Fluss? Zum Flughafen? Bisher hat sich die Industrie meist wie in Perlschnüren an den Autobahnen und den großen Wasserstraßen angesiedelt. Weitere Vorteile können in Bildung oder Ausbildung liegen: Universitätsstandort? Fachhochschule vorhanden? Ist die örtliche Bevölkerung auf die Arbeit in einer bestimmten Branche spezialisiert? Oder: Gibt es in der Nähe einen Großbetrieb, dessen Zulieferer wir hierherholen können? Können wir punkten mit Ausstellungen und Messen, oder als Tagungsstandort? Gibt es bei uns abbauwürdige Rohstoffvorkommen oder Spezialitäten in der Landwirtschaft, die hier verarbeitet werden können? Auf solche Argumente wird dann die Ansiedlungswerbung abgestellt.

Sind hübsche Landschaft, Gewässer und historische Gebäude vorhanden, so wird häufig auf den Fremdenverkehr gesetzt. Dessen wirtschaftliche Bedeutung wird leider oft überschätzt. Die Tagesgäste, die kommen, fotografieren und wieder abfahren, bringen wenig Kaufkraft an den Ort. Die Übernachtungsbetriebe liegen in aller Regel unter der Gewerbesteuer-Freigrenze und bringen außerdem wenige Dauerarbeitsplätze. Ein einziger Industriebetrieb bringt gewöhnlich mehr Steuern ein als die ganze Tourismuswirtschaft, wenn es sich nicht gerade um Sylt oder Garmisch-Partenkirchen handelt.

In einer besonders günstigen Lage sind dabei immer die Landgemeinden und Städte rings um die Großstädte herum, knapp außerhalb von deren Grenzen, im *Speckgürtel*, wie dieser heute allgemein genannt wird. Viele der in der Großstadt Beschäftigten, überwiegend der Mittel- und Oberschicht, wollen außerhalb der Stadt wohnen, möglichst im Eigenheim. Die tägliche Fahrt zum Arbeitsplatz wird steuerlich begünstigt mit dem Effekt, dass die Besiedelung aus der Stadt ins freie Land hinausfließt.

Noch wichtiger als der Speckgürtel aus Wohnsiedlungen, deren Einwohner in der Wohnsitzgemeinde und nicht in der Arbeitsgemeinde ihre Lohnsteuer zahlen, ist aber der Speckgürtel aus Betrieben. Sie siedeln nicht nur deshalb in die angrenzenden Gemeinden hinaus, weil es dort große freie Flächen gibt. Noch wichtiger ist oft die Tatsache, dass die mittelständischen Betriebe in der Großstadt mit einem Dutzend Ämtern zu tun haben, von denen jedes sich nur mäßig um das Gedeihen des einzelnen Betriebes kümmert. In der Dorfgemeinde außerhalb der Stadtgrenze hingegen gibt es einen Dorfbürgermeister als einzigen Ansprechpartner, der hoch erfreut fragt: „Was brauchen Sie?" und sogleich die ganze Gemeindeverwaltung auf dieses Vorhaben einschwört.

Viele andere Städte haben das Problem, dass sie jahrzehntelang auf einen bestimmten Wirtschaftszweig oder eine sonstige Einkommensquelle gesetzt haben und diese plötzlich versiegt wie die Montanindustrie (Kohlebergbau, Eisen und Stahl) im Ruhrgebiet. Oder als nach der Wiedervereinigung die großen Garnisonen der Bundeswehr oder ausländischer Truppen geschlossen wurden. Jetzt stehen die Kasernen leer, und auf dem Truppenübungsplatz ist es still geworden. Was soll mit diesen Gebäuden und dem Gelände geschehen?

Die Gemeinden haben in ihrer Bauleitplanung fast völlige Freiheit und können die nötigen Flächen für die unterschiedlichen Nutzungsmöglichkeiten bereitstellen. Sie müssen sich allerdings an die übergeordnete Planung des Bundes, des Bundeslandes und des Landkreises anpassen. Hier gibt es eine Planungshierarchie: Von einer Grobplanung ganz oben ausgehend wird die Nutzung der Flächen immer feiner und detaillierter festgelegt bis zum Regionalen Raumordnungsprogramm des Landkreises. Innerhalb dieses Rahmens werden städtische Ortsgesetze beschlossen, die im Einzelnen festlegen, was wo gebaut werden kann und soll und in welcher Weise die Flächen genutzt werden können. Für das gesamte Gebiet der Gemeinde wird entsprechend § 5 des Baugesetzbuchs ein vorbereitender Flächennutzungsplan aufgestellt, der zunächst im Großen die jetzige Nutzung und vor allem die möglichen künftigen Nutzungen umreißt: Rot für Wohnbebauung, Grün für Parks und Landwirtschaft, Grau für Gewerbe und so fort. Für kleinere Teilflächen gibt es nach § 9 des Baugesetzbuchs den verbindlichen Bebauungsplan, der im Einzelnen die Art der Bebauung festlegt. Hier wird bei den Wohngebäuden sehr ins Einzelne gegangen, um ein geschlossenes Ortsbild zu erhalten. Bei den Gewerbeflächen hingegen muss möglichst alles offen bleiben, weil die Art der künftigen Betriebe noch nicht absehbar ist.

Wichtig ist die Unterscheidung von Gewerbegebieten und Industriegebieten: Letztere sind für Betriebe gedacht, die dem Bundes-Immissionsschutzgesetz unterliegen, also mit Rauch, Abwasser, Lärm oder Erschütterungen verbunden sind. Gewerbegebiete sind stattdessen für Betriebe ohne solche Emissionen gedacht, beispielsweise reine Montagebetriebe. Außerdem können Sondergebiete ausgewiesen werden, etwa für Güterverkehrszentren, für Häfen, für Veranstaltungszentren und vieles andere. In der Baunutzungsverordnung ist im Einzelnen aufgeführt, welche Nutzungen in den unterschiedlich ausgewiesenen Gebieten zulässig sind.

Durch die Bauleitplanung werden gleichzeitig die Nutzungen, die der Planung entgegenstehen, untersagt. Wenn beispielsweise eine Erzlagerstätte entdeckt wird, kann diese Fläche als Vorranggebiet für Bodenabbau ausgewiesen werden, so dass hier keine Bauwerke entstehen dürfen.

Ein ständiges Problem in der Bauleitplanung ist die Ansiedlung von Discountern, das heißt Großbetrieben preiswerten Einzelhandels, am Stadtrand. Da geht es etwa um Lebensmittelmärkte, Drogerien, Baumärkte oder Möbelmärkte. Der Einzelhandel in der Innenstadt läuft hiergegen Sturm mit dem durchaus nachvollziehbaren Argument, durch die Verlagerung des Handels an den Stadtrand werde die Innenstadt veröden. Andererseits kann die Stadtverwaltung sich den neuen Formen des Einzelhandels nicht ganz entziehen, wenn sie nicht riskieren will, dass die Kunden in die Nachbarstädte abwandern. Sie steht also vor der Frage, ob sie in der Bauleitplanung ein Sondergebiet für großflächigen Einzelhandel ausweisen soll oder nicht. – Ein weiteres aktuelles und heiß umstrittenes Problem, besonders in Norddeutschland, sind die Windkraftanlagen: Wie viele Generatoren sollen erlaubt sein? Welchen Abstand müssen sie von der Wohnbebauung halten?

Das politische Problem insbesondere in den kleineren Gemeinden ist, dass man sich kennt. Dass jedermann weiß, wem eine Entscheidung nützt und wem nicht. Formal hat die Bauleitplanung mit dem Grundeigentum nichts zu tun. Aber wenn ein bisheriges Maisfeld zum Gewerbegebiet gemacht wird, kann sich der Quadratmeterpreis leicht verzehnfachen. Und jeder weiß, wem dieses Feld gehört und wer also von dieser Entscheidung profitiert. Daher wird, völlig legal, auf einzelne Eigentümer zu- und um andere herumgeplant. Der Oberkreisdirektor, hierauf angesprochen, lacht, zuckt mit der Schulter und sagt: „Dies ist eben der Preis der kommunalen Selbstverwaltung!" Auf der örtlichen Ebene werden Abhängigkeiten geschaffen und ausgenutzt. Dem Oppositionsführer, einem erfolglosen Grundstücksmakler, werden einige Aufträge zugeschanzt, obwohl sich Käufer und Verkäufer im Prinzip schon einig sind, eine Vermittlung also streng genommen überflüssig ist. So wird dem Oppositionsführer der Schneid abgekauft. Oder jemand hat einen lernschwachen Sohn, der aber trotzdem den begehrten Ausbildungsplatz in der Stadtsparkasse erhält. Oder es werden merkwürdige Pakete geschnürt nach folgender Art: „Wir stimmen eurem Bebauungsplan 128a zu, wenn dafür unsere Frau Mayer Leiterin des städtischen Jugendheims wird." Langgediente Ratsherren und -frauen haben es längst aufgegeben, sich über dergleichen zu entrüsten.

5.3.2 Die Bundesländer

Die 16 Bundesländer befinden sich in einem Wettbewerb des wirtschaftlichen Erfolgs. Seit Jahr und Tag gibt es Ranking-Tabellen der Wirtschaftskraft, die immer von den beiden selben Ländern Bayern und Baden-Württemberg angeführt werden und sich insgesamt wenig ändern. Daher dürfte eine besonders umfassende Bewertung aus dem Jahr 2012 heute noch aussagekräftig sein. Sie stammt von der Initiative *Neue Soziale Marktwirtschaft* und der Zeitschrift *Wirtschaftswoche*. Hier wurden nicht weniger als 24 Indikatoren einbezogen:

- Anzahl der Bezieher von Arbeitslosengeld II (Grundsicherung, früher Arbeitslosenhilfe und Sozialhilfe)
- Arbeitskosten
- Arbeitslosenquote
- Arbeitsplatzversorgung
- Aufklärungsquote (Anteil der aufgeklärten an den angezeigten Straftaten)
- Ausbildungsplatzdichte
- Bruttoinlandsprodukt je Einwohner
- Exportquote
- Kaufkraft je Einwohner
- Anzahl der Hochqualifizierten
- Ingenieure
- Investitionsquote
- Jüngere Arbeitslose
- Kita-Betreuungsquote

- Öffentlich Beschäftigte
- Patente
- Private Schuldner
- Produktivität
- Schulabgänger ohne Abschluss
- Schulden der öffentlichen Haushalte
- Steuerkraft
- Straftaten
- Verfügbares Einkommen
- Wanderungen

Hier wurde also der gesamte soziale Bereich (Arbeitslose, Arbeitsplatzversorgung, private Schuldner) erfasst, ferner der Bildungsbereich (von der Betreuung in der Kindertagesstätte über die Ausbildungsplätze, die Hochqualifizierten bis zu den Ingenieuren), die Einkommen (Bruttoinlandsprodukt, Kaufkraft, Steuerkraft, verfügbares Einkommen), die Arbeitskosten, der wirtschaftliche Erfolg (Export, Patente, Produktivität), die Straftaten (Anzahl und Aufklärung), der Schwerpunkt der staatlichen Aktivität (Investitionsquote, öffentlich Beschäftigte, Schulden der öffentlichen Haushalte) sowie die Wanderungen, also die Abstimmungen mit den Füßen.

Hier ergab sich die folgende Erfolgstabelle:

1. Bayern
2. Baden-Württemberg
3. Hamburg
4. Hessen
5. Rheinland-Pfalz
6. Niedersachsen

Erfolgsmodell Soziale Marktwirtschaft

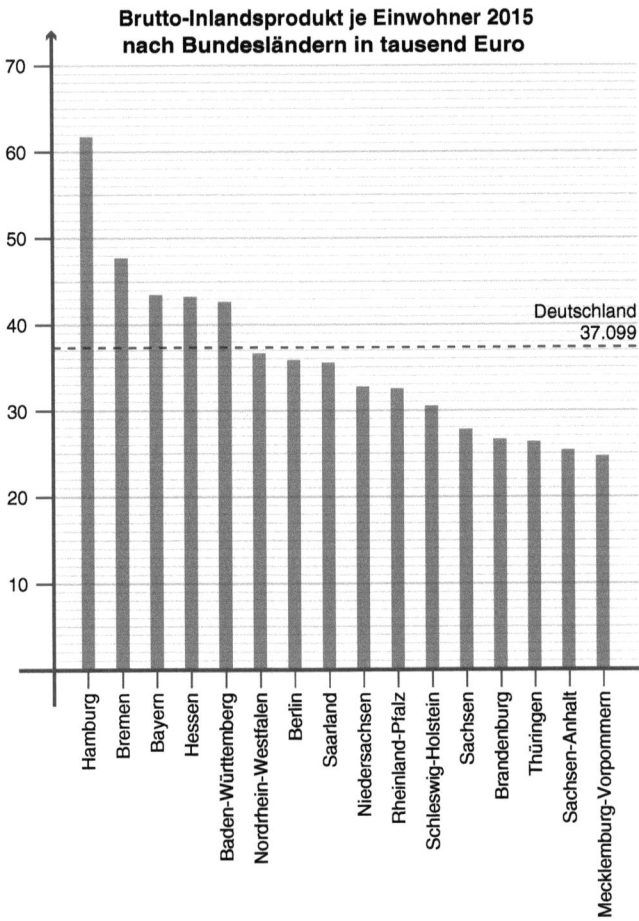

7. Schleswig-Holstein
8. Nordrhein-Westfalen
9. Saarland
10. Sachsen
11. Thüringen
12. Bremen
13. Brandenburg
14. Mecklenburg-Vorpommern
15. Sachsen-Anhalt
16. Berlin

Die relativ schwache Stellung der fünf neuen Bundesländer ist einfach zu erklären: In den Jahrzehnten der DDR wurde der wirtschaftliche Mittelstand mehr oder minder ausgelöscht. Die unternehmerisch denkenden Personen wanderten aus, der Kapitalstock veraltete immer mehr, und die Wirtschaft brauchte sich nicht im Wettbewerb des Weltmarktes zu bewähren. Dies war auch in den knapp drei Jahrzehnten nach der Wiedervereinigung nicht aufzuholen. Erschwerend kommt hinzu, dass die Lehrer an den Schulen immer noch dieselben sind und dass wegen der schrumpfenden Bevölkerungszahlen kaum neue Lehrer eingestellt wurden. Es kann also sein, dass der Erziehungsstil immer noch auf richtige Gesinnung und angepasstes Verhalten gerichtet ist statt auf selbstständige Leistung.

Deutschland dürfte das einzige Land der Welt sein, in dem die Hauptstadt nach Wirtschafts- und Bildungsniveau das Schlusslicht bildet. Die schwache Stellung Berlins liegt nicht nur daran, dass es sich zur Hälfte um das frühere Ostberlin handelt. Hinzu kommt die Tatsache, dass während der deutschen Teilung wegen der unsicheren Lage Westberlins, inmitten der DDR, die meisten Großunternehmen und Konzernsitze nach Westen abgezogen sind. Wegen der ständigen hohen Subventionen aus dem Westen entwickelte sich in Westberlin ein ungesundes Treibhausklima.

Wir können hier nicht alle 16 Länder im Einzelnen beleuchten, sondern beschäftigen uns ein wenig mit einem auffallend schwachen und einem auffallend starken Land: Bremen und Bayern. Nicht ganz einfach zu erklären ist die schwierige Stellung Bremens. Politisch einzigartig ist es, dass hier seit dem Zweiten Weltkrieg ununterbrochen die SPD mit Abstand stärkste Partei bei den Wahlen zum Landesparlament, der Bürgerschaft, war und die Landesregierung, den Senat, stellte. Die Sozialdemokraten hatten sich in der Wirtschaftspolitik hauptsächlich auf die großen Industriebetriebe konzentriert, in denen die Gewerkschaften und der Betriebsrat eine starke Stellung haben. Diese Großbetriebe (das Automobilwerk Borgward sowie die beiden Werften AG Weser und Vulkan) haben jedoch längst geschlossen. Die Anzahl der Beschäftigten im produzierenden Sektor halbierte sich von 165.000 (1960) auf 82.000 (2006). Die Beschäftigtenzahl in Handel und Verkehr blieb gleich. Der Zuwachs im Bereich Dienstleistungen (im gleichen Zeitraum von 78.000 auf 186.000) reichte nicht aus, um den Niedergang der Industrie aufzufangen. Seit 1980 liegt die Arbeitslosenquote weit über dem Bundesdurchschnitt. Gegenüber den Großbetrieben wurde der Mittelstand (meist ohne Betriebsrat und Gewerkschaft) von der Sozialdemokratie vernachlässigt. Kennzeichnend ist der Ausspruch des Wirtschaftsförderers der Stadt Lilienthal (in Niedersachsen, knapp außerhalb der bremischen Grenze): „Wir haben keinerlei Schwierigkeiten, neue Betriebe anzusiedeln. Im

Gegenteil: Wir haben Schwierigkeiten, alle unterzubringen, die unbedingt aus Bremen hinauswollen." Die FAZ meldete am 17. Juli 2015, die Bremer Handelskammer habe lange den Eindruck gehabt, dass die dortige Regierung die Wirtschaft und ihre Interessen nicht auf dem Schirm habe. Sie gebe den Unternehmen wieder einmal das Gefühl, dass ihre wichtige Rolle für das dringend notwendige wirtschaftliche Wachstum Bremens vom Senat immer noch nicht erkannt werde.

Zu Beginn der neuen Legislaturperiode nach der Bürgerschaftswahl in Bremen legte der neue Bürgermeister Carsten Sieling am 19. Mai 2015 ein Sechs-Punkte-Papier vor, eine Art Regierungserklärung. Hierin heißt es: „Ich werde die Entwicklung von wirksamer öffentlich geförderter Beschäftigung in einem sozialen Arbeitsmarkt zu einer Hauptaufgabe des Senats machen." Hier deutet sich ein eher distanziertes Verhältnis zur gewerblichen Wirtschaft, zum privaten Unternehmertum und zum ersten Arbeitsmarkt an. Trotz des offensichtlichen Misserfolgs halten Bevölkerung und Senat unbeirrt an der linken Linie eines sozialen Arbeitsmarktes fest.

Demgegenüber ist Bayern seit längerer Zeit das erfolgreichste deutsche Bundesland. Das Bruttoinlandsprodukt pro Einwohner liegt weit über dem deutschen Durchschnitt, die Arbeitslosenquote ist die niedrigste in Deutschland. Bayern ist Standort zahlreicher führender Industriebetriebe, aber auch als Ziel des Tourismus sehr beliebt. Hier regiert, gewöhnlich mit absoluter Mehrheit, die Christlich-Soziale Union und stellt seit 1957 ununterbrochen den Ministerpräsidenten. Aber wie erklärt sich der weite Abstand zum Schlusslicht Bremen? Einen ersten Hinweis könnte die Bildungspolitik, wichtigste Aufgabe der Bundesländer, geben. Die Bremische Verfassung legt als Bildungsziel in Artikel 26 fest: „[d]ie Erziehung zu einer Gemeinschaftsgesinnung, die auf [...] dem Willen zu sozialer Gerechtigkeit [...] beruht", ferner „[d]ie Erziehung zu einem Arbeitswillen, der sich dem allgemeinen Wohl einordnet". Auch hier wird eine gewisse Distanz zur gewerblichen Wirtschaft deutlich. Im Bayerischen Gesetz über das Erziehungs- und Unterrichtswesen (Artikel 2) wird hingegen bestimmt: „Die Schulen haben insbesondere die Aufgabe, Kenntnisse und Fertigkeiten zu vermitteln und Fähigkeiten zu entwickeln, zu selbstständigem Urteil und eigenverantwortlichem Handeln zu befähigen sowie auf Arbeitswelt und Beruf vorzubereiten."

Hier werden zwei grundverschiedene Sichtweisen deutlich: entweder wie in Bayern zunächst auf individuelle Leistung, beruflichen und wirtschaftlichen Erfolg zu setzen und hierdurch die Mittel für eine menschenwürdige Sozialpolitik zu schaffen, oder aber wie in Bremen von vornherein alles der Sozialpolitik unterzuordnen und die private Wirtschaft eher zu dulden als zu fördern, wodurch dann die Mittel für die Sozialpolitik fehlen und nur durch ständige hohe Verschuldung aufzubringen sind. Hiermit hängt es eng zusammen, dass es in den Bundesländern zwei fundamental gegensätzliche bildungspolitische Ansätze gibt:

1. Entweder das Leistungsprinzip steht im Vordergrund, ähnlich wie in der Wirtschaft oder auch im Sport, und daher gibt es je nach Leistungsniveau unterschiedliche Schulformen (Förderschule, Hauptschule, Realschule, Gymnasium) und eine relativ strenge Auslese.
2. Oder aber es gilt als wichtigste Aufgabe der Schule, den sozialen Zusammenhalt zu fördern und im Sinne der Gleichheit niemanden zu diskriminieren und das Niveau

so weit zu senken, dass in der gemeinschaftlichen Schule jeder mitkommt und jeder die Chance auf einen qualifizierten Abschluss hat.

In Deutschland wird seit Jahrzehnten mit großer Erbitterung eine Schulstrukturdebatte zwischen diesen beiden einander ausschließenden Ansätzen geführt: einem Leistungsansatz und einem sozialen Ansatz. Bayern fährt hier seit Jahrzehnten einen ganz eindeutigen Kurs und hat als offizielles Leitbild die *Solidarische Leistungsgesellschaft*. Wenn beispielsweise die Eltern in einem Merkblatt über die Realschule informiert werden, hört sich dies so an:

> Vielleicht ist Ihr Kind über den Probeunterricht in die Realschule eingetreten. Im Lauf seiner Schulzeit wird es sich vielen Prüfungen unterziehen wie den Jahrgangsstufentests, den Vergleichsarbeiten oder der Abschlussprüfung. Um die Qualität an den bayerischen Realschulen zu sichern, wurden 2005/2006 die Grundwissenstests eingeführt. 1998 wurden die zentralen Jahrgangsstufentests eingeführt.

Offensichtlich heißt es hier: Prüfen und sieben, und nochmals testen und aussieben! Hier geht es nicht wie in den SPD-Ländern darum, auch den Schwächsten noch mitzunehmen, sondern es zählt nur Leistung. Das bei den Linken verpönte Wort *Elite* wird nicht nur in den Mund genommen, sondern es gibt sogar ein *Bayerisches Elitenförderungsgesetz* für hochbegabte und besonders qualifizierte Nachwuchskräfte. Dementsprechend sind die gesamte Verwaltung und die Wirtschaft auf Effizienz getrimmt.

Ein weiterer Grund für den Erfolg Bayerns ist offenbar das besondere Stammesbewusstsein. Bayern gehört zu den wenigen Bundesländern, die nach dem Zweiten Weltkrieg genau in den alten Grenzen wiedererstanden. In etwa sind es die Grenzen nach dem Primogeniturgesetz vom 8. Juli 1506, das das Zeitalter der bayerischen Landesteilungen beendete. Dieses Sonderbewusstsein zeigt sich heute darin, dass hier die gesamte Bundespolitik und auch die EU-Politik primär danach beurteilt werden, was dabei für Bayern herausspringt. Im Bundestag hat Bayern traditionell eine starke Stellung allein durch die Anzahl und vor allem das geschlossene Auftreten seiner Abgeordneten. Der jetzige (2016) Ministerpräsident gilt als sprunghaft und schwankend. Hierdurch kann er die Bundeskanzlerin stets im Unklaren darüber lassen, welchen Vorhaben er zustimmt oder nicht, und kann sich dies immer wieder durch Sondervorteile abkaufen lassen. Das Verkehrsministerium vergibt die Bauaufträge, etwa für Autobahnen, gern dorthin, wo keine zahlreichen Einwendungen und langwierigen Rechtsstreitigkeiten zu erwarten sind. Auch hier lohnt sich das geschlossene Auftreten. Und schließlich gibt es in Bayern ebenso wie nebenan in Baden-Württemberg eine konservative Tradition des sparsamen Umgangs mit Geld: „Spare in der Zeit, so hast du in der Not!" Die Anzahl der überschuldeten Haushalte ist hier, insbesondere in den Landgebieten, die niedrigste in ganz Deutschland, und es kommt ausreichend Sparkapital für das Gewerbe zusammen.

Die anderen Bundesländer liegen irgendwo im Übergangsfeld zwischen den Extremen Bremen und Bayern. Zu bedauern sind diejenigen, bei denen die Regierungsmehrheit häufig wechselt, was jedes Mal eine Schulreform oder nachfolgende Gegenreform auslöst.

5.3.3 Die Bundesrepublik

Womit sich die Bundesebene des Staates beschäftigt, wird am einfachsten aus den Eckdaten des Bundeshaushalts 2016 deutlich. Die Ausgaben betrugen insgesamt 316,9 Milliarden Euro. Auf jeden der rund 82 Millionen Einwohner entfallen rund 3.900 Euro. Die Ausgaben verteilten sich prozentual wie folgt auf die jeweiligen Bundesministerien:

Arbeit und Soziales	41,0
Verteidigung	10,8
Bundesschuld, Zinsen	8,0
Verkehr, Infrastruktur	7,8
Bildung und Forschung	5,2
Allgemeine Finanzverwaltung	4,7
Gesundheit	4,6
Familie, Senioren, Frauen, Jugend	2,9
Innen	2,5
Wirtschaft und Energie	2,4
Wirtschaftliche Zusammenarbeit und Entwicklung	2,3
Finanzen	1,9
Ernährung und Landwirtschaft	1,8
Auswärtiges Amt	1,5
Umwelt, Naturschutz, Bau und Reaktorsicherheit	1,4
Sonstige	1,4

Einen Außenstehenden erstaunt zunächst, dass die Schuldzinsen den drittgrößten Posten bilden – weit mehr als Verkehr und Infrastruktur oder als Bildung und Forschung.

394 Erfolgsmodell Soziale Marktwirtschaft

Bundeshaushalt 2016, Anteile der Ausgaben (nach Bundesministerien) in Prozent
Quelle: Bundesministerium der Finanzen

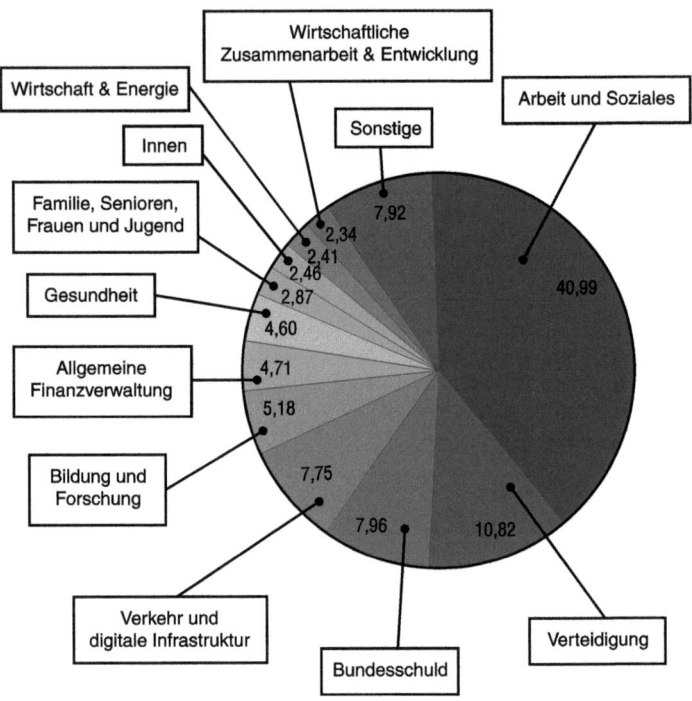

Bei den alljährlichen Finanzberatungen wird immer nur eine schwarze Null angestrebt, also ein kleiner Überschuss der Einnahmen über die Ausgaben. Damit bleibt die bisherige Verschuldung bestehen – von einem Abbau dieses Schuldenbergs spricht ernsthaft niemand. Dies wird den kommenden Generationen überlassen. Ebenso wie im Privatleben ist die Versuchung, aktuelle Bedürfnisse auf Kosten der Zukunft zu erfüllen, jederzeit auch in der Politik vorhanden. Durch eine hohe Verschuldung des Staates wird zudem das in der Volkswirtschaft gebildete Sparkapital aufgesogen und steht nicht mehr für private Investitionen zur Verfügung.

Beim Staat wird es dann großenteils für *Arbeit und Soziales*, den bei weitem größten Posten des Haushalts, ausgegeben. Bei diesen Sozialausgaben handelt es sich zu rund 58 Prozent um Zuschüsse zur Rentenversicherung und zu rund 30 Prozent um die Grundsicherung für Arbeitsuchende sowie Eingliederungsmaßnahmen zum Abbau der Langzeitarbeitslosigkeit. Die gesetzlichen Versicherungen (Renten- und Arbeitslosenversicherung) reichen also bei weitem nicht aus, diese Kosten zu decken.

Aus volkswirtschaftlicher Sicht ist am bedeutsamsten, welcher Anteil der gesamten Ausgaben für Investitionen verwandt wird, die langfristig helfen, Werte zu schaffen, und welcher Anteil für Konsum, der jetzt gleich verzehrt wird. Zum Konsum werden in der Volkswirtschaftslehre auch die Verteidigungsausgaben gerechnet, einfach deshalb, weil sie nicht im wirtschaftlichen Sinne helfen, künftig mehr oder bessere Produkte herzustellen.

Zu den Investitionen sind zu rechnen:

- Verkehr und digitale Infrastruktur,
- Bildung und Forschung,
- Wirtschaft und Energie.

Sie machen zusammen rund 15 Prozent des Haushalts aus, der Konsum 85 Prozent. Die Wissenschaftler, so zum Beispiel Marcel Fratzscher als Berater von Wirtschaftsminister Sigmar Gabriel, warnen eindringlich vor einer Investitionslücke – Deutschland müsse weit mehr investieren, um langfristig wettbewerbsfähig zu bleiben. Hierzu gehören vor allem eine flächendeckende Breitbandverkabelung, ferner Verkehrswege für den Güterverkehr: Autobahnen, gesonderte Eisenbahnstrecken, Häfen und Wasserstraßen. Überfällig ist beispielsweise das deutsche Teilstück der Containerschnellbahn Rotterdam–Genua, zu der die Schweiz durch ihre großen Tunnelbauten bereits ihren Beitrag geliefert hat. Ebenso dringlich sind in Deutschland die Hochspannungs-Stromtrassen von der Nordsee nach Süddeutschland, um den Windstrom zu den Trägern des Bedarfs zu bringen. Eine wichtige Investition ist ferner die von der Bundesregierung ausgerufene Digitale Agenda 2014–2017, die Deutschland für eine digitale Zukunft und für die Industrie 4.0 fit machen soll.

Mindestens ebenso wichtig wie die Verkehrsinfrastruktur sind die Forschungsausgaben, um mit der angelsächsischen Welt, vor allem den USA, mithalten zu können. Das politische Problem ist allerdings, dass konsumtive Ausgaben wie etwa eine jetzige Rentenerhöhung populärer sind als investive Ausgaben, deren Nutzen erst in fernerer Zukunft deutlich wird. Insbesondere bei der Grundlagenforschung weiß niemand, wann und ob überhaupt sie wirtschaftliche Erträge abwirft. Gleichwohl trägt sie den entscheidenden Fortschritt der Wissenschaft.

In dem Bestseller *Die Zukunft des Kapitalismus* von Lester C. Thurow wird das Problem wie folgt angesprochen:

> Erfolg oder Misserfolg des Kapitalismus hängen von den getätigten Investitionen ab. Dennoch predigt der Kapitalismus eine Ideologie des Konsums. Eine gute physische Infrastruktur (Straßen, Flughäfen, Wasser- und Stromversorgung)

sind genauso notwendig wie eine gute soziale Infrastruktur (öffentliche Sicherheit, Bildungs- und Ausbildungswesen, Forschung und Entwicklung), wenn sich ein Wirtschaftsfortschritt einstellen soll. (Thurow 1998, S. 409)

Dieses Problem stellt sich allerdings in Thurows Heimatland, den USA, dringender als in Deutschland, weil dort der Konsum noch weit stärker im Vordergrund steht als hier. Aber auch in den obigen Zahlen zum Bundeshaushalt machen die Investitionen einen relativ bescheidenen Anteil aus. Im Schwerpunkt handelt es sich beim Bundeshaushalt um eine gigantische Sozialmaschine mit einer Umverteilung von oben und aus der Mitte nach unten, von den Arbeitenden zu den nicht oder nicht mehr Arbeitenden. Der Regelsatz der Grundsicherung (volkstümlich *Hartz IV* genannt) für einen Alleinstehenden liegt bei 400 Euro zuzüglich Unterkunft und Heizung, ist also relativ bescheiden. Die Rente netto beträgt je nach der Höhe der vorherigen Bezüge nach 40 Arbeitsjahren zwischen 750 und 1.300 Euro. Bei Geringverdienern kann sich das Problem ergeben, dass ihre Rente nach 30 Berufsjahren niedriger als die Grundsicherung ausfällt. In dieser Gruppe gibt es also wenig Anreiz, überhaupt zu arbeiten.

5.3.4 Die Europäische Union

Bis hin zum Zweiten Weltkrieg galt es jahrhundertelang als selbstverständlich, dass die verschiedenen Nationen, miteinander rivalisierend, bei passender Gelegenheit beim Nachbarn einmarschierten und versuchten, sich aus dessen

Territorium ein Stück herauszubrechen. So entwickelte sich zum Beispiel durch die wiederholten Kriege die deutsch-französische *Erbfeindschaft* – ein Begriff, der heute von der jüngeren Generation gar nicht mehr verstanden wird. In den 1950er Jahren setzte sich der Gedanke durch, mittels einer engen wirtschaftlichen Verflechtung künftige militärische Konflikte zu verhindern und gleichzeitig für alle Bürger ein höheres Wirtschaftswachstum und Wohlstand zu schaffen. Dieses Vorhaben erwies sich als überaus erfolgreich und wurde 2012 durch den Friedensnobelpreis für die Europäische Union anerkannt. Ein Krieg zwischen den inzwischen 28 (ohne Großbritannien 27) Mitgliedsstaaten gilt jetzt als undenkbar. Gleichzeitig wurde mit mehr als 500 Millionen Einwohnern der größte Wirtschaftsraum der Erde (nach dem Bruttoinlandsprodukt knapp vor den USA, weit vor China) geschaffen. Er versteht sich als Raum der Freiheit, der Sicherheit und des Rechts. In mehreren Runden sind Staaten beigetreten, die die *Kopenhagener Kriterien* erfüllten. Dabei geht es vor allem um die Achtung der Menschenwürde, Freiheit, Demokratie und Rechtsstaatlichkeit, ferner auf wirtschaftlichem Gebiet eine funktionsfähige Marktwirtschaft sowie die Fähigkeit, dem Wettbewerbsdruck der anderen europäischen Staaten standzuhalten. In langwierigen Verhandlungen mussten sich die beitrittswilligen Staaten in dieser Richtung reformieren. Insbesondere sind die früher sozialistischen Staaten des östlichen Mitteleuropa beigetreten, die DDR im Zuge der Wiedervereinigung 1990.

Innerhalb der Europäischen Union gilt das Prinzip des Binnenmarktes: ein freier Verkehr von Waren, Kapital, Dienstleistungen und Arbeitskräften. Alles, was irgendwo legal verkauft wird, kann im ganzen Binnenmarkt verkauft werden. Die vorher üblichen Zollgrenzen und Grenzkontrollen sind fortgefallen, was den Handel und den Tourismus ungemein erleichtert. Unzählige Beamtenstellen sind eingespart worden. Die segensreiche Wirkung eines freien Handels hatte Deutschland auf nationaler Ebene bereits im 19. Jahrhundert erlebt. Die Nation war in unzählige kleine und kleinste Ländchen aufgeteilt. Um 1790 gab es in Deutschland 1.800 Zollgrenzen. Bei einem Transport von Königsberg nach Köln wurde die Ware etwa 80-mal kontrolliert. Friedrich List (1789–1816) setzte sich für eine Überwindung der innerdeutschen Zollgrenzen ein. Durch den Deutschen Zollverein gab es ab 1842 eine deutsche Freihandelszone mit etwa 30 Millionen Einwohnern. Erst dies ermöglichte den wirtschaftlichen Aufstieg des Landes.

Für die Dienstleistungen gilt das Prinzip des freien europäischen Binnenmarktes zunächst mit Einschränkungen. Dies soll im Zuge der EU-Dienstleistungsrichtlinie von 2006 geändert werden. Sie soll bürokratische Hemmnisse beseitigen und grenzüberschreitende Dienste ermöglichen. Vor allem bei den bisher regulierten Berufen, bei denen vor der selbstständigen Tätigkeit eine Prüfung notwendig ist – in Deutschland vor allem das Handwerk und die Freien Berufe – soll der Zugang zum Beruf geöffnet werden. An die Stelle von Gebührenordnungen sollen freie Preise treten. Jeder Dienstleister soll grenzüberschreitend tätig werden können. Die Dienstleistungen sollen also dem europaweiten freien Wettbewerb unterworfen werden, wovon hohe Wohlfahrtsgewinne ausgehen würden. Deutschland gehört zu den Staaten, die hiergegen hartnäckigen Widerstand leisten. Deswegen wurde 2014 ein Vertragsverletzungsverfahren eröffnet.

Die europäische Wettbewerbspolitik ist, ergänzend zu den nationalen Wettbewerbsbehörden, auf die Vermeidung von Monopolen gerichtet, beispielsweise in den Bereichen der Telekommunikation oder der Eisenbahnen. Außerdem sollen die Staaten auf Beihilfen für einzelne Branchen verzichten, die den Wettbewerb stören, so auch bei den Seehäfen. Hier ist das *Port Package* (Hafenpaket) heiß umstritten. Die vom Staat gestellten Hafeneinrichtungen sollen nicht mehr als Infrastruktur gelten, sondern als Beihilfen für die Unternehmen.

Die europäische Regionalpolitik richtet sich an die Regionen, deren Bruttoinlandsprodukt pro Einwohner weniger als 75 Prozent des EU-Durchschnitts beträgt. Sie läuft darauf hinaus, dass die wohlhabende Mitte (Südengland, Rheinschiene, Norditalien) die ärmeren Randregionen unterstützt. Der Europäische Sozialfonds richtet sich auf eine Verbesserung der Bildungssysteme und den Zugang zum Arbeitsmarkt. Die Förderprogramme werden von den Mitgliedsstaaten verwaltet, in Deutschland von den Bundesländern. Die Verkehrspolitik der EU richtet sich auf eine Verbesserung der grenzüberschreitenden Mobilität, vor allem durch *Transeuropäische Netze* von Auto- und Eisenbahnen.

Auf deutschen Druck hin gilt auch in der Europäischen Union das Gebot der Subsidiarität: Es gilt der Vorrang der Mitgliedsstaaten, und es soll nur das gesamteuropäisch geregelt werden, was ganz Europa betrifft, wie etwa der Binnenmarkt. 19 Staaten der Europäischen Union bilden seit 2002 eine Währungsunion und haben, um den wechselseitigen Handel zu erleichtern, den Euro als gemeinsame Währung eingeführt. Seit 2000 gilt die *Lissabon-Strategie*: Europa soll zum wettbewerbsfähigsten und dynamischsten wissensbasierten Wirtschaftsraum der Welt werden und fähig sein, ein dauerhaftes Wirtschaftswachstum mit mehr und besseren Arbeitsplätzen und einem größeren sozialen Zusammenhalt zu erzielen. Kurz darauf wurde dies um die Dimension der Umwelt und der nachhaltigen Entwicklung erweitert. Hierzu gehört unter anderem die gemeinsame Fischereipolitik: Durch streng überwachte Fangquoten soll eine Überfischung der Meere verhindert werden.

Für die gemeinsame Agrarpolitik gelten umfangreiche Regelungen mit dem Ziel, diesen Wirtschaftszweig gegenüber den allgemeinen Risiken einer Wettbewerbswirtschaft abzuschirmen. Insofern ist die Politik der Europäischen Union höchst inkonsequent: Im Bereich der Landwirtschaft soll genau das verhindert werden, was in allen anderen Bereichen angestrebt wird, nämlich der freie Wettbewerb. Im Jahr 2016 entfielen vom Haushalt der EU in Höhe von 155 Milliarden Euro rund 62 Milliarden oder 40 Prozent auf die Landwirtschaft. Von diesem Agrarhaushalt entfielen wiederum rund drei Viertel auf Direktzahlungen an die landwirtschaftlichen Betriebe. Diese erhalten viel Geld, inzwischen etwa die Hälfte ihres Einkommens, einfach dafür, dass sie Landwirtschaft betreiben. „Kehrseite dieser Entwicklung ist, dass die Landwirtschaft in relativ hohem Maße von den Direktzahlungen abhängig geworden ist", so stellt der Deutsche Bauernverband fest. Niemand fragt, wie die Privilegierung eines einzelnen Wirtschaftszweigs mit dem Gleichheitsgrundsatz des Grundgesetzes vereinbar ist.

Die Europäische Union versucht, alle Mitgliedsstaaten der Eurozone zu einer soliden Haushaltspolitik zu bewegen, weil übermäßige Defizite und eine hohe Staatsverschuldung zu einer Instabilität des gesamten Eurosystems führen könnten.

Entsprechend Artikel 126 des Vertrages über die Arbeitsweise der EU wurden alle Euro-Mitgliedsstaaten verpflichtet, das Haushaltsdefizit eines Jahres unter 3 Prozent des Bruttoinlandsprodukts (BIP) zu halten, und die Gesamtverschuldung des Staates soll 60 Prozent des BIP nicht überschreiten. Bei dieser Gelegenheit wurden jedoch die Grenzen der Macht der EU sichtbar. Im Durchschnitt der EU-Staaten betrug die Staatsverschuldung sogar 83 Prozent des BIP. Dabei war Deutschland mit 81 Prozent noch relativ seriös. Vorbildlich im Sinne einer geringen Staatsverschuldung sind Lettland und Litauen. Ein Problemfall mit 165 Prozent ist Griechenland. Die im *Stabilitäts- und Wachstumspakt* angedrohten Strafen und Bußgelder für die Defizitsünder wurden nicht verhängt, weil fast alle Mitgliedsstaaten zu diesen Sündern gehören. Es genügte bislang, wenn die Sünder Besserung und Reformen versprachen.

Die Europäische Zentralbank selbst hält sich nicht an diese Politik, im Gegenteil: Sie hat den Zinssatz auf null herabgesetzt und erleichtert hierdurch den Staaten die hohe Verschuldung, oder sie kauft sogar die Staatsanleihen auf, finanziert also die Defizite in den Haushalten. Die äußerst niedrigen Zinsen im Euro-Raum sollen darüber hinaus den Unternehmen billige Kredite für Investitionen verschaffen, was aber nur einen schwachen Anstoß gibt, weil die Kreditkosten nur eine von vielen Größen sind, die über die Investitionen entscheiden. Außerdem sind auch die Sparbuchzinsen gegen null gegangen. Bei leichter Inflation wird sogar das Geld entwertet statt verzinst. Hierdurch werden die Sparer verleitet, sich in höher verzinsliche, riskantere Anlagen oder in Sachwerte zu flüchten.

5 Der Staat

Rechtliche Grundlagen der EU sind der Vertrag über die Europäische Union und der Vertrag über die Arbeitsweise der Europäischen Union. Hierin zeigt sich die EU

> entschlossen, die Stärkung und Konvergenz ihrer Volkswirtschaften herbeizuführen, was eine einheitliche, stabile Währung einschließt, das Ganze in dem festen Willen, im Rahmen der Verwirklichung des Binnenmarkts [...] den wirtschaftlichen und sozialen Fortschritt ihrer Völker zu fördern. Die Union [...] wirkt auf eine nachhaltige Entwicklung Europas auf der Grundlage eines ausgewogenen Wirtschaftswachstums und von Preisstabilität, eine in hohem Maße wettbewerbsfähige soziale Marktwirtschaft, die auf Vollbeschäftigung und sozialen Fortschritt abzielt sowie ein hohes Maß an Umweltschutz hin.

Die deutschen Grundsätze der Wirtschaftsordnung, wie von Ludwig Erhard geprägt, insbesondere die Soziale Marktwirtschaft, sind insofern in die Fundamente der Europäischen Union eingegangen. Die Tatsache, dass diese Wirtschaftsordnung im Grundgesetz nicht erwähnt ist, wird hiermit irrelevant.

Insgesamt sollen in der EU entsprechend den beiden Verträgen

> Entscheidungen entsprechend dem Subsidiaritätsprinzip möglichst bürgernah getroffen werden. Ziel der Union ist es, den Frieden, ihre Werte und das Wohlergehen ihrer Völker zu fördern. Sie fördert den wirtschaftlichen, sozialen und territorialen Zusammenhalt und die Solidarität zwischen den Mitgliedsstaaten. Die Union erkennt die Grundrechte,

Freiheiten und Grundsätze an, die in der Charta der Grundrechte [...] niedergelegt sind.

Wichtigste Organe sind das von den EU-Bürgern gewählte Parlament, ferner der Europäische Rat, der sich aus den Staats- und Regierungschefs der Mitgliedsstaaten sowie dem Präsidenten der Europäischen Kommission zusammensetzt. „Der Rat wird gemeinsam mit dem Parlament als Gesetzgeber tätig." Die Europäische Kommission ist in etwa die Regierung, die die laufenden Geschäfte führt und vom Rat ernannt wird. Sie hat also nur eine indirekte demokratische Legitimation. Martin Schulz, Präsident des Parlaments, hat daher gefordert, dass die Kommission wie jede andere Regierung vom Parlament gewählt wird. Der „Europäische Gerichtshof sichert die Wahrung des Rechts bei der Auslegung und Anwendung der Verträge". Von besonderer Bedeutung sind die Wettbewerbsregeln in Artikel 101 bis 106 und die Beihilferegeln in Artikel 107 bis 109 des Vertrages über die Arbeitsweise der Europäischen Union. Die Wirtschaftspolitik ist „dem Grundsatz einer offenen Marktwirtschaft und einem freien Wettbewerb verpflichtet, wodurch ein effizienter Einsatz der Ressourcen gefördert wird".

Der grundsätzliche Unterschied zu den Vereinigten Staaten von Amerika wird aus den Mottos deutlich, die beide für sich gewählt haben. In den USA lautet es *„E pluribus unum"* (Aus vielen eines), was der dort üblichen Vereinheitlichung und Standardisierung aller Lebensbereiche entspricht, wo die Erziehung auf Anpassung gerichtet ist und ein nicht Angepasster als krank gilt. In der europäischen Union lautet das Motto „In Vielfalt geeint". Die Mannigfaltigkeit der Sprachen und Kulturen soll erhalten und gefördert werden.

Die Europa-Hymne ist eine Instrumentalversion der Ode *An die Freude* von Friedrich Schiller, wie sie Ludwig van Beethoven für den 4. Satz seiner 9. Sinfonie verwandt hatte. Sie ist Ausdruck der Werte, die alle Mitglieder der Europäischen Union vereinen – Frieden, Freiheit und Solidarität:

Freude, schöner Götterfunken,
Tochter aus Elisium,
Wir betreten feuertrunken,
Himmlische, dein Heiligthum.
Deine Zauber binden wieder,
was die Mode streng getheilt,
Alle Menschen werden Brüder,
Wo dein sanfter Flügel weilt.

Elysium ist die *Insel der Seligen* in der griechischen Mythologie. Die Zeilen „Deine Zauber binden wieder, was die Mode streng geteilt" sind so zu verstehen, dass die damals (1785) strengen Standesunterschiede nur zeitbedingte Moden seien und absehbar aufgehoben werden müssten zugunsten einer Gleichheit und Brüderlichkeit aller Menschen. Das Gedicht war ursprünglich für eine Freimaurerloge gedacht.

5.3.5 Die Globalisierung

Durch das Satellitenfernsehen und das Internet gibt es heute für jedermann eine weltweite Kommunikation in Wort und Bild. Durch das Flugzeug ist jeder Punkt der Erde verhältnismäßig rasch zu erreichen, und durch den Übersee-Containerverkehr können Waren alle Art zu Kosten, die nur einen geringen Teil des Warenwerts ausmachen, überallhin transportiert werden. Durch dieses Zusammenwachsen der Welt werden Entwicklungen angestoßen, die uns alle mit Sicherheit noch lange begleiten werden.

Zunächst die Kommunikation: Traditionell weiß in einem Dorf jeder, wie der andere lebt. Heute können alle Menschen sehen und wissen, wie in anderen Ländern und Erdteilen gelebt wird, und insofern ist die Welt ein Dorf geworden. Und wie in jedem Dorf Neid und Missgunst wachsen, wenn einer auffallend komfortabler lebt als die anderen, so wachsen heute Neid und Missgunst in den ärmeren Ländern, wenn die Menschen dort sehen und hören, in welchem märchenhaften Wohlstand in den westlichen Industrieländern nicht nur die Oberschicht, sondern auch das einfache Volk lebt und dass es dort sogar Geld vom Staat für alle gibt, die nicht arbeiten. In diesen Ländern ist nicht nur der Wohlstand vermeintlich märchenhaft, sondern auch die persönliche Sicherheit vor staatlicher Willkür, Verhaftung und Folter, vor kriegerischen Auseinandersetzungen und vor Überfällen und Morden. Und die öffentlichen Einrichtungen, Verkehr und Versorgung, Schulen und Krankenhäuser, arbeiten pünktlich und zuverlässig.

Angesichts dieser Unterschiede kommen massenhafte Wanderungen von Menschen, die ganz einfach besser leben wollen, in Gang. In Europa gibt es seit Jahrzehnten Menschenströme von den Mittelmehr-Anrainern in die Mitte und in den Norden, ferner aus dem Osten (Russland, Polen, DDR und neue Bundesländer) in den Westen. Jüngst kamen Wanderungen aus Bürgerkriegsländern wie Afghanistan und Syrien hinzu. In Afrika gibt es anscheinend Millionen von Menschen, die von einer Wanderung nach Europa träumen.

In den Industrieländern gibt es Gründe, diese Migranten willkommen zu heißen – teils aus humanitären Gründen, teils einfach deshalb, weil in diesen Ländern gewöhnlich die Rate der Geburten pro Frau weit unter 2 liegt und es drängende Nachwuchsprobleme gibt, ferner durch die Fortschritte der Medizin eine steigende Lebenserwartung und damit das Problem einer allgemeinen Überalterung und einer unsicheren Finanzierung der Renten. Gleichzeitig ruft die massenhafte Einwanderung von Menschen aus anderen Kulturkreisen einen Abwehrreflex, eine Furcht vor Überfremdung hervor. Dies begünstigt nationalkonservative politische Parteien und einen Ruf nach Schließung der Grenzen. Die neu aufkommenden Parteien des Volkszorns werden allerdings von den tonangebenden, eher kosmopolitisch gesinnten Eliten verachtet und ausgegrenzt, wodurch sich in den westlichen Gesellschaften eine Spaltung auftut.

Werden die Bevölkerungen mit dem Wohlstand der Industrieländer konfrontiert, so führt dies nicht nur zur Abwanderung arbeitsloser Akademiker und Jugendlicher, sondern auch zu einer Unzufriedenheit der Daheimgebliebenen. Sie betrachten sich als Verlierer und machen dafür ihre Oberen verantwortlich. Weshalb bleiben wir so weit hinter der westlichen Entwicklung zurück? Für diese Kritik gibt es bewährte Gegenmittel: Entweder wird das Ausland verantwortlich gemacht, oder Feinde im Innern, und es wird an die eigene glorreiche Vergangenheit erinnert und der Nationalstolz geschürt.

Gleichzeitig sehen die Einwohner der Staaten mit Traditionskulturen die vermeintliche Gottlosigkeit und Sittenlosigkeit der westlichen Länder. Die dortige Toleranz erscheint ihnen häufig als Dekadenz, als moralischer Niedergang.

Aber in der internationalen Kommunikation, beim Vergleich der Kulturen, wird der Westen nicht nur als Reich des Wohlstands gesehen. In diesen Ländern, die durch die Aufklärung gegangen sind, ist der Einfluss der Religion verblasst zugunsten der Vernunft. Jeder einzelne Mensch nimmt mit Tatkraft sein Leben selbst in die Hand und vertraut nicht mehr auf Gottes Ratschluss. Die unterschiedlichsten Lebensformen laufen nebeneinander her. Schließlich neigen die westlichen Gesellschaften zu der Haltung, dass eine Religion so gut sei wie die andere oder gar keine. Diese Haltung wird von den Traditionsgesellschaften durchaus nachvollziehbar als Gefährdung ihrer Gewissheiten betrachtet und ruft aggressive Abwehrreflexe hervor.

Durch die Abwanderung von Gebildeten und von Menschen mit Initiative verschärft sich der Abstand zwischen Auswanderungs- und Einwanderungsländern. Erst recht gilt dies für die Abwanderung des Kapitals. In den Ländern des Südens und des Ostens gibt es gewöhnlich eine schmale sehr reiche Bevölkerungsschicht, die es aber vorzieht, ihr Kapital in sicheren Ländern wie etwa der Schweiz zu parken, anstatt es im Heimatland, unter den dortigen unsicheren Verhältnissen, zu investieren. Dies trägt weiter dazu bei, den Abstand zu vergrößern.

Aber es gibt integrative Kräfte, die ein Zusammenwachsen fördern, Vertrauen bilden und dazu beitragen, dass in den vergangenen Jahrzehnten aus Entwicklungsländern Schwellenländer und aus Schwellenländern Industrieländer geworden sind. Der Handel hat längst die nationalen Grenzen überschritten, und es gibt keine Volkswirtschaft im Sinne von *Nationalökonomie* mehr, wie dieses Fach früher hieß. Fernhandel gab es beinahe schon immer: In den ägyptischen Königsgräbern fand sich Bernstein von der Ostsee, und im alten Rom trugen vermögende Bürger Seide aus China. Heute ist die internationale wirtschaftliche Verflechtung so stark, als befänden wir uns innerhalb einer einzigen Nationalökonomie. Im weltweiten Wettbewerb führt dies dazu, dass sich die Arbeitsteilung und Spezialisierung immer mehr verstärkt: Jeder besinnt sich auf seine besonderen Stärken. Diese werden ausgenutzt und ausgebaut, und alles andere wird importiert. Solche Stärken können beispielsweise sein: Lagerstätten und Bergbau, vom regionalen Klima begünstigte landwirtschaftliche Produkte, niedrige Löhne, traditionelle Fertigkeiten, hohes Bildungsniveau und anspruchsvolle Produkte oder touristische Attraktionen. Die weltweite Arbeitsteilung bildet sich nicht nur in horizontaler Beziehung (Welche Produkte und Dienste werden angeboten?), sondern auch in vertikaler. Die Herstellung einzelner Produkte wird in Schritte zerlegt, und die Produktionsstufen werden auf verschiedene Länder verteilt: Eines macht den Entwurf, eines übernimmt die Fertigung der Rohlinge, eines macht gebrauchsfertig, eines verkauft, eines versendet.

Dabei ist die Neigung zum Export, zur Arbeit für ausländische Kunden, unter den Nationen sehr unterschiedlich ausgeprägt. Zwei Extreme sind die Niederlande und die USA. Die Niederlande als Land ohne Rohstoffvorkommen waren schon immer eine Nation von Händlern, Seefahrern und Speditionsunternehmern, die häufig erfolgreich bemüht waren, ihre Dienste im Ausland etwas billiger und zuverlässiger anzubieten als ihre Wettbewerber. In den USA hingegen arbeitet traditionell jeder für den riesigen Binnenmarkt. Ausländische Kulturen und Eigenarten werden nur am Rande zur Kenntnis genommen, weil Amerika sich als

Ausnahmestaat, als von Gott auserwählt und Vorbild für die Welt betrachtet. Dementsprechend kommt kaum ein Amerikaner auf den Gedanken, sich im Ausland nach den dortigen speziellen Wünschen zu erkundigen und sich auf diese einzustellen. Daher ist der Export schwach, die Handelsbilanz seit Jahrzehnten negativ.

Der volkswirtschaftliche Erfolg der Nationen ist ferner sehr unterschiedlich in Abhängigkeit davon, ob innerhalb der Wirtschaftspolitik eher ein offener Wettbewerb oder aber ein Schutz der bestehenden Betriebe und Arbeitsplätze im Vordergrund steht. Es geht darum, ob der Staat versucht, staatsnahe Großunternehmen vor auswärtigem Wettbewerb abzuschirmen und ob wie in Frankreich die bestehenden Arbeitsplätze durch ein starres Kündigungsrecht geschützt werden, was die Unternehmen zur Unbeweglichkeit verdammt und dem Nachwuchs keine Chance zum Eintritt in die Wirtschaft gibt. Es ist immer populärer, das Bestehende vor Herausforderungen zu schützen, als Schließungen und Neubauten zu fördern. Als weiteres Problem kommt in vielen Ländern hinzu, dass eine kleine Schicht von führenden Familien die Leitungspositionen in Wirtschaft, Politik und Gesellschaft unter sich aufteilt und dazu neigt, Veränderungen und Herausforderungen aller Art nur als Gefährdung ihres Status zu betrachten, also abzuwehren. Zu diesen Veränderungen und Herausforderungen gehören auch talentierte Nachwuchskräfte aus der Unter- und Mittelschicht.

Eine Vielzahl überinternationaler Organisationen bemüht sich um eine intensive Zusammenarbeit der Nationen. Die *Vereinten Nationen* (englisch: United Nations, UN) umfassen 197 Mitgliedsstaaten und praktisch die ganze Welt. Weil die Mitglieder eine unübersehbare Vielfalt von kulturellen

Traditionen und politischen Verfassungen repräsentieren, ist es nicht leicht, für alle Mitglieder geltende Regelungen zu verabschieden. Wichtigste Aufgaben sind die Sicherung des Weltfriedens, die Einhaltung des Völkerrechts, der Schutz der Menschenrechte, die internationale Zusammenarbeit sowie wirtschaftliche, humanitäre und soziale Unterstützung einzelner Mitglieder. Gleichsam ihre Verfassung ist die UN-Charta, die wesentlich von der Schrift *Zum ewigen Frieden* von Immanuel Kant (erschienen 1795) inspiriert wurde. 2001 erhielt die UN den Friedensnobelpreis. Unter den zahlreichen Sonderorganisationen sind unter wirtschaftlichem Aspekt besonders bedeutsam: Internationaler Währungsfonds, Weltbank, FAO (Ernährung und Landwirtschaft), ILO (Arbeit), UNESCO (Erziehung, Wissenschaft, Kultur), WHO (Gesundheit) und der Wirtschafts- und Sozialrat, zuständig für die Zusammenarbeit der Staaten auf wirtschaftlichem und sozialem Gebiet, vor allem für die Hebung des Lebensstandards.

Die *Welthandelsorganisation* (World Trade Organisation, WTO) bemüht sich um den Abbau von Handelshemmnissen und eine Liberalisierung des Welthandels. Hinzu kommt die Schlichtung von Streitigkeiten zwischen den Mitgliedern. Ausgehend vom Abbau von Zöllen wird insgesamt eine Deregulierung und Privatisierung angestrebt. Die WTO hat zurzeit 162 Mitglieder – Industrieländer, Schwellenländer und Entwicklungsländer. Das *Allgemeine Zoll- und Handelsabkommen* (General Agreement on Tariffs and Trade, GATT) verbietet staatliche Handelsbeschränkungen und verpflichtet die Mitglieder zur kontinuierlichen Senkung von Zollsätzen. Ferner verpflichtet es zur Meistbegünstigung – ein etwas missverständliches Wort. Gemeint ist, dass der Vorteil, der einem anderen Staat eingeräumt wurde, auch allen anderen Staaten eingeräumt werden muss. Es geht also um das Verbot, einen einzelnen Staat zu begünstigen und alle anderen zu diskriminieren. Mit der *Pflicht zur Inländerbehandlung* ist gemeint: Ein ausländisches Gut oder eine ausländische Dienstleistung, die sich bereits im Inland befindet, muss ebenso behandelt werden, als würde sie von einem Inländer angeboten. Mit dem *Allgemeinen Abkommen über den Handel mit Dienstleistungen* (General Agreement on Trade in Services, GATS) sollen grenzüberschreitende Dienstleistungen ermöglicht werden, etwa bei Banken, Versicherungen oder Beratungsinstituten. Hierzu müssen berufliche Qualifikationen anerkannt werden. Ein großes Problem für alle Personen, die sich längere Zeit im Ausland aufhalten, bilden die unterschiedlichen Sozialversicherungssysteme. Das *Abkommen über den Schutz geistigen Eigentums* (Trade-Related Aspects of Intellectual Property Rights, TRIPS) richtet sich gegen Plagiate und regelt den internationalen Schutz von Patenten, Urheberrechten und Geschmacksmustern.

Eine Kritik am wirtschaftsliberalen Kurs der WTO richtet sich darauf, dass Umwelt und Soziales zu wenig berücksichtigt und dass auf die Lage der Entwicklungsländer nicht genügend eingegangen werde.

Unabhängig von den multilateralen Abkommen der WTO gibt es eine Vielzahl von bilateralen Vereinbarungen. Beispielsweise hat die Europäische Union, die von ihren Mitgliedern mit der internationalen Handelspolitik beauftragt wurde, Abkommen mit Singapur und Vietnam abgeschlossen und beginnt zurzeit (2016) Gespräche mit Indonesien. Dazu wird betont, dass auch Umwelt und Soziales einbezogen werden. Das Abkommen der EU mit Kanada (CETA) wurde am 30. Oktober 2016 unterzeichnet und muss noch von den Parlamenten ratifiziert werden. Die Verhandlungen mit den USA (TTIP) sind beiderseits heftig umstritten, so dass höchst ungewiss ist, ob dieses Abkommen zustande kommt. Bei den Verhandlungen geht es nicht nur um den freien Handel, sondern stets auch um den Schutz von Investitionen ausländischer Firmen und um die Möglichkeit, sich an öffentlichen Ausschreibungen des Partnerlandes zu beteiligen.

Zur *Organisation für wirtschaftliche Zusammenarbeit und Entwicklung* (englisch: *Organisation for Economic Co-operation and Development, OECD)* gehören 34 Mitgliedsstaaten, die sich der Demokratie und Marktwirtschaft verpflichtet fühlen. Außer den meisten europäischen Staaten gehören hierzu: die USA, Kanada, die Türkei, Japan, Australien, Neuseeland, Mexiko, Südkorea, Chile und Israel. In diesem Forum tauschen die Regierungen in einer Art permanent tagender Konferenz ihre Erfahrungen aus, identifizieren vorbildliche Ansätze der Praxis und erarbeiten Lösungen für gemeinsame Probleme. Häufig werden Standards und Richtlinien erarbeitet. Ziele der Organisation sind, zu einer optimalen Wirtschaftsordnung mit hoher Beschäftigung und steigendem Lebensstandard beizutragen, in den Mitgliedsstaaten und den Entwicklungsländern das Wirtschaftswachstum zu fördern und zu einer Ausweitung des Welthandels beizutragen, und zwar auf multilateraler Basis, also nicht nur durch zweiseitige Abkommen, sondern indem eine Vielzahl von Ländern in den freien Waren- und Kapitalverkehr einbezogen wird. Die OECD beschäftigt sich – außer mit der Verteidigung – mit fast allen Bereichen der Politik. In den vergangenen Jahren haben Bildungs- und Sozialpolitik an Gewicht gewonnen. So hat sich die OECD mit den PISA-Studien zu einem Fürsprecher im Bildungswesen gemacht. In Deutschland lösten diese Studien einen heilsamen Schock aus: Das hiesige Bildungswesen war durchaus nicht so vorbildlich wie geglaubt, sondern liegt international nur im Mittelfeld. Ferner geht es der OECD darum, die negativen Seiten der Globalisierung zu bekämpfen, etwa die Bestechung ausländischer Amtsträger sowie Geldwäsche und Steuerflucht.

Das *Weltwirtschaftsforum* (englisch: *World Economic Forum, WEF*) ist eine in Cologny (Kanton Genf, Schweiz) ansässige Stiftung, die rund 350 Personen beschäftigt und alljährlich im Januar oder Februar in Davos ein großes Jahrestreffen ausrichtet. Hier kommen international führende Wirtschaftsexperten, Politiker, Intellektuelle, Wissenschaftler, Vertreter von Nichtregierungsorganisationen und Journalisten zusammen, um aktuelle globale Fragen zu diskutieren. Dazu gehören außer wirtschaftlichen auch Gesundheits- und Umweltprobleme. Das Forum hat sich den Auftrag gegeben, „den Zustand der Welt zu verbessern". Die rund 1.000 Mitglieder des Forums sind meist global führende Unternehmen mit einem Umsatz von jeweils mehr als 5 Milliarden US-Dollar. Im Rahmen der fünftägigen Veranstaltung finden rund 220 Sitzungen des offiziellen Programms und viele informelle Treffen statt. Hinzu kommen Empfänge von Unternehmen und Staaten. In den Debatten geht es um wichtige Fragen von globaler Bedeutung, etwa internationale Handelshemmnisse, Konflikte, Armut und Umweltprobleme, und mögliche Lösungen. Überall ist die Presse zugelassen. Das 46. Jahrestreffen vom 20. bis 23. Januar 2016 stand unter dem Motto „Die vierte industrielle Revolution meistern". Unter den 2.800 Teilnehmern waren mehr als 90 Minister und über 40 Staats- und Regierungschefs.

Bundespräsident Joachim Gauck hielt die Eröffnungsrede. Ihm ging es vor allem um eine menschenfreundliche Aufnahme der Flüchtlinge. Der deutsche Finanzminister Wolfgang Schäuble forderte einen europäischen Marshallplan zur Versorgung der Flüchtlinge in den Nachbarstaaten sowie zum Wiederaufbau der Bürgerkriegsgebiete.

Die *Bilderberg-Konferenzen* sind informelle, als privat deklarierte jährliche Treffen von einflussreichen Personen aus Wirtschaft, Politik, Militär, Hochschulen, Geheimdiensten, Hochadel und Kirchen, bei denen Gedanken über aktuelle politische, wirtschaftliche und gesellschaftliche Themen ausgetauscht werden. Ihren Namen haben diese Treffen vom Hotel *De Bilderberg* in Oosterbeek, Niederlande, wo am 29. Mai 1954 auf Einladung von Prinz Bernhard die erste Konferenz stattfand. Seitdem wechseln die Tagungsorte, 2016 war es das Taschenberg-Palais in Dresden. Die Presse ist nicht zugelassen. Bis Mitte der 1960er Jahre war die Tatsache, dass diese Konferenzen stattfinden, weithin nicht bekannt. Es gibt keine Protokolle oder offiziellen Abschlusserklärungen, und alle Teilnehmer sind zur Verschwiegenheit verpflichtet: Sie dürfen zwar in allgemeiner Form verwenden, was sie hier gehört haben, aber ohne Angabe der Quelle. An leitender Stelle haben Redakteure der Wochenzeitung DIE ZEIT teilgenommen, aber in ihrer Zeitung mit keiner Zeile hierüber berichtet. Diese Geheimniskrämerei führte zu wuchernden Verschwörungstheorien („geheime Weltregierung"). Erst neuerdings werden die Themen und die Listen der Teilnehmer bekannt gemacht.

Die meisten Teilnehmer kommen aus den NATO-Staaten. Im Prinzip geht es immer um eine enge Zusammenarbeit von Europa und den Vereinigten Staaten. Die USA haben die europäische Einigung tatkräftig, auch finanziell, gefördert. Die Römischen Verträge, die den Gemeinsamen Markt einleiteten, sollen auf einer Bilderberg-Konferenz geboren worden sein. Die Teilnehmer sind primär Konservative oder Liberale. An der ersten Konferenz nahm von deutscher Seite auch Rudolf Mueller teil, damaliger Präsident der Wirtschaftspolitischen Gesellschaft (WiPoG), die 1949 zusammen mit dem Mainzer Zeitungsverlag die *Frankfurter Allgemeine Zeitung* gründete. Damals ging es um den Standpunkt gegenüber dem Kommunismus und der Sowjetunion, die Kolonien, wirtschaftspolitische Probleme, die europäische Integration und die europäische Verteidigungsgemeinschaft. Auch die Einführung des Euro soll auf eine Bilderberg-Konferenz zurückzuführen sein. Heute geht es vor allem um die Weltwirtschaft. Die grundsätzliche Kritik geht dahin, dass hier selbsternannte Eliten ohne demokratische Legitimation politische Grundsatzentscheidungen treffen.

Literatur

Oppenheimer, Franz. 1964. *Erlebtes, Erstrebtes, Erreichtes Lebenserinnerungen*. Düsseldorf: Joseph Melzer Verlag

Sombart, Werner. 1904. *Gewerbewesen, Erster Teil, Sammlung Göschen*. Leipzig: G.J. Göschen'sche Verlagsbuchhandlung.

6

Die Wirtschaftspolitik

Die privaten Haushalte, die Unternehmer und der Staat sind stets lebhaft an wirtschaftlichen Fragen interessiert. Das Interesse der Allgemeinheit geht dahin, die wirtschaftlichen Fundamente aller staatlichen Aktivitäten und des privaten Wohlstands nachhaltig zu stärken.

In der politischen Debatte geht es allerdings weniger um das Gesamtinteresse aller, sondern um eine Konkurrenz zahlreicher Gruppen und Grüppchen mit ihren Spezialinteressen, teils weil jeder seinen Vorteil sucht, teils weil eine sozial gerechte Verteilung angestrebt wird. Daher versuchen Wirtschafts- und Sozialpolitiker ständig, in das wirtschaftliche Geschehen einzugreifen und seine Ergebnisse zu korrigieren. Die grundlegende Frage ist jedoch, ob die Wirtschaft eine solche Eigendynamik hat, dass derartige gutgemeinte

Korrekturen von vornherein zum Scheitern verurteilt sind. Der grundlegende theoretische Beitrag zu dieser Frage ist schon 1914 in dem Aufsatz *Macht oder ökonomisches Gesetz?* des österreichischen Ökonomen Eugen von Böhm-Bawerk (1914) erschienen. Ihm geht es um die Frage,

> ob es auch im ökonomischen Leben Gesetze gebe, gegen die der Menschenwille und sei es auch der mächtigste Staatswille, ohnmächtig bleibt, dass auch durch künstliche Eingriffe gesellschaftlicher Gewalten der Strom des wirtschaftlichen Geschehens sich nicht aus gewissen Bahnen hinausdrängen lasse, in die ihn die Macht ökonomischer Gesetze gebieterisch zwinge.

Als ein solches Gesetz nennt er das Preisgesetz von Angebot und Nachfrage. Der Staat sei immer mit dem Versuch gescheitert, in Hungerjahren einen niedrigen Brotpreis festzusetzen. In der Tat ruft ein verordneter Höchstpreis, der weit unter dem Gleichgewichtspreis liegt, immer einen Schwarzmarkt hervor, weil es viele Leute gibt, die bereit sind, mehr als den festgesetzten Preis zu bezahlen. Ebenso ruft ein hoher Mindestpreis stets eine Zusatzmenge hervor, die zu diesem Preis nicht absetzbar ist. Also werden die Produzenten Nachlässe oder andere Vorteile gewähren, um die hohe Menge irgendwie loszuwerden. Oder der Staat kauft die Zusatzmenge auf und muss sie dann mit hohen Kosten aus der Welt schaffen. Wirtschaftliche Gesetze dieser Art gelten offenbar zu jeder Zeit und überall. Jeder politische Eingriff ruft Ausweichreaktionen hervor. Wird zum Beispiel einer bestimmten Personengruppe ein weitgehender

Kündigungsschutz gewährt, so hat dies zur Folge, dass Personen dieser Gruppe kaum noch eingestellt werden. Wird versucht, auch Ausweichreaktionen aller Art zu verbieten, so ist eine Kette neuer Eingriffe erforderlich, die sämtlich bürokratisch kontrolliert werden müssen und ihrerseits weitere Reaktionen hervorrufen und so fort. Die Wirtschaftspolitik muss sich daher von vornherein ihrer begrenzten Möglichkeiten bewusst sein. Friedrich August von Hayek (1899–1992) fand dafür den schönen Vergleich, Wirtschaftspolitiker seien keine Handwerker, die ihr Werk nach Plan formen können, sondern sie müssten wie Gärtner die besten Voraussetzungen für das Gedeihen der Pflanzen schaffen.

6.1 Ziele der Wirtschaftspolitik

Die Debatte wird dadurch nicht leichter, dass über die Ziele der Wirtschaftspolitik keine Einigkeit besteht. Hier ist sogar ein höchst merkwürdiger Zustand eingetreten. In einem Rechtsstaat ist es eigentlich selbstverständlich, dass sich die Regierung im Rahmen der geltenden Gesetze und insbesondere des Grundgesetzes bewegt. Dies ist bei der Wirtschaftspolitik nicht der Fall. Es werden ganz andere Ziele verfolgt als die gesetzlich vorgeschriebenen. Beinahe noch merkwürdiger ist, dass dies anscheinend niemanden irritiert und bisher niemand beim Bundesverfassungsgericht hiergegen geklagt hat. Die gesetzliche Vorschrift wird ganz einfach von niemandem mehr erwähnt.

6.1.1 Gesetzlich vorgeschriebene Ziele

In Artikel 109 Absatz 2 des Grundgesetzes werden der Bund und die Länder verpflichtet, „den Erfordernissen des gesamtwirtschaftlichen Gleichgewichts Rechnung zu tragen". Was hiermit gemeint ist, wird aus § 1 des *Gesetzes zur Förderung der Stabilität und des Wachstums der Wirtschaft* aus dem Jahr 1967 deutlich:

> Bund und Länder haben bei ihren wirtschafts- und finanzpolitischen Maßnahmen die Erfordernisse des gesamtwirtschaftlichen Gleichgewichts zu beachten. Die Maßnahmen sind so zu treffen, dass sie im Rahmen der marktwirtschaftlichen Ordnung gleichzeitig zur Stabilität des Preisniveaus, zu einem hohen Beschäftigungsstand und außenwirtschaftlichem Gleichgewicht bei stetigem und angemessenem Wirtschaftswachstum beitragen.

Diese Ziele wurden seinerzeit als *magisches Viereck* bezeichnet, weil sie nicht wie gefordert gleichzeitig erreichbar seien. Werde einseitig eines dieser Ziele verfolgt, so gehe dies nur auf Kosten der anderen. So hielt sich lange das Märchen, dass eine Vollbeschäftigung nur auf Kosten des Geldwerts, mit Inflation, zu erreichen sei. Helmut Schmidt rief im Wahlkampf 1972, ihm seien fünf Prozent Inflation lieber als fünf Prozent Arbeitslosigkeit. Intern gab er ganz offen zu, dass er dies für fachlich falsch halte und nur gesagt habe, weil er dies politisch zweckmäßig fand.

Genau genommen handelt es sich beim magischen Viereck um fünf Ziele, die teilweise vom Wirtschaftsministerium zahlenmäßig fixiert wurden:

(1) Stabilität des Preisniveaus, Inflationsrate unter 1 Prozent,
(2) Hoher Beschäftigungsstand, Arbeitslosenquote unter 0,8 Prozent,
(3) Außenwirtschaftliches Gleichgewicht, Export etwa gleich hoch wie Import,
(4a) Stetiges Wirtschaftswachstum, kein Auf und Ab der Konjunktur,
(4b) Angemessenes Wirtschaftswachstum von etwa 4 Prozent pro Jahr.

Um im Sinne von (4a) die konjunkturellen Ausschläge zu glätten, können nach Artikel 109, Absatz 4 des Grundgesetzes Bund und Länder Grundsätze für eine konjunkturgerechte Haushaltspolitik aufstellen. Das heißt: weniger Ausgaben im Aufschwung, mehr Ausgaben im Abschwung, also ein antizyklisches Verhalten.

Das ganze Konzept stammt von Karl Schiller (1911–1994), seinerzeit Bundesminister für Wirtschaft und zeitweise auch für Finanzen. Schiller meinte, im Rahmen einer *Globalsteuerung* ließen sich durch eine aufgeklärte und beharrliche Wirtschafts- und Finanzpolitik die Marktkräfte so kanalisieren, dass sie, ohne auszuufern, ihre Bewegungsenergie behalten. Die gesamtwirtschaftliche Nachfrage sollte jeweils auf das Produktionspotenzial eingestellt werden. Nach § 3 des Stabilitäts- und Wachstumsgesetzes sollte, falls eines der Ziele gefährdet sei, durch eine *Konzertierte Aktion* der Gebietskörperschaften, Arbeitgeber und Gewerkschaften ein aufeinander abgestimmtes Verhalten erreicht werden.

Dieses Konzept gilt heute als gescheitert, einfach deswegen, weil es nie funktioniert hat. Die Vorstellung, die gesamtwirtschaftliche Aktivität ließe sich steuern und auf bestimmte Zahlenwerte einstellen, ähnlich wie der Betriebsleiter eines Kraftwerks die Drehzahl regelt, erwies sich als Illusion der Machbarkeit und zeugt von einem damals verbreiteten technokratischen Denken. Beabsichtigt war, in Zeiten guter Konjunktur Rücklagen zu bilden, die bei nachlassender Konjunktur zur Belebung der Nachfrage verwendet werden können. Dies ist unrealistisch, denn die erhöhten Einnahmen bei guter Konjunktur werden sogleich durch diverse dringliche Vorhaben aufgezehrt. Franz Josef Strauß meinte seinerzeit, eher würde ein Hund einen Wurstvorrat anlegen. Ebenso unrealistisch ist die Vorstellung, bei einem konjunkturellen Rückschlag die Steuersätze zu senken und sie bei Hochkonjunktur zu erhöhen. Eine solche Politik würde alle Teilnehmer verunsichern: nicht nur die Unternehmer, sondern auch die Finanzpolitiker, die den nächstjährigen Haushalt entwerfen sollen.

In großes Problem ist auch die richtige Terminierung. Die Ausschläge der Konjunktur kommen ja nicht regelmäßig wie die Wellen im Ozean, sondern nach Jahren gleichmäßigen Wachstums kommt plötzlich ein Einbruch. Bei Alarmsignalen, etwa einem Rückgang der Aktienkurse, kann niemand sagen, ob dies ein bloßes Zittern der Nadel oder ein Vorbote der großen Talfahrt ist. Dies weiß man immer erst nachher. Wann also sollen die konjunkturstützenden Maßnahmen eingeleitet werden? Wenn dann festgestellt wird, dass wirklich das Ganze abwärts geht, ergibt sich das Problem, dass die jeweils zu ergreifenden Maßnahmen einen monatelangen politischen Vorlauf haben, bis sie durchdebattiert und durch die Gremien beschlossen sind. Während dieser Debatten erhofft der eine dieses, der andere jenes. Wegen der

Ungewissheit warten alle erst einmal ab. Wenn dann die Entscheidung fällt, ist einer enttäuscht, einer erfreut. Das Ganze wirkt sich eher wie eine Störung des Wirtschaftsprozesses anstatt einer Beruhigung der Wellen aus. Bis die Maßnahmen schließlich greifen, also kassenwirksam werden, kann bereits die Konjunktur umgeschlagen sein, so dass die Maßnahmen ungewollt die Ausschläge eher verschärfen als verstetigen.

Ein weiteres politisches Problem besteht darin, dass eine aus konjunkturpolitischen Gründen gewährte Vergünstigung (höhere Rente, geringere Steuer) sich sogleich zu einem Besitzstand verfestigt und nicht wieder zurückgenommen werden kann. Hier setzt eine Sperrklinke ein. Es ist vollständig unrealistisch, die Bürger in unregelmäßiger Folge von Be- und Entlastungen auf und nieder schaukeln zu wollen. Die Bürger sollen sich nicht als hilflose Opfer einer unberechenbaren Politik erleben, sondern was allein hilft, ist stetiges Verfolgen einer festen Linie, ist Berechenbarkeit. Die Forscher warnen vor einer kurzfristigen Ad-hoc-Politik, die sich an aktuellen Zwischenfällen und einer in der Öffentlichkeit gerade vorherrschenden Meinung orientiert.

Zu einer solchen Konstanz der Wirtschaftspolitik gehört auch das Verhalten der Notenbank: Die Menge des umlaufenden Geldes und aller Kredite soll möglichst stetig ausgedehnt werden, und zwar im selben Verhältnis wie das Sozialprodukt. Wenn die Gesamtheit aller angebotenen Waren um 3 Prozent steigt, soll auch die Geldmenge um 3 Prozent steigen, damit das Mehrprodukt zu gleichbleibenden Preisen gekauft werden kann. Die Notenbank soll darauf verzichten, im konjunkturellen Abschwung zwecks Belebung der Wirtschaft die Geldmenge auszudehnen, weil sie dieses Geld im nachfolgenden Aufschwung nicht wieder einsammeln kann und es dann inflatorisch wirkt. „Eine Feinsteuerung der Konjunktur mittels Geldpolitik ist faktisch unmöglich", warnen Gerhard Mussel und Jürgen Pätzold in ihrem Lehrbuch *Grundfragen der Wirtschaftspolitik* (Verlag Franz Vahlen, München 2012).

Ebenso wie der Grundgedanke einer antizyklischen Steuerung der Nachfrage erwies sich die konzertierte Aktion als Fehlschlag: Selbst wenn die Verbandsfürsten etwas beschließen, so können sie mangels Befehlsgewalt das tatsächliche Verhalten der Konsumenten und Unternehmer nicht beeinflussen. Und das wirtschaftspolitische Ziel eines außenwirtschaftlichen Gleichgewichts ist von vornherein Unsinn. Was soll daran schlimm sein, wenn die deutschen Waren weltweit gefragt sind und hierdurch ein Exportüberschuss entsteht? Der Verkauf an die Kunden in Europa und Übersee sichert Arbeitsplätze im Inland und bietet den Unternehmen einen Risikoausgleich: Wenn die Inlandsnachfrage sinkt, konzentriert man sich auf das Ausland und umgekehrt. Es ist unwahrscheinlich, dass die ganze Welt durch ein Tief marschiert. Ferner erleben Unternehmen, die sich auf vielfältigen Auslandsmärkten tummeln, dort immer wieder Herausforderungen und erhalten Anregungen, die sie dann auch im Inland anwenden können.

In der Regierung denkt niemand daran, durch ein Senken der Exporte und ein Steigern der Importe ein außenwirtschaftliches Gleichgewicht anzustreben, im Gegenteil: Trotz des seit Jahrzehnten bestehenden hohen Exportüberschusses betreibt die Regierung ständig eine Exportförderung, etwa durch Zuschüsse für Messen im Ausland. Durch den Exportüberschuss nimmt Deutschland ständig so viele Devisen ein, dass wir mühelos auf der ganzen Welt Rohstoffe,

Gebrauchsgüter oder Nahrungsmittel einkaufen oder im Ausland Urlaub machen können.

Die Grundidee, dass der Staat über die Nachfrage die Volkswirtschaft steuern könne, stammt von John Maynard Keynes (1883–1946). Er lehrte, in einer akuten Krise wie 1929/1930 dürfe der Staat nicht durch eine rigorose Sparpolitik die Krise verschärfen, sondern müsse notfalls Schulden aufnehmen, um die Nachfrage zu beleben (*deficit spending*). Die Nachfrage bestimme das Niveau von Produktion und Beschäftigung, und daher müsse der Staat die Nachfrage so weit beleben, dass das Vollbeschäftigungsniveau erreicht werde. Dieser Grundgedanke klingt einleuchtend und geistert auch heute noch durch die wirtschaftspolitische Debatte. Tatsächlich mag dies als Rezept gegen eine akute Krise brauchbar sein, keinesfalls aber als ständige Politik. Denn derartige Nachfragestöße haben immer nur die Wirkung zeitlich vorgezogener Ausgaben, ähnlich wie eine Verschrottungsprämie für alte Autos verbunden mit dem Kauf eines Neuwagens: Gilt die Prämie für Käufe bis Ende Dezember, so werden im November und Dezember viele neue Autos gekauft, im Januar und Februar entsprechend weniger. Vor allem dient eine Politik der Konjunkturbelebung durch staatliche Ausgaben als bequeme Ausrede für eine ständige und weiter steigende Verschuldung des Staates. Dieses wäre jedoch verfassungswidrig, denn das Grundgesetz verpflichtet Bund und Länder in Artikel 109, Absatz 2 zur Einhaltung der Haushaltsdisziplin und betont gleich anschließend: Die Haushalte von Bund und Ländern sind grundsätzlich ohne Einnahmen aus Krediten auszugleichen.

Das konjunkturelle Auf und Ab durch staatliche Eingriffe verstetigen zu können, hat sich als Illusion der Machbarkeit erwiesen. Insgesamt gesehen ist diesbezüglich das Gefühl für die Grenzen der Weisheit ausgeprägter geworden, und die Einschätzungen hinsichtlich der Machbarkeit und Steuerungsfähigkeit der Volks- bzw. Weltwirtschaft sind sehr, sehr vorsichtig geworden, stellt Jörn Altmann in seiner *Volkswirtschaftslehre* (2009) fest. Ebenso zurückhaltend sind Gerhard Mussel und Jürgen Pätzold in ihren *Grundfragen der Wirtschaftspolitik*: Konjunkturprogramme wirken eher als ein vorübergehendes „Strohfeuer". Sie steigern nur unter sehr günstigen Voraussetzungen dauerhaft das wirtschaftliche Wachstum – eher ist das Gegenteil der Fall.

Ebenso wie beim ständigen regellosen Schwanken der Aktienkurse handelt es sich bei der Konjunktur der Gesamtwirtschaft um die Eigendynamik eines Herdeneffekts. Bei ansteigender Konjunktur bemerken die Unternehmen den steigenden Absatz, erwarten ein weiteres Steigen und fühlen sich daher zu Investitionen ermutigt, die die Produktionsmöglichkeiten erweitern. Wenn eine Vielzahl von Unternehmen in dieser Weise reagiert, steigen also die Gesamtnachfrage nach Investitionsgütern, die Beschäftigung und die Einkommen, so dass die optimistischen Erwartungen sich erfüllen. Dies ruft seinerseits wieder eine verstärkte Nachfrage hervor und so fort. Nach einiger Zeit sind jedoch die wichtigsten Investitionen getätigt und die Kapazitäten erhöht. Neue Investitionsprogramme werden nicht mehr aufgelegt. Die gestiegenen Kapazitäten erhöhen das Angebot an Produkten, was die Preise drückt. Jetzt wird allgemein umgeschaltet auf Vorsicht und Zurückhaltung, was seinerseits die Nachfrage vermindert. Dann geht es so lange abwärts, bis die Nachfrage einen festen Boden erreicht: vor allem durch Branchen, die nicht auf diese Schwankungen reagieren, wie etwa die Nachfrage nach Nahrungsmitteln. Hinzu kommt die verstetigende Wirkung der Einkommen aus dem öffentlichen Dienst und der Transfereinkommen der Sozialpolitik. Im konjunkturellen Tal entwickeln sich nach einiger Zeit ein Konsumstau und ein Investitionsstau. Dieser Nachholbedarf wird gedeckt und regt weitere Investitionen an, weil allgemein Optimismus aufkommt. So setzen sich die Wellen auf und ab fort.

Das Grundproblem ist, dass sich die Unternehmer bei ihren Investitionsentscheidungen eine Meinung über den wirtschaftlichen Verlauf der nächsten Jahre oder gar Jahrzehnte bilden müssen, um abschätzen zu können, ob sich die Investition lohnt. Weil es irgendein sicheres Verfahren für diese Prognose nicht geben kann, geht es nach Bauchgefühl. Dabei fallen die Entscheidungen nicht von isolierten Individuen, sondern jeder lässt sich von der Gesamtstimmung, der Gesamtheit der Entscheidungen aller anderen leiten, wie in einer Herde Vieh oder einem großen Vogelschwarm. Das instabile Verhalten der Investitionstätigkeit ist eine wesentliche Ursache für die Entstehung von Konjunkturzyklen, stellen Gerhard Mussel und Jürgen Pätzold in ihrem oben genannten Buch fest. Sie weisen auf einen weiteren Störfaktor hin: Gerade die jüngste Krise der Weltwirtschaft 2008/2009 hat deutlich gemacht, wie rasch spekulative „Blasenbildungen" im finanzwirtschaftlichen Sektor auf den güterwirtschaftlichen Bereich übergreifen und dort zu massiven Verwerfungen führen können.

Ein völliges Glätten dieser Schwankungen ist außerdem gar nicht wünschenswert. Denn die Krise ist für jedes Unternehmen die Stunde der Wahrheit. Hier werden Stärken und Schwächen sichtbar, und endlich ist Zeit, dies aufzuarbeiten: nach neuen Absatzmöglichkeiten Ausschau zu halten, das Angebot noch besser an die stets veränderlichen Kundenwünsche anzupassen, die Produktion zu rationalisieren, einzelne defizitäre Produktionslinien aufzugeben, eventuell sogar den Standort zu wechseln, die Geschäftsleitung personell neu aufzustellen und so fort. Und bei jeder Krise fallen einige Unternehmen heraus und müssen schließen, so dass Personal und Kapital zu besser aufgestellten Unternehmen wandern, also ertragreicher eingesetzt werden. Das ist für Einzelne bitter, und es werden viele Existenzen vernichtet. In einer freien Wirtschaft, die sich im weltweiten Wettbewerb zu bewähren hat, ist dies aber unvermeidbar: Es kann für keinen Betrieb eine Existenzgarantie geben, auch wenn sich die Rede von der Selektionsfunktion der Krise kalt und mitleidslos anhört. Tatsache ist aber, dass die gesamte Volkswirtschaft nach jeder Krise rationeller und besser aufgestellt in den nächsten Aufschwung geht.

Der österreichische Nationalökonom Joseph Alois Schumpeter (1883–1950) legte in seiner Theorie der wirtschaftlichen Entwicklung (1911) dar, dass die Wirtschaft ständig von Pionierunternehmern vorangetrieben wird, die nicht nur aus Gewinnsucht, sondern auch aus Lust am Gestalten neue Kombinationen der Produktionsfaktoren finden und durch ihre Innovation zeitweise zu Monopolisten werden, bis Nachahmer kommen oder die Innovation durch andere Erfindungen verblasst. Triebkraft des Wettbewerbs sind Innovation und Imitation. Jedes Mal werden alte Strukturen verdrängt und schließlich zerstört. Dies ist nicht etwa ein Systemfehler, sondern die schöpferische Zerstörung ist notwendig. Dabei wechseln sich im Konjunkturzyklus die großen wirtschaftlichen Revolutionen mit Phasen verhältnismäßiger Ruhe ab. Diese Sicht Schumpeters hat sich inzwischen durchgesetzt, vor allem das Wort von der *schöpferischen Zerstörung*. Auch deshalb hat es wenig Sinn, die Konjunkturzyklen glätten zu wollen.

Von Globalsteuerung spricht heute niemand mehr, das Stabilitäts- und Wachstumsgesetz ist zu einem lebenden Leichnam, einem Zombie geworden. Im *Grundgesetz-Kommentar* von Ingo von Münch und Philip Kunig (2012) wird in Anmerkung 2 zu Artikel 109 eine kritische Bilanz gezogen: Hiernach geriet Artikel 109 in den Jahren 1967 und 1969 unter den Einfluss der auf John M. Keynes zurückgehenden Konzeption einer an der Nachfrage orientierten staatlichen Globalsteuerung durch antizyklische Fiskalpolitik, das heißt einer Finanzpolitik, die durch Gestaltung der Einnahmen und Ausgaben des Staatshaushalts auf die gesamtwirtschaftliche Entwicklung einzuwirken sucht. Hier hatte sich in den 60er und 70er Jahren des vorigen Jahrhunderts vorübergehend die Annahme durchgesetzt, dass die Haushaltswirtschaft nicht nur die Aufgabe habe, den Bedarf zu decken, sondern darüber hinaus, die Konjunktur zu steuern. Das Risiko, dass eine Verfassungsbestimmung, die sich zu eng an eine aktuelle (wissenschaftliche) Konzeption bindet, rasch veraltet, hat sich bei Artikel 109 Absatz 2–4 alte Fassung realisiert. Die Kommentatoren stellen sogar in Fußnote 88 zu Anmerkung 21 zu Artikel 109 zur Abkehr von den Ideen von Karl Schiller und John M. Keynes fest: Der Begriff des gesamtwirtschaftlichen Gleichgewichts wurde im Zuge einer allmählichen und inzwischen überwiegend vollzogenen *Entkeynesianisierung* des Grundgesetzes getilgt. Diesem Begriff werde nur noch symbolische Bedeutung zugemessen, lernen wir in Fußnote 11 zu Anmerkung 3 zu diesem Artikel. Dies darf als Beerdigung zweiter Klasse verstanden werden.

6.1.2 Tatsächliche Ziele

Um festzustellen, welche wirtschaftspolitischen Ziele anstelle der grundgesetzlich vorgeschriebenen die Bundesregierung tatsächlich verfolgt, genügt eine Lektüre des von Wirtschaftsminister Sigmar Gabriel vorgestellten Jahreswirtschaftsberichts 2016. Hier stehen die folgenden Stichworte im Vordergrund:

(1) Wachstum, ein solider und stetiger Wachstumskurs, Erhöhung des Wachstumspotentials, nachhaltiges Wachstum, Anstieg des Bruttoinlandsprodukts, Zuwachs der realen (preisbereinigten) Bruttolöhne und -gehälter je Arbeitnehmer, wirtschaftliche Dynamik. *Ferner als Voraussetzung für künftiges Wachstum:* internationale Wettbewerbsfähigkeit

(2) Niedrige Arbeitslosigkeit, sichere Arbeitsplätze, positive Beschäftigungseffekte, Stärkung der Erwerbsbeteiligung *(Anteil der Erwerbspersonen an der Bevölkerung),* geordnete und kontrollierte Zuwanderung von Flüchtlingen

(3) Energiewende, umweltverträgliche und bezahlbare Energieversorgung, weiter ansteigende Anteile erneuerbaren Stroms, Versorgungssicherheit, Steigerung der Energie-Effizienz, Umweltschutz

(4) Verbraucherschutz, Datenschutz, Daseinsvorsorge, Schutz der Arbeitnehmerrechte

Hierbei hängen die Ziele (1) und (2) eng miteinander zusammen: Wirtschaftliches Wachstum erzeugt eine weitere Nachfrage nach Arbeitsplätzen. Umgekehrt soll die Anzahl der Arbeitskräfte erhöht werden, um weiteres Wachstum zu ermöglichen. Die beiden Ziele (3) und (4) laufen darauf hinaus, die Auswirkungen eines ungebremsten Wachstums zu mildern. Hierzu dienen der Umweltschutz und zurzeit vor allem der Klimaschutz, ferner der Schutz der Verbraucher, etwa vor schädlichen Inhaltsstoffen in Nahrungsmitteln, vor ungehemmter Weitergabe ihrer Daten und vor Armut im Alter. Hinzu kommt der Schutz der Arbeitnehmer, beispielsweise vor Kündigung und vor Ausbeutung.

Um diese Ziele zu erreichen, setzt die Bundesregierung vor allem auf folgende Strategien:

A. Finanzielles und rechtliches Rahmenwerk für unternehmerisches Handeln

(1) Stabilisierung des Euroraums, langfristige Vision zur Vertiefung der Wirtschafts- und Währungsunion, wachstumsorientierte und nachhaltige Finanzpolitik, Ausgleich der staatlichen Haushalte, niedriger Schuldenstand, stabile öffentliche Finanzen

(2) Nationale und internationale Steuer-Fairness

(3) Bürokratieabbau, Handlungsspielräume der Unternehmen erweitern, einfaches und anwenderfreundliches Verfahren bei der Vergabe öffentlicher Aufträge

(4) Schonung betrieblichen Vermögens bei der Erbschafts- und Schenkungssteuer

(5) Förderung von Existenzgründungen, Start-ups, Wagniskapital

B. Infrastruktur, öffentliche und private Investitionen

(6) Stärkung der öffentlichen und privaten Investitionen, attraktive Investitionsbedingungen, leistungsfähige Verkehrsinfrastruktur, Stärkung des Energie- und Klimafonds

(7) Ausbau der Digitalisierungsinfrastruktur, Voraussetzungen für eine erfolgreiche Digitalisierung, Sicherheit

informationstechnischer Systeme, Europäische Datenschutz-Grundverordnung

C. Mehr Arbeitskräfte, höhere Erwerbsbeteiligung

(8) Bildung, Kinderbetreuung *(um die Erwerbsbeteiligung vor allem der Frauen zu erhöhen)*

(9) Zuwanderung von Fachkräften, Integration der Flüchtlinge in den Arbeitsmarkt

(10) Flexibler Übergang vom Erwerbsleben in den Ruhestand

D. Soziales

(11) Höhere Einkommen im Bereich niedriger Löhne, gesetzlicher Mindestlohn

E. Internationaler Wettbewerb

(12) Offener Binnenmarkt, Öffnung des Marktes auch gegenüber Staaten und Regionen außerhalb Europas, transatlantische Handels- und Investitionspartnerschaft (TTIP), um die Märkte beiderseits des Atlantiks stärker zu öffnen

Die ganze deutsche Wirtschaftspolitik läuft letztlich darauf hinaus, langfristig ein nachhaltiges Wirtschaftswachstum zu sichern. Hierfür gilt es, die internationale Wettbewerbsfähigkeit zu stärken in dem Sinne, dass die deutsche Wirtschaft Waren und Dienstleistungen anbieten kann, die allgemein anerkannt werden und sich durchsetzen. Diese Orientierung der Wirtschaftspolitik wird in der Fachwelt als *Angebotspolitik* bezeichnet im Gegensatz zu der Linie von Keynes und Schiller, die Wirtschaft über die Nachfrage steuern zu wollen. Der Unterschied liegt vor allem darin, dass die Nachfragepolitik kurzfristig orientiert ist, die Angebotspolitik dagegen langfristig, wenn zum Beispiel an den rechtlichen Rahmen und die Infrastruktur gedacht wird. Die Angebotspolitik ist auf eine immer weitere Verbesserung und auf Innovation gerichtet, die Nachfragepolitik hingen auf mehr vom Gleichen. Insgesamt hat sich herausgestellt, dass die Angebotspolitik sich als wirksam erwiesen hat, die Nachfragepolitik hingegen als unbrauchbar. Ziel der Angebotspolitik ist es, der deutschen

Ziele und Prioritäten der Nachfrage- und der Angebotspolitik

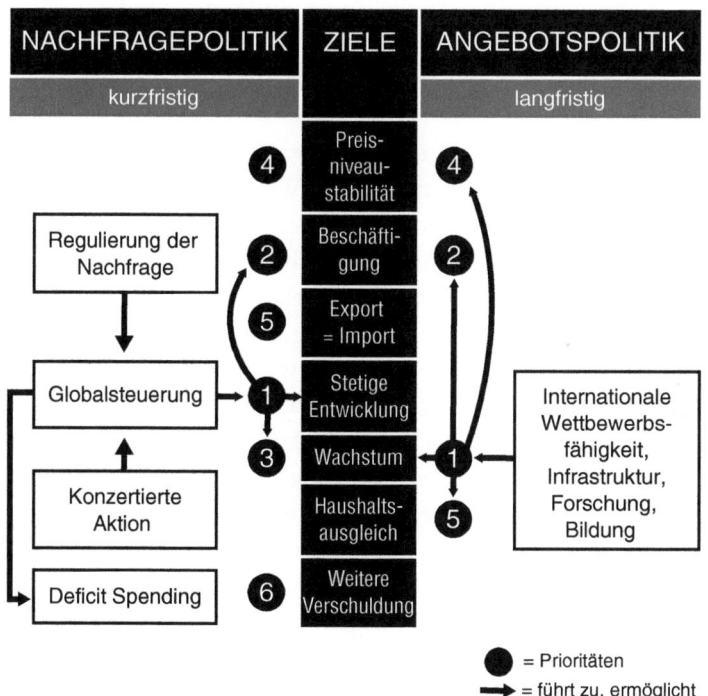

Wirtschaft im weltweiten Wettbewerb die besten Voraussetzungen zu schaffen. Hierzu gehört vor allem, zunächst einmal die einheimische Wirtschaft zu entfesseln und einem möglichst vollständigen Wettbewerb auszusetzen. Denn wie wir oben gesehen haben, gibt es immer die Tendenz, sich einzubunkern: durch Kartelle, durch Behinderung von Neuzugängen und so fort. Zum Bestreben, der eigenen Wirtschaft im internationalen Wettbewerb eine gute Position zu verschaffen, gehören außer der Entfesselung des Wettbewerbs auch die betriebspraktische Ausbildung auf der Ebene der Fachkräfte und Meister, ferner die öffentliche Förderung von Forschung und Entwicklung sowie die Erschließung neuer Rohstoffquellen.

Ganz selbstverständlich wird hierbei davon ausgegangen, dass zwischen allen Nationen der Welt ein Wettbewerb um den wirtschaftlichen Erfolg im Sinne eines Massenwohlstands herrscht, ebenso wie zwischen den Bundesländern sowie den Städten und Landkreisen. Allen übrigen Gebieten der Politik (etwa Wissenschaft und Forschung, Bildung, Kultur, Soziales, Umwelt) kommt hierbei eine zweifache Rolle zu: Einerseits ermöglichen sie den Wirtschaftserfolg und schaffen hierfür die Voraussetzungen. Andererseits ermöglicht der wirtschaftliche Erfolg die Anstrengungen auf allen anderen Gebieten, indem genügend finanzielle Mittel bereitgestellt werden können. Zudem dient ein ständiges wirtschaftliches Wachstum zur Legitimation und Stabilisierung des politischen Gesamtsystems. Unvergessen ist die stetig schlechtere Versorgung als maßgebliche Ursache für den politischen Zusammenbruch der DDR. Ferner ist die Volkswirtschaft auch deswegen zum Wachstum verurteilt, weil ständig rationalisiert wird in dem Sinne, dass dasselbe Produkt mit mehr

Maschinen und weniger Arbeitskräften hergestellt wird. Diese freigestellten Arbeitskräfte können nur durch weiteres Wachstum aufgesogen werden. Zudem nimmt das Interesse am Umweltschutz und an Kultur im weitesten Sinne zu, je mehr die unmittelbaren Konsumbedürfnisse gestillt sind. Dies gilt auch für eine Toleranz gegenüber Minderheiten. In diesem Sinne wird vom zunehmenden Wohlstand eine innere Befriedung erhofft.

Am 30. September 2015 stellte das Weltwirtschaftsforum ein Ranking der wirtschaftlich wettbewerbsfähigsten Länder der Erde vor. Diese Rangordnung wird aufgrund von 113 Indikatoren aus zwölf Kategorien gebildet: die Qualität staatlicher Institutionen, die Infrastruktur, das gesamtwirtschaftliche Umfeld, das Gesundheitswesen, allgemeine und berufliche Ausbildung, die Effizienz und Flexibilität von Güter-, Dienstleistungs- und Arbeitsmärkten, die Finanzmärkte und die technologische Entwicklung. Hier hat sich Deutschland von 2014 auf 2015 von Platz 5 auf Platz 4 vorgearbeitet und wird nur noch von der Schweiz, Singapur und den USA übertroffen. In fast allen Kategorien steht Deutschland gut bis sehr gut da, so bei der Infrastruktur, der Innovation und der Marktgröße. Nachholbedarf sieht der Bericht vor allem beim deutschen Arbeitsmarkt, der als zu stark reguliert gilt. Weit hinten (Platz 95 von 130 untersuchten Ländern) steht Deutschland in Sachen Steuersystem: Die hohe Besteuerung wirke sich nachteilig auf die Leistungsanreize aus. Vorne in der Spitzengruppe stehen hinter Deutschland die Niederlande, Japan, Hongkong, Finnland, Schweden und Großbritannien. Hingegen folgen Frankreich, China, Spanien und Italien erst mit einigem Abstand.

Ob diese Beurteilung einen Anlass geben sollte, in Deutschland in den beiden bekrittelten Bereichen (zu stark regulierter Arbeitsmarkt, zu hohe Steuern) eine grundsätzliche Wende einzuleiten, ist schwer zu sagen. Zwar ist es nicht nur bei Beamten, sondern auch bei Arbeitern und Angestellten schwierig, jemanden loszuwerden, der offensichtlich seinen Aufgaben nicht gewachsen ist. Und bei betriebsbedingten Kündigungen ist eine Sozialauswahl zu treffen, indem derjenige gekündigt wird, den dies am wenigsten treffen würde. Dies sind gewöhnlich die jüngeren, besonders leistungsfähigen Mitarbeiter. Sie müssen also gehen, während die Älteren, Schwächeren und die Mitarbeiter mit langer Betriebszugehörigkeit bleiben dürfen. Auf den ersten Blick wird hier den sozialen Erwägungen der Vorrang gegenüber den unternehmerischen Gesichtspunkten eingeräumt. Hiergegen ist jedoch zu bedenken, dass insbesondere in den mittelständischen Betrieben ein enges Vertrauensverhältnis zwischen Inhaber und Mitarbeitern besteht. Hierzu gehört eine gegenseitige Loyalität. Es wird erwartet, dass sich der Mitarbeiter die Interessen des Betriebes ganz zu eigen macht und in diesem Sinne selbstständig arbeitet. Hier hat sich die Führung im Mitarbeiterverhältnis durchgesetzt. Zu dieser gegenseitigen Loyalität gehört auch, dass langjährige oder schwächere Mitarbeiter im Bedarfsfall nicht einfach gekündigt werden, sondern dass der Inhaber versucht, sie entsprechend ihren Fähigkeiten weiter zu beschäftigen. Ein Kündigungsschutz, gerade auch für die Schwächeren, bildet für diese einen Schutz vor Willkür und unerwarteten Schicksalsschlägen und festigt die Brücke des gegenseitigen Vertrauens.

Das Gegenbeispiel bilden die USA mit dem System des *Hire and Fire* (Heuern und Feuern) und dem raschen

Personalwechsel: Dort entwickelt sich beiderseits keine Loyalität, und daher kann auch nicht erwartet werden, dass der Mitarbeiter selbstständig im Sinne des betrieblichen Interesses improvisiert und entscheidet. Er ist nur ausführend tätig und wechselt rasch den Arbeitgeber und den Wohnort, wenn es anderswo einen geringfügig höheren Lohn gibt. Aufgrund der Arbeit mit lauter ungelernten Kräften hat die Industrie ein Qualitätsproblem.

Der andere Kritikpunkt des Weltwirtschaftsforums ging dahin, die hohe Besteuerung wirke sich negativ auf die Leistungsanreize aus. Hier wird davon ausgegangen, dass jemand nur wegen der Bezahlung arbeitet und bei höheren Abzügen, also einem geringeren Nettobetrag, weniger arbeitet. Ist dies im Regelfall so? Hiergegen spricht, dass sich in Deutschland Millionen von Leuten ehrenamtlich engagieren und hierfür viel Zeit und auch eigenes Geld aufwenden. Natürlich erwartet jeder für seine Arbeit ein angemessenes Entgelt, aber hinzu kommt die eben angesprochene Loyalität, die nur zum kleineren Teil davon abhängt, ob der Steuersatz um einige Prozente steigt oder fällt. Dies wird deutlich, wenn die Regierung beschließt, für ein bestimmtes Verhalten, zum Beispiel mehr Kinder zu zeugen, steuerliche Vergünstigungen einzuführen. Diese Art von Anreizen hat gewöhnlich nur geringe Wirkungen. Außerdem ist die hohe Besteuerung für Gemeinschaftsgüter aller Art notwendig, nicht zuletzt für eine aufwendige Sozialpolitik mit einer Umschichtung der Einkommen von oben und aus der Mitte nach unten. So soll vermieden werden, dass sich eine Spitzengruppe von Superreichen und eine breite Schicht Verarmter bildet.

Insofern lässt sich sagen, dass die beiden obigen Anstoßpunkte (regulierter Arbeitsmarkt, hohe Steuern) integraler

Teil einer Gesamtordnung und daher kaum isoliert zu ändern sind, weil dies zu größeren Verwerfungen führen würde. Die drei in der internationalen Wettbewerbsfähigkeit vor Deutschland liegenden Länder (Schweiz, Singapur, USA) sind für einen eher rauen Kapitalismus mit sehr großen Einkommens- und Vermögensunterschieden bekannt.

Die Tatsache der hohen Wettbewerbsfähigkeit Deutschlands und überhaupt des deutschen Erfolgs zieht Wirkungen nach sich, die von der Bundesregierung nicht bewusst angestrebt, sondern nur zur Kenntnis genommen werden. Deutschland wird attraktiv als Einwanderungsland, nicht nur für Flüchtlinge aus Bürgerkriegsgebieten, sondern auch für Akademiker aus dem Baltikum und Polen, die im Rahmen der Freizügigkeit in der Europäischen Union hierherkommen. Und Deutschland wird attraktiv für Kapitalanleger aus der ganzen Welt, die hier, unter stabilen und rechtsstaatlichen Verhältnissen, einen sicheren Hafen ansteuern.

6.1.3 Der Populismus

Im Grundsatzkonflikt zwischen Angebots- und Nachfragepolitik hat sich der *Sachverständigenrat zur Begutachtung der gesamtwirtschaftlichen Entwicklung* als unabhängiges Beratungsgremium der Bundesregierung, das alljährlich einen umfangreichen Bericht vorlegt, ganz auf die Seite der Angebotspolitik verlegt. Er fordert eine „an der Zukunftsfähigkeit der deutschen Volkswirtschaft orientierte Wirtschaftspolitik, die sich auf volkswirtschaftliche Effizienz rückbesinnt". Schon an einigen Kapitelüberschriften wird deutlich, was hiermit gemeint ist: *Wege zu mehr Stabilität in Europa*

– Voraussetzungen für mehr Wachstum in Deutschland – Produktivität: An den Ursachen ansetzen – Effizienzerhöhung möglich und nötig. Im kleinen Kreis beschweren sich diese Professoren gelegentlich darüber, dass ihre Berichte von der Regierung jeweils dankend angenommen, ihre Vorschläge jedoch nur selten befolgt werden.

Denn der Grundsatzkonflikt zwischen Nachfragepolitik und Angebotspolitik ist bei weitem nicht endgültig gelöst. Wenn die Gewerkschaften in den regelmäßigen Tarifverhandlungen höhere Löhne fordern, wird unter anderem der Grund angeführt, hiermit werde die volkswirtschaftliche Nachfrage gestützt. Im Programm der Partei *Die Linke* wird bemängelt:

> Politisch geförderter Druck auf die Arbeitsentgelte hat das Exportwachstum begünstigt und die Binnennachfrage geschwächt. Die Kürzung öffentlicher Sozialausgaben hat in die gleiche Richtung gewirkt, die Verteilung zu lasten der Lohn- und Gehaltsabhängigen verschlechtert und die Binnennachfrage dauerhaft geschwächt.

Hier wird also unverändert davon ausgegangen, dass die Wirtschaft durch die Nachfrage und nicht durch eine Verbesserung des Angebots belebt werden müsse. In dieser Grundsatzfrage deutet sich ein Konflikt zwischen Elite und Volk an: Die Elite aus Wirtschaftsforschern sowie wirtschaftlichen und politischen Führungskräften hat eine langfristige Perspektive und denkt vor allem an private und öffentliche Investitionen, um die Wettbewerbsfähigkeit für übermorgen zu sichern. Das Volk hingegen denkt eher kurzfristig an eine Erhöhung der Löhne und der Renten, also konsumtiv und nicht investiv. Die Elite ist politisch eher konservativ im Sinne einer Stabilität der politischen Linie und hierbei von der Notwendigkeit technischer und wirtschaftlicher Innovationen und auch einer schöpferischen Zerstörung überzeugt. Das Volk hingegen ist eher strukturkonservativ gesinnt: Alles soll bleiben, wie es ist, auch die Betriebe. Die Partei *Die Linke* beschwert sich immer wieder über die Zerstörung und den Abbau von Arbeitsplätzen.

Jeder einzelne Bundestagsabgeordnete steht daher in dem Konflikt, ob er sich im Interesse seiner Wiederwahl für die Volksmehrheit, also für Sozialpolitik und eher konsumtive Verwendung der staatlichen Mittel, oder im Sinne der Elite, die immer eine Minderheit bildet, für das langfristige Gemeinwohl und eine eher investive Verwendung der Mittel einsetzen soll. Dabei ergeben sich Gewissensprobleme. Isabel Schnabel, Mitglied des Sachverständigenrates, sagte bei ihrem Dienstantritt 2014 einem Journalisten der *Frankfurter Allgemeinen Zeitung*: „Es überrascht mich, mit welcher Vehemenz Politiker an Maßnahmen festhalten, die fast alle für falsch halten" (FAZ vom 17. Juni 2016). In der politischen Praxis wird dieser Konflikt überdeckt, indem die (intern für falsch gehaltenen, aber populären) sozialpolitischen Wohltaten mit großem Trommelwirbel verkündet werden, während die langfristigen Investitionen eher im kleinen Kreis beschlossen und nur in der Fachpresse bekannt gemacht werden. Dies ruft freilich den naheliegenden Vorwurf der Hinterzimmerpolitik und der mangelnden Transparenz hervor.

Ein zweites Problem der Abgeordneten und Wirtschaftspolitiker besteht darin, dass häufig die Fachwelt Vorhaben für harmlos und beherrschbar hält, die in der Volksmeinung verteufelt werden. Ein Beispiel ist die Gentechnik. Die *Deutsche Forschungsgemeinschaft* hält sie nicht nur für harmlos, sondern darüber hinaus für eine große Chance, etwa weil die

Grüne Gentechnik, die Änderung der Erbanlagen in Pflanzen, die Möglichkeit zu größeren Ernten und zu einer weltweiten Hilfe gegen den Hunger biete. Ebenso große Möglichkeiten bieten die *Rote Gentechnik* in der Medizin, die *Weiße Gentechnik* in der Industrie und die *Graue Gentechnik* in der Entsorgungswirtschaft. Einmal angenommen, die Forschungs-Fachpolitiker im Bundestag würden sich diese optimistische Einstellung zu eigen machen, so werden sie trotzdem zögern, die Gentechnik freizugeben, weil sie ja wissen, dass in der ganzen Bevölkerung erhebliche Vorbehalte bestehen und von Organisationen wie *Greenpeace* in die politische Diskussion eingebracht werden. Es ist sehr heikel für die Volksvertreter, gegen den Willen des Volkes, gegen die ganz überwiegende öffentliche Meinung etwas zu beschließen. Denn irgendwann kommen Bewegungen in der Art von *Pegida* mit dem Sprechchor „Volksvertreter – Volksverräter!" Die Abgeordneten kommen also immer wieder in die Verlegenheit, etwas abzulehnen, was sie für richtig halten, obwohl sie doch laut Grundgesetz (Artikel 38) nur ihrem Gewissen verantwortlich sind. Sie bekommen dann von der Fraktionsführung oder wem auch immer zu hören: „Wir wissen doch, dass Sie in der Sache recht haben. Aber das ist politisch nicht durchsetzbar." Die Versuchung ist immer, ganz unmittelbar und ungefiltert der Volksmeinung zu folgen und auf diese Weise viel Beifall einzuheimsen: die Versuchung des Populismus.

Die Bedenken des Volkes richten sich gewöhnlich gegen das Neue, Unbekannte, Unverstandene und Unsichtbare. Keine Bedenken gibt es hingegen gegen Altgewohntes, selbst wenn dies weit gefährlicher ist als das Neue. Anschaulich wird dies am Beispiel des Verbotes von Haschisch und der Erlaubnis für Alkohol. Es gibt jedes Jahr zehntausende

Alkoholtote, aber keinen einzigen Haschischtoten. Gleichwohl bleibt die altgewohnte Droge erlaubt, die exotische Droge bleibt verboten.

Ein weiteres Problem dieser Art ist, dass die leitenden Politiker großräumig denken: Was ist aus der Sicht Deutschlands und der Europäischen Union notwendig? Die Bevölkerung hingegen denkt kleinräumig: Was bedeutet dies für unser Dorf? Wenn beispielsweise das Europäische Parlament und der Bundestag den Bau einer Autobahn beschließen, die den skandinavischen Raum und das Baltikum an Mitteleuropa anbinden soll, gibt es sofort entlang der gesamten geplanten Trasse Widerstand, weil niemand eine Autobahn vor der Haustür haben will und weil alte zusammengehörende Regionen zerschnitten werden. Lieber sollten diese Milliarden für soziale Zwecke, also konsumtiv, verwandt werden. Für die Politik ergibt sich also immer wieder die Notwendigkeit, die großen Vorhaben zu erläutern. Oft werden diese nur in einer akuten Notlage, als letzte Rettung für eine ansonsten abgehängte Region, akzeptiert.

Ein ähnliches Problem gibt es mit den Flüchtlingen. Der langfristig orientierte Politiker vermutet, dass diese sich in einigen Jahren oder spätestens in der nächsten Generation in die deutsche Gesellschaft und den Arbeitsmarkt integriert haben werden und dass Deutschland, dem Land der niedrigen Geburtenzahlen und des Nachwuchsmangels, dieser Schub sehr guttun wird. Aber ganz kurzfristig und ganz unmittelbar fühlen sich Familie Schulze und Familie Müller irritiert, wenn sie jungen Männern begegnen, die sich in einer unbekannten orientalischen Sprache unterhalten und die anscheinend nicht wissen, dass man im Park nicht über die Rasenflächen laufen darf. Und Frauen mit Kopftuch und langen Mänteln.

Dass Deutschland ein Problem mit dem Populismus hat, wird auch aus Folgendem deutlich. Die politische Bildung strebt die Entwicklung einer demokratischen politischen Kultur an. In diesem Rahmen bietet der Wochenschauverlag in seiner Reihe *Argumente gegen Vorurteile* das Buch *Argumentationstraining gegen Stammtischparolen* an. Ganz selbstverständlich wird in der Verlagsankündigung davon ausgegangen, dass der Stammtisch, das regelmäßige gesellige Zusammensein in der Stammkneipe, ein Hort von Vorurteilen, Menschenfeindlichkeit und Populismus sei und dass die politische Bildung diesem Denken entgegenzuwirken habe.

6.2 Einzelne Politikbereiche

6.2.1 Ordnungspolitik

Die Bundesrepublik hat sich in ihren Gründungsjahren für die Wirtschaftsordnung der Sozialen Marktwirtschaft entschieden. Diese ist jedoch ständig durch Angriffe von zwei Seiten gefährdet: einerseits durch die Wirtschaft, die immer zu Kartellen und diversen wettbewerbswidrigen Absprachen neigt, und andererseits durch die staatlichen Instanzen, die entweder regulierend eingreifen oder aber die Wirtschaftsbetriebe gleich selbst übernehmen wollen. Die gewählte Wirtschaftsordnung ist deshalb im Rahmen einer Ordnungspolitik ständig gegen Angriffe und Übergriffe zu verteidigen. Bundesministerium für Wirtschaft und Energie (2016) bildet im idealen Fall das ordnungspolitische Gewissen des Staates und sieht dies als seine vornehmste Aufgabe an. Bei den Verbänden ist die Mentalität ganz unterschiedlich. Die

Branchenverbände und die meisten Kammern suchen ihre Mitglieder vor hartem Wettbewerb zu bewahren. Lediglich der *Deutsche Industrie- und Handelskammertag* macht hier eine Ausnahme. Weil er die Gesamtheit aller gewerblichen Betriebe (mit Ausnahme des Handwerks) vertritt, kann er im Gesamtinteresse der Wirtschaft die marktwirtschaftliche Ordnung verteidigen und sich als ordnungspolitisches Gewissen der Wirtschaft betrachten.

Die akademische Lehre, so in den bereits zitierten *Grundfragen der Wirtschaftspolitik* von Mussel und Pätzold, zählt zur Ordnungspolitik „die weitreichende Entstaatlichung in denjenigen Bereichen, in denen auch private Unternehmen die entsprechenden Leistungen erbringen können (,Deregulierung')". Dies ist in der Tat konsequent marktwirtschaftlich gedacht, spielt aber in der Praxis nur eine geringe Rolle. Selbst in Notfällen sind die Kommunalpolitiker nicht dazu zu bewegen, sich von den öffentlichen Betrieben zu trennen. Wenn eine Stadt hoffnungslos überschuldet ist und im Innenministerium um Hilfe fleht, wäre es naheliegend, dass die Kommunalaufsicht die Hilfe nur unter der Bedingung gewährt, dass die Stadt zunächst einmal durch Verkauf ihrer Unternehmen und Grundstücke einen Teil ihres Schuldenberges abbaut. Diese Idee gilt selbst in der FDP als nicht durchsetzbar. Dies hängt auch damit zusammen, dass die meisten Abgeordneten der Landtage und des Bundestages zuvor in der Kommunalpolitik tätig waren oder immer noch dort tätig sind. Die anderen Parteien sehen eine Privatisierung und Deregulierung ebenfalls eher kritisch. Die Politiker neigen stattdessen dazu, sich schützend vor die Belegschaften dieser Betriebe zu stellen, die keine Neigung haben, dem rauen Wind des Wettbewerbs ausgesetzt zu werden.

Die staatliche Ordnungspolitik konzentriert sich stattdessen auf eine Aufsicht über die privaten Unternehmen.

Es ist eine wichtige Aufgabe des Staates, den Rahmen für einen funktionierenden Wettbewerb zu schaffen und zu erhalten, sagt das Bundesministerium für Wirtschaft. Der Wettbewerb ist eine staatliche Veranstaltung,

stellte Leonhard Miksch (1937) schon fest.

Die entscheidende Rechtsgrundlage ist das *Gesetz gegen Wettbewerbsbeschränkungen*. § 1 legt fest:

Vereinbarungen zwischen Unternehmen, Beschlüsse von Unternehmensvereinigungen und aufeinander abgestimmte Verhaltensweisen, die eine Verhinderung, Einschränkung oder Verfälschung des Wettbewerbs bezwecken oder bewirken, sind verboten.

Verboten ist auch die missbräuchliche Ausnutzung einer marktbeherrschenden Stellung. Ebenso darf es keinen Boykott (eine gegen andere Unternehmen gerichtete Liefersperre oder Bezugssperre) geben. Es gibt eine Zusammenschlusskontrolle von Unternehmen, die insgesamt weltweit einen Umsatz von mehr als 500 Millionen Euro haben. Hier kann der Zusammenschluss untersagt werden, wenn er einen wirksamen Wettbewerb erheblich behindern würde. Jedoch kann der Wirtschaftsminister die Erlaubnis zu einem vom Bundeskartellamt verbotenen Zusammenschluss ausnahmsweise erteilen, wenn gesamtwirtschaftliche Vorteile oder ein überragendes Interesse der Allgemeinheit überwiegen. Vom allgemeinen Kartellverbot gibt es eine Reihe von Ausnahmen für einzelne Branchen, beispielsweise für landwirtschaftliche Absatzgenossenschaften. Ausführende Behörde für das deutsche und das EU-Kartellrecht ist das Bundeskartellamt, Bonn, mit rund 350 Mitarbeitern. Als Beratungsgremium gibt es die Monopolkommission, die alle zwei Jahre in einem Gutachten zur aktuellen Wettbewerbspolitik Stellung nimmt.

Problematisch ist am Gesetz gegen Wettbewerbsbeschränkungen, dass der Minister eine Fusion genehmigen kann, die vorher von der Behörde verboten wurde. Denn normalerweise sind ja alle Menschen vor dem Gesetz gleich (Artikel 3 des Grundgesetzes). Daran sollte auch ein Machtwort des Ministers nichts ändern können. Im März 2016 gab es einen politischen Paukenschlag, weil Wirtschaftsminister Sigmar Gabriel den Verkauf von Kaiser's Tengelmann an Edeka erlaubte, der zuvor vom Bundeskartellamt verboten worden war. Aus Protest trat der Vorsitzende der Monopolkommission, Daniel Zimmer, zurück. Gabriel begründete seine Entscheidung mit dem Schutz von Arbeitsplätzen; dies bewertete er als überragendes Interesse der Allgemeinheit. In der Wettbewerbspolitik geht es jedoch gerade nicht um den Schutz der jetzigen Arbeitsplätze. Sondern es geht, wie oben gezeigt, um günstigere Preise für die Konsumenten und einen ständigen Umbau der Wirtschaft, bei dem die Gesamtzahl der Arbeitsplätze möglichst hoch sein soll. Dies ist aber nur um den Preis einzelner Arbeitsplatzverluste zu haben. Gerade im Handel, zu dem der vorliegende Fall gehört, ist dies deutlich geworden. Dort heißt es: „Handel ist Wandel." Beispielsweise sind an die Stelle der vielen tausend mittelständischen Lebensmittelbetriebe, die noch in den 1970er Jahren das Bild beherrschten, die großen Discounter getreten, und niemand hat die Mittelständler und ihre Angestellten gerettet.

Die Presse berichtet von Zeit zu Zeit über große Kartellverfahren in Deutschland, der EU und den USA.

Beispielsweise wurde durch das Bundeskartellamt ein Kartell der Zementhersteller aufgedeckt. Weil die Normung für eine gleiche Qualität bei allen Herstellern sorgt und die Anzahl der Hersteller überschaubar ist, gilt die Branche als besonders anfällig. Hier forderte das Amt 2004 Bußgelder in Höhe von 661 Millionen Euro. Im Jahr 2014 verhängte das Amt Geldbußen von mehr als einer Milliarde Euro. Ob damit wirklich der Wettbewerb dauerhaft gesichert wird, ist schwer zu beurteilen. Die Kartellgewinne können so hoch sein, dass die Gefahr millionenschwerer Geldbußen in Kauf genommen wird. Zudem ist die Wahrscheinlichkeit, dass ein Kartell aufgedeckt wird, relativ gering. Denn es ist ja niemand dabei, wenn sich ein halbes Dutzend Manager an verschwiegener Stelle trifft. Die Monopolkommission fordert zusätzlich zu den Bußgeldern, die aus der Unternehmenskasse bezahlt werden, Freiheitsstrafen von bis zu fünf Jahren für die verantwortlichen Personen einzuführen. Ferner gibt es eine Kronzeugenregelung: Wer zur Aufdeckung eines Kartells beigetragen hat, bleibt straffrei. Das Problem ist offenbar, dass eine Absprache, die allen Beteiligten nützt, anders als Betrug und Diebstahl nicht als ehrenrührig angesehen wird.

Das Strafgesetzbuch enthält ein eigenes Kapitel *Straftaten gegen den Wettbewerb*. § 298 verbietet wettbewerbsbeschränkende Absprachen bei öffentlichen Ausschreibungen, die so genannten Submissionskartelle. Ansonsten gibt es zahlreiche Bestimmungen, die sich nicht gegen die Beschränkung des Wettbewerbs richten, sondern gegen das unkorrekte Verhalten einzelner Teilnehmer. Verboten ist beispielsweise die Bestechung eines Einkäufers (§ 299 StGB). Das *Gesetz gegen den unlauteren Wettbewerb* schützt vor allem die Konsumenten vor irreführender Werbung. Es geht beispielsweise um Behauptungen, die nicht zutreffen, oder um die Nachahmung von Bildzeichen von Mitbewerbern, was beim Kunden zu Verwechslungen führen kann.

6.2.2 Außenwirtschaft

Ausländische Firmen, die ihre Waren nach Deutschland liefern, und ausländische Dienstleister nehmen gewöhnlich nicht an den inländischen Kartellen teil. Denn ein Kartell verlangt eine feste Vertrauensbasis, ein langjähriges kollegiales Zusammenarbeiten, das dem Zusammenschluss vorangeht. Man kennt sich. Die Ausländer hingegen sind fremd und versuchen, durch niedrige Preise und bessere Konditionen in den hiesigen Markt einzudringen. Sie werden also von den Kartellgenossen als Störenfriede betrachtet. Schnell sind Argumente bei der Hand, hier gebe es einen unfairen Wettbewerb, etwa, dass die Ausländer nur durch niedrige Steuern oder niedrige Löhne besser anbieten könnten. Dabei wird allerdings verschwiegen, dass es einen wirklich fairen Wettbewerb im Sinne gleicher Startbedingungen im Außenhandel nie geben kann. Denn es konkurrieren ja nicht nur Firmen gegeneinander, sondern unterschiedliche Rechtssysteme, verschiedene Ausbildungssysteme, verschiedene Entlohnungen, Steuersysteme und so fort. Eine Angleichung wird es kaum geben, und sie ist auch nicht wünschenswert: Jedes Volk und jeder Staat hat seine unterschiedlichen Traditionen und Kulturen und nimmt am internationalen Wettbewerb teil, indem er seine besonderen Stärken ausspielt. Aus der Sicht der Wettbewerbspolitik ist also eine Öffnung der Grenzen immer wünschenswert, weil sie den Wettbewerb anfacht und einen Druck auf die Preise ausübt. Außerdem wird für das Publikum das Warenangebot um zahlreiche mehr oder minder exotische Artikel bereichert.

Seit Mitte der 1960er Jahre wurden die internationalen Transporte auf Container umgestellt. Die genormten Behälter lassen sich von Seeschiffen auf Eisenbahnwaggons und auf Lastkraftwagen umladen und erlauben so einen Transport von Haus zu Haus, vom Betrieb des Versenders direkt auf den Hof des Empfängers. An die Stelle von tausenden von Schauerleuten in den Häfen sind einige wenige Kräfte auf den riesigen Verladekränen getreten. Mit Containern sind billige Massentransporte möglich geworden: Der Transport einer Flasche Wein von Australien nach Europa kostet heute 12 Cent, der von einem Pfund Kaffee aus Mittelamerika 3 Cent. Gleichzeitig sind die Transporte sicherer geworden, weil der Inhalt von außen nicht sichtbar ist. Hinzu kommen die Kühlmöglichkeiten für frische Ware. Weil die Transportkosten nur noch einen kleinen Bruchteil des Preises ausmachen, hat sich der weltweite Wettbewerb außerordentlich verschärft. Ähnliches bemerkten die Geschäftsleute im 19. Jahrhundert, als die Eisenbahn an die Stelle der Pferdefuhrwerke trat und plötzlich Betriebe miteinander konkurrierten, die vorher nie voneinander gehört hatten. Ferner wirken sich heute die geringen Transportkosten auf die Wahl der Standorte der Betriebe aus: Alles kann quasi überall hergestellt werden. Die räumliche Nähe zum Kunden oder zum Lieferanten ist nicht mehr entscheidend. In dieselbe Richtung wirkt die Digitalisierung: Ein Internet-Betrieb kann auch in der Einöde zwischen Maisfeldern stehen.

Den inländischen Firmen ist die verstärkte ausländische Konkurrenz natürlich nicht genehm, einige müssen sogar schließen. Die Politiker werden bestürmt, dass Arbeitsplätze gefährdet oder vernichtet werden und die Wirtschaft hiervor geschützt werden müsse. Keinesfalls dürfe ein weiteres Freihandelsabkommen abgeschlossen werden. Diese Rufe nach

Schutz und Abschließung, nach *Protektionismus*, sind allgegenwärtig. Das politische Problem besteht darin, dass die positiven Wirkungen eines freien Außenhandels, nämlich Druck auf die Preise, vermehrtes Warenangebot und verstärkter Druck in Richtung Rationalisierung, Massenherstellung und Innovation, nur langsam und unmerklich auftreten, dafür aber überregional, für das ganze Volk. Die negative Wirkung, nämlich die Pleite eines inländischen Betriebs, kommt hingegen am betroffenen Platz schnell, direkt und schmerzhaft.

Die Fachleute sind sich längst darüber einig, dass das Wohlstandsniveau aller Länder steigt, wenn jeder sich auf das konzentriert, was er am besten und günstigsten herstellen kann, und das übrige importiert. Demgemäß steigt der Wohlstand aller Länder bei einem freien Außenhandel. Diese Theorie wurde zuerst von dem englischen Nationalökonomen David Ricardo (1772–1823) entwickelt. Sein Beispiel war: Angenommen, Schottland stelle nur Wolle her, Portugal hingegen Wolle und Rotwein. Dann ist es für Portugal vorteilhaft, sich ganz auf den Rotwein zu konzentrieren und die Wolle aus Schottland zu kaufen, selbst wenn die schottische Wolle teurer ist als die portugiesische. Ricardo lehrte:

> Die Vermehrung unserer Annehmlichkeiten durch eine bessere Verteilung der Arbeit, indem jedes Land jene Waren produziert, für die es durch seine Lage, sein Klima sowie durch seine anderen natürlichen oder künstlichen Vorteile geeignet ist und sie gegen die Waren anderer Länder eintauscht, ist, für das Wohl der Menschen genau so wichtig wie ihre Verwendung.

Wenn sich ein Land auf einige wenige Produkte konzentriert, in denen es besonders stark ist, dann können das

Ausbildungssystem, Steuern, Verkehrswege und das gesamte staatliche Rahmenwerk und nicht zuletzt die Werbung hierauf abgestimmt werden. Die Voraussetzungen sind in den Ländern höchst unterschiedlich: das Klima und die Bodenbeschaffenheit, die Bodenschätze, die handwerklichen Traditionen, Höhe und Richtung des Bildungswesens und speziell der beruflichen Ausbildung, Lohnhöhe, Sozialsystem und nicht zuletzt Stil und Geschmack bei den Entwürfen.

Der weitere große Vorteil eines freien Außenhandels ist die Friedenssicherung: Durch den ständigen Kontakt mit den ausländischen Unternehmen wachsen das Vertrauen und das Verständnis für die jeweiligen kulturellen Besonderheiten, und durch die enge wirtschaftliche Verflechtung wachsen die gegenseitigen Abhängigkeiten. Das Gefühl einer Rivalität, der Drang zu einem Kräftemessen, Ressentiments und Vorurteile werden abgebaut. Freilich wird auch die nationale Souveränität eingeschränkt. Abschreckendes Gegenbeispiel ist auch in dieser Hinsicht das nationalsozialistische Regime mit einer Politik der Autarkie, als nämlich alles im eigenen Lande hergestellt werden sollte. Da wurden Maulbeerbäume gepflanzt, um deutsche Seidenraupen zu ernähren, um hier Seide herzustellen. Durch die Abschließung der Grenzen wucherten Hass und Vorurteile gegenüber den Nachbarnationen. In der DDR, die ebenfalls gegenüber dem Wettbewerb des Weltmarktes abgeschlossen war, stagnierte die technische Entwicklung.

Zurzeit, 2016, überwiegen allerdings eher die politischen Bedenken gegen einen freien Außenhandel: Dieser wird eher als Bedrohung statt als Chance wahrgenommen. Großbritannien hat sich für einen Austritt aus der Europäischen Union entschieden. Offenbar fühlte sich ein großer Teil der britischen Bevölkerung im innereuropäischen und globalen

Wettbewerb zurück- und alleingelassen. Der republikanische Präsidentschaftskandidat in den USA, Donald Trump, hat den Freihandel zum Staatsfeind Nummer eins erklärt, und notgedrungen musste auch seine demokratische Gegenkandidatin Hillary Clinton vom Freihandelsabkommen mit der EU abrücken, das sie als Außenministerin stets befürwortet hatte. Dementsprechend gering sind die Aussichten, dass die *Transatlantische Handels- und Investitionspartnerschaft* (englisch: Transatlantic Trade and Investment Partnership, TTIP) noch zustande kommt.

Im Fall von Großbritannien und den USA werden Freihandelsabkommen eher aus einer Position der Schwäche heraus abgelehnt, weil diese beiden Staaten seit Jahr und Tag ein hohes Außenhandelsdefizit aufweisen, sich also im Export schwertun und im internationalen Wettbewerb nicht mithalten können. Aus US-amerikanischer Sicht wirkt das 1994 gegründete *Nordamerikanische Freihandelsabkommen* (englisch: North American Free Trade Agreement, NAFTA) abschreckend. Völlig entgeistert stellten die Amerikaner fest, dass ein Herstellungsbetrieb für Papier aufgeben musste, weil das kanadische Papier besser und billiger war. Seitdem gelten in den USA freie Importe als gefährliche Sache.

In Deutschland gibt es ebenfalls große Bedenken gegen ein Freihandelsabkommen zwischen EU und USA, aber eher aus einer Position der Stärke heraus, weil befürchtet wird, dass die hohen Umwelt-, Verbraucherschutz- und Sozialstandards nach unten angeglichen werden. Auf beiden Seiten des Atlantiks wird die Gefahr gesehen, dass die ganze Wirtschaftsstruktur einmal neu sortiert wird, zum Beispiel indem Arbeitsplätze ins Ausland verlegt werden. Hinzu kommt ein ganz unterschiedliches Verständnis der freien Wirtschaft. In den USA kann jeder herstellen und ohne offizielle Zulassung verkaufen, was er will. Aber wenn es schiefgeht, drohen gepfefferte Bußgelder. In Europa hingegen werden neue Geräte von Amts wegen geprüft und gegebenenfalls mit Prüfstempel zugelassen, so dass der Hersteller bei einem Unglücksfall nicht mehr haftet. Welches dieser beiden unvereinbaren Prinzipien sollte bei TTIP gelten? – Soweit auf beiden Seiten langwierige Zulassungsverfahren üblich sind, etwa bei Arzneimitteln, könnten diese Prüfungen gegenseitig anerkannt werden. Eines der beiden Verfahren würde genügen. Insgesamt würde TTIP wie jedes Freihandelsabkommen zu mehr Wettbewerb und zu einem noch reichhaltigeren Warenangebot führen.

Auch ohne diese umstrittenen Abkommen wächst der Welthandel mit atemberaubender Geschwindigkeit. In der Zeit von 1991 bis 2011 nahm der gesamte Welthandel real (preisbereinigt) mit einer durchschnittlichen Rate von jährlich gut 5 Prozent zu. Dabei wächst gleichzeitig die Spezialisierung der einzelnen Länder, also die weltwirtschaftliche Arbeitsteilung. Wenn jeder Artikel nur noch an einigen wenigen Stellen hergestellt wird, muss er zu allen anderen Abnehmern transportiert werden, meist im Seeverkehr. Dementsprechend hatten die weltweit tätigen Reedereien bis 2007 überreichlich neuen Schiffsraum in Auftrag gegeben, bis 2008/2009 die Weltwirtschaft einbrach mit der Folge einer über Jahre anhaltenden Schifffahrtskrise wegen der Überkapazitäten und der eingebrochenen Transportpreise.

Der Erfolg der einzelnen Länder im Außenhandel ist außerordentlich unterschiedlich. Im Lauf der Jahre treten einzelne Länder hervor, andere zurück. England, wo im 19. Jahrhundert die Industrialisierung begann, ist inzwischen weit abgeschlagen. Nach dem Zweiten Weltkrieg waren die USA bis 1985 führende Exportnation, bis sie 1986 erstmalig von Deutschland überholt wurden. Bis 2008 wechselten sich die USA und Deutschland in der Führung ab, bis 2009 die Volksrepublik China im Export die Führung übernahm. 2007 lagen erstmalig die USA hinter China und Deutschland an dritter Stelle.

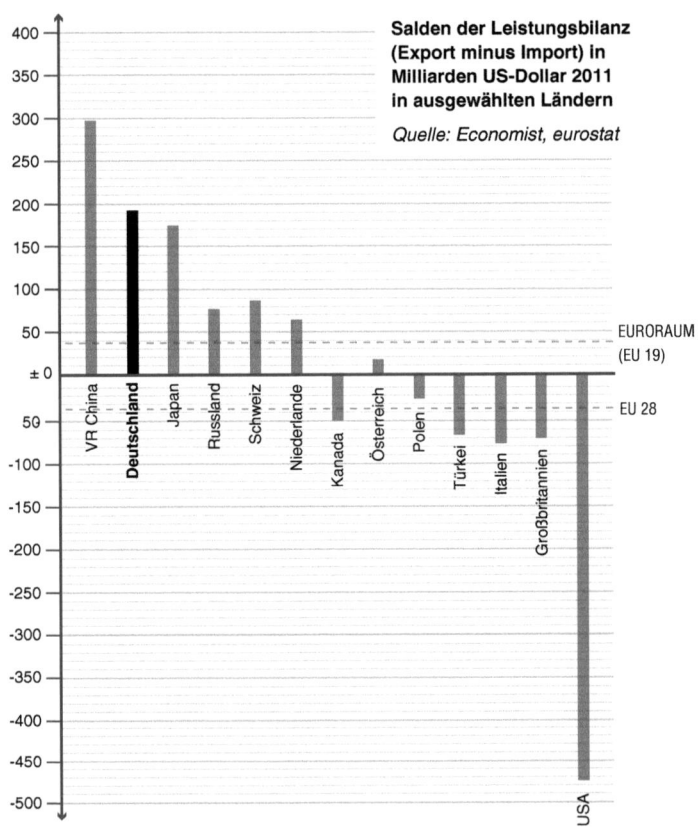

Im Jahr 2011 waren die zehn stärksten Exportländer:

1. China
2. USA
3. Deutschland
4. Japan
5. Niederlande
6. Frankreich
7. Südkorea
8. Italien
9. Russland
10. Belgien

Erst hiernach, an elfter Stelle, kommt Großbritannien. Was an dieser Liste am meisten erstaunt: Die Niederlande, mit gerade einmal 17 Millionen Einwohnern in einem relativ schmalen Landstreifen an der Rheinmündung und ohne nennenswerte Bodenschätze, liegen im Export meilenweit vor Russland mit 146 Millionen Einwohnern, einer schier unendlichen Landfläche und Bodenschätzen aller Art. An diesem Beispiel wird deutlich, dass es nur wenig auf die geografische Ausgangslage ankommt. Stattdessen hängt alles an der Frage, in welcher Art und mit welcher Mentalität die Wirtschaft aufgezogen wird, also primär an der Wirtschaftsordnung.

Die zehn Länder mit den größten Außenhandelsüberschüssen waren 2011:

1. Saudi-Arabien
2. Deutschland
3. Russland

4. China
5. Vereinigte Arabische Emirate
6. Kuwait
7. Katar
8. Norwegen
9. Nigeria
10. Niederlande

Tonangebend sind hier also die Erdöl-Exporteure (Saudi-Arabien, Vereinigte Arabische Emirate, Kuwait, Katar, Norwegen und Nigeria) und der Erdgas-Exporteur Russland. Demgegenüber haben Deutschland, China und die Niederlande ihren Platz durch eigene Anstrengung erobert und nicht, indem einfach nur Rohrleitungen bis zur nächsten Hafenstadt gelegt wurden.

Abschließend seien noch die zehn Länder mit dem größten Außenhandelsdefizit 2011 genannt, also aus der Sicht der Weltwirtschaft die zehn größten Problemfälle, weil diese Länder stets genötigt sind, für ihre Mehr-Importe im Ausland Kredite aufzunehmen, die ihnen eines Tages verweigert werden können, wenn die Kreditgeber meinen, die Rückzahlung sei nicht gesichert.

1. USA (mit weitem Abstand)
2. Großbritannien
3. Indien
4. Frankreich
5. Türkei
6. Spanien
7. Hongkong
8. Italien
9. Japan

10. Ägypten

Die USA haben Jahr für Jahr ein Außenhandelsdefizit von rund 800 Milliarden US-Dollar, müssen also in dieser Größenordnung im Ausland Kredite aufnehmen. Die Verschuldung gegenüber der Volksrepublik China beträgt inzwischen 1,3 Billionen, gegenüber Japan 1,1 Billionen Dollar. Die Chinesen könnten theoretisch eines Tages die Amerikaner fallen lassen.

Die Amerikaner sind allerdings verwöhnt durch die Tatsache, dass seit Jahrzehnten der Dollar als internationale Reservewährung fungiert. Hierdurch sind sie in einer beneidenswerten Stellung: Sie können fleißig Dollarnoten drucken und hiermit weltweit einkaufen. Wenn diese Dollar dann in den Kellern der ausländischen Notenbanken als Reservewährung gebunkert werden, kauft also niemand mit diesem Geld in Amerika ein, und die Amerikaner haben ihrerseits gratis eingekauft. Noch heute bestehen die internationalen Währungsreserven zu 65 Prozent aus Dollar und zu rund 20 Prozent aus Euro. Es gibt Verschwörungstheorien in dem Sinne, dass die angelsächsische Welt den Euro kleinhalten wolle – eine sehr naheliegende Vorstellung.

Der Internationale Währungsfonds mit Sitz in Washington, USA, beurteilt die weltweiten Ungleichgewichte und empfiehlt Gegenmaßnahmen. Denn jedem Zahlungsbilanzüberschuss eines Landes steht ein Defizit an anderer Stelle gegenüber. Diese Ungleichgewichte machen das ganze System krisenanfällig und sollen möglichst verkleinert werden. Schnell ist der Schuldige ausgemacht: Deutschlands Exportüberschuss sei das Problem. Dieser Überschuss (Export minus Import) komme nicht etwa dadurch zustande, dass die deutschen Produkte weltweit gefragt seien, sondern dadurch, dass Deutschland zu wenig importiere. Es müsse durch staatliche Programme die Gesamtnachfrage erhöhen, wodurch sich dann auch die Importe erhöhen würden. Dann hätten die Partner Exportchancen und könnten ihr Defizit verringern. Die strenge Haushaltspolitik, nämlich keine weiteren Schulden zu machen, sei ganz falsch, weil damit die gesamtwirtschaftliche Nachfrage und auch die Importe gebremst würden. Außerdem müsse Deutschland die Löhne erhöhen. Dadurch würden die Produkte teurer werden, also weniger exportiert. Außerdem würde eine Lohnerhöhung die Nachfrage und damit auch die Nachfrage nach Auslandsgütern, den Import, beleben. All dies werde dazu beitragen, das Problem der deutschen Exportüberschüsse zu mindern.

Diese Art der Argumentation erinnert an einen Lehrer, der bedauernd feststellt, dass es in der Klasse große Leistungsunterschiede gibt. Und der daraufhin erklärt, die Spitzengruppe der Streber solle es sachter angehen lassen, solle etwas fauler und nachlässiger werden. In der Tat würde dies die Unterschiede verringern.

Außerdem ist selbst für einen Laien erkennbar, dass die vom Währungsfonds empfohlene Strategie nicht viel nützen würde. Selbst wenn die Bundesregierung auf Pump ein riesiges Ausgabenprogramm startete, würden sich die Importe aus den USA nicht wesentlich erhöhen, einfach deshalb nicht, weil sich diese Produkte bisher auf dem hiesigen Markt nicht durchgesetzt haben und sich vermutlich auch künftig nicht durchsetzen werden.

Ganz ähnlich wird von offizieller Seite das amerikanische Handelsbilanzdefizit erklärt. Ursache sei nicht etwa, dass die dortigen Produkte nicht weltmarktfähig seien. Sondern Ursache sei, dass es in den USA hohe

Einkommenssteigerungen und daher zu viel Importe gegeben habe. Außerdem würden die amerikanischen Konsumenten Auslandsware bevorzugen. Woran mag dies liegen? Vielleicht daran, dass die ausländischen Erzeugnisse entweder billiger oder besser sind oder beides? Ein Grundproblem der amerikanischen Wirtschaft scheint zu sein, dass sie nicht fähig ist, sich auf Marktbedingungen im Ausland einzustellen. Dies wurde besonders bei dem Ausflug des Einzelhandelsriesen Walmart nach Deutschland deutlich. 1997 investierte die Firma rund 2 Milliarden DM, um in Deutschland Fuß zu fassen. 2006 wurden alle Filialen verkauft oder geschlossen, weil sie sämtlich ausschließlich Verluste gebracht hatten. Aus den USA waren Rituale mitgebracht worden, mit denen hier niemand etwas anzufangen wusste, beispielsweise die Begrüßung jedes Kunden und das Einpacken der Ware an der Kasse. Ganz Deutschland lachte, als Walmart Liebschaften innerhalb des Personals verbot. Die *Frankfurter Allgemeine Zeitung* meinte, Walmart sei in Deutschland gescheitert, weil es nur *Plastikschund* zu kaufen gegeben habe. Im weltweiten Wettbewerb gibt es im Prinzip zwei Strategien:

1. In Niedriglohnländern werden einfache Massenartikel wie T-Shirts hergestellt, die sich mehr oder minder weltweit billig verkaufen lassen. Oder man verlegt sich auf die Lohnfertigung: Die Fabrik bekommt eine Bluse als Muster, einen Container mit Material und den Auftrag, 2.000 Stück herzustellen, die genau so genäht sind und genau so aussehen wie das eine Muster. Der Betrieb braucht also nichts zu entwerfen oder einzukaufen. Er braucht sich um den Absatz im Einzelhandel nicht zu sorgen. Sondern es wird nur nach Muster gefertigt. Bei dieser Strategie entscheidet der Preis über den Erfolg.

2. In Hochlohnländern werden schwierige und komplizierte Artikel hergestellt wie etwa Werkzeugmaschinen, in Kleinserien oder gar einzeln je nach Wunsch des Kunden. Im Schiffbau geht es nicht um die üblichen Frachter oder Containerschiffe, sondern um Spezialschiffe, beispielsweise Schiffe zum Errichten von Off-Shore-Windenergieanlagen oder besonders bullige Hochseeschlepper aus Cuxhaven. Oder eine Spezialfirma übernimmt die gesamte Verkabelung eines Schiffs-Neubaus. Bei dieser Strategie ist der Preis weniger bedeutsam. Es geht mehr um Perfektion und Zuverlässigkeit.

Die USA stehen genau zwischen diesen beiden Strategien: ein Hochlohnland, das billige Massenartikel herstellt. Es gibt immer nur die Standardqualität. Hinzu kommt das Problem, dass traditionell nicht die Industrie im Zentrum des Interesses steht, sondern die Börse. Jeder versucht, durch einen Aktientrick schnell reich zu werden. Im Zusammenhang hiermit steht das kurzfristige Denken von Quartalsbericht zu Quartalsbericht. Es gibt wenig Neuentwicklungen, die sich über einige Jahre hinziehen. Zwar ist der Erfolg einiger Internet-Giganten überwältigend, aber es gibt keine Exportkultur in der Fläche des Landes.

Auch die Europäische Kommission hat 2014 in einer *Vertieften Analyse im Rahmen des Makroökonomischen Ungleichgewichtsverfahrens* die Probleme untersucht, die sich aus dem hohen Leistungsbilanzüberschuss Deutschlands ergeben. Das Bundesministerium für Wirtschaft weist darauf hin, dass hierzu auch Einnahmen aus Engagements im Ausland beigetragen haben:

Deutsche Unternehmen haben seit den 90er Jahren nicht zuletzt in den mittel- und osteuropäischen Partnerländern investiert und dort für Wachstum und Beschäftigung gesorgt.

Als eine Ursache der Exportüberschüsse wird auch hier eine relativ schwache Binnennachfrage und daher schwache Importnachfrage genannt, gleichzeitig aber auch die hohe Wettbewerbsfähigkeit der deutschen Wirtschaft als Treiber des Exports. Hierzu gehört eine zunehmende Service-Orientierung, aber auch die Innovationsfähigkeit, gemessen an der Zahl der Patente. Der Innovationsvorsprung erlaubt einen gewissen Spielraum bei der Preispolitik. Generell werden die deutschen Produkte nicht etwa deswegen so stark nachgefragt, weil sie besonders billig wären. Die Bundesregierung kündigt an:

> Zusätzliche private und öffentliche Investitionen in Bildung und Forschung sowie in die Infrastruktur werden die Wettbewerbsfähigkeit Deutschlands weiter steigern. Zudem werden sie einen Beitrag zu mehr Binnennachfrage leisten.

Die am Außenhandel beteiligten Länder haben in aller Regel verschiedene Währungen: Jede Nation hat ihre Notenbank, die die dortige Währung herausgibt. Wer im Ausland einkauft, muss sich also die notwendige Menge der dortigen Währung besorgen. Die Preise der Währungen, die Wechselkurse, schwanken je nach Angebot und Nachfrage sehr stark. Zum Beispiel gab es für einen Euro zeitweise rund 0,85 US-Dollar, zeitweise 1,60 Dollar. Ein Kaufmann, der seinen Absatz langfristig planen will, trägt deshalb ein Kursrisiko: Es kann sein, dass die Währung seines Lieferanten steigt, der

Einkauf sich also stark verteuert. Innerhalb des Euro-Raumes gibt es dieses Risiko nicht mehr, weil alle teilnehmenden Länder in der gleichen Währung zahlen. Außerdem sind die Preise leicht vergleichbar, weil nicht erst umgerechnet werden muss. Der Euro trägt also zur Integration der nationalen Volkswirtschaften im Europäischen Binnenmarkt bei und ist darüber hinaus ein wichtiges Symbol der Zusammengehörigkeit. Allerdings umfasst die Eurozone zurzeit (2016) nur 19 der 28 EU-Mitgliedsstaaten.

Die Preise der Währungen, die Wechselkurse, bilden sich wie alle Preise nach Angebot und Nachfrage. Hierfür gibt es eine Vielzahl von Einflussgrößen. Wenn beispielsweise das Zinsniveau in einem Land vergleichsweise hoch oder wenn die politische Lage stabil ist, lohnt es sich, dort Geld anzulegen. Der Kurs dieser Währung wird also steigen. Dies ist das Problem der Schweiz. Der Franken ist gegenüber dem Euro so sehr im Wert gestiegen und der Euro so billig geworden, dass es sich für die Schweizer lohnt, kurz hinter der Grenze in Deutschland einzukaufen.

Gefragt sind auch Währungen, die als besonders stabil gelten, weil das Preisniveau in diesen Ländern langfristig nur wenig steigt. Die Europäische Zentralbank hat sich zum Ziel gesetzt, die Inflationsrate knapp unter 2 Prozent pro Jahr zu halten. Dieses Ziel wurde durchweg erreicht. In jüngster Zeit liegt die Preissteigerungsrate sogar unter 1 Prozent.

Einen großen Einfluss auf den Wechselkurs hat auch der Saldo der Handelsbilanz. Bei einem hohen Exportüberschuss, wenn alle Welt in einem Land kaufen will, wird die Währung dieses Landes stärker gekauft als verkauft, der Wechselkurs wird also steigen. Hierdurch verteuern sich im Ausland die Produkte dieses Landes, der Exportüberschuss wird sinken. Ist hingegen der Import eines Landes weit höher als der Export, so müssen sich die Bewohner dieses Landes entsprechend mehr fremde Währungen kaufen und die eigene Währung zum Tauschen anbieten, der Kurs wird also sinken. Hierdurch werden die Produkte dieses Landes für ausländische Kunden billiger, der Export wird also steigen. Dieser Wechselkursmechanismus trägt daher dazu bei, die hohen Export- und Importüberschüsse auszugleichen. Er bildet ein Gelenk zwischen den Staaten.

Das Problem des Euro-Raumes besteht darin, dass es dieses ausgleichende Gelenk zwischen den Mitgliedsstaaten nicht mehr gibt und dass sehr starke mit sehr schwachen Volkswirtschaften zusammengespannt worden sind. Deutschland wäre wegen des hohen Exportüberschusses immer aufwertungsverdächtig. Weil es dazu nicht kommt, sind die deutschen Waren vom Ausland her gesehen eigentlich zu billig. Griechenland wäre wegen der schwachen Wirtschaft eigentlich immer abwertungsverdächtig. Die griechischen Waren sind für das Ausland eigentlich zu teuer. Weil es einen Ausgleich über die Wechselkurse zwischen diesen Staaten nicht gibt, sind hohe Hilfen für die schwächeren Staaten notwendig.

6.2.3 Steuer- und Finanzpolitik

Bei sämtlichen Zahlungen, die dem Staat zufließen, sind zu unterscheiden:

1. Entgelte, die der Staat nicht von Amts wegen, hoheitlich einnimmt, sondern privatrechtlich, weil er etwas verkauft.

Zum Beispiel kann die Stadt besonders günstig ein Gewerbegrundstück verkaufen, um einen Betrieb zur Ansiedlung zu bewegen. Dies kann der Bürgermeister sogar allein entscheiden, ohne die Gremien beteiligen zu müssen. Diese beschließen nur Satzungen und Gesetze, keine Einzelfälle der laufenden Verwaltung.

2. Gebühren werden für einen bestimmten Verwaltungsakt erhoben. Zum Beispiel kann das städtische Ordnungsamt eine Gebühr von 20,– Euro erheben, um eine Gewerbeanmeldung entgegenzunehmen und zu quittieren.

3. Beiträge werden erhoben, wenn eine Vielzahl von Personen die Möglichkeit erhält, einen Vorteil wahrzunehmen. Zum Beispiel werden Anliegerbeiträge erhoben, wenn ein Landweg zur Straße ausgebaut wird, weil hierdurch der Verkaufswert der anliegenden Immobilien steigt. Wie Jan-Christoph Oetjen, Mitglied (FDP) des Niedersächsischen Landtags, berichtet, gibt es häufig Probleme. Beispielsweise ist es regelmäßige Pflicht der Stadt, die Straßen zu pflegen, natürlich zu 100 Prozent auf Kosten der Stadt. Wenn sie diese Pflege für Jahrzehnte vernachlässigt hat, ist eines Tages eine Grundsanierung fällig, dann aber mit Beteiligung der Anlieger. Diese haben mitbekommen, wie vor ihrer Haustür gebuddelt wurde, und sind erstaunt, wenn sie einige Jahre später den Bescheid über einige zehntausend oder gar 340.000 Euro bekommen. Es gibt Pechvögel mit einem Eckgrundstück, die für beide Straßen zahlen sollen. Zunächst wird der Bescheid gerichtlich angefochten, nicht selten erfolgreich, weil die Berechnung außerordentlich kompliziert ist, mit unterschiedlichen Prozentsätzen je nach Art der Straße und getrennt

für alle einzelnen Baumaßnahmen. In Hamburg wurde festgestellt, dass Berechnung, Einziehung und Gerichtsverfahren insgesamt mehr kosten, als die Beiträge einbringen. Daraufhin wurde beschlossen, auf Anliegerbeiträge ganz zu verzichten und stattdessen die Grundsteuer leicht zu erhöhen. Dies ist argumentativ nachvollziehbar: Pflege und Ausbau der Straßen ist eine gemeinschaftliche Aufgabe aller Einwohner, und alle sollen hierzu beitragen. Außerdem ist zum Einziehen der Grundsteuer schon ein eingespielter Verwaltungsapparat vorhanden. – Beiträge verlangen neuerdings auch die Fernsehanstalten, weil sie jedem die Nutzung ermöglichen, auch wenn er keinen Apparat besitzt. Vorher gab es Gebühren für die einzelnen tatsächlichen Nutzer.
4. Steuern werden für den allgemeinen Haushalt erhoben, also für die Gesamtheit aller staatlichen Aufgaben. Der Steuerzahler kann keine besondere Leistung verlangen. Zum Beispiel kann niemand verlangen, dass das Aufkommen der Kraftfahrzeugsteuer für den Straßenbau verwendet werden muss. Diese Steuer fließt in den allgemeinen Topf für alle Staatsaufgaben. Ebenso ist die Hundesteuer keine Gebühr für ein Recht, die Straßen zu verschmutzen. Die Steuern muss jeder bezahlen, auch wenn er mit deren Verwendung nicht einverstanden ist. Zum Beispiel muss auch ein Pazifist Steuern zahlen, mit denen unter anderem Kriegswaffen angeschafft werden.

In der Steuerpolitik gibt es eine Reihe von Forderungen, die sich teilweise widersprechen und daher eine ständige Debatte auslösen, die niemals enden wird.

1. Die Steuer soll ergiebig sein, also möglichst viel Geld einbringen. Dies trifft etwa auf die Lohn- und Einkommensteuer zu, ebenso auf die Umsatzsteuer.
2. Die Steuer soll unmerklich sein. Der Steuerzahler soll gar nicht bemerken, was er zahlt, und der Steuer nicht ausweichen können. Dies trifft auf die Umsatzsteuer zu: Wer etwas in einem Laden kauft, sieht nicht, wie viel Umsatzsteuer im Preis enthalten ist. Bei den Steuern vom Lohn oder Einkommen hingegen spürt er dies deutlich.
3. Alle Staatsbürger sollen gleich behandelt werden, es soll keine Privilegien und Ausnahmen geben. Hiergegen wird in einigen Fällen verstoßen. Zum Beispiel werden die Landwirte durch ein Verfahren der pauschalen Gewinnermittlung (§ 13a des Einkommensteuergesetzes) begünstigt. Bei Reedereien mit internationalem Schiffsverkehr wird der Gewinn pauschal nach der Größe des Schiffes berechnet (*Tonnagesteuer*), was weit günstiger ist als die gewöhnliche Gewinnermittlung. Auf diese Weise wird ein Anreiz geschaffen, den Sitz der Reederei in Deutschland zu belassen, also die Schiffe nicht auszuflaggen.
4. Die Steuern sollen zur sozialen Gerechtigkeit beitragen, indem sie die Einkommens- und Vermögensunterschiede mildern. Dies zielt in dieselbe Richtung wie die Forderung, die Steuern sollten nach der Leistungsfähigkeit erhoben werden. Aus diesem Grund gibt es Freibeträge für die geringen Einkommen und einen allmählich ansteigenden Steuersatz für die höheren. Wegen der sehr ungleichen Verteilung der Vermögen gibt es immer wieder die Forderung nach einer Vermögenssteuer. Diese müsste allerdings außer dem Geldvermögen auch das Sachvermögen umfassen. Alle Vermögensgegenstände müssten bewertet

werden. Dies ist bei Immobilien einigermaßen sicher zu schaffen, bei einer Gemäldesammlung schon schwieriger.
5. Betriebliche Gewinne sollen niedriger besteuert werden als Löhne und Gehälter, weil die Gewinne aus unternehmerischer Tätigkeit auch zum Aufbau des Eigenkapitals dienen, also Betriebe und Arbeitsplätze sichern, während die Löhne und Gehälter nur dem Konsum dienen.
6. In der Besteuerung der Unternehmen sollen Firmen mit persönlicher Haftung des Inhabers milder besteuert werden als Kapitalgesellschaften, weil der Inhaber ein höheres Risiko trägt als ein Kapitaleinleger, der nur mit der eingelegten Summe haftet.
7. Steuern sollen ein sozial erwünschtes Verhalten belohnen, beispielsweise Versicherungsbeiträge und Spenden für gemeinnützige Vereine. Ein schädliches Verhalten soll erschwert werden, beispielsweise das Rauchen, das nicht nur den Raucher schädigt, sondern über die Krankenkassen auch die Allgemeinheit belastet. Daher gibt es eine Tabaksteuer.
8. Steuern sollen dazu anreizen, die Umwelt zu schonen. Zum Beispiel ist eine Kraftfahrzeugsteuer sinnvoll, die sich nach dem Ausstoß von Kohlendioxid richtet, weil davon ausgegangen wird, dass der menschengemachte CO_2-Ausstoß zu einer gefährlichen Erwärmung der Atmosphäre führt.
9. Die Steuergesetze sollen auch für Laien einigermaßen verständlich und nicht zu kompliziert sein. Denn bei einem kaum durchschaubaren System werden all diejenigen bevorzugt, die sich einen Steuerberater leisten können.
10. Die Steuern sollen relativ einfach zu erheben sein, das heißt mit einem kleinen Beamtenapparat und ohne einen Rattenschwanz von Rechtsstreitigkeiten hervorzurufen.

Eine Steuer ist sinnlos, wenn die Erhebung beinahe so viel kostet, wie die Steuer einbringt.
11. Die Gemeinden sollen daran interessiert sein, Gewerbe anzusiedeln und zu pflegen. Hierzu dient vor allem die Gewerbesteuer, die den Gemeinden zufließt und deren Steuersatz sie festlegen können. Ohne Gewerbesteuer würden sie womöglich versuchen, sich zu ganz ruhigen reinen Wohngemeinden zu entwickeln, was dem Geschmack vieler Einwohner entgegenkommt, aber keine wirtschaftliche Grundlage schafft.
12. Die Steuern sollen den Geschäftsverkehr, das Kaufen und Verkaufen, nicht behindern. Denn die Wirtschaftstheorie geht davon aus, dass jeder Akt des Kaufens den Gesamtnutzen erhöht: Der Verkäufer schätzt den Nutzen des Geldes höher ein als den Nutzen des Gegenstandes, den er verkauft. Umgekehrt schätzt der Käufer den Wert des Gegenstandes höher als den des Kaufpreises. Wird der Akt des Kaufens besteuert, etwa bei der Grunderwerbssteuer, so wird diese beiderseitige Nutzenmehrung behindert. In der Fachsprache ist hier von *Transaktionskosten* die Rede, die möglichst gemindert werden sollen, um den Geschäftsverkehr zu erleichtern. Außerdem sollen die Produktionsfaktoren, wie etwa der Boden, der rentabelsten Verwendung zugeführt werden, und diese Wanderung der Immobilien soll nicht behindert werden.

Diese Forderungen widersprechen sich teilweise. Zum Beispiel soll die Tabaksteuer einerseits das Rauchen eindämmen, andererseits Geld einbringen. Würde der Lenkungszweck vollständig erreicht und niemand mehr rauchen, so müsste der Staat auf diese Steuern verzichten. Ebenso widersprüchlich sind einerseits die Forderung nach einer einfachen und übersichtlichen Steuer und andererseits die Forderung, möglichst viele Einzelfälle gerecht zu erfassen, was die Sache kompliziert und unübersichtlich macht. Einen ähnlichen Widerspruch gibt es bei der Umsatzsteuer: Sie ist zwar bequem zu erheben und unmerklich, jedoch unter sozialen Gesichtspunkten problematisch, weil sie hauptsächlich diejenigen Bevölkerungsschichten trifft, die ihr gesamtes Einkommen verbrauchen und nicht sparen, also die sozial schwach Gestellten. Dies soll durch einen gespaltenen Umsatzsteuersatz ausgeglichen werden, indem lebensnotwendige Güter nur mit 7 Prozent, alle anderen mit 19 Prozent belastet werden. Diese Liste erscheint jedoch unübersichtlich und konfus. Zum Beispiel werden Pferde und Kartoffeln mit 7 Prozent, Esel und Süßkartoffeln mit 19 Prozent versteuert.

Bei alledem ist noch zu berücksichtigen, dass Deutschland in einem internationalen Steuerwettbewerb steht. Zum Beispiel liegt die Gesamtbelastung durch Unternehmenssteuern in Deutschland bei rund 39 Prozent der Gewinne, in Österreich hingegen nur bei 25 Prozent, was schon viele Firmen veranlasst hat, ihren Sitz nach Österreich zu verlegen. Dieser internationale Wettbewerb ist auch der wichtigste Einwand gegen eine Vermögenssteuer, denn für einen Großkapitalisten ist es sehr einfach, ganz legal sein Kapital in die Schweiz oder in die Karibik zu verlagern, wo er hiervon verschont wird. Die Forderung der sozialen Gerechtigkeit, die hohen Einkommen und großen Vermögen stark zu belasten, geht ins Leere, wenn diese Personen daraufhin ihren Firmensitz und ihren Wohnsitz ins Ausland verlagern, vor allem ins deutschsprachige Ausland wie nach Österreich und in die Schweiz. Das Wirtschaftsministerium unternimmt heroische Anstrengungen, eine grenzüberschreitende Gewinnverlagerung möglichst zu verhindern, auch durch eine gegenseitige Information. Die großen Unternehmen finden aber durch komplizierte Gestaltungen immer wieder neue Schlupflöcher.

Daher gibt es für den Staat unausgesprochen immer die Versuchung, die beweglichen Kapitalien (Großvermögen und internationale Firmen) zu verschonen, hingegen die Ortsgebundenen (Mittelstand, Lohn- und Gehaltsbezieher) umso stärker zu belasten.

Das Steuersystem insgesamt soll einigermaßen stabil bleiben, um keine Verunsicherungen zu schaffen. Daher werden immer nur relativ kleine Korrekturen vorgenommen. Dies entspricht der generellen Forderung nach einer Konstanz der Wirtschaftspolitik im Interesse einer Planungs- und Investitionssicherheit der privaten Akteure.

Ein grundsätzliches Problem ist die Frage, welcher Anteil der gesamtwirtschaftlichen Wertschöpfung, des Bruttoinlandsprodukts, durch die staatlichen Kassen fließen soll. Hieran lässt sich ablesen, inwieweit der Staat auf die private Initiative vertraut oder aber an zahlreichen Stellen selbst eingreifen will. Je niedriger die Staatsquote, desto marktwirtschaftlicher ist die ganze Ordnung orientiert. Dieser Anteil des Staates liegt (2014) in Deutschland bei 45 Prozent nahezu auf derselben Höhe wie in Großbritannien. Damit liegen diese beiden Länder merklich unter dem EU-Durchschnitt von 48 Prozent. Deutlich über diesem Durchschnitt, also eher staatswirtschaftlich orientiert, liegen die Niederlande (49 Prozent), Österreich (50 Prozent), Dänemark (56 Prozent) und insbesondere Frankreich (57 Prozent). Hier spiegelt sich wider, dass in Frankreich die – in Deutschland breitflächig verteilten – mittelständischen Betriebe eine geringere Rolle spielen, wohl aber einige staatsnahe Großunternehmen. Generell ist in Deutschland und den angelsächsischen Ländern das Vertrauen in den Selbstlenkungsprozess einer freien Wirtschaft größer als in den romanischen und auch in den skandinavischen Ländern, die eher zu Korrekturen im Namen der öffentlichen Hand neigen. Noch weitaus niedriger als in Deutschland und Großbritannien ist mit 40 Prozent die Staatsquote in den USA, wo die umverteilende Sozialpolitik eine eher schwache Bedeutung hat.

Die Bundesregierung bemüht sich um eine generationengerechte Wachstumspolitik, womit gemeint ist, dass die jetzige Generation möglichst wenig Schulden aufnimmt, die später von unseren Kindern und Enkeln zurückzuzahlen sind. Die Verschuldung des Staates erreichte 2010 ihr Maximum mit 81 Prozent des Bruttoinlandsprodukts und wurde seitdem kontinuierlich gesenkt. Ziel ist, diese Quote ab 2016 in zehn Jahren auf unter 60 Prozent und damit unter die EU-Vorgabe von 60 Prozent zu senken. 2009 wurde in das Grundgesetz (Artikel 109, Absatz 3) eine *Schuldenbremse* eingeführt: „Die Haushalte von Bund und Ländern sind grundsätzlich ohne Einnahmen aus Krediten auszugleichen." Dabei erlaubt das Wort „grundsätzlich" Ausnahmen für Notfälle. Der Finanzminister versucht, und in jüngster Zeit erfolgreich, eine *schwarze Null* zu erreichen, also einen geringen Überschuss der Einnahmen. Früher wurden in den Buchungsmaschinen die Guthaben schwarz, die Schulden in roter Farbe gedruckt.

In den regelmäßigen Beratungen zum nächstjährigen Haushalt lassen sich die Einnahmen einigermaßen sicher im Voraus schätzen, indem die vorjährigen Einnahmen je nach der konjunkturellen Entwicklung nach oben oder unten korrigiert werden. Wie viel Geld dem einzelnen Finanzminister effektiv zur Verfügung steht, hängt jedoch von einem fast undurchschaubaren Ausgleichssystem ab, gleichsam einem Gewirr kommunizierender Röhren. Es gibt die Zahlungen in vertikaler Richtung, so etwa aufwärts von der Gemeinde zum Landkreis oder vom Bund zur EU, und abwärts durch die unzähligen Sach- und Regionalförderprogramme der EU, des Bundes und der Länder. In waagerechter Richtung gibt es in der Europäischen Union Geldströme von der reichen Mitte in die strukturschwachen Außengebiete. Die reiche Mitte, wegen ihrer Form auch als *Banane* bezeichnet, umfasst Südengland, die Rheinschiene und Norditalien. Zum schwachen Rand gehören beispielsweise Sizilien und das Baltikum.

In Deutschland gibt es einen Finanzausgleich zwischen den Ländern, um ihre unterschiedliche Finanzkraft angemessen auszugleichen (Artikel 107 des Grundgesetzes) und um sie in die Lage zu versetzen, den ihnen zugewiesenen Aufgaben nachzukommen. Dabei zahlen die reichen Länder wie Bayern, Baden-Württemberg und Rheinland-Pfalz an die armen wie Berlin, Bremen, Mecklenburg-Vorpommern und Sachsen-Anhalt. Dass die neuen Bundesländer unterstützt werden müssen, weil vier Jahrzehnte lang der wirtschaftliche Fortschritt verbremst wurde, ist nachvollziehbar. Dass Bremen an seiner katastrophalen Lage schuldlos sei, wird in Bremen selbst behauptet. Ursache könnte aber auch eine ungeschickte Politik sein, nämlich voller Vorbehalte gegenüber der privaten Wirtschaft. Größter Empfänger des Finanzausgleichs ist Berlin. Anders als bei den meisten Hauptstädten anderer Länder fehlen hier das zentrale Bankenviertel und die Konzernsitze. Außer dem Finanzausgleich zwischen den Bundesländern gibt es noch Ergänzungszuweisungen vom Bund an die neuen Bundesländer und Berlin.

Bei den Ausgaben gibt es für die Finanzberatungen ein prinzipielles Problem, das mit rationalen Methoden nicht lösbar ist. Üblicherweise fragt der Finanzminister bei den einzelnen Ressorts an, wie viel Bedarf sie im kommenden Jahr haben. Da meldet jeder kräftig an in der Hoffnung, wenigstens einen Teil hiervon bewilligt zu bekommen. Angenommen, die angemeldeten Forderungen sind insgesamt doppelt so hoch wie die geschätzten Einnahmen, und es sollen keine Schulden aufgenommen werden. So muss also gekürzt und gestrichen werden. Aber wo? Im Finanzausschuss könnte beispielsweise über folgende Forderungen beraten werden:

- *Sicherheit:* mehr Polizisten, bessere Ausrüstung der Polizei
- *Digitales:* Breitbandausbau in Landgebieten
- *Soziales:* weitere Kindertagesstätten, höhere Renten
- *Verkehr:* weitere Autobahnen, Ausbau der Häfen
- *Bildung:* mehr Lehrer, kein Unterrichtsausfall
- *Forschung:* neue Elementarteilchen

Jede dieser Forderungen wird eingehend und überzeugend begründet. Aber es können nicht alle erfüllt werden. Jetzt muss also nach Wichtigkeit und Dringlichkeit abgewogen werden. Dies ist rein rational nicht zu machen, weil die Forderungen nicht vergleichbar sind – ähnlich, als wenn jemand fragt, was schwieriger ist: Klavier spielen oder Tennis spielen? Hier läuft auch die so häufig zu hörende Forderung ins Leere, die Politik müsse von Fachleuten gemacht werden. Denn die Fachleute gibt es immer für einzelne Fachgebiete, aber es ist keine Fachfrage, zwischen obigen Forderungen Prioritäten zu setzen. Gefordert ist vielmehr eine wertende Stellungnahme, die das Unvergleichbare doch vergleicht. Die Haushaltspolitiker können sich damit behelfen, dass sie zunächst die Posten bedienen, die vom Volk heftig gefordert werden, beispielsweise mehr Polizei nach einer Serie von terroristischen Anschlägen. Andererseits können sie bedenken, was der Wirtschaft nützt (Autobahnen) und was langfristig Ertrag bringt (Forschung). Aber ebenso gut könnten die Prioritäten anders gesetzt werden. In jedem Fall muss einiges als besonders dringlich vorgezogen und anderes zurückgestellt oder gestrichen werden. Diese Art von Wertung ist die eigentliche politische Entscheidung im Unterschied zu allen Sachfragen. Hierfür werden die Parteien und die Abgeordneten gewählt. Sie nehmen also eine große Verantwortung auf sich. Diese wertende politische Entscheidung ist nicht gerichtlich nachprüfbar und höchstens indirekt korrigierbar, indem sich das Volk bei der nächsten Wahl anders entscheidet.

Obendrein will jede Regierung einige sichtbare Schwerpunkte setzen, aber auch dort ist die Auswahl letztlich willkürlich. Im Moment (2016) sind solche Schwerpunkte beispielsweise Energie und Klima, ferner die Aufnahme und Integration der Flüchtlinge. Die nächste Regierung setzt wieder andere Schwerpunkte.

6.2.4 Sozialpolitik

Die Freie Hansestadt Bremen nennt in Artikel 65 ihrer Verfassung ihre Staatsziele und „bekennt sich zu sozialer Gerechtigkeit". Aber was mag hiermit im Einzelnen gemeint sein?

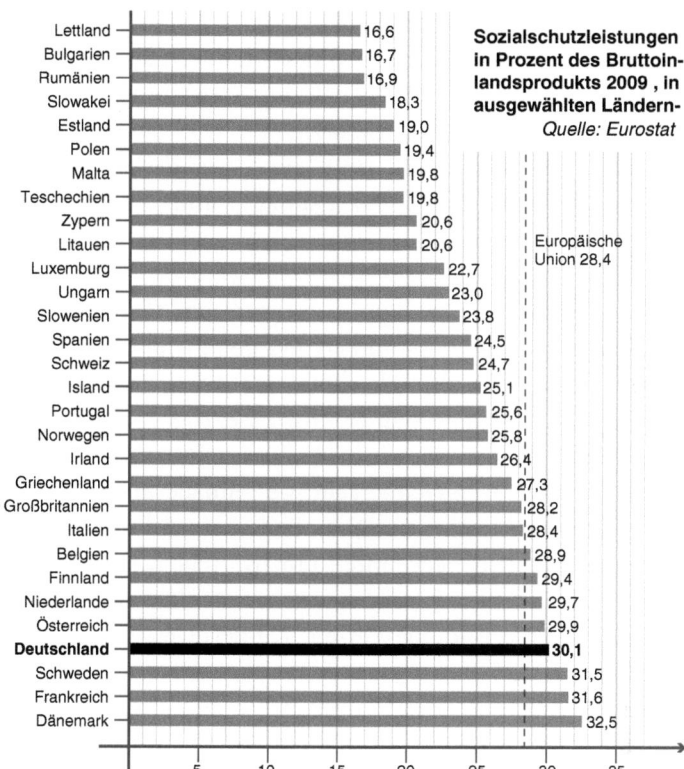

Woher kommt dieses Streben, und wie wird dieses Ziel im Rahmen der Marktwirtschaft verwirklicht? Konkret geht es um die rechtliche und finanzielle Absicherung gegen die folgenden Risiken:

- *Risiken, die jedermann treffen können:* Krankheit, Pflegebedürftigkeit, Behinderung, Rente im Alter, Tod

(Fortfall eines Einkommens, Bestattungskosten), Höhe der Miete oder Kündigung des Mietvertrags, fehlende Mittel für Schulbesuch, Ausbildung oder Studium, erhöhter Finanzbedarf für Kindererziehung
- *Risiken aus der Beteiligung am Arbeitsleben:* Kündigung, Arbeitslosigkeit, Berufsunfälle und -krankheiten, Erwerbsunfähigkeit

Daneben schwingt im Begriff der sozialen Gerechtigkeit immer auch mit, die Einkommen und überhaupt die Lebenschancen gerechter, also gleichmäßiger zu verteilen. Jeder Mensch hat die gleiche Würde, und daher sollte jedem Menschen nicht nur ein materielles Existenzminimum, sondern darüber hinaus eine gleichberechtigte Teilhabe an der Gesellschaft ermöglicht werden. Dies bedeutet nicht nur, Einkommen von oben nach unten umzuverteilen. Ferner geht es darum, wichtige Einrichtungen kostenlos anzubieten, zum Beispiel die Bildung von der Kindertagesstätte bis zur Universität.

Für die staatliche Sozialpolitik gibt es drei ganz verschiedene Begründungen:

1. Verfassungsrechtlich

Das Grundgesetz beginnt in Artikel 1 mit den Worten: „Die Würde des Menschen ist unantastbar. Sie zu achten und zu schützen ist Verpflichtung aller staatlichen Gewalt." Hier wird davon ausgegangen, dass alle Menschen dieselbe Würde haben, unabhängig von Alter, Geschlecht, Hautfarbe, Religion und allen anderen Merkmalen. Dies entspricht dem christlichen Grundanliegen, dass ein Christ verpflichtet ist, alle anderen Menschen zu lieben, und zwar gerade auch die

Hungernden und die Durstenden, die Fremden, die Unbekleideten, die Kranken und die Gefangenen, wie es im *Weltgericht* beim Evangelisten Matthäus (Kapitel 25, Vers 31 ff.) aufgezählt wird. Hierauf verpflichtet Jesus die Seinen mit den Worten: „Was ihr getan habt einem von diesen meinen geringsten Brüdern, das habt ihr mir getan."

Wenn also eingangs des Grundgesetzes alle staatliche Gewalt darauf verpflichtet wird, die Würde des Menschen zu achten, so ist dies auch ein Anspruch auf Unterlassung. Der Staat muss alles unterlassen, was darauf hinausläuft, den Menschen zum bloßen Objekt der Fürsorge und Betreuung zu machen. Vielmehr hat der Mensch immer ein Recht auf Selbstbestimmung, auf Teilhabe und Teilnahme. Ferner wird hier der Staat darauf verpflichtet, die Menschenwürde aller Bürger zu schützen. Hier geht es um einen Anspruch auf ein aktives Handeln des Staates. Der Mensch ist nicht nur vor Willkür und Erniedrigung zu schützen, sondern auch vor akuter Not. Er hat Anspruch auf ein menschenwürdiges Dasein. Ergänzend heißt es in Artikel 20 des Grundgesetzes: „Die Bundesrepublik Deutschland ist ein demokratischer und sozialer Bundesstaat." Wie hier das Wort *sozial* im Einzelnen zu verstehen ist, wird immer wieder neu debattiert. Über die Achtung der Menschenwürde und ihren Schutz hinaus heißt *sozial*, dass unzumutbare Härten und Schicksalsschläge so gut wie möglich aufgefangen werden. Weiter heißt *sozial*, dass jedermann gleiche Rechte und gleiche Lebenschancen haben soll. Diese Rechte sollen nicht nur formal eingerichtet sein, sondern jeder soll realistische Chancen haben, selbstbestimmt und aus eigener Kraft am wirtschaftlichen und sozialen Leben teilzunehmen. Die Menschen sollen aus eigenem Selbstvertrauen und eigener Stärke leben. Die Schulbildung hat die Aufgabe, sie hierzu zu befähigen. Weil jeder unterschiedliche Fähigkeiten und Talente hat, müssen die Kinder und Jugendlichen möglichst individuell gefördert werden. Gleichzeitig geht es um den sozialen Zusammenhalt.

Die humanitäre Begründung der Sozialpolitik, dass dem Schwachen und Mittellosen geholfen werden muss, ist in Europa längst selbstverständliches Gemeingut. Ein Nebeneinander von verschwenderischem Luxus und bitterer Armut wird hier als peinliche Ungerechtigkeit empfunden – anders als in den USA und vielen Entwicklungsländern. So wird es hier auch als selbstverständlich betrachtet, dass jedermann über eine gesetzliche Krankenversicherung Anspruch auf eine volle medizinische Versorgung hat, unabhängig von seinem Einkommen und Vermögen. Dies ist im internationalen Vergleich durchaus nicht selbstverständlich. In den USA haben rund 15 Prozent der Bevölkerung weder eine Krankenversicherung noch einen Anspruch auf staatliche Gesundheitsvorsorge.

2. Nutzentheoretisch

Eine ganz andere theoretische Begründung für die Sozialpolitik ergibt sich aus einer Wirtschaftstheorie, die darauf abstellt, wie viel Nutzen insgesamt in einer Volkswirtschaft gestiftet wird. Wenn eine Familie zum Wohnen, Kochen und Schlafen nur ein einziges Zimmer hat, wird sie ein zweites Zimmer als große Erleichterung betrachten. Wenn hingegen eine reiche Familie von einer 20-Zimmer-Villa in eine Villa mit 21 Zimmern umzieht, wird sie das zusätzliche Zimmer nur am Rande bemerken. Mit anderen Worten: Eine zusätzliche Einheit bringt umso weniger Nutzen, je mehr man schon hat. In der Wirtschaftstheorie wird vom *Gesetz des abnehmenden*

Grenznutzens gesprochen. Dies gilt auch für die Einkommen: Ein Rentner, der mit nur 600 Euro pro Monat auskommen muss, wird eine Erhöhung um 100 Euro dankbar begrüßen und als spürbare Erleichterung betrachten. Wer hingegen 5.000 Euro pro Monat verdient, wird durch eine Erhöhung auf 5.100 Euro seinen Lebensstil kaum ändern. Dies bedeutet für die Sozialpolitik: Eine Umverteilung von den Reichen zu den Armen bringt einen Nutzenzuwachs für die Gesamtheit, weil der zusätzliche Nutzen beim Empfänger größer ist als der Nutzenverlust beim Geber. Jedermann spürt ganz unwillkürlich, dass es der sozialen Gerechtigkeit dient, wenn jemand, der reichlich hat, einiges abgibt an einen, der es dringend braucht. Diese Umverteilung, um den Gesamtnutzen zu erhöhen, wirkt umso stärker, je höher der Unterschied zwischen dem Gebenden und dem Empfangenden ist. Daher hätte es keinen Sinn, die Einkommen vollständig zu nivellieren. Wenn einer 3.100 Euro und einer 2.900 verdient, hätte es keinen Sinn, beide auf 3.000 auszugleichen. Jede Gesellschaft hat also das Problem, wie weit die Nivellierung gehen soll, ohne den Leistungsanreiz zu stören.

3. Allgemeinpolitisch

Eine dritte prinzipielle Begründung für die Sozialpolitik geht dahin, dass diese einer Integration der Gesellschaft diene. Etwas deutlicher ausgedrückt soll durch die Sozialpolitik eine potenziell revolutionäre Gesellschaftsschicht ruhiggestellt werden. Prägend ist hier das historische Beispiel der Weltwirtschaftskrise 1929/1930 mit ihren innenpolitischen Folgen. Es gab ein Millionenheer von Arbeitslosen in akuter wirtschaftlicher Not, die sich entweder linksradikalen oder rechtsradikalen Parteien zuwandten. Wie sich dies ganz praktisch anfühlte, wird sehr gut in dem 1932 erschienenen Roman *Kleiner Mann, was nun?* von Hans Fallada deutlich.

Die demokratische Mitte wurde zu dünn, was zum Scheitern der Weimarer Republik und zum Absturz in den Nationalsozialismus führte. Heute, 2016, ist in vielen europäischen Staaten und in Amerika zu beobachten, dass sich Angehörige der Mittel- und Unterschicht, die sich abgehängt fühlen oder einen sozialen Abstieg befürchten, rechtsnationalen und fremdenfeindlichen Parteien zuwenden. Auch aus diesem Grund ist ein sozialer Ausgleich naheliegend. Nur durch eine ausgebaute Sozialpolitik ist eine Akzeptanz der freiheitlichen Ordnung und der Marktwirtschaft zu erreichen, um nicht zu sagen zu erkaufen.

Vor allem soll eine Verfestigung sozialer Klassenunterschiede vermieden werden. Auch Kinder aus benachteiligten Schichten sollen eine realistische Aufstiegsperspektive haben. Deshalb soll die Sozialpolitik nicht nur dahin gehen, bereits eingetretene Schäden wie etwa eine Dauerarbeitslosigkeit zu mindern. Vielmehr wird bereits in Kindheit und Jugend angesetzt. Kinder aus Problemfamilien und von Ausländern sollen möglichst früh in die Krippe oder in eine Kindertagesstätte geholt werden, um ihnen den Zugang zur deutschen Sprache und Kultur zu erleichtern. Die Ganztagsschule hilft Kindern, die daheim keinen Platz für die Schularbeiten haben. Im Schulwesen soll das Gymnasium seinen früheren Charakter als mehr oder minder exklusive Ober(schicht)schule des Bildungsbürgertums verlieren und für alle offenstehen. Den Absolventen der Realschule, soweit sie sich nicht für die betriebliche Ausbildung entscheiden, soll über das Fachgymnasium ein Weg zum Abitur und zur Studienberechtigung geöffnet werden. Das Studium soll durch das

Bundesausbildungsförderungsgesetz (*BAföG*) auch Studenten aus sozial schwachen Schichten offenstehen. Insgesamt soll die Gesellschaft vertikal durchlässig werden. Einen wichtigen Aufstiegskanal bildet in Deutschland auch die Politik. Maßgebliche Persönlichkeiten wie etwa Willy Brandt und Gerhard Schröder kamen aus einfachsten sozialen Verhältnissen. Es gibt keine abgeschlossene Schicht von führenden Familien wie in vielen anderen Ländern.

In der praktischen Durchführung der Sozialpolitik gibt es die Kritik, dass diese sich auf Geldzahlungen und auf eine genaue statistische Erfassung beschränkt, aber nicht hilft und betreut. Das vielbändige Sozialgesetzbuch räumt Zahlungsansprüche ein, die von den Betroffenen abgefordert werden, häufig unter Streit und mit Gerichtsverfahren. Und die Ämter führen umfangreiche und genaue Statistiken über die Anzahl der Betroffenen. Diese Zahlen und ihre mehr oder minder konjunktur- und saisonbedingten Schwankungen werden fortlaufend als Nachricht veröffentlicht. Aber es kommen keine Sozialarbeiter in die Familien, um diesen zu helfen. Die Grundsicherung für Arbeitslose obliegt den *Jobcentern*, ein etwas irreführender Begriff, denn hier werden weniger Jobs vermittelt als vielmehr die Langzeitarbeitslosen betreut. Das Ganze ist sehr stark bürokratisiert. In vielen Jobcentern haben die Arbeitslosen nicht etwa einen persönlichen Ansprechpartner, der sich um sie kümmert und den sie fragen und anrufen können. Stattdessen haben sie mit unterschiedlichen Sachbearbeitern zu tun, und Anrufe gehen nur an eine auswärtige zentrale Auskunft, die mit dem örtlichen Jobcenter nichts zu tun hat. Teils werden die Jobcenter gemeinsam vom Landkreis und der Bundesagentur für Arbeit betrieben, teils allein vom Landkreis (sogenannte *Optionskommunen*).

Welches der beiden Modelle erfolgreicher ist, wird strittig beurteilt. Jedoch gibt es einige Landkreise mit Fallbetreuern, die ernsthaft versuchen, den Langzeitarbeitslosen persönlich und menschlich zu helfen. Das Motto der Jobcenter heißt *Fördern und Fordern* und wird offensichtlich ganz unterschiedlich ausgefüllt.

Auch hier werden die Vorteile des Subsidiaritätsprinzips, der selbstständigen Arbeit vor Ort, deutlich. Ob es wirklich vorteilhaft war, die Arbeitsvermittlung einer Bundesanstalt anzuvertrauen, die Millionen von Menschen zu betreuen hat, steht dahin. Auf die örtlichen Arbeitsagenturen regnen Rundschreiben aus dem fernen Nürnberg herab, mit denen man am Ort etwas anfangen kann oder auch nicht. Naheliegend wäre eine Verlagerung auf die Länder oder, zum Teil, auf die Landkreise.

Die Forderung nach sozialer Gerechtigkeit steht mit den Prinzipien der Marktwirtschaft in einem spannungsreichen Verhältnis. Einerseits gilt der Satz von Ludwig Erhard, dass die Marktwirtschaft schon aus sich selbst heraus sozial sei, weil sie so viel Wohlstand erzeugt, dass hiervon alle profitieren können. Der gigantische Apparat der Sozialpolitik ist ja stets auf eine umfangreiche Finanzierung angewiesen, und diese ist nur in einer marktwirtschaftlichen Ordnung zu erwirtschaften. Das Gegenteil war die DDR mit ihrem Motto von der Einheit von Wirtschafts- und Sozialpolitik. Sie war ganz auf das sozialpolitische Anspruchsdenken, die austeilende Gerechtigkeit ausgerichtet, aber mangels wirtschaftlich verfügbarer Masse auf sehr niedrigem Niveau. Demgegenüber steht die Marktwirtschaft in einem Gegensatz zur Sozialpolitik, weil sie auf dem Leistungsprinzip aufgebaut ist: Jeder wird belohnt nach seiner Leistung, und dies soll sein Ansporn sein. Das erzeugt Verschiedenheit und nicht Gleichheit. Es gibt stets das Bedenken, dass dieser Leistungsanreiz durch eine reichhaltige soziale Sicherung zerstört werde. Dies gilt insbesondere dann, wenn die ohne Leistung erzielbaren staatlichen Transfereinkommen und Renten etwa ebenso hoch oder gar höher sind als die durch eigene Leistung erreichbaren Einkommen in den unteren Lohngruppen. Am 12. April 2016 wusste die BILD-Zeitung zu berichten: „Jeder dritte Mann im Westen (31,9 Prozent) und 70 Prozent der West-Frauen haben weniger Rente als 750 Euro und liegen damit unter dem Hartz-IV-Niveau."

Und natürlich gibt es eine Schicht von Leuten, die sich in der Dauerarbeitslosigkeit relativ bequem eingerichtet und es schon lange aufgegeben haben, ernsthaft nach einer Stelle zu suchen.

Ein weiterer prinzipieller Einwand geht dahin, dass eine paternalistische Sozialpolitik auf eine Entmündigung hinauslaufe und den eigenen Antrieb lähme. Die im Gesetz genannten Merkmale, die zu Bezügen berechtigen, würden herbeigeführt und kultiviert. Wenn beispielsweise eine Berufskrankheit zu einer Rente berechtige, habe der Betroffene kein Interesse an einer raschen Gesundung.

Die Marktwirtschaft und überhaupt die freie Gesellschaft, in der jeder für sich selbst verantwortlich ist, erzeugt unvermeidlich eine Menge von Sozialfällen und Opfern, die aufgefangen werden müssen. Traditionell war das Machtgefälle zwischen Arbeitgebern und Arbeitnehmern das Hauptproblem: Der einzelne Arbeiter konnte nicht mit dem Fabrikherrn verhandeln, und es waren sehr viel mehr Arbeitssuchende als Arbeitsstellen vorhanden. Die Arbeitgeber konnten also auswählen – sei es nach sachlichen, sei es nach willkürlichen Gesichtspunkten. Dieses Machtgefälle hat sich in jüngster Zeit ab etwa 2015 umgekehrt. Aus demografischen Gründen, wegen des Nachwuchsmangels, gibt es mehr Ausbildungsplätze und mehr freie Stellen als Bewerber. Die Arbeitgeber sind also erstmals in der Verlegenheit, sich als möglichst attraktiv in Szene zu setzen.

Gleichwohl gibt es in der freien Wettbewerbswirtschaft unvermeidlich viele Problemfälle, die zu Sozialfällen werden können. Dies beginnt bei der Wahl des Ausbildungsganges und des Studienfachs: Unzählige stellen fest, dass sie hiermit überfordert sind und das Studium abbrechen müssen. Oder sie vollenden das Studium und stellen fest, dass es in ihrem Fach keine Chance auf Anstellung gibt. Unzählige Angestellte und Arbeiter sind von den Wechselfällen der unternehmerischen Wirtschaft betroffen. Das Wort von der notwendigen *schöpferischen Zerstörung* klingt zynisch, wenn ein Betrieb aufgegeben wird und insbesondere die älteren Arbeitnehmer keine Chance auf eine Neueinstellung haben, selbst wenn sie bereit sind, Gehaltseinbußen hinzunehmen und umzuziehen. Unzählige Mitarbeiter sind ganz einfach nicht in der Lage, die rund vier Jahrzehnte eines Arbeitslebens durchzuhalten und fühlen sich dauerhaft überfordert, ausgebrannt. Das *Burn-out* ist zu einem Massenproblem geworden.

Die wöchentliche Arbeitszeit betrug in Deutschland im Jahr 1826 nicht weniger als 82 (!) Stunden und wurde inzwischen von den Gewerkschaften auf 35 Stunden heruntergehandelt. Aber hierbei wurde die Arbeit verdichtet, das heißt es wird mehr Leistung pro Stunde verlangt. Der Charakter der Arbeit hat sich seit dem Zweiten Weltkrieg tiefgreifend verändert, wovon einzelne Personengruppen begünstigt, andere benachteiligt werden. Die körperliche Arbeit ist weitgehend durch Maschinen ersetzt, so dass für die früheren Hilfsarbeiter, die damals die einfachen und groben Arbeiten verrichteten, kein Platz mehr ist. Durch die Maschinisierung und Digitalisierung fühlen sich viele überfordert, vor allem Angehörige der vordigitalen Generation.

Ein Problem entstand auch durch die Führung im Mitarbeiterverhältnis. Wenn nur noch allgemeine Ziele vorgegeben und die Arbeit im Einzelnen der Initiative und dem Ideenreichtum des Angestellten überlassen wird, fühlt sich ebenfalls mancher überfordert, dem eine rein ausführende Arbeit eher liegen würde.

Im heutigen Berufsleben werden ferner hohe Anforderungen an die Affektkontrolle gestellt. Erwartet wird eine gleichbleibende neutrale sachliche Freundlichkeit, kein Ausrasten, kein Lautwerden, keine Klagen, keine giftigen Bemerkungen. Sichtbare Gefühlsregungen aggressiver oder sexueller Art sind tabu. Erwartet wird natürlich auch eine widerspruchslose Einfügung in die betriebliche Hierarchie und eine *Sozialkompetenz*, das heißt mit Vorgesetzten, Kollegen und Mitarbeitern gut auszukommen, auch wenn man von einzelnen eine sehr niedrige Meinung hat. Die hier verlangte ständige Verleugnung von Gefühlen gelingt nicht jedem. Wie hoch die Ansprüche geschraubt sind, wird bei der Lektüre von Stellenanzeigen deutlich: Wie soll denn jemand wirklich alle fachlichen und persönlichen Anforderungen erfüllen, die dort gefragt sind?

Kurz: In der Wettbewerbswirtschaft werden an jeden Mitarbeiter hohe sachliche und emotionale Anforderungen gestellt, die nicht jeder dauerhaft aufbringen und immer wieder aktualisieren kann. Irgendwann gibt er oder sie auf und muss von der Sozialpolitik aufgefangen werden.

Andererseits gibt es auch Probleme, die erst durch die Sozialpolitik erzeugt werden. Wenn die Gewerkschaften einen festen Kündigungsschutz für alle unbefristeten Arbeitsverhältnisse erreicht haben, können die Betriebe nicht mehr *atmen*, das heißt, sie können ihre Belegschaft nicht mehr flexibel an die Auftragslage anpassen. Sie werden zögern, Kräfte unbefristet einzustellen, weil sie fürchten, diese in der Flaute nicht mehr loszuwerden. Ebenso ist es nicht einfach, sich von jemandem zu trennen, der für die Arbeit im Betrieb nicht geeignet ist. Eine derartige Verfestigung ruft regelmäßig Ausweichreaktionen hervor. Im Fall des Kündigungsschutzes hat dies zu einem starken Zuwachs der Leiharbeitsfirmen geführt, die Kräfte einstellen und an die Unternehmen ausleihen. Die Zahl der Zeitarbeiter ist von unbedeutenden Anfängen in den 1990er Jahren auf rund eine Million im Jahr 2016 gestiegen. Die Löhne sind weit niedriger als die Tariflöhne, und nur Einzelne haben das Glück, von der entleihenden Firma fest angestellt zu werden.

Immer wenn die Sozialpolitiker Schutzgesetze für bestimmte Personengruppen (Schwangere, Behinderte und so fort) ausgehandelt haben, gilt dieser Schutz nur für diejenigen, die gerade drinnen sind, aber für die draußen Stehenden wird es umso schwerer, hineinzukommen. Dies gilt auch für einen perfekten Mieterschutz: Jeder Hauswirt zögert, Unbekannte einziehen zu lassen, die er im Zweifelsfall schwer wieder loswird. Da gibt es das Problem der Mietnomaden, die nach dem Einzug nur eine Miete zahlen, mehr nicht, und darauf vertrauen, dass es ein knappes Jahr dauert, bis sie vom Vollstreckungsbeamten hinausgeworfen werden und eine akut sanierungsbedürftige Wohnung hinterlassen.

Die Gesamtheit der Schutzgesetze und der sozialen Hilfen soll stets nur eine korrigierende Rolle spielen und die Marktwirtschaft ergänzen, aber nicht verdrängen und in ihrer Funktionsfähigkeit beschädigen. Insofern besteht in der Wirtschafts- und Sozialpolitik ein Zielkonflikt: Eine reine Wettbewerbswirtschaft wäre effizient, aber unsozial, und eine ganz auf soziale Sicherung fixierte Gesellschaft wäre wirtschaftlich nicht effizient. Der richtige Ausgleich zwischen diesen beiden Prinzipien bleibt stets umstritten und muss immer wieder neu ausgehandelt werden. Dabei haben auch die Marktwirtschaftler ein Interesse am System der sozialen Sicherung, weil sie schon aus rein wirtschaftlichem Interesse an einer Stabilität des Gesamtsystems interessiert sein müssen.

Im internationalen Vergleich liegt Deutschland mit dem Anteil der Sozialschutzleistungen am Bruttoinlandsprodukt (Sozialquote) mit einer Quote von 30 Prozent an vierter Stelle unter den sämtlichen europäischen Staaten hinter Dänemark, Frankreich und Schweden. Dies liegt leicht über dem EU-Durchschnitt von 28 Prozent. Insofern lässt sich sagen, dass Deutschland zu den Staaten mit einem weitgehenden sozialen Risikoschutz gehört. Der Umfang der sozialen Sicherung wird auch daran deutlich, dass vom Brutto-Arbeitslohn durchschnittlich rund 39 Prozent für Rentenversicherung, Krankenversicherung, Arbeitslosenversicherung und Pflegeversicherung abgezogen werden. Hinzu kommt die Lohnsteuer, die bei einem Brutto-Arbeitseinkommen von 3.000 Euro rund 13 Prozent ausmacht und von der nochmals ein Gutteil für die soziale Sicherung verwandt wird. Vom Bruttolohn bleibt also nur rund die Hälfte übrig.

Von Kritikern wird immer wieder behauptet, unter den marktwirtschaftlich organisierten Staaten gebe es einen Wettbewerb um die niedrigsten Löhne und Sozialleistungen, ein *race to bottom*. Dies ist anscheinend nicht der Fall.

6.2.5 Externe Nutzen, Subventionen

In den Betrieben der gewerblichen Wirtschaft, der Landwirtschaft und der Freien Berufe werden im Jahresabschluss jeweils Umsatz und Kosten einander gegenübergestellt, um den Gewinn zu ermitteln. Dabei geht es nur um die im Betrieb finanziell erfassbaren Größen. Regelmäßig werden darüber hinaus auch Nutzen und Schäden in der umgebenden Umwelt und Gesellschaft erzeugt, die als externe Größen nicht im Jahresabschluss erscheinen. Hier ist es Aufgabe der Politik, die externen Nutzen mit Prämien zu versehen und zu fördern, die externen Schäden hingegen durch behördliche Auflagen, durch finanzielle Belastungen oder andere Maßnahmen zurückzudrängen.

Externe Nutzen sind beispielsweise:

- Ein Betrieb bildet über seinen eigenen Bedarf hinaus Nachwuchs aus. Dieser zirkuliert später durch die ganze Region, nützt also auch vielen anderen Firmen und vor allem den Ausgebildeten selbst, die ein geringeres Risiko der Arbeitslosigkeit haben.
- Eine betriebliche Fort- und Weiterbildung nützt ebenfalls allen Teilnehmern und der ganzen Region. Die Allgemeinheit hat ein Interesse an der Fortbildung von

Problemgruppen, wenn hiermit eine Eingliederung in den regulären Arbeitsmarkt beabsichtigt ist.
- Die Ergebnisse betrieblicher Forschung und Entwicklung werden nach einiger Zeit allgemeiner Stand der Technik. Ein Patent als exklusives Recht an einer Erfindung gilt immer nur für eine gewisse Zeit, maximal zwanzig Jahre.
- Die Errichtung oder Erweiterung eines großen Betriebes mit zahlreichen Arbeitsplätzen in einer entlegenen Gegend mit schwacher Wirtschaftsstruktur nützt der ganzen Region und bremst die Abwanderung. Vor allem geht es um Regionen, deren Wohlstandsniveau unter dem Landesdurchschnitt liegt. Förderungswürdig sind vor allem Betriebe mit überregionalem Absatz, weil sie auswärtige Kaufkraft in diese Region bringen. Die Fachleute sprechen von einem *Primäreffekt* der Industrie. Auch Übernachtungsbetriebe bringen auswärtige Kaufkraft hinein, nicht aber Gaststätten. Die Errichtung eines Einzelhandelsbetriebs bewirkt nur eine Umverteilung der örtlichen Kaufkraft und fügt dieser nichts hinzu, ist also nicht förderwürdig.
- Erfolgreiche Existenzgründungen bereichern das örtliche Angebot, beleben den Wettbewerb und schaffen neue Arbeitsplätze.
- Wenn weitere zahlreiche, auch mittelständische Betriebe am Export teilnehmen, mindert dies das konjunkturelle Risiko im Inland und sichert Arbeitsplätze.
- Vorhaben, an denen Träger aus mehreren EU-Staaten beteiligt sind, fördern den Zusammenhalt Europas.
- Bei vielen öffentlichen Betrieben wird auf kostendeckende Gebühren verzichtet, beispielsweise in der Förderung der

Kultur (Stadtbibliothek, Theater, Musik, Museen etc.) oder aus bildungspolitischen Gründen. Nicht nur die Schulen, sondern – anders als in den meisten anderen Ländern – auch die meisten Universitäten sind gebührenfrei. Bei den Kindergärten werden gewöhnlich bei weitem keine kostendeckenden Gebühren verlangt.

Derartige wirtschaftliche Maßnahmen mit einem zusätzlichen Nutzen für die Allgemeinheit rechtfertigen eine finanzielle Förderung durch den Staat. Zu dem innerbetrieblichen Gewinninteresse kommt ein weiterer Anreiz im Interesse der Allgemeinheit. Es hat also keinen Sinn, pauschal alle Subventionen zu verdammen. Im Gesetz (§ 264, Absatz 7 des Strafgesetzbuchs) sind sie definiert:

> Subvention [...] ist eine Leistung aus öffentlichen Mitteln [...] an Betriebe oder Unternehmen, die wenigstens zum Teil [...] ohne marktmäßige Gegenleistung gewährt wird und [...] der Förderung der Wirtschaft dienen soll.

Als finanzielle Anreize gibt es eine kaum zu überschauende Vielfalt von Förderprogrammen der Europäischen Union, des Bundes und der Länder. Grundsätzlich wird nicht von oben bestimmt, was in der Region geschehen soll, sondern die Ideen und Anträge müssen von der Basis kommen und werden oben geprüft (*Bottom-up-Prinzip*). Zu den Spielregeln gehört ferner, dass nie zu hundert Prozent gefördert wird, sondern der Antragsteller sich mit eigenen Mitteln beteiligen muss, schon deshalb, damit er selbst ein Interesse am erfolgreichen Verlauf hat.

Regelmäßig wird nicht der laufende Betrieb gefördert, sondern es geht immer um einzelne Maßnahmen, um Projekte mit einem definierten Anfang und Ende und einem bestimmten Ziel. Die Förderung ist immer vorher zu beantragen, weil sie das Projekt anstoßen soll. Daher kommt eine Förderung eines bereits laufenden Projekts nicht in Frage. Immer stellt sich die Frage, ob wirklich das Projekt wegen der Aussicht auf Förderung begonnen wird oder ob es ohnehin stattgefunden hätte und die Förderung nur „mitgenommen" wird. Für jede Art der Förderung gibt es irgendwo einen Referenten im Ministerium, der subjektiv ein Interesse daran hat, dass möglichst viele Anträge gestellt werden und insofern diese Förderung als erfolgreich betrachtet werden darf. Besonders bei EU-Förderungen soll es vorkommen, dass der Referent die Antragsteller ermutigt, das Projekt größer als bisher geplant anzulegen, damit der Fördertopf ausgeschöpft wird.

Zu den projektgebundenen Förderungen kommen vielfältige weitere Vergünstigungen hinzu, beispielsweise ermäßigte Gebühren oder steuerliche Erleichterungen.

Politisch heftig umstritten sind Förderungen zur Erhaltung von Betrieben, die aus eigener Kraft nicht mehr lebensfähig sind. In den Förderprogrammen ist dies regelmäßig ausgeschlossen. Streng marktwirtschaftlich gedacht ist eine solche Rettung nicht zu rechtfertigen, weil der unternehmerischen Chance auf Gewinn das Risiko des Verlustes, auch des Totalverlustes, gegenübersteht. Nur hierdurch ist der private Gewinn zu rechtfertigen. Eine Marktwirtschaft, die die Gewinne privatisiert und die Verluste sozialisiert, verliert ihre Legitimität. Jedoch wird hiergegen immer wieder verstoßen. Es gilt die Grundregel: Wenn ein 5-Mann-Betrieb pleitegeht, kommt niemand. Bei einem 50-Mann-Betrieb kommt der Bürgermeister. Bei einem 5.000-Mann-Betrieb kommt der Wirtschaftsminister.

Besonders heikel wird es wegen der unabsehbaren sozialen Folgen und Härten, wenn eine ganze Stadt mehr oder minder von einem einzigen Großbetrieb oder wenn die Wirtschaftskraft einer ganzen Region von einem einzelnen Wirtschaftszweig abhängt. So war es zum Beispiel beim Kohlebergbau im Ruhrgebiet und an der Saar. In den 1950er Jahren galten Kohle und Stahl als Herz, als zentraler Bereich der deutschen Industrie. Ab den 1960er Jahren war jedoch die deutsche Steinkohle, im Bergbau unter Tage gewonnen, gegenüber der billigen Importkohle, die häufig großflächig im Tagebau abgebaut wird, nicht mehr wettbewerbsfähig. Politisch war es jedoch nicht möglich, die Zechen einfach fallen zu lassen, denn es ging um rund 600.000 Beschäftigte, konzentriert in zwei Regionen. Zudem genossen die Kumpel wegen ihrer schweren und gefährlichen Arbeit immer ein großes Ansehen in der Öffentlichkeit. Sogar Ludwig Erhard meinte: „Der Bergbau gehörte [...] zu den Bereichen, in denen die marktwirtschaftlichen Prinzipien am allerwenigsten zu praktizieren waren." Erhard rühmte das Investitionshilfegesetz von 1956, das nicht nur für den Bergbau, sondern auch für die Eisen- und Stahlindustrie, die Elektrizitätswirtschaft, die Wasserwirtschaft und die Bundesbahn umfangreiche Hilfen vorsah. Diese Branchen sah er nicht als gewöhnliche Wirtschaftszweige, sondern, wie wir heute sagen würden, als Engpässe der Infrastruktur, die im Interesse der gesamtwirtschaftlichen Entwicklung unterstützt und ausgebaut werden müssten.

Die Subvention des Kohlebergbaus läuft erst in unseren Tagen aus. Ähnlich wie in der Landwirtschaft ist auch im Bergbau der Preis von außen, vom Weltmarkt vorgegeben. Die Betriebe sind daher in einer *Ablieferungsmentalität* ganz auf die Produktionsmenge und nicht auf eine betriebswirtschaftliche Ertragsrechnung fixiert. In den sämtlichen Statistiken des Kohlebergbaus ist stets nur von den Fördermengen in Tonnen die Rede, niemals von Preisen, Kosten und Gewinnen oder Verlusten. Traditionell gehörten die Ruhrkumpel zu den treuesten Wählern der SPD. Auch deshalb und wegen der regionalen Bedeutung in den beiden Bundesländern Nordrhein-Westfalen und Saargebiet wurde eine geradezu exzessive Förderung beschlossen. Im Jahr 2003 wurden die 45.000 Beschäftigten mit 57.000 Euro pro Kopf und Jahr subventioniert. Noch in den Jahren 2009 bis 2012 hat der Kohlebergbau von der öffentlichen Hand Zuwendungen in Höhe von acht Milliarden Euro erhalten. Jeder weiß, dass dies kein Dauerzustand sein kann. 2007 wurde zwischen den beiden Revierländern, der RAG (ehemals *Ruhrkohle AG*) und der *Industriegewerkschaft Bergbau, Chemie, Energie* eine Einigung dahingehend erzielt, die subventionierte Steinkohlenförderung in Deutschland bis Ende des Jahres 2018 sozialverträglich zu beenden.

Sehr viel sinnvoller als die künstliche Beatmung eines sterbenden Wirtschaftszweiges sind Finanzhilfen zur Umstellung auf andere Branchen, um die einseitige Abhängigkeit abzulösen. So gab es beispielsweise von der EU ein spezielles Programm für alle Regionen, die von der EU-Fischereipolitik betroffen waren und sich auf andere Wirtschaftszweige umstellen wollten. Hieraus wurde in Cuxhaven, das langjährig allein von der Fischwirtschaft lebte, ein Vorhaben finanziert, den Hafen auf allgemeinen Hafenumschlag von Gütern aller Art umzustellen.

Wird ein einzelnes konkursgefährdetes Unternehmen von der öffentlichen Hand gestützt, so hat dies gewöhnlich nur die Folge, den Todeskampf um einige Wochen oder Monate zu verlängern. Denn die Tatsache, dass die Produkte dieses Unternehmens nicht mehr wettbewerbsfähig sind, bleibt ja bestehen. Aus volkswirtschaftlicher Sicht werden hier nicht nur öffentliche Gelder verschwendet, sondern darüber hinaus werden die Produktionsfaktoren (Personal, Kapital, Grundstücke) in einer unwirtschaftlichen Verwendung festgehalten.

Eine Subvention an nur ein einzelnes Unternehmen verfälscht stets den Wettbewerb. Daher sollten diese Beihilfen immer an alle Unternehmen gewährt werden, die die entsprechenden Merkmale erfüllen. Keinesfalls sollte die Subvention dazu dienen, unter Herstellungskosten zu verkaufen. Solches *Dumping* widerspricht zudem den internationalen Handelsverträgen. Allerdings ist es insbesondere für einen Außenstehenden nicht leicht, bei einem Großbetrieb, der zahlreiche Produkte herstellt, die Kosten eines einzelnen Produktes zu bestimmen. Daher wird leicht vorschnell von Dumping gesprochen, wenn billige Auslandsprodukte den einheimischen Markt überschwemmen, wie es zurzeit (2016) beim Stahl aus China der Fall ist.

Wird eine ganze Branche gefördert, so geht es nicht ohne Willkür ab. Beispielsweise wurde 2010 auf Druck der FDP die Mehrwertsteuer für Hotelübernachtungen von 19 auf sieben Prozent gesenkt, angeblich deswegen, weil die FDP von einem führenden Hotelunternehmen eine große Spende erhalten hatte. Schnell wurde der Partei eine Klientelpolitik vorgeworfen. Zudem sorgte diese Erleichterung für eine Komplikation der Reiseabrechnungen von Dienstreisen, weil nur die Übernachtung, nicht aber das Frühstück begünstigt wurden.

Die Fördermittel werden in vielfältiger Form vergeben: als verlorene Zuschüsse, als Darlehen, als Bürgschaften oder auch in der Form, dass öffentliche Aufträge an bestimmte Bedingungen geknüpft werden, etwa nur an Betriebe mit tariflicher Bezahlung oder mit einem bestimmten Anteil von Frauen in der Geschäftsleitung vergeben werden. Eine Subvention ist auch der besonders billige Verkauf eines Grundstücks, ferner die Übernahme von Umweltlasten durch die Allgemeinheit anstatt durch den Verursacher.

Die wichtigsten Förderprogramme der Europäischen Union sind:

- *zur Agrarpolitik (43 Prozent des EU-Haushalts):* Europäischer Garantiefonds für die Landwirtschaft (EGFL), der Europäische Landwirtschaftsfonds für die Entwicklung des ländlichen Raums (ELER, LEADER) und der Europäische Meeres- und Fischereifonds (EMFF),
- *zur regionalen Strukturförderung:* Europäischer Fonds für regionale Entwicklung (EFRE), Europäischer Sozialfonds (ESF) und der Kohäsionsfonds,
- *Grundlagenforschung und angewandte Forschung:* Forschungsrahmenprogramm,
- *internationale Zusammenarbeit in der Bildung:* Tempus, Leonardo, Sokrates, Minerva, Erasmus, Comenius, Lingua, Grundtvig,
- *Verkehr:* Transeuropäische Netze,
- *Umwelt und Energie:* Life und Life+,
- *Justiz:* Daphne,
- *Kultur:* Kultur.

Die Anträge sind nicht etwa an die Europäische Kommission zu richten, sondern an die deutschen Bundesländer, in denen jeweils das Vorhaben stattfinden soll.

Unter den deutschen Subventionsprogrammen ist besonders die Investitionszulage wichtig. Hiermit sollen Investitionen in die neuen Bundesländer und nach Berlin gelenkt werden. Begünstigt sind entsprechend dem Investitionszulagengesetz von 2010 Vorhaben der Industrie, des produktionsnahen Dienstleistungsgewerbes und des Beherbergungsgewerbes, und zwar Errichtung einer neuen oder Erweiterung einer bestehenden Betriebsstätte, Diversifizierung der Produktion, neue Produktionsverfahren oder Übernahme einer Betriebsstätte, die ansonsten geschlossen worden wäre.

Daneben gibt es noch die Förderprogramme der Bundesländer. In Niedersachsen beispielsweise ist hierfür die N-Bank zuständig. Unter *Förderung von A–Z* führt sie nicht weniger als 120 Programme auf, darunter die *Breitbandanbindung von Gewerbegebieten* und den *Klimaschutz durch Moorentwicklung*. – Auskunft über die vielen Programme der EU, des Bundes und der Länder geben die Standesorganisationen (Landwirtschaftskammer, Industrie- und Handelskammer etc.) und die Referate *Wirtschaftsförderung* der Städte und Landkreise.

Einen externen Nutzen im Sinne des Gemeinwohls gibt es nicht nur durch Projekte der Unternehmen, sondern auch durch unternehmerische Persönlichkeiten, die sich ehrenamtlich engagieren, sei es in Kammern und Verbänden, sei es durch Stiftungen oder auf andere Weise. Meist geht es um das Gesamtinteresse eines Wirtschaftszweiges, um die Förderung der heimatlichen Region, um den Nachwuchs oder um wissenschaftliche Vorhaben. Als Anerkennung für solche Verdienste hat der Bundespräsident den Verdienstorden der Bundesrepublik Deutschland gestiftet. Dieser ist nicht mit einer finanziellen Zuwendung verbunden, sondern hat die

Aufgabe, die Öffentlichkeit auf herausragende ehrenamtliche Verdienste aufmerksam zu machen. Ein kleines Beispiel: Ferdinand Lühmann, Speditionsunternehmer in Cuxhaven, war langjährig Vorsitzender der Hafenwirtschaftsgemeinschaft Cuxhaven e.V. Als Anfang der 1980er Jahre Deutschland nur geringe Quoten für den Fischfang zugewiesen bekam, drohte der Fischereihafen Cuxhaven in der Bedeutungslosigkeit zu versinken. Lühmann erreichte es, sämtliche örtlichen Firmen, Personen, Dienststellen und Politiker in der Hafenwirtschaftsgemeinschaft zu vereinen und schließlich das Land Niedersachsen zu einem großzügigen Hafenausbau zu bewegen, der den günstigen nautischen Bedingungen entsprach. Dies bewirkte einen dauerhaften Wirtschaftsaufschwung der Stadt. Lühmanns Wirken wurde mit dem Verdienstkreuz 1. Klasse ausgezeichnet. – Ähnliche Orden verleihen die Bundesländer als Anerkennung für Verdienste um die Allgemeinheit.

6.2.6 Externe Kosten: Umweltschutz

Die externen Schäden, die die Wirtschaft hervorruft, laufen sämtlich auf eine Belastung der Umwelt hinaus. Die Umweltpolitik versucht, die Belastungen in Grenzen zu halten und wenn möglich ganz zu vermeiden. Dies gilt heute als ganz selbstverständliche Aufgabe des Staates oder wird sogar in einigen Umfragen (Shell-Jugendstudie) als seine wichtigste Aufgabe betrachtet. 1994 wurde an prominenter Stelle des Grundgesetzes, nämlich anschließend an Artikel 20 mit den Staatsgrundlagen, Artikel 20a eingefügt: „Der Staat schützt auch in Verantwortung für die künftigen Generationen die natürlichen Lebensgrundlagen." Entsprechende Artikel gibt es inzwischen auch in allen Länderverfassungen. Der Staat erhält hier nicht nur den Auftrag, eingetretene Schäden zu beheben und neue Schäden zu vermeiden, sondern muss in einer weit in die Zukunft hineinreichenden Vorsorge künftige Nutzen und Schäden in vorausschauender Planung gegeneinander abwägen. Ganz ähnlich bestimmt Artikel 191, Absatz 2 des Vertrages über die Arbeitsweise der Europäischen Union: „Die Umweltpolitik der Union [...] beruht auf den Grundsätzen der Vorsorge und Vorbeugung." Mit den Worten „in Verantwortung für die künftigen Generationen" wird im Grundgesetz das Prinzip der Nachhaltigkeit festgeschrieben. Es sollen nicht nur aktuelle Schäden vermieden, sondern die natürlichen Lebensgrundlagen auf unabsehbare Zeit gesichert werden.

Das Prinzip der Nachhaltigkeit kommt aus der Forstwirtschaft: Es soll jährlich nur so viel eingeschlagen werden, wie in der gleichen Zeit nachwächst. Es darf also kein Abholzen, keinen Kahlschlag, keinen Raubbau der natürlichen Bestände, so auch der Fischbestände des Meeres, geben. Die Naturschätze und der natürliche Artenreichtum sollen geschont werden. Ferner sollen die nicht erneuerbaren Energierohstoffe (Erdöl, Erdgas, Kohle) langfristig durch erneuerbare Energien ersetzt werden. Zum Schutz des Klimas soll der Ausstoß klimaschädlicher Gase begrenzt werden. Und es soll auf Dauer nicht mehr an Stoffen und Energien freigesetzt werden, als unter natürlichen Verhältnissen absorbiert werden kann.

Grundlegend für die deutsche Umweltpolitik ist das Bundes-Immissionsschutzgesetz vom 15. März 1974. Offiziell heißt es *Gesetz zum Schutz vor schädlichen Umwelteinwirkungen durch*

Luftverunreinigungen, Geräusche, Erschütterungen und ähnliche Vorgänge. Es regelt den Schutz von Menschen, Tieren, Pflanzen, Böden, Wasser, Atmosphäre und Kulturgütern vor allen Schadwirkungen, die von Betrieben ausgehen (Emissionen) und die in der Umwelt ankommen (Immissionen). Dabei ist bei den Emissionen als den Ursachen der Immissionen anzusetzen. Die Emissionen werden nicht um ihrer selbst willen verboten, sondern im Verhältnis zu ihrer Schädlichkeit (Einwirkung auf Gesundheit und Umwelt), um den Eingriff in die Gewerbefreiheit zu begrenzen. Nach diesem Gesetz werden Industrie- und Gewerbeanlagen von der Gewerbeaufsicht geprüft und gegebenenfalls genehmigt. Hierbei geht es um einen ganzheitlichen Umweltschutz, der sämtliche mögliche Umweltschäden erfasst. Entsprechend anspruchsvoll ist das Genehmigungsverfahren. Wer schließlich die Genehmigung in Händen hält, darf nicht etwa in der genehmigten Form dauerhaft weiterarbeiten, sondern der Umweltschutz ist immer wieder an den neuesten Stand der Technik anzupassen und wird insofern dynamisch verstanden. Inzwischen hat es zahlreiche Verordnungen zum Bundes-Immissionsschutzgesetz gegeben, von der Verordnung über kleine und mittlere Feuerungsanlagen bis zu Verordnungen gegen Verkehrslärm, Lärm von Sportanlagen oder für die Feuerbestattung.

Für die heutige Generation ist kaum vorstellbar, dass das Wort *Umweltschutz* erst im Jahr 1970 gebildet wurde. Vorher fehlte nicht nur das Wort, sondern auch die Sache, der Gedanke. Man fand es ganz in Ordnung, dass aus den Fabrikschornsteinen dicker schwarzer Rauch quoll. Dies wurde sogar als Zeichen guter Konjunktur betrachtet. Im Industriegebiet fand man nichts dabei, mitten in der Stadt Roheisen herzustellen und die Schlacke in die Luft zu blasen.

Rund um ein Zementwerk war kilometerweit alles grau eingestaubt. Der Himmel über dem Ruhrgebiet war hellbraun statt blau, die Flüsse waren zu Abwasserkanälen verkommen. Die Hochseefischerei war frei: Jedermann, der über ein geeignetes Fahrzeug verfügte, konnte sich bedienen. Erst Ende der 1970er Jahre wurde klar, dass die Bestände überfischt und in ihrem Erhalt gefährdet waren. Die Wirtschaftstheorie spricht hier von einem *freien Gut*: Die Umwelt galt als für jedermann kostenlos verfügbar.

Inzwischen ist der Begriff *Wohlstand* neu zu definieren:

- Der Brutto-Wohlstand als die Summe aller Konsum- und Ersparnismöglichkeiten, gemessen am Lebenseinkommen der Einwohner,
- abzüglich aller Umweltschäden, die die Allgemeinheit belasten (Luft, Wasser, Müll etc.),
- ergibt einen um die Umweltschäden bereinigten Netto-Wohlstand.

Konkret geht es beim Umweltschutz um folgende Probleme:

- Reinhaltung der Gewässer (Flüsse, Seen, Meer, Grundwasser)
- Reinhaltung der Luft
- Reinhaltung des Bodens
- Klimaschutz, Verminderung des Ausstoßes von Kohlendioxid und weiterer Gase
- Sparsamer Verbrauch natürlicher Ressourcen, Wiederverwendung von Rohstoffen anstelle des Wegwerfens ausgedienter Produkte (Recycling, Kreislaufwirtschaft)

- Schutz der Artenvielfalt, Erhalt ganzer ökologischer Systeme und Landschaften
- Vermeiden von Bodenversiegelung
- Abkehr von der Kernkrafttechnik und von weiteren Techniken, deren Beherrschung nicht gesichert ist
- Entsorgung, Deponien für Restmüll, Bauschutt und Ähnliches
- Minderung von Lärm
- Vermeiden von Erschütterungen

Weil es stets darum geht, nicht nur jetzige, sondern vor allem auch künftige Schäden zu verhindern, gibt es in der Umweltpolitik fast immer wissenschaftliche Streitigkeiten um die Frage, welche Schäden künftig zu befürchten und welche Grenzwerte gefährlicher Stoffe gerade noch zu verantworten sind. Besonders schwierig ist es, die künftigen Gefahren neuer Techniken abzuschätzen, beispielsweise der Genmanipulation. Die Streitigkeiten sind gewöhnlich hochmoralisch aufgeladen bis hin zum Bekenntnishaften, um nicht zu sagen Religionsersatz. Ebenso voreingenommen gegen den Schutz der „Piepmätze" und Fledermäuse sind die Unternehmer, wenn hiermit überfällige Investitionen verhindert werden sollen. Entsprechend schrill verlaufen die Diskussionen. Beide Parteien (Wirtschaft und Umweltschutz) werfen sich vor, die zahlreichen Gutachten seien einseitig, voreingenommen oder gekauft. Entsprechend schwierig wird es für die Politiker, Kompromisse zu finden und beiden Seiten einigermaßen gerecht zu werden. Regelmäßig wird der gefundene Kompromiss zwischen Ökonomie und Ökologie von den einen als nicht ausreichend und von den anderen als zu weitgehend kritisiert.

Eines der Probleme ist, dass die Umweltschäden oft erst nach vielen Jahren auftreten, während das politische Leben eher kurzfristig bis hektisch verläuft. Die Akteure in Politik und Wirtschaft wechseln und erleben selbst nicht mehr, welche Wirkungen ihre Entscheidungen haben. Für eine gewisse Stetigkeit in der Umweltpolitik sorgen jedoch das Ministerium und die in Deutschland sehr einflussreichen Fachbehörden. Seit 1986 gibt es das Bundesumweltministerium. Der amtliche Name ist *Bundesministerium für Umwelt, Naturschutz und Reaktorsicherheit.* In seinem Fachbereich gibt es das Umweltbundesamt, das Bundesamt für Naturschutz, das Bundesamt für Bauwesen und Raumordnung, das Bundesamt für kerntechnische Entsorgungssicherheit und das Bundesamt für Strahlenschutz. Wichtigste Aufgaben des Umweltbundesamtes in Dessau-Roßlau mit seinen 1.500 Bediensteten sind die wissenschaftliche Unterstützung der Bundesregierung und der Vollzug von Umweltgesetzen. Hierzu gehören zum Beispiel der Handel mit Emissionsrechten sowie die Zulassung von Chemikalien, Arznei- und Pflanzenschutzmitteln. Ein eigener Fachbereich umfasst die Umweltplanung und die Entwicklung von Nachhaltigkeitsstrategien. Es gibt besondere Kommissionen für die Hygiene der Luft in Innenräumen und für das Wasser in Badebecken.

2013 geriet das Umweltbundesamt in die Kritik, als es in einer Broschüre „umfangreiches Faktenmaterial" zum Klimaschutz versprach und bei dieser Gelegenheit einzelne namentlich genannte Klimaskeptiker in voreingenommener Weise anprangerte. Es gibt eine Minderheit von Forschern, die mit guten Gründen bezweifeln, dass der Ausstoß an Kohlendioxid und die Erwärmung der Erdatmosphäre etwas miteinander zu tun haben. Es handelt sich um ein wissenschaftliches

Problem, das keinen Anlass zu einer persönlichen Diffamierung geben sollte.

Eine weitere Kritik geht dahin, dass die Industrie immer sehr viel strenger reguliert wird als die Landwirtschaft. Dort ist es beispielsweise erlaubt, die tierischen Fäkalien (Gülle) auf die Felder auszubringen und hiermit das Oberflächenwasser und das Grundwasser zu verseuchen sowie die Luft zu verpesten.

Der Staat hat eine Vielzahl von Instrumenten entwickelt, um die Umwelt möglichst nachhaltig vor Schäden zu schützen.

1. Die Kosten umweltrechtlicher Maßnahmen sollen dem Verursacher angelastet werden (Verursacherprinzip). Die Kosten für die Beseitigung der Schäden werden also nicht mehr von der Allgemeinheit getragen, sondern gehen in die Kostenrechnung des Verursachers ein. Es wird für ihn teuer, die Umwelt zu verschmutzen, und es wird ein Anreiz geschaffen, dies durch Filter, durch Kläranlagen oder durch alternative Technologien zu vermeiden. Aufgrund dieses Prinzips wurde beispielsweise die Abwasserabgabe geschaffen. Jeder, der Schmutzwasser oder Regenwasser einleitet, hat eine Gebühr zu zahlen. Bei vielen Umweltschäden ist allerdings kein Verursacher zu identifizieren, weil zahlreiche Verursacher, auch grenzüberschreitend, zusammenwirken. Oder es geht um Altlasten, und der Verursacher besteht nicht mehr.
2. In der Landesplanung und Raumordnung und, auf kommunaler Ebene, mit dem Regionalen Raumordnungsprogramm des Landkreises sowie mit dem Flächennutzungsplan und dem Bebauungsplan in der Stadt werden den

Betrieben bestimmte Standorte zugewiesen, wo sie möglichst wenig die Wohnbebauung und den Fremdenverkehr stören. Für die Industrie oder den Großhandel werden entsprechend § 8 der Baunutzungsverordnung Gewerbegebiete ausgewiesen. Sie „dienen vorwiegend der Unterbringung von nicht erheblich belastenden Gewerbebetrieben". Hierzu gehören beispielsweise reine Montagewerke, von denen keine Emissionen ausgehen.Die Industriegebiete (§ 9 der Baunutzungsverordnung) „dienen ausschließlich der Unterbringung von Gewerbebetrieben, und zwar vorwiegend solchen Betrieben, die in anderen Baugebieten unzulässig sind". Gemeint sind vor allem die Betriebe, die dem Bundesimmissionsschutzgesetz unterliegen, also Betriebe mit Rauch und Abwasser. Typisch sind Betriebe der chemischen Industrie oder Kraftwerke.

3. Für Großvorhaben, die besonders viel Raum einnehmen und die räumliche Entwicklung einer ganzen Region beeinflussen, ist ein besonderes Verwaltungsverfahren notwendig, um den Plan festzustellen. Hierzu gehört gewöhnlich auch eine Umweltverträglichkeitsprüfung. Für die versiegelten Flächen sind im mehrfachen Umfang der verbrauchten Fläche Naturschutz-Ersatzflächen bereitzustellen. Ein Planfeststellungsverfahren ist beispielsweise notwendig beim Bau von Bundesstraßen und -autobahnen, von Häfen und Flughäfen, Deponien, Bergbauvorhaben, Hochspannungsleitungen, Kraftwerken und Anlagen in der 200-Seemeilen-Zone. Das Planfeststellungsverfahren nach §§ 72 bis 78 des Verwaltungsverfahrensgesetzes erfasst alle Aspekte der Teilpläne und bündelt diese. Der meist recht umfangreiche Plan wird öffentlich ausgelegt, die betroffenen Bürger können Bedenken anbringen. Alle *Träger*

öffentlicher Belange nehmen Stellung, vor allem Behörden und Verbände, so auch die Industrie- und Handelskammern. Ebenso werden die anerkannten Naturschutzverbände gehört. Alle Für- und Gegenstimmen müssen berücksichtigt und gegeneinander abgewogen werden. Es gibt einen öffentlichen Erörterungstermin. Wird schließlich der Plan festgestellt, so umfasst er alle sonst erforderlichen Genehmigungen. Gegen den festgestellten Plan kann vor dem Verwaltungsgericht geklagt werden. Die Auftraggeber sind jedoch gewöhnlich darauf bedacht, mit allen Stellen und Bürgern zu sprechen und deren Bedenken in irgendeiner Form zu berücksichtigen, wenn sich dadurch ein späteres langwieriges Gerichtsverfahren vermeiden lässt.

4. Als marktwirtschaftliche Lösung bietet es sich an, die externen Effekte durch Umweltsteuern in die betriebliche Kostenrechnung zu internalisieren. Hierzu gehören Ökosteuer und Stromsteuer. Eine zweite Möglichkeit ist der Emissionshandel. Es werden Gutscheine verkauft, die es erlauben, eine bestimmte Menge von Schadstoffen zu emittieren. Diese Gesamtmenge legt der Staat fest. Für den Betrieb ergibt sich ein Kostendruck, diese Mengen zu begrenzen. – Die Vermeidung von Emissionen kann durch Subventionen oder steuerlich durch erleichterte Abschreibungsmöglichkeiten gefördert werden. Bei diesen marktwirtschaftlichen Lösungen, um die Umweltschäden in die Kostenrechnung der Betriebe einzufügen, ergibt sich allerdings das grundsätzliche Problem, diese Schäden zu quantifizieren, das heißt finanziell zu bewerten.

5. Der Staat kann auch schlicht Einzelnes gebieten oder verbieten. Dies ruft jedoch gewöhnlich Abwehrreaktionen hervor, oder die Betroffenen versuchen auszuweichen oder

strengen Rechtsstreitigkeiten an. Sehr viel wirksamer sind freiwillige Vereinbarungen und verbindliche Verträge, in denen die beiderseitigen Rechte und Pflichten festgelegt werden. Hierzu gehören Sanktionen für den Fall, dass die Pflichten nicht eingehalten werden.

6. Sehr wichtig ist die ständige Information aller Betroffenen, der Verbände und der Öffentlichkeit, um Plattformen gemeinsamen Wissensstandes herzustellen, auf denen möglichst sachlich diskutiert und abgewogen werden kann. Alle Planungen müssen öffentlich ausgelegt werden.
7. In der Fischereipolitik wird zunächst von Wissenschaftlern der Bestand der einzelnen Arten abgeschätzt. Je nachdem, wie viel Nachwuchs aufwächst und ob der Bestand gefährdet ist, wird in internationalen Verträgen festgelegt, wie viel Tonnen der einzelnen Arten gefangen werden dürfen. Die insgesamt erlaubte Menge wird in Quoten auf die Nationen verteilt. Inzwischen haben sich die Fischbestände erholt. Die deutsche Fischereiflotte ist auf einen winzigen Bruchteil des 1970er Bestandes geschrumpft.

Ein grundsätzliches Problem des Umweltschutzes besteht darin, dass viele Belastungen großflächig grenzüberschreitend auftreten, aber von den einzelnen Nationen recht unterschiedlich bewertet werden. Am deutlichsten wird dies bei den Kernkraftwerken. Ebenso unterschiedlich sind die Verwaltungsverfahren: Entweder es werden möglichst alle Bedenken berücksichtigt, oder es wird mehr oder minder autoritär entschieden. Im internationalen Vergleich hat Deutschland eine sehr weitgehende, strenge Umweltpolitik. Die hohen Auflagen und die langwierigen Verfahren können für ausländische Betriebe, die sich hier ansiedeln wollen, abschreckend sein. Einzelne Verfahren wie die Gentechnik wandern ab in Länder mit weniger Vorbehalten. Andererseits hat die strenge Umweltpolitik bewirkt, dass Deutschland auf diesem Gebiet international eine führende Stellung erreicht hat.

6.2.7 Bildungspolitik

Waren und Dienstleistungen *Made in Germany* haben die Schweiz von ihrem Spitzenplatz verdrängt und genießen nun das beste Image der Welt, so stellte die Universität St. Gallen 2016 fest. Dabei geht es nicht nur um die Qualität der Waren, sondern auch um die Zuverlässigkeit der Betriebe, etwa bei der Einhaltung von Terminen, und um ein seriöses Verhalten im weitesten Sinne. Weniger gemeint ist der Preis: Deutschland ist nicht billig, sondern ein Hochlohnland. Nennenswerte Bodenschätze sind kaum vorhanden. Einzige Chance ist die Qualität.

Entscheidend im weltwirtschaftlichen Wettbewerb ist nicht mehr, durch immer mehr Kapital die Produktivität pro Arbeiter zu erhöhen. Es geht eher um anspruchsvolle Produkte, effizientere Verfahren, um das Design, die Bedienungsfreundlichkeit, das Eingehen auf anspruchsvolle Kundenwünsche und schließlich um die rasche Nutzung von Forschungsergebnissen. Unter diesen hohen Anforderungen gewinnt die Ausbildung der Mitarbeiter immer mehr an Bedeutung. Und zwar geht es nicht nur um die einfachen Arbeiter einerseits und das Führungspersonal andererseits, wie in vielen anderen Ländern. Sondern es geht um die ganze Pyramide: Arbeiter, Vorarbeiter, Meister, Abteilungsleiter,

Werksleiter, Vorstand. Hierzu gehören die entsprechenden Ausbildungsgänge: die betriebliche Berufsausbildung, der Lehrgang zum Industriemeister, die Fachhochschule, die Universität, möglichst mit einem Teil des Studiums im Ausland, und nach dem Studium eine Praxis von etwa drei Jahren im Betrieb.

Eine Promotion gehört in aller Regel nicht dazu, im Gegenteil: Häufig gibt es Vorbehalte gegen Bücherwürmer, die insgesamt zehn Jahre im geschützten Raum der Universität saßen. Sie gelten leicht als etwas verstiegen und praxisfern. Die ganz persönliche Abhängigkeit des Doktoranden von seinem Doktorvater wirkt auf Außenstehende entwürdigend. Nur bei forschungsnahen Betrieben und Instituten ist eine Promotion als wissenschaftliche Qualifikation willkommen oder gar Voraussetzung zum Eintritt.

Bei ihren heutigen Nachwuchsforderungen hat die Wirtschaft zunächst einmal ein Mengenproblem. Die Anzahl der jungen Leute, die nach der Ausbildung in den Beruf einsteigen wollen, ist auf unabsehbare Zeit geringer als die Anzahl derer, die sich ins Rentenalter verabschieden. Es können also nicht alle Stellen, die frei werden, besetzt werden. Dieses Problem wird verschärft durch die Tatsache, dass allzu viele junge Leute meinen, ein Hochschulstudium biete ein höheres Einkommen, mehr Sicherheit und mehr Prestige als eine betriebliche Berufsausbildung. Dies trifft in dieser verallgemeinerten Form nicht zu. Wie der Deutsche Industrie- und Handelskammertag 2016 feststellte, sind die Berufs- und Karriereaussichten etwa gleich. Ähnliches gilt für das Risiko der Arbeitslosigkeit. Bei den Hochschulabsolventen sind 2,6 Prozent arbeitslos, bei den Absolventen der Aufstiegsfortbildung nur 2 Prozent. Wenn es bei den Hochschulabsolventen ein Zuviel und bei den betrieblichen Praktikern ein Zuwenig gibt, wird sich dies über kurz oder lang über den Markt ausgleichen, indem die Gehälter bei den einen sinken, bei den anderen steigen.

Dass für den gehobenen Berufsweg ein Hochschulstudium notwendig und zu schaffen sei, erweist sich leider in vielen Fällen als Irrtum, insbesondere bei jenen Schulabgängern, deren Fähigkeiten eher auf praktischem als auf wissenschaftlichem Gebiet liegen. Nach zwei oder drei Semestern stellen sie fest, dass das Ganze zu hoch, zu abstrakt und zu schwierig für sie ist. Insbesondere in den ingenieurwissenschaftlichen und technischen Fächern, bei denen in den ersten Semestern hauptsächlich Integralrechnung betrieben wird, bricht rund die Hälfte der Studenten das Studium ab. Insgesamt, über alle Fächer hinweg, schließt nur gut die Hälfte aller Studienanfänger schließlich das Studium erfolgreich ab. Der große Rest verabschiedet sich unterwegs oder fällt bei der Abschlussprüfung durch. Leider haben diese Studenten ihre Fähigkeiten nach dem Realschulabschluss, als sie sich für die Fachoberschule und den Weg zur Universität entschieden, oder nach dem Gymnasium falsch eingeschätzt oder sind falsch beraten worden.

Aber irgendeine erfolgreiche Ausbildung möchte jeder bei einer Bewerbung vorzeigen. Für die eher praktisch Begabten bietet sich die Fachhochschule an. Hier stehen nicht Forschung oder gar Grundlagenforschung im Vordergrund, sondern die Anwendung. Die Wirtschaft braucht Mitarbeiter, die praktische Aufgaben auf der Basis einer akademischen Ausbildung schnell und erfolgreich lösen können. Dabei geht es um den Bedarf der örtlichen und regionalen Betriebe. Sie haben oft den Anstoß zur Gründung der Schule gegeben. Der Rektor der Fachhochschule betont gern, wie eng und vertrauensvoll er mit der örtlichen Wirtschaft zusammenarbeitet. Dementsprechend wird nicht das ganze Angebot an Studiengängen wie an der Universität gelehrt, sondern das regional Benötigte. Bei der *Staatlichen Seefahrtschule Cuxhaven* gibt es die nautischen und die schiffstechnischen Lehrgänge, aber hier kann man auch *Nautischer Wachoffizier in der großen Hochseefischerei* werden. Meist bezeichnen sich die Fachhochschulen kurz als *Hochschule*. Während das erfolgreiche Studium an der Technischen Universität mit dem *Diplom-Ingenieur* abgeschlossen wird, fügen die Absolventen der Fachhochschule ein *grad.* (graduiert) oder ein *FHS* (Fachhochschule) hinzu.

Bei den erfolglosen Studenten bietet sich für die Wirtschaft Jahr für Jahr ein riesiges Reservoir an etwa 100.000 Studienabbrechern, die für eine betriebliche Ausbildung gewonnen werden können: für einen der 33.000 Ausbildungsplätze, die pro Jahr unbesetzt bleiben.

§ 1 des Berufsbildungsgesetzes bestimmt:

> Die Berufsausbildung hat für die Ausbildung einer qualifizierten beruflichen Tätigkeit in einer sich wandelnden Arbeitswelt die notwendigen Fertigkeiten, Kenntnisse und Fähigkeiten in einem geordneten Ausbildungsgang zu vermitteln. Sie hat ferner die erforderlichen Berufserfahrungen zu vermitteln.

Im Folgenden werden die wichtigsten Merkmale aufgezählt:

- Es geht um die Ausbildung in einer bestimmten Tätigkeit, nämlich einen der 328 anerkannten Ausbildungsberufe. Die Ausbildung ist also anders als das Studium sehr speziell auf bestimmte Bedarfe zugeschnitten, was den Wünschen der

Wirtschaft entgegenkommt. Das Wort anerkannt bedeutet: bundesweit anerkannt. Anders als die Schulbildung ist die betriebliche Ausbildung nicht Ländersache, sondern bundesgesetzlich geregelt. Ein Industriekaufmann in Bayern hat dieselbe Ausbildung wie in Berlin. Dies erleichtert die regionale Mobilität.
- Es geht um die Ausbildung in einer sich wandelnden Arbeitswelt. Niemand weiß, in welchem Sinne sich diese Welt in den rund vierzig Berufsjahren, die die Auszubildenden vor sich haben, verändern wird. Daher werden vor allem allgemeine Grundlagen vermittelt, die für eine Vielzahl künftiger Tätigkeiten nützlich sind.
- Die Ausbildung wird in einem geordneten Ausbildungsgang vermittelt. Für jeden Beruf gibt es eine Ausbildungsordnung, in der festgelegt ist, welche Kenntnisse und Fertigkeiten vermittelt werden sollen. Auf dieser Grundlage entwickelt jeder Betrieb einen Ausbildungsplan, der sachlich und zeitlich festlegt, wie der Auszubildende durch den Betrieb läuft. Ein Außenstehender wundert sich, was ein Chemikant in drei Jahren alles zu lernen hat.
- Die Ausbildung hat ferner die Berufserfahrung zu vermitteln. Es handelt sich um eine betriebliche, praxisbezogene Ausbildung mit den aktuell heute benutzten Verfahren und Maschinen. Die abschließende Prüfung wird ebenfalls von Praktikern aus den Betrieben vorgenommen, die sich für einige Tage von ihren jeweiligen Unternehmen freistellen lassen müssen. Diese Ausbildung ist einer nur schulischen, nur theoretischen Ausbildung, wie sie in anderen Ländern vermittelt wird, weit überlegen.
- Ausgebildet wird an zwei Lernorten: vier Tage in der Woche im Betrieb, einer in der berufsbildenden Schule.

Hinzu können überbetriebliche Werkstätten kommen, um die hohe Spezialisierung der einzelnen Betriebe auszugleichen. Ist die Anzahl der Lehrlinge eines bestimmten Ausbildungsberufs im Bezirk einer Berufsschule zu klein, um eine Klasse zu bilden, so werden diese auswärts zu einigen Wochen Blockunterricht zusammengefasst. Die Ausbildung an den beiden Lernorten Schule und Betrieb erleichtert den Übergang vom Ausbildungssystem zum Berufssystem, der sonst für viele Berufsanfänger eine Klippe bildet.

Nach einigen Jahren in der Praxis ist ein 16 Wochen dauernder Weiterbildungskurs zum Industriemeister möglich: zu einer industriell-technischen Führungskraft als fachlich qualifizierter Werkstattleiter mit Personalverantwortung. Der Industriemeister ist ein Mittler zwischen Betriebsleitung und Mitarbeitern. Er koordiniert die möglichst reibungslosen Abläufe in der Produktion, stellt die Qualitätsstandards der Produkte sicher, sorgt für Arbeitsschutz und Unfallverhütung. Gleichzeitig ist er als Ausbilder qualifiziert.

Die Nachwuchsknappheit in der betrieblichen Ausbildung trifft nicht alle Berufe gleichermaßen, sondern vor allem einige besonders unbeliebte Wirtschaftszweige. In einigen Industrie- und Handelskammern gilt die Regel, dass etwa zehn Prozent aller Auszubildenden in der Gastronomie lernen, dass aus diesem Bereich aber fünfzig Prozent aller Beschwerden und vorzeitig abgebrochenen Ausbildungen kommen. Es soll bei den Hotels und Restaurants Betriebe geben, die ein Dutzend Auszubildende einstellen und diese besonders hart rannehmen, bis ein harter Kern von fünf Azubis übrig bleibt. Die jungen Leute, die nach dem Beitritt der DDR zur Bundesrepublik von Westbetrieben beispielsweise in der *Ostsee-Zeitung* geworben wurden, wunderte das nicht: Genau dies hatten sie ja in der Schule über den westlichen Kapitalismus gelernt. Andererseits gibt es unverändert beliebte Ausbildungsberufe wie etwa bei Jungen den Mechatroniker (früher: Kraftfahrzeugmechaniker). Besonders beliebt und mit Prestige versehen ist traditionell der Beruf des Bankkaufmanns oder der Bankkauffrau, ferner der Industriekaufmann oder die Industriekauffrau. Die Jugendlichen und ihre Eltern kennen gewöhnlich nicht mehr als ein halbes Dutzend Berufe, die in der Familie oder ihrem näheren Umfeld vorkommen. Die Berufsberater der Kammern oder in der Agentur für Arbeit haben also die Aufgabe, die Jugendlichen von den überlaufenen zu den unbekannten Berufen umzuleiten, soweit am Ort Betriebe vorhanden sind, die in diesen Berufen ausbilden wollen.

Ein weiteres Problem ist die ungleiche regionale Verteilung der freien Lehrstellen und der an einer Ausbildung interessierten Jugendlichen. Es gehört schon ein wenig Mut dazu, sich im Alter von 16 oder 17 Jahren im Internet eine Lehrstelle zu suchen und sich dann weit entfernt vom Elternhaus eine Bude zu suchen. Aber für Jugendliche in abgelegenen und wirtschaftsschwachen Randgebieten ist dies oft die einzige Möglichkeit. Hier wären öffentliche Hilfen sinnvoll, um die Mobilität zu erhöhen.

Wegen der allgemeinen Nachwuchsknappheit hat die Wirtschaft ein großes Interesse daran, die zahlreichen Flüchtlinge und Ausländer zu integrieren, ihnen die deutsche Sprache zu vermitteln und ihnen möglichst früh die Aufnahme einer Ausbildung oder Arbeit zuzugestehen, gleichgültig, aus welchem Grund sie in Deutschland sind. Im Jahr

2014 hielten sich in Deutschland bereits neun Millionen Deutsche mit Migrationshintergrund und sieben Millionen Ausländer auf. 2015 kamen rund eine Million Flüchtlinge hinzu. In den kommenden Jahren und Jahrzehnten wird der Sog zur Einwanderung vermutlich fortbestehen, selbst wenn sich die durchschnittliche Zahl der Kinder pro Frau erhöhen sollte, was sich erst mit einiger Verzögerung auf dem Arbeitsmarkt auswirkt. Noch stärker könnte der Auswanderungsdruck der Heimatländer zunehmen, denn die Zahl der autoritär geführten Staaten mit niedrigem Wohlstandsniveau und womöglich auch die kriegerischen Auseinandersetzungen werden so schnell nicht abnehmen. Durch die weltweite Kommunikation wird den Bedrängten veranschaulicht, wie es sich in Mitteleuropa so lebt: nicht nur der ungeahnte Wohlstand, der *Reichtum*, sondern auch die persönliche Sicherheit. Die Ausländer zu integrieren und an das deutsche Berufsleben heranzuführen, wird vermutlich eine ständige Aufgabe bleiben.

Aus der Sicht der Wirtschaft ist es wünschenswert, dass der gesamte Bildungsapparat nach Niveau, Fachrichtung und Region auf den Bedarf der Betriebe abgestimmt ist. Die Bildungspolitik des Bundes und der Länder kann dies nicht garantieren, denn laut Grundgesetz (Artikel 12) haben „alle Deutschen das Recht, Beruf, Arbeitsplatz und Ausbildungsstätte frei zu wählen". Sicherlich wird jeder Einzelne und das Ganze am erfolgreichsten und glücklichsten, wenn jeder sich für diejenige Ausbildung entscheidet, zu der er oder sie Neigung und Talent haben oder die nach ihrer Meinung wirtschaftlichen Erfolg versprechen. Hierbei muss in Kauf genommen werden, dass zahlreiche Jugendliche sich für eine Ausbildung entscheiden, für die nur geringer Bedarf besteht, und dass in anderen Bereichen der dringend benötigte Nachwuchs nicht kommt. Die staatlichen Stellen können hier nur beraten und vermitteln. Die Bildungspolitik greift vor allem an folgenden Punkten ein:

1. Es gibt in den Bundesländern die grundsätzliche Weichenstellung, ob möglichst alle Kinder und Jugendlichen mitgenommen und gemeinsam erzogen werden auf die Gefahr einer Niveausenkung hin, oder ob nach Leistung differenziert und getrennt wird. In der ewigen Schulstrukturdebatte werden seit Jahr und Tag zu dieser Frage die immer gleichen Argumente ausgetauscht. Immer folgt eine Schulreform der anderen, immer will eine neue Landesregierung alles ganz anders machen, ohne dass die Ergebnisse der vorigen Reform überprüft werden. Jedermann sehnt sich nach einer Verstetigung, nach einem Anhalten des regelmäßig von der politischen Rechten zur Linken schwingenden Pendels.
2. Eine gymnasiale Aufnahmeprüfung hätte den Vorteil, dass die Schüler nur zwei Wochen statt zwei Jahre Stress haben. Naheliegend wären Aufnahmeprüfungen der Universitäten. Die Zulassung entsprechend der Abiturzensur, wie heute üblich, hat wenig Sinn, weil das Niveau des Abiturs in den Bundesländern recht unterschiedlich ist. Außerdem bildeten sich mit einer Aufnahmeprüfung Universitäten ganz unterschiedlichen Niveaus heraus, je nachdem, wie hoch die Latte liegt.
3. Entscheidend im Bildungssystem sind immer die Durchstiegsmöglichkeiten, insbesondere wenn frühzeitig differenziert wird. Es geht um den Auf- und Abstieg zwischen Hauptschule, Realschule und Gymnasium und um die

Übergänge zwischen dem berufsbildenden und dem allgemeinbildenden System sowie den Universitäten.
4. Ein Problem ist weiterhin, dass Kinder aus mittleren und unteren sozialen Schichten es sogar bei gleicher Leistung sehr viel schwerer haben als Kinder aus dem Bildungsbürgertum. Anscheinend ist nicht nur die Leistung entscheidend, sondern auch die Art des Auftretens. Hier kann die Politik kaum einwirken. Sie kann aber darauf achten, dass nur das geprüft wird, was in der Schule behandelt wurde, und nicht das Milieu des Elternhauses.
5. In der Bildungspolitik können die Bildungsziele bestimmt und in den Lehrplänen konkretisiert werden. Natürlich ist es kaum möglich, vorherzusehen, was die Absolventen in den kommenden Jahrzehnten an Wissen benötigen werden. Absehbar ist aber, dass alles gefragt sein wird, was mit Digitalisierung zu tun hat. Ferner ist absehbar, welche Tätigkeiten nicht durch Maschinen ersetzt werden können, zum Beispiel ganz persönliche Dienstleistungen vom Friseur bis zur Altenpflege. Nicht automatisierbar sind vermutlich auch Reparaturen oder Beratungsgespräche in einer immer komplizierter werdenden Welt. Weiterhin kaum durch Maschinen ersetzbar ist alles Kreative im weitesten Sinne, von der Kultur bis zur Werbung. Daher könnte es sinnvoll sein, die Schüler noch stärker zum selbstständigen Arbeiten, zum Mut zu unkonventionellen Ideen zu erziehen. Wichtig ist ferner, sich in die Probleme anderer einfühlen zu können sowie Ungewohntes und fremde Kulturen zu verstehen. Weniger Sinn hat es im Zeitalter der Suchmaschinen, abfragbares Wissen zu vermitteln.

6. Gelegentlich wird gefordert, ein besonderes Schulfach *Wirtschaft* einzuführen. Die Schule hat jedoch eher die Aufgabe, Fähigkeiten zu entwickeln, die in allen Berufen wertvoll sind, etwa Mathematik und Sprachen. Aber im Fach Sozialkunde, oder wie auch immer dieses Fach in den Ländern heißt, kann gelernt werden, ökonomische Zusammenhänge zu erfassen und sich im Berufsleben zu behaupten. Wichtiger als die frühzeitige Vermittlung wirtschaftlichen Fachwissens sind die persönlichen Grundlagen. Das Schulgesetz des Landes Nordrhein-Westfalen nennt unter den Bildungszielen: „Die Schüler werden befähigt, verantwortlich am wirtschaftlichen und beruflichen Leben teilzunehmen. Die Schule fördert die Selbstständigkeit ihrer Entscheidungen und Handlungen." Letztlich geht es um den kulturellen Rang einer Gesellschaft, wovon die Wirtschaft nur ein Teilgebiet bildet.

7. Die Bildungspolitik kann ferner schlicht dafür sorgen, dass der vorhandene Apparat funktioniert – ohne dass Stunden ausfallen, ohne dass Minderbemittelte benachteiligt werden. Und dass Lehrschwimmbecken und Sportstätten vorhanden sind, ferner eine Mensa für den Ganztagsbetrieb. Und dass die Schulleiter in besonderen Akademien auf ihre Arbeit in Verwaltung und Personalführung vorbereitet werden.

Die Qualität des gesamten Bildungssystems ist in den einzelnen Bundesländern sehr unterschiedlich. Auch hier steht Bayern an der Spitze, Bremen am Schluss. Schulen in privater Trägerschaft könnten mit eigenen Konzepten eine Alternative zu den öffentlichen Schulen bieten, sind aber anscheinend nicht gewünscht. Der Leiter der Waldorfschule sagt: „Es mag sein, dass unser Konzept nicht jedem gefällt. Aber immerhin haben wir eines."

6.2.8 Innovationspolitik

Je stärker der Wettbewerb, desto stärker ist jedes Unternehmen darauf angewiesen, immer wieder Neues zu entwickeln und zu erfinden, um wenigstens eine Zeitlang als alleiniger Anbieter einen Monopolgewinn einstreichen zu können, bis die jeweilige Innovation sich allgemein durchsetzt. Zumindest müssen die anderswo gemachten Neuerungen mitvollzogen werden, um nicht gegenüber den Mitbewerbern zurückzubleiben. Diesen Druck, Neues zu bringen, gibt es auf den unterschiedlichsten Gebieten:

1. Zunächst geht es um eher Äußerliches, was aber auch sehr wichtig ist: der jährliche Wechsel in der Damenmode und bei den Turnschuhen; Entwurf und Design bei den Gebrauchsgegenständen; der wechselnde Stil in Kunst und Architektur. Diesen Stilwechsel gab es schon immer: Auf den schwülstigen Barock folgte das zierliche Rokoko, dann die schlichte, strenge Klassik, schließlich der schnörkelige historische Stil, der Jugendstil, Art déco, endlich das betont sachliche Bauhaus. Heute gibt es schon das *Museum der fünfziger Jahre* mit Tütenlampen, Nierentischen und verschiedenfarbigen Cocktailsesseln. Immer wieder muss auf der Messe Neues, nie Dagewesenes vorgeführt werden, das sich entweder durchsetzt oder nicht.

2. Etwas sachlicher und rationaler geht es bei der Industrie zu. Hier kann der Innovationsdruck dahin gehen, Material oder Energie zu sparen, um den Wirkungsgrad zu erhöhen. Oder aufgrund einer Änderung der Rohstoffpreise soll ein Material durch ein anderes, preiswerteres ersetzt werden. Hier kann es kleine Verbesserungen geben, aber auch große Durchbrüche, beispielsweise wenn Passagierflugzeuge nicht mehr aus Aluminium gebaut werden, sondern aus mit Kohlefasern verstärktem Kunststoff und entsprechender Einsparung an Gewicht.
3. Der Umweltschutz erzwingt immer wieder weitere Forschung und Innovationen. Eine der ersten Maßnahmen war 1970 das Verbot von Bleizusätzen im Benzin. Vorher war als Antiklopfmittel eine Bleiverbindung üblich. Das entlang der Autobahn angebaute Gemüse wies einen katastrophal erhöhten Bleigehalt auf. Die Chemiker und Motorenbauer waren also dazu aufgerufen, bleifreies Benzin zu verwenden. Heute geht es um Emissionen der unterschiedlichsten Art, was beim Volkswagenwerk zu einem großen und sehr teuren Skandal führte. Die Energiewende hin zu den erneuerbaren Energien führte zu einer förmlichen Innovationslawine mit dem Ziel, die Erneuerbaren ohne Subventionen marktfähig zu machen.
4. Die Neuerung kann auch in einem neuen Verwendungszweck altbewährter Produkte bestehen. Das Fahrrad schien technisch ausgereift, bis das Mountainbike und das E-Bike kamen. Automobile schienen ausgereift, bis die Fahrer-Assistenzsysteme kamen oder gar das fahrerlose Auto kommen soll.
5. Bei Arzneimitteln wird der Forschungsbedarf vermutlich nie aufhören. Immer wieder werden neue Wirkstoffe mit

und ohne Nebenwirkungen gefunden. Ähnlich ist es in der chemischen Industrie, in der Biologie (etwa in der Tier- und Pflanzenzüchtung) und auf vielen anderen Gebieten.

Für die Innovation in den Betrieben gibt es eingespielte Kreativitätstechniken, um Probleme zu präzisieren, Ideen zu finden, die Richtung des Suchens zu erweitern und gedankliche Blockaden aufzulösen. Es geht im Regelfall nicht wie in der Mathematik um wohlstrukturierte Probleme, für die es auf einem bestimmten Rechenweg eine richtige Lösung zu finden gilt. Sondern es geht um die unstrukturierten Probleme, die bisher niemandem aufgefallen sind und die zunächst einmal genauer umschrieben werden müssen, bevor man sich über mögliche Lösungsansätze unterhalten kann. Hierzu gehört auch, die bisherigen Lösungen kritisch zu hinterfragen. Einige der üblichen Kreativitätstechniken sind:

1. Bei Gruppensitzungen zur Ideenfindung ist eine Anzahl von etwa sieben bis 14 Teilnehmern üblich, die aus ganz verschiedenen Abteilungen kommen und verschiedene Vorbildungen haben. Gerade von den abteilungsfremden Mitarbeitern kommen die kritischen Fragen. Ein Moderator ist notwendig. Wichtig ist, dass neue Ideen nicht sofort kritisiert und „erschlagen" werden. Kollegen mit einer Neigung zu Arroganz und Ironie werden gar nicht erst eingeladen. Störend wirken autoritäre Rechthaber, aber auch Subalterne, die sich allzu bereitwillig in die gewohnte Struktur einfügen. Gefragt sind Leute, die bereit sind, sich vom Gängigen und Üblichen zu entfernen. Zunächst bleiben alle Ideen unbewertet nebeneinander stehen. Es geht beim *Brainstorming* um ein intuitives,

assoziatives Denken: die Aktivierung des Unbewussten, an das bisher niemand gedacht hat. Erst allmählich kristallisieren sich Vorschläge heraus, die dann konkretisiert und umgesetzt werden können. Das Ganze kann mündlich stattfinden, aber auch, indem jeder seine Ideen auf Kärtchen notiert, die dann an der Pinnwand zu Gruppen oder Wolken zusammengefasst werden.

2. Eine andere Methode geht dahin, ein bereits einigermaßen strukturiertes Problem in Unterprobleme und schließlich in kleinste Teileinheiten aufzuspalten und ganz systematisch Lösungen zu suchen.

3. In einem geordneten und kontinuierlichen Prozess können Produkte und Dienstleistungen des eigenen Unternehmens mit einer theoretischen Bestlösung oder mit dem Branchenführer verglichen werden (*Benchmarking*). Das Wort *Benchmark* stammt ursprünglich von den Landvermessern und bezeichnet einen trigonometrischen Punkt, von dem die Vermessung ausgeht. Ganz ähnlich vergleichen wir unseren Betrieb immer wieder mit einem festen Punkt, einer *best practice*, die entweder quantitativ oder qualitativ definiert sein kann. Von hier aus kommen Ansätze zur Verbesserung oder zu Einsparungen und werden zu Maßnahmen, über deren Erfolg regelmäßig berichtet wird (*monitoring*).

4. Wir können systematisch untersuchen, welche bisher ungenutzten Fähigkeiten und Möglichkeiten in den Mitarbeitern und dem Betrieb stecken (*Potenzialanalyse*). Es kommt zum Beispiel vor, dass ein Mitarbeiter sich im Betrieb ganz unauffällig benimmt, aber in der Freizeit im Ehrenamt zu großer Form aufläuft. Haben wir da etwas versäumt? Könnte er/sie diese Fähigkeiten nicht auch im

Betrieb einsetzen? Mit Fragebögen können die jetzigen Fähigkeiten der Mitarbeiter festgestellt und den Anforderungen gegenübergestellt werden. Dann wird versucht, mit Fortbildungskursen Schwächen auszugleichen. Entsprechend kann auch ungenutztes Potenzial des Betriebs gesucht werden: Lässt sich mit unseren Gerätschaften, Bauten und Grundstücken auch ganz anderes herstellen als bisher? Lassen sich mit den von uns entwickelten Programmen auch ganz andere Probleme lösen?

Jede Innovation nützt zunächst einmal nur dem betreffenden Unternehmen, aber die Gesamtheit aller Innovationen entscheidet über die Wettbewerbsfähigkeit der ganzen Volkswirtschaft. Daher versuchen nicht nur die Unternehmen im eigenen Interesse, sondern auch die Wirtschaftspolitik im Gesamtinteresse ein möglichst innovationsfreundliches Klima zu schaffen, nämlich eine Offenheit für neue Ansätze und Ideen. Dieses Klima ist durchaus nicht selbstverständlich. Denn jedes Neue entwertet das Altbewährte und stößt daher auf Widerstand, insbesondere wenn es sich um grundsätzliche, tiefgreifende Neuerungen handelt. Denn alle Personen, die bisher auf altbewährte Weise arbeiteten, müssen sich nicht nur umstellen, sondern müssen auch um ihren Status fürchten. Daher gibt es Gegenargumente von der Art: „Das hört sich in der Theorie gut an, ist aber in der Praxis nicht durchführbar. So was haben wir schon probiert und sind damit gescheitert. Diese Idee wird sich beim Publikum nicht durchsetzen." Gern gibt es auch Argumente zur Person: „Wir haben jahrzehntelange Erfahrung. Und dann kommt ein Neuer und will uns was erzählen. Wir sind gelernte Braumeister, und der Neue kommt aus der Mineralwasser-Abfüllung!" Schon Franz Oppenheimer (1864–1943) bemerkte:

> Nichts besser als der Fachmann, wenn es sich um bekannte und anerkannte Dinge handelt; nichts ärger als der Fachmann, wenn es sich um neue, erst durchzukämpfende Dinge handelt! Wer ihm zumutet, umzulernen, ist sein Feind und wird schonungslos bekämpft. (Oppenheimer 1964, S. 116)

Wer sich einmal auf eine bestimmte Überzeugung oder ein bestimmtes Verfahren festgelegt hat, sucht unwillkürlich immer Gründe, die diese Entscheidung stützen. So wird das Selbst als psychische Struktur stabilisiert. In der Psychologie gilt dieses Verhalten jedoch als Bestätigungsfehler, weil auch dann noch am vermeintlich Gesicherten festgehalten wird, wenn dies durch die äußeren Umstände nicht mehr gerechtfertigt ist.

Entscheidend ist daher das im Unternehmen herrschende Innovationsklima. Hier geht es um die organisatorischen Voraussetzungen für das Herausbringen von Neuerungen, um den Führungsstil und um das Ausmaß der informellen Kommunikation: Ist alles im Sinne der bisherigen Abläufe streng geregelt oder ist es üblich, sich locker zu unterhalten und mit neuen Ideen zu spielen? Wird Ungewohntes sofort abgelehnt oder gar als fehlerhaft gerügt, oder kann man sich in der Kantine darüber unterhalten, was daraus werden könnte? Kommt der Geschäftsführer zu seinen Leuten und bittet sie, sich etwas einfallen zu lassen, oder weiß er selbst allein alles besser? Kann man sich unbefangen darüber unterhalten, ob und wo das eigene Unternehmen im allgemeinen Innovationswettlauf zurückbleibt? In größeren Unternehmen wird dies im Rahmen eines Innovationsmanagements systematisch organisiert: von der Frage, wo im Unternehmen ein Innovationsbedarf besteht, über die Prüfung der Ideen und Projekte bis hin zu der Frage, welche Mitarbeiter hiermit betraut werden.

Die große Zeit der Innovation ist immer die Wirtschaftskrise. Angesichts der schwachen Auftragslage hat man im Unternehmen endlich Zeit zu grundsätzlichen kritischen Überlegungen, und unter dem Druck der Krise sind neue Ideen gefragt und willkommen.

Viele regionale Wirtschaftsförderer bemühen sich um die Bildung von *Clustern*: An einem Standort sollen Hersteller, Zulieferer, Aus- und Fortbildungsstätten sowie industrienahe Forschungsinstitute in einem Technologiepark zusammengefasst werden und Fühlungsvorteile entwickeln.

Das Wirtschaftsministerium hat die internationale Wettbewerbsfähigkeit der deutschen Wirtschaft im Auge und damit die Gesamtheit aller Innovationen. Mithin gibt es nicht nur das unternehmerische, sondern auch das öffentliche Interesse, die Widerstände, das natürliche Beharrungsvermögen zu überwinden. Hierzu dient zunächst einmal die Ordnungspolitik, nämlich Existenzgründer nicht nur zuzulassen, sondern finanziell zu fördern, vor allem wenn sie sich mit einer Innovation selbstständig machen wollen. In dieselbe Richtung geht die Öffnung der Grenzen für auswärtige Produkte aller Art. Ferner werden Erfinder belohnt durch ein Patent. Der Patentanwalt sendet eine genaue Beschreibung an das Bundespatentamt, und dort wird geprüft, inwiefern es sich um eine wirkliche Neuerung handelt oder ob es dem bereits verwirklichten Stand der Technik entspricht. Das Patent verleiht das ausschließliche Recht an einer Erfindung: Allen anderen kann die Nutzung für eine bestimmte

Zeitdauer untersagt werden. Der Erfinder kann daher seine Entwicklungskosten decken und einen Monopolgewinn einheimsen, indem er entweder die Erfindung selbst nutzt oder Lizenzen vergibt. Die Wirtschaftspolitik ist hier in einem Zwiespalt: Einerseits sollen die Erfinder einen spürbaren Anreiz erhalten, andererseits soll nach einiger Zeit das Schutzrecht erlöschen, damit die Neuerung allgemein eingesetzt werden kann. Die Innovationsfähigkeit der Wirtschaft lässt sich an der Patentbilanz ablesen: Vergeben deutsche Patentinhaber überwiegend Lizenzen ins Ausland, oder sind wir darauf angewiesen, uns Lizenzen für ausländische Patente einzukaufen?

Dem Patentschutz für Erfindungen entspricht das Urheberrecht für kulturelle Erzeugnisse, nämlich Werke der Literatur, Wissenschaft und Kunst. Hier geht es um persönliche geistige Schöpfungen, die als geistiges Eigentum auch von der grundgesetzlichen (Artikel 14) Eigentumsgarantie mit umfasst werden. Hier kann umstritten sein, für welche Werke ein Urheberrecht beansprucht werden kann. Sie müssen sich als originelle Schöpfung aus der bloßen Routine herausheben. Außerdem muss es sich um ein ausgearbeitetes Werk handeln, nicht um eine bloße Idee. Das Werk muss unter dem formprägenden Einfluss eines Menschen geschaffen und als solches für Außenstehende wahrnehmbar sein und bei ihnen eine anregende Wirkung auf die Gedanken- und Gefühlswelt haben. Gewöhnlich nimmt der Urheber seine Rechte nicht selbst wahr, sondern beauftragt einen Verlag, das Werk zu vervielfältigen und zu verkaufen. Weil es dem Urheber meist nicht möglich ist, seine Rechte effektiv wahrzunehmen, sind Verwertungsgesellschaften entstanden, die hiermit beauftragt werden können. Hierzu gehört die *Gesellschaft für musikalische Aufführungs- und mechanische Vervielfältigungsrechte*, bekannt als *GEMA*, ferner die *Verwertungsgesellschaft Wort*, die *Gesellschaft zur Verwertung von Leistungsschutzrechten* und die *Verwertungsgesellschaft Bild-Kunst*. Ähnlich wie im Patentrecht gibt es auch beim Urheberrecht den politischen Konflikt, einerseits dem Erfinder oder Urheber einen Schutz und Anreiz zu geben, andererseits im Interesse der Allgemeinheit irgendwann den exklusiven Schutz aufzuheben. Beim Urheberrecht sind die Werke nach 70 Jahren gemeinfrei. Jedermann kann heute die Werke von Goethe oder Schiller herausgeben.

Das *Bundesministerium für Wirtschaft und Energie* bemüht sich insbesondere um eine Innovationsförderung beim Mittelstand, denn dieser hat, anders als die großen Konzernfirmen, gewöhnlich keine eigene Forschungsabteilung. Daher sollen bei den kleinen und mittleren Unternehmen Entwicklungspotenziale geweckt werden. Forschung und Entwicklung werden ebenso gefördert wie die Innovationsberatung und die Zusammenarbeit mit der Wissenschaft. Dies ist eines der großen Probleme der Innovationsförderung: der möglichst rasche Transfer von Forschungsergebnissen in die wirtschaftliche Anwendung. Diese Diffusion des Neuen wird dadurch erschwert, dass in Deutschland ein personeller Wechsel aus der Forschung in die Wirtschaft und zurück nicht üblich ist. So kann es passieren, dass beide nebeneinander her existieren. Das Ministerium bietet ferner Wagniskapital für technologie- und innovationsbezogene Geschäftsgründungen.

Gefördert wird nicht nur die Entwicklung einzelner Produkte in den jeweiligen Unternehmen, sondern auch die vorwettbewerbliche Forschung für den Mittelstand. Dieser braucht Forschungseinrichtungen, deren Forschungs- und

Entwicklungsarbeit (FuE) sich konkret an den Bedürfnissen dieser Unternehmen orientiert und deren Ergebnisse schnell und effizient umgesetzt werden können. Hierfür gibt es die beiden Programme *Förderung der industriellen Gemeinschaftsforschung* und die *FuE-Förderung der gemeinnützigen externen Industrieforschungseinrichtungen Ostdeutschlands*. Hier werden aus dem Kreis der Unternehmen Projektideen vorgeschlagen und von einer Fachjury bewertet: Hat der Vorschlag ein Innovationspotenzial für die gesamte Branche? Die Ergebnisse sind für alle Beteiligten zugänglich und sollen nicht zu einem Wettbewerbsvorteil einzelner Firmen führen. Ferner können aktuelle Entwicklungen aufgegriffen werden, zum Beispiel solche, die in einem Zusammenhang mit der Energiewende stehen. In einem *Innovationskatalog* des Wirtschaftsministeriums präsentieren innovative Unternehmen und externe Einrichtungen der Industrieforschung neue Produkte, Verfahren und Technologien. Hier ist anhand von Beispielen zu entdecken, wie Forschung konkret umgesetzt wird und welche Trends sich aktuell bilden. Ein Grundproblem der Technologie- und Innovationsförderung ist aber immer, dass eine staatliche Stelle auswählen muss, welche Ideen und Projekte als hoffnungsvoll erscheinen. Letztlich kann jedoch nur der Markt entscheiden, was sich durchsetzt.

Die Grundlagenforschung findet fern der Wirtschaft statt und muss vom Staat finanziert werden, etwa wenn es in der Physik und der Astronomie um die Suche nach neuen Elementarteilchen, nach Schwerkraftwellen oder nach der Natur der Dunklen Materie geht. Niemand weiß, ob und wann wirtschaftlich nutzbare Erkenntnisse gefunden werden. Hiermit ist jedoch regelmäßig zu rechnen: Nach langfristiger

Erfahrung mündet die neue Erkenntnis gewöhnlich in neue Techniken und Wirtschaftszweige.

> Naturwissenschaftliche Grundlagenforschung ist die Basis für Erkenntnisgewinn und Fortschritt. Aufbauend auf den Ergebnissen mehrerer Jahrhunderte entstehen daraus Anwendungen, Innovationen und neue Technologien,

teilt das *Bundesministerium für Bildung und Forschung* mit. Triebkraft der Forscher ist schlicht die Neugier, durch Experimentieren und Forschen die Grenzen der menschlichen Erkenntnis zu erweitern. Schon durch den Bau und Betrieb der Großgeräte entstehen technische Innovationen. Das Experimentieren führt zu neuen Produkten. Außerdem dient die Grundlagenforschung als Talentschmiede und führt exzellent ausgebildete wissenschaftliche und technische Fachkräfte zusammen. Gleichzeitig geht es hier um die Völkerverständigung. Das Großforschungszentrum CERN bei Meyrin/Schweiz hat 3.200 Mitarbeiter aus 22 Staaten.

Die Wirtschaftsgeschichte zeigt nicht nur ein Auf und Ab der Konjunktur, sondern auch längere relativ ruhige Phasen und dann revolutionäre Umbrüche durch grundlegende Innovationen wie die Erfindung der Dampfmaschine oder die Entwicklung des Internets. In großen Krisen platzen die bisherigen Trends, und mehrere neue Trends starten mit unterschiedlichem Tempo und unterschiedlichen Planungshorizonten. Der Innovationsforscher Gerhard O. Mensch spricht von Basisinnovationen: grundlegende technische Neuerungen mit industrieller Realisierung. Sie schaffen neue Wirtschaftszweige, Arbeitsplätze und Einkommen. Verbesserungsinnovationen dagegen entwickeln bestehende Aktivitätsfelder weiter oder verfeinern sie. In der Hochkonjunktur gibt es vermehrt Scheininnovationen, die keinen wirtschaftlichen Nutzen erbringen, zum Beispiel ein neues Blechkleid für das Auto: bloße Äußerlichkeiten. Das Ganze verläuft nicht etwa wellenförmig und daher vorhersehbar, sondern ähnlich wie bei politischen Revolutionen stets überraschend nach einer ruhigen Zeit, in der sich in aller Stille die Konflikte zugespitzt haben.

Ganz ähnlich diskontinuierlich verläuft der hinter den Revolutionen der Wirtschaft stehende und die Impulse gebende Wissenschaftsbetrieb an Forschungsanlagen, Instituten und Universitäten. Er spielt sich nicht etwa in der Form ab, dass zu einem vorhandenen großen Schatz von Erkenntnissen immer mehr hinzukommt, ähnlich wie sich ein Vermögen verzinst. Vielmehr gibt es in unregelmäßigen Abständen wissenschaftliche Revolutionen mit einer Entwertung alles Bisherigen und ganz neuen Ansätzen, ähnlich wie beim Übergang vom geozentrischen zum heliozentrischen Weltbild, als plötzlich die Sonne in den Mittelpunkt gerückt wurde. Thomas S. Kuhn hat diesen Vorgang in seinem Buch *Die Struktur wissenschaftlicher Revolutionen* (Suhrkamp Verlag, Frankfurt am Main 1976) näher beschrieben. Er prägte das Wort *Paradigmenwechsel*. Dabei bezeichnet *Paradigma* eine bestimmte Art der Weltanschauung, eine Lehrmeinung oder auch eine wissenschaftliche Schule: ein Bündel aus theoretischen Leitsätzen, Fragestellungen und Methoden, das längere historische Perioden in der Entwicklung der Wissenschaft überdauert. Es geht einfach um die Gewissheiten, von denen jedermann ausgeht und die nicht mehr in Frage gestellt werden. Entgegenstehende Erfahrungen werden nicht zur Kenntnis genommen. Nach einigen Jahrzehnten wird jedoch offensichtlich, dass das bisherige Paradigma die Welt nicht mehr erklärt. Das ganze

Gebäude stürzt ein und wird durch ein neues ersetzt. So war es beispielsweise, als durch Albert Einstein die rein mechanistische Sicht der Physik überwunden wurde oder als Alfred Wegener die Verschiebung der Kontinente entdeckte. Dieser Wechsel des Paradigmas findet jeweils unter heftigem Widerstand der aktuell im Amt befindlichen Forscher statt, die das bisher gültige Paradigma verteidigen und auch vor persönlichen Angriffen gegen die Neuerer nicht zurückschrecken. Albert Einstein zum Beispiel hatte größte Schwierigkeiten, auch nur eine Assistentenstelle zu finden.

Auch in der Wissenschaft, die angeblich nur Neues finden will, gibt es also einen starken Innovationswiderstand, sobald die Fundamente des Bisherigen in Frage gestellt werden. Wie bei jeder Innovation hat dies damit zu tun, dass nicht nur das Neue das Alte entwertet. Sondern darüber hinaus werden alle Amtsinhaber, die das Alte vertreten, in ihrem Status gefährdet. Um ebendies zu verhindern, hat das akademische Leben vier Schranken eingerichtet, sozusagen um die geschlossenen Gebäude vor Zugluft zu schützen. An jeder Schranke wird der Nachwuchs daraufhin geprüft, ob er sich im gewohnten Rahmen bewegt: (1) die Diplom- oder heute Masterprüfung zum Abschluss des Studiums, (2) die Promotion, (3) die Habilitation, (4) die Entscheidung der Berufungskommission, in welcher die bisherigen Amtsinhaber darüber befinden, wen sie in ihren Kreis aufnehmen. Auch dort sind die Wissenschaftler dann im Kollegenkreis an das in dieser Fakultät Übliche gebunden. Erst im Ruhestand, als Emeritierte, können sie sich frei und unbefangen äußern.

Für die Wissenschafts- und Technologiepolitik stellt sich also das Problem, solche Erstarrungen und Verfestigungen zu vermeiden und das ganze System offen zu halten. Dies ist nicht leicht, denn der Wissenschaftsbetrieb ist sehr stark spezialisiert, und in jedem der kleinen Fachgebiete gibt es einige wenige oder nur eine einzige tonangebende Persönlichkeit: einen Multifunktionär. Als Vorsitzender mehrerer Fachgesellschaften hält er bei jeder Tagung den ersten Vortrag. Als Herausgeber der Fachzeitschriften bestimmt er, was veröffentlicht wird, und als Mitglied der Berufungskommission kann er seine Schüler und Nahestehende als Professoren ins Amt heben. Und er berät mit dem Forschungsministerium über die Verteilung der Gelder, und zwar nicht ganz uneigennützig. Kurz: An den etablierten Vertretern des jeweiligen Fachs und der dortigen Nummer eins kommt kaum einer vorbei. Jeder außenstehende Verband versucht, sich mit dem führenden Vertreter des Fachs zu schmücken. Wer schon in drei Fachgesellschaften Vorsitzender ist, bekommt weitere Vorsitze hinzu und kann alles mit allem verbinden. Das Ministerium kann versuchen, auch Minderheiten, Außenseiter und Nachwuchskräfte zu fördern, bleibt aber immer auf die führenden Vertreter des Fachs verwiesen.

Ein interessantes Freizeitvergnügen ist es, spaßeshalber anzunehmen, dass auch einzelne der jetzigen Paradigmen so vergänglich sind wie viele andere vor ihnen. Wer hat die jetzige von jedermann unbezweifelt geglaubte Weisheit eigentlich erfunden und bewiesen? Gibt es hierfür in der Alltagswelt einen Beleg? Gibt es widersprechende Erfahrungen? Wird ein jetziges Gedankengebäude mit dogmatischem Eifer verteidigt? Wird auf Zitate von Autoritäten zurückgegriffen statt auf sachliche, inhaltliche Argumente?

6.2.9 Regionalpolitik

Das Grundgesetz geht in Artikel 72, Absatz 2 davon aus, dass im gesamtstaatlichen Interesse eine Herstellung gleichwertiger Lebensverhältnisse im Bundesgebiet anzustreben ist. Zu diesem Zweck kann neben den Ländern der Bundesgesetzgeber beim Recht der Wirtschaft tätig werden. Hier wird der Bundespolitik eine unmögliche Aufgabe zudiktiert, denn es ist ganz ausgeschlossen, in abgelegenen Gebieten wie etwa dem ländlichen Vorpommern gleichwertige Lebensverhältnisse wie in Düsseldorf oder München herzustellen, und ernsthaft wird dies auch von niemandem angestrebt. Allenfalls kann versucht werden, die Unterschiede zu mildern und in den stillen Landgebieten ein Minimum an Versorgung und Infrastruktur aufrechtzuerhalten.

Entsprechend Artikel 11 des Grundgesetzes genießen alle Deutschen Freizügigkeit im ganzen Bundesgebiet. Dasselbe gilt für die Unternehmen und inzwischen längst auch im Europäischen Binnenmarkt. Jede Privatperson und jeder Betrieb kann sich also niederlassen, wo er oder sie dies vorteilhaft findet. Dies geschieht allerdings nicht nach dem Zufallsprinzip über die ganze Fläche verteilt, sondern es bilden sich Kristallisationspunkte als Ziele der Wanderungen, und umgekehrt bilden sich mehr oder minder entleerte Landgebiete. Das Wanderungsverhalten ist je nach Beruf und Bildungsgrad sehr unterschiedlich. Die Absolventen der betrieblichen Ausbildung, der Lehre, bleiben gewöhnlich am Platz. Die Abgänger der Fachhochschule bleiben in der Region. Die Hochschulabgänger orientieren sich eher bundesweit oder im europäischen Ausland. Die Kleinstädte sind es gewohnt, dass die Gymnasiasten nach dem Abitur nach auswärts zum Studium ziehen und in aller Regel nicht wiederkommen – allenfalls im Urlaub oder später als Pensionäre, wenn sie sich an die glückliche Kindheit in der Heimat erinnern oder wenn sie dort das Haus geerbt haben.

In den Kleinstädten und Randgebieten gibt es wenige Arbeitsplätze für Hochschulabgänger. Die Universitätsstädte hingegen haben Mühe, alle zugezogenen Studenten unterzubringen. Anziehungspunkt ist hier nicht nur die Universität, sondern gewöhnlich darüber hinaus ein reichhaltiges kulturelles Angebot und vielfältige Einkaufsmöglichkeiten.

Die betriebliche Standortwahl gestaltet sich sehr unterschiedlich nach Wirtschaftsbereichen und Betriebsgrößen. Ein Landwirt kommt kaum jemals auf den Gedanken, den seit Generationen bewirtschafteten Hof zu verkaufen und sich anderswo ein neues Anwesen zuzulegen. Die Mittelständler sind in aller Regel ebenfalls heimatverbunden und bleiben dort, wo ihr Betrieb aus der väterlichen Schlosserei oder woraus auch immer hervorgegangen ist. Allenfalls verändert sich der Mikro-Standort aus der Ortsmitte in das Gewerbegebiet vor der Stadt. Anders ist es bei den großen Konzernen, wenn der Vorstand beschließt, in eine bestimmte Produktion einzusteigen, und hierfür deutschland- und europaweit einen Standort für das neue Werk sucht. Da gibt es die *harten*, das heißt die betriebswirtschaftlich erfassbaren Standortfaktoren wie die Entfernung zum nächsten Autobahnanschluss oder zum Binnen- oder Seehafen, ferner die Entfernung zum Lieferanten oder zum Kunden, insbesondere wenn es um schwere Massengüter mit entsprechenden Transportkosten geht. Wichtig ist ferner ein ausreichend großes, möglichst schon erschlossenes Grundstück mit geeignetem Baugrund (besser sandig als weich, moorig und nass), das nicht zu teuer sein soll. Wichtig ist ferner, ob möglichst bereits fachlich vorgebildetes Personal zur Verfügung steht. Günstig sind auch öffentliche Finanzierungshilfen, die gewöhnlich ebenfalls an den Investitionsort gebunden sind. Hinzu kommen die *weichen* Standortfaktoren wie das kulturelle Angebot, die reizvolle Altstadt, die Nähe zu einer Großstadt und das Klima: besser frischer Seewind als stillstehende Schwüle im Talkessel.

In aller Regel sind nicht sämtliche dieser Faktoren gegeben, und der Konzernvorstand hat die Auswahl zwischen einem Dutzend Standorten, die jeweils mit ihren Vorzügen werben. Dabei liegt jeder Fall anders. Als beispielsweise die Siemens AG entschied, in die Produktion von Windenergie-Turbinen fern der Küste (*Offshore*) einzusteigen, gab es das Problem, dass die Rotorblätter und die hinter der Nabe des Windrades liegenden Maschinenhäuser wegen ihrer Ausmaße nicht auf der Straße oder mit der Bahn transportiert werden können. Also müssen sie direkt am Wasser hergestellt werden, so dass sie unmittelbar vom Werksgelände auf das Schiff, das die Anlagen im 30 Meter tiefen Wasser errichtet, verladen werden können. Rundherum an der Nordsee gibt es allerdings nicht viele Stellen mit Flussmündungen, wo unmittelbar am Ufer eine Fahrrinne läuft, die für Seeschiffe ausreichend tief ist, und wo direkt am Ufer einige Quadratkilometer frei sind. So fiel die Wahl für das Werk, in dem die Maschinenhäuser hergestellt werden sollen und das rund 1.000 Arbeitsplätze umfasst, auf Cuxhaven.

Ganz anders ist die Situation beispielsweise in der Kreativwirtschaft (Kunst, Kultur, Medien, Werbung), wo nach der Wiedervereinigung Berlin zum Standort der Wahl avancierte wegen der Nähe zur Politik, zum internationalen Leben mit den vielen Botschaften und wegen der schon ansässigen Kreativbetriebe. Insgesamt wird immer dorthin gezogen, wo schon viel Leben ist und wo die Wirtschaft wächst, so dass viele auswärtige Arbeitskräfte benötigt werden. Auf diese Weise verstärken sich die regionalen Unterschiede. Die großstädtischen Zentren wachsen, und jede Großstadt bekommt einen *Speckring* von mehr oder minder gehobener Wohnbebauung in etwa einer Stunde Autoentfernung zur City. Berlin bekam schnell diesen Ring im Brandenburgischen. Ähnlich wie dort liegt auch in Hamburg der Ring großteils jenseits der Grenzen des Bundeslandes. Schleswig-Holstein ist praktisch zweigeteilt: Die südliche Hälfte profitiert von Hamburg, die nördliche Hälfte ist strukturschwach und nahezu leer. Innerhalb Deutschlands gibt es die Wanderung vom wirtschaftsschwachen Osten in den Westen und innerhalb des Westens in die wirtschaftlich erfolgreichen Bundesländer im südlichen Drittel (Rheinland-Pfalz, Hessen, Baden-Württemberg, Bayern, Sachsen).

Wegen dieser Wanderungen trifft der demografische Wandel die ländlichen und strukturschwachen Gebiete sehr viel stärker als die großstädtischen Zentren. Durch den Fortzug der jungen Generation überaltern die Landgebiete. In den Dörfern gibt es irgendwann keine Kneipe, keinen Lebensmittelladen, keinen Arzt und keinen Pastor mehr, und wenn in der Grundschule nur sieben Abc-Schützen zum neuen Schuljahr angemeldet werden, hat die Schulverwaltung ein Problem. Natürlich protestiert die Gemeinde heftig gegen eine Schließung der Grundschule und eine Zusammenlegung mit der Schule im fünf Kilometer entfernten Nachbarort.

In den allzu problematischen Landesteilen, in denen niemand eine Chance zur Belebung sieht, wird in aller Stille die politische Pflicht in Richtung einer Gleichwertigkeit der Lebensverhältnisse aufgegeben. Notgedrungen gibt es stattdessen eine *passive Sanierung*, indem die Abwanderung gefördert wird und die nicht mehr benötigten Einrichtungen stillgelegt werden. Nur noch die alten Leute bleiben dort, und einmal in der Woche kommt ein ambulanter Händler mit Glocke für den Einkauf. Das Schlusskapitel einer solchen Entwicklung ist in abgelegenen Bergdörfern in Portugal zu besichtigen: Die Hälfte der Häuser steht leer, in jedem der noch belebten Häuser wohnt ein altes Mütterchen, und außer einer streunenden Katze bewegt sich nicht viel auf der Dorfstraße.

Eine gewisse gegenläufige Entwicklung zur Konzentration auf die großstädtischen Kerngebiete bringt der Tourismus. Die meisten Menschen wollen im Urlaub gern unberührte Natur erleben. Die touristisch genutzten Gebiete liegen an den äußeren Rändern der Bundesrepublik: die Nordsee- und Ostseeküste, das Voralpenland, die Seen und Berge in ländlicher Umgebung. Eine Gegenbewegung zur Wanderung in die Zentren brachten bis Anfang der 1990er Jahre auch die Bundeswehr und die ausländischen Armeen mit ihren Standorten und Truppenübungsplätzen weitab der Großstädte. Nach dem Fall der Mauer und der Beruhigung der Ost-West-Konfrontation wurden jedoch viele Standorte nicht nur der Bundeswehr, sondern auch der sowjetischen, amerikanischen, britischen, französischen und niederländischen Armeen aufgegeben. Die deutschen Zivilbeschäftigten und die örtlichen Lieferanten sahen zunächst keine wirtschaftliche Zukunft mehr. Die Gebäude und die weitläufigen Gelände mussten im Zuge einer *Konversion* anderen Nutzungen zugeführt werden.

Anhand der jetzigen Altersstruktur der Bevölkerung lässt sich in etwa errechnen, wie sich der demografische Wandel in den nächsten Jahrzehnten auswirken wird. Bis 2050 wird ein Bevölkerungszuwachs nur für die Bundesländer Hamburg und Bayern prognostiziert. Bei allen anderen nimmt die Bevölkerung ab, besonders hart trifft es Sachsen-Anhalt und Thüringen. Die Erwerbsbevölkerung, das heißt die Anzahl der Einwohner zwischen 15 und 64 Jahren, soll bis 2060 in den neuen Bundesländern fast auf die Hälfte zurückgehen.

Der Staat kann gegen diese Entwicklungen nicht allzu viel ausrichten, aber in folgender Weise etwas gegensteuern, um die regionalen Unterschiede nicht allzu krass werden zu lassen:

1. Die Sozialpolitik bewirkt eine gewisse Umverteilung vom Zentrum an die Ränder. In die Krankenkassen zahlen die jüngeren Jahrgänge im Zentrum überproportional ein, und die ältere Bevölkerung an den Rändern nimmt sie besonders häufig in Anspruch. Ähnlich ist es mit der Arbeitslosenversicherung und allen anderen Sozialleistungen.
2. Der Staat kann darauf achten, die Standorte der Behörden, soweit es nicht um hauptstädtische Belange geht, über die Fläche zu verteilen. Die Niedersächsische Schulbehörde, für das ganze Land zuständig, hat ihren Sitz nicht in Hannover, sondern in Lüneburg. Die Zentrale Vollstreckungsstelle der Oberfinanzdirektion Niedersachsen befindet sich in Aurich/Ostfriesland. Das für weite Teile Norddeutschlands zuständige Hauptzollamt, das unter anderem die Kraftfahrzeugsteuer eintreibt, sitzt nicht in Hamburg, sondern in der schleswig-holsteinischen Kleinstadt Itzehoe. Viele Behörden haben in der

Fläche Außenstellen oder Nebenstellen, und auch die Amtsgerichte sollen bürgernah verbleiben. Beim Umzug der Hauptstadt nach Berlin wurde darauf geachtet, einige wichtige Behörden in Bonn zu belassen.

3. Der Staat kann öffentliche Finanzierungshilfen wie etwa die Investitionszulage für industrielle Vorhaben in den strukturschwachen Gebieten gewähren. Womöglich lässt sich ferner mit einer Prämie ein Arzt überreden, auf eines der unversorgten Dörfer zu ziehen. Hilfen lassen sich für Projekte der unterschiedlichsten Art ausloben. Wenn allerdings in einem Landgebiet außer einigen Bauernhöfen nichts los ist, fällt niemandem ein Projekt ein, und es wird nichts beantragt.

4. Entsprechend Artikel 91a des Grundgesetzes können Bund und Länder Gemeinschaftsaufgaben zur Verbesserung der regionalen Wirtschaftsstruktur sowie der Agrarstruktur und des Küstenschutzes umsetzen. – Die Verfassung des Landes Brandenburg gelobt in Artikel 44: „Das Land gewährleistet eine Strukturförderung der Regionen mit dem Ziel, in allen Landesteilen gleichwertige Lebens- und Arbeitsbedingungen zu schaffen und zu erhalten." Im Jahreswirtschaftsbericht 2015 der Bundesregierung sind als Ziele unter anderem genannt, den Föderalismus zu stärken und die strukturschwachen Regionen zu fördern. Die Investitionen in den Ländern und Gemeinden sollen gestärkt werden. Wichtig ist dabei immer, nicht in der Regierungszentrale zu überlegen, was für die Regionen gut ist, sondern auf deren ganz unterschiedlichen Chancen und Traditionen einzugehen und die subjektive Seite zu

berücksichtigen: Was wollen und können die Leute am Ort? Wo lassen sich regionale Potenziale wecken?
5. Die Regierung kann die Infrastruktur der schwachen Gebiete stärken und die Ränder erschließen, beispielsweise durch Ausbau der Straßen oder der Breitbandverkabelung.

Die regionalen Wohlstandsunterschiede sind innerhalb der Europäischen Union weit stärker ausgeprägt als innerhalb Deutschlands. Die EU geht davon aus, dass zwischen den reicheren und ärmeren Regionen eine Umverteilung stattfinden soll, um die Wirkungen der ungleichen wirtschaftlichen Entwicklung auszugleichen. Auf diese Weise soll der Zusammenhalt der Staaten und Regionen gestärkt werden (*Kohäsionspolitik*). Vor der Osterweiterung waren die Empfänger der umfangreichen Finanzprogramme vor allem die südlichen Regionen Europas, danach die neuen, ehemals sozialistischen Mitgliedsländer.

Heute gibt es Randregionen, die mit billigen Produkten aus den anderen EU-Ländern überschwemmt werden und diesem Wettbewerb kaum standhalten können. Gerade diese Regionen haben das Problem, dass die Hochschulabsolventen und die erfahrenen Führungskräfte in die Zentralregionen abwandern. So hatten diese Länder sich beim Beitritt das Leben in der EU nicht vorgestellt. Sie sehen sich einem verschärften Strukturwandel ausgesetzt, so wie es in Deutschland nach dem Beitritt der DDR geschah. Die hoffnungslos überalterten ehemals staatlichen Betriebe brechen zusammen, und neue Betriebe müssen aufgebaut werden. Allerdings wurden in der DDR die Löhne und Sozialleistungen möglichst rasch an das Westniveau angeglichen, um eine gewaltige Abwanderung in den Westen zu verhindern. Entsprechendes ist bei den anderen ehemals sozialistischen Ländern nicht der Fall. Sie haben also aufgrund ihres sehr niedrigen Lohnniveaus größere Chancen im überregionalen Wettbewerb.

Beim Wohlstandsniveau in Europa lassen sich mehrere Stockwerke unterscheiden:

1. Inseln mit Spitzenkaufkraft: Norwegen (nicht in der EU, aber im Europäischen Wirtschaftsraum), Region Paris, Luxemburg, Schweiz (ebenfalls nicht Mitglied der EU, aber in deren Mitte gelegen und eng mit ihr verbunden),
2. Länder mit weit überdurchschnittlicher Kaufkraft: Zentraleuropa (Südwestdeutschland, Österreich, zentrale Regionen in Frankreich, Norditalien),
3. Länder mit leicht überdurchschnittlicher Kaufkraft: Nord- und Ostdeutschland, Niederlande, Großbritannien, Schweden, Nordostspanien, Mittelitalien,
4. eine relativ kleine Gruppe von Ländern mit mittlerer Kaufkraft: Südspanien, Griechenland, Slowenien,
5. ein riesiger Bereich mit weit unterdurchschnittlicher Kaufkraft: alle mittelosteuropäischen Länder von Estland im Norden bis Rumänien und Bulgarien im Süden. Es gibt eine scharfe von Norden nach Süden verlaufende Trennlinie zwischen dem alten Westen und dem alten Osten: die Grenze zwischen Deutschland und Polen, Österreich und der Tschechischen Republik, zwischen Norditalien und dem Balkan.

Literatur

Bundesministerium für Wirtschaft und Energie. 2016. *Jahreswirtschaftsbericht 2016. Zukunftsfähigkeit sichern – Die Chancen des digitalen Wandels nutzen.* Berlin: Bundesministerium für Wirtschaft und Energie.

Böhm-Bawerk, Eugen von. 1914. Macht oder Ökonomisches Gesetz? *Zeitschrift für Volkswirtschaft, Sozialpolitik und Verwaltung* 23: 205

Jörn, Altmann. 2009. *Volkswirtschaftslehre.* Stuttgart: Verlag Lucius & Lucius.

Miksch, Leonhard. 1937. *Wettbewerb als Aufgabe: Die Grundsätze einer Wirtschaftsordnung.* Stuttgart: Verlag Kohlhammer.

von Münch, Ingo, und Kunig, Philip. 2012. *Grundgesetz-Kommentar.* München: Verlag C.H. Beck.

7

Grundlagenkritik

Die marktliberale Wirtschaft sieht sich einer vielfältigen grundsätzlichen Kritik ausgesetzt, die nicht nur auf einzelne Aktionen gerichtet ist, sondern auch auf die theoretischen Grundlagen dieses Modells. Häufig wird das Wort *neoliberal* mehr oder minder abwertend oder als Schimpfwort verwandt. Einzelne Bewegungen richten sich dagegen, dem vermeintlichen *neoliberalen Dogma* Verfassungsrang zu geben.

Hier können nur einige Punkte angedeutet werden, gegen die sich die grundsätzliche Kritik richtet. Es würde den Rahmen sprengen, die einzelnen kritischen Ansätze ausführlich darzulegen oder gar widerlegen zu wollen. Es bleibt eine Aufgabe der politischen Debatte, diese oft in pauschalierter Form vorgetragenen Bedenken im Einzelnen auf ihre Berechtigung zu prüfen und gegebenenfalls Maßnahmen einzuleiten. Das Grundproblem ist, ob eine Berücksichtigung der vorgebrachten Bedenken das marktwirtschaftliche System funktionsunfähig machen würde und welches System stattdessen vorgeschlagen wird. Ist es möglich, den Bedenken Rechnung zu tragen, ohne die Marktwirtschaft aus den Angeln zu heben? Lässt sich dies mit *marktkonformen* Mitteln bewerkstelligen? Beim Umweltschutz scheint dies in den Jahrzehnten seit 1980 einigermaßen gelungen zu sein. Und vor allem: Würden sich die vorgeschlagenen Maßnahmen in das freiheitliche und rechtsstaatliche System der Bundesrepublik einfügen oder auf eine staatliche Bevormundung hinauslaufen?

Träger der grundsätzlichen Kritik an der marktwirtschaftlichen Ordnung sind einzelne Parteien (*Die Linke, Bündnis 90/Die Grünen*) und Politiker, sozialistische oder autoritäre Regierungen, Umwelt- und Naturschutzverbände sowie diverse Bürgerinitiativen und Protestorganisationen wie *Greenpeace, Attac* und *Campact*, die mit ihren Kampagnen große Aufmerksamkeit erregen. Die Kritik richtet sich vor allem auf folgende Sachgebiete.

1. Außenwirtschaft

Die wirtschaftlichen Theoretiker sind sich darüber einig, dass ein freier Außenhandel allen Teilnehmern nützt. Dieser Nutzen ist jedoch ganz abstrakt, wirkt auf das Land insgesamt und liegt in ferner Zukunft. Der Betrieb, der durch ausländische Billigkonkurrenz schließen muss, ist hingegen ganz nah und gegenwärtig. Daher hat sich in den USA eine ganz massive protektionistische Strömung durchgesetzt, die die heimische Wirtschaft schützen soll. Vor allem bewegt dieses Thema die Mittelschicht und alle Benachteiligten: Personen, die ihren sozialen Status bedroht sehen. Dabei geht es in den

USA vor allem um die Entindustrialisierung: Vor einigen Jahrzehnten gab es im weiten Land zwischen Ost- und Westküste zahlreiche blühende Industriebetriebe. Diese mussten nach und nach schließen. Heute gibt es nur noch Billigjobs, die kaum ausreichen, um über die Runden zu kommen. Der Präsidentschaftsbewerber Donald Trump hat im Wahlkampf diese Ängste mobilisiert und ausgebeutet. Nachdrücklich hat er sich gegen das Freihandelsabkommen mit der EU (TTIP) gewandt, und zwar so erfolgreich, dass auch seine Mitbewerberin Hillary Clinton von TTIP abrücken musste.

Mit einem Freihandelsabkommen wird ferner die Befürchtung verbunden, dass ungewohnte und gesundheitsschädliche Produkte ins Land kommen: Nach Europa kommen Hormonfleisch und Chlorhähnchen, nach Amerika kommt Rohmilchkäse mit Edelschimmel wie Roquefort, was dort als verdorbenes Lebensmittel betrachtet wird, das Europa in den USA abladen will.

Weiter gibt es gegen freien Außenhandel das Bedenken gegen den Import von Billigprodukten, die in Entwicklungsländern unter unmenschlichen Bedingungen hergestellt werden: sehr niedriger Lohn, keine soziale Sicherung, das Fabrikgebäude einsturzgefährdet, Kinderarbeit, rücksichtslose Ausbeutung von Minenarbeitern, Berufskrankheiten. Durch den Kauf dieser Produkte macht sich der Europäer mitschuldig an derartigen Verhältnissen. Die Industrieländer bereichern sich auf Kosten der Ärmsten und Schwächsten in den Entwicklungsländern. Für den hiesigen Konsumenten ist es allerdings kaum möglich, festzustellen, unter welchen Bedingungen die Produkte hergestellt werden. Außerdem muss die Frage erlaubt sein, ob wir den betroffenen Arbeitnehmern helfen, wenn wir ihre Produkte nicht kaufen. Ein weiteres Bedenken richtet sich darauf, dass durch Billigimporte aus Industrieländern die traditionelle einheimische Industrie der Entwicklungsländer zerstört wird. Globalisierungsgegner richten sich prinzipiell gegen multilaterale Abkommen und die Weltorganisationen, die den weltweiten freien Austausch von Gütern und Dienstleistungen erleichtern wollen.

Lateinamerika hatte sich in der ersten Hälfte des 20. Jahrhunderts ganz auf den Export von Rohstoffen verlassen und sich damit von den schwankenden Weltmarktpreisen abhängig gemacht. Bei einem Verfall dieser Preise, etwa für Kaffee, waren keine Mittel für den Import mehr vorhanden. Seit den 1950er Jahren wurde ein anderer Ansatz verfolgt: Die eigene Wirtschaft soll zunächst durch Zölle geschützt werden, bis sie die bisherigen Importgüter selbst herstellen kann. Hier wurde der Gedanke eines *Erziehungszolls* von Friedrich List aufgegriffen. In der Wirtschaftstheorie wird diese Politik heute als *Strukturalismus* bezeichnet.

2. Globalisierung

Eng verbunden mit derartigen Vorbehalten gegen einen freien Außenhandel ist der Widerstand gegen die Globalisierung, den weltweiten freien Austausch von Waren, Dienstleistungen und Informationen aller Art, verbunden mit der Freizügigkeit der Personen. Die internationalen Konzerne entziehen sich der nationalen Rechtsprechung. Stattdessen gibt es Schiedsgerichte, die nicht demokratisch legitimiert sind. Die Konzerne verschieben ihre Gewinne in exotische Steueroasen. Sie sind inzwischen so mächtig geworden, dass sie die Regierungen vor sich hertreiben können. Sie haben keine Bedenken, sich mit Militärdiktaturen zusammenzutun, um Kritiker und Arbeiterführer mundtot zu machen

oder ermorden zu lassen. Zusammenschlüsse von Konzernen, etwa Bayer und Monsanto, verstärken diese Machtstellung. Durch die Internationalisierung der Kultur gehen regionale Werte und Traditionen zugrunde.
Die unterschiedliche wirtschaftliche Entwicklung der Nationen, die gewaltigen Wohlstandsunterschiede sowie Gewalt und Willkür in autoritären Regimen schaffen einen großen Wanderungsdruck vor allem aus dem Süden in den Norden. Die nördlichen Staaten schotten sich zunehmend ab, bauen Zäune und Mauern. Befürchtet werden „Überfremdung", parallele Kulturen und Regionen, die von nicht integrierten Ausländern bewohnt werden, welche zu Gewalt und Terrorismus neigen. Abschreckend wirken die Banlieues (Vorstädte) in Frankreich.

3. Finanzmärkte
Auf den internationalen Finanzmärkten werden täglich ungeheure Summen umgeschlagen. Die spekulativen Bewegungen entziehen sich jeglicher nationalen Kontrolle. Von Zeit zu Zeit kommt es zu Krisen wie 2007/2008, die niemand vorhergesehen hat und die kaum noch beherrschbar sind. Der Zusammenbruch des Bankhauses *Lehman Brothers* löste eine weltweite Kettenreaktion aus. Kritiker fordern eine demokratische Kontrolle der Finanzmärkte, ferner eine Umsatzsteuer auf den Verkauf von Finanzprodukten aller Art, um die hektische und volkswirtschaftlich funktionslose Spekulation einzudämmen. Das wäre eine *Finanztransaktionssteuer* oder *Tobin-Steuer,* wie von dem amerikanischen Wirtschaftswissenschaftler James Tobin (1918–2002) vorgeschlagen.

4. Umwelt

Die entfesselte und auf immerwährendes Wachstum fixierte Wirtschaft läuft darauf hinaus, die begrenzten Bodenschätze des Planeten auszuplündern und die Natur rücksichtslos zu zerstören, beispielsweise durch großflächige Abholzung des Regenwaldes. An die Stelle der natürlichen Lebensräume der Pflanzen und Tiere treten öde und sterile riesige Plantagen. Jeden Tag sterben unzählige Arten aus, noch mehr sind gefährdet. Der ungezügelte Ausstoß von Kohlendioxid und weiterer Gase bewirkt eine gefährliche Erwärmung der Atmosphäre, ein Abschmelzen der Pole, eine Erhöhung des Meeresspiegels und eine Versauerung der Meere. Immer mehr Landfläche wird durch Bebauung und Bau von Verkehrswegen versiegelt. Die Industrie schafft durch die Nutzung von Kernenergie und chemischer Industrie Risiken, die nicht mehr beherrschbar sind. Die Gentechnik und das Unkrautvertilgungsmittel Glyphosat werden beispielsweise wegen ihrer unberechenbaren Wirkungen abgelehnt.

5. Ökonomisierung

Schon Ludwig Erhard hat sich mit der Frage „Verführt Wohlstand zum Materialismus?" auseinandergesetzt und fand eine optimistische Antwort:

> Je besser es uns gelingt, den Wohlstand zu mehren, umso seltener werden die Menschen in einer nur materiellen Lebensführung und Gesinnung versinken. Dagegen winkt allen Menschen, die durch Wohlstand und soziale Sicherheit zum Bewusstsein ihrer selbst, ihrer Persönlichkeit und ihrer menschlichen Würde gelangen, die Möglichkeit, ja fast möchte ich sagen die frohe Hoffnung, sich aus materialistischer Gesinnung lösen zu können. (Erhard 1957, S. 233)

Diese Hoffnung scheint sich nur zum Teil erfüllt zu haben. Heute gibt es Klagen und Bedenken in folgender Art:

Das marktwirtschaftliche Denken dringt in immer mehr Lebensbereiche vor, in denen früher ökonomische Überlegungen nur am Rande vorkamen und die solidarisch organisiert oder rein privat waren. Die Wirtschaft ist nicht mehr dienender, sondern herrschender Lebensbereich geworden. Alles und jedes wird einer ökonomischen Bewertung unterzogen. Charakteristisch ist das Wort *Humankapital*: Auch der Mensch wird als Investitionsgut ähnlich wie Gebäude und Maschinen betrachtet. In der Erziehung geht es nicht mehr um eine allgemeine Bildung der Persönlichkeit, sondern nur noch um betriebswirtschaftlich verwertbare Kenntnisse und Fertigkeiten. Auch die Kultur wird nur ökonomisch bewertet: Welche Veranstaltungen bringen Gewinn? Welche Gemälde werden auf dem Kunstmarkt zu Höchstpreisen verkauft? Welche Bücher werden Bestseller? Welche Musikstücke werden millionenmal vervielfältigt und verkauft? Diese einseitig ökonomische Bewertung, die Kommerzialisierung, zerstört die jeder Kultur eigenen Qualitätsmaßstäbe. Bei einer Privatisierung des städtischen Krankenhauses wird auch die Medizin unternehmerischen Überlegungen unterworfen. Mit der Ökonomisierung des Verhaltens gerät der Mensch in charakteristische Widersprüche: Das Stelleninserat verlangt eine teamfähige und gleichzeitig durchsetzungsstarke Persönlichkeit. Der Unternehmer soll weitsichtig planen, aber viel riskieren.

Auch die Politik wird wirtschaftlichen Maßstäben unterworfen, teils durch Parteispenden und direkte Finanzierung wirtschaftsnaher Institute, durch Lobbyarbeit und durch die Vorgabe, dass nur das gewünscht und realisiert wird, was weiteres Wachstum verspricht. Ökonomistisch verengte Politikkonzepte lösen die sozialen und ökologischen Probleme nicht, sondern verschärfen sie.

Die allgegenwärtige Werbung mit ihren illusionären Versprechen erzeugt einen Konsumwahn, bei dem das Kaufen und Besitzen irgendwelcher oft nutzloser und rasch vergänglicher Artikel zum Lebenszweck und zum Maßstab des Lebenserfolgs und der sozialen Anerkennung werden. Es wird der Eindruck erweckt, als würden die oberen sozialen Schichten allein durch ihren höheren Konsum definiert. Die Konsumenten werden in die Überschuldung und den wirtschaftlichen Ruin getrieben. Diesem Einfluss der Werbung sind vor allem die weniger gebildeten Schichten ausgesetzt, weil sie keinen genügenden Abstand zu den hohlen Versprechungen haben. Die erotisch betonte Werbung läuft darauf hinaus, die Frauen als bloßes Sexualobjekt darzustellen.

Die Konsumorientierung erzeugt wie eine riesige Epidemie eine narzisstische Persönlichkeitsstörung: Jeder für sich allein schaut in den Spiegel und möchte schön und begehrenswert aussehen, möchte bewundert werden. Dies geht zulasten eines Mitgefühls, eines Mitleidens mit den Schwachen und Hilfsbedürftigen und auch zulasten einer wahren, nämlich selbstlosen Liebe. Der rücksichtslose Wettbewerb läuft auf einen Sozialdarwinismus hinaus: Nur die Stärksten überleben und drücken die Schwachen beiseite. Überall herrscht ein rücksichtsloser Egoismus.

6. Soziales

Der Vorwurf lautet, in der Marktwirtschaft würden die Reichen immer reicher, die Armen immer ärmer, die Kluft werde tiefer. Daher wird eine Vermögenssteuer für Großvermögen gefordert. Die Steuerflucht muss gestoppt werden. Die

Umsatzsteuer, die hauptsächlich die Geringverdiener trifft, soll nicht erhöht werden. – Bankenkonzerne werden mit staatlichen Mitteln gestützt und können weiterhin üppige Vorstandsgehälter und Boni zahlen.

Der orthodoxe Marxismus ist seit dem Zusammenbruch der DDR und angesichts der Verhältnisse in Kuba und Nordkorea etwas in den Hintergrund getreten. Von der Arbeiterklasse ist kaum noch die Rede, wohl aber von den riesigen Einkommensunterschieden zwischen Arbeiter und Vorstand und von der ausgebeuteten Kassiererin im Supermarkt. Die Soziale Marktwirtschaft erzeugt eine Zwei-Drittel-Gesellschaft: Nur die oberen zwei Drittel profitieren vom wirtschaftlichen Wachstum, während gleichzeitig der Anteil der Dauerarbeitslosen und Geringverdiener steigt. Es bildet sich eine neue Bevölkerungsgruppe der Armut, das Prekariat. Konfliktunfähige Randgruppen werden ausgegrenzt.

Die Vermögen sind außerordentlich ungleich und ungerecht verteilt. Es gibt weltweit eine kleine Gruppe von Reichen und Superreichen und eine große Masse von Personen ohne Vermögen.

Diese Kritik trifft vor allem die USA, Russland und die Entwicklungsländer mit ihrem Nebeneinander von verschwenderischem Luxus und bitterster Armut. Die reichen Familien schotten sich nach unten ab.

7. Privatisierung

Eine weitere Forderung geht dahin, Versorgungsbetriebe (Strom, Wasser, Bahn) und städtische Wohnungsunternehmen dürften nicht privatisiert und dem privaten Gewinnstreben auswärtiger Großkonzerne (*Heuschrecken*) unterworfen werden. Ferner werden Softwarepatente abgelehnt. Ebenso wird ein allzu weitgehendes Urheberrecht abgelehnt, das Privatleuten das Fotokopieren untersagt hätte. Stattdessen wird eine für jedermann nutzbare Allmende des Wissens gefordert ähnlich der früheren gemeinschaftlichen Weide abseits der eingezäunten Grundstücke.

8. Transparenz
Immer wieder wird gefordert, Regierungsakten für die Presse und die Allgemeinheit zugänglich zu machen. Die Geheimverhandlungen über TTIP werden kritisiert.

9. Dekadenz
Eine wirkliche Fundamentalkritik am westlichen Lebensstil und daher auch an der Wirtschaft kommt aus Russland. Man träumt von alter Größe im Zarenreich und in der Sowjetunion. Die Tatsache, dass sich viele mittelosteuropäische Staaten der EU angeschlossen haben, gilt hier nicht als Akt der Selbstbestimmung, sondern als illegale westliche Machenschaft. Mit Bitterkeit und Ressentiment wird festgestellt, dass der Westen wegen seines Wohlstandsniveaus und seiner Rechtssicherheit weltweit die Führung übernommen hat. Die russisch-orthodoxe Kirche, neuerdings im engen Bündnis mit der Politik, lehnt den westlichen Lebensstil als Verrat alter Werte und als Dekadenz, als sittlichen Niedergang ab. Als Beleg wird gewöhnlich die Duldung der Homosexualität und gleichgeschlechtlicher Ehen angeführt. Um demgegenüber die alten Werte zu verteidigen, wird eine autoritäre zentrale Führung für notwendig gehalten. Dass die westlichen Staaten keine solche Führung haben, wird als Schwäche betrachtet. Aus dieser Sicht kann es eine freie Gesellschaft, die von der Selbstbestimmung des Einzelnen ausgeht, und daher auch eine freie Wirtschaft, ein vom Staat

unabhängiges und vor staatlicher Willkür geschütztes Unternehmertum nicht geben.

10. Feminismus
Frauen sollen für die gleiche Arbeit den gleichen Lohn erhalten wie Männer. Sie sollen im Zuge einer Geschlechtergerechtigkeit möglichst gleiche Karrierechancen für Führungspositionen haben, vor allem in den Großunternehmen. Die Schreibweise soll die weibliche Form stets mit berücksichtigen: nicht *Studenten*, sondern *StudentInnen* oder *Studierende*.

11. Datenschutz
Weitere Kritik wendet sich im Sinne des Datenschutzes gegen den Handel mit Adressen und eine ungebremste Datensammlung und -weitergabe, mit der Persönlichkeitsprofile erstellt werden können. Politische Aktivitäten können überwacht werden. Die Krankenversicherungen könnten sich die Krankengeschichten ihrer Kunden besorgen und Risikopatienten abweisen.

12. Großvorhaben
Bei allen Großvorhaben (Autobahnen, Hafenbau, Abriss historischer Bauten wie bei Stuttgart 21) und auch bei kleineren Eingriffen in die Natur wie beim Fällen von Bäumen ist mit Protesten der anliegenden Bevölkerung und teils auch mit überregionalen Protesten zu rechnen.

Literatur

Erhard, Ludwig. 1975. *Wohlstand für Alle*. Düsseldorf: Econ-Verlag GmbH.

8

Die akademische Wirtschaftstheorie

Wer sich heute zum wirtschaftswissenschaftlichen Studium entschließt, sei vorgewarnt. Hier gibt es einen tiefgreifenden Unterschied zwischen der Betriebswirtschaftslehre (BWL) und der Volkswirtschaftslehre (VWL). Die Betriebswirtschaftslehre gibt Handlungsempfehlungen dafür, wie ein Unternehmen sinnvoll, das heißt gewinnorientiert, zu führen sei. Insofern schließt sie an alte Kaufmannshandbücher an. Ein typisches Problem ist beispielsweise die optimale Kalkulation des Preises, wenn in einem Betrieb zahlreiche Produkte hergestellt werden und die Gemeinkosten, die nicht einzelnen Produkten zugerechnet werden können, auf die Produkte zu verteilen sind. Unter den BWL-Studenten finden sich viele, die später das elterliche Unternehmen übernehmen wollen und hierfür eine fundierte Ausbildung erhalten. Die

BWL ist insofern praxisbezogen. In jedem Unternehmen finden sich typischerweise die gleichen formalen rechnerischen Probleme, ganz gleich, was hergestellt oder gehandelt wird.

In der Volkswirtschaftslehre hingegen geht es um gesamtwirtschaftliche Größen wie den Konsum, das Sparen, das Volkseinkommen, die Arbeitslosigkeit, die Inflation, Export und Import, Wettbewerb und Monopole, Konjunkturen und Krisen. Dabei gibt es, wie zuvor schon beschrieben, drei große Akteure: die privaten Haushalte, die Unternehmen und den Staat. Die Volkswirtschaftslehre beansprucht, dem Staat Entscheidungsgrundlagen für die Wirtschaftspolitik zu liefern. Beispielsweise können aus einer theoretischen Untersuchung, wie Arbeitslosigkeit entsteht, Empfehlungen abgeleitet werden, wie Arbeitslosigkeit zu vermeiden ist. So weit, so gut.

8.1 Aktueller Zustand

Das Problem ist jetzt, dass die Volkswirtschaftslehre eine Wirtschaftstheorie benötigt, die sich damit beschäftigt, wie sich die Subjekte der Wirtschaft, nämlich private Haushalte und Unternehmer, typischerweise verhalten. Nur mit einer solchen Theorie können ja Aussagen darüber getroffen werden, wie dieses Verhalten durch wirtschaftspolitische Eingriffe zu ändern ist. Typische Probleme der Wirtschaftspolitik sind beispielsweise: Wird eine Erhöhung der Zinsen die Neigung zum Sparen stark erhöhen, weil sich das Sparkonto sichtbar vermehrt? Wird andererseits eine Erhöhung der Zinsen die Neigung zu Investitionen vermindern, weil die

Kredite teurer werden? Wird sich die Kinderzahl erhöhen, wenn Familien mit Kindern steuerlich begünstigt werden? Lässt sich die Anzahl der Raucher wirksam vermindern durch eine kräftige Tabaksteuer und Schockbilder auf der Packung? Wird sich mit steuerlicher Begünstigung das Elektroauto durchsetzen? Wird ein Mindestlohn die Anzahl der Arbeitsverhältnisse vermindern, die bisher unterhalb dieses Lohnes zustande kamen? Vermindert eine ausgebaute Sozialpolitik den Anreiz zum eigenen Arbeiten?

Fragen dieser Art sind regelmäßig politisch heiß umstritten. Es geht immer um die persönlichen Bestimmungsgründe wirtschaftlichen Handelns. Hier fließen regelmäßig individualpsychologische, soziale, gesellschaftliche und massenpsychologische, rechtliche und politische Motive zusammen. Zudem gibt es regionale Traditionen, auf dem Land anders als in der Großstadt. Sehr wichtig sind auch die in der Gesellschaft lebendigen Erwartungen hinsichtlich der wirtschaftlichen Entwicklung in den nächsten Jahren. Es ist sehr schwierig, die Vielzahl der Motive zu entwirren und die Wirkung politischer Maßnahmen abzuschätzen. Umso dringlicher ist ein tragfähiger, von der Wirklichkeit ausgehender theoretischer Ansatz. In dieser Hinsicht tut sich die akademisch etablierte Wirtschaftstheorie sehr schwer und gibt auch den Studenten relativ wenige Hilfen für ihr späteres Berufsleben.

Die geringe Aussagekraft der Wirtschaftstheorie, wie sie jetzt an den Universitäten gelehrt wird, hat ihren Grund vor allem in einem mangelnden Realitätsbezug.

Diese merkwürdige Distanz zur wirtschaftlichen Wirklichkeit und außerdem die jahrzehntelange Stagnation in den Erklärungsansätzen erklären sich daraus, dass die akademisch gelehrte Wirtschaftstheorie versucht, soziale Gesetze zu finden, die ähnlich wie die Mathematik und die Physik überall und jederzeit gelten und im Sinne einer formalen Logik widerspruchsfrei sind. Die Methode ist rein deduktiv: Aus einem willkürlich gewählten Obersatz, der als einleuchtend erscheint und nicht hinterfragt wird, werden streng logisch Schlussfolgerungen abgeleitet. Daher wird eine Nachschau bei den Leuten, die wir auf der Straße und im Geschäft treffen, als entbehrlich betrachtet. Auf der Ebene des menschlichen Verhaltens ergeben sich vermeintlich Verhaltenskonstanten, die gemeinsam mit den sozialen Randbedingungen einer sozialen Situation Voraussagen über das Verhalten der Akteure erlauben. Diese Aussagen werden nicht überprüft.

Die Methode erinnert an die mittelalterliche Scholastik. Man ging damals von allgemein anerkannten Grundsätzen aus, von deren Richtigkeit man überzeugt war, und begann dann zu folgern, um ein Phänomen zu erklären oder eine These zu beweisen. Typisch war ein grenzenloses Vertrauen in die Macht und Zuverlässigkeit der Deduktion, des Schließens vom Allgemeinen auf das Besondere. Man nahm an, dass die fehlerfrei durchgeführte Deduktion zur Erkenntnis von allem vernunftmäßig Erkennbaren und zur Beseitigung aller Zweifel führen kann. Die Scholastiker waren überzeugt, dass theoretisches Wissen, das aus allgemeinen Grundsätzen logisch sauber hergeleitet wird, das sicherste Wissen ist, das es geben kann. Beobachtungen können falsch oder trügerisch sein. Erst in der frühen Neuzeit begann die Wissenschaft, empirisch vorzugehen und Beobachtungen zu verallgemeinern. So wurde die Scholastik überwunden. Ihre Hauptschwäche hatte darin bestanden, dass die Ergebnisse der

Scholastiker trotz allen Scharfsinns nicht besser sein konnten als die Prämissen, von denen sie ausgingen.

Ebendieses grundsätzliche Problem stellt sich in der jetzigen akademischen Wirtschaftstheorie. Sie geht von folgenden Prämissen aus.

1. Das rationale Handeln

So wird beispielsweise von dem „Axiom" ausgegangen, dass als Wirtschaften nur das rationale Handeln gelte. Wenn wir schon das richtige griechische Wort suchen, dann ist die Beschränkung des Erkenntnisobjekts auf das rationale Handeln kein Axiom, sondern ein Paradigma: eine grundsätzliche Lehrmeinung, die in einer Forschergeneration von niemandem bezweifelt wird oder bezweifelt werden darf und die in der nächsten oder übernächsten Generation verworfen und durch eine andere ersetzt wird, natürlich nur nach heftigem Abwehrkampf, wie bei Thomas S. Kuhn (*Die Struktur wissenschaftlicher Revolutionen*) beschrieben. Dieser Wechsel des Paradigmas setzt gewöhnlich ein, wenn allgemein deutlich wird, dass der bisherige Lehrbetrieb ganz grundsätzlich nicht geeignet ist, die Wirklichkeit zu beschreiben und zu erklären. So wie jetzt.

Die Beschränkung auf das rationale Handeln ist bisher in der Wirtschaftstheorie allgemein üblich. Die hier zugrunde liegende *Theorie der rationalen Entscheidung* schreibt den handelnden Subjekten (Akteuren) rationales Verhalten zu, wobei diese Subjekte aufgrund bestimmter Vorlieben (Präferenzen) ein nutzenmaximierendes (oder kostenminimierendes) Verhalten zeigen. Die Tatsache, dass Entscheidungen nicht immer rational getroffen werden, gilt als Anomalie, als Ausnahme und Regelwidrigkeit. Der Mensch wird als eine

Art programmierbarer Vernunft-Automat mit gelegentlichen Systemfehlern betrachtet. Dabei zeigen doch jeder Roman, jeder Film und das wirkliche Leben, dass wir uns von so irrationalen Charakterzügen wie Liebe und Leidenschaft, Güte und Bosheit leiten lassen. Immerhin ist ja der Mensch aus der Tierwelt hervorgegangen. Wäre der Mensch auf Vernunft programmiert, so wäre das Leben so unbeschreiblich öde und steril wie im 1932 erschienenen Roman *Schöne neue Welt* von Aldous Huxley.

Wenn sich die Wirtschaftswissenschaft auf das rationale Handeln verengt, hat dies noch schwerer wiegende Folgen, als wenn die Forstwirte nur die Hälfte aller Wälder betrachten. Denn *rational* bedeutet ja so viel wie *zweckmäßig*, nämlich eine Entscheidung für bestimmte Mittel, um ein vorgegebenes Ziel zu erreichen. Das Ziel des Handelns hingegen, beispielsweise entweder ein Luxusleben oder eine bescheidene Zurückhaltung, ist nicht rational, sondern erwächst aus den Tiefen des Gemüts. Ein sehr einfaches Beispiel ist die Urlaubsplanung. Wenn eine Familie sich für den Urlaubsort X entschieden hat, kann sie höchst rational planen, mit welchem Verkehrsmittel dorthin zu kommen ist und was der Urlaub kosten wird. Aber die Auswahl des Urlaubsorts X aus der unübersehbaren Vielzahl möglicher Urlaubsorte ist nicht rational und kann nicht durch irgendeine Theorie rational fassbar sein, sondern geht nach Gefühl und Wellenschlag. Es ist also nicht sachgerecht, das Entstehen der Konsumwünsche in ein Korsett rationaler Überlegungen pressen zu wollen.

Insofern ist die Rede von der Nutzenmaximierung als rationalem Ziel Unfug, denn der Begriff des Nutzens ist leer und mit beliebigen Inhalten zu füllen. Der Nutzen des einen ist der Graus des anderen. Dementsprechend umstritten ist in der Forschung, was unter *Nutzen* zu verstehen sei. Die einen verstehen darunter nur den geldlichen Gewinn, was die mathematische Betrachtung des Problems erleichtert. Die anderen verstehen darunter auch die Freude an einem altruistischen Handeln oder sonstige subjektive Empfindungen. Diese sind allerdings nicht zahlenmäßig messbar, nicht rechenhaft und erlauben keine Ableitung präziser Vorhersagen. Die ausschließlich vom rationalen Verhalten ausgehenden Vorhersagen treffen nicht ein und erweisen sich als irrelevant. Der tatsächliche wirtschaftliche Verlauf hängt von so vielen rationalen und irrationalen Bestimmungsgründen ab, dass er prinzipiell nicht vorhersagbar ist. Niemand hat die Finanzkrise 2007/2008 vorhergesehen. Niemand weiß, ob das neue Modell der Turnschuhe Anklang findet oder nicht.

Tatsächlich geht es beim Konsum, beim Einkaufen, überhaupt nur um nicht zahlenmäßig messbare subjektive Empfindungen: Der eine ist stolz auf sein Auto oder auf sein Eigenheim, der andere meint, dass eine bestimmte Kleidung am besten zu ihm passt. Konsequenterweise verfügt die akademische Wirtschaftstheorie über keine halbwegs plausible Konsumtheorie. Stattdessen wird dort unterstellt, dass sich die Einkäufe stets im Rahmen des verfügbaren Einkommens halten. Von den Einkäufen zweier Güter A und B wird eine Gleichung aufgestellt, wobei x die Menge und p den Preis darstellt, Y das Einkommen: $x_a p_a + x_b p_b = Y$. Das heißt: Die Ausgaben für A (Menge mal Preis) zuzüglich der Ausgaben für B (Menge mal Preis) sind zusammen gleich dem Einkommen. Wenn jemand mehr A kauft, muss er weniger B kaufen, je nach den Preisen für A und B. Das Ganze lässt sich in einem Koordinatensystem grafisch darstellen, worauf wir hier verzichten. Die Annahme, dass sich die Gesamtheit aller

Einkäufe stets im Rahmen des verfügbaren Einkommens hält, ist wirklichkeitsfern.

Ferner verlangt die offizielle Konsumtheorie, dass die Vorlieben *transitiv* seien, was bedeutet: Wenn ich A lieber will als B und B lieber will als C, dann muss ich auch A lieber wollen als C. Die Rangfolge der Vorlieben soll also widerspruchsfrei sein. Mit diesen beiden Forderungen (Einkäufe gleich Einkommen und Vorlieben widerspruchsfrei) ist die Konsumtheorie unserer Lehrbücher schon erschöpft. Beide Forderungen sind in der Realität manchmal gegeben, oft auch nicht.

Bei größeren Anschaffungen (Auto, Eigenheim) neigt der Konsument leicht dazu, zunächst einfach spontan, aus dem Bauchgefühl heraus zu entscheiden und dies nachträglich mit rationalen Argumenten zu unterfüttern. Jeder Autoverkäufer und jeder Hausmakler weiß dies und stellt solche Pseudo-Argumente bereit, darunter auch die besondere Wirtschaftlichkeit. Letztlich muss jedoch die Umgebung die Entscheidung, so wie sie nun einmal gefallen ist, als Tatsache hinnehmen. Gerade die Konsumentscheidungen, ebenso wie die Entscheidungen der Bürger bei den politischen Wahlen, sind in aller Regel einer Begründung weder fähig noch bedürftig. Die Entscheidung steht für sich, sagt der *Dezisionismus*.

Gerade das unvorhersagbare irrationale Verhalten bringt ja die Probleme. Wer beispielsweise das Auf und Ab des Konjunkturzyklus erklären will, muss erklären, wie im Herdenverhalten der Umschlag von optimistischer zu pessimistischer Stimmung zustande kommt. Es geht um sozialpsychologische Fragen bis hin zu einer Börsenpanik, die nicht rational zu erklären sind.

Bei weitem nicht in jedem Akt des Wirtschaftens liegt der Grund in einer rationalen Überlegung. Unzählig viele Ereignisse geschehen einfach aus Neigung und Leidenschaft oder einem spontanen Entschluss heraus. Wie verhängnisvoll es sich auswirkt, die Wirtschaftstheorie von vornherein auf das rationale Handeln zu verengen, wird besonders deutlich, wenn versucht wird, streng rational das Verhalten der privaten Haushalte, das Konsumieren und Sparen, zu erklären. Immerhin hängt ja von diesen Kaufentscheidungen die gesamte Kette der Produktion und von diesen Sparentscheidungen die volkswirtschaftlich so wichtige Kapitalbildung ab. Das Konsumverhalten ist jedoch prinzipiell nicht rational zu erklären. Aus ganz persönlichen gefühlsmäßigen Gründen und Vorlieben wird das Geld für ein Auto, für ein Eigenheim, einen Urlaub, für das Fotohobby oder für was auch immer verwandt. Insbesondere ist es nicht rational zu erklären, weshalb rund zehn Prozent der Bevölkerung von Amts wegen für zahlungsunfähig erklärt worden sind, weil sie dauerhaft mehr Geld ausgegeben haben, als ihr Einkommen erlaubt. Bei einem rein rational denkenden und handelnden Menschen wäre dies ja nicht möglich. Eine von Ratsuchenden überlaufene Schuldnerberatung könnte es gar nicht geben. Logischerweise wird dieses Massenproblem in den volkswirtschaftlichen Lehrbüchern gar nicht erwähnt. Ebenso könnte es bei rational handelnden Menschen keine Spielbanken und kein Lotto geben. Denn hier müssen die insgesamt ausgezahlten Summen immer kleiner sein als die Einzahlungen, weil anderenfalls der Betrieb nicht zu finanzieren wäre.

Die Wirtschaftstheorie behilft sich hier mit der Aussage, der Mensch strebe streng rational nach der Maximierung seines Nutzens. Nur ist dieser Nutzen nicht messbar und definierbar. Hier hilft ein Trick: Den meisten Nutzen verspricht das, was tatsächlich gekauft wird. Und gekauft wird, was den meisten Nutzen verspricht. In der Logik nennt man es einen Zirkelschluss, wenn ich A durch B und B durch A definiere.

Die These, es werde der maximale Nutzen gewählt, sagt auch deshalb nichts über das Verhalten aus, weil die zeitliche Dimension fehlt: Ist der maximale Nutzen das, was ich jetzt im Augenblick will? Oder das, was ich für die kommenden Jahre plane? Oder das, wozu ich mich nach der Familientradition verpflichtet fühle? Der Begriff *Nutzen* entpuppt sich bei näherer Betrachtung als leere Hülse.

Während die akademisch gelehrte Wirtschaftstheorie über keine Theorie des Konsums verfügt, werden gleichzeitig in Deutschland alljährlich viele Millionen Euro für Konsum- und Marktforschung ausgegeben, aber ausschließlich von hierauf spezialisierten Unternehmen oder von den entsprechenden Abteilungen der Großunternehmen. Das Konsumentenverhalten wird in allen Einzelheiten erforscht. Die hier gefundenen und ganz auf die Wirklichkeit bezogenen Ergebnisse und diese ganze Branche werden jedoch von der akademischen Wirtschaftstheorie nicht zur Kenntnis genommen.

Ein streng rationaler Autokauf würde sich in folgender Form abspielen. Angenommen, Herr Meyer verwendet das Auto nur zum Pendeln zwischen Arbeitsplatz und Wohnung. Und die gesamte Fahrt spielt sich im Stadtgebiet mit Beschränkung auf Tempo 50 ab. Dann würde ein Kleinstwagen mit einer Höchstgeschwindigkeit von 70 km/h ausreichen, und zwar nicht ein neuer, sondern ein zehn Jahre alter mit drei Jahren Restlaufzeit. Über diese Erwägung würde sich jeder Marktforscher kaputtlachen. Realistisch ist eher die Annahme, dass Herr Meyer mit seinem Auto die Nachbarn und Kollegen beeindrucken will und sich daher einen Wagen kauft, den er mit seinem Einkommen gerade noch finanzieren kann: ganz irrational.

Ebenso wie eine Konsumtheorie fehlt in der akademischen Wirtschaftswissenschaft auch eine Theorie des Sparens. Dies ist besonders deshalb sehr schade, weil seit Ludwig Erhard das wirtschaftliche Wachstum nicht durch mehr Arbeit und längere Arbeitszeiten zustande kommt, sondern durch eine höhere Produktivität pro Arbeiter, das heißt eine immer umfangreichere Ausstattung mit Maschinen aller Art. Hierzu ist entscheidend, welcher Teil des Einkommens von den privaten Haushalten gespart und bei der Bank zur Bildung von Kapital verwandt wird. Dieses Kapital wird als Kredit an die Unternehmen vergeben und dient vor allem für Investitionen zur Rationalisierung (mehr Kapitaleinsatz pro Beschäftigten) oder zur Erweiterung des Betriebs.

Zu diesem Problem findet sich in den Lehrbüchern nur eine Bemerkung der Art: „Verhaltensgleichungen beschreiben die Abhängigkeit einer Variablen von einer anderen, z. B. die Veränderung des Sparvolumens in Abhängigkeit vom Zinssatz. Solche ökonomischen Gesetzmäßigkeiten sind meist empirisch aus Beobachtungen abgeleitet worden."

Schon dies stimmt einfach nicht: Die Sätze der Volkswirtschaftslehre sind in aller Regel nicht empirisch aus Beobachtungen abgeleitet, sondern es wird einfach eine Regel aufgestellt, die plausibel klingt, beispielsweise, dass bei rationalem Verhalten umso mehr gespart wird, je höher der Zinssatz ist. Hierbei handelt es sich jedoch keineswegs um eine Gesetzmäßigkeit, um eine Abhängigkeit der einen Größe von der anderen. Denn es gibt ein Bündel weiterer Einflüsse für die Höhe der Ersparnisse. Wichtig ist unter anderem, ob eine Inflation, eine Geldentwertung befürchtet wird. In diesem Fall wäre es heikel, das Geld auf das Sparkonto einzuzahlen. Sinnvoller wäre eher eine Anlage in Sachwerten, etwa Gold oder Immobilien. Wichtig ist ferner, ob die wirtschaftliche Entwicklung der kommenden Jahre eher optimistisch oder pessimistisch eingeschätzt wird und ob daher viele Haushalte zum Notgroschen und zur Vorsicht beim Konsum und bei der privaten Verschuldung raten. Beim Sparen zum Zweck der Altersversorgung wird überlegt, ob die zu erwartenden Renten als ausreichend betrachtet werden oder ob darüber hinaus eine Rücklage als notwendig angesehen wird. Ferner konkurriert ja das Sparen ständig mit dem Konsum als der anderen Verwendung des Einkommens. Die Ersparnis hängt also auch davon ab, inwieweit, angefeuert durch die Werbung, in der Gesellschaft ein aufwendiger Konsum als angemessen und notwendig betrachtet wird. Ferner bedeutsam ist die Höhe des Einkommens: Bei niedrigen Einkommen wird beinahe alles für den Konsum verwandt, bei höheren Einkommen wird ein zunehmender Teil gespart. Kurz: Es gibt eine Vielzahl von Sparmotiven, und in der Sparkassenorganisation sowie den übrigen Kreditinstituten hat man sich natürlich hierüber Gedanken gemacht. Dies wird aber in der akademischen Wirtschaftstheorie ebenfalls nicht zur Kenntnis genommen, weil man sich nur mit zweckrationalem Handeln und nicht mit Psychologie und Motiven beschäftigt.

Deutlich rationaler sind die Entscheidungen der Unternehmer. Immer wird abgewogen: Was kostet das? Und was bringt das? Größere Investitionen (Anschaffung weiterer Maschinen, Erweiterung oder Verlagerung des Betriebes) werden in allen Konsequenzen abgewogen. Das Problem ist aber, dass die Kosten dieser Maßnahmen einigermaßen genau festzustellen sind, nicht aber die erhoffte Steigerung der Umsätze und Erträge. Diese abzuschätzen ist das unternehmerische Risiko. In den Lehrbüchern finden wir jetzt eine Investitionsfunktion I = F (i), was bedeuten soll, dass die Höhe der Investitionen I vom Zinssatz i abhängt: Je höher der Zinssatz, je teurer also der für die Investition benötigte Kredit, desto weniger Investitionen werden vorgenommen und umgekehrt. Ist dies so?

Ein Beispiel: Der Speditionsunternehmer Müller hat zehn Lastwagen und muss immer wieder Aufträge ablehnen, weil alle Fahrzeuge voll ausgelastet sind. Er überlegt also, für 500.000 Euro einen weiteren Lastzug anzuschaffen. Angenommen, er würde in der gesamten Laufzeit des Lastwagens seinen Gewinn durch dieses Fahrzeug um 50.000 Euro erhöhen, so würde sich die Investitionssumme von 500.000 Euro mit 10 Prozent verzinsen. Falls der Kredit 12 Prozent kostet, würde sich die Investition nicht lohnen. Wenn der Kredit 7 Prozent kostet, lohnt sie sich. Die Höhe des Zinses würde also die Schwelle für die Investitionen bilden.

Falls wirklich alle Unternehmen in dieser Weise rechnen, würden sich sämtliche Investitionen auch mit dem kleinsten Gewinn lohnen, sobald die Zentralbank den Zins auf null herabsetzt, wie 2016 geschehen. Die Zentralbank könnte also eine Investitionslawine lostreten. Tatsächlich kam es hierzu nicht, und zwar einfach deswegen nicht, weil es diesen eindeutigen Zusammenhang zwischen Investition und Zins, wie ihn das Wort Investitions*funktion* suggeriert, nicht gibt. Der Zinssatz ist nur eine von zahlreichen Größen, die in die Betrachtung eingehen. Im Modell wird der Einfachheit halber angenommen, dass die Kosten und vor allem auch die Umsätze der kommenden Jahre, solange die Investition läuft, bekannt seien. Dies ist natürlich nicht der Fall, im Gegenteil, es gibt nur Ahnungen und Vermutungen. Unser Speditionsunternehmer grübelt: Wie wird sich die Konjunktur insgesamt entwickeln? Und bei meinen zehn wichtigsten Kunden? Wie lange wird die jetzige gute Auftragslage anhalten? Ist für ein weiteres Fahrzeug ein geeigneter Fahrer zu finden? Gab es von meinen drei Mitbewerbern hier in der Region Andeutungen, dass sie ebenfalls eine Erweiterung erwägen, und würde dann wegen regionaler Überkapazität ein Preiskampf drohen? Was wird aus der polnischen Konkurrenz, weil ja die Polen wegen der geringeren Löhne immer zwei Mann auf dem Kutschbock haben, so dass sie ihre Lenk- und Ruhezeiten mühelos einhalten können? Wie werden sich die Investition und die erhöhten Abschreibungen steuerlich auswirken? Und schließlich gibt es noch die ganz persönlichen Motive: Der Unternehmer von Anfang 40 will noch Marktanteile erobern. Der Unternehmer von Anfang 60, ohne Nachfolger in Sicht, fragt sich, ob er jetzt noch ins Risiko einsteigen soll.

Auch beim Unternehmer, der genaue Kalkulation gewöhnt ist, gibt es also Bündel von Unwägbarkeiten und persönlichen Motiven. Die Feststellung, dass die Investitionen allein vom Zins abhängen, und zwar in direkter ursächlicher eindeutiger Verkettung, greift aus einem Bündel von Motiven willkürlich ein einziges heraus.

2. Realitätsfremde Annahmen

Der in den Lehrbüchern regelmäßig angekündigte Realitätsbezug wird ferner dadurch eingeschränkt, dass in der

Wirtschaftstheorie ein *vollkommener Markt* unterstellt wird, der durch folgende Eigenheiten charakterisiert ist:

- Jeder Teilnehmer hat jederzeit einen vollen Überblick über den gesamten Markt (Markttransparenz). Jeder, der etwas kaufen will, kennt sämtliche Anbieter, deren Produkte und Preise. Streng rational wählt er also das günstigste Angebot aus. Diese Annahme ist tendenziell sehr realitätsfern. Doch ist das grundsätzliche Untersuchungsziel, Erkenntnisse zu gewinnen, die für idealtypische marktwirtschaftliche Rahmenbedingungen gelten.
- Ebenso realitätsfern ist die übliche Annahme, dass die jeweiligen Märkte einem vollständigen Wettbewerb unterliegen: Alle bieten das Gleiche an (homogene Güter).
- Ferner wird unterstellt, dass es keine Präferenzen gibt, beispielsweise dass der Kunde nicht etwa bevorzugt in einem bestimmten Laden einkauft.
- Und es wird eine unendliche Reaktionsgeschwindigkeit unterstellt: Jeder reagiert im selben Augenblick, in dem irgendeine Änderung eintritt.

In diesem Modell kann keiner seinen Preis über den der Mitbewerber erhöhen, weil er dann kein einziges Stück verkaufen könnte. Die Wissenschaft ist der Meinung, dass sich aus dem Gegenüberstellen eines theoretischen Sollzustandes mit dem konkreten Istzustand z. B. Erkenntnisse ableiten lassen, die als Grundlage für (wirtschafts-)politische Entscheidungen dienen können.

Im Lehrbuch und überhaupt in der akademischen Wirtschaftstheorie werden jedoch nirgendwo Soll und Ist gegenübergestellt, sondern man bleibt in der realitätsfremden Welt der vollständigen Markttransparenz und des vollständigen Wettbewerbs. Die dort gewonnenen Erkenntnisse gelten nur im Wolkenkuckucksheim. Die Realität ist ja gerade dadurch gekennzeichnet, dass jeder einzelne Anbieter versucht, etwas Einmaliges und Besonderes vorzustellen und insofern ein kleines Monopol zu erringen: eine Alleinstellung, die es ihm erlaubt, aus der vollständigen Konkurrenz auszubrechen. Und natürlich hat der Kunde keinen vollständigen Überblick über den Markt, sondern kennt vielleicht zwei oder drei Anbieter. Oder er sieht sich bei einem Spontankauf einem einzigen Anbieter gegenüber und schlägt gleich zu. Unbeantwortet bleibt ferner die Frage, weshalb vollständige Konkurrenz und vollständiger Wettbewerb ein Sollzustand seien und von der Wirtschaftspolitik angestrebt werden sollen. Gerade der unvollständige Wettbewerb, in dem jeder etwas Besonderes anzubieten versucht, bereichert doch die Auswahl und die Konsummöglichkeiten des Kunden.

3. Methodischer Individualismus

Die Wirtschaftstheorie geht ferner davon aus, dass es lauter einzelne Personen sind, die jeder für sich ihren Nutzen zu maximieren suchen und ihre Entscheidungen treffen (methodischer Individualismus). Dies ist insofern wirklichkeitsfremd, als das Wirtschaften sich ja stets in einem sozialen Geflecht vollzieht. Alles, was nach außen sichtbar ist (Kleidung, Kosmetik, Haus, Auto), wird teils auch im Hinblick darauf gekauft, wie es auf das soziale Umfeld wirkt. Ferner gibt es eine Konsum-Konkurrenz, bei der jeder versucht, mit den anderen mitzuhalten. Selbst wenn jemand ganz eigensinnig etwas ganz anderes anschafft als üblich, tut er dies mit Rücksicht auf den sozialen Verband, von dem er sich abzusetzen sucht. Bei den Konsumenten, aber auch bei allen anderen wirtschaftlichen Akteuren, gibt es gewisse Vorstellungen und Normen darüber, was man tut oder besser nicht tut. Diese oft durch Tradition verfestigten Sitten und Gebräuche halten den sozialen Verband zusammen, und die meisten Menschen versuchen, sich einigermaßen danach zu richten. Selbst im Außenhandel gibt es feste Regeln, nach denen sich der Importeur in Deutschland ebenso richtet wie der Exporteur in Thailand. Anderenfalls könnte ich ja mit einem Menschen, den ich nicht kenne und nie sehen werde, nicht in Geschäftsbeziehungen treten. Umgekehrt sind Beziehungen im näheren Umfeld, unter Bekannten, auf persönliches Vertrauen gegründet. Auch nur mündlich geschlossene Verträge werden zuverlässig erfüllt.

Alle Märkte, vom Flohmarkt bis zur Börse und dem Devisenhandel, sind soziale Veranstaltungen, wo man sich zur Interaktion trifft. Diese Märkte entstehen nicht spontan, sondern werden von bestimmten Institutionen veranstaltet, sind rechtlich verfasst und haben ihren Platz in der Gesellschaft. Erst hierdurch gewinnt das ganze System eine gewisse Stabilität. Am Kapitalmarkt, aber auch am Immobilienmarkt, können sich allerdings Blasen bilden, weil jedermann denkt, ein bestimmter Bereich werde weiter im Preis steigen, und daraufhin jedermann zugreift, bis der völlig überhöhte Kurs zusammenbricht. Derartige Erscheinungen, und überhaupt die gesamte Spekulation, sind nur massenpsychologisch zu erklären. Jeder orientiert sich am Tun aller anderen und verlässt sich auf Informationen, die er aus zweiter und dritter Hand erhält.

Jeder von uns ist in ein soziales Netz eingebettet. Jeder hat Menschen und gemeinschaftliche Werte, denen er sich verpflichtet fühlt. Die Vorstellung eines allein gelassenen und nur nach persönlichem Nutzen strebenden Individuums ist absurd.

4. Das Modelldenken

Der Realitätsbezug der Wirtschaftstheorie wird weiter dadurch eingeschränkt, dass üblicherweise nicht von ganzen lebendigen Menschen mit ihrer Mannigfaltigkeit des Denkens und Handelns ausgegangen wird, sondern immer nur ein einziger Zusammenhang betrachtet wird: Welche Änderung der Größe B tritt ein, wenn die Ursache A verändert wird und alles andere gleich bleibt? Hierbei werden alle anderen Handlungsstränge stillgelegt und bleiben unbeachtet. Diese Bedingung wird meist lateinisch *ceteris paribus* (unter ansonsten gleichbleibenden Umständen) genannt. Diese Vorgehensweise erinnert an das naturwissenschaftliche Experiment, bei dem ebenfalls nur eine einzige unabhängige Größe verändert und deren Einfluss gemessen wird, während alles Übrige unverändert bleibt. Bei dieser Isolierung eines einzigen Handlungsstrangs wird der Mensch zu einem Modell vereinfacht. Auch Modelle, die die Wirklichkeit stark vereinfachen, können für die Praxis verwertbare Aussagen liefern. Ein Strichmännchen beispielsweise ist sicher ungeeignet, den Einfluss der Bewegung auf den Blutdruck zu beobachten, wohl aber lässt sich der Bewegungsablauf beim Treppensteigen darstellen. Diese Art, Modelle zu bilden, ist allerdings ganz ungeeignet, um das soziale und wirtschaftliche Geschehen zu verstehen und zu erklären, weil immer eine Vielzahl von Motiven zusammenwirken und weil jede Veränderung, die sich an einer Stelle ergibt, Fernwirkungen auf das ganze System hervorruft. Steigt beispielsweise das Einkommen, so steigen nicht nur Konsum und Ersparnis, sondern es wird mehr produziert, es werden mehr Löhne und Steuern gezahlt und so fort. Für die Entwicklung nach dem Ende der DDR gilt: Ein derartiger Strukturwandel war nicht in wenigen Jahren zu vollziehen und betraf vor allem nicht nur die ökonomischen, sondern auch die politischen, sozialen, juristischen – praktisch alle Lebensbereiche. Wegen dieses engen Zusammenhangs aller Lebensbereiche ist es problematisch, nur von vereinfachten Strichmännchen-Modellen auszugehen.

5. Die Gewinnmaximierung

In der gesamten Wirtschaftstheorie wird heute davon ausgegangen, dass der Unternehmer streng rational handelt. Diese Rationalität wird dadurch definiert, dass das Ziel des Handelns die Maximierung des Gewinns sei. Wer für einige Jahre im engen Kontakt mit mittelständischen Unternehmern stand, weiß, dass dies nur in einem vordergründigen Sinn zutrifft. Natürlich überlegen Unternehmer bei jedem Geschäftsabschluss, ob ein Gewinn dabei herausspringt. Aber dies ist in aller Regel nicht ihr endgültiges Ziel. Das Lebensziel ist eher die Reputation: Sie erstreben für sich persönlich einen guten Ruf, eine geachtete Stellung in ihrem sozialen Umfeld, wie bereits im Abschnitt über den Mittelstand geschildert. Für die Firma erstreben sie ebenfalls einen guten Ruf als erfolgreiches Unternehmen. Dabei bezieht sich der Erfolg oft auf ein Wachstum der Belegschaft, des Umsatzes, des Marktanteils und der Gebäude. Im idealen Fall wollen sie auf ihrem Spezialgebiet als führend gelten. Zum Renommee gehört es auch, als Zulieferer für bekannte Konzerne tätig zu sein. Und ein Export in ein Dutzend Länder. Und einige Neuentwicklungen und Patente. Der Gewinn ist eher ein Vehikel, um derartige Ziele zu erreichen. Er hat als Stärkung der Eigenkapitalbasis eher eine funktionelle Stellung: Er ermöglicht das Erreichen weiter gespannter Ziele.

Daneben gibt es einige alte Kaufmannstugenden, die in den Lehrbüchern nicht erwähnt werden, beispielsweise, sich nicht von einigen wenigen Großkunden abhängig zu machen, sondern durch eine Vielzahl von Kunden das Risiko zu streuen. Als wichtige persönliche Eigenschaft gilt die Entscheidungsfreude: bei den ständigen Störungen und unvermeidlichen Zwischenfällen rasch korrigierend einzugreifen, andererseits die sich bietenden Chancen rasch einzuschätzen und zuzugreifen. Der Unternehmer möchte gern als *wendig, tatkräftig, zupackend* gelten.

6. Die Mathematisierung

Der Realitätsbezug der Wirtschaftstheorie nimmt weiter dadurch ab, dass die akademische Volkswirtschaftslehre wirtschaftliche Zusammenhänge gern in mathematischer Form ausdrückt, zum Beispiel als Funktion mit einer unabhängigen und einer abhängigen Variablen. Aus dem schulischen Unterricht ist den meisten die Funktion $y = x^2$ bekannt. Zu jeder Größe von x als der unabhängigen Variablen gehört eine bestimmte Größe von y als abhängiger Variable: Wenn $x = 4$, ist $y = 16$, wenn $x = 6$, ist $y = 36$ und so fort.

Für die Wirtschaft sollen nun ebenfalls feste Funktionen gelten, beispielsweise der Konsum als abhängig vom Einkommen, das Bruttoinlandsprodukt von den Staatsausgaben, die Zinssätze vom Geldangebot, die Arbeitslosigkeit von den Löhnen und so fort. Mit diesen Funktionen werden kunstvolle Veränderungen aller Art vorgenommen. Bei Professor Alfred E. Ott (1963) lernen wir: „Das adäquate Instrument zur Behandlung von Fragen der wachsenden Wirtschaft sind eben Differenzial- und nicht Differenzengleichungen." Dies legt die Frage nahe, ob sich die Akteure mit ihren unterschiedlichen Vorlieben und Leidenschaften stets entlang dieser Gleichungen bewegen.

Das prinzipielle Problem ist, dass es in der Wirtschaft keine feste Verknüpfung von unabhängiger und abhängiger Variable wie in der Mathematik gibt. Es ist irreführend, den Konsum als Funktion des Einkommens darzustellen, weil es zu einer bestimmten Höhe des Einkommens keine bestimmte Höhe des Konsums gibt. Vielmehr konsumieren einige Leute heftig drauflos und verschulden sich überdies, während andere sich zurückhalten und jeden Monat eine Rate auf das Sparbuch einzahlen. Es lassen sich immer nur Tendenzen feststellen wie zum Beispiel: „Mit dem Einkommen steigt gewöhnlich auch der Konsum, allerdings bei den einzelnen privaten Haushalten und in den jeweiligen zeitlichen Perioden in recht unterschiedlicher Höhe." Mit einer solchen Tendenzaussage kann allerdings der geschulte Mathematiker nichts anfangen, und daher werden Funktionen entworfen. Sie spiegeln eine Exaktheit vor, die es im menschlichen Verhalten nirgendwo gibt. Sinnvollerweise sollte stattdessen danach gefragt werden, von welchen Motiven sich die Konsumenten leiten lassen und weshalb die Konsumneigung in den einzelnen Lebensaltern und den Regionen so unterschiedlich ist.

Die mathematische Methode ist durch einen „Zahlenfetischismus" gekennzeichnet. Alles, was sich nicht in Geld oder in Statistik ausdrücken lässt, bleibt unberücksichtigt. Die große Spielwiese der mathematischen Methode ist die Ökonometrie. Sie hat die Aufgabe, die mathematischen Funktionen anhand statistischer Daten zu überprüfen. Beispielsweise kann die (vermeintliche) Konsumfunktion dadurch überprüft werden, dass über eine lange Zeitreihe die Entwicklung einerseits des Einkommens, andererseits des Konsums untersucht wird, meist durch eine Regressionsanalyse. Dabei gibt es immer eine unabhängige Variable, die als erklärende Ursache betrachtet wird, und eine hiervon abhängige Variable. Wird ein annähernder Gleichlauf der Kurven festgestellt (Korrelation), so wird dieser Gleichlauf ohne weiteres als Verursachung betrachtet, ohne auf die inhaltlichen Fragen näher einzugehen. Tatsächlich kann ein Gleichlauf der Kurven von A und B recht unterschiedlich interpretiert werden: Entweder A ist die Ursache von B, oder B ist die Ursache von A, oder beide zusammen sind die Ursache von C, oder es gibt inhaltlich gar keinen Zusammenhang und der Gleichlauf ist ein Zufall.

Angeblich kann eine wirtschaftliche Entwicklung vorhergesagt werden, wenn die unabhängige Variable bekannt ist. Dann könne prognostiziert werden, wie sich eine Erhöhung des Zinses auf die Investitionen und wie sich eine Steigerung des Einkommens auf den Konsum auswirkt. Der technologiegläubige Wirtschaftsminister Karl Schiller wurde allerdings seinerzeit immer wieder verlacht, weil keine seiner Vorhersagen eintraf. Entweder die feste funktionale Verkettung gibt es nicht, oder es kommen immer unerwartete Ereignisse dazwischen. Gäbe es wirklich eine zuverlässige Prognose, so ließe sich damit an der Börse viel Geld verdienen. Mit diesem Glauben soll schon mancher gescheitert sein. Beispielsweise ist es gefährlich, einen bisher beobachteten Trend einfach in die Zukunft hinein zu verlängern. Denn jeder Trend knickt irgendwann um, aber niemand weiß, wann.

Wer sich zum volkswirtschaftlichen Studium entschließt, muss also damit rechnen, dort auf blutleere Modelle und mathematische Formeln zu treffen, die mit dem tatsächlichen wirtschaftlichen Verhalten der Menschen sehr wenig zu tun haben und dieses Verhalten nicht erklären können, stattdessen aber eine wissenschaftliche Exaktheit ähnlich den Naturwissenschaften vortäuschen. Die akademisch gelehrten Wirtschaftswissenschaften orientieren sich in ihren Methoden merkwürdigerweise an den Naturwissenschaften, insbesondere der Physik, bei der es in der Tat möglich und angebracht ist, die Experimente mit mathematischen Mitteln zu beschreiben. Dies passt aber nicht auf die Humanwissenschaften, denn „aus so krummem Holz, woraus der Mensch gemacht ist, kann nichts Gerades gezimmert werden" (Immanuel Kant). Die Praktiker aus der Vertriebsabteilung der großen Firmen und der Werbeagenturen nehmen diese Art von Wirtschaftstheorie nicht zur Kenntnis.

8.2 Ansätze zur Reform

Die jetzige Wirtschaftstheorie droht durch ihren weltfremden Ansatz irrelevant für das Erklären und für die politische Beeinflussung des menschlichen Verhaltens zu werden. Dies hat Charles Taylor in dem Beitrag *Was ohne Deutung bleibt, ist leer* in der Frankfurter Allgemeinen Zeitung vom 13. Januar 2016 auf den Punkt gebracht:

> Lässt sich eine Fachwissenschaft konstruieren, deren Grundbegriffe keiner weiteren Interpretation bedürfen? Keine der Humanwissenschaften […] kann einen solchen Grad an Reinheit erreichen. Wenn sie es versucht, wird sie steril oder zahlt für ihre Genauigkeit – so wie die Ökonomie – den Preis, nichts mehr zu den wesentlichen Fragen sagen zu können.

Dabei war die volkswirtschaftliche Theorie schon einmal weiter. Um dies festzustellen, müssen wir allerdings ein gutes Jahrhundert zurückgehen.

Wilhelm Dilthey (1833–1911) entwickelte ein lebensphilosophisches Fundament, welches das menschliche Leben und die Formen seines Ausdrucks nicht mehr, wie seinerzeit üblich, nur nach Naturgesetzlichkeiten erklärte, sondern vielmehr die Eigengesetzlichkeit des menschlichen Geisteslebens zu verstehen suchte. In einer Theorie der Geisteswissenschaften entwickelte er die verstehende Psychologie weiter. Von Dilthey stammt die grundlegende Unterscheidung von Natur- und Geisteswissenschaften. In den Naturwissenschaften gibt es strenge Gesetze, die in Experimenten nachgeprüft werden können. Ist das Experiment fachgerecht aufgebaut, so ist das Ergebnis rational vorhersagbar. In den Geisteswissenschaften hingegen, wozu auch die Sozialwissenschaften gehören, gibt es keine Gesetzlichkeiten und keine sicheren Prognosen, sondern die Wissenschaft kann nur versuchen, das tatsächliche Verhalten verstehend nachzuvollziehen: Von welchen Gefühlen, Interessen, sozialen und rechtlichen Zwängen lassen sich die Akteure leiten? Wie ist das Ganze organisiert, in dem sich der Einzelne bewegt? Dies wird beispielsweise in der Geschichtswissenschaft deutlich: Der gute Historiker zählt ja nicht einfach auf, was sich wann ereignet hat, sondern er versucht zu erklären, weshalb und wieso es geschah und welche Konflikte, Anschauungen und Interessen dahinterstanden. Der Unterschied zwischen Natur- und Geisteswissenschaften lässt sich am einfachsten auf die Formel bringen, dass die Naturwissenschaften *erklären* (Weshalb geschieht nach A immer B?), während die Geisteswissenschaften historisch-kulturelle Geschehnisse zu *verstehen* suchen, beispielsweise: Weshalb kaufen die Leute Dinge, die sie nicht brauchen? Von welchen Motiven lässt ein Unternehmer sich leiten? Das Verstehen beruht auf einem Nacherleben fremden Daseins, wie es sich in Schrift, Sprache und Handeln ausdrückt. Dabei gibt es nie eine isolierte wirtschaftliche Entscheidung, sondern diese ist stets in einen Kontext eingebettet: das bisherige Erleben, die Meinungen des sozialen Umfeldes, die eigenen Hoffnungen, die rechtlichen und tatsächlichen Möglichkeiten. Die Wirtschaft ist ein Lebensbereich der ganzen Gesellschaft, ebenso wie die Kultur, das Recht und die Politik.

Indem Dilthey die Geistes- und darin die Sozialwissenschaften grundsätzlich von den Naturwissenschaften abgrenzte, stellte er gegenüber dem vorherigen naturalistischen Denken die Autonomie und Freiheit des Vernunftwesens Mensch wieder her und band ihn in den Geschichts- und Kulturzusammenhang ein, innerhalb dessen sich die geistige Spontaneität des Menschen zeigt und ausbildet. Dabei ist die Vernunft keine überzeitliche und unveränderliche Größe, die mit mathematischen Mitteln beschrieben werden könnte. Vielmehr hat die Vernunft im Verlauf der Geschichte ihre individuelle Ausprägung erfahren: Was unsere Großväter als richtig und vernünftig empfanden, etwa die Standesunterschiede oder die unterschiedlichen Rechte von Mann und Frau, erscheint uns heute als merkwürdig. Ebenso unterschiedlich sind die Vorstellungen von Vernunft von Land zu Land, beispielsweise ein streng hierarchisches oder ein demokratisches Denken. Die Wirtschaftswissenschaften brauchen also abseits der Naturwissenschaften ein eigenes neues Fundament, von dem aus das menschliche Leben in seiner ganzen Breite, so auch das wirtschaftliche Verhalten, verstanden werden kann. Die Mathematik und die Naturwissenschaften hingegen gelten zeitlos und in jedem Land gleichermaßen.

Ganz ähnlich ließ sich Gustav von Schmoller (1838–1917) von dem Gedanken leiten, die einzelnen wichtigen Entwicklungsreihen des volkswirtschaftlichen Lebens psychologisch, rechts- und wirtschaftsgeschichtlich zu begründen, sie sozialpolitisch zu würdigen und ihre künftigen Entwicklungstendenzen abzuschätzen. Einen besonderen Stellenwert erhielt bei ihm der Zusammenhang zwischen Moral, Sitte und Recht als Faktoren der wirtschaftlichen Entwicklung, also gerade jenen Einflussfaktoren, die durch die exakte nationalökonomische Theorie nicht oder nur unzulänglich erfasst werden. Er bestritt energisch, dass die im isolierend-abstrakten Experiment gefundene Wahrheit als Erkenntnisgrundlage dienen kann. Der Mensch verhalte sich eben nicht theoriegerecht, sondern unterliege in seinem Handeln den mannigfachsten Motiven und handele gewöhnlich mit Rücksicht auf sein soziales Umfeld.

Max Weber (1864–1920), der heute als Klassiker der gesamten Kultur- und Sozialwissenschaften gilt, beschrieb die Soziologie als „Wissenschaft, welche soziales Handeln deutend verstehen und dadurch in seinem Ablauf und seinen Wirkungen ursächlich erklären will". Für Weber geht es darum, das Verhalten der Akteure mit dem subjektiven Sinn zu verknüpfen. Denn jedes Verhalten beruht ja auf irgendeiner Absicht, ist auf etwas gerichtet oder ist in einem bestimmten Sinn gemeint und lässt sich von daher verstehen und geistig nachvollziehen – eine Selbstverständlichkeit für jeden Richter im Strafprozess, der den Motiven und der Schuld des Täters nachspürt. Ebenso geht jede Werbeagentur davon aus, dass das Verhalten des Kunden, nämlich einen bestimmten

Artikel zu kaufen oder auch nicht, von einem Bündel teils bewusster, teils unbewusster Motive gesteuert wird.

Es gab einmal eine Einheit der Sozialwissenschaften. Wirtschaftliches Handeln wurde dabei als Spezialfall sozialen Handelns angesehen. Aus heutiger Sicht verhängnisvoll wirkte sich demgegenüber das 1908 erschienene Werk *Das Wesen und der Hauptinhalt der theoretischen Nationalökonomie* von Joseph Schumpeter (1883–1950) aus. Ebenso wie in seinem früheren Aufsatz *Über die mathematische Methode der theoretischen Ökonomie* spricht sich Schumpeter für eine *reine Ökonomie* aus, die als eine exakte Wissenschaft ihre Urteile in Form von mathematischen Gleichungen darstelle. Die reine Theorie müsse nur solche Annahmen einführen, die für ihre Ziele unumgänglich seien. Psychologische und soziologische Annahmen gehörten nicht dazu. Auf diese Weise werde die Autonomie der reinen Theorie gewährleistet. Hiermit hat sich die Volkswirtschaftslehre seit den 1920er Jahren von den anderen Humanwissenschaften abgeschottet. Jetzt lebt sie unter einem Glassturz, bekommt dort aber wenig Sauerstoff und wirkt steril. Es begann die heute noch andauernde Zeit irrealer Modelle und erfundener Annahmen über das menschliche Verhalten. Die Lehre verlor sich in mathematischen Spielereien.

Das Projekt einer *reinen Ökonomie* wirkt ebenso steril wie das Projekt einer *reinen Rechtslehre,* das von dem österreichischen Rechtswissenschaftler Hans Kelsen (1881–1973) verfolgt wurde. Kelsen entwickelte eine Theorie des Rechts *schlechthin,* das heißt, diese Theorie erhebt den Anspruch, auf jegliche jemals vom Menschen gesetzte Rechtsordnung anwendbar zu sein. Die wissenschaftliche Beschreibung des Rechts sollte von den ihr fremden Beimengungen soziologischer, psychologischer, biologischer, religiöser, ethischer und politischer Art geschieden werden. Das Recht ebenso wie die Wirtschaft sind jedoch zwei Lebensbereiche, die mit allen anderen menschlichen Lebensbereichen engstens verwoben sind und die von lebendigen Menschen mit ihren unterschiedlichen Motiven betrieben und geregelt werden. Daher hat es wenig Sinn, irgendeinen Teilaspekt lupenrein und ohne Rücksicht auf alle anderen herauszupräparieren zu wollen.

Verhängnisvoll wirkte sich auch die Spezialisierung im Sinne einer gegenseitigen Abschottung der Fakultäten oder Fachbereiche aus. Die eine zusammenhängende Lebenswirklichkeit wird in verschiedene Schubladen gepresst. Die Wirtschaftswissenschaftler gehen von isolierten Individuen ohne soziales Umfeld aus, die Soziologen betrachten nur die soziale Interaktion ohne die individuellen Leidenschaften der Einzelnen. Die Psychologen betrachten nur Innenseite, die Juristen die Außenseite des Handelns. Die geschichtliche Dimension, nämlich dass wir unsere Denkweisen und unsere Institutionen meist von den vorigen Generationen übernommen haben, wird gewöhnlich ganz ausgeblendet, obwohl beispielsweise ein Berufsstand wie das Handwerk in seiner Sonderstellung nur durch seine Geschichte verständlich ist. Selbst wenn wir uns ganz betont vom Bisherigen abwenden, wie 1919 und 1945 der Fall, wird das Neue nur als Gegenseite des Bisherigen erklärbar.

Ihren Höhepunkt erreicht die Spezialisierung in der Doktorarbeit, der Dissertation: Es wird jahrelang ein winziges abgegrenztes Gebiet beackert. Ein persönlicher Aufstieg ist nur innerhalb des Fachbereichs möglich. Es gibt keine Karrierechance für Forscher, die das Ganze betrachten wollen.

8 Die akademische Wirtschaftstheorie 583

Neuerdings wird von jüngeren Wirtschaftswissenschaftlern ähnlich wie von ihren Ururgroßvätern um das Jahr 1900 herum gefordert, ökonomische Erscheinungen aus unterschiedlichen Blickwinkeln zu betrachten, um kreative und vor allem an der Realität ausgerichtete Ideen und Lösungsansätze zu entwickeln. Die Ausbildung angehender Volks- und Betriebswirte soll auf ein breites methodisches und inhaltliches Fundament gestellt werden, das über den bisherigen Kanon der einengenden Annahmen hinausgeht. Es geht um die richtige Herangehensweise, wie wirtschaftliche Interaktionen im jeweiligen Kontext historischer und kultureller Prozesse erklärt werden können. Dabei sollten die Ökonomen sich auch Fragen nach der Gerechtigkeit nicht entziehen. Kurz: Gefordert wird eine *plurale Ökonomik*. Diese Richtung versteht sich als *Wirtschaftswissenschaft der realen Welt* oder auch als *post-autistisch*. Dies ist eine etwas boshafte Bezeichnung, denn Autismus gilt als tiefgreifender Gesundheitsschaden, als angeborene unheilbare Störung der Wahrnehmung und Informationsverarbeitung des Gehirns. Sie zeigt sich durch Schwächen in der sozialen Interaktion, vor allem beim Einfühlungsvermögen (Empathie), und durch stereotype Verhaltensweisen. In Deutschland hat sich 2007 ein *Netzwerk Plurale Ökonomik* gegründet. Hier werden grundsätzlich die realitätsferne Theoriebildung und die mathematische Modellierung der Volkswirtschaftslehre kritisiert. Manager, die nur theoretisch und nicht praktisch ausgebildet worden waren, verwechselten diese Modelle mit der Wirklichkeit, sie hielten die Landkarte für die Landschaft. Die Wirtschaftstheorie benötigt eine Vielzahl einander ergänzender Ansätze und Methoden, so auch der teilnehmenden Beobachtung, die in der Soziologie üblich ist. Der Vorwurf lautet, die üblichen mathematischen Modelle seien nie an der Wirklichkeit überprüft worden. Die Analyse der tatsächlich vorhandenen Wirtschaftsordnungen sei vernachlässigt worden. Die Volkswirte seien drüber zu unpolitischen und ahistorischen Experten geworden. Daher fordern die Vertreter der pluralen Ökonomik eine intensive Zusammenarbeit mit sozialwissenschaftlichen und geisteswissenschaftlichen Fakultäten.

Die Nachfrage schafft sich ein Angebot – Die Wirtschaftswissenschaften werden wegen ihrer einseitigen Lehre arg kritisiert. Berliner Studenten nehmen die Reform selbst in die Hand ist der Titel eines Beitrags von Friedemann Bieber und Elisa Heidenreich in der Frankfurter Allgemeinen Zeitung vom 9. März 2016:

> Seit Jahren fordern Studenten Kurse, die neben theoretischen Modellen auch das reale Wirtschaftsgeschehen in den Blick nehmen und Seminare, die das aktuelle Paradigma der Neoklassik mit anderen Ansätzen aus der vielfältigen Geschichte des Fachs konfrontieren.

An der Freien Universität Berlin bietet ein Arbeitskreis *Kritische WirtschaftswissenschaftlerInnen* eigene Veranstaltungen an. Dies „zeigt, wie sehr sich das Curriculum der Volkswirtschaftslehre verengt hat".

In dem Artikel *Was die Kritiker der pluralen Ökonomik nicht verstehen – Ökonomen sollten anfangen, die verengte Sicht ihres Fachs zu öffnen* (Frankfurter Allgemeine Zeitung vom 22. August 2016) fordert Nils Goldschmidt (Universität Siegen): „Vor allem müssen Ökonomen wieder lernen, Ökonomie und Gesellschaft zusammen zu denken." Natürlich trifft dies auf den heftigen Widerstand der jetzigen Vertreter der reinen Lehre. Die Forderung wird als unökonomisch gebrandmarkt, weil sie einer den Geisteswissenschaften entlehnten Methodik folgt. Aber weshalb soll dies schlimm sein? Wenn doch alle Wissenschaften, die sich mit dem menschlichen Verhalten befassen, als *Geisteswissenschaften* bezeichnet werden und somit auch die Wirtschaftswissenschaft hierzu gehören müsste?

Eine Erneuerung der Volkswirtschaftslehre könnte sich demgemäß nur in der Richtung vollziehen, dass die Forschung das tatsächliche wirtschaftliche Verhalten in seinen Motiven und Sinnzusammenhängen zu verstehen sucht und dabei immer psychologische, soziologische, politische, historische und rechtliche Bedingungen aufgreift. Beispielsweise könnte in Interviews und mit den Methoden der Sozialforschung festgestellt werden:

1. Von welchen Motiven lassen sich die Akteure leiten? Was streben sie an, was stört sie bisher und was wird als fehlend empfunden? Was tun sie demgemäß?
2. Wer entscheidet über Konsum, Ersparnis, Investition und wirtschaftspolitische Maßnahmen? Wie kommen diese Entscheidungen zustande?
3. Welches Einkommen und welcher soziale Status werden angestrebt? Wie wirkt sich dies auf Ausbildungs- und Studienwahl aus? Werden, um sich mehr leisten zu können, Überstunden gemacht?
4. Wie kommt es in vielen Haushalten zu Überschuldung und Zahlungsunfähigkeit?
5. Welche Motive stehen hinter der Spekulation an der Börse?
6. Vermindert eine ausgebaute Sozialpolitik den Anreiz zum Arbeiten?

Unzählige wirtschaftlich und politisch interessante Fragen dieser Art ließen sich mit den bewährten Methoden der empirischen Sozialforschung bearbeiten. Dabei braucht die akademische Wirtschaftsforschung nicht bei null anzufangen, denn außerhalb der Universitäten liegen ja bei den privaten Instituten und den Marktforschern bereits umfangreiche und detaillierte Erkenntnisse vor. Diese brauchten lediglich von der akademischen Forschung erschlossen zu werden. Eine solche Öffnung würde nicht nur zu einem besseren Verständnis des Lebensbereichs Wirtschaft führen, sondern auch zu einer realitätsnahen Ausbildung des Nachwuchses. Heute kann es vorkommen, dass jemand nach erfolgreichem Abschluss des volkswirtschaftlichen Studiums eine Stellung bei der Handelskammer, bei einem Branchenverband oder bei der städtischen Wirtschaftsförderung antritt und in fünf Jahren Studium nie von derartigen Institutionen gehört hat. Eine realitätsnahe Wissenschaft würde ferner zu einer besseren Beratung der Wirtschaftspolitik und zu einer Versachlichung der öffentlichen Debatte führen.

Literatur

Alfred Eugen, Ott. 1963. *Einführung in die dynamische Wirtschaftstheorie*. Göttingen: Verlag Vandenhoeck & Ruprecht.

Stichwortverzeichnis

A
Abgeordneter, 13
Ablieferungsmentalität, 273, 492
Abwanderung, 408
Affektkontrolle, 485
Agrarminister, 370
Agrarpolitik, 274, 350, 401
Akademie für Gemeinwirtschaft, 131
Akademie für Wirtschaft und Politik, 131
Akteur, 3, 10, 157
Aktiengesellschaft, 225
Alleinstellung, 196, 205
Allgemeines Zoll- und Handelsabkommen, 411
Allgemeinheit, 490
Angebot, 86
Angebotspolitik, 432, 438
Angestellter, 239, 241
Anhörung, 250
Anlageberater, 185
Anliegerbeitrag, 464
Anpassung, 201
Anspruchsinflation, 83
Anspruchsniveau, 195
antizyklisches Verhalten, 421
Apotheke, 300

Apothekenurteil, 94
Arbeit, 164
Arbeiter, 114, 239
Arbeitgeberverband, 254, 256
Arbeitskraft, 30
Arbeitsmarkt, 243
Arbeitsrecht, 243
Arbeitsteilung, 212, 230, 409
Arbeitswertlehre, 138
Arzneimittel, 300
Aufgaben
    gestaltende, 377
Ausbildung, 507
Außenhandel, 104, 448, 451
Außenwirtschaft, 448, 544
außenwirtschaftliches
    Gleichgewicht, 424
Ausgliederung, 211
Auslandskammer, 261
Ausschreibung, 92
Autarkie, 104, 451
authentische Wahl, 163
Autonomie, 179
autoritäre Führung, 197

B
BAföG, 481
Banane, 472
Bank, 337
Bank für Gemeinwirtschaft, 130
Bankensystem, 334
Basel III, 344
Bauleitplanung, 381
Bayern, 389
Befähigungsnachweis, 310
Beitrag, 464
Benary, 136
Benchmarking, 521
Berechenbarkeit, 423
Berlin, 387
Beruf, 204
Berufsausbildung, 261, 508
Berufsausübung, 96
Berufszugangsvoraussetzung, 316
Beschäftigungseffekt, 430
Bestandspflege, 378
Bestätigungsfehler, 523
Besteuerung, 437
Betrieb, 36
Betriebsrat, 75, 234, 388
Betriebswirtschaftslehre, 555
Bierlieferungsvertrag, 303
Bilanzbuchhalter, 314
Bilderberg-Konferenzen, 415
Bildungspolitik, 389, 507, 516
Bildungsziele, 365
Binnenmarkt, 266, 292, 352, 398
    Dienstleistungen, 268
Blutdiamanten, 148
Börse, 337, 342

Börsengesetz, 344
Börsenspekulation, 186
Börsenverein, 295
Bottom-up-Prinzip, 490
Brainstorming, 520
Bremen, 388
Bücher, 293
Buchpreisbindung, 293
Bundes-Immissionsschutz-
    gesetz, 498
Bundesbahn, 331
Bundesbank, 106
Bundeshaushalt, 393
Bundeskartellamt, 446
Bundesland, 384
Bundespost, 331
Bundesrepublik, 393
Bundesstaat
    sozialer, 477
Bundesumweltministerium,
    502
Bürgerliches Gesetzbuch, 58
Bürokratie, 138

C

ceteris paribus, 572
Cluster, 524
co op AG, 129
Coltan, 148
Container, 449
corporate identity, 214
Couponschneider, 226

D

Darmstädter und
    Nationalbank, 333
Datenschutz, 553
Dauerarbeitslosigkeit, 483
Daytrader, 339
Deduktion, 558
deficit spending, 425
Dekadenz, 552
Delegation, 198
Demokratie, 368
demokratisches Prinzip, 45
Deregulierung, 444
Deutsche Bahn AG, 331
Deutschland, 22, 39, 123
dezentrale Lenkung, 40, 376
Dezisionismus, 164, 562
Dienstleistungen im
    Binnenmarkt, 268
Dienstleistungsrichtlinie, 268,
    270, 399
Discounter, 382
Distinktionsgewinn, 181
Dotcom-Blase, 340
Dumping, 494

E

Ebene, 374
Eigentum, 32
    öffentliches, 324
einfaches Leben, 175
Eingangsprüfung, 304

Einkauf, 90
Einkaufsgenossenschaft, 93
Einkommen, 116
Einkommensverteilung, 117
Einzelhandelskaufmann, 67
Elastizität, 89
Elite, 439
Emissionen, 499
Emissionshandel, 505
Energiewende, 430, 519
Entgelt, 463
Entkeynesianisierung, 429
Entscheidung, 562
    politische, 474
Erbrecht, 37
Erdöl, 147
Erfindung, 525
Erfolg, 115, 215
Erfolgsstatistik, 110
Erneuerbare-Energien-Gesetz, 366
Erwerbsbeteiligung, 432
Erziehung, 168
Erziehungszoll, 546
EU-Dienstleistungsrichtlinie, 268, 270, 399
EU/EWR-Handwerksverordnung, 311
Euro, 462
Europäische Union, 323, 397
Europäische Zentralbank, 106, 462
Existenzgründer, 94, 191, 211
Export, 409

Exportkultur, 460
Exportnation, 454

F

Fachgeschäft, 302
Fachhochschule, 509
Fachverband, 258
Fahrstuhleffekt, 119
Faktorallokation, 338
Fehlleitung, 171
Feminismus, 553
festverzinsliche Papiere, 341
Finanzausgleich, 472
Finanzmarkt, 547
Finanzpolitik, 463
Finanzspekulation, 342
Finanztransaktionssteuer, 547
Firma, 212
Fischereipolitik, 493, 506
Flüchtling, 442
Fördermittel, 494
Förderprogramm, 254, 490, 495
Forschungs- und Entwicklungsarbeit, 527
Frankfurter Allgemeine Zeitung, 109
Freie Berufe, 278
Freihandelsabkommen, 449, 452, 545
Freiheit, 48, 52, 108, 356, 359

Freiheitsrechte, 46, 158
Fremdenverkehr, 379
Frieden
   ewiger, 411
Friedenssicherung, 451
Frustrationstoleranz, 172
Führung
   autoritäre, 197
Funktion, 574
Fusion, 93

G
Gebühr, 464
Geisteswissenschaften, 578
Gemeinde, 376
Gemeinkosten, 194
Gemeinschaftsaufgaben, 538
Gemeinwirtschaft, 127, 130
Gemeinwohl, 128, 133, 244, 260, 366
Genossenschaft, 221
Genossenschaftsbank, 187
Gentechnik, 440
Gerechtigkeit
   austeilende, 482
   soziale, 474
Gesamtinteresse, 260, 444
gesamtwirtschaftliches
   Gleichgewicht, 420
Geschichte, 142
Gesellschaft, 111
   offene, 52
Gesinnung, 134

Gesinnungslaufbahn, 135
Gewaltmonopol, 358
Gewerbe, 270
Gewerbeanmeldung, 209
Gewerbeaufsicht, 362
Gewerbefreiheit, 55, 94, 98, 310
Gewerbegebiet, 504
Gewerbeschein, 98
Gewerbesteuer, 468
Gewerkschaft, 132, 225, 255, 388
Gewerkschaftler, 133
Gewerkschaftsbund, 256
Gewinn, 88, 216
Gewinnmaximierung, 210, 573
Gini-Koeffizient, 117
Gleichbehandlung, 348
Gleichgewicht
   außenwirtschaftliches, 424
   gesamtwirtschaftliches, 420
Gleichheit, 57, 108, 348
Globalisierung, 405, 546
Globalisierungsgegner, 546
Globalsteuerung, 421, 429
Glücksspiel, 182
Godesberger Programm, 125
Gratiseinnahmen, 144
Greenpeace, 441
Grenznutzen, 479
Großvorhaben, 553
Grundgesetz, 76
Grundlagenforschung, 527
Grundlagenkritik, 543

Grundrechte, 76, 403
Grundversorgung, 138
Gruppenfreistellungsverordnung, 303
Gruppenvertreter, 369
Güterkraftverkehr, 316

H
Haftung, 207
Handelsbilanz, 110
Handelsstand, 271
Handwerk, 27, 247, 307
Handwerkskammer, 262
Handwerksordnung, 307, 311
Harzburger Modell, 196
Haushalt, 158
    privater, 12
Hierarchie, 199
Hire and Fire, 436
Hochlohnland, 460
Höchstpreis, 282
Homogenität, 48
Human Development Index, 122
Humankapital, 549

I
Immissionen, 499
Immobilienfonds, 187
Individualismus
    methodischer, 570
Industrie, 27
Industrie- und Handelskammer, 259
Industrie-und-Handelskammer-Tag, 261
Industriegebiet, 504
Industriemeister, 512
Inflation, 105
Infrastruktur, 373, 431
Inhaber, 207
Inländer-Diskriminierung, 306
Innovation, 522
Innovationsdruck, 519
Innovationsförderung, 526
Innovationskatalog, 527
Innovationsklima, 523
Innovationspolitik, 518
Innovationswiderstand, 530
Input-Orientierung, 364
Insolvenz, 84
Interessenvertreter, 13
Internationaler Währungsfonds, 457
internationales Kartell, 319
Internet, 214
Investition, 395
Investitionsentscheidung, 206, 427
Investitionsfunktion, 567
Investitionssicherheit, 77, 470
Investitionszulage, 496

J

Jahreswirtschaftsbericht, 430, 538
Jobcenter, 481
Jugendarbeitslosigkeit, 167

K

Kammer, 244, 259
Kapitalanlage, 184
Kapitalgesellschaft, 224
Kapitalismus, 99
  staatsmonopolistischer, 101
Kartell, 58, 90
  internationales, 319
Kartellverfahren, 446
Klasse, 141
Klassenunterschiede, 480
Kleinbauer, 154
Klientel, 145
Kohäsionspolitik, 539
Kohlebergbau, 492
Kommerzialisierung, 549
kommunale Selbstverwaltung, 56
Kommunalpolitik, 444
Kommunalverfassungsgesetz, 376
Kompetenzfalle, 219
Konferenz, 322
Konjunkturbelebung, 425
Konjunkturprogramm, 426
Konsum, 67, 172, 395, 561
Konsumausgaben, 120
Konsument, 369
Konsumentensouveränität, 177
Konsumfreiheit, 76
Konsumgenossenschaft, 128
Konsumidentität, 178
Konsumtheorie, 561
Konsumverhalten, 175, 563
Konsumwahn, 550
Konversion, 536
Konzern, 227, 232, 546
konzertierte Aktion, 421
Kopenhagener Kriterien, 398
Korruption, 145
Kosten
  externe, 497
Kostenrechnung, 193
Kraftfahrzeug, 302
Krankenversicherung, 478
Kreativitätstechniken, 520
Krise, 427
Kultur, 17
Kündigungsschutz, 436

L

laissez faire, 360
Landesbank, 328
Landwirtschaft, 247, 272
Landwirtschaftskammer, 277
Lebenschancen, 476
Lebensentwurf, 171
Lebenskonzept, 164

Lebensstil, 4
Lebensverhältnisse
  gleichwertige, 532
Legitimation, 16, 237
Leiharbeitsfirma, 486
Leistung, 48, 170, 204
Leistungsprinzip, 203, 390, 482
Leistungsstreben, 73
Lernort, 511
Liberalisierung, 69
Liberalismus, 100
Linienkonferenz, 323
Lissabon-Strategie, 400
Lobbyismus, 248
Loyalität, 436

M

Macht, 41, 44, 102, 418
Made in Germany, 507
magisches Viereck, 420
Markenartikel, 205
Marktforschung, 564
Marktintervention, 275
marktkonforme Mittel, 544
Markttransparenz, 569
Marktwert, 68
Marktwirtschaft, 47, 81, 157
  soziale, 39
Marshallplan, 110
Marxismus-Leninismus, 135
Massenfabrikation, 229
Massenkaufkraft, 71
Massenwohlstand, 82, 115, 157, 363
Mathematisierung, 574
Meisterprüfung, 307
Menschenwürde, 52
Mieterschutz, 285, 486
Mietpreisbremse, 284
Mietwagen, 317
Mindestlohn, 257, 432
Mindestpreis, 287
Mitarbeiter, 235
Mitarbeiterverhältnis, 235, 436
Mitbestimmung, 236, 238
Mittelstand, 207
Mittelstandsgesellschaft, 72
Mobilisierung, 30
Modelldenken, 572
Moderne, 203
modernes Antiquariat, 297
Mono-Städte, 150
Monopol, 89
Monopolgewinn, 518
Monopolkapitalismus, 101
Monopolkommission, 371, 446
Moral Hazard, 335
Motiv, 575
Motivation, 31, 141

N

Nachfolgefrage, 220
Nachfrage, 425

Nachhaltigkeit, 498
Nachtwächterstaat, 360
Nachwuchsknappheit, 513
NAFTA (North American Free Trade Agreement), 452
Nationalökonomie, 408
Naturwissenschaften, 578
neoliberale Wirtschaft, 543
Netzmonopol, 332
Netzwerk Plurale Ökonomik, 583
Neue Heimat, 129
Niederlassungsfreiheit, 306
Niedersachsen, 324
Niedriglohnland, 459
Nivellierung, 479
Normalbetrieb, 347
North American Free Trade Agreement, 452
Notenbank, 423
Nutzen, 478, 560, 564
  externer, 488
Nutzenmaximierung, 560

O

OECD (Organisation for Economic Co-operation and Development), 413
offene Gesellschaft, 52
öffentliches Eigentum, 324
Öffentlichkeitsarbeit, 253
Ökologie, 501
Ökonomie
  reine, 581
ökonomisches Gesetz, 418
Ökonomisierung, 364, 548
Ölmarkt, 321
OPEC (Organization of the Petroleum Exporting Countries), 320
Optionskommune, 481
Ordnung, 11, 16, 25, 39
Ordnungspolitik, 443
ordnungspolitische Sonderbereiche, 265, 347
Organisation for Economic Co-operation and Development, 413
Organisationsgrad, 255
Organisationsmittel, 47
Organization of the Petroleum Exporting Countries, 320
Orientierung, 42
Output-Orientierung, 364

P

Paradigma, 559
Paradigmenwechsel, 529
Partei, 251
Parteispende, 252

Patent, 524
Patentbilanz, 525
Patronage, 145
Pegida, 441
Pfadabhängigkeit, 201
Pflicht, 145
Planfeststellungsverfahren, 504
Planwirtschaft, 108
Pleite, 173
plurale Ökonomik, 583
Populismus, 438, 441
Port Package, 400
Postmaterialismus, 120
Potenzialanalyse, 521
Preis, 86
Preisbindung zweiter Hand, 293
Preisniveau, 104
Presse, 253
Presse-Grosso, 299
Presseerzeugnis, 298
Pressefreiheit, 298
Preußen, 54
preußische Reformen, 53
Primäreffekt, 489
Prinzipal-Agent-Theorie, 227
Priorität, 474
Privatautonomie, 45
privater Haushalt, 12
Privatisierung, 329–330, 444, 551
Produktionsfaktor, 87
Produktivität, 80

Projekt, 490
Protektionismus, 450
Prüfung, 305
Psychologie
    verstehende, 578

Q

Qualität, 312

R

race to bottom, 488
Rahmenwerk, 431
Ranking, 435
rationales Handeln, 559
Ratsherr, 13
Re-Kommunalisierung, 329
Realitätsbezug, 557
Recht, 150
    am eingerichteten
        und ausgeübten
        Gewerbebetrieb, 7
Rechtfertigung, 168
Rechtsanwalt, 312
Reform, 577
Regelungsdichte, 356
Region, 372
Regionalpolitik, 400, 532
Regulierungsintensität, 291
reine Ökonomie, 581
Remittende, 299
Rente, 143

Rentenwirtschaft, 143
Reputation, 212, 573
Reservewährung, 457
Ressourcenfluch, 146
revolutionäre
 Gesellschaftsschicht,
 479
Risiko, 346, 475
Risikogemeinschaft, 90
Rohstoffexport, 143
Rohstofffluch, 146
Rollen, 12
Rückversicherung, 347
Ruhestand, 169
Ruhrlade, 113
Russland, 149

S
Sachverständigenrat, 438
Sanierung
 passive, 536
Schifffahrtskonferenz, 322
Schneeballsystem, 184
Schnösel, 38
schöpferische Zerstörung, 202,
 428, 484
Schufa, 175
Schuldenbremse, 471
Schuldnerberatung, 173, 563
Schulstrukturdebatte, 391, 515
schwarze Null, 471
Schwarzmarkt, 286

Selbsthilfe, 222
Selbstinszenierung, 181
Selbstversorgung, 152
Selbstverwaltung, 262, 377,
 383
 kommunale, 56
Sicherheit, 364, 514
Signalapparat, 87
Skaleneffekt, 230
Sockelarbeitslosigkeit, 167
Sonderinteressen, 245
Sondervorteil, 248
Souveränität, 179
Sozialausgaben, 395
soziale Frage, 360
soziale Gerechtigkeit, 474
soziale Marktwirtschaft, 39, 60,
 158, 403, 443
soziale Sicherung, 487
Soziales, 550
Sozialfall, 483
Sozialgesetzbuch, 356, 481
Sozialisierung, 108
Sozialismus, 43, 140
sozialistische Wirtschaft, 133
Sozialkompetenz, 485
Sozialpartner, 107
Sozialpartnerschaft, 126
Sozialpolitik, 284, 286, 356,
 362, 474
Sozialquote, 487
Sozialwissenschaften, 12, 581
Soziologie, 580

Sparen, 565
Sparkasse, 187, 326
Sparquote, 172
Spartengewerkschaft, 256
Speckgürtel, 380
Speckring, 535
Spekulation, 571
Spekulationsblase, 340
Spende, 251
Spezialisierungskartell, 93
Staat, 329, 355
staatliche Aufsicht, 336
Staatsquote, 470
Stabilitäts- und
    Wachstumspakt, 402
Stamokap, 101
Stände, 56
Standesgesellschaft, 72
Standesunterschiede, 112
Standort, 449
Standortfaktor, 533
Standortwahl, 533
Steuer, 217, 465
Steuerberater, 217, 313
Steuerberatervergütungs-
    verordnung, 290
Steuerpolitik, 463, 465
Steuerquote, 228
Steuerrecht, 357
Steuerwettbewerb, 469
Straftat, 447
Streik, 255
Strukturalismus, 546

Studium, 555
Subjekte der Wirtschaft, 3
Submissionskartell, 93, 447
Subsidiarität, 400
Subsidiaritätsprinzip, 375, 482
Subsistenzwirtschaft, 152
Subvention, 488, 490
Subventionsprogramm, 496
Syndikat, 58, 91

T

Tabakwaren, 301
Tariflohn, 257
Tarifpartner, 254
Taxi, 317
Taxigewerbe, 98, 318
Text-Mining, 64
Tonnagesteuer, 466
too big to fail, 335
Tourismus, 536
Tradition, 266
Träger öffentlicher Belange, 505
Transaktionskosten, 468
Transatlantic Trade and
    Investment
    Partnership, 452
Transparenz, 552
Treuhänder, 314
TTIP (Transatlantic Trade
    and Investment
    Partnership), 452
Tulpenwahn, 340

U

Umverteilung, 397
Umwelt, 139, 548
Umweltbundesamt, 502
Umweltpolitik, 497
Umweltschutz, 497, 499
Umweltsteuern, 505
Ungleichgewichtsverfahren, 460
unsichtbare Hand, 59
Unternehmen, 35, 191
  systemrelevante, 333
Unternehmer, 12, 188, 203
Unternehmerprüfung, 317
Urheberrecht, 525
USA, 125, 460

V

Venezuela, 283
Verantwortung, 170
Verband, 244, 248
Verbandsaufgabe, 253
Verbandsfunktionär, 13
Verbraucher, 67, 115
Verbraucherschutz, 183, 290, 430
Verdienstorden, 496
Vereinte Nationen, 410
Vererbung, 33
Verkehr, 316
Verlagserzeugnis, 295
Vermögenssteuer, 466
Vermögensverteilung, 122
Verschuldung, 471
Versicherung, 344
Verstehen, 579
Verteilungskampf, 74
Vertragsfreiheit, 45, 58, 91
Vertrieb
  gebundener, 301
Vertriebene, 111
Vertriebsbindung
  vertikale, 350
Verursacherprinzip, 503
Verwaltung, 14
Verwaltungsverfahrensgesetz, 356
Verwertungsgesellschaft, 525
Volksbank, 223
Volkswagen, 330
Volkswirtschaftslehre, 555
vollkommener Markt, 569

W

Wachstum, 83, 430, 434
Wahl
  authentische, 163
Wahlentscheidung, 44
Währung, 80, 461
Währungsstabilität, 104
Währungsunion, 400
Walmart, 459
Wanderungen, 406
Wasserversorgung, 332

Wechselkurs, 461
Wechselkursmechanismus, 463
weiche Faktoren, 242
Weltgericht, 477
Welthandel, 453
Welthandelsorganisation, 411
Weltwirtschaftsforum, 414
Werbung, 177, 550
Wettbewerb, 29, 47, 73, 83, 85, 127, 265, 326, 363, 410, 428, 447
  Internationaler, 432
  weltweiter, 449
Wettbewerbsbeschränkungen, 103
Wettbewerbsfähigkeit, 430, 438
Wettbewerbspolitik, 400
Wettbewerbswirtschaft, 487
Wiedervereinigung, 387
Wipog (Wirtschaftspolitische Gesellschaft), 109, 416
Wirtschaft, 15
  Subjekte, 3
wirtschaftliches Prinzip, 27
Wirtschaftsförderer, 13
Wirtschaftsförderung, 377
Wirtschaftsordnung, 25, 40, 455
Wirtschaftspolitik, 417
Wirtschaftspolitische Gesellschaft, 109, 416
Wirtschaftstheorie, 555
Wirtschaftswissenschaften, 577
Wissenschaftsbetrieb, 531
Wohlstand, 18, 59, 70, 359, 500
Wohlstandsniveau, 540
Wohlstandsunterschiede, 539
Wohnraum
  bezahlbarer, 285

Z

zeitlicher Horizont, 5, 373
Zeitschrift, 298
Zeitung, 298
Ziel, 19, 419
  gesetzlich vorgeschriebenes, 420
Zins, 185
Zugang, 304
Zunft, 309
Zusammenhalt
  sozialer, 390
Zusammenschlusskontrolle, 445

MIX
Papier aus verantwortungsvollen Quellen
Paper from responsible sources
FSC® C105338

If you have any concerns about our products,
you can contact us on
ProductSafety@springernature.com

In case Publisher is established outside the EU,
the EU authorized representative is:
**Springer Nature Customer Service Center GmbH
Europaplatz 3, 69115 Heidelberg, Germany**

Printed by Libri Plureos GmbH
in Hamburg, Germany